个人所得税
实务政策深度解析

宋　艳◎主编

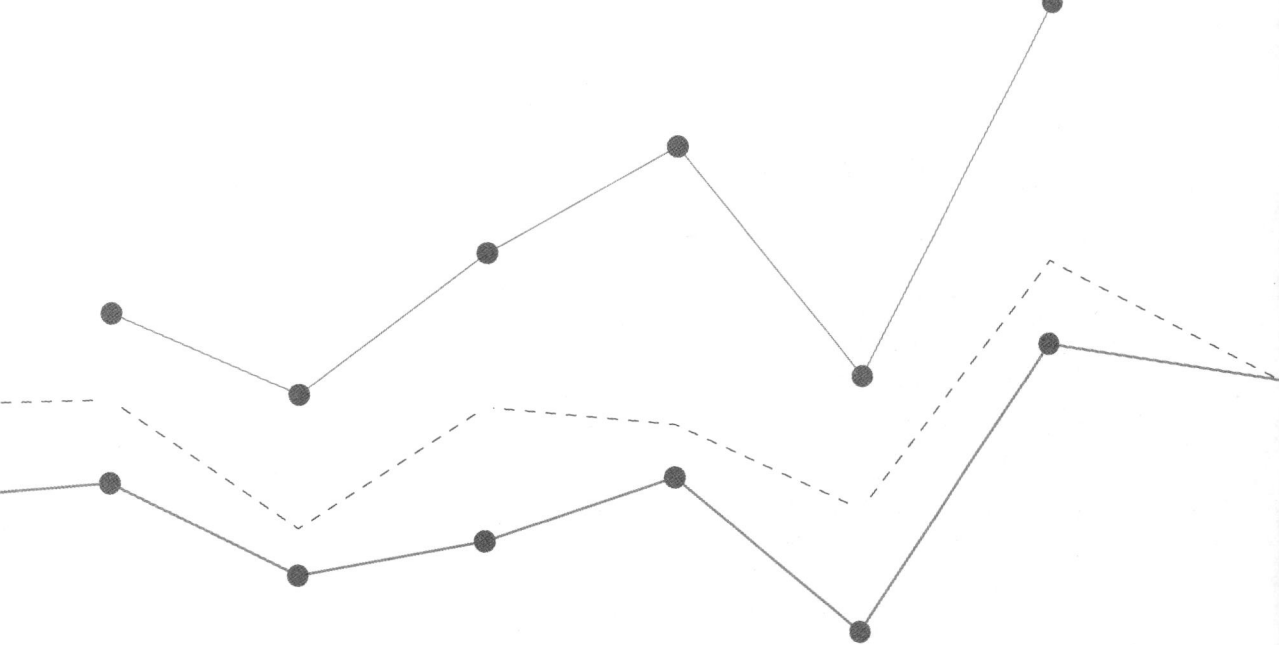

立信会计出版社
LIXIN ACCOUNTING PUBLISHING HOUSE

图书在版编目(CIP)数据

个人所得税实务政策深度解析/宋艳主编. —上海：
立信会计出版社,2021.4
ISBN 978-7-5429-6789-3

Ⅰ.①个… Ⅱ.①宋… Ⅲ.①个人所得税—税收政策
—研究—中国 Ⅳ.①F812.424

中国版本图书馆 CIP 数据核字(2021)第 051669 号

策划编辑　　张巧玲
责任编辑　　张巧玲

个人所得税实务政策深度解析

Geren Suodeshui Shiwu Zhengce Shendu Jiexi

出版发行	立信会计出版社		
地　　址	上海市中山西路 2230 号	邮政编码	200235
电　　话	(021)64411389	传　　真	(021)64411325
网　　址	www.lixinaph.com	电子邮箱	lixinaph2019@126.com
网上书店	http://lixin.jd.com		http://lxkjcbs.tmall.com
经　　销	各地新华书店		

印　　刷	固安华明印业有限公司	
开　　本	787 毫米×1092 毫米	1/16
印　　张	33.25	
字　　数	748 千字	
版　　次	2021 年 4 月第 1 版	
印　　次	2021 年 4 月第 1 次	
书　　号	ISBN 978-7-5429-6789-3/F	
定　　价	89.00 元	

前　　言

《中华人民共和国个人所得税法》(简称《个人所得税法》)第七次修订以来,财政部、国家税务总局又陆续出台了诸多配套新政策,可以说本次个人所得税改革涉及范围之广、修改内容之多、政策变化之大前所未有。当前正值汇算清缴期,广大纳税人和财税人员对学习新政策有着迫切的需求。应广大读者需求,作者对本书进行了精心编写和修订,系统地梳理了个人所得税现行有效的各项法规政策,紧密结合纳税申报与汇算清缴实务,增加了境外所得抵免、反避税和纳税调整、股权激励等内容,使本书结构更加完整,内容更加丰富,涵盖更加全面,实操性更强,更贴近实际。本书主要有以下几个特点:

一是时效性。本书引用的政策法规截至 2021 年 2 月,注重政策的延续性和有效性,并将政策的沿革进行了归纳,能够让读者了解政策的变化过程。同时,本书紧跟政策变化,新增了捐赠扣除、疫情防控个人所得税政策等内容。

二是系统性。本书对个人所得税的各项政策按项目和所得类别进行了系统性归纳,特别是综合所得项目,对六项专项附加扣除进行了对比。本次修订还将股权激励、反避税和纳税调整等内容进行了系统性整理,增强了可理解性,方便读者学习和记忆。

三是关联性。本书对相关联的法律规定、企业所得税政策关联性知识点设置了政策链接和扩展,方便大家对比学习和记忆。

四是实用性。本书以问答的形式收录整理了实务中的热点问题和疑难问题,在股权激励、财产转让所得、无住所个人等难点部分增加了实务案例。通过问答和案例,大家能够带着问题去学习,以加深对政策的理解,方便操作。本书还在知识点后面设计了一些知识小练习,读者可以通过练习巩固知识点的记忆和掌握。

五是趣味性。本书收录了部分上市公司公开的案例,在学习政策的同时,可以对案例进行深入挖掘。

由于时间匆忙,加之作者水平有限,本书难免会有疏漏之处,敬请广大读者斧正!

2021 年 3 月

目 录

第一章

个人所得税概述

导读

我国的个人所得税法自 1980 年正式实施以来，共经历了七次修订。2018 年 8 月 31 日，第十三届全国人民代表大会常务委员会第五次会议通过了《全国人民代表大会常务委员会关于修改〈中华人民共和国个人所得税法〉的决定》，是我国个人所得税法的第七次修订，修订后的个人所得税法，我们也称之为"新个人所得税法"，自 2019 年 1 月 1 日起施行。个人所得税是一个涉及纳税人数量最多的税种，与百姓生活密切相关，最能体现税法"温度"，社会关注度比较高。

新个人所得税法提高免征额、优化税率结构，减少中低收入群体的税收负担，更好地促进社会公平；引入"差别化"的专项附加扣除制度，将每个家庭的实际固定支出纳入扣除范围，体现了个人收入所得的差异性，符合个人所得税的基本原理，发挥了个人所得税调节收入分配的作用；将我国个人所得税的课征制度从原来的"分类课征制度"转变为"综合与分类相结合的课征制度"，初步建立了综合与分类相结合的税制模式，也是循序渐进推进我国个人所得税征收制度改革的体现；同时提出反避税条款，对于维护国家税基不被侵蚀、维护社会的公平正义具有重大意义。

第一节　纳　税　人

个人所得税是以个人（含自然人）取得的各项应税所得为征税对象所征收的一种税，个人所得税以取得所得的个人为纳税人。纳税人按照住所和居住时间标准可以分为居民个人和非居民个人。

一、居民个人

在中国境内有住所的个人，或者无住所而一个纳税年度在中国境内居住满 183 天的个人，为居民个人，其从中国境内和境外取得的所得，依照新个人所得税法规定缴纳个人所得税。

（一）关于住所

税法上所称"住所"是一个特定概念，不等同于实物意义上的住房。《中华人民共和国个人所得税法实施条例》（中华人民共和国国务院令 707 号，以下简称新个人所得税法实施条例）第二条规定，在中国境内有住所，是指因户籍、家庭、经济利益关系而在中国境内习惯性居住。实务中，还要结合纳税人的一些具体身份信息、国籍信息等从"定居"角度判断。

（1）关于身份信息，具体体现为中国公民和外国侨民。《国家税务总局关于印发〈中华人民共和国政府和新加坡共和国政府关于对所得避免双重征税和防止偷漏税的协定〉及议定书条文解释的通知》（国税发〔2010〕75 号）将"住所"的判定和相关信息紧密联系起来，更具有实际判断意义，可供大家在实务中参考。第四条具体内容：我国的居民个人包括在中国境内有住所的中国公民和外国侨民。但不包括虽具有中国国籍，却并未在中国大陆定居，而是侨居海外的华侨和居住在中国香港、中国澳门、中国台湾的同胞。

（2）关于华侨，要符合相关条件。《国家税务总局关于明确个人所得税若干政策执行问题的通知》（国税发〔2009〕121 号）规定，根据《国务院侨务办公室关于印发〈关于界定华侨外籍华人归侨侨眷身份的规定〉的通知》（国侨发〔2009〕5 号）的规定，华侨是指定居在国外的中国公民。具体界定如下：

① "定居"是指中国公民已取得住在国长期或者永久居留权，并已在住在国连续居留 2 年，2 年内累计居留不少于 18 个月。

② 中国公民虽未取得住在国长期或永久居留权，但已取得住在国连续 5 年以上（含 5 年）合法居留资格，5 年内在住在国累计居留不少于 30 个月，视为华侨。

③ 中国公民出国留学（包括公派和自费）在外学习期间，或因公务出国（包括外派劳务人员）在外工作期间，均不视为华侨。

（二）关于居住时间

在一个纳税年度内在中国境内居住满 183 天。

（1）"在一个纳税年度内"，是指在每个公历年度内判断，自公历年度 1 月 1 日起至 12 月 31 日止，与全世界大部分国家的纳税年度是一致的。

（2）"满 183 天"是指在境内累计停留满 183 天，实务中结合出入境记录判断。

二、非居民个人

在中国境内无住所又不居住，或者无住所而一个纳税年度内在中国境内居住不满 183 天的个人，为非居民个人，其从中国境内取得的所得，依照个人所得税法规定缴纳个人所得税。

根据《财政部 税务总局关于在中国境内无住所的个人居住时间判定标准的公告》（财政部 税务总局公告 2019 年第 34 号）的规定：

（1）无住所个人一个纳税年度在中国境内累计居住满 183 天的，如果此前六年在中国境内每年累计居住天数都满 183 天而且没有任何一年单次离境超过 30 天，该纳税年度来源于中国境内、境外所得应当缴纳个人所得税；如果此前六年的任一年在中国境内累计居住天数不满 183 天或者单次离境超过 30 天，该纳税年度来源于中国境外且由境外单位或者个人支付的所得，免予缴纳个人所得税。

上述所称此前六年，是指该纳税年度的前一年至前六年的连续 6 个年度，此前六年的起始年度自 2019 年（含）以后年度开始计算。

（2）无住所个人一个纳税年度内在中国境内累计居住天数，按照个人在中国境内累计停留的天数计算。在中国境内停留的当天满 24 小时的，计入中国境内居住天数，在中国境内停留的当天不足 24 小时的，不计入中国境内居住天数。

注意：

（1）工作天数与居住天数的区别。

境内工作期间按照个人在境内工作天数计算，包括其在境内的实际工作日以及境内工作期间在境内、境外享受的公休假、个人休假、接受培训的天数。在境内、境外单位同时担任职务或者仅在境外单位任职的个人,在境内停留的当天不足 24 小时的,按照半天计算境内工作天数。

(2) 无住所居民、无住所非居民的判断(见表 1-1)。

表 1-1　无住所居民、非居民的判断

无住所	
一个纳税年度内在中国境内居住累计满 183 天	一个纳税年度内在中国境内居住累计不满 183 天
居民个人——全部收入负有纳税义务	非居民个人——负有限纳税义务

知识小练习

【例题·单选】　根据 2018 年 8 月 31 日全国人民代表大会常务委员会公布修正后的新个人所得税法,以下属于中国居民个人的是(　　)。

A. 美国人甲 2020 年 9 月 1 日入境,2021 年 4 月 1 日离境

B. 日本人乙来华学习 180 天

C. 法国人丙 2020 年 1 月 1 日入境,2020 年 10 月 20 日离境

D. 英国人丁 2020 年 7 月 1 日入境,2020 年 11 月 20 日离境

答案:C

解析:依据新个人所得税法第一条规定,在中国境内有住所,或者无住所而一个纳税年度内在中国境内居住累计满 183 天的个人,为居民个人。纳税年度,自公历 1 月 1 日起至12 月 31 日止,因此选项 C 符合要求。

三、纳税义务

(1) 居民纳税人,负无限纳税义务,对境内、境外取得的所得都要在中国缴纳个人所得税。

(2) 非居民纳税人,负有限纳税义务,只就来源于中国境内所得向中国缴纳个人所得税。

无住所居民纳税人和非居民纳税人根据具体居住的时间不同,所负纳税义务是不同的,实务中,大家可结合表 1-2 判断。

表 1-2　无住所居民个人和非居民个人的纳税义务统计表

纳税人类型	认定条件	境内所得		境外所得	
		境内支付	境外支付	境内支付	境外支付
非居民个人	在境内无住所且在中国境内居住累计不超过 90 天的个人	征	不征	不征	不征
	在境内无住所且在中国境内居住累计超过 90 天,但不满 183 天的个人	征	征	不征	不征

(续表)

纳税人类型	认定条件	境内所得		境外所得	
		境内支付	境外支付	境内支付	境外支付
居民个人	在境内无住所且在中国境内居住累计超过183天,但连续不满6年的个人	征	征	征	不征
	在境内无住所且在中国境内居住累计超过183天的年度,连续满6年的个人	征	征	征	征

注意:

(1) 在中国境内居住累计满183天的任一年度中有一次离境超过30天的,其在中国境内居住累计满183天的年度的连续年限重新计算。本次新个人所得税法取消了"临时离境"的概念。

(2) 以上所得,仅限于工资、薪金所得,不能适用于其他税目。

 **知识小练习**

【例题·单选】 依据新个人所得税法规定,以下无住所个人取得的所得,不需要在我国申报缴纳个人所得税的是( )。

A. 一个纳税年度内累计离境不超过183天的个人,从境内取得的劳务报酬所得

B. 在境内居住不满90天的个人,由境外企业支付的工资、薪金所得

C. 在境内居住满183天,由境内和境外企业支付的境内工资、薪金所得

D. 境内居住满1年,取得的由境外企业支付的境内工资、薪金所得

答案: B

解析: 新个人所得税法第一条规定,在中国境内无住所又不居住,或者无住所而一个纳税年度内在中国境内居住累计不满183天的个人,为非居民个人。非居民个人从中国境内取得的所得,依照本法规定缴纳个人所得税。新个人所得税法实施条例第五条规定,在中国境内无住所的个人,在一个纳税年度内在中国境内居住累计不超过90天的,其来源于中国境内的所得,由境外雇主支付并且不由该雇主在中国境内的机构、场所负担的部分,免予缴纳个人所得税。

四、居住时间的判定

(1) 无住所个人一个纳税年度在中国境内累计居住满183天的,如果此前六年在中国境内每年累计居住天数都满183天而且没有任何一年单次离境超过30天,该纳税年度来源于中国境内、境外所得应当缴纳个人所得税;如果此前六年的任一年在中国境内累计居住天数不满183天或者单次离境超过30天,该纳税年度来源于中国境外且由境外单位或者个人支付的所得,免予缴纳个人所得税。

所称此前六年,是指该纳税年度的前一年至前六年的连续6个年度,此前六年的起始年度自2019年(含)以后年度开始计算。即第一批负全部纳税义务的无住所居民个人最早也要到2025年才会出现。

（2）无住所个人一个纳税年度内在中国境内累计居住天数,按照个人在中国境内累计停留的天数计算。在中国境内停留的当天满 24 小时的,计入中国境内居住天数,在中国境内停留的当天不足 24 小时的,不计入中国境内居住天数。

 **知识小练习**

【例题·单选】 杰克为新加坡居民,2019 年 1 月 1 日来深圳工作,2026 年 8 月 30 日回到新加坡工作,在此期间,除 2025 年 6 月 3 日至 7 月 24 日临时回新加坡外,其余时间一直停留在深圳。因此对杰克取得的境外支付的境外所得说法正确的是(   )。

A. 2019—2024 年期间均应缴纳个人所得税

B. 2025 年应缴纳个人所得税

C. 2026 年应缴纳个人所得税

D. 2019—2026 年期间均应缴纳个人所得税

答案：B

解析：选项 A、D,从 2019 年开始计算,2019—2024 年每一年都未满足前六年在中国居住。选项 C,2026 年的前六年中的 2025 年单次离境超过 30 天,所以 2026 年不满足条件。选项 B,2025 年满足前六年在中国境内每年累计居住天数都满 183 天而且没有任何一年单次离境超过 30 天,且 2025 年居住满 183 天,所以 2025 年杰克对全部所得负有纳税义务。

五、所得来源地的确定

除国务院财政、税务主管部门另有规定外,下列所得,不论支付地点是否在中国境内,均为来源于中国境内的所得：

（1）因任职、受雇、履约等在中国境内提供劳务取得的所得。

（2）将财产出租给承租人在中国境内使用而取得的所得。

（3）许可各种特许权在中国境内使用而取得的所得。

（4）转让中国境内的不动产等财产或者在中国境内转让其他财产取得的所得。

（5）从中国境内企业、事业单位、其他组织以及居民个人取得的利息、股息、红利所得。

注意：

（1）因任职、受雇、履约等在中国境内提供劳务取得的所得,不包含在中国境外务工或提供劳务取得的所得。

（2）将财产出租给承租人在中国境内使用和许可各种特许权在中国境内使用而取得的所得。强调都是在境内使用,不包含在境外取得的出租动产所得或特许权所得。

（3）转让不动产或其他财产,强调该类财产必须是中国境内的财产。

 **知识小练习**

【例题·多选】 下列有关个人所得税所得来源地的表述中,不正确的有(   )。

A. 许可各种特许权而取得的所得以使用地作为所得来源地

B. 财产租赁所得以租赁所得的实现地作为所得来源地

C. 利息、股息、红利所得以取得收入的地点为所得来源地

D. 劳务报酬所得以纳税人实际取得收入的支付地为所得来源地

答案：BCD

解析：选项 B,财产租赁所得以被租赁财产的使用地作为所得来源地;选项 C,利息、股息、红利所得以支付利息、股息、红利的企业、机构、组织的所在地作为所得来源地;选项 D,劳务报酬所得以纳税人实际提供劳务的地点作为所得来源地。

第二节　扣缴义务人

一、扣缴义务人

个人所得税以取得所得的个人为纳税人,以支付所得的单位或者个人为扣缴义务人。实务中,情况可能会比较复杂,根据《国家税务总局关于个人所得税偷税案件查处中有关问题的补充通知》(国税函发〔1996〕602 号)的规定,由于支付所得的单位和个人与取得所得的个人之间有多重支付的现象,有时难以确定扣缴义务人。为保证全国执行的统一,凡税务机关认定对所得的支付对象和支付数额有决定权的单位和个人,即为扣缴义务人。综上所述,除个人所得税法中规定的法定扣除情形外,税务机关还可根据具体情况判断认定扣缴义务人。

二、扣缴范围

实行个人所得税全员全额扣缴申报的应税所得包括工资、薪金所得;劳务报酬所得;稿酬所得;特许权使用费所得;利息、股息、红利所得;财产租赁所得;财产转让所得;偶然所得。通过以上列举的税目,我们可知,目前除了"经营所得"外,其他税目均为个人所得税的扣缴范围,均由支付所得的单位或者个人扣缴。

三、扣缴义务人的义务

新个人所得税法实施条例第二十四条规定,扣缴义务人向个人支付应税款项时,应当依照个人所得税法规定预扣或者代扣税款,按时缴库,并专项记载备查。《国家税务总局关于发布〈个人所得税扣缴申报管理办法(试行)〉的公告》(国家税务总局公告 2018 年第 61 号,以下简称税务总局公告 2018 年 61 号)规定,扣缴义务人应当办理全员全额扣缴申报,对综合所得的扣缴申报还负有以下义务:

(1)居民个人向扣缴义务人提供专项附加扣除信息的,扣缴义务人应当按照规定在工资、薪金所得按月预扣预缴税款时予以扣除,不得拒绝。

(2)扣缴义务人应当按照规定妥善保存备查扣除资料。应当依法对纳税人报送的相关涉税信息和资料保密。

(3)不得擅自更改纳税人提供的信息。纳税人对信息的真实性、准确性、完整性负责,发现不符的,扣缴义务人可以要求修改,纳税人拒绝修改,应当报告税务机关。

(4)纳税人取得工资、薪金所得,扣缴义务人应当于年度终了后 2 个月内,向纳税人提供其

个人所得和已扣缴税款等信息。纳税人年度中间需要提供上述信息的,扣缴义务人应当提供。

（5）纳税人取得除工资、薪金所得以外的其他所得,扣缴义务人应当在代扣税款后,及时提供其个人所得和已扣缴税款等信息。

（6）扣缴义务人依法履行代扣代缴义务,纳税人不得拒绝。纳税人拒绝的,扣缴义务人应当及时报告税务机关。

（7）未按照规定报送资料信息、虚报虚扣专项扣除、应扣未扣税款、不缴或少缴已扣税款、借用或冒用他人身份等行为,依法处理。

 链接：扣缴义务人的责任案例

广州市中冠智能科技股份有限公司冒用职工身份案

中冠智能(871986.OC)于2018年12月18日发布公告,披露公司因个别人员冒用他人身份证进厂务工、申报个人所得税时,被认定为编造虚假计税依据。2018年5月2日被主管税务机关依据《中华人民共和国税收征收管理法》(以下简称《税收征收管理法》)第六十四条第一款,处以2 000元罚款。

《[临时公告]中冠智能:关于公司收到广州市白云区地方税务局石井税务所税务行政处罚决定书的公告(补发)》【2018.12.18】详细披露如下:

一、基本情况

相关文书的全称:广州市白云区地方税务局石井税务所税务行政处罚决定书(云罚〔2018〕142号)

收到日期:2018年5月2日

生效日期:2018年5月2日

涉嫌违规主体及任职情况:广州市中冠智能科技股份有限公司(以下简称公司)

涉嫌违规的事项类别:涉嫌违反《税收征收管理法》第六十四条第一款之规定。

二、主要内容

（一）涉嫌违规事实:

公司属于劳动密集型企业,季节性用工变化较大,由于经营性质所限,在实际经营中会根据订单情况聘用工人。在招聘过程中,因公司负责招聘的职员审查不严格,导致个别人员冒用他人身份证进厂务工,公司申报个人所得税时,被认定为编造虚假计税依据。经核实:吴某,女,身份证号码44011119850914＊＊＊＊,2017年6～12月身份证信息被他人冒用,进入公司工作。

（二）处罚/处理依据及结果:

根据《税收征收管理法》第六十四条第一款,广州市白云区地方税务局石井税务所于2018年5月2日决定对公司处以2 000元罚款。

四、扣缴义务人的权利

（一）手续费的规定

新个人所得税法第十七条规定,对扣缴义务人按照所扣缴的税款,付给2%的手续费。

税务总局公告2018年第61号规定,对扣缴义务人按照所扣缴的税款,付给2%的手续费。

不包括税务机关、司法机关等查补或者责令补扣的税款。

需要注意的是,个人所得税的代扣代缴手续费没有限额。根据《财政部 税务总局 人民银行关于进一步加强代扣代收代征税款手续费管理的通知》(财行〔2019〕11号)第三条第(一)项的规定,法律、行政法规规定的代扣代缴税款,税务机关按不超过代扣税款的2%支付手续费,且支付给单个扣缴义务人年度最高限额70万元,超过限额部分不予支付。对于法律、行政法规明确规定手续费比例的,按规定比例执行。个人所得税的扣缴手续费比例是在新个人所得税法第十七条中规定了明确比例的,故没有70万元的限额要求。

"三代"手续费情况梳理如表1-3所示。

表1-3 "三代"手续费情况梳理表

类别	具体情形	手续费比例	类别	具体情形	手续费比例
代扣代缴	法律、行政法规规定代扣代缴税款,未明确手续费比例的	代扣税款的2%且最高限额70万元	委托代征	委托交通运输部门、海事管理机构代征船舶车船税	不超过代征税款5%
				委托代征人代征车辆购置税	每车15元
	法规、行政法规规定代扣代缴税款,明确手续费比例的	按规定比例(如个人所得税)		委托证券交易所或证券登记结算机构代征证券交易印花税	代征税款0.03%且单个代征单位年度最高限额1000万元
				委托有关单位代售印花税票	不超过代售金额5%
代收代缴	代收代缴车辆、车船税	不超过代收税款3%		委托邮政部门代征税款	不超过代征税款3%
	代收代缴委托加工消费税	不超过代收税款2%		委托代征农贸市场、专业市场等税收以及其他零星分散、异地缴纳的税收	不超过代征税款5%
	其他税款	不超过代收税款2%			

(二)纳税人拒绝扣缴税款情形的处理

《国家税务总局关于贯彻〈中华人民共和国税收征收管理法〉及其实施细则若干具体事项的通知》(国税发〔2003〕47号)规定,负有代扣代缴义务的单位和个人,在支付款项时应按照《税收征收管理法》及其实施细则的规定,将取得款项的纳税人应缴纳的税款代为扣缴,对纳税人拒绝扣缴税款的,扣缴义务人应暂停支付相当于纳税人应纳税款的款项,并在1日之内报告主管税务机关。扣缴义务人违反《税收征收管理法》及其实施细则规定应扣未扣、应收未收税款的,税务机关除按《税收征收管理法》及其实施细则的有关规定对其给予处罚外,应当责成扣缴义务人限期将应扣未扣、应收未收的税款补扣或补收。

因此,扣缴义务人在遇到纳税人拒绝扣缴税款的情况时,应暂停支付相当于纳税人应纳税款的款项,并在1日之内报告主管税务机关,由税务机关进行处理。否则就应承担相应的法律责任。

知识小练习

【例题·计算1】　北京市的 A 公司,2020 年通过预扣预缴方式扣缴个人所得税 5 000 万元,请计算该公司 2021 年 3 月 30 日前可以申请取得多少手续费?

答案: A 公司代扣代缴个人所得税的手续费＝5 000×2‰＝100(万元)。

解析: 新个人所得税法第十七条规定,对扣缴义务人按照所扣缴的税款,付给 2‰ 的手续费。

【例题·计算2】　南京市的 B 公司,2020 年通过代扣代缴方式扣缴非居民预缴企业所得税 5 000 万元,该公司 2021 年 3 月 30 日前通过申请可以取得多少手续费?

答案: 代扣税款的手续费＝5 000×2‰＝100(万元),100 万元＞70 万元,因此 B 公司只能取得 70 万元的代扣手续费。

解析:《财政部　税务总局　人民银行关于进一步加强代扣代收代征税款手续费管理的通知》(财行〔2019〕11 号)第三条第(一)项规定,法律、行政法规规定的代扣代缴税款,税务机关按不超过代扣税款的 2‰ 支付手续费,且支付给单个扣缴义务人年度最高限额 70 万元,超过限额部分不予支付。

五、扣缴义务人违反法律规定的责任

(一)扣缴义务人未按期申报的责任

《税收征收管理法》第六十二条规定,纳税人未按照规定的期限办理纳税申报和报送纳税资料的,或者扣缴义务人未按照规定的期限向税务机关报送代扣代缴、代收代缴税款报告表和有关资料的,由税务机关责令限期改正,可以处 2 000 元以下的罚款;情节严重的,可以处 2 000 元以上 10 000 元以下的罚款。

(二)扣缴义务人不履行扣缴义务的责任

《税收征收管理法》第六十九条规定,扣缴义务人应扣未扣、应收而不收税款的,由税务机关向纳税人追缴税款,对扣缴义务人处应扣未扣、应收未收税款 50% 以上 3 倍以下的罚款。

(三)扣缴义务人未按期解缴税款的责任

《税收征收管理法》第六十八条规定,纳税人、扣缴义务人在规定期限内不缴或者少缴应纳或者应解缴的税款,经税务机关责令限期缴纳,逾期仍未缴纳的,税务机关除依照本法第四十条的规定采取强制执行措施追缴其不缴或者少缴的税款外,可以处不缴或者少缴的税款 50% 以上 5 倍以下的罚款。

(四)扣缴义务人虚假申报的责任

《税收征收管理法》第六十四条规定,纳税人、扣缴义务人编造虚假计税依据的,由税务机关责令限期改正,并处 5 万元以下的罚款。纳税人不进行纳税申报,不缴或者少缴应纳税款的,由税务机关追缴其不缴或者少缴的税款、滞纳金,并处不缴或者少缴的税款 50% 以上 5 倍以下的罚款。

(五)扣缴义务人少缴税款的责任

《税收征收管理法》第六十三条规定,纳税人伪造、变造、隐匿、擅自销毁账簿、记账凭证,或者在账簿上多列支出或者不列、少列收入,或者经税务机关通知申报而拒不申报或者进行

虚假的纳税申报,不缴或者少缴应纳税款的,是偷税。对纳税人偷税的,由税务机关追缴其不缴或者少缴的税款、滞纳金,并处不缴或者少缴的税款50%以上5倍以下的罚款;构成犯罪的,依法追究刑事责任。扣缴义务人采取前款所列手段,不缴或者少缴已扣、已收税款,由税务机关追缴其不缴或者少缴的税款、滞纳金,并处不缴或者少缴的税款50%以上5倍以下的罚款;构成犯罪的,依法追究刑事责任。

(六) 合同中约定由扣缴义务人缴纳税款,责任如何认定

依法纳税是每个单位和个人的义务,不能通过合同、协议予以免除。税费负担条款虽然可以将税费的实际承担主体进行转移,但是法律、行政法规规定的纳税人、扣缴义务人的纳税责任并不因此免除。税款未依法缴纳,纳税人仍需要根据税收法律、行政法规承担法律责任。

《税收征收管理法》第五章规定的法律责任承担包括责令限期改正、罚款、征收滞纳金、收缴发票,严重的还要被追究刑事责任。

(七) 扣缴税款滞纳金的有关规定

《税收征收管理法》第三十二条规定,纳税人未按照规定期限缴纳税款的,扣缴义务人未按照规定期限解缴税款的,税务机关除责令限期缴纳外,从滞纳税款之日起,按日加收滞纳税款0.5‰的滞纳金。

《税收征收管理法》第五十二条规定,因税务机关的责任,致使纳税人、扣缴义务人未缴或者少缴税款的,税务机关在3年内可以要求纳税人、扣缴义务人补缴税款,但是不得加收滞纳金。因纳税人、扣缴义务人计算错误等失误,未缴或者少缴税款的,税务机关在3年内可以追征税款、滞纳金;有特殊情况的,追征期可以延长到5年。对偷税、抗税、骗税的,税务机关追征其未缴或者少缴的税款、滞纳金或者所骗取的税款,不受上述规定期限的限制。

《国家税务总局关于行政机关应扣未扣个人所得税问题的批复》(国税函〔2004〕1199号)就扣缴义务人应扣未扣税款的法律责任问题明确规定,2001年5月1日后,对扣缴义务人应扣未扣税款,适用修订后的《税收征收管理法》和《国家税务总局关于贯彻《中华人民共和国税收征收管理法〉及其实施细则若干具体问题的通知》(国税发〔2003〕47号),由税务机关责成扣缴义务人向纳税人追缴税款,对扣缴义务人处应扣未扣税款50%以上3倍以下的罚款。该文还就应扣未扣税款是否加收滞纳金的问题规定如下:按照《税收征收管理法》规定的原则,扣缴义务人应扣未扣税款,无论适用修订前还是修订后的《税收征收管理法》,均不得向纳税人或扣缴义务人加收滞纳金。

实务中,经常发生扣缴义务人未按规定履行扣缴义务而受到处罚的情形,以下案例可供参考。

 链接:个人所得税处罚案例——未按规定时限报送代扣代缴资料

北京糖友文化传媒股份有限公司关于子公司收到国家税务总局

北京市东城区税务局第一税务所(办税服务厅)税务行政处罚决定书的公告

一、基本情况

相关文书的全称:国家税务总局北京市东城区税务局第一税务所(办税服务厅)税务行政处罚决定书

收到日期：2018 年 12 月 5 日

生效日期：2018 年 12 月 4 日

涉嫌违规主体及任职情况：北京海思佳诚广告有限公司（以下简称海思佳诚），为糖友股份全资子公司。

涉嫌违规的事项类别：违反了《中华人民共和国税收征收管理法》第二十五条第一款和第六十二条。

二、主要内容

（一）涉嫌违规事实：

扣缴义务人海思佳诚未按照规定的期限报送代扣代缴、代收代缴税款报告表和有关资料，逾期 354 天。

（二）处罚/处理依据及结果：

海思佳诚，违反《中华人民共和国税收征收管理法》第二十五条第一款之规定和第六十二条，决定作出行政处罚如下：罚款人民币 1 000 元整。

 链接：个人所得税案例——合同中约定由扣缴义务人缴纳税款

江苏省高级人民法院，林和狮与邳州市宏利达

房地产开发有限公司股权转让纠纷案

（2016）苏民终 646 号

案情简介：

林和狮与邳州市宏利达房地产开发有限公司于 2012 年 6 月 1 日签订《股权转让协议》，林和狮（甲方）将其在该公司的股权全部转让给宏利达公司（乙方），乙方同意本协议项下的股权转让行为，依照法律、法规规定应由甲方缴纳的全部税费均由乙方承担。邳州市宏利达房地产开发有限公司认为协议中约定明显违反法律规定，构成税收规避，应属无效约定。

裁判观点：

法律并不禁止纳税义务人与他人约定由他人负担本应由纳税义务人缴纳的税款。该约定并不改变纳税主体身份，实质是约定由他人承担支付相当款额的义务。因此，一审判决认定双方股权转让协议中约定的税费负担条款合法有效并判决由宏利达公司依约定支付林和狮已付的相当税款正确。

 链接：个人所得税处罚案例——未按规定代扣代缴个人所得税

长城证券被处罚款 34 652.46 元

长城证券（002939.SZ）于 2018 年 9 月 18 日发布公告，披露子公司宝城期货因未按规定代扣代缴个人所得税共计 69 304.91 元，于 2018 年 2 月被浙江省地方税务局直属稽查分局罚款 34 652.46 元。

（一）基本情况

《002939 长城证券中信建投证券股份有限公司关于公司首次公开发行股票并上市之发行保荐工作报告》【2018.9.17】详细披露如下：

（二）发行人最近3年是否存在重大违法违规情况

2015年以来，长城证券及其分支机构、子公司曾受到政府部门的行政处罚或监管措施，具体情况如下：

公司受到地方工商、税务等部门行政处罚的情况。

2015年以来，长城证券子公司宝城期货曾受到税务机关等部门罚款处罚，其中金额在10 000元以上的罚款情况如表1-4所示。

表1-4　金额在10 000元以上的罚款情况

序号	时间	处罚机构	处罚对象	处罚事由及结果	处罚文号
1	2018年2月	浙江省地方税务局直属稽查分局	宝城期货	未按规定代扣代缴个人所得税共计 69 304.91 元，罚款 34 652.46 元	《税务行政处罚决定书》（浙直稽罚〔2018〕6号）

时间：2018年2月

处罚机构：浙江省地方税务局直属稽查分局

处罚对象：宝城期货

处罚事由及结果：未按规定代扣代缴个人所得税共计69 304.91元，罚款34 652.46元

处罚文号：《税务行政处罚决定书》（浙直稽罚〔2018〕6号）

上述所得税欠缴行为涉及金额较小，根据浙江省地方税务局直属稽查分局出具的证明，宝城期货受到的上述行政处罚系按一般违法情节处理，宝城期货的上述违法行为不属于重大税务违法行为。

综上，保荐机构认为，发行人上述被处罚行为不构成重大违法违规情况。

 链接：个人所得税处罚案例——偷税、少缴税款

A某调查结论和处罚决定

A某在电影《大轰炸》剧组拍摄过程中实际取得片酬3 000万元，其中1 000万元已经申报纳税，其余2 000万元以拆分合同方式偷逃个人所得税618万元，少缴营业税及附加112万元，合计730万元。此外，还查出A某及其担任法定代表人的企业少缴税款2.48亿元，其中偷逃税款1.34亿元。

对于上述违法行为，根据国家税务总局指定管辖，江苏省税务局依据《税收征收管理法》第三十二、五十二条的规定，对A某及其担任法定代表人的企业追缴税款2.55亿元，加收滞纳金0.33亿元；依据《税收征收管理法》第六十三条的规定，对A某采取拆分合同手段隐瞒真实收入偷逃税款处4倍罚款计2.4亿元，对其利用工作室账户隐匿个人报酬的真实性质偷逃税款处3倍罚款计2.39亿元；对其担任法定代表人的企业少计收入偷逃税款处1倍罚款计94.6万元；依据《税收征收管理法》第六十九条和《税收征收管理法实施细则》第九十三条的规定，对其担任法定代表人的两户企业未代扣代缴个人所得税和非法提供便利协助少缴税款各处0.5倍罚款，分别计0.51亿元、0.65亿元。

依据《中华人民共和国行政处罚法》第四十二条以及《江苏省行政处罚听证程序规则》相

关规定,9月26日,江苏省税务局依法先向A某下达《税务行政处罚事项告知书》,对此A某未提出听证申请。9月30日,江苏省税务局依法已向A某正式下达《税务处理决定书》和《税务行政处罚决定书》,要求其将追缴的税款、滞纳金、罚款在收到上述处理处罚决定后在规定期限内缴清。

依据《中华人民共和国刑法》第二百零一条的规定,由于A某属于首次被税务机关按偷税予以行政处罚且此前未因逃避缴纳税款受过刑事处罚,上述定性为偷税的税款、滞纳金、罚款在税务机关下达追缴通知后在规定期限内缴纳的,依法不予追究刑事责任。超过规定期限不缴纳税款和滞纳金、不接受行政处罚的,税务机关将依法移送公安机关处理。

经查,2018年6月,在税务机关对A某及其经纪人牟某广所控制的相关公司展开调查期间,牟某广指使公司员工隐匿、故意销毁涉案公司会计凭证、会计账簿,阻挠税务机关依法调查,涉嫌犯罪。现牟某广等人已被公安机关依法采取强制措施,案件正在进一步侦查中。

第三节 征 税 项 目

一、征税税目

新个人所得税法共9个税目,包括:
(1) 工资、薪金所得。
(2) 劳务报酬所得。
(3) 稿酬所得。
(4) 特许权使用费所得。
(5) 经营所得。
(6) 利息、股息、红利所得。
(7) 财产租赁所得。
(8) 财产转让所得。
(9) 偶然所得。

居民个人取得上述第(1)项至第(4)项所得(以下称综合所得),按纳税年度合并计算个人所得税;非居民个人取得上述第(1)项至第(4)项所得,按月或者按次分项计算个人所得税。纳税人取得上述第(5)项至第(9)项所得,依照新个人所得税法规定分别计算个人所得税。

 **知识小练习**

【例题·单选】 下列所得属于新个人所得税法规定的综合所得是(　　)。
A. 经营所得　　　　　　　　　　B. 利息、股息、红利所得
C. 财产转让所得　　　　　　　　D. 劳务报酬所得
答案:D

解析： 新个人所得税法第二条规定,下列各项个人所得应当缴纳个人所得税：(1)工资、薪金所得；(2)劳务报酬所得；(3)稿酬所得；(4)特许权使用费所得。居民个人取得上述第(1)项至第(4)项所得,按纳税年度合并计算个人所得税。因此选项 D 符合题意。

二、具体内容

新个人所得税法实施条例对每个税目的征税范围进一步进行了列举和细化,对于个人取得的所得,难以界定应纳税所得项目的,由国务院税务主管部门确定。

(1)工资、薪金所得,是指个人因任职或者受雇取得的工资、薪金、奖金、年终加薪、劳动分红、津贴、补贴以及与任职或者受雇有关的其他所得。

(2)劳务报酬所得,是指个人从事劳务取得的所得,包括从事设计、装潢、安装、制图、化验、测试、医疗、法律、会计、咨询、讲学、翻译、审稿、书画、雕刻、影视、录音、录像、演出、表演、广告、展览、技术服务、介绍服务、经纪服务、代办服务以及其他劳务取得的所得。

(3)稿酬所得,是指个人因其作品以图书、报刊等形式出版、发表而取得的所得。

(4)特许权使用费所得,是指个人提供专利权、商标权、著作权、非专利技术以及其他特许权的使用权取得的所得；提供著作权的使用权取得的所得,不包括稿酬所得。

(5)经营所得,是指：

① 个体工商户从事生产、经营活动取得的所得,个人独资企业投资人、合伙企业的个人合伙人来源于境内注册的个人独资企业、合伙企业生产、经营的所得。

② 个人依法从事办学、医疗、咨询以及其他有偿服务活动取得的所得。

③ 个人对企业、事业单位承包经营、承租经营以及转包、转租取得的所得。

④ 个人从事其他生产、经营活动取得的所得。

(6)利息、股息、红利所得,是指个人拥有债权、股权等而取得的利息、股息、红利所得。

(7)财产租赁所得,是指个人出租不动产、机器设备、车船以及其他财产取得的所得。

(8)财产转让所得,是指个人转让有价证券、股权、合伙企业中的财产份额、不动产、机器设备、车船以及其他财产取得的所得。

(9)偶然所得,是指个人得奖、中奖、中彩以及其他偶然性质的所得。

三、关于税目的调整变化

新个人所得税法将原来的 11 个税目调整为 9 个税目,取消"其他所得"税目,其中经营所得、财产转让所得的内容有了新的变化,对原适用"其他所得"的收入进行了重分归属。

(一)经营所得

将"个体工商户生产、经营所得"和"企事业单位承包承租经营所得"合并为"经营所得",取消了"经政府有关部门批准,取得营业执照"的规定。

合伙企业转让财产与合伙人转让财产份额适用不同税目。

(1)合伙企业转让财产收入适用经营所得。

(2)合伙人转让财产份额,依据《国家税务总局关于个人终止投资经营收回款项征收个人所得税问题的公告》(国家税务总局公告 2011 年第 41 号)的规定,个人因各种原因终止投资、联营、经营合作等行为，从被投资企业或合作项目、被投资企业的其他投资者以及合作项目的经营合作人取得股权转让收入、违约金、补偿金、赔偿金及以其他名目收回的款项等，均属于个人所得税应税收入，应按照"财产转让所得"项目适用的规定计算缴纳个人所得税。

（二）财产转让所得

财产转让所得是指个人转让有价证券、股权、合伙企业中的财产份额、不动产、机器设备、车船以及其他财产取得的所得。

新增的合伙企业中的财产份额，在合伙企业分配利润、退伙、解散时才表现为具体的权利，除此之外，是一种抽象的权利，而不是一种随时可兑现为物质利益的财产权利。

新增的不动产是指依照其物理性质不能移动或者移动将严重损害其经济价值的有体物。例如，土地、房屋、林木等地上附着物。

（三）其他所得的"去向"

目前按照新个人所得税法取消了"其他所得"这一税目。《财政部　税务总局关于个人取得有关收入适用个人所得税应税所得项目的公告》（财政部　税务总局公告2019年第74号）对个人取得的原为"其他所得"税目的收入做了如下规定：

（1）个人为单位或他人提供担保获得收入，按照"偶然所得"项目计算缴纳个人所得税。

（2）房屋产权所有人将房屋产权无偿赠与他人的，受赠人因无偿受赠房屋取得的受赠收入，按照"偶然所得"项目计算缴纳个人所得税。按照《财政部　国家税务总局关于个人无偿受赠房屋有关个人所得税问题的通知》（财税〔2009〕78号）第一条的规定，符合以下情形的，对当事双方不征收个人所得税：

① 房屋产权所有人将房屋产权无偿赠与配偶、父母、子女、祖父母、外祖父母、孙子女、外孙子女、兄弟姐妹。

② 房屋产权所有人将房屋产权无偿赠与对其承担直接抚养或者赡养义务的抚养人或者赡养人。

③ 房屋产权所有人死亡，依法取得房屋产权的法定继承人、遗嘱继承人或者受遗赠人。

上述所称受赠收入的应纳税所得额按照《财政部　国家税务总局关于个人无偿受赠房屋有关个人所得税问题的通知》（财税〔2009〕78号）第四条规定计算。

（3）企业在业务宣传、广告等活动中，随机向本单位以外的个人赠送礼品（包括网络红包，下同），以及企业在年会、座谈会、庆典以及其他活动中向本单位以外的个人赠送礼品，个人取得的礼品收入，按照"偶然所得"项目计算缴纳个人所得税，但企业赠送的具有价格折扣或折让性质的消费券、代金券、抵用券、优惠券等礼品除外。

上述所称礼品收入的应纳税所得额按照《财政部　国家税务总局关于企业促销展业赠送礼品有关个人所得税问题的通知》（财税〔2011〕50号）第三条规定计算。

（4）个人按照《财政部　税务总局　人力资源社会保障部　中国银行保险监督管理委员会　证监会关于开展个人税收递延型商业养老保险试点的通知》（财税〔2018〕22号）的规定，领取的税收递延型商业养老保险的养老金收入，其中25%部分予以免税，其余75%部分按照10%的比例税率计算缴纳个人所得税，税款计入"工资、薪金所得"项目，由保险机构代扣代缴后，在个人购买税延养老保险的机构所在地办理全员全额扣缴申报。

四、非货币形式收入的确认

所得为实物的,应当按照取得的凭证上所注明的价格计算应纳税所得额;无凭证的实物或者凭证上所注明的价格明显偏低的,参照市场价格核定应纳税所得额。所得为有价证券的,根据票面价格和市场价格核定应纳税所得额。所得为其他形式的经济利益的,参照市场价格核定应纳税所得额。

第四节　应纳税所得额

新个人所得税法及其实施条例在确定应纳税所得额时,增加了"收入""收入额"和"应纳税所得额"的概念,其中,工资、薪金所得的年收入等于收入额;劳务报酬所得和特许权使用费的收入减除20%的费用后的余额为收入额;稿酬所得以收入额减除20%的费用后,减按70%计算的数额为收入额;财产转让所得,财产租赁所得,偶然所得,利息、股息、红利所得每次收入为收入额。根据收入额再确认应纳税所得额。

一、居民个人的综合所得

居民个人的综合所得以每一纳税年度的收入额减除费用6万元以及专项扣除、专项附加扣除和依法确定的其他扣除后的余额,为应纳税所得额。

二、非居民个人的工资、薪金所得,劳务报酬所得,稿酬所得,特许权使用费所得

非居民个人的工资、薪金所得以每月收入额减除费用5 000元后的余额为应纳税所得额;劳务报酬所得、稿酬所得、特许权使用费所得,以每次收入额为应纳税所得额。

 **知识小练习**

【例题·单选】　自2019年1月1日起,非居民个人喀秋莎从中国取得的下列收入中,允许按月扣除费用5 000元的项目是(　　　)。

A. 工资、薪金　　　　　　　　　　B. 劳务报酬

C. 稿酬　　　　　　　　　　　　　D. 房产转让

答案:A

解析:非居民个人的工资、薪金所得,以每月收入额减除费用5 000元后的余额为应纳税所得额。

三、经营所得

经营主体以每一纳税年度的收入总额减除成本、费用以及损失后的余额,为应纳税所得额。

$$\begin{matrix}\text{经营主体应} \\ \text{纳税所得额}\end{matrix} = \begin{matrix}\text{收入} \\ \text{总额}\end{matrix} - \begin{matrix}\text{成本、费用、损失} \\ \text{等扣除项目}\end{matrix} - \begin{matrix}\text{弥补以前} \\ \text{年度亏损}\end{matrix}$$

$$取得经营所得有综合所得的个人应纳税所得额 = 经营所得总额 - 准予扣除的捐赠额$$

$$取得经营所得没有综合所得的个人应纳税所得额 = 经营所得总额 - 允许扣除的个人减除费用及其他扣除 - 准予扣除的捐赠额$$

$$允许扣除的个人减除费用及其他扣除 = 投资者减除费用 + 专项扣除 + 专项附加扣除 + 依法确定的其他扣除$$

 **知识小练习**

【例题·分析】　某合伙企业 A 成立于 2020 年 1 月,合伙人张某、王某原始出资共计 150 万元,其中张某出资 75 万元,王某出资 75 万元。合伙企业 A 于 2020 年 1 月向某公司投资 100 万元,并购买金融理财产品 50 万元,两人约定按投资比例分配所得。2021 年 1 月收回投资,分得股息、红利 10 万元,转让金融理财产品收入 80 万元,全部分配至个人。2021 年 2 月王某与张某协商后转让自己的合伙企业财产份额给李某,取得收入 80 万元,请问以上收入适用税目及应缴纳的税款。(假设合伙企业 2021 年无其他收入、支出。两人未在其他单位任职)

答案及解析:(1)根据《国家税务总局关于〈关于个人独资企业和合伙企业投资者征收个人所得税的规定〉执行口径的通知》(国税函〔2001〕84 号)第二条的规定,个人独资企业和合伙企业对外投资分回的利息或者股息、红利,不并入企业的收入,而应单独作为投资者个人取得的利息、股息、红利所得,按"利息、股息、红利所得"应税项目计算缴纳个人所得税。

张某、王某各缴纳利息、股息、红利所得个人所得税 $= 10 \times 0.5 \times 20\% = 1$(万元)。

(2)合伙企业转让金融理财产品适用经营所得。

经营利润 $= 80 - 50 = 30$(万元),张某、王某各应缴纳税款 $= (30 \times 0.5 - 6) \times 0.1 - 0.15 = 0.75$(万元)。

(3)王某转让合伙企业财产份额。

王某转让财产份额时,合伙企业净资产 100 万元,王某财产份额价值 $100 \times 0.5 = 50$(万元),财产份额原值 75 万元,收入 80 万元。因 80 万元大于 50 万元,不属于价格偏低。应纳税所得额 $= 80 - 75 = 5$(万元),王某应纳税额 $5 \times 20\% = 1$(万元)。

四、财产租赁所得

每次收入不超过 4 000 元的,减除费用 800 元;4 000 元以上的,减除 20% 的费用,其余额为应纳税所得额。《财政部　国家税务总局关于营改增后契税 房产税 土地增值税 个人所得税计税依据问题的通知》(财税〔2016〕43 号)规定,个人出租房屋的个人所得税应税收入不含增值税,计算房屋出租所得可扣除的税费不包括本次出租缴纳的增值税。财产租赁所得,以一个月取得的收入为一次。

$$应纳税所得额 = 收入额 - 允许扣除的税费 - 费用扣除标准 - 准予扣除的捐赠额$$

特别提示:

对于"次"的理解。《国家税务总局关于小规模纳税人免征增值税政策有关征管问题的公告》(国家税务总局公告 2019 年第 4 号)规定,《中华人民共和国增值税暂行条例实施细则》第九条所称的其他个人,采取一次性收取租金形式出租不动产取得的租金收入,可在对应的租赁期内平均分摊,分摊后的月租金收入未超过10万元的,免征增值税。对个人所得税一个月取得一年租金收入,虽未明确规定,但是各地实际操作时均参考了上述增值税规定进行了分摊至租赁期各月,计算个人所得税。

 **知识小练习**

【例题·分析】 某个人出租一套住房,每月租金3 000元,一次性收取12个月租金36 000元,则不考虑其他税费情况下,分析租金分摊对个人所得税的影响。

答案及解析:(1)36 000元为一次,则:

应纳个人所得税税额＝36 000×(1−20%)×10%＝2 880(元)。

(2)按照放宽口径或者每月收租金,3 000元为一次,总共12个月,则:

应纳个人所得税税额＝(3 000−800)×10%×12＝2 640(元)。

(3)两次租金相差个人所得税＝2 880−2 640＝240(元)。

五、财产转让所得

以转让财产的收入额减除财产原值和合理费用后的余额,为应纳税所得额。

减除为财产原值,非财产余额或财产净值。

应纳税所得额 ＝ 收入额 − 财产原值 − 合理税费 − 准予扣除的捐赠额

 链接:股权转让违约金收入

《国家税务总局关于个人股权转让过程中取得违约金收入征收个人所得税问题的批复》(国税函〔2006〕866号)规定,根据《中华人民共和国个人所得税法》的有关规定,股权成功转让后,转让方个人因受让方个人未按规定期限支付价款而取得的违约金收入,属于因财产转让而产生的收入。转让方个人取得的该违约金应并入财产转让收入,按照"财产转让所得"项目计算缴纳个人所得税,税款由取得所得的转让方个人向主管税务机关自行申报缴纳。

 链接:商品房买卖合同违约金收入

《国家税务总局关于个人取得解除商品房买卖合同违约金征收个人所得税问题的批复》(国税函〔2006〕865号)规定,房地产公司因双方协商解除商品房买卖合同而向购房人支付违约金,应按照"其他所得"应税项目缴纳个人所得税,税款由支付违约金的房地产公司代扣代缴。

根据以上规定,自2006年9月19日起,房地产公司因双方协商解除商品房买卖合同而向购房人支付违约金,应按照"其他所得"应税项目缴纳个人所得税。

《财政部 税务总局关于个人取得有关收入适用个人所得税应税所得项目的公告》(财政部 税务总局公告2019年第74号)第五条规定,本公告自2019年1月1日起执行,《国家税务总局关于个人取得解除商品房买卖合同违约金征收个人所得税问题的批复》(国税函〔2006〕865号)等文件或文件条款同时废止。

 **知识小练习**

【例题·分析】 2020 年 3 月 1 日,龙江龙房地产开发公司因未协调好与按揭银行的合作关系,造成购房人不能按合同约定办妥按揭贷款手续,从而无法缴纳后续房屋价款,双方协商解除商品房买卖合同而向购房人张某支付违约金 10 万元,如何代扣代缴个人所得税?

答案及解析: 根据《国家税务总局关于个人取得解除商品房买卖合同违约金征收个人所得税问题的批复》(国税函〔2006〕865 号)的规定,张某取得商品房买卖合同解除违约金 10 万元,应按其他所得项目缴纳个人所得税 2 万元,税款由龙江龙地产开发公司代扣代缴。

但新个人所得税法及其实施条例从 2019 年 1 月 1 日起实施,张某取得商品房买卖合同解除违约金 10 万元是在 2020 年 3 月 1 日,不能再按其他所得项目缴纳个人所得税 2 万元。

直到 2019 年 6 月 13 日,财政部、税务总局两部门发布《财政部 税务总局关于个人取得有关收入适用个人所得税应税所得项目的公告》(财政部 税务总局公告 2019 年第 74 号),正式明确原个人所得税法下的"其他所得"项目个人所得税的征收政策。至此,商品房买卖合同解除违约金不再缴纳个人所得税,龙江龙地产开发公司不需扣缴张某取得解除商品房买卖合同违约金个人所得税。

六、利息、股息、红利所得和偶然所得

以每次收入额为应纳税所得额。即利息、股息、红利所得和偶然所得以个人每次取得的收入额为应纳税所得额,不得从收入额中扣除任何费用。每次收入是指支付单位或个人每次支付利息、股息、红利所得和偶然所得时,个人取得的收入。

 链接:合伙企业对外投资分回的利息或者股息、红利

根据《国家税务总局关于〈关于个人独资企业和合伙企业投资者征收个人所得税的规定〉执行口径的通知》(国税函〔2001〕84 号,以下简称国税函〔2001〕84 号文件)第二条的规定,个人独资企业和合伙企业对外投资分回的利息或者股息、红利,不并入企业的收入,而应单独作为投资者个人取得的利息、股息、红利所得,按"利息、股息、红利所得"应税项目计算缴纳个人所得税。

《关于创业投资企业个人合伙人所得税政策问题的通知》(财税〔2019〕8 号)规定,创投企业可以选择按年度所得整体核算,也可选择单一核算方式。但其个人合伙人从创投企业取得的对外投资分回的利息或者股息、红利,仍应按照国税函〔2001〕84 号文件的规定,单独作为投资者个人取得的利息、股息、红利所得,按"利息、股息、红利所得"应税项目计算缴纳个人所得税。

 **知识小练习**

【例题·单选】 以下关于应纳税所得额说法正确的是(   )。

A. 利息、股息、红利所得以收入扣除相关合理税费后的余额为应纳税所得额

B. 偶然所得以每次收入为应纳税所得额,不得扣除相关税费

C. 财产租赁所得以每次收入为应纳税所得额,不得扣除相关税费

D. 经营所得以每一纳税年度的收入总额减除成本、费用的余额,为应纳税所得额

答案: B

解析: 选项 A、B 利息、股息、红利所得和偶然所得以个人每次取得的收入额为应纳税所得额,不得从收入额中扣除任何费用。选项 C 财产租赁应纳税所得额=收入额-允许扣除的税费-费用扣除标准-准予扣除的捐赠额。选项 D 经营所得以每一纳税年度的收入总额减除成本、费用以及损失后的余额,为应纳税所得额。

第五节 税 率

一、综合所得

综合所得,适用 3%～45% 的超额累进税率。从新个人所得税法综合所得的税率表与原工资、薪金所得的税率表比较情况来看,降低了低收入者的税负,从具体幅度调整情况看,按照新的税率表(见表 1-5),对于月所得在 25 000 元以下的纳税人,税负均有所下降。

表 1-5 个人所得税税率表一(综合所得适用)

级数	全年应纳税所得额	税率
1	不超过 36 000 元的	3%
2	超过 36 000 元至 144 000 元的部分	10%
3	超过 144 000 元至 300 000 元的部分	20%
4	超过 300 000 元至 420 000 元的部分	25%
5	超过 420 000 元至 660 000 元的部分	30%
6	超过 660 000 元至 960 000 元的部分	35%
7	超过 960 000 元的部分	45%

注 1: 本表所称全年应纳税所得额是指依照新个人所得税法第六条的规定,居民个人取得综合所得以每一纳税年度收入额减除费用 6 万元以及专项扣除、专项附加扣除和依法确定的其他扣除后的余额。

注 2: 非居民个人取得工资、薪金所得,劳务报酬所得,稿酬所得和特许权使用费所得,依照本表按月换算后计算应纳税额。

二、经营所得

适用 5%～35% 的超额累进税率。从新旧个人所得税法经营所得的税率变化情况比较来看,对于年所得额在 50 万元以下的纳税人来说,税负总体下降了。但值得注意的是,经营所得即使年所得额为 50 万元,但是实际税负也不等于 35%,因为个人所得税的税率表(见表 1-6)是累进税率,如果按照计算原理分解计算的话,年所得额为 50

万元的纳税人,实际税负相当于 21.9％[(50×35％－6.55)÷50],小于企业所得税的法定税率 25％。

表 1-6　个人所得税税率表二(经营所得适用)

级数	全年应纳税所得额	税率
1	不超过 30 000 元的	5％
2	超过 30 000 元至 90 000 元的部分	10％
3	超过 90 000 元至 300 000 元的部分	20％
4	超过 300 000 元至 500 000 元的部分	30％
5	超过 500 000 元的部分	35％

注:本表所称全年应纳税所得额是指依照《个人所得税法》第六条的规定,以每一纳税年度的收入总额减除成本、费用以及损失后的余额。

三、其他分类所得

利息、股息、红利所得适用 20％的比例税率。

财产租赁所得适用 20％的比例税率。《财政部　国家税务总局关于廉租住房、经济适用住房和住房租赁有关税收政策的通知》(财税〔2008〕24 号)规定,对个人出租住房取得的所得减按 10％的税率征收个人所得税。

财产转让所得适用 20％的比例税率。

偶然所得适用 20％的比例税率。

新个人所得税法主要调整了工资、薪金所得,劳务报酬所得,稿酬所得和特许权使用费所得的税率及计算方法,对于其他四类所得的税率,基本没有变化。

 **知识小练习**

【例题·单选】　以下情形适用比例税率的是(　　　)。

A. 出版社专业作者翻译作品后,由本社以图书形式出版而取得的收入

B. 某作家的文字作品手稿复印件公开拍卖取得的收入

C. 报社记者在本单位的报刊上发表作品取得的收入

D. 参加某电台举办世界杯竞猜活动,获得价值 6 000 元的赴巴西机票一张

答案:D

解析:选项 A、B、C 均属于综合所得,选项 D 属于偶然所得。偶然所得,适用比例税率,税率为 20％。

第六节　纳 税 期 限

一、代扣代缴

扣缴义务人每月或者每次预扣、代扣的税款,应当在次月 15 日内缴入国库,并向税务机关报送扣缴个人所得税申报表。

纳税人取得利息、股息、红利所得，财产租赁所得，财产转让所得和偶然所得，按月或者按次计算个人所得税，有扣缴义务人的，由扣缴义务人按月或者按次代扣代缴税款。

二、汇算清缴

纳税人取得经营所得，按年计算个人所得税，由纳税人在月度或者季度终了后15日内向税务机关报送纳税申报表，并预缴税款；在取得所得的次年3月31日前办理汇算清缴。

居民个人取得综合所得，按年计算个人所得税；有扣缴义务人的，由扣缴义务人按月或者按次预扣预缴税款；需要办理汇算清缴的，应当在取得所得的次年3月1日至6月30日内办理汇算清缴。

三、自行申报

纳税人取得应税所得没有扣缴义务人的，应当在取得所得的次月15日内向税务机关报送纳税申报表，并缴纳税款。

纳税人取得应税所得，扣缴义务人未扣缴税款的，纳税人应当在取得所得的次年6月30日前，缴纳税款；税务机关通知限期缴纳的，纳税人应当按照期限缴纳税款。

居民个人从中国境外取得所得的，应当在取得所得的次年3月1日至6月30日内申报纳税。

非居民个人在中国境内从两处以上取得工资、薪金所得的，应当在取得所得的次月15日内申报纳税。

纳税人因移居境外注销中国户籍的，应当在注销中国户籍前办理税款清算。

 **知识小练习**

【例题·多选】 以下情形应在次月15日内申报纳税的有（   ）。

A. 企业为抽奖活动中获奖的个人代扣的偶然所得个人所得税

B. 某自由职业者为企业设计图纸，取得劳务报酬，企业未代扣代缴税款

C. 法国人卢克在境内两个企业任职，取得工资、薪金

D. 选择按月申报预缴税款的个体工商户，每月取得的经营所得

答案： ACD

解析： 选项A扣缴义务人每次预扣、代扣的税款，应当在次月15日内缴入国库，并向税务机关报送扣缴个人所得税申报表；选项C非居民个人在中国境内从两处以上取得工资、薪金所得的，应当在取得所得的次月15日内申报纳税；选项D纳税人取得经营所得，按年计算个人所得税，由纳税人在月度或者季度终了后15日内向税务机关报送纳税申报表，并预缴税款；选项B纳税人取得应税所得，扣缴义务人未扣缴税款的，纳税人应当在取得所得的次年6月30日前，缴纳税款。

第二章

综合所得

导读

按照党的十八届三中全会提出的"逐步建立综合与分类相结合的个人所得税制"的改革要求,2018年新个人所得税法首次引入了综合所得的概念,对居民个人,将工资、薪金所得,劳务报酬所得,稿酬所得,特许权使用费所得四项劳动性所得划入综合所得范围,实行按年计算,提高基本减除费用标准,新设专项附加扣除项目,优化税率结构,建立与新税制相适应的综合所得的税收管理制度,这项制度是我国个人所得税法上的一次根本性变革,对广大"中低收入者"来说,充分体现了普惠性减税的改革宗旨。

第一节　综合所得概述

新个人所得税法第二条规定:"下列各项个人所得,应当缴纳个人所得税:(一)工资、薪金所得;(二)劳务报酬所得;(三)稿酬所得;(四)特许权使用费所得;(五)经营所得;(六)利息、股息、红利所得;(七)财产租赁所得;(八)财产转让所得;(九)偶然所得。

居民个人取得前款第一项至第四项所得(以下称综合所得),按纳税年度合并计算个人所得税;非居民个人取得前款第一项至第四项所得,按月或者按次分项计算个人所得税。"

由于非居民个人取得的上述第(一)项至第(四)项所得与居民个人取得的综合所得内容相同,所以在收入确认方面,非居民个人取得的上述第(一)项至第(四)项所得可参照居民个人取得的综合所得。

一、综合所得的收入

(一)工资、薪金所得

工资、薪金所得是指个人因任职或者受雇取得的工资、薪金、奖金、年终加薪、劳动分红、津贴、补贴以及与任职或者受雇有关的其他所得。工资、薪金所得按收入全额计税。

(二)劳务报酬所得

劳务报酬所得是指个人从事劳务取得的所得,包括从事设计、装潢、安装、制图、化验、测试、医疗、法律、会计、咨询、讲学、翻译、审稿、书画、雕刻、影视、录音、录像、演出、表演、广告、展览、技术服务、介绍服务、经纪服务、代办服务以及其他劳务取得的所得。

(三)稿酬所得

稿酬所得是指个人因其作品以图书、报刊等形式出版、发表而取得的所得。

(四)特许权使用费所得

特许权使用费所得是指个人提供专利权、商标权、著作权、非专利技术以及其他特许权的使用权取得的所得；提供著作权的使用权取得的所得，不包括稿酬所得。

劳务报酬所得、稿酬所得、特许权使用费所得以收入减除20%的费用后的余额为收入额。稿酬所得的收入额减按70%计算如表2-1所示。

表2-1 四项综合所得收入额的确定对比情况表

类别	收入额	应纳税所得额
工资、薪金所得	收入	汇总全年收入额－60 000－专项扣除－专项附加扣除－其他扣除
劳务报酬所得	收入×(1－20%)	
稿酬所得	收入×(1－20%)×70%	
特许权使用费所得	收入×(1－20%)	

二、综合所得的扣除

综合所得的扣除包括四大类，分别为基本减除费用6万元以及专项扣除、专项附加扣除和依法确定的其他扣除。

(一) 基本减除费用

设置基本减除费用的目的是在计算个人所得税时，允许纳税人扣除基本的生活支出，所以基本减除费用会根据纳税人的基本生活消费支出情况的变化而调整。我国从1980年个人所得税法施行以来，对于基本减除费用根据居民物价水平等综合因素进行了多次调整。2018年10月1日之前的基本减除费用历次变化情况如表2-2所示。

表2-2 个人所得税基本减除费用沿革情况表

类别	1980年至2005年12月31日	2006年1月1日至2008年2月29日	2008年3月1日至2011年8月31日	2011年9月1日至2018年9月30日
基本减除费用	800元/月	1 600元/月	2 000元/月	3 500元/月
附加减除费用	3 200元/月	3 200元/月	2 800元/月	1 300元/月
合计	4 000元/月	4 800元/月	4 800元/月	4 800元/月

附加减除费用适用于非居民纳税人。新个人所得税法施行后，非居民纳税人取得工资、薪金所得，可以减除5 000元的费用扣除标准。

新个人所得税法调整基本减除费用后，扣除时间也发生变化对居民个人取得综合所得，从年收入中减除费用扣除6万元，也就是按年可以扣除6万元，但是在预扣预缴时，每个月仍然扣除5 000元。需要注意的是，如果工作时间不足12个月，纳税人在汇算清缴时，可以扣除的基本费用扣除仍然为6万元/年。

对非居民纳税人取得工资、薪金所得，每月可以减除5 000元的费用扣除标准。

（二）专项扣除

专项扣除包括居民个人按照国家规定的范围和标准缴纳的基本养老保险、基本医疗保险、失业保险等社会保险费和住房公积金等。需要注意的是,个人所得税只能扣除"三险一金"。生育保险和工伤保险全部是由企业承担,个人不需要缴纳,因此个人不能在个人所得税税前扣除。

《财政部 国家税务总局关于基本养老保险费 基本医疗保险费 失业保险费 住房公积金有关个人所得税政策的通知》(财税〔2006〕10 号)对"三险一金"的扣除标准做如下规定:

（1）"三险"扣除标准:企事业单位按照国家或省(自治区、直辖市)人民政府规定的缴费比例或办法实际缴付的基本养老保险费、基本医疗保险费和失业保险费,免征个人所得税;个人按照国家或省(自治区、直辖市)人民政府规定的缴费比例或办法实际缴付的基本养老保险费、基本医疗保险费和失业保险费,允许在个人应纳税所得额中扣除。企事业单位和个人超过规定的比例和标准缴付的基本养老保险费、基本医疗保险费和失业保险费,应将超过部分并入个人当期的工资、薪金收入,计征个人所得税。

（2）"一金"扣除标准:根据《住房公积金管理条例》《建设部 财政部 中国人民银行关于住房公积金管理若干具体问题的指导意见》(建金管〔2005〕5 号)等规定精神,单位和个人分别在不超过职工本人上一年度月平均工资 12% 的幅度内,其实际缴存的住房公积金,允许在个人应纳税所得额中扣除。单位和职工个人缴存住房公积金的月平均工资不得超过职工工作地所在设区城市上一年度职工月平均工资的 3 倍,具体标准按照各地有关规定执行。单位和个人超过上述规定比例和标准缴付的住房公积金,应将超过部分并入个人当期的工资、薪金收入,计征个人所得税。

 **知识小练习**

【例题·计算1】 2020 年 1 月贸易公司的张某当月取得工资、薪金收入 10 000 元,当月个人按规定标准缴付住房公积金、基本养老保险金、医疗保险金、失业保险金共计 1 200 元,无其他扣除。计算张某当月应预缴的个人所得税。

答案: 张某应纳个人所得税＝(10 000－5 000－1 200)×3％＝114(元)。

解析: 依据《财政部 国家税务总局关于基本养老保险费 基本医疗保险费 失业保险费 住房公积金有关个人所得税政策的通知》(财税〔2006〕10 号,以下简称财税〔2006〕10 号文件)的规定,个人按照国家或省(自治区、直辖市)人民政府规定的缴费比例或办法实际缴付的基本养老保险费、基本医疗保险费、失业保险费和住房公积金,允许在个人应纳税所得额中扣除。张某当月按规定标准缴付的住房公积金、基本养老保险金、医疗保险金、失业保险金共计 1 200 元,可以在个人所得税税前扣除。

【例题·计算2】 科技公司的李某合同签订及工资支付地都在上海,2020 年 1 月被外派到苏州工作,外派期间的社保和住房公积金由公司委托代理公司在苏州缴纳。李某 1 月取得工资、薪金收入 10 000 元,当月个人在苏州按规定标准缴付的住房公积金、基本养老保险金、医疗保险金、失业保险金共计 1 000 元,计算李某当月应缴纳的个人所得税。

答案: 李某应纳个人所得税＝(10 000－5 000－1 000)×3％＝120(元)。

解析: 依据财税〔2006〕10号文件的规定,李某异地按规定标准缴付的住房公积金、基本养老保险金、医疗保险金、失业保险金共计1 000元可以在个人所得税税前扣除。

(三)专项附加扣除

新个人所得税法第六条第四款对专项附加扣除进行了解释,专项附加扣除包括子女教育、继续教育、大病医疗、住房贷款利息、住房租金和赡养老人等六项支出。同时规定专项附加扣除的具体范围、标准和实施步骤,由国务院确定,并报全国人大常委会备案。

国务院在2018年12月13日印发了《个人所得税专项附加扣除暂行办法》,对六项专项附加扣除做了具体规定,国家税务总局为了贯彻落实新个人所得税法和《国务院关于印发个人所得税专项附加扣除暂行办法的通知》(国发〔2018〕41号)的精神,切实将专项附加扣除政策精准落地,让纳税人能够清楚自己应当如何享受专项附加扣除,具体享受扣除的起始时间、标准和办理途径,让扣缴义务人知晓该如何在预扣环节为纳税人办理扣除,以及在办理专项附加扣除工作中应承担的责任和义务等,于2018年12月21日发布《个人所得税专项附加扣除操作办法(试行)》(国家税务总局公告2018年第60号印发),从享受扣除及办理时间、报送信息及留存备查资料、信息报送方式和后续管理等方面对六项扣除的实际操作进行了阐述,自2019年1月1日起施行。

专项附加扣除标准统计表如表2-3所示。

表2-3 专项附加扣除标准统计表

扣除项目	扣除范围		扣除标准/年	扣除标准/月	扣除方式
子女教育	学前教育	3岁至小学前	12 000元/子女	1 000元/子女	父母分别扣50%或父母约定由一方扣100%
	学历教育	小学中学			
		专本硕博			
继续教育	学历学位教育	教育期间(本科以下可选择)	4 800元	400元	本人扣或由父母扣(本科及以下)
		教育期间(本科以上)			本人扣
	职业技能	取得证书年度	3 600元	×	本人扣
赡养老人	60岁以上父母、祖父母、外祖父母	独生子女	24 000元	2 000元	本人扣
		非独生子女	不超过12 000元	不超过1 000元	平均/指定/约定分摊
大病医疗	个人负担超1.5万元医疗支出的部分		80 000元	×	本人或配偶扣除,未成年子女由父母扣除
房贷利息	首套住房贷款利息		12 000元	1 000元	夫妻约定一方扣除;婚前各自买房可一方扣或各扣50%

(续表)

扣除项目	扣除范围	扣除标准/年	扣除标准/月	扣除方式
住房租金	直辖市、省会、计划单列市等	18 000 元	1 500 元	夫妻同城,一方扣除;夫妻不同城,各自扣
	人口超过 100 万城市	13 200 元	1 100 元	
	人口不超过 100 万城市	9 600 元	800 元	

专项附加扣除留存资料统计表如表 2-4 所示。

表 2-4 专项附加扣除留存资料统计表

扣除项目	备查证据
子女教育	子女在境内接受教育的,无需留存资料;子女在境外接受教育的,留存境外学校录取通知书、留学签证等境外教育佐证资料
继续教育	学历学位教育无需留存资料
	职业资格相关证书等
大病医疗	大病患者医药服务收费及医保报销相关票据原件或复印件,或者医疗保障部门出具的纳税年度医药费用清单等
赡养老人	均摊的,无需留存资料;指定分摊和约定分摊协议需要书面分摊协议等
房贷利息	住房贷款合同、贷款还款支出凭证等资料
住房租金	住房租赁合同或协议(未要求提供发票)

1. 子女教育支出

1) 政策梳理

【扣除标准】《个人所得税专项附加扣除暂行办法》(国发〔2018〕41 号印发)第五条规定,纳税人的子女接受全日制学历教育的相关支出,按照每个子女每月 1 000 元的标准定额扣除。

【扣除范围】学历教育包括义务教育(小学、初中教育)、高中阶段教育(普通高中、中等职业、技工教育)、高等教育(大学专科、大学本科、硕士研究生、博士研究生教育)。年满 3 岁至小学入学前处于学前教育阶段的子女,按接受全日制学历教育的标准执行。

【扣除方式】父母可以选择由其中一方按扣除标准的 100% 扣除,也可以选择由双方分别按扣除标准的 50% 扣除,具体扣除方式在一个纳税年度内不能变更。

【起止时间】学前教育阶段,为子女年满 3 周岁当月至小学入学前一月。学历教育,为子女接受全日制学历教育入学的当月至全日制学历教育结束的当月。学历教育和学历(学位)继续教育的期间,包含因病或其他非主观原因休学但学籍继续保留的休学期间,以及施教机构按规定组织实施的寒暑假等假期。

【填报内容】纳税人享受子女教育专项附加扣除,应当填报配偶及子女的姓名、身份证件类型及号码、子女当前受教育阶段及起止时间、子女就读学校以及本人与配偶之间扣除分配比例等信息。

【留存资料】子女在境外接受教育的,应当留存境外学校录取通知书、留学签证等境外教育佐证资料。

特别提醒：

《个人所得税专项附加扣除暂行办法》第二十七条规定，本办法所称子女，是指婚生子女、非婚生子女、继子女、养子女。

2）热点问题

（1）问：我们有两个孩子，一个在读小学，一个在读幼儿园小班，能享受的子女教育费如何扣除？

答：子女教育支出的范围是接受全日制学历教育的支出，按照每个子女每月1 000元的标准定额扣除。年满3岁到小学入学前，也可以参照此标准进行扣除。您一个孩子在读小学，另一个在读幼儿园小班的孩子，如果年满3岁了，那么每月可享受2 000元的子女教育支出扣除。

（2）问：残障儿童接受的特殊教育，父母是否可以扣除子女教育？

答：特殊教育属于九年一贯制义务教育，同时拥有学籍，因此可以按照子女教育扣除。

（3）问：儿子大学期间因服兵役而休学，期间父母是否享受子女教育支出扣除？

答：可以。服兵役属于因其他非主观原因休学但保留学籍的情况。

（4）问：某男一婚育有一子，二婚与别人又育有一子，该男子如何扣除子女教育支出？

答：能够享受子女教育支出扣除的父母包括生父母、养父母和继父母，以及担任未成年人的监护人，但不能多人同时享受，扣除金额上限也不能超过1 000元/月。具体应该由孩子的生父母、继父母等自行协商确定，扣除主体不能超过两人。

（5）问：子女在各个学历之间的教育中断月份（包括小学升初中、初中升高中、高中升大学、大学升研究生阶段），父母是否可以享受子女教育支出扣除？

答：根据《个人所得税专项附加扣除信息表》填写要求，纳税人应该填写子女"当前受教育阶段起始时间"和"当前受教育阶段结束时间"，其中教育阶段共分为"学前教育阶段、义务教育、高中阶段教育、高等教育"。也就是说，学前教育阶段到义务教育（学前到小学，小学升初中），父母可以连续享受子女教育支出扣除；而子女初中升高中、高中升大学的教育中断月份，父母不能享受子女教育支出扣除；在高等教育阶段的教育中断月份，父母能否享受子女教育支出扣除取决于子女的升学情况。

（6）问：有多子女的父母，可以对不同的子女选择不同的扣除方式吗？

答：可以。有多子女的父母，可以对不同的子女选择不同的扣除方式，即对子女甲可以选择由一方按照每月1 000元的标准扣除，对子女乙可以选择由双方分别按照每月500元的标准扣除。

（7）问：我们夫妻有两个孩子，一个在上私立幼儿园，一个已经读国际小学了，我可以享受子女教育扣除吗？扣除方式有哪些？扣除方式选择后是否可以变更？

答：纳税人有受教育的子女，可以享受子女教育专项附加扣除。具体包括四个阶段：一是年满3岁至小学入学前处于学前教育阶段，二是义务教育（小学、初中教育）阶段，三是高中阶段教育（普通高中、中等职业、技工教育），四是高等教育（大学专科、大学本科、硕士研究生、博士研究生教育）。无论子女上的是公立学校还是私立学校，是境外学校还是境内学校，父母都可以享受扣除。因此，可以享受每个孩子1 000元/月的扣除，两个孩子可以享受

2 000 元/月的扣除。扣除方式有两种：可以选择由夫妻中的一方按扣除标准的 100% 扣除，也可以选择由双方分别按扣除标准的 50% 扣除。子女教育的扣除分配方式一经选定，在一个纳税年度内不能变更。

（8）问：我不是孩子亲生父母，但是承担了他的抚养和教育义务，这种情况下我可以享受子女教育扣除吗？

答：一般情况下，父母负有抚养和教育未成年子女的义务，可依法享受子女教育扣除；对情况特殊、未由父母抚养和教育的未成年子女，相应的义务会转移到其法定监护人身上。因此，假如是孩子的法定监护人，对其负有抚养和教育的义务，就可以依法申报享受子女教育扣除。

（9）问：填报子女教育扣除时，我该怎么填写教育终止时间？

答：教育终止时间是指子女因就业或者其他原因不再继续接受全日制学历教育的时点。如果填写了教育终止时间，从次月起，就不再继续享受子女教育扣除。如果您的子女当前受教育阶段即将结束，但还会继续接受全日制学历教育，则无须填写，否则无法正常享受扣除政策。

（10）问：我儿子现在上大学，参与了学校的合作办学项目，前两年在中国读书，后两年在国外读书，现在填写信息选择中国还是境外？证书由境外发放，没有学籍号，怎样填写信息，是否可以扣除？

答：目前，子女教育允许扣除境内外教育支出，继续教育专项附加扣除仅限于境内教育，不包括境外教育。如您符合子女教育扣除的相关条件，子女前两年在国内读书，父母作为纳税人请按照规定填写子女接受教育的相关信息；后两年在境外接受教育，无学籍的，可以按照接受境外教育相关规定填报信息，没有学籍号可以不填写，但纳税人应当按规定留存相关证书、子女接受境内外合作办学的招生简章、出入境记录等。

2. 继续教育支出

1）政策梳理

【扣除标准】纳税人在中国境内接受学历（学位）继续教育的支出，在学历（学位）教育期间按照每月 400 元定额扣除。同一学历（学位）继续教育的扣除期限不能超过 48 个月。纳税人接受技能人员职业资格继续教育、专业技术人员职业资格继续教育的支出，在取得相关证书的当年，按照 3 600 元定额扣除。

【扣除范围】包括接受学历（学位）教育、接受技能人员职业资格继续教育、专业技术人员职业资格继续教育的支出。

【扣除方式】继续教育的支出由本人扣除。对于个人接受本科及以下学历（学位）继续教育，符合《个人所得税专项附加扣除暂行办法》规定扣除条件的，可以选择由其父母扣除，也可以选择由本人扣除。

【起止时间】学历（学位）继续教育，为在中国境内接受学历（学位）继续教育入学的当月至学历（学位）继续教育结束的当月，同一学历（学位）继续教育的扣除期限最长不得超过 48 个月。技能人员职业资格继续教育、专业技术人员职业资格继续教育，为取得相关证书的当年。

【填报内容】纳税人享受继续教育专项附加扣除，接受学历（学位）继续教育的，应当填报教育起止时间、教育阶段等信息；接受技能人员或者专业技术人员职业资格继续教育的，应当填报证书名称、证书编号、发证机关、发证(批准)时间等信息。

【留存资料】纳税人接受技能人员职业资格继续教育、专业技术人员职业资格继续教育的,应当留存职业资格相关证书等资料。

2) 热点问题

(1)问:假如我在2020年取得两个以上技能人员职业资格证书,可以享受多少钱的继续教育扣除? 若同时接受多个学历继续教育又取得两个以上技能人员职业资格证书,是否可以同时享受扣除?

答:根据《个人所得税专项附加扣除暂行办法》的规定,纳税人接受技能人员职业资格继续教育、专业技术人员职业资格继续教育,可以在取得相关证书的当年,按照3 600元定额扣除。因此,您在一个纳税年度中取得多个技能人员职业资格证书,也按照3 600元的定额扣除;在一个纳税年度内,一个纳税人最多享受一项学历(学位)继续教育支出扣除和一项职业资格继续教育扣除,继续教育支出最多扣除8 400元/年(3 600+4 800),多个学历(学位)继续教育不可同时享受,多个职业资格继续教育也不可同时享受。

(2)问:参加自考、夜大、函授、远程教育、电大等学习,或只取得了学位教育,可以扣除吗?

答:按照《高等教育自学考试暂行条例》的有关规定,高等教育自学考试应考者取得一门课程的单科合格证书后,省考委即应为其建立考籍管理档案。具有考籍管理档案的考生,可以享受继续教育专项附加扣除;参加夜大、函授、远程教育、电大等教育,所读学校若为其建立学籍档案的,可以享受学历(学位)继续教育扣除;若所从事的继续教育没有学历,只有学位,在学习过程中,也可以按照每月400元的标准,享受继续教育专项附加扣除。

(3)问:没有证书的兴趣培训班发生的费用可以作为继续教育扣除吗?

答:目前,继续教育专项附加扣除的范围限定在学历继续教育、技能人员职业资格继续教育和专业技术人员职业资格继续教育的支出上,上述培训之外的花艺、瑜伽、声乐等兴趣培训不在继续教育扣除范围内。

(4)问:如果是2020年12月取得资格证书,纳税人12月工资不能一次性足额扣除3 600元(如12月只享受扣除了1 000元),那余下的2 600元是不是就作废次年不能享受扣除了呢?

答:如果纳税人当月工资收入不足扣除的部分,可以在年度终了后,通过汇算清缴自行申报办理扣除。

(5)问:作为继续教育的学历(学位)教育和作为子女教育的学历(学位)有什么区别吗?

答:子女教育的学历(学位)教育是全日制学历教育,范围从小学到博士研究生;继续教育的学历(学位)教育是非全日制学历教育,范围从大专到博士研究生,其中大专和本科阶段包括成人高考、自学考试、远程网络教育、电视大学和函授等形式。因为继续教育的学历(学位)教育是非全日制学历教育,学制周期较长,所以税法规定同一学历(学位)继续教育的扣除期限不能超过48个月。48个月的限制,不适用于子女教育的全日制学历教育。

(6)问:纳税人处于本硕博连读的博士阶段,父母已经申报享受了子女教育专项附加扣除,纳税人如果在博士读书时取得律师资格证书,可以申报继续教育扣除吗?

答:如果纳税人有综合所得,一个纳税年度内,在取得证书的当年,可以享受职业资格继续教育扣除。

(7)问:学历(学位)教育支出扣除有享受限制吗? 比如专科毕业后,再报本科,或者先后开始几个本科学历教育(如"双学位"),还能再扣除吗?

答:可以。只要在接受符合条件的学历继续教育期间,就可以扣除,但是每个月只能定额扣除 400 元,而不能叠加计算;而且每个学历继续教育支出的扣除期限不能超过 48 个月。

(8)问:国外进行的学历继续教育和国外职业资格继续教育,能否享受每月 400 元或每年 3 600 元的继续教育附加扣除?

答:根据《个人所得税专项附加扣除暂行办法》的规定,纳税人在中国境内接受的学历(学位)继续教育支出,以及接受技能人员职业资格继续教育、专业技术人员职业资格继续教育支出可以扣除。而在国外接受的学历继续教育和国外颁发的技能证书,不符合"中国境内"规定,不能享受专项附加扣除政策。

(9)问:如果纳税人接受继续教育,但没有相关证书怎么办?

答:如果继续教育没有证书的,除另有规定外,不能享受 3 600 元的定额扣除。另外,取得职业资格证书后每年按要求参加继续教育的,即使取得证书也不能享受 3 600 元定额扣除。比如,会计人员每年参加继续教育要求不少于多少学时或多少学分,通过后取得的相关证书,这种情况不适用于"取得相关证书的当年,按照 3 600 元定额扣除"的规定。

(10)问:如何理解取得相关证书的当年?

答:取得相关证书的当年是指证书颁发的当年,具体以证书上面的日期为准。如果证书上面没有日期,则以颁发证书机构公布领取证书的时间为准,而不是实际拿到证书的时间。全科通过但尚未取得证书的,不得扣除。

3. 大病医疗支出

1)政策梳理

【扣除标准】在一个纳税年度内,纳税人发生的与基本医保相关的医药费用支出,扣除医保报销后个人负担(指医保目录范围内的自付部分)累计超过 15 000 元的部分,由纳税人在办理年度汇算清缴时,在 80 000 元限额内据实扣除。

【扣除范围】纳税人本人、配偶及其未成年子女发生的与基本医保相关的医药费用,均可在限额内计算扣除。

【扣除方式】纳税人发生的医药费用支出可以选择由本人或者其配偶扣除;未成年子女发生的医药费用支出可以选择由其父母一方扣除。纳税人及其配偶、未成年子女发生的医药费用支出,分别计算扣除额。

【扣除时间】纳税人享受符合规定的专项附加扣除的计算时间分别为医疗保障信息系统记录的医药费用实际支出的当年。

【填报内容】纳税人享受大病医疗专项附加扣除,应当填报患者姓名、身份证件类型及号码、与纳税人关系、与基本医保相关的医药费用总金额、医保目录范围内个人负担的自付金额等信息。

【留存资料】大病患者医药服务收费及医保报销相关票据原件或复印件,或者医疗保障部门出具的纳税年度医药费用清单等资料。

2)热点问题

(1)问:我的家人生病了,他发生的医疗支出能不能在我的工资收入里扣除?

答:根据《个人所得税专项附加扣除暂行办法》的规定,纳税人的医药费用支出可以选择由本人或其配偶一方扣除,未成年子女的医药费用支出可以选择由其父母一方扣除。

假如您的配偶或孩子在一个年度内发生的在医保目录范围内的医药费用支出,扣除医保报销后自付超过 1.5 万元的部分,就可以在 8 万元限额内据实扣除。需要注意的是,纳税人本人、配偶和未成年子女发生的医药费用支出,需要单独按人归集计算,不能把多人发生的医药费用混合累计。比如张某的妻子在一个年度内共计发生医药费用 1 万元,儿子在一个年度内共计发生医药费用 4 万元,其妻子的医药费用没有达到享受扣除的条件,但其儿子发生的医药费用支出超过 1.5 万元的部分为 2.5 万元,符合扣除条件且没有达到每年每人 8 万元的扣除限额标准,因此据实扣除,即张某或其妻可选择一方申报其子的 2.5 万元大病医疗扣除。

(2)问:我是去年 12 月 20 日入院治疗肠胃炎,今年(2021 年)1 月 5 日出院的,我这种跨年度的医疗费用,如何计算扣除额?是分两个年度分别扣除吗?

答:纳税人年末住院,第二年年初出院,一般是在出院时才进行医疗费用的结算。纳税人申报享受大病医疗扣除,以医疗费用结算单上的结算时间为准,因此该医疗支出属于第二年的医疗费用,到 2021 年结束时,如果达到大病医疗扣除的"起付线",可以在 2022 年汇算清缴时享受扣除。

(3)问:大病医疗支出的计算周期是什么?

答:是按照纳税年度(1 月 1 日至 12 月 31 日)计算的,而不是按照治疗周期(开始治疗到结束治疗,或者入院到出院)。如果发生大病医疗的,应当在年底时和医院进行一次结算,自付超过 15 000 元的部分可以在年度汇算清缴时扣除。

(4)问:大病医疗是否允许叠加扣除?

答:不可以。纳税人及其配偶、未成年子女发生的医药费用支出,应当分别计算,分别达到个人自付部分累计超过 15 000 元的才能扣除。

(5)问:2020 年度,张三发生医保报销后个人负担的医药费 9 万元,张三的儿子张小三(12 岁)发生医保报销后个人负担的医药费 6 万元,在次年汇算清缴时都选择由张三扣除。张三可以享受大病医疗支出扣除的金额为 12 万元(9−1.5+6−1.5)还是 8 万元?

答:是 12 万元。纳税人本人、配偶及其未成年子女发生的与基本医保相关的医药费用,均可在限额内计算扣除,纳税人及其配偶、未成年子女发生的医药费用支出,分别计算扣除额。

(6)问:医保目录范围内的自付部分和医保目录范围外的自费部分有什么区别?纳税人如何知道可以享受大病医疗扣除的自付金额?

答:两者的区别在于医药费是否在医保目录范围内。《国务院关于印发〈个人所得税专项附加扣除暂行办法〉的通知》(国发〔2018〕41 号)明确"医保目录范围内的自付部分"累计超过 15 000 元的部分才能享受扣除。如果个人在治疗过程中选择一些非医保目录范围内的进口药物,即自费,是不能享受大病医疗支出扣除的。

目前,国家医疗保障局已向公众提供互联网查询服务。参加基本医保的纳税人可以通过国家医保服务平台 APP,查询上一年度纳税人发生的与基本医保相关的医药费用支出扣除医保报销后个人负担的累计金额。

(7)问:如果个人购买了商业保险,发生大病在医保报销后商业保险又报销的部分,是否属于个人负担部分?举例来说,发生大病一共支出 12 万元,医保报销 7 万元,商业保险报销 2 万元,个人自付部分为多少?能否享受大病医疗支出扣除?

答：个人负担是指医保目录范围内的自付部分，而不考虑实际支付来源。因此，商业保险负担的、单位负担的，以及家庭负担的或者社会捐赠的，都属于个人负担部分。

就问题中的例子而言，该个人可以享受的大病医疗支出扣除金额为3.5万元（12－7－1.5）。

（8）问：什么是大病，有范围界定吗？医药费有何界定？

答：税法从个人自付金额是否达到15 000元而非病种上界定大病的。换句话说，即使发生了感冒，只要与基本医保相关的医药费用支出，扣除医保报销后个人负担累计超过15 000元就可以享受扣除。医药费应当是治疗过程发生的药物、治疗费的统称，包括内服药和外用药，也包括床位费、门诊费、护理费、输血费等治疗费用，以及医疗过程中消耗的一次性耗材如纱布、针头等费用。

（9）问：如何理解大病医疗专项附加扣除的"起付线"和扣除限额的关系？

答：根据《个人所得税专项附加扣除暂行办法》的规定，纳税人发生的与基本医保相关的医药费用支出，扣除医保报销后个人负担（指医保目录范围内的自付部分）累计超过1.5万元的部分，在8万元限额内据实扣除。上述所称的1.5万元就是"起付线"，8万元就是扣除限额。

（10）问：在私立医院就诊是否可以享受大病医疗扣除？

答：对于纳入医疗保障结算系统的私立医院，只要纳税人看病的支出在医保系统可以体现和归集，则纳税人发生的与基本医保相关的支出，可以按照规定享受大病医疗扣除。

4. 住房贷款利息支出

1）政策梳理

【扣除标准】纳税人本人或者配偶单独或者共同使用商业银行或者住房公积金个人住房贷款为本人或者其配偶购买中国境内住房，发生的首套住房贷款利息支出，在实际发生贷款利息的年度，按照每月1 000元的标准定额扣除，扣除期限最长不超过240个月。纳税人只能享受一次首套住房贷款的利息扣除。

【扣除范围】纳税人本人或者配偶单独或者共同使用商业银行或者住房公积金个人住房贷款为本人或者其配偶购买中国境内住房，发生的首套住房贷款利息支出。首套住房贷款是指购买住房享受首套住房贷款利率的住房贷款。

【扣除方式】经夫妻双方约定，可以选择由其中一方扣除，具体扣除方式在一个纳税年度内不能变更。夫妻双方婚前分别购买住房发生的首套住房贷款，其贷款利息支出，婚后可以选择其中一套购买的住房，由购买方按扣除标准的100%扣除，也可以由夫妻双方对各自购买的住房分别按扣除标准的50%扣除，具体扣除方式在一个纳税年度内不能变更。

【起止时间】为贷款合同约定开始还款的当月至贷款全部归还或贷款合同终止的当月，扣除期限最长不得超过240个月。

【填报内容】纳税人享受住房贷款利息专项附加扣除，应当填报住房权属信息、住房坐落地址、贷款方式、贷款银行、贷款合同编号、贷款期限、首次还款日期等信息；纳税人有配偶的，填写配偶姓名、身份证件类型及号码。

【留存资料】纳税人需要留存备查资料包括：住房贷款合同、贷款还款支出凭证等资料。

2）热点问题

（1）问：我和太太婚前各自购买了一套住房，均属于"首套住房贷款"，婚后应该怎么享受专项附加扣除？

答：根据《个人所得税专项附加扣除暂行办法》的规定，您和您太太婚前各自购买住房发生首套住房贷款利息支出，婚后可以选择其中一套住房，由购买方按照每月1 000元的标准扣除，或者由您和您太太对各自购买的住房分别按照每月500元的标准扣除。需要注意的是，扣除方式一经确定，在一个纳税年度内不能变更。

（2）问：妻子在北京婚前有首套住房贷款，婚前已经享受了首套住房贷款利息扣除。婚后夫妻二人在天津买了新房并记在丈夫名下，丈夫婚前没有买过房子，这种情况下，如果天津的新房符合首套贷款条件，丈夫是否能享受贷款利息专项附加扣除？

答：婚后，如果妻子就婚前已购住房申请继续享受住房贷款利息扣除，夫妻双方均不能再就其他住房享受住房贷款利息扣除。婚后，如果妻子未就婚前已购住房享受住房贷款利息扣除，且丈夫之前也未享受过住房贷款利息扣除，则丈夫可以就其婚后新购住房享受住房贷款利息扣除。

（3）问：如何知道贷款买房是不是符合住房贷款利息扣除的条件？

答：根据《个人所得税专项附加扣除暂行办法》的规定，纳税人本人或其配偶单独或共同使用商业银行或住房公积金个人住房贷款为本人或其配偶购买中国境内住房，发生的首套住房贷款利息支出可依法享受扣除。其中，"首套住房贷款"是指购买住房享受首套住房贷款利率的住房贷款。您的住房贷款是否符合这一条件，可以查询贷款合同，或者向您的具体贷款银行咨询确认。

（4）问：我刚办的房贷期限是30年，我现在扣完子女教育和赡养老人就不用缴税了，我可以选择过两年再开始办理房贷扣除吗？

答：住房贷款利息支出扣除实际可扣除时间为贷款合同约定开始还款的当月至贷款全部归还或贷款合同终止的当月，扣除期限最长不得超过240个月。因此，在不超过240个月以内，您可以根据个人情况办理符合条件的住房贷款利息扣除。

（5）问：我们夫妻给儿子在老家的省会，用贷款买了一套房子供他结婚时用，房本写的是我们和儿子共有，可以享受住房贷款利息扣除吗？怎么扣？

答：父母和子女共同购买一套房子，不能既由父母扣除，又由子女扣除，应该由主贷款人扣除。如主贷款人为子女的，由子女享受贷款利息专项附加扣除；主贷款人为父母中一方的，由父母任一方享受贷款利息扣除。

（6）问：我有一套住房，是公积金和商业贷款组合贷款，公积金中心按首套贷款利率发放，商业银行按普通商业银行贷款利率发放，是否可以享受住房贷款利息扣除？

答：一套采用组合贷款方式购买的住房，如公积金中心或商业银行其中之一，是按照首套房屋贷款利率发放的贷款，则可以享受住房贷款利息扣除。

（7）问：2020年12月份办理的住房贷款，但是现在还没批下来，预计2021年1月份批下来，单位现在让我填写专项附加扣除信息采集表报送上去，但是我没有取得《专项附加扣除信息采集表——住房贷款利息支出》中的"贷款合同编号"，应如何处理？

答：纳税人可以待取得相关信息后填报扣除。如果因为一时信息不全没有及时填报也不用担心，后续月份填报后，也可以按照全年依规定可扣除的额度进行扣除，不影响纳税人享受专项附加扣除政策。

（8）问：首套房的贷款还清后，贷款购买第二套房屋时，银行仍旧按照首套房贷款利率发放贷款,首套房没有享受过扣除,第二套房屋是否可以享受住房贷款利息扣除?

答:根据《个人所得税专项附加扣除暂行办法》的相关规定,如纳税人此前未享受过住房贷款利息扣除,那么其按照首套住房贷款利率贷款购买的第二套住房,可以享受住房贷款利息扣除。

(9)问:如何理解纳税人只能享受一次住房贷款利息扣除?

答:只要纳税人申报扣除过一套住房贷款利息,在个人所得税专项附加扣除的信息系统内有扣除住房贷款利息的记录,无论扣除时间长短,也无论该住房的产权归属情况,纳税人就不得再就其他房屋享受住房贷款利息扣除。

(10)问:纳税人在北京工作有自有住房,享受贷款利息扣除。之后的2年派到外地分支机构工作,由分支机构发放工资,在外地租房居住,是否可以不扣北京的住房贷款利息选择扣除租房租金?如能扣除租房租金,再调回北京工作还能就北京住房享受贷款利息扣除吗?外地租房的24个月是否排除在最长扣除期限240个月之外?

答:纳税人在工作的分支机构所在地没有自有住房的,可以享受住房租金扣除。纳税人调回北京后,可以继续享受北京住房贷款利息扣除,最长扣除期限240个月。但是纳税人及其配偶在一个纳税年度内不能同时享受住房租金和住房贷款利息扣除。纳税人享受住房租金扣除期间,不计入住房贷款利息最长240个月扣除期限。纳税人应当在实际情况发生变化时,及时更正申报,如实享受扣除政策。

5. 住房租金支出

1)政策梳理

【扣除标准】

(1)直辖市、省会(首府)城市、计划单列市以及国务院确定的其他城市,扣除标准为每月1 500元。

(2)除第(1)项所列城市以外,市辖区户籍人口超过100万人的城市,扣除标准为每月1 100元。

(3)市辖区户籍人口不超过100万人的城市,扣除标准为每月800元。

纳税人的配偶在纳税人的主要工作城市有自有住房的,视同纳税人在主要工作城市有自有住房。市辖区户籍人口,以国家统计局公布的数据为准。

附:国家统计局公布的最近时期城市人口统计表(见表2-5)。

表2-5 国家统计局公布的最近时期城市人口统计表

直辖市、省会(首府)、计划单列市		100万人以上城市			100万人以下城市						
1	北京市	1	唐山市	6	大同市	1	邢台市	6	阳泉市	11	运城市	16	通辽市
2	天津市	2	秦皇岛市	7	包头市	2	承德市	7	长治市	12	忻州市	17	鄂尔多斯市
3	石家庄市	3	邯郸市	8	赤峰市	3	沧州市	8	晋城市	13	临汾市	18	呼伦贝尔市
4	太原市	4	保定市	9	鞍山市	4	廊坊市	9	朔州市	14	吕梁市	19	巴彦淖尔市
5	呼和浩特市	5	张家口市	10	抚顺市	5	衡水市	10	晋中市	15	乌海市	20	乌兰察布市

（续表）

直辖市、省会（首府）、计划单列市		100万人以上城市				100万人以下城市							
6	沈阳市	11	盘锦市	42	赣州市	21	兴安盟	50	嘉兴市	81	孝感市	108	攀枝花市
7	大连市	12	吉林市	43	宜春市	22	锡林郭勒盟	51	金华市	82	黄冈市	109	德阳市
8	长春市	13	齐齐哈尔市	44	抚州市			52	衢州市	83	咸宁市	110	广元市
9	哈尔滨市	14	大庆市	45	上饶市	23	阿拉善盟	53	舟山市	84	随州市	111	雅安市
10	上海市	15	无锡市	46	淄博市	24	本溪市	54	丽水市	85	恩施土家族苗族自治州	112	阿坝藏族羌族自治州
11	南京市	16	徐州市	47	枣庄市	25	丹东市	55	马鞍山市				
12	杭州市	17	常州市	48	东营市	26	锦州市	56	铜陵市	86	株洲市	113	甘孜藏族自治州
13	宁波市	18	苏州市	49	烟台市	27	营口市	57	安庆市	87	湘潭市		
14	合肥市	19	南通市	50	潍坊市	28	阜新市	58	黄山市	88	邵阳市	114	凉山彝族自治州
15	福州市	20	连云港市	51	济宁市	29	辽阳市	59	滁州市	89	张家界市		
16	厦门市	21	淮安市	52	泰安市	30	铁岭市	60	池州市	90	郴州市	115	铜仁市
17	南昌市	22	盐城市	53	威海市	31	朝阳市	61	宣城市	91	怀化市	116	黔西南布依族苗族自治州
18	济南市	23	扬州市	54	日照市	32	葫芦岛市	62	三明市	92	娄底市		
19	青岛市	24	镇江市	55	莱芜市	33	四平市	63	漳州市	93	湘西土家族苗族自治州		
20	郑州市	25	泰州市	56	临沂市	34	辽源市	64	南平市			117	黔东南苗族侗族自治州
21	武汉市	26	宿迁市	57	德州市	35	通化市	65	宁德市				
22	长沙市	27	温州市	58	聊城市	36	白山市	66	景德镇市	94	韶关市	118	黔南布依族苗族自治州
23	广州市	28	湖州市	59	滨州市	37	松原市	67	萍乡市	95	梅州市		
24	深圳市	29	绍兴市	60	菏泽市	38	白城市	68	九江市	96	汕尾市		
25	南宁市	30	台州市	61	开封市	39	延边朝鲜族自治州	69	新余市	97	河源市	119	玉溪市
26	海口市	31	芜湖市	62	洛阳市			70	鹰潭市	98	云浮市	120	保山市
27	重庆市	32	蚌埠市	63	平顶山市	40	鸡西市	71	吉安市	99	梧州市	121	昭通市
28	成都市	33	淮南市	64	安阳市	41	鹤岗市	72	鹤壁市	100	北海市	122	丽江市
29	贵阳市	34	淮北市	65	新乡市	42	双鸭山市	73	焦作市	101	防城港市	123	普洱市
30	昆明市	35	阜阳市	66	漯河市	43	伊春市	74	濮阳市	102	百色市	124	临沧市
31	拉萨市	36	宿州市	67	南阳市	44	佳木斯市	75	许昌市	103	河池市	125	楚雄彝族自治州
32	西安市	37	六安市	68	商丘市	45	七台河市	76	三门峡市	104	崇左市		
33	兰州市	38	亳州市	69	信阳市	46	牡丹江市	77	周口市	105	三亚市	126	红河哈尼族彝族自治州
34	西宁市	39	莆田市	70	十堰市	47	黑河市	78	驻马店市	106	三沙市		
35	银川市	40	泉州市	71	宜昌市	48	绥化市	79	黄石市	107	儋州市	127	文山壮族苗族自治州
36	乌鲁木齐市	41	龙岩市	72	襄阳市	49	大兴安岭地区	80	荆门市				

（续表）

直辖市、省会（首府）、计划单列市	100 万人以上城市						100 万人以下城市			
	73	鄂州市	99	贺州市	128	西双版纳傣族自治州	148	平凉市	165	中卫市
	74	荆州市	100	来宾市			149	酒泉市	166	克拉玛依市
	75	衡阳市	101	自贡市	129	大理白族自治州	150	庆阳市	167	吐鲁番市
	76	岳阳市	102	泸州市			151	定西市	168	哈密市
	77	常德市	103	绵阳市	130	德宏傣族景颇族自治州	152	陇南市	169	昌吉回族自治州
	78	益阳市	104	遂宁市			153	临夏回族自治州		
	79	永州市	105	内江市					170	博尔塔拉蒙古自治州
	80	珠海市	106	乐山市	131	怒江傈僳族自治州	154	甘南藏族自治州		
	81	汕头市	107	南充市					171	巴音郭楞蒙古自治州
	82	佛山市	108	眉山市	132	迪庆藏族自治州	155	海东市		
	83	江门市	109	宜宾市			156	海北藏族自治州	172	阿克苏地区
	84	湛江市	110	广安市	133	日喀则市			173	克孜勒苏柯尔克孜自治州
	85	茂名市	111	达州市	134	昌都市	157	黄南藏族自治州		
	86	肇庆市	112	巴中市	135	林芝市				
	87	惠州市	113	资阳市	136	山南市	158	海南藏族自治州	174	喀什地区
	88	阳江市	114	六盘水市	137	那曲地区			175	和田地区
	89	清远市	115	遵义市	138	阿里地区	159	果洛藏族自治州	176	伊犁哈萨克自治州
	90	东莞市	116	安顺市	139	铜川市				
	91	中山市	117	毕节市	140	延安市	160	玉树藏族自治州	177	塔城地区
	92	潮州市	118	曲靖市	141	汉中市			178	阿勒泰地区
	93	揭阳市	119	宝鸡市	142	榆林市	161	海西蒙古族藏族自治州		
	94	柳州市	120	咸阳市	143	商洛市				
	95	桂林市	121	渭南市	144	嘉峪关市				
	96	钦州市	122	安康市	145	金昌市	162	石嘴山市		
	97	贵港市	123	天水市	146	白银市	163	吴忠市		
	98	玉林市	124	武威市	147	张掖市	164	固原市		

注：市辖区户籍人口以 2017 年公安户籍人口数据为准。

【扣除范围】纳税人在主要工作城市没有自有住房而发生的住房租金支出。主要工作城市是指纳税人任职受雇的直辖市、计划单列市、副省级城市、地级市（地区、州、盟）全部行政区域范围；纳税人无任职受雇单位的，为受理其综合所得汇算清缴的税务机关所在城市。夫妻双方主要工作城市相同的，只能由一方扣除住房租金支出。

【扣除方式】住房租金支出由签订租赁住房合同的承租人扣除。纳税人及其配偶在一个纳税年度内不能同时分别享受住房贷款利息和住房租金专项附加扣除。

【起止时间】为租赁合同(协议)约定的房屋租赁期开始的当月至租赁期结束的当月。提前终止合同(协议)的,以实际租赁期限为准。

【填报内容】纳税人享受住房租金专项附加扣除,应当填报主要工作城市、租赁住房坐落地址、出租人姓名及身份证件类型和号码或者出租方单位名称及纳税人识别号(社会统一信用代码)、租赁起止时间等信息;纳税人有配偶的,填写配偶姓名、身份证件类型及号码。

【留存资料】纳税人应当留存住房租赁合同、协议等有关资料备查。

2) 热点问题

(1) 问:住房租金专项附加扣除中的主要工作城市是如何定义的?

答:根据《个人所得税专项附加扣除暂行办法》的规定,主要工作城市是指纳税人任职受雇的直辖市、计划单列市、副省级城市、地级市(地区、州、盟)全部行政区域范围。

(2) 问:已全款买房,又在同一城市租房,是否可享受住房租金专项附加扣除?

答:您这种情况是属于有自有住房,那么在同一城市再发生的租房租金不能享受住房租金专项附加扣除。

(3) 问:我们单位员工流动性比较大,一年换几个城市租赁住房,或者当年度一直外派并在当地租房子,如何申报住房租金专项附加扣除?

答:如果您单位为外派员工解决了住宿问题的,您单位员工就不能享受住房租金扣除,因为员工本人并未就租房发生房屋租金支出。如果外派员工自行解决租房问题的,如一年内多次变换工作地点的,个人应及时向扣缴义务人或者税务机关更新专项附加扣除相关信息,允许一年内按照更换工作地点的情况分别进行扣除。以主要工作地城市的标准进行扣除。

(4) 问:纳税人公司所在地为保定,被派往分公司北京工作,纳税人及其配偶在北京都没有住房,由于工作原因在北京租房,纳税人是否可以享受住房租金扣除? 如果可以,应按照哪个城市的标准扣除?

答:符合条件的纳税人在主要工作地租房的支出可以享受住房租金扣除。主要工作地指的是纳税人的任职受雇所在地,如果任职受雇所在地与实际工作地不符的,以实际工作地为主要工作城市。该问题中,纳税人当前的实际工作地(主要工作地)是北京市,应当按照北京市的标准享受住房租金扣除。

(5) 问:合租住房可以分别扣除住房租金支出吗?

答:住房租金支出由签订租赁合同的承租人扣除。因此,合租租房的个人(非夫妻关系),若都与出租方签署了规范租房合同,可根据租金定额标准各自扣除。

(6) 问:公租房是公司与保障房公司签的协议,但员工是需要付房租的,这种情况下员工是否可以享受专项附加扣除,这种需要保留什么资料留存备查呢?

答:纳税人在主要工作城市没有自有住房而发生的住房租金支出,可以按照标准定额扣除。员工租用公司与保障房公司签订的保障房,并支付租金的,可以申报扣除住房租金专项附加扣除。纳税人应当留存与公司签订的公租房合同或协议等相关资料备查。

(7) 问:夫妻双方无住房,两人主要工作城市不同,各自租房,如何扣除?

答:夫妻双方主要工作城市不同,且都无住房,可以分别扣除。

（8）问：住房贷款利息和住房租金扣除可以同时享受吗？

答：不可以。住房贷款利息和住房租金只能二选一。如果对于住房贷款利息进行了抵扣，就不能再对住房租金进行抵扣。反之亦然。

（9）问：单位为员工提供宿舍，可以扣除租金支出吗？

答：如果个人不需要付租金，不得扣除租金支出；如果个人支付租金，可以按规定限额扣除租金支出。

（10）问：年度中间换租造成中间有重叠租赁月份的情况，如何填写相关信息？

答：纳税人在年度中间月份更换租赁住房、存在租赁期有交叉情况的，纳税人在填写租赁日期时应避免有日期交叉。

6. 赡养老人支出

1）政策梳理

【扣除标准】

（1）纳税人为独生子女的，按照每月 2 000 元的标准定额扣除。

（2）纳税人为非独生子女的，由其与兄弟姐妹分摊每月 2 000 元的扣除额度，每人分摊的额度不能超过每月 1 000 元。

【扣除范围】纳税人赡养一位及一位以上被赡养人的赡养支出。被赡养人是指年满 60 周岁的父母，以及子女均已去世的年满 60 岁的祖父母、外祖父母。

【扣除方式】可以由赡养人均摊或者约定分摊，也可以由被赡养人指定分摊。约定或者指定分摊的须签订书面分摊协议，指定分摊优先于约定分摊。具体分摊方式和额度在一个纳税年度内不能变更。

【起止时间】为被赡养人年满 60 周岁的当月至赡养义务终止的年末。

【填报内容】纳税人享受赡养老人专项附加扣除，应当填报纳税人是否为独生子女、月扣除金额、被赡养人姓名及身份证件类型和号码，与纳税人关系；有共同赡养人的，需填报分摊方式、共同赡养人姓名及身份证件类型和号码等信息。

【留存资料】纳税人需要留存备查资料包括：约定或指定分摊的书面分摊协议等资料。

2）热点问题

（1）问：我家里有两位年满 60 岁的老人需要赡养，如果要享受扣除，我要报送哪些资料？

答：您在享受赡养老人专项附加扣除时，需要填报相关信息，主要包括是否为独生子女、月扣除金额、被赡养人姓名及身份证类型和号码，以及与您的关系。此外，如有共同赡养人的，还要填报分摊方式、共同赡养人姓名及身份证类型和号码等信息。

（2）问：家有一老如有一宝，我家有两"宝"，是不是就可以加倍扣除赡养老人支出？

答：可以享受赡养老人扣除的条件其实很简单，与赡养老人的数量无关，只要您赡养的被赡养人中一位年满 60 岁，即可按月享受扣除。

（3）问：非独生子女的兄弟姐妹都已去世，是否可以按独生子女赡养老人扣除 2 000 元/月？

答：一个纳税年度内，如纳税人的其他兄弟姐妹均已去世，其可在第二年按照独生子女赡养老人标准 2 000 元/月扣除。如纳税人的兄弟姐妹在 2020 年 1 月 1 日以前均已去世，则选择按"独生子女"身份享受赡养老人扣除标准；如纳税人已按"非独生子女"身份填报，可修改已申报信息，1 月按非独生子女身份扣除少享受的部分，可以在下月领工资时补扣除。

（4）问：独生子女家庭，父母离异后再婚的，如何享受赡养老人专项附加扣除？

答：对于独生子女家庭，父母离异后重新组建家庭，在新组建的两个家庭中，如果纳税人对其亲生父母、继父母中的任何一人是唯一法定赡养人，则纳税人可以按照独生子女标准享受每月2000元赡养老人专项附加扣除。除上述情形外，不能按照独生子女享受扣除。在填写专项附加扣除信息表时，纳税人需注明与被赡养人的关系。

（5）问：由于纳税人的叔叔伯伯无子女，纳税人实际承担对叔叔伯伯的赡养义务，是否可以扣除赡养老人支出？

答：不可以。被赡养人是指年满60岁的父母，以及子女均已去世的年满60岁的祖父母、外祖父母，叔叔伯伯不属于扣除范围。

（6）问：赡养岳父岳母或公婆的费用是否可以享受个人所得税附加扣除？

答：不可以。被赡养人是指年满60岁的父母，以及子女均已去世的年满60岁的祖父母、外祖父母。

（7）问：生父母有两个子女，将其中一个过继给养父母，养父母家没有其他子女，被过继的子女属于独生子女吗？留在原家庭的孩子，属于独生子女吗？

答：被过继的子女，在新家庭中属于独生子女。留在原家庭的孩子，如没有兄弟姐妹与其一起承担赡养生父母的义务，也可以按照独生子女标准享受扣除。

（8）问：双胞胎是否可以按照独生子女享受赡养老人专项附加扣除？

答：双胞胎不可以按照独生子女享受赡养老人扣除。双胞胎兄弟姐妹需要共同赡养父母，双胞胎中任何一方都不是父母的唯一赡养人，因此每个子女不能独自享受2000元的扣除额度。

（9）非独生子女，父母指定或兄弟协商，是否可能由一个子女扣除2000元？

答：不可以，根据《个人所得税专项附加扣除暂行办法》的规定，纳税人为非独生子女的，由其与兄弟姐妹分摊每月2000元的扣除额度，每人分摊的额度不能超过每月1000元。因此，非独生子女是不能通过父母指定或兄弟协商享受2000元扣除标准的。

（10）问：子女均已去世的年满60岁的祖父母、外祖父母，孙子女、外孙子女能否按照独生子女扣除，如何判断？

答：只要祖父母、外祖父母中的任何一方，没有纳税人以外的其他孙子女、外孙子女共同赡养，则纳税人可按照独生子女扣除。如果还有其他的孙子女、外孙子女与纳税人共同赡养祖父母、外祖父母，则纳税人不能按照独生子女扣除。

7. 办理专项附加扣除的规定

《个人所得税专项附加扣除暂行办法》规定，纳税人首次享受专项附加扣除，应当将专项附加扣除相关信息提交扣缴义务人或者税务机关，扣缴义务人应当及时将相关信息报送税务机关，纳税人对所提交信息的真实性、准确性、完整性负责。专项附加扣除信息发生变化的，纳税人应当及时向扣缴义务人或者税务机关提供相关信息。

《国家税务总局关于发布〈个人所得税专项附加扣除操作办法（试行）〉的公告》（国家税务总局公告2018年第60号）对信息报送进行了具体规定，纳税人选择在扣缴义务人发放工资、薪金所得时享受专项附加扣除的，首次享受时应当填写并向扣缴义务人报送《扣除信息表》；纳税年度中间相关信息发生变化的，纳税人应当更新《扣除信息表》相应栏次，并及时报送给扣缴义务人。更换工作单位的纳税人,需要由新任职、受雇扣缴义务人办理专项附加扣除的,应当在入职的当月,填写并向扣缴义务人报送《扣除信息表》。

纳税人将需要享受的专项附加扣除项目信息填报至《扣除信息表》相应栏次。填报要素完整的,扣缴义务人或者主管税务机关应当受理;填报要素不完整的,扣缴义务人或者主管税务机关应当及时告知纳税人补正或重新填报。纳税人未补正或重新填报的,暂不办理相关专项附加扣除,待纳税人补正或重新填报后再行办理。

附:专项附加扣除信息表填报内容(见表2-6)。

表2-6 专项附加扣除信息表填报内容

扣除项目	填报内容
子女教育	配偶及子女的姓名、身份证件类型及号码、子女当前受教育阶段及起止时间、子女就读学校以及本人与配偶之间扣除分配比例
继续教育	① 学历(学位)继续教育:教育起止时间、教育阶段等信息; ② 技能人员或者专业技术人员职业资格继续教育:证书名称、证书编号、发证机关、发证(批准)时间
住房贷款利息	① 住房权属信息、住房坐落地址、贷款方式、贷款银行、贷款合同编号、贷款期限、首次还款日期等信息; ② 纳税人有配偶的,填写配偶姓名、身份证件类型及号码
住房租金	① 主要工作城市、租赁住房坐落地址、出租人姓名及身份证件类型和号码或者出租方单位名称及纳税人识别号(社会统一信用代码)、租赁起止时间等信息; ② 纳税人有配偶的,填写配偶姓名、身份证件类型及号码
赡养老人	是否为独生子女、月扣除金额、被赡养人姓名及身份证件类型和号码、与纳税人关系; 有共同赡养人的,需填报分摊方式、共同赡养人姓名及身份证件类型和号码
大病医疗	患者姓名、身份证件类型及号码、与纳税人关系、与基本医保相关的医药费用总金额、医保目录范围内个人负担的自付金额

8. 专项附加扣除信息报送

《国家税务总局关于发布〈个人所得税专项附加扣除操作办法(试行)〉的公告》(国家税务总局公告2018年第60号)第十九条至第二十二条对纳税人报送信息的方式和渠道进行了规定,纳税人可以通过远程办税端、电子或者纸质报表等方式,向扣缴义务人或者主管税务机关报送个人专项附加扣除信息。扣缴义务人和税务机关应当告知纳税人办理专项附加扣除的方式和渠道,鼓励并引导纳税人采用远程办税端报送信息。

(1)纳税人选择纳税年度内由扣缴义务人办理专项附加扣除的,按下列规定办理:

① 纳税人通过远程办税端选择扣缴义务人并报送专项附加扣除信息的,扣缴义务人根据接收的扣除信息办理扣除。

② 纳税人通过填写电子或者纸质《扣除信息表》直接报送扣缴义务人的,扣缴义务人将相关信息导入或者录入扣缴端软件,并在次月办理扣缴申报时提交给主管税务机关。《扣除信息表》应当一式两份,纳税人和扣缴义务人签字(章)后分别留存备查。

(2)纳税人选择年度终了后办理汇算清缴申报时享受专项附加扣除的,按下列规定办理:

① 通过远程办税端报送专项附加扣除信息。

② 将电子《扣除信息表》（一式两份）报送给汇缴地主管税务机关，主管税务机关受理打印，交由纳税人签字后，一份由纳税人留存备查，一份由税务机关留存。

③ 将纸质《扣除信息表》（一式两份）报送给汇缴地主管税务机关，纳税人签字确认、主管税务机关受理签章后，一份退还纳税人留存备查，一份由税务机关留存。

9. 后续管理

《国家税务总局关于发布〈个人所得税专项附加扣除操作办法（试行）〉的公告》（国家税务总局公告 2018 年第 60 号）第二十三条至第二十九条，对专项附加扣除的后续管理做了具体规定。

1）《扣除信息表》的保存

（1）纳税人应当将《扣除信息表》及相关留存备查资料，自法定汇算清缴期结束后保存 5 年。

（2）纳税人报送给扣缴义务人的《扣除信息表》，扣缴义务人应当自预扣预缴年度的次年起留存 5 年。

2）专项附加扣除信息管理

（1）纳税人向扣缴义务人提供专项附加扣除信息的，扣缴义务人应当按照规定予以扣除，不得拒绝。扣缴义务人应当为纳税人报送的专项附加扣除信息保密。

（2）扣缴义务人应当及时按照纳税人提供的信息计算办理扣缴申报，不得擅自更改纳税人提供的相关信息。

（3）扣缴义务人发现纳税人提供的信息与实际情况不符，可以要求纳税人修改。纳税人拒绝修改的，扣缴义务人应当向主管税务机关报告，税务机关应当及时处理。

（4）除纳税人另有要求外，扣缴义务人应当于年度终了后两个月内，向纳税人提供已办理的专项附加扣除项目及金额等信息。

3）税务机关对专项附加信息的检查

（1）税务机关定期对纳税人提供的专项附加扣除信息开展抽查。

（2）税务机关核查时，纳税人无法提供留存备查资料，或者留存备查资料不能支持相关情况的，税务机关可以要求纳税人提供其他佐证；不能提供其他佐证材料，或者佐证材料仍不足以支持的，不得享受相关专项附加扣除。

（3）税务机关核查专项附加扣除情况时，可以提请有关单位和个人协助核查，相关单位和个人应当协助。

（4）纳税人有下列情形之一的，主管税务机关应当责令其改正；情形严重的，应当纳入有关信用信息系统，并按照国家有关规定实施联合惩戒；涉及违反税收征管法等法律法规的，税务机关依法进行处理：

① 报送虚假专项附加扣除信息。

② 超范围或标准享受专项附加扣除。

③ 拒不提供留存备查资料。

④ 税务总局规定的其他情形。

纳税人在任职、受雇单位报送虚假扣除信息的，税务机关责令改正的同时，通知扣缴义务人。

10. 通用热点问题

(1)问：符合扣除条件的纳税人，什么时候可以办理专项附加扣除？

答：除大病医疗外，其他五项专项附加扣除，只要纳税人在纳税年度内符合其中的一项或多项扣除条件时，就可以向工资、薪金的扣缴单位填报相关信息，享受专项附加扣除。大病医疗，或者纳税人年度内未享受或未足额享受的，可在次年3月1日至6月30日办理综合所得汇算清缴时向税务机关填报相关专项附加扣除信息、享受扣除优惠。

(2)问：对于符合扣除条件的纳税人，因一些填报事项不明确或其他原因，来不及报送专项附加扣除信息怎么办？

答：对部分专项附加扣除事项不确定，或是其他原因，未能在符合专项附加扣除条件的当月报送专项附加扣除信息的，可以在相关事项确定后，再填报相关扣除信息；对之前符合条件应当享受而未享受的，可以在该纳税年度剩余月份补充享受。也可以在次年3月1日至6月30日内，通过向税务机关办理综合所得汇算清缴申报时办理扣除。

(3)问：纳税人填报专项附加扣除信息有哪些注意事项？

答：一是要根据专项附加扣除办法规定的条件，判断自己是否有符合相关条件的专项附加扣除项目。

二是根据自己的实际情况，在电子税务局网页、手机APP、电子模板、纸质报表四种方式中，选择一种专项附加扣除信息的提交方式。

三是根据自己符合条件的专项附加扣除项目，如实填报相应的专项附加扣除信息。

四是姓名、身份证号、手机号码等信息务必填写准确，以保障您的合法权益，避免漏掉重要的税收提醒服务；选填项尽可能填写完整，以便更好地为您提供税收服务。

五是通过电子模板、纸质报表等方式填报专项附加扣除信息的，应留存好本人和扣缴义务人或者税务机关签字盖章纸质信息表备查。

六是纳税人应于每年12月份对次年享受专项附加扣除的内容进行确认。如未及时确认的，次年1月起暂停扣除，待确认后再享受。

(4)问：通过远程填报的专项附加扣除信息，是否也需要打印出来交给单位盖章保存？

答：不需要。纳税人通过远程办税端(手机APP、网页)填报专项附加扣除信息并选择扣缴单位办理扣除的，无需将相关信息打印出来交单位盖章保存。

(5)问：员工没能及时将专项附加扣除信息提交给扣缴义务人，可不可以下个月补报？

答：扣缴义务人根据员工提交的专项附加扣除信息，按月计算应预扣预缴的税款，向税务机关办理全员全额纳税申报。如果员工未能及时报送，也可在以后月份补报，由扣缴义务人在当年剩余月份发放工资时补扣，不影响员工享受专项附加扣除。

(6)问：如果员工一年内都没将专项附加扣除信息提交给扣缴义务人怎么办？

答：在一个纳税年度内，员工如果没有及时将专项附加扣除信息报送给扣缴义务人，以致在扣缴义务人预扣预缴工资、薪金所得时未享受扣除的，员工可以在次年3月1日至6月30日内，向汇缴地主管税务机关进行汇算清缴申报时办理扣除。

(7)问：纳税人通过电子模版方式报送给扣缴义务人的《个人所得税专项附加扣除信息表》，扣缴义务人是否需要打印下来让纳税人签字？

答：需要打印签字。根据《国家税务总局关于发布〈个人所得税专项附加扣除操作办法

（试行）〉的公告》（国家税务总局公告2018年第60号）第四章第二十条第二点的相关规定，纳税人通过填写电子或者纸质《扣除信息表》直接报送扣缴义务人的，扣缴义务人将相关信息导入或者录入扣缴端软件，并在次月办理扣缴申报时提交给主管税务机关。《扣除信息表》应当一式两份，纳税人和扣缴义务人签字（章）后分别留存备查。

（8）问：纳税人年度内更换工作单位，专项附加扣除如何办理？

答：纳税人年度中间更换工作单位的，在原单位任职、受雇期间已享受的专项附加扣除金额，不得在新任职、受雇单位扣除。原扣缴义务人应当自纳税人离职不再发放工资、薪金所得的当月起，停止为其办理专项附加扣除。需要由新任职、受雇扣缴义务人办理专项附加扣除的，应当在入职的当月，填写并向扣缴义务人报送《扣除信息表》。

（9）问：纳税人专项附加扣除信息没有变化，是否就可以不需要每年报送一次信息？

答：如果纳税人在2021年度扣除信息发生变化，需在2020年12月31日之前及时修改确认。如果2020年填报过的扣除信息在2021年没有变化则不再需要纳税人进行修改，之前已经填报的扣除信息将自动视同有效延长至2021年。

（10）问：扣缴义务人发现纳税人提供的信息与实际情况不符的，怎么处理？

答：扣缴义务人发现纳税人提供的信息与实际情况不符的，可以要求纳税人修改。纳税人拒绝修改的，扣缴义务人应当报告税务机关，由税务机关向纳税人任职受雇单位所在地、经常居住地、户籍所在地的公安派出所、居民委员会或者村民委员会等有关单位和个人核查专项附加扣除情况后，按规定处理。

 **知识小练习**

【例题·分析1】 在北京工作的赵先生基本情况如下：独生子女、父亲超过60岁、有两个上学的小孩（夫妻双方约定由赵先生扣除）、在北京租房，妻子在上海工作并居住。赵先生和妻子在北京和上海都没有住房，请分析赵先生2021年1月的专项附加扣除额为多少。

答案及解析： 根据《个人所得税专项附加扣除暂行办法》的规定，赵先生可享受子女教育扣除2000元、住房租金扣除1500元、赡养老人扣除2000元，赵先生2021年1月的专项附加扣除额为合计5500元。

【例题·分析2】 在大连工作的李先生：独生子女、父亲超过60岁、有两个上大学本科的小孩（夫妻双方约定由李先生扣除）、在大连有一套贷款购买的住房，享受首套住房贷款利率（夫妻双方约定贷款利息由李先生扣除）。请分析李先生2021年1月的专项附加扣除额为多少。

答案及解析： 根据《个人所得税专项附加扣除暂行办法》的规定，李先生2021年1月可享受的专项附加扣除额为：子女教育2000元、住房贷款利息1000元、赡养老人2000元，合计5000元。

【例题·分析3】 夏女士2020年患乳腺癌，医药费用支出共30万元，其中靶向治疗用药自费购药12万元（未使用个人医保账户），医保统筹基金支付10万元，个人账户支付、个人现金支付8万元（属于医保目录范围内的为4万元）。请分析夏女士在2021年汇算清缴时可以扣除的大病医疗支出是多少。

答案及解析： 夏女士个人负担的医保目录范围内的自付部分为4万元（个人账户支付、个人现金支付部分），减除1.5万元起付线后的余额为2.5万元。因此夏女士在2021年办理

2020 年度的汇算清缴时,可扣除的大病医疗专项附加扣除为 2.5 万元。

【例题·分析4】 张先生 2020 年发生医保报销后个人负担的医保目录范围内的医药费支出 10 万元,张先生 4 岁的儿子因病发生医保目录范围内个人负担的医药费支出 3 万元,请帮张先生算一算,在 2021 年汇算清缴时,大病医疗专项附加扣除最多可以扣多少。

答案及解析: 根据《个人所得税专项附加扣除暂行办法》的规定,纳税人本人、配偶及其未成年子女发生的医药费支出,均可在限额内计算扣除。张先生可扣除的大病医疗支出为 8 万元[10-1.5=8.5(万元),大于扣除限额 8 万元,则按限额扣除],张先生的儿子扣除金额为 1.5 万元[3-1.5=1.5(万元),不超过最高限额 8 万元,可据实扣除]。故张先生在 2021 年汇算时最多可以扣除的大病医疗支出是 9.5 万元。

 链接:大病医疗扣除相关票据规定

文件名称:《财政部 国家卫生健康委员会 国家医疗保障局关于全面推行医疗收费电子票据管理改革的通知》

发文字号:财综〔2019〕29 号

成文日期:2019 年 7 月 22 日

内　容

为深化"放管服"改革,落实个人所得税大病医疗专项附加扣除相关工作,防范虚假医疗收费票据,根据《财政部关于全面推开财政电子票据管理改革的通知》(财综〔2018〕62 号)、《财政部关于统一全国财政电子票据式样和财政机打票据式样的通知》(财综〔2018〕72 号),决定全面推行医疗收费电子票据管理改革。现将有关事宜通知如下:

一、全面推行医疗收费电子票据管理改革

按照财综〔2018〕62 号要求,各地区应在充分总结财政电子票据改革试点经验的基础上,在 2020 年年底前全面推行医疗收费电子票据管理改革,推广运用医疗收费电子票据。

……

二、规范全国统一医疗收费票据填列

医疗卫生机构在开具医疗收费票据时,应规范填列医疗收费项目、其他信息等内容。其中,交款人统一社会信用代码应填列患者有效证件号码,并隐去涉及患者隐私的部分字段。

(一)规范医疗门诊收费票据填列

……

(二)规范医疗住院收费票据填列

医疗住院收费票据填列的收费项目包括床位费、诊察费、检查费、化验费、治疗费、手术费、护理费、卫生材料费、西药费、中药饮片、中成药费、一般诊疗费,以及《政府会计制度》和《医院执行〈政府会计制度——行政事业单位会计科目和报表〉的补充规定》(财会〔2018〕24 号)、《基层医疗卫生机构执行〈政府会计制度——行政事业单位会计科目和报表〉的补充规定》(财会〔2018〕25 号)所列其他住院收费项目;"其他信息"栏填列的项目信息包括业务流水号、医疗机构类型、性别、病历号、住院号、住院科别、住院时间、预缴金额、补缴金额、退费金额、医保类型、医保编号、医保统筹基金支付、其他支付、个人账户支付、个人现金支付、个人自付、个人自费等。

医疗卫生机构在开具医疗住院收费票据时,应按照上述收费项目中有发生的项目顺序填列,并将每项项目所包含的具体明细列入医疗收费明细。

（三）明确"其他信息"栏项目信息

业务流水号:医疗卫生机构收费系统自动生成的流水号码。

医疗机构类型:按照《医疗机构管理条例实施细则》和《卫生部关于修订〈医疗机构管理条例实施细则〉第三条有关内容的通知》确定的医疗卫生机构类别。

医保类型:取值范围包括职工基本医疗保险、城乡居民基本医疗保险(城镇居民基本医疗保险、新型农村合作医疗保险)和其他医疗保险等。

医保编号:参保人在医保系统中的唯一标识。

医保统筹基金支付:患者本次就医所发生的医疗费用中按规定由基本医疗保险统筹基金支付的金额。

其他支付:患者本次就医所发生的医疗费用中按规定由大病保险、医疗救助、公务员医疗补助、大额补充、企业补充等基金或资金支付的金额。

个人账户支付:按政策规定用个人账户支付参保人的医疗费用(含基本医疗保险目录范围内和目录范围外的费用)。

个人现金支付:个人通过现金、银行卡、微信、支付宝等渠道支付的金额。

个人自付:患者本次就医所发生的医疗费用中由个人负担的属于基本医疗保险目录范围内自付部分的金额;开展按病种、病组、床日等打包付费方式且由患者定额付费的费用。该项为个人所得税大病医疗专项附加扣除信息项。

个人自费:患者本次就医所发生的医疗费用中按照有关规定不属于基本医疗保险目录范围而全部由个人支付的费用。

上述部分项目勾稽关系:金额合计＝医保统筹基金支付＋其他支付＋个人账户支付＋个人现金支付……

（四）其他扣除

新个人所得税法第六条第一款第一项所称依法确定的其他扣除,包括个人缴付符合国家规定的企业年金、职业年金,个人购买符合国家规定的商业健康保险、税收递延型商业养老保险的支出,以及国务院规定可以扣除的其他项目。

1. 企业年金、职业年金

企业和事业单位根据国家有关政策规定的办法和标准,为在本单位任职或者受雇的全体职工缴付的企业年金或职业年金单位缴费部分,在计入个人账户时,个人暂不缴纳个人所得税。

个人根据国家有关政策规定缴付的年金个人缴费部分,在不超过本人缴费工资计税基数的4％标准内的部分,暂从个人当期的应纳税所得额中扣除。企业年金个人缴费工资计税基数为本人上一年度月平均工资。月平均工资按国家统计局规定列入工资总额统计的项目计算。月平均工资超过职工工作地所在设区城市上一年度职工月平均工资300％以上的部分,不计入个人缴费工资计税基数。

超过规定的标准缴付的年金单位缴费和个人缴费部分,应并入个人当期的工资、薪金所得,依法计征个人所得税。

2. 商业健康保险

1) 政策梳理

【适用对象】《财政部　国税总局　保监会关于商业健康保险个人所得税试点政策推广到全国范围实施的通知》（财税〔2017〕39号）规定的商业健康险的适用对象是对取得工资、薪金所得，连续性劳务报酬所得的个人（3个月），以及取得个体工商户生产经营所得、对企事业单位的承包承租经营所得的个体工商户业主、个人独资企业投资者、合伙企业合伙人和承包承租经营者。

【政策内容】对个人购买符合规定的商业健康保险产品的支出，允许在当年（月）计算应纳税所得额时予以税前扣除，扣除限额为2 400元/年（200元/月）。

注意：

单位为个人购买的商业保险、商业性补充养老保险、大病保险等，均应在向保险公司缴付时，并入员工当月的工资、薪金缴纳个人所得税。

2) 热点问题

（1）问：如何享受优惠政策？

答：纳税人购买符合规定的商业健康保险并取得税优识别码，作为享受税收优惠政策的依据。个人购买商业健康保险但未获得税优识别码，以及购买其他保险产品的，不能享受税前扣除政策。

（2）问：什么是税优识别码？

答：税优识别码是为确保税收优惠商业健康保险保单唯一性、真实性、有效性，避免纳税人重复购买税优商业保险产品，由商业健康保险信息平台按照"一人一单一码"原则对投保人进行校验后，下发给保险公司，并在保单凭证上打印的数字识别码。

（3）问：商业健康险个人所得税政策规定是什么？

答：个人购买（单位统一为员工购买的，视同个人购买）符合规定的商业健康保险产品，可以按照2 400元/年（200元/月）的标准在税前扣除。

 案例导入

1. 李某购买一款符合条件的商业健康保险，全年共计支付3 000元，那么他当年最多可在税前扣除2 400元（200元/月）。李某应及时将保单交给单位财务人员，单位财务计税时，每月为李某扣除200元。

2. 王某同样购买一款符合条件的商业健康保险，全年共计支付2 000元，小于扣除限额，那么他只能在税前扣除2 000元（平均每月166.67元/月）。王某应及时将保单交给单位财务人员，单位财务计税时，每月为王某扣除166.67元。

（4）问：商业健康保险个人所得税政策适用哪些人群？

答：取得工资、薪金所得，连续性劳务报酬所得的个人；取得个体工商户生产经营所得的纳税人；取得对企事业单位承包承租经营所得的个体工商户业主；个人独资企业投资者、合伙企业合伙人和承包承租经营者。

（5）问：工资、薪金和连续性劳务报酬纳税人如何办理扣缴申报？

答：扣缴义务人在收到个人保单后，应对纳税人购买的符合优惠条件的健康保险支付的金额，按规定扣减应纳税额。在使用"客户端"填报《扣缴个人所得税报告表》或《特定行业个人所得税年度申报表》时，应将当期扣除的个人购买商业健康保险支出金额填至申报表"税前扣除项目"的"其他"列中（需注明商业健康保险扣除金额），并同时填报《商业健康保险税前扣除情况明细表》，并正确录入税优识别码。

（6）问：个体工商户业主、个人独资企业投资者等购险如何申报？

答：个体工商户业主、个人独资企业投资者、合伙企业个人合伙人和企事业单位承包承租经营者购买符合规定的商业健康保险产品支出，在年度申报时填报《个人所得税生产经营所得纳税申报表（B表）》并享受商业健康保险税前扣除政策，将商业健康保险税前扣除金额填至"允许扣除的其他费用"行（需注明商业健康保险扣除金额），同时填报《商业健康保险税前扣除情况明细表》，并正确录入税优识别码。

3. 递延型养老保险

为推进多层次养老保险体系建设，对养老保险第三支柱进行有益探索，2018年4月，财政部、国家税务总局、人力资源和社会保障部、中国银行保险监督管理委员会、中国证券监督管理委员会等五部委联合印发《关于开展个人税收递延型商业养老保险试点的通知》（财税〔2018〕22号，以下称《通知》），规定自2018年5月1日起，在上海市、福建省（含厦门市）和苏州工业园区实施个人税收递延型商业养老保险试点，试点期限暂定1年。对试点地区个人通过个人商业养老资金账户购买符合规定的商业养老保险产品的支出，允许在一定标准内税前扣除；计入个人商业养老资金账户的投资收益，暂不征收个人所得税；个人领取商业养老金时再征收个人所得税。

为便于纳税人及时享受政策、规范纳税申报，2018年4月，税务总局制发了《国家税务总局关于开展个人税收递延型商业养老保险试点有关征管问题的公告》（国家税务总局公告2018年第21号，以下称《公告》），对缴费税前如何扣除、领取环节如何缴税进行了详细规定。

1）政策梳理

【适用对象】《通知》规定适用试点税收政策的纳税人是指在试点地区取得工资、薪金、连续性劳务报酬所得的个人，以及取得个体工商户生产经营所得、对企事业单位的承包承租经营所得的个体工商户业主、个人独资企业投资者、合伙企业自然人合伙人和承包承租经营者，其工资、薪金，连续性劳务报酬的个人所得税扣缴单位，或者个体工商户、承包承租单位、个人独资企业、合伙企业的实际经营地均位于试点地区内。

同时对取得连续性劳务报酬所得进行了进一步说明，取得连续性劳务报酬所得是指纳税人连续6个月以上（含6个月）为同一单位提供劳务而取得的所得。

【扣除标准】按照纳税人的身份不同，分为两个层面：

（1）取得工资、薪金，连续性劳务报酬所得的个人，其缴纳的保费准予在申报扣除当月计算应纳税所得额时予以限额据实扣除，扣除限额按照当月工资、薪金，连续性劳务报酬收入的6%和1 000元孰低办法确定。

（2）取得个体工商户生产经营所得、对企事业单位的承包承租经营所得的个体工商户业主、个人独资企业投资者、合伙企业自然人合伙人和承包承租经营者，其缴纳的保费准予在申报扣除当年计算应纳税所得额时予以限额据实扣除,扣除限额按照不超过当年应税收入的6%和12 000元孰低办法确定。

【扣税凭据】个人购买符合规定的商业养老保险产品、享受递延纳税优惠时,以中保信平台出具的税延养老扣除凭证为扣税凭据。

【税收征管】按照纳税人身份不同,分为两种情况:

(1)取得工资、薪金所得,连续性劳务报酬所得的个人。

取得工资、薪金所得,连续性劳务报酬所得的个人,其购买符合规定商业养老保险产品的支出享受税前扣除优惠时,应及时将税延养老扣除凭证提供给扣缴单位。扣缴单位应当按照《通知》规定,在个人申报扣除当月计算扣除限额并办理税前扣除。扣缴单位在填报《扣缴个人所得税报告表》或《特定行业个人所得税年度申报表》时,应当将当期可扣除金额填至"税前扣除项目"或"年税前扣除项目"栏"其他"列中(需注明税延养老保险),并同时填报《个人税收递延型商业养老保险税前扣除情况明细表》。

(2)取得个体工商户的生产经营所得、对企事业单位的承包承租经营所得的个人。

取得个体工商户的生产经营所得、对企事业单位的承包承租经营所得的个体工商户业主、个人独资企业投资者、合伙企业自然人合伙人和承包承租经营者,其购买的符合规定的养老保险产品支出,在年度申报时,凭税延养老扣除凭证,在《通知》规定的扣除限额内据实扣除,并填报至《个人所得税生产经营所得纳税申报表(B表)》的"允许扣除的其他费用"行(需注明税延养老保险),同时填报《个人税收递延型商业养老保险税前扣除情况明细表》。

计算扣除限额时,个体工商户业主、个人独资企业投资者和承包承租经营者应税收入按照个体工商户、个人独资企业、承包承租的收入总额确定;合伙企业自然人合伙人应税收入按合伙企业收入总额乘以合伙人分配比例确定。

实行核定征收的,应当向主管税务机关报送《个人税收递延型商业养老保险税前扣除情况明细表》和税延养老扣除凭证,主管税务机关按程序相应调减其应纳税所得额或应纳税额。纳税人缴费金额发生变化、未续保或退保的,应当及时告知主管税务机关,重新核定应纳税所得额或应纳税额。

 知识拓展：合伙企业自然人合伙人收入如何确认

根据《通知》的规定,合伙企业自然人合伙人缴纳的保费准予在申报扣除当年计算应纳税所得额时予以限额据实扣除,扣除限额按照不超过当年应税收入的6%和12 000元孰低办法确定。针对如何计算应税收入,《公告》规定:"合伙企业自然人合伙人按照合伙企业收入总额乘以合伙人分配比例确定应税收入。"

(1)关于扣除比例。《关于个人独资企业和合伙企业投资者征收个人所得税的规定》(财税〔2000〕91号印发)规定,合伙企业每一纳税年度的收入总额减除成本、费用以及损失后的余额,作为自然人合伙人个人的生产经营所得,比照个人所得税法的"个体工商户的生产经营所得"应税项目,适用5%~35%的五级超额累进税率,计算征收个人所得税,按年计算、分月预缴。根据《通知》的规定,其缴纳的保费"比例扣除"标准为"当月应税收入的6%";"限额扣除"的标准为年最高不超"12 000元",按照两者孰低办法确定扣除限额,在不超当年扣除限额内据实扣除。

（2）关于具体扣除。根据《公告》的规定，合伙企业自然人合伙人购买的符合规定的养老保险产品支出，在年度申报时，凭税延养老扣除凭证，在《通知》规定的扣除限额内据实扣除，并填报至《个人所得税生产经营所得纳税申报表（B表）》的"允许扣除的其他费用"行（需注明税延养老保险），同时填报《个人税收递延型商业养老保险税前扣除情况明细表》。本表随《扣缴个人所得税报告表》《特定行业个人所得税年度申报表》《个人所得税生产经营所得纳税申报表（B表）》等申报表一并报送；实行核定征收的，可单独报送。为了及时享受试点政策，纳税人应在取得税延养老扣除凭证后尽快将凭证提供给扣缴义务人，由扣缴义务人按照上述标准进行扣除。

（3）关于收入总额。不含投资股息。所称收入总额，是指企业从事生产经营以及与生产经营有关的活动所取得的各项收入，包括商品（产品）销售收入、营运收入、劳务服务收入、工程价款收入、财产出租或转让收入、利息收入、其他业务收入和营业外收入。《国家税务总局〈关于个人独资企业和合伙企业投资者征收个人所得税的规定〉执行口径的通知》（国税函〔2001〕84号）规定，个人独资企业和合伙企业对外投资分回的利息或者股息、红利，不并入企业的收入，而应单独作为投资者个人取得的利息、股息、红利所得，按"利息、股息、红利所得"项目计算缴纳个人所得税。以合伙企业名义对外投资分回利息或者股息、红利的，应确定各个投资者的利息、股息、红利所得，分别按"利息、股息、红利所得"项目计算缴纳个人所得税。

（4）关于所得计算。《公告》规定，计算扣除限额时，合伙企业自然人合伙人应税收入按合伙企业收入总额乘以合伙人分配比例确定。《财政部 国家税务总局关于合伙企业合伙人所得税问题的通知》（财税〔2008〕159号）规定，合伙企业的合伙人按照下列原则分配应纳税所得额：合伙企业的合伙人以合伙企业的生产经营所得和其他所得，按照合伙协议约定的分配比例确定应纳税所得额；合伙协议未约定或者约定不明确的，以全部生产经营所得和其他所得，按照合伙人协商决定的分配比例确定应纳税所得额；协商不成的，以全部生产经营所得和其他所得，按照合伙人实缴出资比例确定应纳税所得额；无法确定出资比例的，以全部生产经营和其他所得，按照合伙人数量平均计算每个合伙人的应纳税所得额。

（5）关于税款计算。《财政部 国家税务总局关于合伙企业合伙人所得税问题的通知》（财税〔2008〕159号）规定，合伙企业生产经营所得和其他所得采取"先分后税"的原则。具体应纳税所得额的计算按照《关于个人独资企业和合伙企业投资者征收个人所得税的规定》（财税〔2000〕91号）及《财政部 国家税务总局关于2018年第四季度个人所得税减除费用和税率适用问题的通知》（财税〔2018〕98号）的有关规定执行。生产经营所得和其他所得，包括合伙企业分配给所有合伙人的所得和企业当年留存的所得（利润）。

知识小练习

【例题·计算1】 宋小余、于小余和王小余等5个自然人于2017年在上海成立合伙企业。2019年该合伙企业取得合伙经营收入总额共计90万元，扣除成本、费用及损失，应纳税所得额为45万元。合伙协议规定每个合伙人权益相同，也就是说按合伙企业收入总额乘合伙人分配比例确定5个投资者计算扣除限额时应税收入为18万元，并均能取得9万元的生产经营所得。宋小余自2019年1月起购买了一款符合规定的税延型养老保险产品，每月需缴纳养老保险金 1 500 元,假定宋小余无其他税前扣除项目,请计算其 2019 年应纳个人所得税额。

答案: 宋小余 2019 年应纳个人所得税:(90 000－5 000×12－10 800)×5％＝960(元)。

解析: 第一步:计算宋小余 2019 年购买税延型养老保险支出按比例扣除限额:180 000×6％＝10 800(元),小于年扣除限额 12 000 元。2019 年宋小余的商业养老保险支出最高可扣除 10 800 元。

第二步:计算宋小余 2019 年实际缴纳商业养老保险金:1 500×12＝18 000(元),大于当年扣除限额 10 800 元,则可税前扣除 10 800 元。

第三步:计算宋小余 2019 年应纳税所得额:90 000－5 000×12－10 800＝19 200(元)。适用税率 5％,速算扣除数 0,宋小余 2019 年应纳个人所得税:19 200×5％＝960(元)。

【例题·计算 2】 条件同上题,假设于小余 2019 年度计算扣除限额的应税收入为 28 万元,分得生产经营所得 14 万元。2019 年按月已预缴个人所得税 20 000 元,每月缴纳税延型养老保险金 950 元,其他条件不变,于小余在进行 2019 年度个人所得税申报时,应补(退)个人所得税多少元?

答案及解析: 第一步:计算于小余 2019 年购买商业养老保险金按比例扣除限额:280 000×6％＝16 800(元),大于年扣除限额 12 000 元。2019 年于小余商业养老保险支出最高可扣除 12 000 元。

第二步:计算于小余 2019 年实际缴纳商业养老保险金:950×12＝11 400(元),小于当年扣除限额 12 000 元,则可税前扣除 11 400 元。

第三步:计算于小余 2019 年应纳税所得额 140 000－5 000×12－11 400＝68 600(元)。适用税率 10％,速算扣除数 1 500 元,于小余 2019 年应纳个人所得税:68 600×10％－1 500＝5 360(元)。

于小余汇算清缴 2019 年度个体工商户生产经营所得个人所得税时,应补缴税款:5 360－20 000＝－14 640(元)。

应退个人所得税 14 640 元。

【领取缴税】《财政部 税务总局关于个人取得有关收入适用个人所得税应税所得项目的公告》(财政部 税务总局公告 2019 年第 74 号)第四条规定,个人按照《财政部 税务总局 人力资源社会保障部 中国银行保险监督管理委员会 证监会关于开展个人税收递延型商业养老保险试点的通知》(财税〔2018〕22 号)的规定,领取的税收递延型商业养老保险的养老金收入,其中 25％部分予以免税,其余 75％部分按照 10％的比例税率计算缴纳个人所得税,税款计入"工资、薪金所得"项目,由保险机构代扣代缴后,在个人购买税延养老保险的机构所在地办理全员全额扣缴申报。

2) 热点问题

(1) 问:我是苏州工业园区一高新企业员工,2019 年 2 月购买了递延型商业养老保险,不知道有税收优惠政策,4 月才向单位提供扣税凭证,请问 2 月、3 月还能不能享受优惠?

答:《通知》规定,取得工资、薪金所得和连续性劳务报酬所得的个人,应及时将相关凭证提供给扣缴单位。但若个人因未及时提供税延养老扣除凭证而造成往期未扣除的,扣缴单位可追补至应扣除月份扣除,并按《通知》规定重新计算应扣缴税款,在收到扣除凭证的当月办理抵扣或申请退税。个人缴费金额发生变化、未续保或退保的,应当及时告知扣缴义务人重新计算或终止税延养老保险税前扣除。除个人提供资料不全、信息不实等情形外,扣缴单位不得拒绝为纳税人办理税前扣除。

(2)问:我购买了税收递延型商业养老保险,个人养老金账户产生的收益是否要计算缴纳个人所得税?

答:《通知》规定,账户资金收益暂不征税。计入个人商业养老资金账户的投资收益,在缴费期间暂不征收个人所得税。

(3)问:我在上海一家外企工作,取得一份工资收入,同时和其他三人在苏州工业园区有一合伙企业,每年会取得经营所得,请问是否可办理两个商业养老保险账户,同时享受税收递延型商业养老保险税前扣除?

答:《通知》规定,个人商业养老资金账户是由纳税人指定的、用于归集税收递延型商业养老保险缴费、收益以及资金领取等的商业银行个人专用账户。该账户封闭运行,与居民身份证件绑定,具有唯一性。试点期间使用中国保险信息技术管理有限责任公司建立的信息平台。个人商业养老资金账户在中保信平台进行登记,校验其唯一性。同时规定,个人在试点地区范围内从两处或者两处以上取得所得的,只能选择在其中一处享受试点政策。

三、应纳税所得额

新个人所得税法规定,居民个人的综合所得,以每一纳税年度的收入额减除费用6万元以及专项扣除、专项附加扣除和依法确定的其他扣除后的余额,为应纳税所得额。同时对劳务报酬所得、稿酬所得、特许权使用费所得的收入额、应纳税所得额进行了规定。

(1)劳务报酬所得、稿酬所得、特许权使用费所得,以每次收入额为应纳税所得额。

(2)劳务报酬所得、稿酬所得、特许权使用费所得以收入减除20%的费用后的余额为收入额。

(3)稿酬所得的收入额减按70%计算。

注意:

在计算综合所得时,要充分考虑哪些收入属于征税收入,哪些收入属于免税收入,哪些享受减征规定,此外还要考虑捐赠的扣除。

四、适用税率

新个人所得税法第三条第一项规定综合所得,适用3%～45%的超额累进税率,税率表如表2-7所示。

表2-7 综合所得适用税率表

级数	全年应纳税所得额	税率	速算扣除数
1	不超过 36 000 元的	3%	0
2	超过 36 000 元至 144 000 元的部分	10%	2 520

(续表)

级数	全年应纳税所得额	税率	速算扣除数
3	超过 144 000 元至 300 000 元的部分	20%	16 920
4	超过 300 000 元至 420 000 元的部分	25%	31 920
5	超过 420 000 元至 660 000 元的部分	30%	52 920
6	超过 660 000 元至 960 000 元的部分	35%	85 920
7	超过 960 000 元的部分	45%	181 920

五、应纳税款的计算

应纳税额＝应纳税所得额×适用税率－速算扣除数

 **知识小练习**

【例题·计算】 张晓亮 2020 年收入及支出情况如下,请据此计算其应缴纳的个人所得税额。收入情况:全年取得工资、薪金所得 170 000 元,年终奖 14 000 元;编写短篇小说《我不是神药》获得稿酬 50 000 元;为某建设公司设计图纸取得报酬 20 000 元。

支出情况:当年缴纳"三险一金" 50 000 元;符合条件的专项附加扣除 62 400 元;当年购买符合条件的健康保险 2 400 元。

答案及解析: 收入总额＝工资、薪金所得(工资＋年终奖)＋稿酬所得×(1－20%)×70%＋劳务报酬所得×(1－20%)＝(170 000＋14 000)＋50 000×(1－20%)×70%＋20 000×(1－20%)＝228 000(元)。

扣除项目＝费用扣除＋专项扣除＋专项附加扣除＋其他扣除＝60 000＋50 000＋62 400＋2 400＝174 800(元)。

应纳税所得额＝228 000－174 800＝53 200(元)。

应纳个人所得税＝53 200×10%－2 520＝2 800(元)。

个人所得税实务操作中,对于工资、薪金所得等,先由扣缴义务人预扣预缴,年度终了后的 3 月 1 日至 6 月 30 日再汇算清缴,具体内容会在第十四章详细介绍。下面就个人所得税的计算,从预扣预缴和汇算清缴两个环节简要举例说明。

【案例 2-1】 中国居民李先生在甲企业任职,2020 年 1～12 月每月在甲企业取得工资、薪金收入 16 000 元,无免税收入;每月缴纳三险一金 2 500 元,从 1 月开始享受子女教育和赡养老人专项附加扣除共计为 3 000 元,无其他扣除。另外,2020 年 3 月取得劳务报酬收入 3 000 元,稿酬收入 2 000 元,6 月取得劳务报酬收入 30 000 元,特许权使用费收入 2 000 元。

(一)预扣预缴。

1. 工资、薪金所得预扣预缴计算。

(1) 2020 年 1 月:

1 月累计预扣预缴应纳税所得额＝累计收入－累计免税收入－累计减除费用－累计专项扣除－累计专项附加扣除－累计依法确定的其他扣除＝16 000－5 000－2 500－3 000＝5 500(元),对应税率为 3%。

1月应预扣预缴税额=(累计预扣预缴应纳税所得额×预扣率-速算扣除数)-累计减免税额-累计已预扣预缴税额=5 500×3%=165(元)。

2020年1月,甲企业在发放工资环节预扣预缴个人所得税165元。

(2)2020年2月:

2月累计预扣预缴应纳税所得额=累计收入-累计免税收入-累计减除费用-累计专项扣除-累计专项附加扣除-累计依法确定的其他扣除=16 000×2-5 000×2-2 500×2-3 000×2=11 000(元),对应税率为3%。

2月应预扣预缴税额=(累计预扣预缴应纳税所得额×预扣率-速算扣除数)-累计减免税额-累计已预扣预缴税额=11 000×3%-165=165(元)。

2020年2月,甲企业在发放工资环节预扣预缴个人所得税165元。

(3)2020年3月:

3月累计预扣预缴应纳税所得额=累计收入-累计免税收入-累计减除费用-累计专项扣除-累计专项附加扣除-累计依法确定的其他扣除=16 000×3-5 000×3-2 500×3-3 000×3=16 500(元),对应税率为3%。

3月应预扣预缴税额=(累计预扣预缴应纳税所得额×预扣率-速算扣除数)-累计减免税额-累计已预扣预缴税额=16 500×3%-165-165=165(元)。

2020年3月,甲企业在发放工资环节预扣预缴个人所得税165元。

按照上述方法以此类推,各月计算结果如表2-8所示。

表2-8　2020年1~12月工资薪金个人所得税预扣预缴计算表　　单位:元

月份	工资、薪金收入	费用扣除标准	专项扣除	专项附加扣除	应纳税所得额	税率	速算扣除数	累计应纳税额	当月应纳税额
1月	16 000	5 000	2 500	3 000	5 500	3%	0	165	165
2月	16 000	5 000	2 500	3 000					
累计	32 000	10 000	5 000	6 000	11 000	3%	0	330	165
3月	16 000	5 000	2 500	3 000					
累计	48 000	15 000	7 500	9 000	16 500	3%	0	495	165
4月	16 000	5 000	2 500	3 000					
累计	64 000	20 000	10 000	12 000	22 000	3%	0	660	165
5月	16 000	5 000	2 500	3 000					
累计	80 000	25 000	12 500	15 000	27 500	3%	0	825	165
6月	16 000	5 000	2 500	3 000					
累计	96 000	30 000	15 000	18 000	33 000	3%	0	990	165
7月	16 000	5 000	2 500	3 000					
累计	112 000	35 000	17 500	21 000	38 500	10%	2 520	1 330	340

月份	工资、薪金收入	费用扣除标准	专项扣除	专项附加扣除	应纳税所得额	税率	速算扣除数	累计应纳税额	当月应纳税额
8月	16 000	5 000	2 500	3 000					
累计	128 000	40 000	20 000	24 000	44 000	10%	2 520	1 880	550
9月	16 000	5 000	2 500	3 000					
累计	144 000	45 000	22 500	27 000	49 500	10%	2 520	2 430	550
10月	16 000	5 000	2 500	3 000					
累计	160 000	50 000	25 000	30 000	55 000	10%	2 520	2 980	550
11月	16 000	5 000	2 500	3 000					
累计	176 000	55 000	27 500	33 000	60 500	10%	2 520	3 530	550
12月	16 000	5 000	2 500	3 000					
累计	192 000	60 000	30 000	36 000	66 000	10%	2 520	4 080	550

2. 劳务报酬、稿酬、特许权使用费所得预扣预缴个人所得税计算。

(1) 2020年3月,取得劳务报酬收入3 000元,稿酬收入2 000元。

劳务报酬所得预扣预缴应纳税所得额=每次收入−800=3 000−800=2 200(元)。

劳务报酬所得预扣预缴税额=预扣预缴应纳税所得额×预扣率−速算扣除数=2 200×20%−0=440(元)。

稿酬所得预扣预缴应纳税所得额=(每次收入−800)×70%=(2 000−800)×70%=840(元)。

稿酬所得预扣预缴税额=预扣预缴应纳税所得额×预扣率=840×20%=168(元)。

李先生3月劳务报酬所得预扣预缴个人所得税440元;稿酬所得预扣预缴个人所得税168元。

(2) 2020年6月,取得劳务报酬30 000元,特许权使用费所得2 000元。

劳务报酬所得预扣预缴应纳税所得额=每次收入×(1−20%)=30 000×(1−20%)=24 000(元)。

劳务报酬所得预扣预缴税额=预扣预缴应纳税所得额×预扣率−速算扣除数=24 000×30%−2 000=5 200(元)。

特许权使用费所得预扣预缴应纳税所得额=(每次收入−800)=(2 000−800)=1 200(元)。

特许权使用费所得预扣预缴税额=预扣预缴应纳税所得额×预扣率=1 200×20%=240(元)。

李先生6月劳务报酬所得预扣预缴个人所得税5 200元;特许权使用费所得预扣预缴个人所得税240元。

（二）汇算清缴。

年收入额＝工资、薪金所得收入＋劳务报酬所得收入＋稿酬所得收入＋特许权使用费所得收入＝16 000×12＋（3 000＋30 000）×（1－20%）＋2 000×（1－20%）×70%＋2 000×（1－20%）＝221 120（元）。

综合所得应纳税所得额＝年收入额－60 000－专项扣除－专项附加扣除－依法确定的其他扣除＝221 120－60 000－（2 500×12）－（3 000×12）＝95 120（元）。

应纳税额＝应纳税所得额×税率－速算扣除数＝95 120×10%－2 520＝6 992（元）。

预扣预缴税额＝工资、薪金所得预扣预缴税额＋劳务报酬所得预扣预缴税额＋稿酬所得预扣预缴税额＋特许权使用费所得预扣预缴税额＝4 080＋（440＋5 200）＋168＋240＝10 128（元）。

年度汇算应补退税额＝应纳税额－预扣预缴税额＝6 992－10 128＝－3 136（元）。

汇算清缴应退税额3 136元。

第二节　工资、薪金所得

一、基本内容

（一）关于征税范围

工资、薪金所得是指个人因任职或者受雇取得的工资、薪金、奖金、年终加薪、劳动分红、津贴、补贴以及与任职或者受雇有关的其他所得，工资、薪金所得按收入全额计税。

支付方式包括现金支付、汇拨支付、转账支付和以有价证券、实物以及其他形式的支付。

实务中，要注意个人从任职受雇的单位取得的各类所得，均要计算缴纳个人所得税，如雇员从单位取得的各类奖金、实物、商业保险等，也经常有扣缴义务人因未足额代扣代缴工资、薪金个人所得税而受到处罚，类似案例很多可供我们参考。归类如下：

（1）取得的各类待遇，需要计算缴纳个人所得税。如应由个人负担的学历、学位教育等、免费旅游等，该类所得，员工虽未获得实际收入，但取得了类似的待遇，相当于取得了与"受雇有关的其他所得"。

【案例2-2】　远大股份2012年度、2013年度、2014年度给员工购买商业员工团体险、员工旅游费用，根据《中华人民共和国个人所得税法》第一条、第二条、第三条、第八条及《国家税务总局关于单位为员工支付有关保险缴纳个人所得税问题的批复》（国税函〔2005〕318号）的规定，应按"工资、薪金所得"税目，合并当期职工工资、薪金，代扣代缴个人所得税。远大股份公司2012年度、2013年度、2014年度，在经营中对往来客户所送的纪念品，根据《中华人民共和国个人所得税法》第一条、第二条、第三条、第八条及《财政部　国家税务总局关于企业促销展业赠送礼品有关个人所得税问题的通知》（财税〔2011〕50号）的规定，应按"其他所得"税目代扣代缴个人所得税。

特别提醒：

新个人所得税法修改后，取消了"其他所得"税目，根据《财政部　税务总局关于个人取得有关收入适用个人所得税应税所得项目的公告》(财政部 税务总局公告2019年74号)第三条的规定,企业在业务宣传、广告等活动中,随机向本单位以外的个人赠送礼品(包括网络红包),以及企业在年会、座谈会、庆典以及其他活动中向本单位以外的个人赠送礼品,个人取得的礼品收入,按照"偶然所得"项目计算缴纳个人所得税。这里所称礼品收入的应纳税所得额根据《财政部 国家税务总局关于企业促销展业赠送礼品有关个人所得税问题的通知》(财税〔2011〕50号)第三条的规定计算。

(2) 取得的各类实物,需要计算缴纳个人所得税,如发放的礼品、购物卡等。

【案例2-3】 2016年9月20日,常州市武进地方税务局对江苏欧密格光电科技股份有限公司进行检查,发现财务人员将2013年公司对员工发放慰问礼品的发票以"礼品"入账,未计入工资、薪金,导致少代扣代缴个人所得税6 645.60元,下达《税务行政处罚决定书》(武地税罚〔2016〕108号),对应扣未扣个人所得税税款处以50%的罚款。

【案例2-4】 《中国第一汽车集团公司2010年度财务收支审计结果》(审计署审计结果公告2012年第14号)第三项审计发现的主要问题及整改情况中第五条指出,2008—2010年,中国第一汽车集团公司所属一汽物流有限公司,从职工福利费中列支856.32万元,购买购物卡后作为奖金发放,且未代扣代缴个人所得税。审计指出上述问题后,该公司将从福利费列支的上述奖金调整到工资总额中,相关人员已补缴个人所得税。

【案例2-5】 康拓红外(股票代码:300455)2018年12月29日通过《北京观韬中茂律师事务所关于公司发行股份及支付现金购买资产并募集配套资金暨关联交易法律意见书》详细披露了标的公司轩宇空间税务处理处罚情况:轩宇空间将公司给职工发放的商业预付卡(含餐费、交通费、防暑降温、全勤奖金)理解为可免缴个人所得税的福利费范畴,而未就相应部分代扣个人所得税,2016年3月北京市顺义区地方税务局稽查局对其下达《责令限期改正通知书》(顺地税稽限改〔2016〕8号),责令该公司在2016年4月5日前补扣补缴个人所得税165 400.54元,并下达《税务行政处罚决定书》(顺地税稽罚〔2016〕8号),对应扣未扣税款处以0.5倍罚款共计82 700.27元。轩宇空间于2016年3月28日补缴了上述税款和罚款。

(3) 企业通过报销费用方式,逃避缴纳税款。

【案例2-6】 2017年2月23日浙江易合网络信息股份有限公司董事会(证券代码:870571 证券简称:易合网络)发布了《浙江易合网络信息股份有限公司关于收到税务行政处罚决定书的公告》(2017-006)。公告称:2017年2月23日,公司收到杭州市地方税务局稽查局下达的《税务行政处罚决定书》,处罚事由:2012—2014年,易合网络以报销费用形式发放员工绩效奖金93 437.28元,计入"管理费用"账户,未并入员工工资所得代扣代缴个人所得税,杭州市地方税务局稽查局就上述违法事实依法追缴少代扣代缴的个人所得税14 629.46元,并根据《税收征收管理法》第六十九条的规定,对该公司应扣未扣的个人所得税处以50%的罚款7 314.73元,易合网络已按要求全额缴纳了罚款。

(二)关于纳税时间的规定

个人所得税纳税人实际取得所得的当月发生纳税义务,月度终了后15日内由扣缴义务人扣缴申报,年度终了后3月1日至6月30日汇算清缴。

注意：

实务中要将取得所得的"当月"和申报税款的"当月"区别对待，要分清税款属期和申报期。

按规定，单位或纳税人应该在发放工资或者拿到工资的次月15号前申报纳税，如王某2018年9月5号拿到工资，那么单位就应该在10月15号（10月份因为国庆放假，申报期将顺延，具体顺延时间以税务局公告为准）前向税务机关申报缴纳这笔工资对应的个人所得税。

部分误将工资劳动所属月份作为税款所属期，长期"提前"办理申报的扣缴单位（比如单位9月发了员工8月劳动期的工资，税款所属期本应是9月，申报期在10月，但因为误将税款所属期认定为8月，而提早在9月申报期内就办理了扣缴申报），如果想在10月申报期内改回正确的申报做法，可以在10月申报期内，对税款所属期9月进行一次零申报，并自11月申报期起恢复正常申报，即到了11月再申报税款所属期（工资发放时间）为10月的个人所得税。

（三）关于补发工资的处理

对于补发的工资，金税三期软件上线后，各省处理有所区别，简要归集如表2-9所示，具体操作请咨询当地税务机关。

表2-9 部分省、市税务局关于补发工资处理情况表

地区	回复及明确内容
阜阳市	问：本人是市直事业单位员工，2013年年底入职，由于单位会计在我定级问题上出错，导致工资一直未变动，后于2016年10月，工资最终变动到正常，并于2016年11月，一次性补发工资25 728元（2013年12月至2016年10月）。现咨询以下问题：1.11月个人所得税怎么申报，是否适用安徽省地方税务局公告2015年第3号，将补发工资归属到所属月份？2.单位新招会计在不了解相关政策的情况下，将补发工资全部归属到11月工资，在此基础上已申报我的11月个人所得税，共计5 615.14元，请问如果适用问题1中的政策，我11月的所得税怎么更改？就以上两个问题，殷切期盼地税领导给予详细答复。 答：您好，从您所提供的情况来看：一次性补发以前月份工资应按照安徽省地方税务局公告2015年第3号执行。因你单位会计业务不熟悉，按照当月工资申报造成多缴个人所得税，可以申请退税或抵缴以后应缴纳税款，具体办理流程请扣缴单位与主管税务机关联系。
福建省	问：金税三期上线后，单位补发工资如何申报？ 答："补发工资"是指因特殊原因，单位未按劳动合同约定正常发放工资，在账目上做了计提工资处理，并在以后月份补发的工资。不符合上述条件的工资应并入发放当月的正常工资计征税款。对于"补发工资"，单位应在原应发放工资月份的次月15日内办理税款的扣缴申报，未及时办理"补发工资"扣缴申报的单位，在金税三期上线后，应区分以下两种情况处理： （1）原应发工资月份（税款所属期），单位已通过金税三期系统或扣缴客户端系统申报《扣缴个人所得税报告表》的，应使用"申报更正"功能，对原已申报的《扣缴个人所得税报告表》进行更正后再次提交申报，此时扣缴系统将根据补缴税款金额自动计算滞纳金，属于法律规定不征收滞纳金的，应上门至主管税务机关办理申报。 （2）原应发工资月份（税款所属期），单位未通过金税三期系统或扣缴客户端系统申报《扣缴个人所得税报告表》的，应在扣缴系统中填报《扣缴个人所得税报告表》（税款所属期为原应发工资月份）并提交申报，此时扣缴系统将根据补缴税款金额自动计算滞纳金。 注：相当于可以还原，但计算滞纳金。

（续表）

省份	回复及明确内容
甘肃武威市	问：怎么申报补发以往月度工资？ 答：金税三期无法支持将补发的工资分摊回所属月份工资、薪金所得合并计征个人所得税，对于前期已申报的，需要分月进行申报错误更正。对于前期未申报的，应将补发的工资摊回所属月份与正常工资合并申报。 注：系统不支持，但可以做。
厦门市	一、补缴（更正）申报的税款所属期超过6个月的，需到办税服务大厅办理。金税三期个人所得税扣缴系统客户端仅接受扣缴单位补缴（更正）6个月以内（不含当前属期）税款所属期的申报数据。超过6个月的，需提供以下资料至主管税务机关办税服务大厅办理。 二、个人所得税工资、薪金所得补缴申报应提交的申报资料。 (1)《扣缴个人所得税报告表》，包括纸质报表或者通过金税三期个人所得税扣缴系统导出的电子数据表格。 (2) 劳动合同原件及复印件。 (3) 用人单位原始记账凭证原件及复印件。 (4) 发放工资的银行账户转账记录或者员工的上班考勤记录原件及复印件。 (5) 法院、劳动仲裁生效的判决书或者调解书。 以上第(1)、(2)、(3)项为用工单位办理个人所得税工资、薪金所得补缴申报须提供的资料；第(4)项资料须至少提供一项；无法同时提供第(2)、(3)、(4)项材料的，须提供第(5)项材料。 如果纳税人有特殊情况无法提供上述材料的，请与主管税务机关联系并协助核实具体情况。 注：可以办理，要求清晰。

（四）关于劳务派遣的处理

劳务派遣是实务中经常发生的用工形式。是指在劳务派遣单位、劳务用工单位、劳务派遣员工形成的三角关系中，经营劳务派遣业务的劳务派遣单位为用人单位，派遣单位与被派遣劳动者（劳务派遣员工）之间是劳动关系。派遣单位履行用人单位对劳动者的义务，行使对劳动者的处分、辞退等人事管理权。劳务派遣单位依法与被派遣劳动者订立载明用工单位以及派遣期限、工作岗位等情况以及其他法定条款的2年以上的固定期限书面劳动合同。接受以劳务派遣形式用工并使用劳务派遣员工的单位为劳务用工单位，派遣单位与劳务用工单位之间是民事合同关系，与被派遣的劳务派遣员工是劳务关系。按照规定，劳务派遣单位派遣劳务派遣员工，应当与劳务用工单位订立劳务派遣协议。劳务派遣协议应当约定派遣岗位和人员数量、派遣期限、劳动报酬和社会保险费的数额与支付方式以及违反协议的责任。

对此，国家税务总局先后发文明确相关内容，举例说明如下：

X省的丙建安企业在Y省Z市承包了一项工程，接受Z市C劳务派遣公司的劳务员工10人，约定工资由丙建安企业在X省直接支付给劳务派遣员工。另外，还会临时发放一些加班费、福利费乃至奖金之类的工资性款项。

按照《财政部 国家税务总局关于实施小微企业普惠性税收减免政策的通知》（财税〔2019〕13号）和《国家税务总局关于企业工资薪金和职工福利费等支出税前扣除问题的公告》（国家税务总局公告2015年第34号）的相关规定，丙建安企业所支付的10名派遣员工的工资作为丙建安企业的工资、薪金支出，相应计入其从业人数。而按照《国家税务总局关于建筑安装业跨省异地工程作业人员个人所得税征收管理问题的公告》（国家税务总局公告

2015年第52号)关于"总承包企业和分承包企业通过劳务派遣公司聘用劳务人员跨省异地工作期间的工资、薪金所得,由劳务派遣公司依法代扣代缴个人所得税"的规定,该10名派遣员工的工资、薪金个人所得税则要由Z市C劳务派遣公司代扣代缴。

二、具体政策

(一)误餐补贴

《国家税务总局关于征收个人所得税若干问题的规定》(国税发〔1994〕89号,以下简称国税发〔1994〕89号文件)规定,误餐补助不属于工资性质的收入。该文件下发后,一些地区的税务部门和纳税人对其中规定不征税的误餐补助理解不一致,因此财政部、国家税务总局通过文件《财政部 国家税务总局关于误餐补助范围确定问题的通知》(财税字〔1995〕82号)对误餐补助进行了明确规定,国税发〔1994〕89号文件规定不征税的误餐补助,是指按财政部门规定,个人因公在城区、郊区工作,不能在工作单位或返回就餐,确实需要在外就餐的,根据实际误餐顿数,按规定的标准领取的误餐费。一些单位以误餐补助名义发给职工的补贴、津贴,应当并入当月工资、薪金所得计征个人所得税。

 链接:江苏省12366热点问题

问:企业内部未设食堂,员工中午需要外出就餐,企业给予的就餐补助是否需要缴纳个人所得税?

答:根据新个人所得税法实施条例的规定,工资、薪金所得,是指个人因任职或者受雇而取得的工资、薪金、奖金、年终加薪、劳动分红、津贴、补贴以及与任职或者受雇有关的其他所得。根据《财政部 国家税务总局关于误餐补助范围确定问题的通知》(财税字〔1995〕82号)的规定,国税发〔1994〕89号文件规定不征税的误餐补助,是指按财政部门规定,个人因公在城区、郊区工作,不能在工作单位或返回就餐,确实需要在外就餐的,根据实际误餐顿数,按规定的标准领取的误餐费。一些单位以误餐补助名义发给职工的补贴、津贴,应当并入当月工资、薪金所得计征个人所得税。因此,企业内部未设置食堂,给予员工的就餐补助不属于上述误餐补助的范畴,应当按照"工资、薪金所得"项目缴纳个人所得税。

 **知识小练习**

【例题·多选】 下列各项收入中,属于工资、薪金性质的收入需要征税的有(   )。

A. 月度奖

B. 劳动分红

C. 因公在城区工作,不能回工作单位就餐,按误餐顿数取得的误餐费

D. 退休费

E. 绩效工资

答案:ABE

解析:工资、薪金所得,是指个人因任职或者受雇而取得的工资、薪金、奖金、年终加薪、劳动分红、津贴、补贴以及与任职或者受雇有关的其他所得,退休工资属于免税收入,选项C符合规定的误餐费属于免税范围。

（二）航空公司空勤人员的飞行小时费和伙食费

《国家税务总局关于新疆航空公司空勤人员飞行小时费和伙食费收入征收个人所得税的批复》（国税函发〔1995〕554号）规定，按照《个人所得税法》的规定，空勤人员的飞行小时费和伙食费收入，应全额计入工资、薪金所得计征个人所得税，不能给予扣除。

 知识小练习

【例题·单选】　某航空公司空勤人员李某2020年5月工资收入如下：当月基本工资8 000元，安全绩效工资2 000元，飞行小时费10 000元，伙食费补助2 000元。李某当月应计入工资、薪金收入的金额是（　　）元。

A. 20 000　　　　　　B. 22 000　　　　　　C. 10 000　　　　　　D. 12 000

答案：B

解析：空勤人员的飞行小时费和伙食费收入，应全额计入工资、薪金所得，李某当月应计入工资、薪金收入＝8 000＋2 000＋10 000＋2 000＝22 000（元）。

（三）民航空地勤人员的伙食费收入

《财政部　国家税务总局关于民航空地勤人员的伙食费征收个人所得税的通知》（财税字〔1995〕77号）规定，经报国务院同意，民航空地勤人员的伙食费应当按照税法规定，并入工资、薪金所得，计算征收个人所得税，并由支付单位负责代扣代缴。

 **知识小练习**

【例题·单选】　某航空公司地勤人员张某2020年2月工资收入如下：当月基本工资5 000元，伙食费补助2 000元。下列说法正确的是（　　）。

A. 张某取得的伙食费补助不应计入工资薪金收入

B. 张某取得的伙食费属于国家规定的免税津贴、补贴

C. 张某2月取得的应税工资收入为5 000元

D. 张某2月取得的应税工资收入为7 000元

答案：D

解析：《财政部　国家税务总局关于民航空地勤人员的伙食费征收个人所得税的通知》（财税字〔1995〕77号）规定，经报国务院同意，民航空地勤人员的伙食费应当按照税法规定，并入工资、薪金所得，计算征收个人所得税。

（四）远洋运输船员的伙食费收入

因在实际征管过程中，各地在对远洋运输船员（含国轮船员和外派船员）工资、薪金所得征收个人所得税时，费用扣除标准掌握的不一致，国家税务总局对此下发《国家税务总局关于远洋运输船员工资、薪金所得个人所得税费用扣除问题的通知》（国税发〔1999〕202号）对此进行了明确。

 链接：远洋运输船员的伙食费收入是否征税

文件名称：《国家税务总局关于远洋运输船员工资、薪金所得个人所得税费用扣除问题的通知》

发文字号：国税发〔1999〕202号

成文日期：1999年10月25日

内　　容：由于船员的伙食费统一用于集体用餐，不发给个人，故特案允许该项补贴不计入船员个人的应纳税工资、薪金收入。

（五）公务交通、通讯补贴收入

《国家税务总局关于个人所得税有关政策问题的通知》（国税发〔1999〕58号）规定，个人因公务用车和通讯制度改革而取得的公务用车、通讯补贴收入，扣除一定标准的公务费用后，按照"工资、薪金所得"项目计征个人所得税。具体计征方法如下：

（1）按月发放的，并入当月"工资、薪金所得"计征个人所得税。

（2）不按月发放的，分解到所属月份并与该月份"工资、薪金所得"合并后计征个人所得税。

（3）公务费用的扣除标准，由省级税务局根据纳税人公务交通、通讯费用的实际发生情况调查测算，报经省级人民政府批准后确定，并报国家税务总局备案。

据此，各省（自治区、直辖市、计划单列市）相继出台了适合本地市实际情况的交通、通讯扣除标准。

随着公务用车制度改革的不断推进，一些地区和单位出现了新情况：有的对用车人给予各种形式的补偿；有的单位直接以现金形式发放；在限额内据实报销用车支出；有的单位反租职工个人的车辆支付车辆租赁费（"私车公用"）；有的单位向用车人支付车辆使用过程中的有关费用等。为此国家税务总局在2006年下发的《国家税务总局关于个人因公务用车制度改革取得补贴收入征收个人所得税问题的通知》（国税函〔2006〕245号）规定如下：

因公务用车制度改革而以现金、报销等形式向职工个人支付的收入，均应视为个人取得公务用车补贴收入，按照"工资、薪金所得"项目计征个人所得税。具体计征方法，按《国家税务总局关于个人所得税有关政策问题的通知》（国税发〔1999〕58号）第二条"关于个人取得公务交通、通讯补贴收入征税问题"的有关规定执行。

各省、市公务交通、通讯费用的实际扣除标准表如表2-10所示。

表2-10　各省、市公务交通、通讯费用的实际扣除标准表

公务交通、通讯补贴收入征税问题			
序号	地方	地区口径	备注
1	国家税务总局	文件名称：《国家税务总局关于个人所得税有关政策问题的通知》 发文字号：国税发〔1999〕58号 成文日期：1999年4月9日 相关内容： 　　二、关于个人取得公务交通、通讯补贴收入征税问题。 　　个人因公务用车和通讯制度改革而取得的公务用车、通讯补贴收入，扣除一定标准的公务费用后，按照"工资、薪金所得"项目计征个人所得税。按月发放的，并入当月"工资、薪金所得"计征个人所得税；不按月发放的，分解到所属月份并与该月份"工资、薪金所得"合并后计征个人所得税。 　　公务费用的扣除标准，由省级地方税务局（现为省级税务局）根据纳税人公务交通、通讯费用的实际发生情况调查测算，报经省级人民政府批准后确定，并报国家税务总局备案。	各省市定标准

（续表）

序号	地方	地区口径	备注
2	陕西省	文件名称：《陕西省财政厅　陕西省地方税务局关于个人因公务用车制度改革取得的补贴收入有关个人所得税问题的通知》 发文字号：陕财税〔2015〕10 号 成文日期：2015 年 8 月 4 日 相关内容： 　　一、对党政机关及所属参公事业单位职工按规定取得的公车改革补贴收入，允许在计算个人所得税税前据实全额扣除。 　　二、对其他企业事业单位职工取得的公车补贴收入，暂按公务费用扣除标准据实扣除，超过公务费用扣除标准的按标准扣除，超出部分按照"工资、薪金所得"项目计征个人所得税。 　　公务费用扣除标准暂时比照《陕西省省级机关公务用车制度改革实施方案》规定的党政机关及所属参公事业单位职工扣除标准确定，扣除标准上限为：企业董事、总经理、副总经理等企业高层管理者每人每月 1 690 元；企业各部门经理等中层管理者每人每月 1 040 元；其他人员每人每月 650 元。 　　三、本通知自 2015 年 1 月 1 日起执行。 文件名称：《陕西省地方税务局关于个人因通讯制度改革取得补贴收入征收个人所得税有关问题的公告》 发文字号：陕西省地方税务局公告 2017 年第 2 号 成文日期：2017 年 11 月 27 日 相关内容： 　　通讯补贴征收个人所得税公务费用税前扣除限额为每人每月 300 元。纳税人取得通讯补贴收入在限额内的，按实际收入全额扣除；超过限额的，按限额 300 元扣除。 　　通讯补贴发放单位应及时将通讯制度改革方案报主管税务机关备案。 　　本公告自 2018 年 1 月 1 日起施行。	公车费用分类扣除标准；通讯补助 300 元内备案管理
3	天津市	文件名称：《天津市地方税务局关于个人取得通讯补贴收入有关个人所得税政策的公告》 发文字号：天津市地方税务局公告 2017 年第 7 号 成文日期：2017 年 9 月 25 日 相关内容： 　　一、个人取得的通讯补贴收入，扣除一定标准的费用后，按照《国家税务总局关于个人所得税有关政策问题的通知》（国税发〔1999〕58 号）第二条规定计征个人所得税。 　　二、费用扣除标准规定如下： 　　以现金形式发放给个人的办公通讯补贴，或以报销方式支付给个人的办公通讯费用，费用扣除标准为每月不超过 500 元（含 500 元）。其中，机关、事业单位发放给个人的办公通讯补贴，费用扣除标准为我市财政、人力社保部门规定的发放标准，但每月最高不得超过 500 元（含 500 元）。 　　本公告自 2017 年 11 月 1 日起施行。	通讯补助不超过 500 元

序号	地方	地区口径	备注
4	山东省	文件名称:《山东省地方税务局关于公务通讯补贴个人所得税费用扣除问题的通知》 发文字号:鲁地税函〔2005〕33号 成文日期:2005年3月14日 相关内容: 　　一、因公务通讯制度改革而发放给个人的公务通讯补贴,扣除一定标准的公务费用后,按照"工资、薪金所得"项目计征个人所得税。按月发放的,并入当月"工资、薪金所得"计征个人所得税;不按月发放的,分解到所属月份并与该月"工资、薪金所得"合并后计征个人所得税。 　　二、行政单位按照各级人民政府或同级财政部门统一规定的标准,发放给个人的公务通讯补贴,每月不超过500元(含500元)的部分可在个人所得税前据实扣除,超过部分并入当月"工资、薪金所得"计征个人所得税。 　　三、企事业单位自行制定标准发放给个人的公务通讯补贴,其中,法人代表、总经理每月不超过500元(含500元),其他人员每月不超过300元(含300元)的部分,可在个人所得税前据实扣除。超过部分并入当月"工资、薪金所得"计征个人所得税。 　　取得公务通讯补贴,同时又在单位报销相同性质通讯费用的,其取得的公务通讯补贴不得在个人所得税前扣除。 　　四、(略) 　　五、本通知自2005年1月1日起执行。	通讯补贴分类管理,500元内或300元内
5	重庆市	文件名称:《重庆市地方税务局关于通讯补贴收入个人所得税前扣除问题的通知》 发文字号:渝地税发〔2008〕3号 成文日期:2008年1月7日 相关内容: 　　一、企事业单位、党政机关及社会团体因通讯制度改革,按照一定的标准发放给个人的通讯补贴收入,扣除一定标准的公务费用后,按照"工资、薪金所得"计征个人所得税。按月发放的,并入当月"工资、薪金所得"计征个人所得税;不按月发放的,分解到所属月份并与该月份工资、薪金所得合并后计征个人所得税。公务费用的税前扣除标准确定为每人每月400元(含400元),在此标准内据实扣除。 　　二、通讯补贴收入是指各单位以现金形式发放的个人通讯补贴,或以报销方式支付个人通讯费,以及发放含通讯费用性质的工作性补贴。通讯补贴的范围界定为单位为个人发放或支付的座机电话、移动电话、上网等费用。 　　三、实行通讯制度改革的单位应将通讯制度改革方案,以及通讯补贴发放标准及范围的有关材料报送主管地税机关备案。 　　四、本通知自2008年1月1日起执行。	通讯补贴400元内
6	内蒙古自治区	文件名称:《内蒙古自治区财政厅　地方税务局关于个人因公务用车制度改革取得的公务交通补贴收入有关个人所得税政策的通知》 发文字号:内财税〔2016〕376号 成文日期:2016年4月20日 相关内容: 　　根据《国家税务总局关于个人所得税有关政策问题的通知》(国税发〔1999〕58号)及《内蒙古自治区党委办公厅　政府办公厅关于印发〈内蒙古自治区公务用车制度改革总体方案〉的通知》(内党办发〔2015〕50号)的规定,经自治区政府同意,现就我区个人因公务用车制度改革取得的公务交通补贴收入有关个人所得税政策通知如下:	

序号	地方	地区口径	备注
6	内蒙古自治区	我区公务用车制度改革实施后，经自治区公务用车改革领导机构批准，各级党政机关（包括党委、人大、政府、政协、审判、检察机关，各民主党派和工商联，参照公务员法管理的人民团体、群众团体、事业单位）有关人员在补贴标准内取得的公务交通补贴收入，允许计征个人所得税时在税前扣除。 　　特别链接：《内蒙古自治区党委办公厅　政府办公厅关于印发〈内蒙古自治区公务用车制度改革总体方案〉的通知》（内党办发〔2015〕50 号）关于公务用车交通补贴标准。 　　根据中央关于边疆少数民族地区交通补贴标准不得高于中央和国家机关补贴标准的 150% 的规定，自治区本级公务交通补贴划分为七个层级，补贴标准上限为：正厅级每人每月 1 950 元，副厅级每人每月 1 800 元，正处级每人每月 1 200 元，副处级每人每月 1 050 元，正科级每人每月 750 元，副科级每人每月 600 元，科员及以下每人每月 450 元。 文件名称：《内蒙古自治区财政厅　地方税务局关于明确通讯补贴收入征免个人所得税问题的通知》 发文字号：内地税字〔2007〕355 号 成文日期：2007 年 11 月 20 日 相关内容： 　　一、各行政机关、事业单位和人民团体因通讯制度改革而按《内蒙古自治区直属机关公务移动通讯费用管理办法》（厅发〔2004〕38 号）规定的具体标准及按各盟市盟市委、行政公署、市政府参照自治区上述文件制定的公务通讯费用标准而实际发放或报销的通讯补贴收入，作为公务费用据实扣除，免予征收个人所得税。 　　以上单位按《中共内蒙古自治区委员会办公厅　内蒙古自治区人大常委会办公厅　内蒙古自治区人民政府办公厅　政协内蒙古自治区委员会办公厅　内蒙古自治区财政厅关于内蒙古自治区直属行政事业单位公费住宅电话管理办法》（厅发〔1995〕64 号）规定的具体标准及按各盟市盟市委、行政公署、市政府参照自治区上述文件制定的住宅电话费标准而实际发放或报销的住宅电话费，免予征收个人所得税。 　　二、2004 年以后按自治区财政厅口头通知，对各部门每人每月实际发放的 150 元通讯补贴，在征收个人所得税时可作为公务费用扣除。 　　三、企业因通讯制度改革而实际发放或报销的通讯补贴收入，每人每月在 200 元以内的，作为公务费用据实扣除，免予征收个人所得税。 　　企业实际发放或报销的住宅电话费用，每人每月 50 元以内的，免予征收个人所得税。	交通补贴按省委、省政府文件规定标准；通讯补助 200 元内，住宅电话 50 元内
7	广州市	文件名称：《广州市地方税务局关于个人通讯补贴收入征收个人所得税问题的通知》 发文字号：穗地税发〔2007〕201 号 成文日期：2007 年 8 月 1 日 相关内容： 　　一、根据《国家税务总局关于个人所得税有关政策问题的通知》（国税发〔1999〕58 号）第二条的规定，个人因通讯制度改革而取得的通讯补贴收入，扣除一定标准的公务费用后，按照"工资、薪金所得"项目计征个人所得税。按月发放的，并入当月"工资、薪金所得"计征个人所得税；不按月发放的，分解到所属月份并与该月份"工资、薪金所得"合并后计征个人所得税。	

序号	地方	地区口径	备注
7	广州市	上述公务费用的扣除标准,在广东省地方税务局未有统一规定前,省直党政群机关、参照公务员管理的事业单位、省高级人民法院、省人民检察院在职人员,按照《中共广东省纪律检查委员会 广东省人事厅 广东省财政厅 广东省监察厅关于印发〈关于省直机关单位通讯费改革的实施意见〉的通知》(粤纪发〔2002〕31号)第二条规定的通讯费补贴标准执行;市(区)直党政群机关、参照公务员管理的事业单位、市(区)人民法院、市(区)人民检察院在职人员,按照《广州市财政局 中共广州市纪律检查委员会 广州市人事局 广州市监察局印发〈关于市直机关单位通讯费改革的实施意见〉的通知》(穗财行〔2006〕283号)第二条的有关规定执行。 　　二、除上述第一点以外的其他扣缴义务人,参照广东省地方税务局《转发国家税务总局关于执行〈企业会计制度〉需要明确的有关所得税问题的通知》(粤地税函〔2004〕547号)第四点的规定,其单位高层管理人员(包括总经理、副总经理、总会计师以及在本单位受薪的董事会成员)在每人每月500元的标准额度内,其他人员在每人每月300元的标准额度内,凭发票在单位报销通讯费用的部分,准予在计征个人所得税前扣除。超过上述规定标准为职工报销的通讯费用以及发给职工的现金通讯补贴,应并入个人当月"工资、薪金所得"项目计征个人所得税。 　　特别链接: 　　(1)《中共广东省纪律检查委员会 广东省人事厅 广东省财政厅 广东省监察厅关于印发〈关于省直机关单位通讯费改革的实施意见〉的通知》(粤纪发〔2002〕31号)关于省直机关单位通讯费补贴标准。 　　① 正副省(部)级每月发放650元;正副厅(局)长、巡视员580元;助理巡视员(副厅级)530元;处长450元、调研员(正处级)380元;副处长350元、助理调研员(副处级)300元;正科级200元,副科级150元;其他工作人员(含在编工勤人员)100元。 　　② 个别人员因工作需要,全年通讯费开支超出补贴标准的,年终由本人写出书面报告,经本人所在单位领导班子集体讨论同意后,报省财政厅批准,并报省委党廉办备案后,可据实报销。 　　(2)《广州市财政局 中共广州市纪律检查委员会 广州市人事局 广州市监察局印发〈关于市直机关单位通讯费改革的实施意见〉的通知》(穗财行〔2006〕283号)关于市直机关单位通讯费补贴标准。 　　① 通讯费补贴月发放标准:正副市级650元;正副局长、巡视员580元,副巡视员530元;处长450元,调研员380元,副处长350元,副调研员300元;正科级200元,副科级150元;其他工作人员(含在编工勤人员)100元。 　　② 个别人员因工作需要,全年通讯费开支超出补贴标准的,年终由本人写出书面报告,经本人所在单位领导班子集体讨论同意后,报市财政局批准,并报市委党廉办备案后,可据实报销。	省直单位、市直单位、企业分别管理
8	黑龙江省	文件名称:《黑龙江省地方税务局关于个人取得公务交通、通讯补贴有关公务费用个人所得税扣除标准的通知》 发文字号:黑地税函〔2006〕11号 成文日期:2006年2月17日 相关内容: 　　一、实行公务用车改革的党政机关和企事业单位交通费用补贴每人每月扣除1 000元,超出部分计征个人所得税。其他形式的交通费补贴一律计征个人所得税。	

（续表）

序号	地方	地区口径	备注
8	黑龙江省	二、党政机关干部住宅电话和移动电话补贴,扣除按《中共黑龙江省委 黑龙江省人民政府办公厅关于印发〈黑龙江省党政机关公务住宅电话暂行管理办法〉和〈黑龙江省移动电话暂行管理办法〉的通知》(厅字〔1999〕6号)和参照《中央和国家机关公务移动通讯费用补贴管理办法》规定标准发放的通讯费补贴额,超出部分计征个人所得税。 　　三、保留行政级别的企事业单位,其领导班子成员及特殊岗位人员住宅电话和移动电话补贴,扣除参照党政机关干部的相关规定标准发放的通讯费补贴额,超出部分计征个人所得税;没有行政级别的企事业单位,其领导班子成员住宅电话和移动电话补贴两项合计每人每月扣除400元,超出部分计征个人所得税;特殊岗位人员两项合计每人每月最高扣除300元,超出部分计征个人所得税。 　　四、本通知从2006年1月1日起执行。	交通费用补贴1000元,通讯补贴企事业单位分情况而定
9	辽宁省	文件名称:《辽宁省地方税务局关于对公务移动通讯费用补贴免征个人所得税问题的通知》 发文字号:辽地税发〔2004〕125号 成文日期:2004年11月22日 相关内容: 　　一、按照《辽宁省省直机关公务移动通讯费用补贴管理办法》(辽人发〔2004〕13号)规定的范围及标准发给个人的移动通讯费补贴,在计征个人所得税时给予全额扣除。 　　二、个人因公务通讯制度改革而取得的公务移动通讯费补贴收入,可按照当地市级人民政府规定的补贴发放范围及标准,在计征个人所得税时给予全额扣除。 　　三、按照政府规定的范围及标准向个人发放移动通讯费用补贴的单位,再以报销票据等各种形式向个人支付或为个人交纳的移动通讯费、固定电话通讯费、移动电话购置费,均应全额并入个人当月工资、薪金代扣代缴个人所得税。 文件名称:《辽宁省地方税务局关于辽宁联通公司员工通信费缴纳个人所得税有关问题的批复》 发文字号:辽地税函〔2011〕123号 成文日期:2011年5月3日 相关内容: 　　你公司采取限额内实报实销方式给员工报销的通信费,属于单位公务性支出,不征收个人所得税。	按政府标准全额扣除,企业实报实销方式不征个人所得税。注意实报实销的方式,并不是发放补贴的方式
10	大连市	文件名称:《大连市地方税务局关于调整公务用车费用及通讯公务费用个人所得税税前扣除标准的通知》 发文字号:大地税函〔2010〕7号 成文日期:2010年1月21日 相关内容: 　　公务用车费用每人每月不得超过2700元。实际发生额不超过2700元的,按实际发生额在应纳税所得额中扣除;实际发生额超过2700元的,其余额不得结转到以后月份的应纳税所得额中扣除。 　　通讯公务费用每人每月不得超过当月实际发生通讯费用的80%,且仅限一人一号。 　　本通知自2010年1月1日起执行。	公务用车不超过2700元,通讯不超过实际发生额的80%

（续表）

序号	地方	地区口径	备注
11	河北省	文件名称：《河北省地方税务局关于个人所得税若干业务问题的通知》 发文字号：冀地税发〔2009〕46号 成文日期：2009年12月9日 相关内容： 　　一、各单位向职工个人发放的交通补贴(包括报销、现金等形式)，按交通补贴全额的30%作为个人收入并入当月"工资、薪金所得"征收个人所得税。 　　二、各级行政事业单位按照当地政府(县以上)规定标准向职工个人发放的通讯补贴(包括报销、现金等形式)暂免征收个人所得税；超过标准部分并入当月"工资、薪金所得"计算征收个人所得税；各类企业单位，参照当地行政事业单位标准执行，但企业职工个人取得通讯补贴的标准最高不得超过每人每月500元，在标准内据实扣除，超过当地政府规定的标准或超过每人每月500元最高限额的，并入当月"工资、薪金所得"计算征收个人所得税；当地政府未规定具体标准的，按通讯补贴(包括报销、现金等形式)全额的20%并入当月"工资、薪金所得"计算征收个人所得税。 　　本通知自2010年1月1日起执行。	交通补贴全额的70%可扣，通讯补贴500元内或80%可扣
12	西藏自治区	文件名称：《西藏自治区人民政府关于贯彻个人所得税法的通知》 发文字号：藏政发〔2018〕38号 成文日期：2018年11月15日 相关内容： 　　二、公务交通和通讯补贴扣除标准 　　个人取得的交通、通讯补贴收入，扣除一定标准的公务费用后，按照"工资、薪金"所得项目计征个人所得税。公务费用限额扣除标准如下：公务交通补贴每人每月4000元，公务通讯补贴每人每月1000元。 　　个人取得公务用车补贴、通讯补贴在上述限额标准之内的，缴纳个人所得税时据实扣除，超过限额部分按规定计征个人所得税。 　　本通知自2018年10月1日起实施。	公务交通补贴4000元，公务通讯补贴1000元，限额内据实扣除
13	浙江省	文件名称：《浙江省地方税务局关于个人取得通讯费补贴收入征收个人所得税问题的通知》 发文字号：浙地税发〔2001〕118号 成文日期：2001年10月17日 相关内容： 二、公务费用的扣除标准规定如下： 　　1.根据浙委办〔2000〕99号文件规定享受通讯费补贴的党政机关工作人员，参照浙委办〔2000〕99号文件规定的标准予以扣除。 　　2.按照企事业单位规定取得通讯费补贴的工作人员，其单位主要负责人在每月500元额度内按实际取得数予以扣除，其他人员在每月300元额度内按实际取得数予以扣除。 　　3.既按浙委办〔2000〕99号文件规定取得补贴，又按企事业单位规定取得通讯费补贴收入的个人，只能选择上述标准之一进行扣除；个人取得超过上述标准的通讯费补贴收入一律并入个人"工资、薪金所得"征收个人所得税。 【浙江地税官网】关于手机费补贴(发布时间：2016-08-07) 问：公司给予员工的每月手机话费补贴，员工凭移动打印的个人抬头发票，公司可以做管理费用税前列支吗？话费补贴没有列入工资、薪金的，可以不计个税吗？ 答：可以作为职工福利费列支，对于个税按照通讯费补贴确定。	分党政按省委标准；企事业单位500元和300元内，只能选择其一

序号	地方	地区口径	备注
14	北京市	文件名称：《北京市地方税务局关于对公司员工报销手机费征收个人所得税问题的批复》 发文字号：京地税个〔2002〕116号 成文日期：2002年3月18日 相关内容： 　　一、单位为个人通讯工具（因公需要）负担通讯费采取金额实报实销或限额实报实销部分的，可不并入当月工资、薪金征收个人所得税。 　　二、单位为个人通讯工具负担通讯费采取发放补贴形式的，应并入当月工资、薪金计征个人所得税。 　　此前规定与上述规定不一致的，按上述规定执行。	认可报销方式，不认可发放补贴形式
15	宁夏回族自治区	文件名称：《宁夏回族自治区地方税务局关于执行新个人所得税法后征收工薪所得个人所得税时扣除项目有关问题的通知》 发文字号：宁地税发〔2006〕85号 成文日期：2006年4月29日 相关内容： 　　（1）电话费补贴：省级领导干部每月110元；自治区、地（市）党政机关及事业单位厅级现职领导干部80元，厅级非领导职务干部60元，厅级离退休干部50元，现职处长40元；县（市、区）党政机关正副县级领导干部50元；自治区、地（市），县（市、区）机关及事业单位因工作需要经单位领导集体研究批准的特殊岗位人员40元；企业单位厂长、经理80元，其他因工作需要经单位领导集体研究批准的特殊岗位人员50元。 　　（2）移动通讯费补贴：党政机关、事业单位按自治区人民政府规定标准发放的通讯补贴，即省级干部按实报销；厅级每人每月240元；处级每人每月180元；科级每人每月130元；科级以下每人每月80元；高级技师、技师每人每月130元；其他工勤人员每人每月80元；特殊工作岗位人员（自治区领导秘书、工作流动性较大的工作人员等），报经自治区党委办公厅、政府办公厅和财政厅共同批准，可在规定的补贴标准之外另行增加100元补贴；企业单位移动通讯费用包干给个人的，厂长、经理限额扣除标准为300元，其他因工作需要经单位领导集体研究批准的特殊岗位人员200元。 　　企业单位和自收自支企业化管理的事业单位因工作需要可以采取通讯费实报实销制度的，但另外发放的通讯费补贴不能在征个人所得税时扣除。 文件名称：《宁夏回族自治区人民政府关于个人因公务用车制度改革取得补贴收入征免个人所得税有关问题的批复》 发文字号：宁政函〔2006〕123号 成文日期：2006年7月13日 相关内容： 　　因公务用车制度改革而以现金、报销等形式向职工个人支付的收入，均视为个人取得公务用车补贴收入，按照"工资、薪金所得"计征个人所得税。 　　实行公务用车制度改革单位向主管税务机关备案后，允许在个人所得额中扣除一定公务费用标准后征收个人所得税。 　　具体扣除标准为以现金支付的，每人每月扣除费用不超过1200元；凭票报销的，每人每月扣除费用不超过1800元。 　　凭票报销的费用包括燃油（燃气）费、保险费（个险、车险）、过路过桥费、停车费、养路费。	通讯补贴分党政机关、事业单位、企业管理；交通费分现金和凭票两种方式：现金1600元，凭票1800元

序号	地方	地区口径	备注
16	广西壮族自治区	文件名称:《国家税务总局广西壮族自治区税务局关于公务交通补贴个人所得税有关问题的公告》 发文字号:国家税务总局广西壮族自治区税务局公告2018年第12号 成文日期:2018年7月9日 相关内容: 　　一、个人取得的公务交通补贴收入,扣除一定标准的费用后,按照《国家税务总局关于个人所得税有关政策问题的通知》(国税发〔1999〕58号)第二条规定计征个人所得税。 　　二、我区公务人员按公务交通补贴规定取得的公务用车制度改革补贴收入,即厅级每人每月1950元,处级每人每月1200元,科级每人每月750元,科员及以下每人每月650元的标准,允许在计算个人所得税税前全额扣除,超出规定标准部分按照"工资、薪金所得"项目计征个人所得税。若自治区党委、自治区人民政府调整公务交通补贴标准的,按调整后的标准扣除。 　　三、我区各级各类事业单位所有原符合公务用车配备相关规定的岗位和人员,按照《自治区本级事业单位公务用车制度改革实施方案》的规定取得的公务用车制度改革补贴收入,无论是以现金形式,还是以报销方式取得的公务交通补贴收入,参照公务人员的标准允许在计算个人所得税税前全额扣除,超出规定标准部分按照"工资、薪金所得"项目计征个人所得税。 　　四、对企业职工公务用车费用扣除标准划分为高级管理人员和其他人员两档处理,具体为: 　　(一)高级管理人员每人每月1950元。 　　(二)其他人员每人每月1200元。 　　企业在制订公务用车制度改革方案中,应明确本企业高级管理人员和其他人员的范围。 　　本公告自2018年9月1日起施行。 文件名称:《国家税务总局广西壮族自治区税务局关于公务通讯补贴个人所得税有关问题的公告》 发文字号:国家税务总局广西壮族自治区税务局公告2018年第13号 成文日期:2018年7月9日 相关内容: 　　一、个人取得的通讯补贴收入,扣除一定标准的费用后,按照《国家税务总局关于个人所得税有关政策问题的通知》(国税发〔1999〕58号)第二条规定计征个人所得税。 　　二、对公务人员按规定标准取得的公务通讯补贴收入,即厅级每人每月240元,处级每人每月180元,科级每人每月130元,科员及以下每人每月80元的标准,允许在计算个人所得税税前全额扣除,超出规定标准部分按照"工资、薪金所得"项目计征个人所得税。若自治区党委、自治区人民政府调整公务通讯补贴标准的,按调整后的标准扣除。 　　三、对我区企业职工取得的通讯补贴收入,无论是以现金形式,还是以报销方式取得的通讯补贴收入,在计征个人所得税时,准予在每人每月不超过240元的标准内据实税前扣除,超出规定标准部分按照"工资、薪金所得"项目计征个人所得税。 　　本公告自2018年9月1日起施行。	分公务人员和事业、企业单位分别管理

序号	地方	地区口径	备注
17	安徽省	文件名称：《安徽省地方税务局关于个人取得公务交通补贴收入个人所得税问题的公告》 发文字号：安徽省地方税务局公告 2016 年第 1 号 成文日期：2016 年 1 月 18 日 相关内容： 　　一、个人因实施公务用车制度改革取得的公务交通补贴收入，扣除一定标准的公务费用后，按照"工资、薪金所得"项目计征个人所得税。 　　二、我省个人公务交通费用扣除标准，按照省直机关公务用车制度改革实施方案、省辖市公务用车制度改革实施方案明确的公车改革适用范围内相应职级人员对应的公务用车货币补贴标准确定。各主管地税机关应根据省直机关公务用车制度改革实施方案、市公务用车制度改革实施方案和本公告，公告管辖范围内个人所得税允许扣除公务交通费用的具体标准，并层报上级税务机关备案。 　　三、个人取得超过扣除标准部分的公务交通补贴收入，或取得不属于公务用车改革实施方案适用范围的公务交通补贴收入，无论是直接计入月工资、薪金的，或是采用限额实报实销的，凡按月发放的，并入当月"工资、薪金所得"计征个人所得税；凡不按月发放的，分解到所属月份与该月份"工资、薪金所得"合并计征个人所得税。 部门：所得税处答疑（2016-11-15） 问题：《安徽省地方税务局关于个人取得公务交通补贴收入个人所得税问题的公告》中依据国税发〔1999〕58 号文件精神，车改补助扣除一定标准的公务费用后，按照工资、薪金所得项目计征个人所得税。那请问，国税发〔1999〕58 号文件中同样规定的通讯改革取得的通讯补贴省内是否有相关扣除标准？如何计算个人所得税？ 答复：国家税务总局文件中提及的通讯补贴是指因通讯制度改革而产生的，但我们目前没有发生此项改革，因此发放的通讯补贴需要纳入当月工资、薪金缴纳个人所得税。	公务用车补助按省、市政府标准；通讯补贴没有扣除标准
18	福建省	文件名称：《福建省地方税务局关于所得税若干政策及管理问题的处理意见》 发文字号：闽地税所便函〔2013〕16 号 成文日期：2013 年 11 月 14 日 相关内容： 　　一、关于个人取得的通讯补贴收入公务费用扣除标准问题。 　　省局已根据《国家税务总局关于个人所得税有关政策问题的通知》（国税发〔1999〕58 号）规定请示省政府，在省政府批复前，暂按每人每月 500（含）元以内，准予据实计征个人所得税前扣除。超过上述规定标准为职工报销的通讯费用，或以通讯费名义发放给职工的现金补贴，应并入职工个人当月"工资、薪金所得"计征个人所得税。	500 元内
19	宁波市	文件名称：《宁波市地方税务局关于个人取得通讯补贴收入征收个人所得税的通知》 发文字号：甬地税一〔2003〕181 号 成文日期：2003 年 9 月 22 日 相关内容： 　　对实行通讯制度改革的单位，其个人从任职单位取得的通讯补贴收入，在按实扣除每人每月 300 元公务费用后，按照"工资、薪金所得"项目计征个人所得税。按月发放的，并入当月"工资、薪金所得"项目计征个人所得税；不按月发放的，分解到所属月份并与该月份"工资、薪金所得"合并后计征个人所得税。	300 元内

(续表)

序号	地方	地区口径	备注
20	青岛市	文件名称:《青岛市地方税务局关于印发〈个人所得税业务问题解答〉的通知》 发文字号:青地税函〔2006〕140号 成文日期:2006年11月30日 相关内容: 　　对个人取得因公务用车制度改革补贴收入,应按《国家税务总局关于个人因公务用车制度改革取得补贴收入征收个人所得税问题的通知》(国税函〔2006〕245号)规定计征个人所得税。 　　企业生产经营过程中发生的与其生产经营有关管理人员的通讯费用,实行实报实销的,不属于征税范围,但企业应合理确定报销通讯费人员的范围,并将报销通讯费的企业管理人员名册,报送主管税务机关备案。	公务用车补助征税;通讯费实报实销
21	海南省	文件名称:《海南省地方税务局关于明确公务交通通讯补贴扣除标准的公告》 发文字号:海南省地方税务局公告2017年第2号 成文日期:2017年9月15日 相关内容: 　　一、企事业单位员工因公务用车制度改革取得的公务交通补贴收入,允许在以下公务费用扣除标准内,按实际取得数额予以扣除,超出标准部分按照"工资、薪金所得"项目计征个人所得税。 　　(一)海口、三亚、三沙、儋州、洋浦的公务费用扣除标准。 　　高级管理人员1690元/人/月,其他人员1040元/人/月。 　　(二)其他市县的公务费用扣除标准。 　　高级管理人员1000元/人/月,其他人员600元/人/月。 　　二、企事业单位员工因通讯制度改革取得的通讯补贴收入,在100元/人/月的公务费用标准内,按实际取得数额予以扣除,超出标准部分按照"工资、薪金所得"项目计征个人所得税。 　　三、本公告适用的单位范围是进行公务用车、通讯制度改革,制订了公务用车、通讯制度改革方案的企事业单位。 　　本通知自2017年10月1日起施行。	公务交通补贴分地区分人员管理;通讯补贴100元内
22	湖南省	文件名称:《湖南省地方税务局关于明确公务费用税前扣除标准的公告》 发文字号:湖南省地方税务局公告2018年第2号 成文日期:2018年3月12日 相关内容: 　　一、关于通讯补贴税前扣除标准问题。 　　单位为个人通讯工具(因公需要)负担通讯费采取实报实销的,可不并入"工资、薪金所得"征收个人所得税。采取发放补贴形式的,一律并入当月"工资、薪金所得"计征个人所得税。 　　二、关于公务用车补贴税前扣除标准问题。 　　根据公务用车制度改革精神,区分纳入改革范围的不同单位性质,明确相应的扣除标准: 　　(一)省直党政机关扣除标准。 　　已进行公务用车制度改革的省直党政机关(包括党委、人大、政府、政协、审判、检察机关,各民主党派和工商联,参照公务员法管理的人民团体、群众团体、事业单位)的有关人员按规定取得的公务用车补贴征收个人所得税时,公务用车补贴的扣除标准按照湘办发〔2015〕46号文件确定的实际发放标准执行。 　　(二)市县党政机关扣除标准。 　　各市县党政机关进行公务用车制度改革后,公务用车补贴的扣除标准按照当地公车改革方案确定的公务用车补贴实际发放标准扣除。	通讯补贴实报实销,没有限额标准,不支持发放补贴;公务用车标准分省、市、县党政机关、企事业单位管理

序号	地方	地区口径	备注
22	湖南省	（三）其他事业单位扣除标准。 　非参照公务员法管理的事业单位按我省各级政府事业单位公车改革方案进行公务用车制度改革后，对其单位纳入批准范围的员工按规定取得的公务用车补贴征收个人所得税时，公务用车补贴的扣除标准按照实际发放标准执行。 　（四）国有企业扣除标准。 　国有企业（指各级政府授权履行出资人职责的机构、部门依法履行出资人职责的国有独资企业、国有独资公司、国有全资公司以及国有资本控股公司等国家出资企业）经主管部门批准进行公务用车制度改革后，对其单位纳入批准范围的职工按规定取得的公务用车补贴征收个人所得税时，公务用车补贴的扣除标准按照每人每月不超过湘办发〔2015〕46号文件规定的最高标准据实扣除。 　本公告自2018年4月12日起施行。	
23	甘肃地税	文件名称：《甘肃省财政厅　甘肃省地方税务局关于公务交通补贴等个人所得税问题的通知》 发文字号：甘财税法〔2018〕15号 成文日期：2018年3月22日 相关内容： 　一、关于个人取得的公务交通补贴收入征税问题。 　（一）经国务院、省政府及其授权部门批准实行公务用车改革的党政机关及其所属参公事业单位、企事业单位，职工个人按规定标准取得的公务交通补贴收入，在计算个人所得税时允许税前全额扣除。 　（二）对其他企事业单位实施公务用车改革发放的公务交通补贴，按以下原则确定扣除标准： 　1.比照本地区党政机关及其所属参公事业单位职工扣除标准确定。 　2.扣除标准按照行政单位相应级别分三级确定：企业董事、总经理、副总经理等企业高层管理者每人每月不超过1 950元；企业各部门经理每人每月不超过1 200元；其他人员每人每月不超过600元。 　3.职工个人取得的公务交通补贴超过以上扣除标准的，按标准扣除；不足标准的，按发放金额据实扣除。 　（三）个人取得超过规定标准部分的公务交通补贴收入，或没有实行公务用车改革取得的公务交通补贴收入，均应并入当月工资、薪金所得计征个人所得税。 　（四）实行公务用车改革的单位应向当地主管税务机关报送公务用车改革方案。改革方案应载明参加公务用车改革的人员范围、人数、月补贴额度、补贴资金来源、补贴发放及使用管理办法、已参改车辆及未参改车辆的用途等内容。 　二、关于个人取得的公务通讯费补贴收入征税问题。 　企业实行通讯公务费补贴的，可凭真实、合法的票据在个人所得税应纳税所得额中扣除。每人每月不得超过300元，且仅限一人一号。	公务交通补贴分党政机关、其他企事业单位管理；公务通讯费补贴300元
24	贵州省	文件名称：《贵州省地方税务局关于个人取得通讯补贴有关个人所得税前扣除问题的公告》 发文字号：贵州省地方税务局公告2018年第4号 成文日期：2018年4月23日 相关内容： 　在我省取得工资、薪金所得的纳税人，每月从任职单位取得的通讯补贴收入，可在300元以内据实扣除，超过部分并入工资、薪金所得计算缴纳个人所得税。按月发放的，并入当月"工资、薪金所得"计缴个人所得税；不按月发放的，分解到所属月份并与该月份"工资、薪金所得"合并后计缴个人所得税。	通讯补贴300元以内

（六）生活补助费

新个人所得税法第四条第一款第四项规定，个人取得的福利费所得免征个人所得税。新个人所得税法实施条例第十一条对个人所得税法第四条第一款第四项所说的福利费进行了解释，明确了免征个人所得税的福利费是指根据国家有关规定，从企业、事业单位、国家机关、社会团体提留的福利费或者工会经费中支付给个人的生活补助费。但在过去的实际征管中，各地纷纷反映个人所得税法和个人所得税法实施条例对福利费和生活补助费仍然缺乏明确的范围，难以具体界定，为此，国家税务总局在1998年对就曾生活补助问题进一步做出明确。

 链接：不属于免税的福利费范围

文件名称：《国家税务总局关于生活补助费范围确定问题的通知》

发文字号：国税发〔1998〕155号

成文日期：1998年9月25日

内　　容：

下列收入不属于免税的福利费范围，应当并入纳税人的工资、薪金收入计征个人所得税：

（一）从超出国家规定的比例或基数计提的福利费、工会经费中支付给个人的各种补贴、补助。

（二）从福利费和工会经费中支付给单位职工的人人有份的补贴、补助。

（三）单位为个人购买汽车、住房、电子计算机等不属于临时性生活困难补助性质的支出。

 链接：生活补助费范围

文件名称：《国家税务总局关于生活补助费范围确定问题的通知》

发文字号：国税发〔1998〕155号

成文日期：1998年9月25日

内　　容：

近据一些地区反映，《中华人民共和国个人所得税法实施条例》第十四条所说的从福利费或者工会经费中支付给个人的生活补助费，由于缺乏明确的范围，在实际执行中难以具体界定，各地掌握尺度不一，须统一明确规定，以利执行。经研究，现明确如下：

上述所称生活补助费，是指由于某些特定事件或原因而给纳税人或其家庭的正常生活造成一定困难，其任职单位按国家规定从提留的福利费或者工会经费中向其支付的临时性生活困难补助。

（七）长江学者奖励计划中特聘教授岗位津贴收入

为配合"211工程"建设，吸引和培养杰出人才，加速高校中青年学科带头人队伍建设，教育部和中国香港实业家李嘉诚先生共同筹资建立了"长江学者奖励计划"。该计划包括实行特聘教授岗位制度和设立"长江学者成就奖"两项内容。即经过一定审核程序，在全国高等学校国家重点学科中，面向国内、外公开招聘学术造诣深、发展潜力大、具有领导本学科在其前沿领域赶超或保持国际先进水平能力的中青年杰出人才，作为特聘教授，在聘期内享受每年10万元人民币的特聘教授岗位津贴，对此，教育部在1998年向国家税务总局申请"长江学者奖励计划"有关个人收入免纳个人所得税。《国家税务总局关于"长江学者奖励计划"有关个人收入免征个人所得税的通知》(国税函〔1998〕632 号)明确,按照个人所得税法的规定,特聘教授取得的岗位津贴应并入其当月的工资、薪金所得计征个人所得税,税款由所在学校代扣代缴。

(八) 安家费

新个人所得税法第四条第一款第(七)项规定,按照国家统一规定发给干部、职工的安家费免征个人所得税。但对于各地为了引进人才等以"安家费"为名自定标准发放的各项补贴,应按规定缴纳个人所得税。

(九) 探亲费

根据新个人所得税法及相关文件规定,只有对外籍个人取得的符合规定的探亲费才免征个人所得税,除此以外的个人取得单位发放的探亲费应按"工资、薪金所得"缴纳个人所得税。

 知识拓展：外籍个人探亲费的相关规定

1.《国家税务总局关于外籍个人取得有关补贴免征个人所得税执行问题的通知》(国税发〔1997〕54 号)第四条规定,对外籍个人取得的探亲费免征个人所得税,应由纳税人提供探亲的交通支出凭证(复印件),由主管税务机关审核,对其实际用于本人探亲,且每年探亲的次数和支付的标准合理的部分给予免税。

2.《国家税务总局关于外籍个人取得的探亲费免征个人所得税有关执行标准问题的通知》(国税函〔2001〕336 号)对"每年探亲的次数和支付的标准合理的部分"进一步明确规定,可以享受免征个人所得税优惠待遇的探亲费,仅限于外籍个人在我国的受雇地与其家庭所在地(包括配偶或父母居住地)之间搭乘交通工具且每年不超过 2 次的费用。

(十) 取暖费、供热费、防暑降温费

新个人所得税法第六条第一款第(一)项规定,工资、薪金所得是指个人因任职或者受雇取得的工资、薪金、奖金、年终加薪、劳动分红、津贴、补贴以及与任职或者受雇有关的其他所得。因此,个人从任职单位取得的取暖费、供热费、防暑降温费应属于补贴范围,应并入工资、薪金所得。

新个人所得税法规定,按照国家统一规定发放的补贴、津贴可以免缴个人所得税。但是由于各地所处的地理位置及气候情况各异,其发放的取暖费、供热费、防暑降温费标准也存在不同,国家没有制定一个通用的标准,部分省、市自行根据实际情况自行制定了标准,有的是以定额扣除,有的是以住房面积标准(平方米)×热价标准(元)/平方米×补贴系数计算扣除。各地标准也是各不相同,还有一些省份没有制定标准,大家在实际工作中若遇到此类问题,最好是咨询一下当地税务机关。

三、全年一次性奖金等收入

(一) 全年一次性奖金

为了合理解决个人取得全年一次性奖金征税问题,《国家税务总局关于调整个人取得全年一次性奖金等计算征收个人所得税方法问题的通知》(国税发〔2005〕9 号)规定,全年一次性奖金是指行政机关、企事业单位等扣缴义务人根据其全年经济效益和对雇员全年工作业

绩的综合考核情况,向雇员发放的一次性奖金。这里说的一次性奖金也包括年终加薪、实行年薪制和绩效工资办法的单位根据考核情况兑现的年薪和绩效工资。

《财政部 税务总局关于个人所得税法修改后有关优惠政策衔接问题的通知》(财税〔2018〕164号,以下简称财税〔2018〕164号文件)第一条第一项对2021年12月31日以前居民个人取得全年一次性奖金和2022年1月1日以后居民个人取得全年一次性奖金如何计算缴纳个人所得税做了规定。

1. 2021年12月31日以前,居民个人取得全年一次性奖金有两种计税方法

1)不并入当年综合所得

居民个人取得全年一次性奖金,符合《国家税务总局关于调整个人取得全年一次性奖金等计算征收个人所得税方法问题的通知》(国税发〔2005〕9号)规定的,在2021年12月31日前,不并入当年综合所得,以全年一次性奖金收入除以12个月得到的数额,按照财税〔2018〕164号文件所附按月换算后的综合所得税率表,确定适用税率和速算扣除数,单独计算纳税。计算方法如下:

$$应纳税额 = 全年一次性奖金收入 \times 适用税率 - 速算扣除数$$

(1)商数找税率:一次性奖金全额÷12。

(2)全额算个税:全年一次性奖金收入×适用税率-速算扣除数。

2)并入当年综合所得

居民个人取得全年一次性奖金,也可以选择并入当年综合所得按年计算纳税。计算方法如下:

$$应纳税额 = \left(全年收入额 - 基本费用扣除(6万元) - 专项扣除 - 专项附加扣除 - 其他扣除\right) \times 税率 - 速算扣除数$$

2. 2022年1月1日以后,居民个人取得全年一次性奖金的计算方法

自2022年1月1日起,居民个人取得全年一次性奖金,应并入当年综合所得计算缴纳个人所得税。计算方法同上。

按月换算后的综合所得税率表如表2-11所示。

表2-11 按月换算后的综合所得税率表

级数	全月应纳税所得额	税率	速算扣除数
1	不超过3 000元的	3%	0
2	超过3 000元至12 000元的部分	10%	210
3	超过12 000元至25 000元的部分	20%	1 410
4	超过25 000元至35 000元的部分	25%	2 660
5	超过35 000元至55 000元的部分	30%	4 410
6	超过55 000元至80 000元的部分	35%	7 160
7	超过80 000元的部分	45%	15 160

 **知识小练习**

【例题·计算1】 李某为某企业高管,2020 年取得的收入如下:每月工资 10 000 元,每季度奖金 5 000 元,年终奖金 120 000 元。全年符合国家规定的专项扣除 30 000 元,符合条件的专项附加扣除全年为 36 000 元。假定李某无其他综合所得,请计算李某 2020 年取得综合所得的应纳个人所得税。

答案及解析:(1)按照财税〔2018〕164 号文件的规定,李某可以将全年一次性奖金不并入当年综合所得,以全年一次性奖金收入除以 12 个月得到的数额,按照文件所附按月换算后的综合所得税率表,确定适用税率和速算扣除数,单独计算纳税。则李某取得的全年一次性奖金应纳个人所得税为:

① 确定税率和速算扣除数:120 000÷12＝10 000(元),按换算后的综合所得税率表确定适用税率为 10%,速算扣除数为 210 元。

② 计算应纳税额。应纳税额＝全年一次性奖金收入×适用税率－速算扣除数＝120 000×10%－210＝11 790(元)。

③ 不含全年一次性奖金的综合所得应纳个人所得税＝(10 000×12＋5 000×4－60 000－30 000－36 000)×3%＝420(元)。

④ 李某 2020 年综合所得应纳个人所得税＝11 790＋420＝12 210(元)。

(2)按照财税〔2018〕164 号文件的规定,李某取得全年一次性奖金,也可以选择并入当年综合所得计算纳税。

① 含全年一次性奖金的综合所得应纳税所得额＝120 000＋5 000×4＋120 000－60 000－30 000－36 000＝1 340 000(元)。

② 确定税率和速算扣除数,按照新个人所得税法规定的综合所得适用综合所得适用税率表,确定李某含全年一次性奖金的综合所得适用税率为 10%,速算扣除数为 2 520 元。

③ 李某 2020 年综合所得应纳个人所得税＝134 000×10%－2 520＝10 880(元)。

通过以上两种计算方法计算可知,李某选择将年终一次性奖金并入综合所得更划算。

【例题·计算2】 某企业员工邓某,2020 年扣除"三险一金"后的月工资额 7 000 元,子女教育费专项附加扣除为每月 1 000 元,赡养老人专项附加扣除为每月 2 000 元,住房贷款利息专项附加扣除为每月 1 000 元,年终一次性奖金 120 000 元,假定邓某无其他综合所得,请分析邓某选择哪种方式缴税更划算。

答案及解析:(1)假定年终一次性奖金不并入当年综合所得计算纳税,而是单独计税。

① 确定税率和速算扣除数:120 000÷12＝10 000(元),按换算后的综合所得税率表确定适用税率为 10%,速算扣除数为 210 元。

② 计算应纳税额。应纳税额＝全年一次性奖金收入×适用税率－速算扣除数＝120 000×10%－210＝11 790(元)。

③ 不含全年一次性奖金的综合所得应纳税所得额＝7 000×12－60 000－(1 000＋2 000＋1 000)×12＝－24 000(元),不需要纳税。

④ 邓某 2020 年仅需要就全年一次性奖金纳税 11 790 元。

(2)假定年终一次性奖金并入当年综合所得计算纳税:

全年综合所得应纳个人所得税＝(120 000－24 000)×10％－2 520＝7 080(元)。

通过以上两种计算方法可知,邓某选择将年终一次性奖金并入综合所得更划算。

【例题·筹划】1.全年一次性奖不并入综合所得,单独计税。

情形一:单位2020年年末发放年终奖,小张获得年终奖36 000元。

商数找税率:36 000÷12＝3 000(元),适用3％税率,速算扣除数0。

全额算个税:应纳税额＝36 000×3％＝1 080(元)。

税后奖金:36 000－1 080＝34 920(元)。

情形二:单位2020年年末发放年终奖,小张获得年终奖36 001元。

商数找税率:36 001÷12＝3 000.08(元),适用10％税率,速算扣除数210。

全额算个税:应纳税额＝36 001×10％－210＝3 390.1(元)。

税后奖金:36 001－3 390.1＝32 610.9(元)。

效果:多发一元,少得2 309.1元(34 920－32 610.9)。

2.全年一次性奖金并入综合所得,按年计税(和正常奖金没有差别)。

情形三:单位2020年发放年终奖30 000元,小张每月工资5 000元,专项扣除3 000元,小张选择并入综合所得,按年计税。

全年所得＝5 000×12＋30 000－60 000－36 000＝－6 000(元)。

效果:不用缴纳个人所得税。

【延伸】若小张选择不并入综合所得。

商数找税率:30 000÷12＝2 500(元),适用3％税率。

全额算个税:应纳税额＝30 000×3％＝900(元)。

【结论】若综合所得(含年终奖)减除费用6万元以及专项扣除、专项附加扣除和依法确定的其他扣除后的余额小于零,选择"并入"综合所得更划算。

(二)央企负责人年度绩效延期兑现收入和任期奖励

为建立中央企业负责人薪酬激励与约束的机制,根据《中央企业负责人经营业绩考核暂行办法》《中央企业负责人薪酬管理暂行办法》的规定,国务院国有资产监督管理委员会对中央企业负责人的薪酬发放采取按年度经营业绩和任期经营业绩考核的方式,具体办法是:中央企业负责人薪酬由基薪、绩效薪金和任期奖励构成,其中基薪和绩效薪金的60％在当年度发放,绩效薪金的40％和任期奖励于任期结束后发放。为公平税负,加强征管,早在2007年进行过明确,2018年新个人所得税法实施后,财政部、国家税务总局对全年一次性奖金和央企负责人年度绩效延期兑现收入和任期奖励问题设立了3年过渡期政策,有两种方法可以选择。

《财政部 税务总局关于个人所得税法修改后有关优惠政策衔接问题的通知》(财税〔2018〕164号)第一条第二项规定,中央企业负责人取得年度绩效薪金延期兑现收入和任期奖励,符合《国家税务总局关于中央企业负责人年度绩效薪金延期兑现收入和任期奖励征收个人所得税问题的通知》(国税发〔2007〕118号)规定的,在2021年12月31日前,参照财税〔2018〕164号第一条第(一)项执行;2022年1月1日之后的政策另行明确。也就是说,在2021年12月31日前,央企负责人年度绩效延期兑现收入和任期奖励可比照年终一次性奖金的政策执行。

链接：央企负责人的范围

文件名称：《国家税务总局关于中央企业负责人年度绩效薪金延期兑现收入和任期奖励征收个人所得税问题的通知》

发文字号：国税发〔2007〕118 号

成文日期：2007 年 10 月 29 日

内　　容：

二、根据《中央企业负责人经营业绩考核暂行办法》等规定,本通知后附的《国资委管理的中央企业名单》中的下列人员,适用本通知第一条规定,其他人员不得比照执行:

(一)国有独资企业和未设董事会的国有独资公司的总经理(总裁)、副总经理(副总裁)、总会计师。

(二)设董事会的国有独资公司(国资委确定的董事会试点企业除外)的董事长、副董事长、董事、总经理(总裁)、副总经理(副总裁)、总会计师。

(三)国有控股公司国有股权代表出任的董事长、副董事长、董事、总经理(总裁),列入国资委党委管理的副总经理(副总裁)、总会计师。

(四)国有独资企业、国有独资公司和国有控股公司党委(党组)书记、副书记、常委(党组成员)、纪委书记(纪检组长)。

(三) 其他奖金

《国家税务总局关于调整个人取得全年一次性奖金等计算征收个人所得税方法问题的通知》(国税发〔2005〕9 号)第五条规定,雇员取得除全年一次性奖金以外的其他各种名目奖金,如半年奖、季度奖、加班奖、先进奖、考勤奖等,一律与当月工资、薪金收入合并,按税法规定缴纳个人所得税。

(四) 解除劳动关系取得的补偿金

随着市场经济体制的建立,许多企业在改组、改制、减员增效过程中出现了与企业职工解除劳动合同而支付给被解聘职工一次性经济补偿金的情况,各地税务机关在对一次性经济补偿收入是否征收个人所得税问题上向国家税务总局进行请示,为了支持企业改革,妥善安置下岗职工,维护社会稳定,国家税务总局在 1999 年对企业改组、改制、减员增资过程中职工因解除劳动合同而取得一次性补偿收入的个人所得税问题进行了明确,在 2000 年又对国有企业职工取得一次安置收入的个人所得税问题进行了明确,到 2001 年,为进一步支持企业、事业单位、机关、社会团体等用人单位推进劳动人事制度改革,对个人与用人单位解除劳动取得的一次性补偿收入的个人所得税问题再一次明确。作为解除劳动关系的主体从企业、国有企业扩大到企业、事业单位、机关、社会团体等用人单位。随着新个人所得税法的修订,财政部、国家税务总局又一次对个人与用人单位解除劳动关系取得的一次性补偿收入如何缴纳个人所得税进行了明确,并对原有的文件进行条款废止或全文废止。

《财政部　税务总局关于个人所得税法修改后有关优惠政策衔接问题的通知》(财税〔2018〕164 号)第五条规定,个人与用人单位解除劳动关系取得一次性补偿收入(包括用人单位发放的经济补偿金、生活补助费和其他补助费),在当地上年职工平均工资 3 倍数额以内的部分,免征个人所得税;超过 3 倍数额的部分,不并入当年综合所得,单独适用综合所得税率表,计算纳税。

 链接：个人与用人单位因解除劳动合同而取得一次性补偿收入应如何计税

文件名称：《财政部 国家税务总局关于个人与用人单位解除劳动关系取得的一次性补偿收入征免个人所得税问题的通知》

发文字号：财税〔2001〕157号

成文日期：2001年9月10日

内　　容：

为进一步支持企业、事业单位、机关、社会团体等用人单位推进劳动人事制度改革,妥善安置有关人员,维护社会稳定,现对个人因与用人单位解除劳动关系而取得的一次性补偿收入征免个人所得税有关问题通知如下：

一、(略)。此款失效。

二、个人领取一次性补偿收入时按照国家和地方政府的比例实际缴纳的住房公积金、医疗保险费、基本养老保险费、失业保险费,可以在计征其一次性补偿收入的个人所得税时予以扣除。

三、企业依照国家有关法律规定宣告破产,企业职工从该破产企业取得的一次性安置费收入,免征个人所得税。

本通知自2001年10月1日起执行。以前规定与本通知规定不符的,一律按本通知规定执行。对于此前已发生而尚未进行税务处理的一次性补偿收入也按本通知规定执行。

 **知识小练习**

【例题·计算】 2020年5月,某单位增效减员与在单位工作10年的宋某解除劳动关系,宋某获得一次性补200 000元,当地上年职工平均工资40 000元,则宋某该项收入应纳的个人所得税是多少？

答案：(1)计算免征额＝40 000×3＝120 000(元)。

(2)计算应纳税所得额＝200 000－120 000＝80 000(元)。

(3)按综合所得税率表确定税率为10%,速算扣除数为2 520元。

(4)宋某该项收入应纳个人所得税＝80 000×10%－2 520＝5 480(元)。

解析：《财政部 税务总局关于个人所得税法修改后有关优惠政策衔接问题的通知》(财税〔2018〕164号)第五条第一项规定,个人与用人单位解除劳动关系取得一次性补偿收入(包括用人单位发放的经济补偿金、生活补助费和其他补助费),在当地上年职工平均工资3倍数额以内的部分,免征个人所得税;超过3倍数额的部分,不并入当年综合所得,单独适用综合所得税率表,计算纳税。

【例题·实务】 以深圳市为例,2018年7月1日开始实施300 519元的免税标准(3倍)。

假设一：若深圳员工李某,在该公司任职18年,2019年9月按规定取得的离职补偿为30万元,小于免税标准,无须缴纳个人所得税,但仍需要做免税申报。

假设二：若2018年9月,深圳员工李某在该公司任职18年,按规定取得的离职补偿为33万元,免税部分为30.051 9万元,超过部分纳税。

应纳税所得额＝330 000－300 519＝29 481(元)；29 481÷12＝2 456.75(元),小于

3 500 元,无须缴纳个人所得税。

假设三:若 2019 年,深圳员工按规定取得的离职补偿为 35 万元,免税部分为 30.051 9 万元,超过部分"单独适用综合所得"税率表纳税。

应纳税所得额＝350 000－300 519＝49 481(元),适用 10％的税率,速算扣除数为 2 520 元。

应纳个人所得税＝49 481×10％－2 520＝2 428.1(元)。

(五) 内部退养

内部退养是指在企业减员增效和行政单位、事业单位、社会团体在机构改革过程中,针对富余人员,因年老、体弱、多病等原因不适应工作强度、满足法定内退条件,经个人申请、领导同意,在单位内部办理一种近似退休的手续。这实际上是一种保留劳动关系又无须在岗的情形,一般在国企出现较多,是一种减员增效的过渡办法。内退期间的工资发放一般分两种情况:一种是由原单位按月发放生活费,缴纳各项社会保险费;另一种是企业一次性发放生活费,并为其一次性预缴应缴的社会保险费。

对于内部退养期间取得的收入,如何计征个人所得税?《国家税务总局关于个人所得税有关政策问题的通知》(国税发〔1999〕58 号)对此进行了明确规定,《财政部　税务总局关于个人所得税法修改后有关优惠政策衔接问题的通知》(财税〔2018〕164 号)第五条第三项规定,个人办理内部退养手续而取得的一次性补贴收入,按照《国家税务总局关于个人所得税有关政策问题的通知》(国税发〔1999〕58 号)规定计算纳税。

 链接:实行内部退养办法人员取得的收入如何计税

文件名称:《国家税务总局关于个人所得税有关政策问题的通知》

发文字号:国税发〔1999〕58 号

成文日期:1999 年 4 月 9 日

内　　容:

一、关于企业减员增效和行政、事业单位、社会团体在机构改革过程中实行内部退养办法人员取得收入征税问题

实行内部退养的个人在其办理内部退养手续后至法定离退休年龄之间从原任职单位取得的工资、薪金,不属于离退休工资,应按"工资、薪金所得"项目计征个人所得税。

个人在办理内部退养手续后从原任职单位取得的一次性收入,应按办理内部退养手续后至法定离退休年龄之间的所属月份进行平均,并与领取当月的"工资、薪金"所得合并后减除当月费用扣除标准,以余额为基数确定适用税率,再将当月工资、薪金加上取得的一次性收入,减去费用扣除标准,按适用税率计征个人所得税。

个人在办理内部退养手续后至法定离退休年龄之间重新就业取得的"工资、薪金"所得,应与其从原任职单位取得的同一月份的"工资、薪金"所得合并,并依法自行向主管税务机关申报缴纳个人所得税。

综上所述,个人办理内部退养手续从原任职单位取得一次性补贴收入,不需纳入综合所得进行年度汇算。计税时,按照办理内部退养手续后至法定离退休年龄之间的所属月份进行平均后的商数,先与当月工资合并查找税率、计算税额,再减除当月工资收入应缴的税额,

即为该项补贴收入应纳税额。

发放一次性补贴收入当月取得的工资收入,仍需要并入综合所得计算缴税。在年终汇算时,正常按照税法规定扣除基本减除费用。

 知识小练习

【例题·计算】 李海 2020 年每月取得工资 7 000 元。2020 年 5 月李海办理了内部退养手续,从单位取得了一次性内部退养收入 10 万元。李海离正式退休时间还有 20 个月,假定李海 2020 年度没有其他综合所得,可享受子女教育专项附加扣除,如何计算李海应缴纳的个人所得税?

答案及解析:(1)李海离正式退休时间还有 20 个月,平均分摊一次性收入 100 000÷20＝5 000(元)。

(2)5 000 元与当月工资 7 000 元合并,减除当月费用扣除标准 5 000 元,以其余额为基数确定使用税率和速算扣除数;(5 000＋7 000)－5 000＝7 000(元),应适用税率 10%,速算扣除数 210。

(3)将当月工资 7 000 元加上当月取得的一次性收入 100 000 元,减去费用扣除标准 5 000 元,计算税款为(7 000＋100 000－5 000)×10%－210＝9 990(元)。

模拟计算单月工资应计算的税款为(7 000－5 000)×3%＝60(元)。

内部退养应缴纳的税款为 9 990－60＝9 930(元)。

(4)李海 2020 年度取得内部退养一次性收入不并入当月外,其他月份另行累计预扣预缴税款为(7 000×12－5 000×12－1 000×12)×3%＝360(元)。

(5)李海 2020 年全年应缴纳个人所得税为 9 930＋360＝10 290(元)。

(六) 提前退休

提前退休是指员工在没有达到国家或企业规定的年龄或服务期限时因特殊原因经主管部门批准办理退休手续的一种情形。机关、企事业单位对未达到法定退休年龄、正式办理提前退休手续的个人,可按照统一标准向提前退休工作人员支付一次性补贴。对于个人取得的补贴收入是否征税问题,国家税务总局在 2011 年通过公告进行了明确规定。《财政部税务总局关于个人所得税法修改后有关优惠政策衔接问题的通知》(财税〔2018〕164 号)第五条第二项规定,个人办理提前退休手续而取得的一次性补贴收入,应按照办理提前退休手续至法定离退休年龄之间实际年度数平均分摊,确定适用税率和速算扣除数,单独适用综合所得税率表,计算纳税。计算公式:应纳税额＝{[(一次性补贴收入÷办理提前退休手续至法定退休年龄的实际年度数)－费用扣除标准]×适用税率－速算扣除数}×办理提前退休手续至法定退休年龄的实际年度数。该文件同时废止了《国家税务总局关于个人提前退休取得补贴收入个人所得税问题的公告》(国家税务总局公告 2011 年第 6 号)第二条。

 链接: 提前退休人员取得的补贴收入如何计税

文件名称:《国家税务总局关于个人提前退休取得补贴收入个人所得税问题的公告》

发文字号:国家税务总局公告 2011 年第 6 号

成文日期:2011 年 1 月 17 日

内　　容：

根据《中华人民共和国个人所得税法》及其实施条例的规定,现对个人提前退休取得一次性补贴收入征收个人所得税问题公告如下:

一、机关、企事业单位对未达到法定退休年龄、正式办理提前退休手续的个人,按照统一标准向提前退休工作人员支付一次性补贴,不属于免税的离退休工资收入,应按照"工资、薪金所得"项目征收个人所得税。

二、(略)。

 **知识小练习**

【例题·计算】　赵某因身体原因,符合规定的 30 年以上工龄可申请提前退休条件,于 2020 年 5 月办理提前退休手续,比正常退休提前 4 年,取得单位按照统一标准发放的一次性补贴收入 400 000 元,请计算赵某该项收入应纳的个人所得税。

答案:(1)一次性补贴收入在办理提前退休手续至法定离退休年龄之间实际年度数平均分摊=400 000÷4=100 000(元)。

(2)用平均分摊额减去费用扣除标准确定适用税率和速算扣除数。100 000−60 000=40 000(元),按综合所得税率表确定税率为 10%,速算扣除数为 2 520 元。

(3)赵某该项收入应纳个人所得税=(40 000×10%−2 520)×4=5 920(元)。

解析:《财政部　税务总局关于个人所得税法修改后有关优惠政策衔接问题的通知》(财税〔2018〕164 号)第五条第二项规定,个人办理提前退休手续而取得的一次性补贴收入,应按照办理提前退休手续至法定离退休年龄之间实际年度数平均分摊,确定适用税率和速算扣除数,单独适用综合所得税率表,计算纳税。计算公式:应纳税额={[(一次性补贴收入÷办理提前退休手续至法定退休年龄的实际年度数)−费用扣除标准]×适用税率−速算扣除数}×办理提前退休手续至法定退休年龄的实际年度数。

(七)企业年金

企业年金是指企业及其职工在依法参加基本养老保险的基础上,自愿建立的补充养老保险制度,是对国家基本养老保险的重要补充,是我国正在完善的城镇职工养老体系的"第二支柱",在企业的经营管理中发挥着不可替代的作用。2004 年劳动和社会保障部相继出台了《企业年金试行办法》和《企业年金基金管理办法》,标志着我国企业年金制度已走上了规范化运作。对企业和个人来讲,企业年金共分为三个阶段,即缴费、运营和领取。随之而来的是企业年金的税收征管问题。为促进我国多层次养老保险体系的发展,财政部、人力资源社会保障部、国家税务总局在 2013 年对企业年金、职业年金个人所得税问题进行了明确。单位在国家规定的标准内为职工缴纳的年金,在计入个人账户时,暂不缴纳个人所得税,超过规定标准缴纳的年金应计入个人工资、薪金计征个人所得税;年金基金投资运营收益分配计入个人账户时,个人暂不缴纳个人所得税;个人在实际领取年金时分不同情况按"工资、薪金所得"项目计征个人所得税。《财政部　税务总局关于个人所得税法修改后有关优惠政策衔接问题的通知》(财税〔2018〕164 号)第四条对个人在实际领取年金时如何纳税进行了重新规定。

1. 企事业单位为本单位职工缴付的企业职业年金

企业和事业单位为本单位职工缴付的年金计入个人账户,并在基金投资运营时会将收益计入个人账户,对个人取得的这部分收益,在缴付和分配收益时,个人暂不缴纳个人所得税。

 链接:企事业单位为本单位职工缴付的企业职业年金如何计税

文件名称:《财政部　人力资源社会保障部　国家税务总局关于企业年金　职业年金个人所得税有关问题的通知》

发文字号:财税〔2013〕103 号

成文日期:2013 年 12 月 6 日

内　　容:

一、企业年金和职业年金缴费的个人所得税处理

1. 企业和事业单位(以下统称单位)根据国家有关政策规定的办法和标准,为在本单位任职或者受雇的全体职工缴付的企业年金或职业年金(以下统称年金)单位缴费部分,在计入个人账户时,个人暂不缴纳个人所得税。超过规定的标准缴付的年金单位缴费部分,应并入个人当期的工资、薪金所得,依法计征个人所得税。

……

二、年金基金投资运营收益的个人所得税处理

年金基金投资运营收益分配计入个人账户时,个人暂不缴纳个人所得税。

2. 个人按规定缴付的年金个人缴费部分

《财政部　人力资源社会保障部　国家税务总局关于企业年金　职业年金个人所得税有关问题的通知》(财税〔2013〕103 号)规定,个人根据国家有关政策规定缴付的年金个人缴费部分,在不超过本人缴费工资计税基数的 4% 标准内的部分,暂从个人当期的应纳税所得额中扣除。超过规定的标准缴付的个人缴费部分,应并入个人当期的工资、薪金所得,依法计征个人所得税。税款由建立年金的单位代扣代缴,并向主管税务机关申报解缴。

3. 企业年金个人缴费工资计税基数

《财政部　人力资源社会保障部　国家税务总局关于企业年金　职业年金个人所得税有关问题的通知》(财税〔2013〕103 号)规定,企业年金个人缴费工资计税基数为本人上一年度月平均工资。月平均工资按国家统计局规定列入工资总额统计的项目计算。月平均工资超过职工工作地所在设区城市上一年度职工月平均工资 300% 以上的部分,不计入个人缴费工资计税基数。职业年金个人缴费工资计税基数为职工岗位工资和薪级工资之和。职工岗位工资和薪级工资之和超过职工工作地所在设区城市上一年度职工月平均工资 300% 以上的部分,不计入个人缴费工资计税基数。

4. 个人退休后领取年金

《财政部　税务总局关于个人所得税法修改后有关优惠政策衔接问题的通知》(财税〔2018〕164 号)第四条第一款规定,个人达到国家规定的退休年龄,领取的企业年金、职业年金,符合《财政部　人力资源社会保障部　国家税务总局关于企业年金　职业年金个人所得税有关问题的通知》(财税〔2013〕103 号)规定的,不并入综合所得,全额单独计算应纳税款。其中按月领取的,适用月度税率表计算纳税;按季领取的,平均分摊计入各月,按每月领取额适用月度税率表计算纳税;按年领取的,适用综合所得税率表计算纳税。

5. 税款如何代扣

建立年金计划的单位、年金托管人,应按照个人所得税法和《税收征收管理法》的有关规

定,实行全员全额扣缴明细申报。受托人有责任协调相关管理人依法向税务机关办理扣缴申报、提供相关资料。建立年金计划的单位应于建立年金计划的次月15日内,向其所在地主管税务机关报送年金方案、人力资源社会保障部门出具的方案备案函、计划确认函以及主管税务机关要求报送的其他相关资料。年金方案、受托人、托管人发生变化的,应于发生变化的次月15日内重新向其主管税务机关报送上述资料。个人领取年金时,其应纳税款由受托人代表委托人委托托管人代扣代缴。年金账户管理人应及时向托管人提供个人年金缴费及对应的个人所得税纳税明细。托管人根据受托人指令及账户管理人提供的资料,按照规定计算扣缴个人当期领取年金待遇的应纳税款,并向托管人所在地主管税务机关申报解缴。

 **知识小练习**

【例题·计算】 钱某所在企业从2014年开始实行企业年金补充养老制度,2020年钱某达到退休年龄,可以领取企业年金,若按月领取,每月领取1 000元,若按季度领取,每季度领取2 700元,若按年领取,每年领取9 600元,请按三种情况分别计算钱某应缴个人所得税。

答案及解析:《财政部 税务总局关于个人所得税法修改后有关优惠政策衔接问题的通知》(财税〔2018〕164号)第四条第一款规定,个人达到国家规定的退休年龄,领取的企业年金、职业年金,符合《财政部 人力资源社会保障部 国家税务总局关于企业年金 职业年金个人所得税有关问题的通知》(财税〔2013〕103号)规定的,不并入综合所得,全额单独计算应纳税款。其中按月领取的,适用月度税率表计算纳税;按季领取的,平均分摊计入各月,按每月领取额适用月度税率表计算纳税;按年领取的,适用综合所得税率表计算纳税。

(1)假定钱某按月领取,每月1 000元,适用税率为3%,每月应缴纳个人所得税=1 000×3%=30(元),全年应纳个人所得税=30×12=360(元)。

(2)假定钱某按季领取,每季2 700元,平均分摊到各月=2 700÷3=900(元),适用税率为3%,每月应缴纳个人所得税=900×3%=27(元),全年应纳个人所得税=27×12=324(元)。

(3)假定钱某按年领取,每年9 600元,则适用综合所得税率表,税率为3%,全年应纳个人所得税=9 600×3%=288(元)。

6. 个人出境定居或个人死亡后其受益人或法定继承人一次性领取

《财政部 税务总局关于个人所得税法修改后有关优惠政策衔接问题的通知》(财税〔2018〕164号)第四条第二款规定,个人因出境定居而一次性领取的年金个人账户资金,或个人死亡后,其指定的受益人或法定继承人一次性领取的年金个人账户余额,适用综合所得税率表计算纳税。对个人除上述特殊原因外一次性领取年金个人账户资金或余额的,适用月度税率表计算纳税。

 **知识小练习**

【例题·计算】 王先生2020年出国(境)定居需要依法一次性提前领取年金,其个人年金账户余额23万元,适用综合所得税率表计算纳税。

答案:应纳税额=230 000×20%-16 920=29 080(元)。

解析:《财政部 税务总局关于个人所得税法修改后有关优惠政策衔接问题的通知》

（财税〔2018〕164号）第四条第二款规定，个人因出境定居而一次性领取的年金个人账户资金，或个人死亡后，其指定的受益人或法定继承人一次性领取的年金个人账户余额，适用综合所得税率表计算纳税。

7. 其他情况一次性领取

《财政部 税务总局关于个人所得税法修改后有关优惠政策衔接问题的通知》（财税〔2018〕164号）第四条第二款规定，对个人除上述特殊原因（达到退休年龄、出境定居或个人死亡后其指定的受益人或法定继承人一次性领取）外一次性领取年金个人账户资金或余额的，适用月度税率表计算纳税。

 **知识小练习**

【例题·计算】 钱某所在企业从2014年开始实行企业年金补充养老制度，2020年钱某因儿子买房资金紧张，要求一次领取企业年金，所在单位按规定为其计算钱某可一次性领取企业年金40 000元，钱某应就此项所得缴纳多少个人所得税？

答案： 钱某此项所得应纳个人所得税＝40 000×30％－4 410＝7 590（元）。

解析：《财政部 税务总局关于个人所得税法修改后有关优惠政策衔接问题的通知》（财税〔2018〕164号）第四条第二款规定，对个人除上述特殊原因（达到退休年龄、出境定居或个人死亡后其指定的受益人或法定继承人一次性领取）外一次性领取年金个人账户资金或余额的，适用月度税率表计算纳税。

钱某一次性领取企业年金40 000元，不属于达到退休年龄、出境定居或个人死亡后其指定的受益人或法定继承人一次性领取的情况，则适用综合所得月度税率表，税率为30％，速算扣除数为4 410元。

（八）补充养老保险

1. 补缴以前年度补充养老保险金

杜邦中国集团有限公司（以下简称"杜邦公司"），为吸引和留住人才，建立员工内部补充养老制度。2001年至2010年4月，杜邦公司每月按一定金额、比例为员工缴存一笔款项作为补充养老金（员工不缴费，未设立员工个人账户），采取"统一记账、统一缴存"管理模式。员工离职或退休前不得支取或动用，待员工满一定工作年限后离职或退休时，按工作年限计算归属于个人的补充养老金。在2012年杜邦公司按《企业年金试行办法》（劳动和社会保障部令第20号）的规定，为规范补充养老金运作，将公司2001年至2010年4月累计账户上的补充养老金一次性划转到员工个人账户。为此，深圳市地方税务局向国家税务总局提出《关于杜邦中国集团有限公司以前年度补充养老金计征个人所得税问题的请示》（深地税发〔2012〕312号），《国家税务总局关于杜邦中国集团有限公司以前年度补充养老金计算缴纳个人所得税问题的批复》（税总函〔2013〕23号）规定，鉴于杜邦公司此前统一缴存补充养老金属于员工多年累积收入，时间跨度长，数额较大，其运作方式相似于企业年金，为公平税负，对杜邦公司账户上的补充养老金一次性划转到员工个人账户的所得，可以比照《国家税务总局关于企业年金个人所得税有关问题补充规定的公告》（国家税务总局公告2011年第9号）第二条规定计算补缴个人所得税。

注：《财政部 人力资源社会保障部 国家税务总局关于企业年金 职业年金个人所得税有关问题的通知》（财税〔2013〕103号）第七条规定，本通知自2014年1月1日起执行。《国家税务总局关于企业年金

个人所得税征收管理有关问题的通知》(国税函〔2009〕694号)、《国家税务总局关于企业年金个人所得税有关问题补充规定的公告》(国家税务总局公告2011年第9号)同时废止。

对于补缴以前年度补充养老金的计税问题可比照《财政部 人力资源社会保障部 国家税务总局关于企业年金 职业年金个人所得税有关问题的通知》(财税〔2013〕103号)第一条第三项"超过根据国家有关政策规定的办法和标准缴付的年金单位缴费和个人缴费部分,应并入个人当期的工资、薪金所得,依法计征个人所得税。税款由建立年金的单位代扣代缴,并向主管税务机关申报解缴"规定执行。

2. 企业为个人购买补充养老保险

企业补充养老保险是企业在国家统一制定的基本养老保险之外,根据自身的经济实力,在履行了缴纳基本养老保险费义务之后,专门为本企业职工建立的附加保险,是企业对国家为企业职工实行基本养老保险的补充和完善。对于单位为职工购买商业性补充养老保险投保时应如何计算缴纳个人所得税的问题,财政部、国家税务总局在对江苏省财政厅、地方税务局《关于个人所得税有关问题的请示》(苏地税发〔2005〕52号)的回复中予以明确。

 链接:单位为个人办理补充养老保险应如何计税

文件名称:《财政部 国家税务总局关于个人所得税有关问题的批复》

发文字号:财税〔2005〕94号

成文日期:2005年6月2日

内　　容:

单位为职工个人购买商业性补充养老保险等,在办理投保手续时应作为个人所得税的"工资、薪金所得"项目,按税法规定缴纳个人所得税。

3. 单位为个人办理补充养老保险后退保

《财政部 国家税务总局关于个人所得税有关问题的批复》(财税〔2005〕94号)同时对单位为个人办理了补充养老保险后,个人因各种原因退保,投保时按"工资、薪金所得"项目缴纳的个人所得税是否可以退还的问题进行了明确规定。文件规定,因各种原因退保,个人未取得实际收入的,已缴纳的个人所得税应予以退回。

(九)实物福利所得

1. 单位低价向职工售房

《财政部 税务总局关于个人所得税法修改后有关优惠政策衔接问题的通知》(财税〔2018〕164号)第六条规定,单位按低于购置或建造成本价格出售住房给职工,职工因此而少支出的差价部分,符合《财政部 国家税务总局关于单位低价向职工售房有关个人所得税问题的通知》(财税〔2007〕13号)第二条规定的,不并入当年综合所得,以差价收入除以12个月得到的数额,按照月度税率表确定适用税率和速算扣除数,单独计算纳税。计算公式为:

$$应纳税额 = \frac{职工实际支付的购房价款低于该房屋的购置或建造成本价格的差额}{} \times 适用税率 - 速算扣除数$$

 链接:单位低价向职工售房的情况分两种情形的规定

文件名称:《财政部 国家税务总局关于单位低价向职工售房有关个人所得税问题的

通知》

发文字号：财税〔2007〕13号

成文日期：2007年2月8日

内　　容：

一、根据住房制度改革政策的有关规定，国家机关、企事业单位及其他组织在住房制度改革期间，按照所在地县级以上人民政府规定的房改成本价格向职工出售公有住房，职工因支付的房改成本价格低于房屋建造成本价格或市场价格而取得的差价收益，免征个人所得税。

二、除第一条规定情形外，根据《中华人民共和国个人所得税法》及其实施条例的有关规定，单位按低于购置或建造成本价格出售住房给职工，职工因此而少支出的差价部分，属于个人所得税应税所得，应按照"工资、薪金所得"项目缴纳个人所得税。

前款所称差价部分，是指职工实际支付的购房价款低于该房屋的购置或建造成本价格的差额。

三、（略）。

 **知识小练习**

【例题·计算】　2020年9月周某作为科技人才被引入某高校，该高校将一套住房以1 000 000元的价格出售给周某，该房屋成本为2 000 000元。请计算周某取得低价住房应缴纳的个人所得税。

答案及解析： (1) 确定适用税率和速算扣除数：(2 000 000－1 000 000)÷12＝83 333.33(元)，按照月度税率表确定适用税率为45%，速算扣除数为15 160元。

(2) 周某取得该套住房应缴纳的个人所得税＝(2 000 000－1 000 000)×45%－15 160＝434 840(元)。

2. 企业为个人购买房屋或其他财产

企业为了吸引人才、留住人才，或作为福利可能会出现为个人购买房屋或其他财产的情况，2007年江苏省地方税务局向国家税务总局提出《关于以企业资金为个人购房是否征收个人所得税问题的请示》(苏地税发〔2007〕11号)，财政部、国家税务总局通过文件进行了答复。将个人取得的单位为其购买房屋或其他财产什么情况要计征个人所得税，如果需要计征个人所得税按哪项所得征收的问题进行了明确规定。

 链接：企业为个人购买房屋或其他财产需要缴纳个人所得税的情形

文件名称：《财政部　国家税务总局关于企业为个人购买房屋或其他财产征收个人所得税问题的批复》

发文字号：财税〔2008〕83号

成文日期：2008年6月10日

内　　容：

根据《中华人民共和国个人所得税法》和《财政部　国家税务总局关于规范个人投资者个人所得税征收管理的通知》(财税〔2003〕158号)的有关规定，符合以下情形的房屋或其他财产,不论所有权人是否将财产无偿或有偿交付企业使用,其实质均为企业对个人进行了实物性质的分配,应依法计征个人所得税。

(一)企业出资购买房屋及其他财产,将所有权登记为投资者个人、投资者家庭成员或企业其他人员的。

(二)企业投资者个人、投资者家庭成员或企业其他人员向企业借款用于购买房屋及其他财产,将所有权登记为投资者、投资者家庭成员或企业其他人员,且借款年度终了后未归还借款的。

对于个人取得上述房屋或其他财产应区分个人在企业的不同身份按不同税目征收个人所得税,具体规定如下:

(1)对个人独资企业、合伙企业的个人投资者或其家庭成员取得的上述所得,视为企业对个人投资者的利润分配,按照"个体工商户的生产、经营所得"项目计征个人所得税。

(2)对除个人独资企业、合伙企业以外其他企业的个人投资者或其家庭成员取得的上述所得,视为企业对个人投资者的红利分配,按照"利息、股息、红利所得"项目计征个人所得税。

(3)对企业其他人员取得的上述所得,按照"工资、薪金所得"项目计征个人所得税。

3. 免费旅游等方式的奖励

由于一些企业和单位通过组织境内外免费培训班、研讨会、工作考察等形式奖励营销业绩突出人员的现象比较普遍,部分地区财税部门要求国家对此类奖励如何征收个人所得税政策问题予以进一步明确。《财政部 国家税务总局关于企业以免费旅游方式提供对营销人员个人奖励有关个人所得税政策的通知》(财税〔2004〕11号)规定,自2004年1月20日起对商品营销活动中,企业和单位对营销业绩突出人员以培训班、研讨会、工作考察等名义组织旅游活动,通过免收差旅费、旅游费对个人实行的营销业绩奖励(包括实物、有价证券等),应根据所发生费用全额计入营销人员应税所得,依法征收个人所得税,并由提供上述费用的企业和单位代扣代缴。其中,对企业雇员享受的此类奖励,应与当期的工资、薪金合并,按照"工资、薪金所得"项目征收个人所得税;对其他人员享受的此类奖励,应作为当期的劳务收入,按照"劳务报酬所得"项目征收个人所得税。

 链接:关于工资、薪金所得的案例

天风证券(601162.SH)于2018年9月10日发布招股意向书附录中披露,2013年6月27日,江苏省南京地方税务局稽查局以《税务处理决定书》(宁地税稽处〔2013〕164号)和《税务行政处罚决定书》(宁地税稽罚〔2013〕187号)认定发行人南京建邺路证券营业部有如下税收违法行为:在"业务及管理费"科目中,2011年12月列支12 000元、2012年3月列支10 000元,用于发放员工取暖降温费;2012年7月列支35 412元,用于支付员工旅游费用,均未代扣代缴"工资、薪金所得"个人所得税;南京建邺路证券营业部在"业务及管理费"中列支外单位个人通讯费,2011年度列支47 940元,2012年度列支38 735元,未按规定代扣代缴"其他所得"个人所得税,已无法落实到具体个人。

就南京建邺路证券营业部上述税收违法行为,江苏省南京地方税务局稽查局责令该证券营业部补扣"工资、薪金所得"个人所得税1 711.64元;对于少扣缴"其他所得"个人所得税的行为处以17 335元罚款,对于少扣缴"工资、薪金所得"个人所得税的行为处以885.82元罚款。

该营业部已经按照税务局稽查局的要求,及时补扣补缴了少扣缴的个人所得税,并缴纳了相应的罚款。

4. 单位用福利费为员工免费体检或用工会经费为员工发放生日蛋糕卡

目前有很多单位用福利费为员工免费体检,还有些单位用工会经费为员工发放生日蛋糕卡,对于这部分收入是否需要缴纳个人所得税,一些财务人员掌握并不十分准确。根据新个人所得税法的规定,工资、薪金所得是指个人因任职或者受雇而取得的工资、薪金、奖金、年终加薪、劳动分红、津贴、补贴以及与任职受雇有关的其他所得。对于员工来讲,人人有份的免费体检支出或生日蛋糕卡者属于与任职受雇有关的其他所得,不论是现金还是实物,均应依法缴纳个人所得税。具体请参见《国家税务总局关于生活补助费范围确定问题的通知》(国税发〔1998〕155号)。

(十)离退休人员

1. 离退休人员再任职

随着社会经济的迅速发展,我国劳动力人口年龄结构发生了较大变化,身体健康、精力充沛的退休人员成为劳动力市场的重要力量,有一些离退休人员利用自己的知识、技术等受雇于原单位或其他单位,单位按月付给工资,因税法对离退休人员取得的工资免征个人所得税,税务机关在实际征管中对退休后再任职的情况不知如何掌握,2005年厦门市地方税务局向国家税务总局提出《厦门市地方税务局关于个人兼职和退休人员再任职取得收入如何计算征收个人所得税问题的请示》(厦地税发〔2005〕34号),国家税务总局通过《国家税务总局关于个人兼职和退休人员再任职取得收入如何计算征收个人所得税问题的批复》(国税函〔2005〕382号)进行批复。具体情况如下:

根据《中华人民共和国个人所得税法》《国家税务总局关于印发〈征收个人所得税若干问题的规定〉的通知》(国税发〔1994〕089号)和《国家税务总局关于影视演职人员个人所得税问题的批复》(国税函〔1997〕385号)的规定精神,个人兼职取得的收入应按照"劳务报酬所得"应税项目缴纳个人所得税;退休人员再任职取得的收入,在减除按个人所得税法规定的费用扣除标准后,按"工资、薪金所得"应税项目缴纳个人所得税。

如何征税问题明确后,各地在实际执行时又出现了一个新的问题,就是如何界定离退休人员的再任职问题,2006年北京市地方税务局就学校外聘教师如何征收个人所得税问题向国家税务总局提出请示,国家税务总局在批复中明确了"退休人员再任职"应同时符合的条件。

 链接:"退休人员再任职"应同时符合的条件

文件名称:《国家税务总局关于离退休人员再任职界定问题的批复》

发文字号:国税函〔2006〕526号

成文日期:2006年6月5日

内　　容：

《国家税务总局关于个人兼职和退休人员再任职取得收入如何计算征收个人所得税问题的批复》（国税函〔2005〕382号）所称的"退休人员再任职"，应同时符合下列条件：

一、受雇人员与用人单位签订一年以上（含一年）劳动合同（协议），存在长期或连续的雇佣与被雇佣关系。

二、受雇人员因事假、病假、休假等原因不能正常出勤时，仍享受固定或基本工资收入。

三、受雇人员与单位其他正式职工享受同等福利、社保、培训及其他待遇。

四、受雇人员的职务晋升、职称评定等工作由用人单位负责组织。

注：依据《国家税务总局关于个人所得税有关问题的公告》（国家税务总局公告2011年第27号）第二条，自2011年5月1日起本文件第三条中，单位是否为离退休人员缴纳社会保险费，不再作为离退休人员再任职的界定条件。

2. 离退休人员取得单位发放离退休工资以外的奖金补贴

《国家税务总局关于离退休人员取得单位发放离退休工资以外奖金补贴征收个人所得税的批复》（国税函〔2008〕723号）对离退休人员发放退休工资以外的奖金补贴如何征收个人所得税的问题进行了规定，离退休人员除按规定领取离退休工资或养老金外，另从原任职单位取得的各类补贴、奖金、实物，不属于《个人所得税法》第四条规定可以免税的退休工资、离休工资、离休生活补助费。根据《个人所得税法》及其实施条例的有关规定，离退休人员从原任职单位取得的各类补贴、奖金、实物，应在减除费用扣除标准后，按"工资、薪金所得"应税项目缴纳个人所得税。

（十一）商业保险

国家税务总局在答复黑龙江省地方税务局《关于代扣代缴单位为员工支付保险有关缴纳个人所得税问题的请示》（黑地税发〔2005〕19号）时也对企业为员工支付各项免税之外的保险金如何计税问题进行了明确。

 链接：单位为员工支付免税之外的保险金如何计征个人所得税

文件名称：《国家税务总局关于单位为员工支付有关保险缴纳个人所得税问题的批复》

发文字号：国税函〔2005〕318号

成文日期：2005年4月13日

内　　容：

依据《中华人民共和国个人所得税法》及有关规定，对企业为员工支付各项免税之外的保险金，应在企业向保险公司缴付时（即该保险落到被保险人的保险账户）并入员工当期的工资收入，按"工资、薪金所得"项目计征个人所得税，税款由企业负责代扣代缴。

（十二）购买企业国有股权的劳动分红

按照《国家税务总局关于企业改组改制过程中个人取得的量化资产征收个人所得税问题的通知》（国税发〔2000〕60号，以下简称国税发〔2000〕60号文件）对职工个人以股份形式取得的仅作为分红依据，不拥有企业所有权的企业量化资产，不征或暂缓征收个人所得税的规定。北京市地方税务局对联想改制员工获得国有股权征免个人所得税问题向国家税务总局提出了比照执行的请示，请示中反映了联想集团改制的具体情况，联想集团经有关部门批准,建立了一套产权激励机制,将多年留存在企业应分配给职工的劳动分红(16.3亿元),划分给职工个人,用于购买企业的国有股权(35%),再以职工持股会的形式持有联想集团控股公司的股份。《国家税务总局关于联想集团改制员工取得的用于购买企业国有股权的劳动分红征收个人所得税问题的批复》(国税函〔2001〕832号)规定:

(1) 该公司职工取得的用于购买企业国有股权的劳动分红,不宜比照国税发〔2000〕60号文件的规定暂缓征收个人所得税。理由是:①两者的前提不同。国税发〔2000〕60号文件规定暂缓征收的前提,是集体所有制企业改制为股份合作制,而联想集团改制不符合这一前提。②两者的分配方式不同。国税发〔2000〕60号文件规定暂缓征收的分配方式,是在企业改制时将企业的所有资产一次量化给职工个人,而联想集团仅是分配历年留存的劳动分红。

(2) 联想集团控股公司的做法,实际上是将多年留存在企业应分未分的劳动分红在职工之间进行了分配,职工个人再将分得的部分用于购买企业的国有股权。

(3) 根据前述事实及个人所得税法有关规定,对联想集团控股公司职工取得的用于购买企业国有股权的劳动分红,应按"工资、薪金所得"项目计征个人所得税,税款由联想集团控股公司代扣代缴。

(十三) 公司任职董事领取董事费

对于董事费收入如何征收个人所得税问题,国家税务总局从1994年起多次下发文件进行规定,最终确定了董事费的个人所得税征管的相关规定,即对于个人取得的董事费收入要看其是否在公司任职,若在公司任职且担任董事,则取得的董事费收入按照工资、薪金所得征收个人所得税。

《国家税务总局关于明确个人所得税若干政策执行问题的通知》(国税发〔2009〕121号)第二条第(二)项规定,个人在公司(包括关联公司)任职、受雇,同时兼任董事、监事的,应将董事费、监事费与个人工资收入合并,统一按"工资、薪金所得"项目缴纳个人所得税。

《财政部 税务总局关于非居民个人和无住所居民个人有关个人所得税政策的公告》(财政部 税务总局公告2019年第35号)对于第一条第(三)项关于董事、监事及高层管理人员取得报酬所得来源地的规定,担任境内居民企业的董事、监事及高层管理职务的个人,无论是否在境内履行职务,取得由境内居民企业支付或者负担的董事费、监事费、工资薪金或者其他类似报酬,属于来源于境内的所得。所称高层管理职务包括企业正、副(总)经理,各职能总师,总监及其他类似公司管理层的职务。

注: 独立董事如何征收个人所得税问题在本章第三节劳务报酬所得中详述。

(十四) 职工借款年末未还

《财政部 国家税务总局关于规范个人投资者个人所得税征收管理的通知》(财税〔2003〕158号)对关于个人投资者从其投资的企业(个人独资企业、合伙企业除外)借款长期不还的处理问题进行了规定,2008年江苏省地税局向国家税务总局提出《关于以企业资金为个人购房是否征收个人所得税问题的请示》(苏地税发〔2007〕11号),国家税务总局通过《财政部 国家税务总局关于企业为个人购买房屋或其他财产征收个人所得税问题的批复》(财税〔2008〕83号)进行了批复,明确规定企业其他人员向企业借款用于购买房屋及其他财产,将所有权登记为企业其他人员,且借款年度终了后未归还借款的情形,按照"工资、薪金所得"项目计征个人所得税。

链接：公司员工借款年末未还应如何计征个人所得税

文件名称：《财政部 国家税务总局关于企业为个人购买房屋或其他财产征收个人所得税问题的批复》

发文字号：财税〔2008〕83 号

成文日期：2008 年 6 月 10 日

内　　容：

一、根据《中华人民共和国个人所得税法》和《财政部 国家税务总局关于规范个人投资者个人所得税征收管理的通知》（财税〔2003〕158 号）的有关规定，符合以下情形的房屋或其他财产，不论所有权人是否将财产无偿或有偿交付企业使用，其实质均为企业对个人进行了实物性质的分配，应依法计征个人所得税。

（一）企业出资购买房屋及其他财产，将所有权登记为投资者个人、投资者家庭成员或企业其他人员的。

（二）企业投资者个人、投资者家庭成员或企业其他人员向企业借款用于购买房屋及其他财产，将所有权登记为投资者、投资者家庭成员或企业其他人员，且借款年度终了后未归还借款的。

二、对个人独资企业、合伙企业的个人投资者或其家庭成员取得的上述所得，视为企业对个人投资者的利润分配，按照"个体工商户的生产、经营所得"项目计征个人所得税；对除个人独资企业、合伙企业以外其他企业的个人投资者或其家庭成员取得的上述所得，视为企业对个人投资者的红利分配，按照"利息、股息、红利所得"项目计征个人所得税；对企业其他人员取得的上述所得，按照"工资、薪金所得"项目计征个人所得税。

（十五）任职、受雇于报刊、杂志等单位的记者、编辑等专业人员在本单位的报刊、杂志上发表作品

《国家税务总局关于个人所得税若干业务问题的批复》（国税函〔2002〕146 号）第三条规定："任职、受雇于报刊、杂志等单位的记者、编辑等专业人员，因在本单位的报刊、杂志上发表作品取得的所得，属于因任职、受雇而取得的所得，应与其当月工资收入合并，按'工资、薪金所得'项目征收个人所得税。"

（十六）加班补助

《国家税务总局关于调整个人取得全年一次性奖金等计算征收个人所得税方法问题的通知》（国税发〔2005〕9 号）第五条规定，雇员取得除全年一次性奖金以外的其他各种名目奖金，如半年奖、季度奖、加班奖、先进奖、考勤奖等，一律与当月工资、薪金收入合并，按税法规定缴纳个人所得税。因此，加班补助是要缴纳个人所得税的。

第三节　劳务报酬所得

一、基本内容

（一）关于征税范围

劳务报酬所得是指个人从事劳务取得的所得，包括从事设计、装潢、安装、制图、化验、测试、医疗、法律、会计、咨询、讲学、翻译、审稿、书画、雕刻、影视、录音、录像、演出、表演、广告、展览、技术服务、介绍服务、经纪服务、代办服务以及其他劳务取得的所得。

新个人所得税法对劳务报酬所得的范围的修订有两点：一是增加了概括性的表述"劳务报酬所得是指个人从事劳务取得的所得"；二是取消了原来的列举税目"新闻"和"广播"。

 链接：12366 热点问答——2017 年

问题：个人提供视频给电视台作为新闻素材，一经采用会给予一定的报酬，个人取得此项所得是否需要缴纳个人所得税？

答复：根据新个人所得税法实施条例的规定，劳务报酬所得，是指个人从事设计、装潢、安装、制图、化验、测试、医疗、法律、会计、咨询、讲学、新闻、广播、翻译、审稿、书画、雕刻、影视、录音、录像、演出、表演、广告、展览、技术服务、介绍服务、经纪服务、代办服务以及其他劳务取得的所得。因此，个人应按照"劳务报酬所得"项目缴纳个人所得税。

实务中，个人经常会发生以上项目或范围的劳务报酬所得。

（二）劳务报酬与工资、薪金的区别

实务中，劳务报酬与工资、薪金容易混淆。一般来讲，工资、薪金所得属于非独立个人劳动所得。这里的非独立个人劳动，是指个人所从事的由他人指定、安排并接受管理的劳动、工作，或服务于行政、事业、企业单位。而劳务报酬所得则是个人独立从事各种技艺、提供各项劳务取得的报酬。对此，国家税务总局曾发文进行过明确。

 链接：工资、薪金与劳务报酬的区别

文件名称：《国家税务总局关于印发〈征收个人所得税若干问题的规定〉的通知》

发文字号：国税发〔1994〕89 号

成文日期：1994 年 3 月 31 日

内　　容：

工资、薪金所得是属于非独立个人劳务活动，即在机关、团体、学校、部队、企事业单位及其他组织中任职、受雇而得到的报酬；劳务报酬所得则是个人独立从事各种技艺、提供各项劳务取得的报酬。两者的主要区别在于，前者存在雇佣与被雇佣关系，后者则不存在这种关系。

 链接：工资、薪金与劳务报酬的区别

文件名称：《国家税务总局关于影视演职人员个人所得税问题的批复》

发文字号：国税函〔1997〕385 号

内　　容：

凡与单位存在工资、人事方面关系的人员，其为本单位工作所取得的报酬，属于"工资、薪金所得"应税项目的征税范围；而其因某一特定事项临时为外单位工作所取得的报酬，不属于税法中所说的"受雇"，应是"劳务报酬所得"应税项目征税范围。

链接：建筑工人签订劳动合同缴纳个人所得税案

浙江中成建工集团(沈阳)建筑工程有限公司与沈阳市地方税务局第二稽查局

行政处罚决定纠纷二审行政判决书

辽宁省沈阳市中级人民法院行政判决书

〔2015〕沈中行终字第 326 号

上诉人(原审原告)：浙江中成建工集团(沈阳)建筑工程有限公司,地址辽宁省沈阳市和平区。

被上诉人(原审被告)：沈阳市地方税务局第二稽查局,地址辽宁省沈阳市和平区。

上诉人浙江中成建工集团(沈阳)建筑工程有限公司上诉被上诉人沈阳市地方税务局第二稽查局行政处罚决定一案,不服沈阳市和平区人民法院〔2014〕沈和行初字第 84 号行政判决,向本院提起上诉。本院受理后,依法组成合议庭,对本案进行了公开审理,上诉人浙江中成建工集团(沈阳)建筑工程有限公司的委托代理人李思思、吴绍杰,被上诉人沈阳市地方税务局第二稽查局的委托代理人瞿国华、代文波,行政机关负责人王猛到庭参加了诉讼。本案现已审理终结。

原审查明,2013 年 10 月 16 日至 2013 年 12 月 4 日,被告沈阳市地方税务局第二稽查局检查组对原告浙江中成沈阳公司进行纳税情况(2010 年 6 月 1 日至 2012 年 12 月 31 日)检查时发现其存在三项违法事实:1.原告浙江中成沈阳公司 2010 年签订房屋租赁合同未按规定缴纳印花税,少缴印花税 72.10 元;2.原告浙江中成沈阳公司 2010 年至 2012 年未按规定代扣代缴"劳务报酬"税目个人所得税,少代扣代缴个人所得税 6 060 776.12 元;3.原告浙江中成沈阳公司 2010 年支付房屋租金未足额取得发票,2011 年、2012 年支付房屋租金未取得发票。被告沈阳市地方税务局第二稽查局于 2013 年 11 月 12 日向原告浙江中成沈阳公司下发《责令限期改正通知书》(沈地税二稽限改〔2013〕82 号),并于 2013 年 11 月 25 日送达原告。2013 年 11 月 25 日,被告沈阳市地方税务局第二稽查局向原告浙江中成沈阳公司下发《税务事项通知书》(沈地税二稽税通〔2013〕43 号),并于 2013 年 11 月 26 日送达原告。2013 年 12 月 19 日,被告沈阳市地方税务局第二稽查局向原告浙江中成沈阳公司下发《税务行政处罚事项告知书》(沈地税二稽罚告〔2013〕153 号),并于 2013 年 12 月 20 日送达原告。2014 年 1 月 3 日,被告沈阳市地方税务局第二稽查局向原告浙江中成沈阳公司下发《税务行政处罚决定书》(沈地税二稽罚〔2014〕2 号),并于 2014 年 1 月 9 日送达原告。原告浙江中成沈阳公司不服被告沈阳市地方税务局第二稽查局的处罚决定,起诉至原审法院。另查明,2010 年浙江中成沈阳公司实发劳务费 11 614 699.00 元;2011 年浙江中成沈阳公司实发劳务费 13 039 000.00 元;2012 年浙江中成沈阳公司实发劳务费 18 146 562.00 元。又查明,2011 年 6 月 23 日浙江中成集团公司与沈阳国泰置业有限公司签订《建设工程施工合同》,约定由浙江中成集团公司承建位于沈阳市和平区三好街 96 号的"同方广场"项目工程。原告浙江中成沈阳公司于 2010 年 6 月 21 日成立,公司类型为有限责任(法人独资)。2010 年 6 月 23 日取得《税务登记证》,《税务登记证》记载代扣代缴税种为个人所得税。

原审法院认为,因原告浙江中成沈阳公司对被告作出的处罚决定第一项、第三项未提出审查请求,故仅就被诉处罚决定的第二项进行合法性审查。根据《中华人民共和国税收征收管理法》第五条、第十四条,《中华人民共和国税收征收管理法实施细则》第九条的规定,被告沈阳市地方税务局第二稽查局具有查处税务违法行为的法定职权。本案中,被告根据《中华人民共和国税收征收管理法》第六十九条"扣缴义务人应扣未扣、应收而不收税款的,由税务机关向纳税人追缴税款,对扣缴义务人处应扣未扣、应收未收税款50%以上3倍以下的罚款"的规定,对原告浙江中成沈阳公司作出1倍罚款的处罚,应满足以下几个条件:1."同方广场"项目建设的人工费是由原告浙江中成沈阳公司支付的;2.该收入应按照劳务报酬所得缴纳个人所得税;3.该收入的扣缴义务人是原告浙江中成沈阳公司且未扣缴。本院对此论述如下:第一,"同方广场"项目建设的人工费是由谁支付的。原告的观点是,"同方广场"项目是浙江中成集团公司承揽的,原告是代浙江中成集团公司发放钱款,涉及的建筑工人均由集团公司派遣,与原告浙江中成沈阳公司没有劳务关系。原审法院认为,从被告提供的原告浙江中成沈阳公司财务账册中,明确记载了"同方广场付人工费、劳务费、民工工资"等科目,在原告浙江中成沈阳公司2010—2012年的劳务费发放明细表中也记载了支付金额并有领取人的签字盖章。故原告浙江中成沈阳公司将人工费的发放情况记载于本公司的财务账册中,能够证明该笔费用系由其支付给劳务者的。第二,原告浙江中成沈阳公司发放的劳务费应当按照工资、薪金所得项目还是劳务报酬所得项目缴纳个人所得税。原告的观点是,根据《中华人民共和国个人所得税法实施条例》第八条第(四)项的规定,劳务报酬所得是指个人从事设计、装潢、安装、制图、化验、测试、医疗、法律、会计、咨询、讲学、新闻、广播、翻译、审稿、书画、雕刻、影视、录音、录像、演出、表演、广告、展览、技术服务、介绍服务、经纪服务、代办服务以及其他劳务取得的所得。建筑工人的劳务所得没有包含在上述列举的范围之内,被告按劳务报酬所得计征个人所得税是错误的。原审法院认为,根据《中华人民共和国个人所得税法》第一条的规定,在中国境内有住所的个人,从中国境内取得的所得,应当缴纳个人所得税。根据《建筑安装业个人所得税征收管理暂行办法》(国税发〔1996〕127号)第三条第三款的规定,从事建筑安装业工程作业的其他人员取得的所得,应当按照工资、薪金所得项目或者劳务报酬所得项目计征个人所得税。根据《中华人民共和国个人所得税法实施条例》第八条第一款规定,工资、薪金所得是指个人因任职或者受雇而取得的工资、薪金、奖金等以及与任职或者受雇有关的其他所得。工资、薪金体现的形式是计入工资总额,而原告浙江中成沈阳公司的账簿报表中记载的2010—2012年的"应付职工薪酬"均为零,原告浙江中成沈阳公司也未与领取劳务报酬的人员签订用工合同,未缴纳任何社会保险,其所雇人员均属于临时用工,按月支付报酬,因此,原告浙江中成沈阳公司向劳动者发放的钱款不具有工资、薪金所得的特征。根据《中华人民共和国个人所得税法实施条例》第八条第(四)项"劳务报酬所得,是指个人从事设计、装潢……代办服务以及其他劳务所得的所得"的规定,原告浙江中成沈阳公司向临时用工人员支付的报酬可以纳入其他劳务取得的所得范围,应按《中华人民共和国个人所得税法》第二条规定的劳务报酬所得缴纳个人所得税。第三,原告浙江中成沈阳公司应否作为扣缴义务人代扣代缴个人所得税。原告的观点是,原告不是施工合同的相对人,也不是施工的实际主体,不是代扣代缴义务人,浙江中成集团公司承揽了同方时代广场工程后,涉及的所有建筑工人均由其派遣,并与其存在关系,与原告没有任何劳动或劳务关系,其只是代浙江中成集团公司发放钱款,浙江中成集团公司才是代扣代缴义务主体。原审法院认为,根据《中华人民共和国个人所得税法》第八条"个人所得税,以所得人为纳税义务人,以支付所得的单位或者个人为扣缴义务人"的规定,原告浙江中成沈阳公司将发放的劳务费列入企业工程施工科目人工费支出项目,直接向用工人员发放,属于法律规定的个人所得税扣缴义务人。综上,被告认定原告浙江中成沈阳公司2010年至2012年未按规定代扣代缴"劳务报酬"税目个人所得税,符合法律规定。被告提供的证据能够证明原告浙江中成沈阳公司少代扣代缴个人所得税6 060 776.12元。被告作出的处罚决定认定事实清楚,证据充分,适用法律正确,程序合法。被告依据《辽宁省地方税务局行政处罚裁量基准(试行)》的规定,对原告浙江中成沈阳公司处未补扣补缴个人所得税1倍罚款,在法定的处罚幅度内裁量适当。原告浙江中成沈阳公司要求撤销被告对其未扣缴个人所得税的处罚决定,没有事实根据和法律依据,原审法院不予支持,予以驳回。依照《最高人民法院关于执行〈中华人民共和国行政诉讼法〉若干问题的解释》第五十六条第(四)项之规定,判决:驳回原告浙江中成建工集团(沈阳)建筑工程有限公司的诉讼请求。案件受理费50元由原告负担。

上诉人浙江中成建工集团(沈阳)建筑工程有限公司上诉称:一、被上诉人按20％税率计算建筑工人个人所得税是明显不合理的;二、一审法院对"同方广场"项目建筑工人的劳动合同关系的认定是完全错误的,将上诉人认定为代扣代缴义务主体也是错误的,对上诉人做出的处罚更是错误的,因此一审判决结果也是错误的;三、一审判决回避争议焦点,对被上诉人的处罚依据没有进行合法性审查,被上诉人作出的行政处罚是任性的、随意的;四、被上诉人剥夺了上诉人的陈述申辩及听证的权利,作出行政处罚的行为程序违法;五、一审法院违法公开一审判决内容,程序严重违法,故请求本院撤销原审判决及被诉处罚决定。

被上诉人沈阳市地方税务局第二稽查局辩称:一、被上诉人针对上诉人发放的劳务费按20％税率计算个人所得税是完全符合法律规定的,一审判决对此予以认定是正确的;二、一审法院认定上诉人为代扣代缴义务主体是正确的,被上诉人对其作出处罚亦是正确的;三、被上诉人依据《中华人民共和国税收征收管理法》及《辽宁省地方税务局税务行政处罚裁量基准(试行)》作出处罚适用法律、法规是正确的,一审法院已对被上诉人作出的处罚依据进行了合法审查;四、被上诉人并未剥夺上诉人的陈述申辩及听证权利,上诉人在法定期间内未向被上诉人提出书面的听证申请,其放弃听证权利的后果应由其自行承担。综上所述,被上诉人对上诉人作出的处罚决定认定事实清楚、证据充分、适用法律正确,程序合法,一审法院判决驳回上诉人的诉讼请求完全正确,二审法院应驳回上诉人的上诉请求。

本案的争议焦点为:上诉人与建筑工人之间系劳动关系还是劳务关系。

依据《中华人民共和国劳动法》第十六条第二款规定,建立劳动关系应当订立劳动合同。劳动和社会保障部《关于确立劳动关系有关事项的通知》(劳社部发〔2005〕12号)第一条规定,用人单位招用劳动者未订立书面劳动合同,但同时具备下列情形的,劳动关系成立。(一)用人单位和劳动者符合法律、法规规定的主体资格;(二)用人单位依法制定的各项劳动规章制度适用于劳动者,劳动者受用人单位的劳动管理,从事用人单位安排的有报酬的劳动;(三)劳动者提供的劳动是用人单位业务的组成部分。本案中,上诉人虽未与其建筑工人签订劳动合同,但因建筑行业具有特殊性,建筑工人作业具有周期性,结合法院对类型情况的判决结论,上诉人与其雇佣的建筑工人符合事实劳动关系的要件。故被上诉人按照上诉人与其雇佣的建筑工人存在劳务关系计税,系事实不清。

综上,上诉人作为涉案建设项目人工费的支付单位,其应为个人所得税的代扣代缴义务主体,但税务机关基于劳务关系计算税率系认定事实不清,故其作出涉及该项内容的处罚决定应予撤销。依照《中华人民共和国行政诉讼法》第八十九条第一款第(二)项之规定,判决如下:

一、撤销沈阳市和平区人民法院和行初字〔2014〕84号行政判决。

二、撤销被上诉人沈阳市地方税务局第二稽查局于2014年1月3日作出的沈地税二稽罚〔2014〕2号税务行政处罚决定主文第二项。

一、二审案件受理费各50元,共计100元,由被上诉人负担。

本判决为终审判决。

(三)劳务报酬与经营所得的区别

劳务报酬所得,是指个人从事劳务取得的所得,包括从事设计、装潢、安装、制图、化验、测试、医疗、法律、会计、咨询、讲学、翻译、审稿、书画、雕刻、影视、录音、录像、演出、表演、广告、展览、技术服务、介绍服务、经纪服务、代办服务以及其他劳务取得的所得。

经营所得包括:①个体工商户从事生产、经营活动取得的所得,个人独资企业投资人、合伙企业的个人合伙人来源于境内注册的个人独资企业、合伙企业生产、经营的所得;②个人依法从事办学、医疗、咨询以及其他有偿服务活动取得的所得;③个人对企业、事业单位承包经营、承租经营以及转包、转租取得的所得;④个人从事其他生产、经营活动取得的所得。

因为劳务报酬所得除了26项正列举所得外还有其他劳务所得这样的表述。同时应看到,在26项正列举中的医疗、咨询和经营所得中的"个人依法从事办学、医疗、咨询以及其他有偿服务活动取得的所得"的医疗、咨询相互重叠。

实务中,不能以办理营业执照为标准,要注意从以下方面把握:

(1)《个体工商户个人所得税计税办法》(国家税务总局令第35号)对个体户的生产、经营所得以每一纳税年度的收入总额,减除成本、费用、税金、损失、其他支出以及允许弥补的以前年度亏损后的余额,为应纳税所得额。同时第三条对文件规定的个体工商户进行了范围的界定:①依法取得个体工商户营业执照,从事生产经营的个体工商户;②经政府有关部门批准,从事办学、医疗、咨询等有偿服务活动的个人;③其他从事个体生产、经营的个人。上述的规定中虽然包括了持证个体工商户,但还包括两类情形,可见,办理营业执照并不是作为采取对应个税计税办法的唯一标准,而范围界定中和实施条例中的经营所得是高度重合。

(2)《财政部 国家税务总局关于印发〈关于个人独资企业和合伙企业投资者征收个人所得税的规定〉的通知》(财税〔2000〕91号)附件1《关于个人独资企业和合伙企业投资者征收个人所得税的规定》第四条规定,个人独资企业和合伙企业每一纳税年度的收入总额减除成本、费用以及损失后的余额,作为投资者个人的生产经营所得,比照个人所得税法的"个体工商户的生产经营所得"应税项目,适用5%~35%的五级超额累进税率,计算征收个人所得税。

(3)《国家税务总局关于个人对企事业单位实行承包经营、承租经营取得所得征税问题的通知》(国税发〔1994〕179号)指出:①承包、承租人对企业经营成果不拥有所有权,仅是按合同(协议)规定取得一定所得的,其所得按工资、薪金所得项目征税,适用5%~45%的九级超额累进税率。②承包、承租人按合同(协议)的规定只向发包、出租方交纳一定费用后,企业经营成果归其所有的,承包、承租人取得的所得,按对企事业单位的承包经营、承租经营所得项目,适用5%~35%的五级超额累进税率征税。这里的主要区别,笔者认为是,前者主要是以工效挂钩形式取得的承包承租所得,经营的最后成果并不属于其所有;后者是上缴承包承租费之后,经营所得归其所有。

(4)《建筑安装业个人所得税征收管理暂行办法》(国税发〔1996〕127号)指出,承包建筑安装业各项工程作业的承包人取得的所得,应区别不同情况计征个人所得税:经营成果归承包人个人所有的所得,或按照承包合同(协议)规定,将一部分经营成果留归承包人个人的所得,按对企事业单位的承包经营、承租经营所得项目征税;以其他分配方式取得的所得,按工资、薪金所得项目征税。从事建筑安装业的个体工商户和未领取营业执照承揽建筑安装业工程作业的建筑安装队和个人,以及建筑安装企业实行个人承包后工商登记改变为个体经济性质的,其从事建筑安装业取得的收入应依照个体工商户的生产、经营所得项目计征个人所得税。从事建筑安装业工程作业的其他人员取得的所得,分别按照工资、薪金所得项目和劳务报酬所得项目计征个人所得税。

(5)《上海市税务局关于对临时经营纳税人的生产、经营所得征收所得税的若干政策规定》(沪税政四〔1993〕25号)对未取得营业执照而从事生产、经营的临时经营纳税人采用按销售额(营业额)定率征收个人所得税的方式。可见,无营业执照的个人根据情形可以按实界定为经营行为,即无营业执照个人也存在经营所得。

 链接:经典个案——劳务报酬变经营所得未代扣个人所得税二审判决

依据贵州省贵阳市中级人民法院行政判决书

(〔2017〕黔01行终646号)改编

案情简介:

张亮、马传越等6人(非企业员工)向原告公司(道兴公司)提供技术咨询等服务,并从原告处取得劳务报酬772 614.5元,该笔劳务报酬未向税务机关缴纳个人所得税123 138.32元。2016年9月9日被贵阳市地方税务局稽查二局要求补扣补缴税款并处以50%罚款。原告公司履行法定手续后,以6名提供技术服务的人员在国税局取得代开发票,认为已经履行了纳税义务,并于2016年12月26日分别按个体工商户生产、经营所得申报个人所得税(个人所得税附征率为2%),原告没有代扣代缴个人所得税义务而向贵阳市地方税务局提出行政复议,对复议结果不服,又提起行政诉讼,一审不服,又提起二审,二审结果为驳回上诉,维持原判。

裁判观点:

张亮等6人从原告处取得收入,原告是否有代扣代缴个人所得税义务。根据个人所得税法第八条关于"个人所得税,以所得人为纳税人,以支付所得的单位或者个人为扣缴义务人"的规定,原告向张亮等6人支付劳务报酬,应为扣缴义务人。对于原告认为张亮等6人至国税局开具的发票包含了应纳税款,已履行纳税义务的陈述意见,不予以采纳。

首先,依据《中华人民共和国发票管理办法》的规定,发票仅为收付款凭证,不是完税凭证,不能证实其履行了纳税义务。其次,根据分税制要求,个人所得税(不包含对银行储蓄存款利息所得征收的部分)是由地方税务局负责征收。综上,张亮等6人至国税局开具的发票显然未履行相应纳税义务;对于原告提出的张亮等6人于2016年12月26日在贵阳市地方税务局按2‰的税率补缴了个人所得税所涉及的问题。本院认为,张亮等6人至贵阳市地方税务局一分局缴纳的个人所得税完税凭证,其品目(个体户生产经营所得)、计税金额、税率、金额与其劳务报酬所得的应纳税品目、计税金额、税率和金额均不同,无法体现与劳务报酬所得的应纳税款的关联性,亦不排除该完税凭证系张亮等人针对其他应纳税收入申报税款的凭证,张亮等6人的完税凭证无法达到其证明目的,故原告针对张亮等人的完税凭证提出的意见,不予采纳。另外,税务实践中,张亮等6人若向税务机关多缴纳了税款,经税务机关核实,自会退还。

(四) 关于纳税次数

劳务报酬所得,属于一次性收入的,以取得该项收入为一次;属于同一项目连续性收入的,以一个月内取得的收入为一次。

《国家税务总局关于个人所得税偷税案件查处中有关问题的补充通知》(国税函发〔1996〕602号)中对劳务报酬所得的"次"做了详细规定。

新个人所得税法实施条例第二十一条规定"属于同一项目连续性收入的,以一个月内取得的收入为一次",考虑属地管辖与时间划定有交叉的特殊情况,统一规定以县(含县级市、区)为一地,其管辖内的一个月内的劳务服务为一次;当月跨县地域的,则应分别计算。

 链接:厦门税务局12366关于劳务报酬开具发票次数的答复

问题:个人代开劳务发票,一个月连开4张,请问会累计计税吗?(2018-12-21)

答复:《个人所得税法》规定:"劳务报酬所得,属于一次性收入的,以取得该项收入为一次;属于同一项目连续性收入的,以一个月内取得的收入为一次。"

《国家税务总局关于个人所得税偷税案件查处中有关问题的补充通知》(国税函发〔1996〕602号)第四条规定:"关于劳务报酬所得'次'的规定,个人所得税法实施条例第二十一条规定'属于同一项目连续性收入的,以一个月内取得的收入为一次',考虑属地管辖与时间划定有交叉的特殊情况,统一规定以县(含县级市、区)为一地,其管辖内的一个月内劳务服务为一次;当月跨县地域的,则应分别计算。"

 链接:关于异地施工建筑企业申报地点的规定

文件名称:《国家税务总局关于建筑安装业跨省异地工程作业人员个人所得税征收管理问题的公告》

发文字号:国家税务总局公告2015年第52号

成文日期:2015年7月20日

内　容:

一、总承包企业、分承包企业派驻跨省异地工程项目的管理人员、技术人员和其他工作人员在异地工作期间的工资、薪金所得个人所得税,由总承包企业、分承包企业依法代扣代缴并向工程作业所在地税务机关申报缴纳。

总承包企业和分承包企业通过劳务派遣公司聘用劳务人员跨省异地工作期间的工资、薪金所得个人所得税,由劳务派遣公司依法代扣代缴并向工程作业所在地税务机关申报缴纳。

二、跨省异地施工单位应就其所支付的工程作业人员工资、薪金所得,向工程作业所在地税务机关办理全员全额扣缴明细申报。凡实行全员全额扣缴明细申报的,工程作业所在地税务机关不得核定征收个人所得税。

三、总承包企业、分承包企业和劳务派遣公司机构所在地税务机关需要掌握异地工程作业人员工资、薪金所得个人所得税缴纳情况的,工程作业所在地税务机关应及时提供。总承包企业、分承包企业和劳务派遣公司机构所在地税务机关不得对异地工程作业人员已纳税工资、薪金所得重复征税。两地税务机关应加强沟通协调,切实维护纳税人权益。

四、建筑安装业省内异地施工作业人员个人所得税征收管理参照本公告执行。

五、本公告自 2015 年 9 月 1 日起施行。

 **知识小练习**

【例题·单选】 跨省异地施工单位应就其所支付的工程作业人员工资、薪金所得,向税务机关办理全员全额扣缴明细申报的地点是(　　　)。

A. 机构所在地

B. 机构所在地或者工程作业所在地

C. 工程作业所在地

D. 机构所在地和工程作业所在地

答案: C

解析: 根据《国家税务总局关于建筑安装业跨省异地工程作业人员个人所得税征收管理问题的公告》(国家税务总局公告 2015 年第 52 号)的规定,选项 C 符合题意。

从事建筑安装业的工程承包人、个体户及其他个人计征个人所得税情形如表 2-12 所示。

表 2-12　从事建筑安装业的工程承包人、个体户及其他个人计征个人所得税情形

第一种	其从事建筑安装业取得的所得,应依法缴纳个人所得税。承包建筑安装业各项工程作业的承包人取得的所得,应区别不同情况计征个人所得税:经营成果归承包人个人所有的所得,或按照承包合同(协议)规定,将一部分经营成果留归承包人个人的所得,按经营所得项目征税;以其他分配方式取得的所得,按工资、薪金所得项目征税。
第二种	从事建筑安装业的个体工商户和未领取营业执照承揽建筑安装业工程作业的建筑安装队和个人,以及建筑安装企业实行个人承包后工商登记改变为个体经济性质的,其从事建筑安装业取得的收入应依照经营所得项目计征个人所得税。
第三种	从事建筑安装工程作业的其他人员取得的所得,分别按照工资、薪金所得项目和劳务报酬所得项目计征个人所得税。

实务中还要注意的是,公司支付的劳务报酬所得,应代扣代缴个人所得税,并取得发票,凭发票入账。若未按相关规定取得发票、扣缴税款,将承担相关责任。

链接：企业未按照"劳务报酬"所得取得发票、扣缴税款案例

花火（厦门）文化传播股份有限公司公开转让说明书（2017.1）

花火（厦门）文化传播股份有限公司公开转让说明书披露：

报告期内，公司营业外支出由滞纳金及诉讼款赔款构成，具体情况如下：有限公司因未按时缴纳2015年1月个人所得税，根据《税收征收管理法》第三十二条的规定："纳税人未按照规定期限缴纳税款的，扣缴义务人未按照规定期限解缴税款的，税务机关除责令限期缴纳外，从滞纳税款之日起，按日加收滞纳税款万分之五的滞纳金。"公司向厦门市地方税务局缴纳了自2015年2月16日至2015年3月16日共计112.13元的个人所得税滞纳金。

未足额扣缴个人所得税的主要原因为：在开拓原创动画业务的初期，公司招聘并组建了一支拥有较多人员的动画设计研发制作团队。随着原创动画业务的不断发展，公司逐渐地将自身定位为版权的原创者及创作过程的管控者，出于优化资源配置的考虑，动画剧本创作、动漫形象设计、内容提供、营销推广等核心环节由公司自主完成，动画片加工、制作等劳动密集型环节则委托第三方外协加工。因此，存在劳务外包情况。

报告期内，公司委托的代工方除专业动漫制作公司外还有个人动漫制作团队，公司与这些个人动漫制作团队代表签署《动画制作协议书》。虽然公司只是与这些个人团队代表签署了《动画制作协议书》并不直接与这些个人团队的全体人员订立单项劳动合同，也不任命这些人员，但通过《动画制作协议书》，这些人员在公司相关人员的领导下，按照公司的工作计划和安排，为公司提供与本公司职工类似的服务。因此，公司采取了为这些人员发放工资的方式支付劳动报酬。在实际操作中，公司按照双方协商认可的工作量计算劳动报酬，发放工资薪酬并按照职工工资、薪金代扣代缴个人所得税，这与个人所得税法中对委外劳务人员应按劳务报酬所得缴纳个人所得税的规定不一致，存在有关机关追缴和处罚的可能。

针对这一事项，公司与税务主管机关进行了沟通，且公司已取得主管机关开具的税收合规证明。公司实际控制人承诺：如因税务主管部门要求或决定，公司需要补缴或被追缴上述人员取得劳务报酬所少缴的个人所得税，或因公司未按劳务报酬的个人所得税计税方式足额履行代扣代缴义务而招致税务主管部门罚款、滞纳金或其他行政处罚，则由公司实际控制人无条件全额承担公司补缴（被追缴）的上述个人所得税款和损失（包括罚款、滞纳金或其他行政处罚所引起的损失）。未来，公司将委托动画制作公司或工作室提供动画制作服务，如再委托个人制作团队，公司将严格按照个人所得税法为委外的劳务人员按劳务报酬所得缴纳个人所得税。

二、具体项目

（一）保险营销员、证券经纪人的佣金收入

1. 基本规定

《财政部　税务总局关于个人所得税法修改后有关优惠政策衔接问题的通知》（财税〔2018〕164号）第三条对保险营销员、证券经纪人佣金收入进行了规定：保险营销员、证券经纪人取得的佣金收入，属于劳务报酬所得，以不含增值税的收入减除20%的费用后的余额为收入额，收入额减去展业成本以及附加税费后，并入当年综合所得，计算缴纳个人所得

税。保险营销员、证券经纪人展业成本按照收入额的 25％ 计算。

2. 预扣预缴和汇算清缴

扣缴义务人向保险营销员、证券经纪人支付佣金收入时,应按照《个人所得税扣缴申报管理办法(试行)》(国家税务总局公告 2018 年第 61 号)规定的累计预扣法计算预扣税款。

1）预扣预缴环节

$$本期应预扣预缴税额=\left(\begin{array}{c}累计\\收入额\end{array}-\begin{array}{c}累计减\\除费用\end{array}-\begin{array}{c}累计其\\他扣除\end{array}\right)\times 预扣率-\begin{array}{c}速算扣\\除数\end{array}-\begin{array}{c}累计减\\免税额\end{array}-\begin{array}{c}累计已预扣\\预缴税额\end{array}\left(\begin{array}{c}无"三险一金"\\和"专项附加扣除"\end{array}\right)$$

（1）累计收入额按照不含增值税的累计收入减除 20％ 费用后的余额计算。

（2）累计减除费用按照 5 000 元/月乘以纳税人当年截至本月在本单位的从业月份数计算。

（3）累计其他扣除按照展业成本、附加税费和依法确定的其他扣除之和计算,其中展业成本按照收入额的 25％ 计算。

（4）相关专项扣除和专项附加扣除,在年度中每月预扣预缴环节暂不扣除,待年度终了后汇算清缴申报时办理扣除事项。

（5）公式中的预扣率、速算扣除数,比照《个人所得税扣缴申报管理办法(试行)》所附的《个人所得税预扣率表一》执行。

（6）在一个纳税年度内,保险营销员、证券经纪人的每月应预扣预缴税额为负值时,暂不退税;纳税年度终了后余额仍为负值时,由纳税人通过办理综合所得年度汇算清缴,税款多退少补。

2）汇算清缴环节

$$全年应纳个人所得税=\left[全年收入额\times\left(1-\begin{array}{c}展业\\成本\end{array}\right)-\begin{array}{c}附加\\税费\end{array}+\begin{array}{c}其他综\\合所得\end{array}-\begin{array}{c}费用\\扣除\end{array}-\begin{array}{c}专项\\扣除\end{array}-\begin{array}{c}专项附\\加扣除\end{array}-\begin{array}{c}其他\\扣除\end{array}\right]\times 税率-\begin{array}{c}速算扣\\除数\end{array}$$

（1）全年收入额按照不含增值税的累计收入减除 20％ 费用后的余额计算。

（2）展业成本按照全年收入额的 25％ 计算。

（3）附加税费为实际已缴纳的增值税附征。

（4）其他综合所得为工资薪金、特许权使用费等综合所得。

（5）费用扣除按照 6 万元/人、按年计算。

（6）专项扣除和专项附加扣除按照个人所得税法实施条例规定的范围和标准扣除。

（7）公式中的税率和速算扣除数按照个人所得税法后附的《个人所得税税率表一(综合所得适用)》执行。

3. 增值税及附加税费的相关规定

《财政部 国家税务总局关于营改增后契税 房产税 土地增值税 个人所得税计税依据问题的通知》(财税〔2016〕43 号)规定,对于免征增值税的,确定个人所得税的应税收入时,不扣减增值税额。另外,接受税务机关委托代征税款的保险企业,向个人保险代理人支付佣金费用后,可代个人保险代理人统一向主管税务机关申请汇总代开增值税普通发票或增值税专用发票。

《财政部 国家税务总局关于扩大有关政府性基金免征范围的通知》(财税〔2016〕12 号)

规定,将免征教育费附加、地方教育附加、水利建设基金的范围,由现行按月纳税的月销售额或营业额不超过 3 万元(按季度纳税的季度销售额或营业额不超过 9 万元)的缴纳义务人,扩大到按月纳税的月销售额或营业额不超过 10 万元(按季度纳税的季度销售额或营业额不超过 30 万元)的缴纳义务人。

《财政部 税务总局关于实施小微企业普惠性税收减免政策的通知》(财税〔2019〕13 号)规定,由省、自治区、直辖市人民政府根据本地区实际情况,以及宏观调控需要确定,对增值税小规模纳税人可以在 50% 的税额幅度内减征资源税、城市维护建设税、房产税、城镇土地使用税、印花税(不含证券交易印花税)、耕地占用税和教育费附加、地方教育附加。纳税人自行申报享受减征优惠,不需额外提交资料。

 **知识小练习**

【例题·计算1】 小李是北京某保险公司营销员,2020 年 1 月、2 月,分别取得保险营销佣金收入 10 300 元、20 600 元,该保险公司接受税务机关委托代征税款,向个人保险代理人支付佣金费用后,代个人保险代理人统一向主管税务机关申请汇总代开增值税专用发票。假定小李每月自行缴付“三险一金”800 元,附加税费征收率为 12%(7%+3%+2%),北京市人民政府规定自 2019 年 1 月 1 日起,对增值税小规模纳税人地方税种应纳税额按 50% 减征。保险公司该如何预扣预缴小李的个人所得税。

答案及解析: 1. 计算 1 月税款。

本期应预扣预缴税额=(累计收入额-累计减除费用-累计其他扣除)×预扣率-速算扣除数-累计减免税额-累计已预扣预缴税额

(1) 累计收入额=10 300÷(1+3%)×(1-20%)=8 000(元)。

(2) 累计减除费用=5 000(元)。

(3) 累计其他扣除=展业成本+附加税费+其他扣除。

① 展业成本=累计收入额×25%=8 000×25%=2 000(元)。

② 城市维护建设税=增值税×7%×50%=10 300÷(1+3%)×3%×7%×50%=10.5(元)。

根据财税〔2016〕12 号文件的规定,月销售额不超过 10 万元的,免征教育费附加、地方教育费附加,因此教育费附加和地方教育附加为 0。

即:累计其他扣除=2 000+10.5=2 010.5(元)。

(因专项扣除和专项附加扣除在预扣预缴环节不予扣除,所以本环节不扣除“三险一金”和“专项附加扣除”)

(4) 应纳税所得额=8 000-5 000-2 010.5=989.5(元)。

(5) 应纳个人所得税=989.5×3%=29.69(元)。

综上,小李 2020 年 1 月应预扣预缴个人所得税 29.69 元。

2. 计算 2 月税款。

本期应预扣预缴税额=(累计收入额-累计减除费用-累计其他扣除)×预扣率-速算扣除数-累计减免税额-累计已预扣预缴税额

(1) 累计收入额=(10 300+20 600)÷(1+3%)×(1-20%)=24 000(元)。

（2）累计减除费用＝5 000×2＝10 000（元）。

（3）累计其他扣除＝展业成本＋附加税费＋其他扣除

① 展业成本＝累计收入额×25％＝24 000×25％＝6 000（元）。

② 附加税费＝(10 300＋20 600)÷(1＋3％)×3％×7％×50％＝31.5（元）。

即：累计其他扣除＝6 000＋31.5＝6 031.5（元）。

（4）累计应纳税所得额＝24 000－10 000－6 031.5＝7 968.5（元）。

（5）累计应纳税额＝7 968.5×3％＝239.06（元）。

（6）本期应预扣预缴税款＝239.06－29.69＝209.37（元）。

综上，小李2020年2月应预扣预缴个人所得税209.37元。

【例题·计算2】 小张是南京某保险公司营销员，2020年1月、2月，分别取得保险营销佣金收入10 300元、20 600元，该保险公司接受税务机关委托代征税款，向个人保险代理人支付佣金费用后，代个人保险代理人统一向主管税务机关申请汇总代开增值税普通发票。假定小张每月自行缴付"三险一金"800元，附加税费征收率为12％。请计算保险公司1、2月份为小张预扣预缴的个人所得税。

答案及解析： 1. 计算1月税款。

本期应预扣预缴税额＝（累计收入额－累计减除费用－累计其他扣除）×预扣率－速算扣除数－累计减免税额－累计已预扣预缴税额

（1）累计收入额＝10 300×(1－20％)＝8 240（元）。

（2）累计减除费用＝5 000（元）。

（3）累计其他扣除＝展业成本＋附加税费＋其他扣除

① 展业成本＝累计收入×25％＝8 240×25％＝2 060（元）。

② 附加税费＝0（注意：汇总代开增值税普通发票享受增值税起征点免税政策）

即：累计其他扣除＝2 060＋0＝2 060（元）。

（4）应纳税所得额＝8 240－5 000－2 060＝1 180（元）。

（5）应纳个人所得税＝1 180×3％＝35.4（元）。

综上，小张2020年1月应预扣预缴个人所得税35.4元。

2. 计算2月税款。

本期应预扣预缴税额＝（累计收入额－累计减除费用－累计其他扣除）×预扣率－速算扣除数－累计减免税额－累计已预扣预缴税额

（1）累计收入额＝(10 300＋20 600)×(1－20％)＝24 720（元）。

（2）累计减除费用＝5 000×2＝10 000（元）。

（3）累计其他扣除＝展业成本＋附加税费＋其他扣除

① 展业成本＝累计收入×25％＝24 720×25％＝6 180（元）。

② 附加税费＝0。

即：累计其他扣除＝6 180＋0＝6 180（元）。

（4）累计应纳税所得额＝24 720－10 000－6 180＝8 540（元）。

（5）累计应纳税额＝8 540×3％＝256.2（元）。

（6）本期应预扣预缴税款＝256.2－35.4＝220.8（元）。

综上,小张 2020 年 2 月应预扣预缴个人所得税 220.8 元。

注:上述代开发票问题根据小规模纳税人增值税月销售额免税标准提高到 10 万元,适用于个人保险人为保险企业提供保险代理服务。同时,保险企业仍应按《国家税务总局关于个人保险代理人税收征管有关问题的公告》(国家税务总局公告 2016 年第 45 号)的相关规定,向保险企业主管税务机关申请汇总代开增值税发票,并可按规定适用免税政策。

【例题·计算3】 小王是上海保险公司营销员,该保险公司接受税务机关委托代征税款,向个人保险代理人支付佣金费用后,代个人保险代理人统一向主管税务机关申请汇总代开增值税专用发票。2020 年小王取得保险营销佣金收入 307 000 元(其中,10 月佣金收入为 154 500 元,其他各月均未达到 100 000 元),无其他综合所得。假定小王每月自行缴付"三险一金"4 000 元,符合条件的专项附加扣除 3 000 元,自行支付商业健康保险费 200 元,当地增值税附加税费征收率为 12%。全年已预扣个人所得税 10 100 元,计算小王 2020 年度综合所得在次年汇算清缴时应补(退)个人所得税。

答案及解析:全年应纳个人所得税=[全年收入额×(1-展业成本)-附加税费+其他综合所得-费用扣除-专项扣除-专项附加扣除-其他扣除]×税率-速算扣除数

(1)全年收入额=307 000÷(1+3%)×(1-20%)=238 446.60(元)。

(2)展业成本=238 446.60×25%=59 611.65(元)。

(3)附加税费=307 000÷(1+3%)×3%×7%×50%+154 500÷

(1+3%)×3%×(3%+2%)×50%

=312.96+112.50=425.46(元)。

(4)其他综合所得=0。

(5)费用扣除=60 000(元)。

(6)专项扣除=4 000×12=48 000(元)。

(7)专项附加扣除=3 000×12=36 000(元)。

(8)依法确定的其他扣除=200×12=2 400(元);

各项扣除=59 611.65+425.46+60 000+48 000+36 000+2 400=206 437.11(元)。

(9)应纳税所得额=238 446.60-206 437.11=32 009.49(元)。

(10)应纳税额=32 009.49×3%=960.28(元)。

(11)已预扣个人所得税=10 100(元)。

(12)应退税额=10 100-960.28=9 139.72(元)。

综上,小王 2020 年度取得的综合所得在次年汇算清缴时,应退个人所得税 9 139.72 元。

【例题·计算4】 小赵是拉萨某保险公司营销员,该保险公司接受税务机关委托代征税款,向个人保险代理人支付佣金费用后,代个人保险代理人统一向主管税务机关申请汇总代开增值税普通发票。2020 年小王取得保险营销佣金收入 307 000 元(其中,10 月佣金收入为 154 500 元,其他各月均未达到 100 000 元),无其他综合所得。假定小王每月自行缴付"三险一金"4 000 元,符合条件的专项附加扣除 3 000 元,自行支付商业健康保险费 200 元,当地增值税附加税费征收率为 12%。全年已预扣个人所得税 10 153 元,计算小赵 2020 年度综合所得在次年汇算清缴时应补(退)个人所得税。

答案及解析：全年应纳个人所得税＝[全年收入额×（1－展业成本）－附加税费＋其他综合所得－费用扣除－专项扣除－专项附加扣除－其他扣除]×税率－速算扣除数

（1）全年收入额＝[307 000－154 500＋154 500÷（1＋3%）]×（1－20%）＝242 000（元）。

（2）展业成本＝242 000×25%＝60 500（元）。

（3）附加税费＝154 500÷（1＋3%）×3%×12%×50%＝270（元）。

（4）其他综合所得＝0。

（5）费用扣除＝60 000（元）。

（6）专项扣除＝4 000×12＝48 000（元）。

（7）专项附加扣除＝3 000×12＝36 000（元）。

（8）依法确定的其他扣除＝200×12＝2 400（元）；

各项扣除合计：60 500＋270＋60 000＋48 000＋36 000＋2 400＝207 170（元）。

（9）应纳税所得额＝242 000－207 170＝34 830（元）。

（10）应缴纳个人所得税＝34 830×3%＝1 044.9（元）。

（11）已预扣个人所得税＝10 153（元）。

（12）应退税额＝10 153－1 044.9＝9 108.1（元）。

综上，小赵2020年度取得的综合所得在次年汇算清缴时，应退个人所得税9 108.1元。

（二）企业向临时雇用的"技工技师"支付的报酬

《国家税务总局关于大连市税务检查中部分涉税问题处理意见的批复》（国税函〔2005〕402号）规定，企业向临时雇用的"技工技师"支付的报酬，按"劳务报酬所得"项目计征个人所得税，在计算企业所得税时按劳务费全额在税前扣除。

（三）个人兼职取得的收入

厦门市地方税务局在2005年向国家税务总局提出《厦门市地方税务局关于个人兼职和退休人员再任职取得收入如何计算征收个人所得税问题的请示》（厦地税发〔2005〕34号），国家税务总局通过《国家税务总局关于个人兼职和退休人员再任职取得收入如何计算征收个人所得税问题的批复》（国税函〔2005〕382号）对此进行了明确规定，根据《个人所得税法》《国家税务总局关于印发〈征收个人所得税若干问题的规定〉的通知》（国税发〔1994〕89号）和《国家税务总局关于影视演职人员个人所得税问题的批复》（国税函〔1997〕385号）的规定精神，个人兼职取得的收入应按照"劳务报酬所得"应税项目缴纳个人所得税；退休人员再任职取得的收入，在减除按个人所得税法规定的费用扣除标准后，按"工资、薪金所得"应税项目缴纳个人所得税。

 链接：上市公司信息披露

耀客传媒（834949.OC）曾于2015年12月4日发布公开转让说明书，披露公司主要演职人员均通过经纪公司/个人工作室与公司合作，公司通过银行转账的方式支付主要演职人员的劳务费，其个人所得税不由公司代扣代缴。《834949耀客传媒公开转让说明书》【2015.12.4】详细披露如下：

主要演职人员片酬支付方式：

报告期内,公司影视剧的主要演职人员均通过经纪公司/个人工作室与公司合作,公司对通过银行转账的方式支付主要演职人员的劳务费,其个人所得税不由公司代扣代缴。报告期内,因艺人宣传的需要,公司对外支付零星劳务报酬,相应代扣代缴个人所得税。报告期内与主要演职人员合同情况如下:

......

代扣代缴个人所得税主要系员工工资、艺人宣传采购外部劳务形成。报告期末代扣代缴个人所得税余额增长,主要是外部劳务代扣代缴个人所得税增加所致。公司 2014 年起签约艺人的人数提高,制作影视剧的数量较 2013 年度也大幅提升,相应加大了公司的艺人宣传,增加了采购外部劳务支出。

部分影视作品片酬信息如表 2-13 所示。

表 2-13　部分影视作品片酬信息

剧名	合同签署主体	片酬支付方式
《女不强大天不容》	上海金海紫禾影视文化工作室	银行转账
《女不强大天不容》	上海淳盛影视文化工作室、华谊兄弟文化经纪有限公司	银行转账
《女不强大天不容》	上海义合影视文化工作室	银行转账
《女不强大天不容》	上海六六影视文化工作室	银行转账
《女不强大天不容》	上海余淳影视文化工作室	银行转账
《三个奶爸》	北京龙晨寰宇影视文化艺术工作室	银行转账
《三个奶爸》	上海尚彩锦年影视文化工作室	银行转账
《三个奶爸》	上海陈赫影视文化工作室	银行转账
《三个奶爸》	上海萌客影视文化工作室	银行转账
《隐形的翅膀》	成拾(上海)文化传媒有限公司	银行转账

应交税费如表 2-14 所示。

表 2-14　应交税费　　　　　　　　　　　　　　　　单位:万元

项目	2015 年 6 月 30 日	2014 年 12 月 31 日	2013 年 12 月 31 日
企业所得税	747.60	1 688.22	342.19
增值税	174.43	367.63	448.07
代扣代缴个人所得税	26.83	21.74	5.45
城市维护建设税	8.73	10.09	4.68
教育费附加	8.72	12.00	23.38
其他	1.74	3.68	4.57
合计	968.05	2 103.36	828.33

 链接:上市公司信息披露

百城人才(872448.OC)于 2017 年 11 月 21 日发布挂牌三板反馈意见,披露往期出让控股子公司国慧学校 90％股权时,代扣代缴兼职教师个税情况。根据公告,该民办学校已对 3

名兼职教师按照劳务报酬所得扣缴了个人所得税,其中的翁某(根据前文披露)系学校除百城人才外的另一名举办者,公司按照"劳务报酬所得"为其代扣代缴了个人所得税。

《广东百城人才网络股份有限公司二次反馈意见回复》【2017-11-21】详细披露如下:

请主办券商及会计师补充核查公司代扣代缴兼职教师个人所得税的合法合规性并发表专业意见。

【主办券商回复】

(1)核查过程。

访谈公司财务总监、人力资源部门负责人及国慧学校负责人,取得报告期各期末公司在册兼职老师名单;获取工资表,对兼职老师工资表中计算的应代扣代缴个税数据进行抽样复核;根据工资表,抽取部分工资发放凭证以及完税凭证进行核对;获取公司与兼职老师的聘用合同,核查其中与劳务报酬、个税缴纳相关的条款。

(2)事实依据。

公司工资表、个税申报表、应付职工薪酬、应交税费、营业成本科目凭证及完税凭证、聘用合同。

(3)分析过程。

根据公司提供的国慧学校员工名册、劳动合同、社保缴费记录以及完税凭证,截至2017年4月30日,国慧学校教师4名,其中1名为全职教师,3名为兼职教师。国慧学校已与1名全职教师签订了《劳动合同》;与前述3名兼职教师均签订了《聘用合同》,依据合同约定的条款计算薪酬并按照法律法规的规定为其代扣代缴个人所得税。

国慧学校兼职教师基本情况如表2-15所示。

表2-15 兼职教师基本情况

序号	姓名	授课课程	是否在非营利性机构任职	全职/兼职
1	翁振添	企业人力资源管理师等	否	兼职
2	肖玉婷	心理咨询师	否	兼职
3	刘建	企业人力资源管理师等	否	兼职

公司及国慧学校均已取得所在地国家税务局与地方税务局的证明,公司及国慧学校在报告期内能按时申报纳税,不存在违法违规记录,亦不存在受到税务机关行政处罚的行为。

公司实际控制人韩荣奎承诺:"公司及子公司将依法履行个人所得税代扣代缴义务,公司及子公司如因代扣代缴个人所得税问题受到主管部门的处罚,相关经济责任将由本人承担。"

2017年11月3日,公司子公司广东百城与翁振添签订《民办学校转让合同》,合同约定,由转让方广东百城将其所享有的国慧学校90%的出资额及所对应的权利义务整体转让给翁振添,转让价格为26.20万元。2017年11月14日,翁振添向广东百城支付了上述转让款,汕头市人力资源和社会保障局核准变更国慧学校的法定代表人及举办者等相关信息。

(4)核查结论。

经核查,主办券商认为公司代扣代缴兼职教师个人所得税的行为合法合规。

……

2017年11月1日,为专注于人才招聘业务,同时加强公司合法合规经营,百城人才董事长作出决定,同意公司的全资子公司广东百城将持有的国慧学校90%投资额转让给翁振添;翁振添为国慧学校的另一名举办者,与公司不存在关联关系。

2017年11月3日,广东百城与翁振添签订《民办学校转让合同》,合同约定,由转让方广东百城将其所享有的国慧学校90%的出资额及所对应的权利义务整体转让给翁振添,转让价格为26.20万元。根据广东华乾会计师事务所出具"粤华乾(审)字〔2017〕第11003号"《审计报告》,国慧学校2017年10月31日经审计的净资产为29.32万元,广东百城持有的国慧学校90%投资额对应的净资产为26.39万元,与国慧学校转让双方约定的转让价格相近。因此,国慧学校转让价格公允。

2017年11月10日,国慧学校作出理事会决议,决议将原学校法定代表人彭嵩变更为翁振添并相应变更《学校章程》。

(四)个人取得包销补偿款收入

青岛市地方税务局在2006年对国家税务总局提出《青岛市地方税务局关于对段四力取得包销补偿款如何征收个人所得税有关问题的请示》(青地税发〔2006〕163号),国家税务总局在《国家税务总局关于个人取得包销补偿款征收个人所得税问题的批复》(国税函〔2007〕243号)中予以答复,根据个人所得税法的有关规定,个人因包销商品房取得的差价收入及因此而产生的包销补偿款,属于其个人履行商品介绍服务或与商品介绍服务相关的劳务所得,应按照"劳务报酬所得"项目计算缴纳个人所得税。

(五)个人未取得执照举办学习班收入

内蒙古自治区地方税务局在1996年向国家税务总局提出《内蒙古自治区地方税务局关于个人举办各类学习班如何征收个人所得税问题的请示》(内地税发〔1996〕206号),国家税务总局在批复中明确关于取得营业执照和未取得营业执照情况下的收入如何计税问题。

 链接:个人未取得执照举办学习班收入如何计税

文　　件:《国家税务总局关于个人举办各类学习班取得的收入征收个人所得税问题的批复》

发文字号:国税函〔1996〕658号

成文日期:1996年11月13日

内　　容:

个人无须经政府有关部门批准并取得执照举办学习班、培训班的,其取得的办班收入属于"劳务报酬所得"应税项目,应按税法规定计征个人所得税。其中,办班者每次收入按以下方法确定:一次收取学费的,以一期取得的收入为一次;分次收取学费的,以每月取得的收入为一次。

 **知识小练习**

【例题·多选】 下列项目所得,应按"劳务报酬所得"缴纳个人所得税的有( )。

A. 劳动分红

B. 个人从非雇佣单位取得的营销业绩奖励

  C. 出租汽车经营单位将出租车所有权转移给驾驶员的,出租车驾驶员从事客货运营取得的收入

  D. 出租汽车经营单位对出租车驾驶员采取单车承包或承租方式运营,出租车驾驶员从事客货营运取得的收入

  E. 个人兼职取得的收入

答案: BE

解析: 选项 A、D,按"工资、薪金所得"缴纳个人所得税;选项 C,按"经营所得"缴纳个人所得税。

(六) 独立董事所得

对于董事费收入如何征收个人所得税问题,国家税务总局从 1994 年起多次下发文件进行明确,最终确定了董事费的个人所得税征管的相关规定,即对于个人取得的董事费收入要看其是否在公司任职,若在公司任职且担任董事,则取得的董事费收入按照"工资、薪金所得"征收个人所得税,若不在公司任职,仅担任独立董事,则取得的董事费收入按照"劳务报酬所得"征收个人所得税。

《国家税务总局关于印发〈征收个人所得税若干问题的规定〉的通知》(国税发〔1994〕89号)第八条规定,个人由于担任董事职务取得的董事费收入,属于劳务报酬所得性质,按照劳务报酬所得项目征收个人所得税。但《国家税务总局关于明确个人所得税若干政策执行问题的通知》(国税发〔2009〕121 号)第二条第(一)项规定,《国家税务总局关于印发〈征收个人所得税若干问题的规定〉的通知》(国税发〔1994〕89 号)第八条规定的董事费按劳务报酬所得项目征税方法,仅适用于个人担任公司董事、监事,且不在公司任职、受雇的情形。

 链接:支付独立董事费少扣缴劳务报酬所得个人所得税

中粮糖业(600737.SH)于 2018 年 3 月 21 日发布公告,披露中粮糖业因 2012 年至 2014 年支付独立董事费少代扣代缴劳务报酬所得个人所得税 66 166.67 元,被稽查局按照《税收征收管理法》第六十九条处以少扣缴个税 50% 的罚款,处罚 33 083.34 元,中粮糖业已足额按期缴纳罚款和追缴的个人所得税款(见表 2-16)。

表 2-16 中粮糖业缴纳罚款和追缴情况

处罚机关	文号	处罚时间	处罚内容	整改情况
昌吉州地方税务局稽查局	昌州地税稽罚〔2016〕62 号	2016.7.30	2012 年至 2014 年因支付独立董事费少代扣代缴劳务报酬所得个人所得税,共计 66 166.67 元,处 50% 的罚款,共计 33 083.34 元	中粮糖业已足额按期缴纳罚款和追缴的个人所得税款

《600737 中粮糖业关于中粮屯河糖业股份有限公司非公开发行股票申请文件反馈意见的回复》【2018.3.21】详细披露如下:

中粮糖业 2016 年 7 月 30 日收到昌吉州地方税务局稽查局昌州地税稽罚〔2016〕62 号税务处理决定:针对 2012 年至 2014 年因支付独立董事费少代扣代缴劳务报酬所得个人所得税,共计 66 166.67 元,处 50% 的罚款,共计 33 083.34 元,中粮糖业已足额按期缴纳罚款

和追缴的个人所得税款。

根据《税收征收管理法》第六十九条关于"扣缴义务人应扣未扣、应收而不收税款的,由税务机关向纳税人追缴税款,对扣缴义务人处应扣未扣、应收未收税款50%以上3倍以下的罚款"的规定,经核查,中粮糖业被处以33 083.34元的罚款为合计少代扣代缴个人所得税的50%,罚款幅度处于最低幅度。2017年8月1日,昌吉州地方税务局稽查局出具《证明》,中粮糖业按时足额缴纳了罚款并补缴了少扣缴的个人所得税款,上述行政处罚不属于重大行政处罚。

关于按照"劳务报酬所得"计税的董事费、监事费扣除凭证问题梳理如表2-17所示。

表2-17　关于董事费、监事费的税前扣除问题

地区	口　径
财政部 国家税务 总局	1.《国家税务总局关于企业所得税应纳税额若干税务处理问题的公告》(国家税务总局公告2012年第15号)第一条规定,企业因雇佣季节工、临时工、实习生、返聘离退休人员所实际发生的费用,应区分为工资、薪金支出和职工福利费支出,并按《企业所得税法》规定在企业所得税前扣除。其中属于工资、薪金支出的,准予计入企业工资、薪金总额的基数,作为计算其他各项相关费用扣除的依据。 2.《国家税务总局关于企业工资、薪金和职工福利费等支出税前扣除问题的公告》(国家税务总局公告2015年第34号)第三条规定,企业接受外部劳务派遣用工支出税前扣除问题规定,企业接受外部劳务派遣用工所实际发生的费用,应分两种情况按规定在税前扣除:按照协议(合同)约定直接支付给劳务派遣公司的费用,应作为劳务费支出;直接支付给员工个人的费用,应作为工资、薪金支出和职工福利费支出。其中属于工资、薪金支出的费用,准予计入企业工资、薪金总额的基数,作为计算其他各项相关费用扣除的依据。
宁波市	宁波国税2011年度企业所得税汇算清缴有关政策问题解答 问题:独立董事、监事费税前扣除是否需取得票据? 答复:凭合同协议和代扣代缴个人所得税申报凭证,在税前扣除。
浙江省	浙江省国税局2011年汇算清缴问题解答 问题:董事会成员领取工资是否可在税前扣除? 答复:在公司任职的董事会成员领取的劳动报酬应并入工资、薪金在税前扣除;不在公司担任除董事外的其他职务的独立董事领取的津贴应在企业"董事费"中开支。企业应提供董事会全体成员名单,以及代扣代缴个税证明及个人签收证明。
鞍山市	鞍山市国税局2012年度企业所得税汇算清缴相关业务问题 问题:独立董事、监事费用如何在税前进行扣除? 答复:企业支付给不在本企业任职或受雇担任其他职务的独立董事、独立监事的费用支出,凭合同协议和代扣代缴个人所得税申报凭证,据实在税前扣除,但不得计入工资、薪金总额。
天津市	天津国税:2017年企业所得税汇算清缴问题解答 问题:企业实际支付给外聘的董事、监事劳务报酬可否税前扣除? 答复:依据《国家税务总局关于明确个人所得税若干政策执行问题的通知》(国税发〔2009〕121号)关于董事费征税问题的规定,个人担任公司董事、监事,且不在公司任职、受雇的董事费按劳务报酬所得项目征税;个人在公司(包括关联公司)任职、受雇,同时兼任董事、监事的,应将董事费、监事费与个人工资收入合并,统一按工资、薪金所得项目缴纳个人所得税。企业实际支付给外聘的董事、监事的劳务报酬,应凭发票在税前扣除。

(七)影视演职人员所得

凡与单位存在工资、人事方面关系的人员,其为本单位工作所取得的报酬,属于"工资、薪金所得"应税项目征税范围;而其因某一特定事项临时为外单位工作所取得报酬,应是"劳

务报酬所得"应税项目征税范围。对电影制片厂导演、演职人员参加本单位的影视拍摄所取得的报酬,应按"工资、薪金所得"应税项目计征个人所得税。对电影制片厂为了拍摄影视片而临时聘请非本厂导演、演职人员,其所取得的报酬,应按"劳务报酬所得"应税项目计征个人所得税。

 链接:中广影视补缴税款案

【新三板税讯】中广影视:往期支付非本单位员工劳动报酬所得106万元、少扣缴个税23.32万元,被稽查局处罚。

中广影视(834641.OC)于2018年9月6日发布公告,披露经稽查局个税检查发现公司2014年分四次支付非本单位员工劳动报酬所得共106万元,未按照劳务报酬所得足额代扣代缴个人所得税23.32万元,被稽查局以征管法偷税认定及不履行扣缴义务条款,责令补扣缴个税23.32万元、并处0.5倍处罚。

1. 个税检查期间。东阳市地方税务局稽查局于2017年5月19日至2017年10月23日对公司2014年1月1日至2016年12月31日个人所得税进行了检查。

2. 未履行扣缴义务情况。经检查,扣缴义务人不履行代扣代缴义务,应扣未扣、应收而不收税款,违反税收管理。公司2014年分四次支付非本单位员工劳动报酬所得共106万元,未按照劳务报酬所得足额代扣代缴个人所得税23.32万元。

3. 受处罚情况。根据《中华人民共和国税收征收管理办法》第六十三条第二款等的规定,责成公司补扣并补缴应扣未扣的2014年度个人所得税233 200元。根据《中华人民共和国税收征收管理办法》第六十九条的规定,决定对公司应扣未扣、应缴未缴的个人所得税233 200元处以50%的罚款计11.66万元。

《[临时公告]中广影视:关于公司收到东阳市地方税务局稽查局税务行政处罚决定书、税务处理决定书的公告(补发)》【2018-09-06】

一、基本情况

相关文书的全称:东阳市地方税务局稽查局税务行政处罚决定书(东地税稽罚〔2017〕36号)、东阳市地方税务局稽查局税务处理决定书(东地税稽处〔2017〕37号)

收到日期:2017年10月30日、2017年11月2日

生效日期:2017年10月30日、2017年11月2日

涉嫌违规主体及任职情况:浙江东阳中广影视文化股份有限公司

涉嫌违规的事项类别:公司作为扣缴义务人不履行代扣代缴义务,应扣未扣、应收而不收税款。

二、主要内容

(一)涉嫌违规事实:

东阳市地方税务局稽查局于2017年5月19日至2017年10月23日对公司2014年1月1日至2016年12月31日个人所得税进行了检查。

经检查,扣缴义务人不履行代扣代缴义务,应扣未扣、应收而不收税款,违反税收管理。公司2014年分四次支付非本单位员工劳动报酬所得共106万元,未按照劳务报酬所得足额代扣代缴个人所得税23.32万元。

（二）处罚/处理依据及结果：

根据《中华人民共和国税收征收管理办法》第六十三条第二款、《中华人民共和国个人所得税法》第一条、第二条、第三条、第六条、第八条、第九条的规定，责成公司补扣并补缴应扣未扣的2014年度个人所得税23.32万元。

根据《中华人民共和国税收征收管理办法》第六十九条的规定，决定对公司应扣未扣、应缴未缴的个人所得税23.32万元处以50%的罚款计11.66万元。

 链接：影视公司隐藏在发票中的个人所得税案

北京市地税局第六稽查局在影视业专项检查中，发现某影视制作公司会计账簿"制作费用"科目中交通费、油料费数额与该单位固定资产车辆信息严重不符，通过检查发现该企业以发票报销方式支付劳务费，未按规定扣缴个人所得税。

一、基本案情

按照北京市地税局影视业专项检查统一部署，第六稽查局对某影视制作公司立案检查。该公司成立于2000年10月，经济性质是国有企业，主营业务是影视片制作（主要为某电视台制作影视纪录片，承接其他影视制作任务）。

检查组在检查过程中首先调取了该公司2013年度和2014年度电子账。通过检查，发现该公司费用中交通费、油料费所占比重很大，且与公司的主营业务不符。检查组在前期对同类企业收入成本配比进行了相关调查准备，了解到该类企业的设备、人力成本应该占比较大。根据账务信息，检查组审阅了该公司两年的凭证，进一步发现该企业报销的过路过桥费、油料费、停车费发票，数量大且票面金额小。通过与公司自有交通工具比对，和正常的消耗严重不匹配。经初步分析，该企业可能存在个人拿发票报销计入费用，隐瞒个人所得税收入的问题。

二、约谈财务

根据上述疑点，检查组约谈了该公司财务负责人和会计。对上述问题财务负责人的解释是：公司的工作流程是公司接到影视片拍摄任务，将拍摄任务分配到公司下属的项目组，项目组根据任务情况申请资金，经公司核查批准后，项目组负责人到财务借取资金，用于影视片拍摄，然后拍摄过程中产生的费用以发票形式回公司报销。项目组一般只有两三人，由他们召集一些临时工作人员拍摄。由于拍摄主要在外地，拍摄组未配备车辆，且设备较多，在租借车辆时产生大量交通费和油料费。至于拍摄中的具体操作方法，公司财务人员表示不了解，只有公司领导才知道。

三、询问法人

检查组根据现有证据和掌握的情况，对同类企业经营方式做了了解，并询问了项目参与人，进一步掌握了证据和情况。基于此，检查组决定约谈该公司的负责人。公司负责人对该公司项目组的运营做出如下解释：项目组在拍摄影视片时的费用支出主要包括人员食宿费、设备使用费、交通费和场地租赁费等，由于拍摄地点基本都在外地，许多费用支出无法取得真实票据，因此出现了用交通费、油料费顶替拍摄费用的情况。这些报销的费用绝大部分是用于拍摄任务本身。检查组进一步提出质疑，项目组的支出已在费用中列支，其他发票报销的是实际费用还是临时雇佣人员的劳务报酬？企业承认公司项目组用于报销拍摄费用的交通费和油料费实际主要用于临时聘用人员的劳务报酬支出,目的在于不和临时雇佣人员签订劳务合同,减少麻烦,并且认为这是行业惯例。检查组就税法的相关规定做了讲解,企业负责人最终承认了违法、违规事实。就此公司负责人与检查组观点达成一致,并提出具体数据和比例由公司财务负责人整理提交检查组。

四、固定证据

检查组又一次约谈公司财务负责人及会计,并制作了现场询问笔录。公司财务负责人承认了以发票报销支付劳务报酬未代扣代缴个人所得税的事实。谈话过程中财务负责人提出完全将真实费用与以发票报销支付劳务报酬分离工作量大,操作有难度,是否可以按一定比例确认用发票报销支付劳务报酬部分的全额。检查组表示,税务机关在纳税检查中重事实、重证据,对于税款计算征收应严格遵照税法规定执行。经过努力,检查组取得了项目组拍摄影视片时发放劳务报酬的记录,确认了以报销油费方式支付劳务报酬的具体金额,共涉及问题发票 1 322 张,总金额 732 万元。至此全部案情清晰,证据链完整。

最终该企业补缴个人所得税 100 余万元,税务机关对该企业未按照规定代扣代缴个人所得税行为处以 1 倍罚款。目前税款、罚款总计 200 余万元均已足额入库。

(八)一次性支付劳务人员数月的劳务报酬

《国家税务总局关于个人所得税偷税案件查处中有关问题的补充通知》(国税函发〔1996〕602 号)第四条明确了关于劳务报酬所得"次"的规定,个人所得税法实施条例第二十一条规定"属于同一项目连续性收入的,以一个月内取得的收入为一次",考虑属地管辖与时间划定有交叉的特殊情况,统一规定以县(含县级市、区)为一地,其管辖内的一个月内的劳务服务为一次;当月跨县地域的,则应分别计算。也就是说,一次性支付劳务人员数月的劳务报酬,以一个月取得的收入为一次,预扣个人所得税。

(九)获取劳务报酬的纳税人从收入中支付给中介人和相关人员的报酬

《国家税务总局关于个人所得税偷税案件查处中有关问题的补充通知》(国税函发〔1996〕602 号)第五条对"关于劳务报酬所得费用的计算与扣除"进行了规定,获取劳务报酬所得的纳税义务人从其收入中支付给中介人和相关人员的报酬,在定率扣除 20% 的费用后,一律不再扣除。对中介人和相关人员取得的上述报酬,应分别计征个人所得税。

(十)个人在多处兼职,取得不同项目的劳务报酬所得

根据《国家税务总局关于印发征收个人所得税若干问题的规定的通知》(国税发〔1994〕89 号)第九条关于个人取得不同项目劳务报酬所得的征税问题的规定,个人所得税法实施条例第二十一条第一款第一项中所述的"同一项目",是指劳务报酬所得列举具体劳务项目中的某一单项,个人兼有不同的劳务报酬所得,应当分别减除费用,计算缴纳个人所得税。

(十一)电商网络平台为推荐者支付的奖励

根据新个人所得税法实施条例第五条的规定,劳务报酬所得是指个人从事劳务取得的所得,包括从事设计、装潢、安装、制图、化验、测试、医疗、法律、会计、咨询、讲学、翻译、审稿、书画、雕刻、影视、录音、录像、演出、表演、广告、展览、技术服务、介绍服务、经纪服务、代办服务以及其他劳务取得的所得。因此,电商平台支付给推荐人的奖励,应当按照"劳务报酬所得"项目代扣代缴个人所得税。

第四节 稿酬所得

一、基本内容

(一) 关于征税范围

稿酬所得是指个人因其作品以图书、报刊等形式出版、发表而取得的所得。具体包括：

(1) 以图书、报刊形式出版、发表取得的所得，包括文字、书画、摄影以及其他作品。

(2) 作者去世后，财产继承人取得的遗作稿酬。

新个人所得税法对税目范围增加了个"等"字，后续有可能将对各类电子读物纳入征税范围。

(二) 关于纳税次数

(1) 个人每次以图书、报刊方式出版、发表同一作品（文学作品、书画作品、摄影作品以及其他作品），不论出版单位是预付还是分笔支付稿酬，或者加印该作品后再付稿酬，均应合并其稿酬所得按一次所得计算缴纳个人所得税。在两处或两处以上出版、发表或再版同一作品而取得的稿酬所得，其在各处取得的所得或再版所得按分次所得计算缴纳个人所得税。

(2) 个人同一作品在报刊上连载，应合并其因连载而取得的所有稿酬所得为一次，计算缴纳个人所得税。在其连载之后又出书取得稿酬所得，或者先出书后连载取得稿酬所得的，应视同再版稿酬分次计征个人所得税。

二、具体规定

(一) 预付稿酬、分笔支付稿酬或加印作品再付稿酬

《国家税务总局关于印发〈征收个人所得税若干问题的规定〉的通知》（国税发〔1994〕89号）第四条第一项规定，个人每次以图书、报刊方式出版、发表同一作品（文字作品、书画作品、摄影作品以及其他作品），不论出版单位是预付还是分笔支付稿酬，或者加印该作品后再付稿酬，均应合并其稿酬所得按一次计征个人所得税。

(二) 两处或两处以上出版或再版同一作品

《国家税务总局关于印发〈征收个人所得税若干问题的规定〉的通知》（国税发〔1994〕89号）第四条第一项规定，在两处或两处以上出版、发表或再版同一作品而取得稿酬所得，则可分别各处取得的所得或再版所得按分次所得计征个人所得税。

(三) 同一作品在报纸杂志上连载

《国家税务总局关于印发〈征收个人所得税若干问题的规定〉的通知》（国税发〔1994〕89号）第四条第二项规定，个人的同一作品在报刊上连载，应合并其因连载而取得的所有稿酬所得为一次，按税法规定计征个人所得税。

(四) 作品经连载后再出版或先出版后连载

《国家税务总局关于印发〈征收个人所得税若干问题的规定〉的通知》（国税发〔1994〕89号）第四条第二项规定，个人作品在报刊上连载，其连载之后又出书取得稿酬所得，或先出书后连载取得稿酬所得，应视同再版稿酬分次计征个人所得税。

（五）作者去世后的遗作稿酬

《国家税务总局关于印发〈征收个人所得税若干问题的规定〉的通知》（国税发〔1994〕89号）第四条第三项规定，作者去世后，对获得其遗作稿酬的个人，按稿酬所得征收个人所得税。

（六）报纸、杂志、出版等单位除专业人员外的其他人员在本单位的报纸、杂志上发表作品

《国家税务总局关于个人所得税若干业务问题的批复》（国税函〔2002〕146号）第三条规定，除任职、受雇于报纸、杂志等单位的记者、编辑等专业人员以外，其他人员在本单位的报纸、杂志上发表作品取得的所得，应按"稿酬所得"项目征收个人所得税。

（七）出版社的专业作者撰写、编写或翻译作品

《国家税务总局关于个人所得税若干业务问题的批复》（国税函〔2002〕146号）第三条第二项规定，出版社的专业作者撰写、编写或翻译的作品，由本社以图书形式出版而取得的稿费收入，应按"稿酬所得"项目计算缴纳个人所得税。

 知识小练习

【例题·多选】 下列所得中，应按照"稿酬所得"缴纳个人所得税的有（　　　）。

A. 书法家为企业题字获得的报酬

B. 杂志社记者在本社杂志发表文章获得的报酬

C. 电视剧制作中心的编剧编写剧本获得的报酬

D. 出版社的专业作者翻译的小说由该出版社出版获得的报酬

E. 报社印刷车间工作人员在该社报纸发表作品获得的报酬

答案：DE

解析：选项A，按劳务报酬所得缴纳个人所得税；选项B，按工资、薪金所得缴纳个人所得税；选项C，按特许权使用费所得缴纳个人所得税。

第五节　特许权使用费

一、基本内容

（一）关于征税范围

特许权使用费所得是指个人提供专利权、商标权、著作权、非专利技术以及其他特许权的使用权取得的所得；提供著作权的使用权取得的所得，不包括稿酬所得。

 链接：明星广告代言案中特许权使用费的认定

2014年4月，某外商独资企业与韩国女演员全智贤所在经纪公司签订广告代言活动，邀请全智贤为该企业产品代言，并由其经纪公司为所代言产品拍摄广告。该外商独资企业在办理对外支付税务备案时，认为广告的拍摄地在韩国，其支付的价款属于境外劳务报酬，根据劳务发生地归属原则，在中国不应缴纳企业所得税。

税务人员仔细研究合同后发现,这份广告代言合同并非简单的广告劳务,合同内容不仅涉及广告拍摄,同时包含了经纪公司许可该外商投资企业在规定时间内使用签约明星个人肖像权及此次拍摄产品等内容,并为此规定了一系列的限制性条款,以保证其代言的专有性、独特性和排他性。合同一方面包含了经纪公司对企业提供的劳务,另一方面还包括了代言明星肖像权的使用费。因此,对该笔广告劳务收入应合理划分劳务所得和特许权使用费所得。

廊坊市开发区国税局与企业反复沟通谈判,最终对该笔广告代言费支付款项的50%认定为特许权使用费所得,按10%税率扣缴企业所得税,另外50%为劳务所得。由于艺人按合同约定并不需要来华出席相关活动,因此免征企业所得税。企业对税务机关的认定结果表示认同,并积极履行了扣缴企业所得税的手续。

河北省廊坊市开发区某外商独资企业从支付给韩国某明星经纪公司的广告代言费中扣缴非居民企业所得税31.7万元,这是河北省首个将明星广告代言费认定为特许权使用费的案例。

(二)关于纳税次数

特许权使用费所得,属于一次性收入的,以取得该项收入为一次;属于同一项目连续性收入的,以一个月内取得的收入为一次。

二、具体规定

(一)拍卖文字作品手稿

《国家税务总局关于印发〈征收个人所得税若干问题的规定〉的通知》(国税发〔1994〕89号)第五条规定,作者将自己的文字作品手稿原件或复印件公开拍卖(竞价)取得的所得,应按特许权使用费所得项目征收个人所得税。

(二)专利赔偿

2000年安徽省地方税务局就安徽省电气研究所因使用王某的"三相组合式过压保护器"专利权而支付经济赔偿,王某取得的补偿金应如何计征个人所得税的问题向国家税务总局提出请示,国家税务总局批复,对于个人取得的因他人使用其所有的专利权取得的专利赔偿按"特许权使用费所得"应税项目缴纳个人所得税。

 链接:个人取得专利赔偿所得如何计税

文　　件:《国家税务总局关于个人取得专利赔偿所得征收个人所得税问题的批复》

发文字号:国税函〔2000〕257号

成文日期:2000年4月24日

内　　容:

安徽省地方税务局:

你局《关于个人取得专利赔偿所得征收个人所得税问题的请示》(皖地税〔2000〕37号)收悉,经研究,现批复如下:

你省"三相组合式过压保护器"专利的所有者王某,因其该项专利权被安徽省电气研究所使用而取得的经济赔偿收入,应按照个人所得税法及其实施条例的规定,按"特许权使用费所得"应税项目缴纳个人所得税,税款由支付赔款的安徽省电气研究所代扣代缴。

（三）剧本使用费

《国家税务总局关于剧本使用费征收个人所得税问题的通知》（国税发〔2002〕52 号）规定，对于剧本作者从电影、电视剧的制作单位取得的剧本使用费，不再区分剧本的使用方是否为其任职单位，统一按特许权使用费所得项目计征个人所得税。

（四）提供非专利技术

2004 年上海市地方税务局向国家税务总局提出关于企业员工向本企业提供非专利技术取得收益如何征收个人所得税的问题，国家税务总局对此进行了批复。

 链接：企业员工向本企业提供非专利技术取得收入如何计税

文　　　件：《国家税务总局关于企业员工向本企业提供非专利技术取得收入征收个人所得税问题的批复》

发文字号：国税函〔2004〕952 号

成文日期：2004 年 8 月 9 日

链接内容：

上海市地方税务局：

你局《关于企业员工向本企业提供非专利技术取得收益征收个人所得税问题的请示》（沪地税所二〔2004〕16 号）收悉。关于沈某等 5 人取得本企业支付的按不超过 20％全部可分配利润的收入如何征收个人所得税问题，经研究，批复如下：

沈某等 5 人在其工资福利待遇与其工作大致相当及与企业其他员工相比没有异常的情况下，由于向本企业提供所需相关技术而取得本企业支付的按不超过 20％全部可分配利润的这部分收入，与其任职、受雇无关，而与其提供有关技术直接相关，属于非专利技术所得，根据《中华人民共和国个人所得税法实施条例》第八条第（六）款"特许权使用费所得，是指个人提供……非专利技术以及其他特许权的使用权取得的所得"的规定，上述收入，应按"特许权使用费所得"项目缴纳个人所得税，税款由该企业在支付时代扣代缴。

第三章

经营所得

导读

经营所得,是在原来的"个体工商户的生产、经营所得"基础上调整而来的,2018年8月31日第十三届全国人民代表大会常务委员会第五次会议通过了《关于修改〈中华人民共和国个人所得税法〉的决定》,对个人所得税法进行了第七次修正,将"个体工商户的生产、经营所得"调整为"经营所得",将"对企事业单位的承包经营、承租经营所得"分别按所得性质并入综合所得或者经营所得。

第一节 基本规定

一、征税范围

新个人所得税法实施条例第六条第一款第五项规定,经营所得,是指:

(1) 个体工商户从事生产、经营活动取得的所得,个人独资企业投资人、合伙企业的个人合伙人来源于境内注册的个人独资企业、合伙企业生产、经营的所得。

(2) 个人依法从事办学、医疗、咨询以及其他有偿服务活动取得的所得。

(3) 个人对企业、事业单位承包经营、承租经营以及转包、转租取得的所得。

(4) 个人从事其他生产、经营活动取得的所得。

经营所得征税范围修改前后对比情况如表3-1所示。

表3-1　经营所得征税范围修改前后对比情况表

2018年版新个人所得税法实施条例 第六条	2011年版《个人所得税法实施条例》 第八条
（五）经营所得,是指: 　1.个体工商户从事生产、经营活动取得的所得,个人独资企业投资人、合伙企业的个人合伙人来源于境内注册的个人独资企业、合伙企业生产、经营的所得。 　2.个人依法从事办学、医疗、咨询以及其他有偿服务活动取得的所得。 　3.个人对企业、事业单位承包经营、承租经营以及转包、转租取得的所得。 　4.个人从事其他生产、经营活动取得的所得。	（二）个体工商户的生产、经营所得,是指: 　1.个体工商户从事工业、手工业、建筑业、交通运输业、商业、饮食业、服务业、修理业以及其他行业生产、经营取得的所得。 　2.个人经政府有关部门批准,取得执照,从事办学、医疗、咨询以及其他有偿服务活动取得的所得。 　3.其他个人从事个体工商业生产、经营取得的所得。 　4.上述个体工商户和个人取得的与生产、经营有关的各项应纳税所得。 　（三）对企事业单位的承包经营、承租经营所得,是指个人承包经营、承租经营以及转包、转租取得的所得,包括个人按月或者按次取得的工资、薪金性质的所得。

 知识小练习

【例题·单选】 以下选项中,应按"经营所得"项目征税的是(　　　　)。

A. 张三应某高校的邀请开展税法讲座取得的收入

B. 大学生李芳校外补课取得的收入

C. 王先生作为出资律师取得的收入

D. 任职于杂志社的记者在本杂志社上发表作品取得的稿费

答案: C

解析: 选项 A、B 为劳务报酬所得,选项 D 为工资、薪金所得。

二、应纳税所得额

新个人所得税法第六条第一款第三项规定,经营所得,以每一纳税年度的收入总额减除成本、费用以及损失后的余额,为应纳税所得额。

新个人所得税法实施条例第十五条规定,个人所得税法第六条第一款第三项所称成本、费用,是指生产、经营活动中发生的各项直接支出和分配计入成本的间接费用以及销售费用、管理费用、财务费用;所称损失,是指生产、经营活动中发生的固定资产和存货的盘亏、毁损、报废损失,转让财产损失,坏账损失,自然灾害等不可抗力因素造成的损失以及其他损失。

取得经营所得的个人,没有综合所得的,计算其每一纳税年度的应纳税所得额时,应当减除费用 6 万元、专项扣除、专项附加扣除以及依法确定的其他扣除。专项附加扣除在办理汇算清缴时减除。

依据上述规定:

经营主体应纳税所得额 ＝ 收入总额 － 成本、费用、损失等扣除项目 － 弥补以前年度亏损

取得经营所得有综合所得的个人应纳税所得额 ＝ 经营所得总额 － 准予扣除的捐赠额

$$\text{取得经营所得没有综合所得的个人应纳税所得额} = \text{经营所得总额} - \text{允许扣除的个人减除费用及其他扣除} - \text{准予扣除的捐赠额}$$

经营所得应纳税所得额修改前后对比情况如表 3-2 所示。

表 3-2　经营所得应纳税所得额修改前后对比情况表

2018 年版新个人所得税法 第六条	2011 年版《个人所得税法》 第六条
经营所得,以每一纳税年度的收入总额减除成本、费用以及损失后的余额,为应纳税所得额。	个体工商户的生产、经营所得,以每一纳税年度的收入总额减除成本、费用以及损失后的余额,为应纳税所得额。 对企事业单位的承包经营、承租经营所得,以每一纳税年度的收入总额减除必要费用后的余额,为应纳税所得额。

三、税率

经营所得,适用 5％～35％ 的超额累进税率,现行的经营所得个人所得税税率如表 3-3 所示。

表 3-3　个人所得税税率表

（经营所得适用）

级数	全年应纳税所得额	税率	速算扣除数
1	不超过 30 000 元的	5％	0
2	超过 30 000 元至 90 000 元的部分	10％	1 500
3	超过 90 000 元至 300 000 元的部分	20％	10 500
4	超过 300 000 元至 500 000 元的部分	30％	40 500
5	超过 500 000 元的部分	35％	65 500

注：本表所称全年应纳税所得额是指依照个人所得税法第六条的规定，以每一纳税年度的收入总额减除成本、费用以及损失后的余额。

修改前，2011 年版《个人所得税法》中，个体工商户的生产、经营所得和对企事业单位的承包经营、承租经营所得适用税率如表 3-4 所示。

表 3-4　个人所得税税率表

（个体工商户的生产、经营所得和对企事业单位的承包经营、承租经营所得适用）

级数	含税级距	税率	速算扣除数
1	不超过 15 000 元的	5％	0
2	15 000～30 000 元	10％	750
3	30 000～60 000 元	20％	3 750
4	60 000～100 000 元	30％	9 750
5	超过 100 000 元的部分	35％	14 750

注：表中所列全年应纳税所得额为按照税法规定以每一纳税年度的收入总额减除成本、费用以及损失后的所得。

新个人所得税法保留了经营所得的五档税率，调整了各级税率的级距，在实际应用中，要根据实际纳税年度，选择适用的税率表。

四、应纳税额的计算

（一）查账征收

1. 预缴

查账征收的个体工商户业主、个人独资企业投资人、合伙企业个人合伙人、承包承租经营者个人以及其他从事生产、经营活动的个人在中国境内取得经营所得，办理个人所得税预缴时，其计算公式如下：

利润总额＝收入总额－成本费用

收入总额：本年度开始经营月份起截至本期从事经营以及与经营有关的活动取得的货

币形式和非货币形式的各项收入总金额。它包括销售货物收入、提供劳务收入、转让财产收入、利息收入、租金收入、接受捐赠收入、其他收入。

成本费用：本年度开始经营月份起截至本期实际发生的成本、费用、税金、损失及其他支出的总额。

$$应纳税所得额 = \left(利润总额 - 弥补以前年度亏损\right) \times 合伙企业个人合伙人分配比例\% - 允许扣除的个人费用及其他扣除 - 准予扣除的捐赠额$$

$$允许扣除的个人费用及其他扣除 = 投资者减除费用 + 专项扣除 + 依法确定的其他扣除$$

$$应纳税额 = 应纳税所得额 \times 适用税率 - 速算扣除数$$

$$应补/退税额 = 应纳税额 - 减免税额 - 已缴税额$$

合伙企业有两个或两个以上个人合伙人的，或纳税人有两处或两处以上的经营所得的，应分别进行预缴申报。

2. 汇算清缴

个体工商户业主、个人独资企业投资人、合伙企业个人合伙人、承包承租经营者个人以及其他从事生产、经营活动的个人在中国境内取得经营所得，且实行查账征收的，在办理个人所得税汇算清缴纳税申报时，其计算公式如下：

$$利润总额 = 收入总额 - 国债利息收入 - 成本费用$$

收入总额：本年度从事生产经营以及与生产经营有关的活动取得的货币形式和非货币形式的各项收入总金额。包括销售货物收入、提供劳务收入、转让财产收入、利息收入、租金收入、接受捐赠收入、其他收入。

国债利息收入：本年度已计入收入的因购买国债而取得的应予免税的利息金额。

成本费用：本年度实际发生的成本、费用、税金、损失及其他支出的总额。

$$成本费用 = 营业成本 + 营业费用 + 管理费用 + 财务费用 + 税金 + 损失 + 其他支出$$

$$纳税调整后所得 = 利润总额 + 纳税调整增加额 - 纳税调整减少额$$

$$应纳税所得额 = 纳税调整后所得 - 弥补以前年度亏损 - 允许扣除的个人费用及其他扣除 - 投资抵扣 - 准予扣除的个人捐赠支出$$

或：

$$应纳税所得额 = \left(纳税调整后所得 - 弥补以前年度亏损\right) \times 合伙企业个人合伙人分配比例\% - 允许扣除的个人费用及其他扣除 - 投资抵扣 - 准予扣除的个人捐赠支出$$

$$允许扣除的个人费用及其他扣除 = 投资者减除费用 + 专项扣除 + 专项附加扣除 + 依法确定的其他扣除$$

$$应纳税额 = 应纳税所得额 \times 适用税率 - 速算扣除数$$

$$应补/退税额 = 应纳税额 - 减免税额 - 已缴税额$$

（二）核定征收

《税收征收管理法》是个人所得税核定征收的法律依据，符合第三十五条规定情形的，税务机关有权核定应纳税额。新个人所得税法实施条例第十五条第三款规定，从事生产、经营活动，未提供完整、准确的纳税资料，不能正确计算应纳税所得额的，由主管税务机关核定应纳税所得额或者应纳税额。各省、自治区、直辖市和计划单列市税务局结合本地实际，均制定了关于个人所得税核定征收的规定,实际工作中,要及时关注各省门户网站公布的最新核定征收公告。

 链接:吉林省税务局关于经营所得项目个人所得税核定征收的规定

文件名称:《国家税务总局吉林省税务局关于经营所得项目个人所得税核定征收有关问题的公告》

发文字号:国家税务总局吉林省税务局公告 2019 年第 1 号

成文日期:2019 年 2 月 2 日

内　　容:

根据《中华人民共和国个人所得税法》及其实施条例、《中华人民共和国税收征收管理法》及其实施细则、《个体工商户税收定期定额征收管理办法》(国家税务总局令第 16 号)等有关规定,结合我省实际,现就经营所得项目个人所得税核定征收有关问题公告如下:

一、定期定额征收

(一)实行定期定额方式征收个人所得税,应纳税额的计算公式为:

$$应纳税额 = 核定收入总额 \times 核定征收率$$

(二)核定征收率标准按《个人所得税核定征收率表》(见附件 1)执行。

二、核定应税所得率征收

(一)实行核定应税所得率方式征收个人所得税,应纳税额的计算公式为:

$$应纳税所得额 = 收入总额 \times 应税所得率$$

或者:

$$应纳税所得额 = 成本费用支出额 \div (1 - 应税所得率) \times 应税所得率$$

$$应纳税额 = 应纳税所得额 \times 税率 - 速算扣除数$$

其中涉及合伙企业的,应当再按照分配比例,确定各自然人投资者应纳税所得额。

(二)应税所得率的标准按《个人所得税核定应税所得率表》(见附件 2)执行。

(三)从事两个或两个以上行业经营项目的,应当根据其主营业务确定适用的应税所得率(以实际收入额占总收入额最大比例为标准)。

三、自然人临时取得经营所得核定征收

对依法不需要或尚未办理税务登记的自然人纳税人(有扣缴义务人的除外),在从事生产、经营活动取得经营所得代开增值税发票时,按照纳税人开票金额(不含税)的 1.5% 征收率征收个人所得税。

本公告自 2019 年 1 月 1 日起施行。《吉林省地方税务局关于个体工商户个人所得税核定征收有关问题的公告》(吉林省地方税务局公告 2012 年第 1 号)同时废止。

特此公告。

附件 1:个人所得税核定征收率表(略)。

附件 2:个人所得税核定应税所得率表(略)。

 链接:四川省税务局关于经营所得项目个人所得税核定征收的规定

文件名称:《国家税务总局四川省税务局关于经营所得核定征收等个人所得税有关问题的公告》

发文字号：国家税务总局四川省税务局公告 2019 年第 8 号

成文日期：2019 年 8 月 30 日

内　　容：

为规范经营所得个人所得税核定征收、代开发票环节预征个人所得税管理，根据《中华人民共和国个人所得税法》及其实施条例、《中华人民共和国税收征收管理法》及其实施细则等税收法律法规的规定，现就我省经营所得核定征收等个人所得税有关问题公告如下：

一、实行核定征收的个体工商户、个人独资企业、合伙企业季度销售额（营业额）不超过 9 万元的，核定个人所得税应纳税所得额为零。季度销售额（营业额）超过 9 万元的，以不含增值税的销售额（营业额）全额核定征收个人所得税。

二、其他从事生产、经营活动的自然人取得经营所得，超过增值税按次纳税起征点需要代开发票的，统一按照开票金额（不含增值税）的 1.2% 预征个人所得税。

三、税务机关对符合核定征收条件的纳税人，依职权确定一种核定征收方式，核定征收方式一经确定，原则上一个纳税年度内不得变更。

增值税为查账征收的个体工商户、个人独资企业和合伙企业，原则上不得核定征收经营所得个人所得税。

四、核定征收纳税人兼营多业的，无论其经营项目是否单独核算，个人所得税收入总额按其各项目收入之和加总计算，按其主营项目适用核定应税所得率或征收率。

纳税人办理首次税务登记时，税务机关应根据营业执照上规定的主要业务范围确定主营项目。在实际经营活动中，纳税人主要经营活动发生变更，可根据一个纳税年度中发生的销售额（营业额）收入总额占比最大的项目确定，在次年的首个征期内调整。

五、经营所得核定征收的个体工商户业主、个人独资企业投资人、合伙企业个人合伙人原则上按季度预缴个人所得税。

六、对个体工商户、个人独资企业、合伙企业取得经营所得需要代开发票的，开具发票时税务机关不预征"经营所得"个人所得税。其个人所得税应由个体工商户业主、个人独资企业投资人、合伙企业个人合伙人按规定自行纳税申报。税务机关应在代开发票的备注栏注明："个人所得税应在经营管理地税务机关自行申报"。

对代开货物运输业发票的个体工商户、个人独资企业、合伙企业个人所得税依照《国家税务总局关于代开货物运输业发票个人所得税预征率问题的公告》（国家税务总局公告 2011 年第 44 号）规定办理。

七、自然人纳税人取得劳务报酬所得、稿酬所得和特许权使用费所得需要代开发票的，开具发票时税务机关不预征个人所得税。其个人所得税由扣缴义务人依照《个人所得税扣缴申报管理办法（试行）》（国家税务总局公告 2018 年第 61 号印发）的规定预扣预缴（或代扣代缴），并办理全员全额扣缴申报。税务机关应当在发票备注栏内注明："个人所得税由支付单位或个人依法扣缴"。

八、本公告自 2019 年 9 月 1 日起施行。《四川省地方税务局关于调整建筑安装业个人所得税定率征收标准的批复》（川地税发〔1997〕359 号，国家税务总局四川省税务局 2018 年第 2 号公告修改）同时废止。

（三）实际经营期不足 1 年的如何计算应纳税额

根据《国家税务总局关于个体工商户 个人独资企业和合伙企业个人所得税问题的公告》（国家税务总局公告 2014 年第 25 号）的规定，个体工商户、个人独资企业和合伙企业因在纳税年度中间开业、合并、注销及其他原因，导致该纳税年度的实际经营期不足 1 年的，对个体工商业业主、个人独资企业投资者和合伙企业自然人合伙人的生产经营所得计算个人所得税时，以其实际经营期为 1 个纳税年度。

五、征收管理

新个人所得税法第十二条规定，纳税人取得经营所得，按年计算个人所得税，由纳税人在月度或者季度终了后 15 日内向税务机关报送纳税申报表，并预缴税款；在取得所得的次年 3 月 31 日前办理汇算清缴。

《国家税务总局关于个人所得税自行纳税申报有关问题的公告》（国家税务总局公告 2018 年第 62 号）规定，纳税人取得经营所得，按年计算个人所得税，由纳税人在月度或季度终了后 15 日内，向经营管理所在地主管税务机关办理预缴纳税申报，并报送《个人所得税经营所得纳税申报表（A 表）》。在取得所得的次年 3 月 31 日前，向经营管理所在地主管税务机关办理汇算清缴，并报送《个人所得税经营所得纳税申报表（B 表）》；从两处以上取得经营所得的，选择向其中一处经营管理所在地主管税务机关办理年度汇总申报，并报送《个人所得税经营所得纳税申报表（C 表）》。

纳税人在注销户籍年度取得经营所得的，应当在注销户籍前，办理当年经营所得的汇算清缴，并报送《个人所得税经营所得纳税申报表（B 表）》。从两处以上取得经营所得的，还应当一并报送《个人所得税经营所得纳税申报表（C 表）》。尚未办理上一年度经营所得汇算清缴的，应当在办理注销户籍纳税申报时一并办理。

若纳税人存在按照税法及相关法规、政策的规定，可以在税前扣除的捐赠额的，要按规定附报《个人所得税公益慈善事业捐赠扣除明细表》。若存在符合税法规定可以减免的税额的，要同时附报《个人所得税减免税事项报告表》。

六、特殊业务的有关规定

（一）农场职工为他人有偿提供农用机械服务取得的所得如何计征个人所得税

《国家税务总局关于农场职工个人提供农用机械服务取得所得征收个人所得税问题的批复》（国税函〔1998〕85 号）规定，农场职工为他人有偿提供农用机械服务取得的所得，应按《个人所得税法》（2011 年）第二条列举的"个体工商户的生产、经营所得"应税项目，计算缴纳个人所得税。

（二）未办理企业工商登记前取得生产、经营所得如何计征个人所得税

《国家税务总局关于惠民县昌兴隆良种鸡繁育场征收个人所得税问题的批复》（国税函〔1998〕171 号）中，总局对山东省地方税务局批复，惠民县昌兴隆良种鸡繁育场在未办理企业工商登记之前，不是企业所得税的纳税义务人，其取得的生产、经营所得，应由业主依照"个体工商户的生产、经营所得"项目缴纳个人所得税。

因该文件是 1998 年出台的，依据的是当时的《中华人民共和国企业所得税暂行条例实施细则》第三条和《中华人民共和国个人所得税法实施条例》第八条的规定，目前这两项法规

已废止或修改。按照现行法律、法规规定,应先责令其限期办理税务登记("五证合一"),再缴纳个人所得税。

(三) 个人因从事彩票代销业务而取得所得如何计征个人所得税

个人从事彩票代销业务属于经营所得,《国家税务总局关于个人所得税若干政策问题的批复》(国税函〔2002〕629号)第三条规定,个人因从事彩票代销业务而取得所得,应按照"个体工商户的生产、经营所得"项目计征个人所得税。

(四) 代开货物运输业发票如何计征个人所得税

《国家税务总局关于代开货物运输业发票个人所得税预征率问题的公告》(国家税务总局公告2011年第44号)中对代开货物运输业发票的个体工商户、个人独资企业和合伙企业(以下简称代开货运发票的个人所得税纳税人)个人所得税预征率进行了明确规定,该公告自2011年9月1日起执行。

(1) 对《国家税务总局关于货物运输业若干税收问题的通知》(国税发〔2004〕88号)第四条规定的代开货运发票的个人所得税纳税人,统一按开票金额的1.5%预征个人所得税。

(2) 年度终了后,查账征税的代开货运发票个人所得税纳税人,按上述第(1)项规定被预征的个人所得税可以在汇算清缴时扣除;实行核定征收个人所得税的,按上述第(1)项规定被预征的个人所得税,不得从已核定税额中扣除。

(五) 个人或合伙吸储放贷取得的收入如何计征个人所得税

《国家税务总局关于个人或合伙吸储放贷取得的收入征收个人所得税问题的批复》(国税函〔2000〕516号)对个人或合伙吸储放贷取得的收入个人所得税征收问题进行了规定,个人或者几个人合伙对外吸收存款、放出贷款,从中获取贷款利息的差额利润,这是违反国家金融管理法规的行为,应由有关部门依法取缔。在这种行为被有关部门取缔之前,为了防止其蔓延和调节个人收入,对个人或个人搭伙取得的吸存放贷收入,应按照"个体工商户的生产、经营所得"应税项目征收个人所得税。对个人将资金提供上述人员放贷而取得的利息收入,应作为集资利息收入,按照"利息、股息、红利所得"应税项目征收个人所得税,税款由利息所得支付者代扣代缴。

(六) 以企业资金用于个人消费如何计征个人所得税

根据《财政部 国家税务总局关于规范个人投资者个人所得税征收管理的通知》(财税〔2003〕158号)的规定,个人独资企业、合伙企业的个人投资者以企业资金为本人、家庭成员及其相关人员支付与企业生产经营无关的消费性支出及购买汽车、住房等财产性支出,视为企业对个人投资者的利润分配,并入投资者个人的生产经营所得,依照"个体工商户的生产、经营所得"项目计征个人所得税。

 链接:企业资金用于个人消费在不同情况下如何计征个人所得税

1. 除个人独资企业、合伙企业以外的其他企业的个人投资者,以企业资金用于个人消费如何征税?

根据《财政部 国家税务总局关于规范个人投资者个人所得税征收管理的通知》(财税〔2003〕158号)的规定,除个人独资企业、合伙企业以外的其他企业的个人投资者,以企业资金为本人、家庭成员及其相关人员支付与企业生产经营无关的消费性支出及购买汽车、住房等财产性支出,视为企业对个人投资者的红利分配,依照"利息、股息、红利所得"项目计征个人所得税。

2. 以企业资金用于个人消费在计算企业所得税时是否可以扣除?

无论是个人独资企业、合伙企业的个人投资者,还是除个人独资企业、合伙企业以外的其他企业的个人投资者,以企业资金为本人、家庭成员及其相关人员支付与企业生产经营无关的消费性支出及购买汽车、住房等财产性支出,不允许在所得税前扣除。

3. 企业购买车辆并将车辆所有权办到股东个人名下如何征税?

《国家税务总局关于企业为股东个人购买汽车征收个人所得税的批复》(国税函〔2005〕364号)规定,企业购买车辆并将车辆所有权办到股东个人名下,其实质为企业对股东进行了红利性质的实物分配,应按照"利息、股息、红利所得"项目征收个人所得税。

考虑到该股东个人名下的车辆同时也为企业经营使用的实际情况,允许合理减除部分所得,减除的具体数额由主管税务机关根据车辆的实际使用情况合理确定。

4. 企业为个人购买房屋或其他财产如何征收个人所得税?

《财政部 国家税务总局关于企业为个人购买房屋或其他财产征收个人所得税问题的批复》(财税〔2008〕83号)规定,根据《个人所得税法》和《财政部 国家税务总局关于规范个人投资者个人所得税征收管理的通知》(财税〔2003〕158号)的有关规定,符合以下情形的房屋或其他财产,不论所有权人是否将财产无偿或有偿交付企业使用,其实质均为企业对个人进行了实物性质的分配,应依法计征个人所得税:

(1)企业出资购买房屋及其他财产,将所有权登记为投资者个人、投资者家庭成员或企业其他人员的。

(2)企业投资者个人、投资者家庭成员或企业其他人员向企业借款用于购买房屋及其他财产,将所有权登记为投资者、投资者家庭成员或企业其他人员,且借款年度终了后未归还借款的。

对个人独资企业、合伙企业的个人投资者或其家庭成员取得的上述所得,视为企业对个人投资者的利润分配,按照"个体工商户的生产、经营所得"项目计征个人所得税;对除个人独资企业、合伙企业以外其他企业的个人投资者或其家庭成员取得的上述所得,视为企业对个人投资者的红利分配,按照"利息、股息、红利所得"项目计征个人所得税;对企业其他人员取得的上述所得,按照"工资、薪金所得"项目计征个人所得税。

知识小练习

【例题·单选1】 下列各项中,不属于"经营所得"项目征税范围的是( )。

A. 个人因从事彩票代销业务而取得的所得

B. 私营企业的个人投资者以本企业资金为本人购买的汽车

C. 个人独资企业的个人投资者以企业资金为本人购买的住房

D. 从事个体出租车运营的出租车驾驶员取得的收入

答案:B

解析:选项B,除个人独资企业、合伙企业以外的其他企业的个人投资者,以企业资金为本人、家庭成员及其相关人员支付与企业生产经营无关的消费性支出及购买汽车、住房等财产性支出,视为企业对个人投资者的红利分配,依照"利息、股息、红利所得"项目计征个人所得税。

【例题·单选 2】 某个人独资公司投资人赵某从该企业借款 5 万元自用于消费，到年底仍未归还。该款项应按( )项目计征个人所得税。

A. 工资、薪金所得

B. 承包转包所得

C. 经营所得

D. 利息、股息、红利所得

答案：C

解析：个人独资企业的个人投资者以企业资金为本人、家庭成员及其相关人员支付与企业生产经营无关的消费性支出及购买汽车、住房等财产性支出，视为企业对个人投资者的利润分配，并入投资者个人的生产经营所得，依照"个体工商户的生产、经营所得"项目计征个人所得税。

(七) 个人举办各类学习班取得的收入如何征收个人所得税

根据《国家税务总局关于个人举办各类学习班取得的收入征收个人所得税问题的批复》(国税函发〔1996〕658 号)的规定，个人举办各类学习班、培训班取得的收入要区分是否经批准取得营业执照而分为不同税目征收个人所得税。

(1) 个人经政府有关部门批准并取得执照举办学习班、培训班的，其取得的办班收入属于"个体工商户的生产、经营所得"应税项目，应按个人所得税法规定计征个人所得税。

(2) 个人无须经政府有关部门批准并取得执照举办学习班、培训班的，其取得的办班收入属于"劳务报酬所得"应税项目，应按税法规定计征个人所得税。办班者每次收入按以下方法确定：一次收取学费的，以一期取得的收入为一次；分次收取学费的，以每月取得的收入为一次。

(八) 社会力量办学征收个人所得税问题

1997 年中华人民共和国国务院发布《社会力量办学条例》，自 1997 年 10 月 1 日起施行，由于该条例规定了"社会力量举办教育机构不得以营利为目的，教育机构的积累只能用于增加教育投入和改善办学条件，不得用于分配，不得用于校外投资"等内容，引起个人办学者、税务机关对是否缴纳个人所得税问题产生了争议。1998 年安徽省地方税务局向国家税务总局提出《关于社会力量办学征收个人所得税问题的请示》(皖地税〔1998〕350 号)，国家税务总局在《国家税务总局关于社会力量办学征收个人所得税问题的批复》(国税函〔1998〕738 号)文件中指出，对于个人经政府有关部门批准，取得执照，从事办学取得的所得，应按"个体工商户的生产、经营所得"应税项目计征个人所得税。据此，对于个人办学者取得的办学所得用于个人消费的部分，应依法计征个人所得税。

(九) 出租车驾驶员运营收入如何征收个人所得税

《国家税务总局关于印发〈机动出租车驾驶员个人所得税征收管理暂行办法〉的通知》(国税发〔1995〕50 号，以下简称《暂行办法》)第二条规定，各种机动出租车驾驶员为个人所得税的纳税义务人，其从事出租车运营取得的收入，应依法缴纳个人所得税。

《暂行办法》第六条规定，出租车驾驶员从事出租车运营取得的收入，适用的个人所得税项目为：

（1）出租汽车经营单位对出租车驾驶员采取单车承包或承租方式运营，出租车驾驶员从事客货运营取得的收入，按工资、薪金所得项目征税。

（2）从事个体出租车运营的出租车驾驶员取得的收入，按个体工商户的生产、经营所得项目缴纳个人所得税。

（3）出租车属个人所有，但挂靠出租汽车经营单位或企事业单位，驾驶员向挂靠单位缴纳管理费的，或出租汽车经营单位将出租车所有权转移给驾驶员的，出租车驾驶员从事客货运营取得的收入，比照个体工商户的生产、经营所得项目征税。

 链接：机动出租车驾驶员个人所得税的征收管理

《暂行办法》中对机动出租车驾驶员个人所得税的征收管理作出了详细的规定。

1. 机动出租车驾驶员个人所得税的扣缴义务人？

《暂行办法》第三条规定，税务机关可以委托出租汽车经营单位、交通管理部门和运输服务站或者其他有关部门（单位）代收代缴出租车驾驶员应纳的个人所得税。被委托的单位为扣缴义务人，应按期代收代缴出租车驾驶员应纳的个人所得税。

《暂行办法》第四条规定，没有扣缴义务人或扣缴义务人未按规定扣缴税款的，出租车驾驶员应自行向单位所在地或准运证发放地的主管税务机关申报纳税。

2. 机动出租车驾驶员是否需要办理税务登记？

《暂行办法》第五条规定，出租车驾驶员办理了个体出租车营业执照的，应在领取营业执照后30日内到当地主管税务机关办理税务登记。

3. 税务机关如何征收？

《暂行办法》第七条规定，县级以上（含县级）税务机关可以根据出租车的不同经营方式、不同车型、收费标准、缴纳的承包承租费等情况，核定出租车驾驶员的营业额并确定征收率或征收额，按月征收出租车驾驶员应纳的个人所得税。

《暂行办法》第八条规定，出租车驾驶员能够提供有效停运证明的，税务机关应根据其停运期长短，相应核减其停运期间应缴纳的个人所得税。

4. 纳税人和扣缴义务人的法律责任？

《暂行办法》第九条规定，纳税义务人和扣缴义务人未按规定缴纳、扣缴个人所得税的，主管税务机关应按《税收征收管理法》及有关法律、行政法规的规定予以处罚，触犯刑律的移送司法机关处理。

5. 扣缴义务人是否可以取得手续费？

《暂行办法》第十一条规定，对扣缴义务人按照所扣缴或代收代缴的税款，付给2%的手续费。

 链接：北京市出租汽车经营单位出租车驾驶员个人所得税征收方式

文件名称：《国家税务总局北京市税务局关于出租汽车经营单位出租车驾驶员个人所得税征收方式的公告》

成文字号：国家税务总局北京市税务局公告 2018 第 11 号

成文日期：2018 年 10 月 31 日

内　　容：

根据《中华人民共和国个人所得税法》《国家税务总局关于印发〈机动出租车驾驶员个人所得税征收管理暂行办法〉的通知》（国税发〔1995〕50 号）以及《财政部　税务总局关于 2018 年第四季度个人所得税减除费用和税率适用问题的通知》（财税〔2018〕98 号）的有关规定，现将北京市出租汽车经营单位出租车驾驶员个人所得税征收方式有关事项公告如下：

一、自 2018 年 10 月 1 日起，北京市出租汽车经营单位出租车驾驶员的个人所得税不再实行定额征收。

二、本公告自 2018 年 10 月 1 日起施行。《北京市地方税务局关于调整出租汽车经营单位出租车驾驶员个人所得税定额的公告》（北京市地方税务局公告 2011 年第 12 号）同时废止。

 **知识小练习**

【例题·单选】 张某 2019 年 1 月购买了一辆出租车，属个人所有，挂靠在蓝天出租汽车公司，按月向该公司缴纳管理费，张某从事营运取得的收入，应按（　　）项目征收个人所得税。

A. 经营所得　　　　　　　　B. 工资、薪金所得

C. 财产租赁所得　　　　　　D. 偶然所得

答案：A

解析：出租车属个人所有，但挂靠出租汽车经营单位或企事业单位，驾驶员向挂靠单位缴纳管理费的，或出租汽车经营单位将出租车所有权转移给驾驶员的，出租车驾驶员从事客货运营取得的收入，比照个体工商户的生产、经营所得项目征税。

（十）个人从事医疗服务取得所得如何征收个人所得税

《国家税务总局关于个人从事医疗服务活动征收个人所得税问题的通知》（国税发〔1997〕178 号）规定如下：

（1）个人经政府有关部门批准，取得执照，以门诊部、诊所、卫生所（室）、卫生院、医院等医疗机构形式从事疾病诊断、治疗及售药等服务活动，应当以该医疗机构取得的所得，作为个人应纳税所得，按照"个体工商户的生产、经营所得"应税项目缴纳个人所得税。

（2）个人未经政府有关部门批准，自行连续从事医疗服务活动，不管是否有经营场所，其取得与医疗服务活动相关的所得，按照"个体工商户的生产、经营所得"应税项目缴纳个人所得税。

《财政部　国家税务总局关于医疗机构有关个人所得税政策问题的通知》（财税〔2003〕109 号）规定，个人投资或个人合伙投资开设医院（诊所）而取得的收入，应依据个人所得税法规定，按照"个体工商户的生产、经营所得"应税项目计征个人所得税。

 链接：医疗服务相关个人所得税政策

1. 非营利的医疗机构是否免征个人所得税？

《财政部　国家税务总局关于医疗机构有关个人所得税政策问题的通知》（财税〔2003〕

109 号)规定,《财政部 国家税务总局关于医疗卫生机构有关税收政策的通知》(财税〔2000〕42 号)规定的对非营利的医疗机构按照国家规定的价格取得的医疗服务收入免征各项税收,仅指机构自身的各项税收,不包括个人从医疗机构取得所得应纳的个人所得税。按照个人所得税法的规定,个人取得应税所得,应依法缴纳个人所得税。

2. 医生或其他个人承包医疗机构、乡村卫生室取得的所得应如何征税?

《财政部 国家税务总局关于医疗机构有关个人所得税政策问题的通知》(财税〔2003〕109 号)规定,医生或其他个人承包、承租经营医疗机构,经营成果归承包人所有的,依据个人所得税法规定,承包人取得的所得,应按照"对企事业单位的承包经营、承租经营所得"应税项目计征个人所得税。

《国家税务总局关于个人从事医疗服务活动征收个人所得税问题的通知》(国税发〔1997〕178 号)规定,对于由集体、合伙或个人出资的乡村卫生室(站),由医生承包经营,经营成果归医生个人所有,承包人取得的所得,比照"对企事业单位的承包经营、承租经营所得"应税项目缴纳个人所得税。

新个人所得税法中,"对企事业单位的承包经营、承租经营所得"已分别并入综合所得和经营所得,应区分其实质,对取得的经营性质的所得按经营所得征收个人所得税。

3. 乡村卫生室(站)的医务人员取得的所得应如何征税?

乡村卫生室(站)的医务人员取得的所得,按照"工资、薪金所得"应税项目缴纳个人所得税。

4. 坐堂医生取得的所得应如何征税?

受医疗机构临时聘请坐堂门诊及售药,由该医疗机构支付报酬,或收入与该医疗机构按比例分成的人员,其取得的所得,按照"劳务报酬所得"应税项目缴纳个人所得税,以一个月内取得的所得为一次,税款由该医疗机构代扣代缴。

5. 个人因在医疗机构任职而取得的所得应如何征税?

《财政部 国家税务总局关于医疗机构有关个人所得税政策问题的通知》(财税〔2003〕109 号)规定,个人因在医疗机构(包括营利性医疗机构和非营利性医疗机构)任职而取得的所得,依据个人所得税法的规定,应按照"工资、薪金所得"应税项目计征个人所得税。

(十一)个体工商户或个人、个人独资企业和合伙企业专营种植业、养殖业、饲养业、捕捞业是否征税

1994 年,《财政部 国家税务总局关于个人所得税若干政策问题的通知》规定,种植业、养殖业、饲养业、捕捞业(以下简称"四业")属于农业税、牧业税征税范围,因此不征收个人所得税。2000 年 6 月 24 日,中共中央、国务院发布的《关于进行农村税费改革试点工作的通知》(中发〔2000〕7 号)正式拉开了农村税费改革的序幕。2004 年,中央明确提出了取消农业税的目标,国务院开始在全国降低农业税税率,选择在黑龙江、吉林两省进行全部免除农业税试点,并取消除烟叶外的农业特产税。在此期间,《财政部 国家税务总局关于农村税费改革试点地区有关个人所得税问题的通知》(财税〔2004〕30 号)规定,农村税费改革试点期间,取消农业特产税、减征或免征农业税后,个体工商户或个人取得的"四业"所得暂不征收个人所得税。2005 年 12 月 29 日,十届全国人大常委会第十九次会议高票通过决定,自 2006 年 1 月 1 日起废止《农业税条例》,取消除烟叶以外的农业特产税、全部免征牧业税。

中国延续了 2 600 多年的"皇粮国税"走进了历史博物馆。2010 年福建省地方税务局通过《关于个人独资和合伙企业投资者取得的"四业"经营所得征免个人所得税问题的请示》(闽地税发〔2009〕157 号)向国家税务总局再次请示"四业"经营所得是否征税问题,国家税务总局批复中再次明确:对投资者取得的"四业"所得暂不征收个人所得税。至此,无论是个体工商户、个人还是个人独资企业和合伙企业专营"四业"取得的所得均暂不征收个人所得税都有了政策依据。

 链接:"四业"政策相关文件

1.《财政部 国家税务总局关于个人所得税若干政策问题的通知》(财税字〔1994〕020 号)

个体工商户或个人专营种植业、养殖业、饲养业、捕捞业,其经营项目属于农业税(包括农业特产税,下同)、牧业税征税范围并已征收了农业税、牧业税的,不再征收个人所得税;不属于农业税、牧业税征税范围的,应对其所得征收个人所得税。兼营上述"四业",并取得"四业"所得单独核算的,比照上述原则办理,对于属于征收个人所得税的,应与其他行业的生产、经营所得合并计征个人所得税;对于"四业"的所得不能单独核算的,应就其全部所得计征个人所得税。

2.《财政部 国家税务总局关于农村税费改革试点地区有关个人所得税问题的通知》(财税〔2004〕30 号)

农村税费改革试点期间,取消农业特产税、减征或免征农业税后,对个人或个体户从事种植业、养殖业、饲养业、捕捞业,且经营项目属于农业税(包括农业特产税)、牧业税征税范围的,其取得的"四业"所得暂不征收个人所得税。

3.《财政部 国家税务总局关于个人独资企业和合伙企业投资者取得种植业 养殖业 饲养业 捕捞业所得有关个人所得税问题的批复》(财税〔2010〕96 号)

根据《国务院关于个人独资企业和合伙企业征收所得税问题的通知》(国发〔2000〕16 号)、《财政部 国家税务总局关于个人所得税若干政策问题的通知》(财税字〔1994〕020 号)和《财政部 国家税务总局关于农村税费改革试点地区有关个人所得税问题的通知》(财税〔2004〕30 号)等的有关规定,对个人独资企业和合伙企业从事种植业、养殖业、饲养业和捕捞业,其投资者取得的"四业"所得暂不征收个人所得税。

七、个人所得税法修改前对企事业单位承包经营、承租经营所得的规定

(一)基本规定

由于实行承包(租)经营的形式较多,分配方式也不相同,对企事业单位的承包经营、承租经营所得项目如何计征个人所得税,《国家税务总局关于个人对企事业单位实行承包经营、承租经营取得所得征税问题的通知》(国税发〔1994〕179 号)做出了具体规定。

大体上可以分为两类。

1. 工商登记改为个体工商户

企业实行个人承包、承租经营后,如工商登记改变为个体工商户的,应依照个体工商户的生产、经营所得项目计征个人所得税,不再征收企业所得税。

2. 不改变企业性质

(1)承包、承租人对企业经营成果不拥有所有权,仅按合同(协议)规定取得一定所得

的,其所得按工资、薪金所得项目征税,适用5%～45%的九级超额累进税率。

(2)承包、承租人按合同(协议)的规定只向发包、出租方缴纳一定费用后,企业经营成果归其所有的,承包、承租人取得的所得,按对企事业单位的承包经营、承租经营所得项目,适用5%～35%的五级超额累进税率征税。

(二)具体规定

1. 商业企业在职职工承包、承租企业下属部门

根据《国家税务总局关于个人承包承租经营所得征收个人所得税问题的批复》(国税函〔2000〕395号)的规定,商业企业在职职工对企业下属部门实行自筹资金、自主经营、独立核算、自负盈亏的承包、承租经营方式,虽不是对整个企业的承包、承租经营,但其承包和经营的方式基本与上述法规的承包经营、承租经营相同。为公平税负,合理负担,对在职职工从事承包、承租经营取得的所得,应比照"对企事业单位的承包经营、承租经营所得"项目征收个人所得税。

2. 乡村医生承包经营乡村卫生室

根据《国家税务总局关于乡村医生征收个人所得税问题的批复》(国税函〔1996〕577号)的规定,对于乡村卫生室由医生个人或合伙出资经营,经营成果归医生个人所有,其取得的所得,应比照"对企事业单位的承包经营、承租经营的所得"应税项目征收个人所得税。

根据《国家税务总局关于个人从事医疗服务活动征收个人所得税问题的通知》(国税发〔1997〕178号)的规定,对于由集体、合伙或个人出资的乡村卫生室(站),由医生承包经营,经营成果归医生个人所有,承包人取得的所得,比照"对企事业单位的承包经营、承租经营所得"应税项目缴纳个人所得税。

乡村卫生室(站)的医务人员取得的所得,按照"工资、薪金所得"应税项目缴纳个人所得税。

3. 医生或其他个人承包、承租经营医疗机构

《财政部 国家税务总局关于医疗机构有关个人所得税政策问题的通知》(财税〔2003〕109号)规定,医生或其他个人承包、承租经营医疗机构,经营成果归承包人所有的,依据个人所得税法规定,承包人取得的所得,应按照"对企事业单位的承包经营、承租经营所得"应税项目计征个人所得税。

(三)应纳税额的计算

对企事业单位的承包经营、承租经营所得,以每一纳税年度的收入总额,减除必要费用后的余额,为应纳税所得额。

1. 计算公式

$$应纳税额 = 应纳税所得额 \times 适用税率 - 速算扣除数 = (收入总额 - 必要费用) \times 适用税率 - 速算扣除数$$

年度收入总额=经营利润+工资薪金性质的所得

必要费用=费用扣除标准×月份数

经营利润=会计利润-所得税-上缴的承包费

2. 关于承包、承租期不足一年如何计征税款的问题

根据《国家税务总局关于印发〈征收个人所得税若干问题的规定〉的通知》（国税发〔1994〕89 号）第十七条的规定，实行承包、承租经营的纳税义务人，应以每一纳税年度取得的承包、承租经营所得计算纳税，在一个纳税年度内，承包、承租经营不足 12 个月的，以其实际承包、承租经营的月份数为一个纳税年度计算纳税。计算公式为：

$$\text{应纳税所得额}=\text{该年度承包、承租经营收入额}-\left(\text{费用扣除标准}\times\text{该年度实际承包、承租经营月份数}\right)$$

$$\text{应纳税额}=\text{应纳税所得额}\times\text{适用税率}-\text{速算扣除数}$$

3. 核定征收

《国家税务总局关于个人对企事业单位实行承包经营、承租经营取得所得征税问题的通知》（国税发〔1994〕179 号）第三条规定，企业实行承包经营、承租经营后，不能提供完整、准确的纳税资料、正确计算应纳税所得额的，由主管税务机关核定其应纳税所得额，并依据《税收征收管理法》的有关规定，自行确定征收方式。

（四）纳税申报期限

对企事业单位的承包经营、承租经营所得应纳的税款，按年计算，由纳税义务人在年度终了后 30 日内缴入国库，并向税务机关报送纳税申报表。纳税义务人在 1 年内分次取得承包经营、承租经营所得的，应当在取得每次所得后的 15 日内预缴，年度终了后 3 个月内汇算清缴，多退少补。

第二节　个体工商户的经营所得

2014 年 12 月 27 日，国家税务总局令第 35 号发布了《国家税务总局个体工商户个人所得税计税办法》（以下简称《计税办法》），对个体工商户的个人所得税征收管理规定进行了修改，自 2015 年 1 月 1 日起正式实施。2018 年 6 月 15 日，《国家税务总局关于修改部分税务部门规章的决定》（国家税务总局令第 44 号）对《计税办法》进行了修改。

一、征税范围和纳税人

（一）征税范围

根据《计税办法》第二条的规定，实行查账征收的个体工商户应当按照本办法的规定，计算并申报缴纳个人所得税。

个体工商户包括：

（1）依法取得个体工商户营业执照，从事生产经营的个体工商户。

（2）经政府有关部门批准，从事办学、医疗、咨询等有偿服务活动的个人。

（3）其他从事个体生产、经营的个人。

（二）纳税人

《计税办法》第四条规定，个体工商户以业主为个人所得税纳税义务人。

二、应纳税所得额

新个人所得税法第六条第一款第三项规定,经营所得,以每一纳税年度的收入总额减除成本、费用以及损失后的余额,为应纳税所得额。

新个人所得税法实施条例第十五条规定,成本、费用是指生产、经营活动中发生的各项直接支出和分配计入成本的间接费用以及销售费用、管理费用、财务费用;损失是指生产、经营活动中发生的固定资产和存货的盘亏、毁损、报废损失,转让财产损失,坏账损失,自然灾害等不可抗力因素造成的损失以及其他损失。

取得经营所得的个人,没有综合所得的,计算其每一纳税年度的应纳税所得额时,应当减除费用6万元、专项扣除、专项附加扣除以及依法确定的其他扣除。专项附加扣除在办理汇算清缴时减除。

《计税办法》第七条规定,个体工商户的生产、经营所得,以每一纳税年度的收入总额,减除成本、费用、税金、损失、其他支出以及允许弥补的以前年度亏损后的余额,为应纳税所得额。

依据上述规定:

$$\text{某一个体工商户应纳税所得额} = \text{收入总额} - \text{成本、费用、税金、损失等扣除项目} - \text{弥补以前年度亏损}$$

$$\text{有综合所得的个体工商户业主应纳税所得额} = \text{经营所得总额} - \text{准予扣除的捐赠额}$$

$$\text{没有综合所得的个体工商户业主应纳税所得额} = \text{经营所得总额} - \text{允许扣除的个人减除费用及其他扣除} - \text{准予扣除的捐赠额}$$

(一) 核算原则

1. 权责发生制原则

《计税办法》第五条规定,个体工商户应纳税所得额的计算,以权责发生制为原则,属于当期的收入和费用,不论款项是否收付,均作为当期的收入和费用;不属于当期的收入和费用,即使款项已经在当期收付,均不作为当期收入和费用。财政部、国家税务总局另有规定的除外。

2. 税法优先原则

《计税办法》第六条规定,在计算应纳税所得额时,个体工商户会计处理办法与《计税办法》和财政部、国家税务总局相关规定不一致的,应当依照《计税办法》和财政部、国家税务总局的相关规定计算。

3. 区分收益性支出和资本性支出原则

《计税办法》第十四条规定,个体工商户发生的支出应当区分收益性支出和资本性支出。收益性支出在发生当期直接扣除;资本性支出应当分期扣除或者计入有关资产成本,不得在发生当期直接扣除。

上述所称支出,是指与取得收入直接相关的支出。

4. 不得重复扣除原则

《计税办法》第十四条规定,除税收法律法规另有规定外,个体工商户实际发生的成本、费用、税金、损失和其他支出,不得重复扣除。

（二）收入总额

《计税办法》第八条规定，个体工商户从事生产经营以及与生产经营有关的活动（以下简称生产经营）取得的货币形式和非货币形式的各项收入，为收入总额。包括销售货物收入、提供劳务收入、转让财产收入、利息收入、租金收入、接受捐赠收入、其他收入。

上述所称其他收入包括个体工商户资产溢余收入、逾期1年以上的未退包装物押金收入、确实无法偿付的应付款项、已作坏账损失处理后又收回的应收款项、债务重组收入、补贴收入、违约金收入、汇兑收益等。

（三）准予扣除项目

个体工商户在生产经营活动中发生的成本、费用、税金、损失和其他支出准予扣除。

1. 成本

《计税办法》第九条规定，成本是指个体工商户在生产经营活动中发生的销售成本、销货成本、业务支出以及其他耗费。

2. 费用

《计税办法》第十条规定，费用是指个体工商户在生产经营活动中发生的销售费用、管理费用和财务费用，已经计入成本的有关费用除外。

3. 税金

《计税办法》第十一条规定，税金是指个体工商户在生产经营活动中发生的除个人所得税和允许抵扣的增值税以外的各项税金及其附加。

《计税办法》第三十条规定，个体工商户代其从业人员或者他人负担的税款，不得税前扣除。

4. 损失

《计税办法》第十二条规定，损失是指个体工商户在生产经营活动中发生的固定资产和存货的盘亏、毁损、报废损失，转让财产损失，坏账损失，自然灾害等不可抗力因素造成的损失以及其他损失。

个体工商户发生的损失，减除责任人赔偿和保险赔款后的余额，参照财政部、国家税务总局有关企业资产损失税前扣除的规定扣除。

个体工商户已经作为损失处理的资产，在以后纳税年度又全部收回或者部分收回时，应当计入收回当期的收入。

5. 其他支出

《计税办法》第十三条规定，其他支出是指除成本、费用、税金、损失外，个体工商户在生产经营活动中发生的与生产经营活动有关的、合理的支出。

（四）准予扣除各项目及标准

1. 工资、薪金支出

《计税办法》第二十一条规定，个体工商户实际支付给从业人员的、合理的工资、薪金支出，准予扣除。

个体工商户业主的工资、薪金支出不得税前扣除。

 链接：企业所得税中工资、薪金的加计扣除

企业所得税中关于工资、薪金扣除的规定与个体工商户相同，即合理的工资、薪金支出，准予扣除。但是,在企业所得税中,对于安置残疾人员及国家鼓励安置的其他人员所支付的工资,可以在计算应纳税所得额时加计100%扣除。

2. 个体工商户业主的费用扣除标准

《计税办法》第二十一条规定,个体工商户业主的费用扣除标准,依照相关法律、法规和政策规定执行。

自2018年10月1日起,个体工商户业主的费用扣除标准为60 000元/年(5 000元/月)。

个体工商户业主的费用扣除标准变化情况表如表3-5所示。

注:个体工商户业主的费用只有在没有综合所得的前提下才能扣除。

表3-5 个体工商户业主的费用扣除标准变化情况表

时间分段	2006年1月1日至2008年2月29日	2008年3月1日至2011年8月31日	2011年9月1日至2018年9月30日	2018年10月1日起
扣除标准	19 200元/年(1 600元/月)	24 000元/年(2 000元/月)	42 000元/年(3 500元/月)	60 000元/年(5 000元/月)
政策依据	《财政部 国家税务总局关于调整个体工商户业主 个人独资企业和合伙企业投资者个人所得税费用扣除标准的通知》(财税〔2006〕44号)	《财政部 国家税务总局关于调整个体工商户 个人独资企业和合伙企业个人所得税税前扣除标准有关问题的通知》(财税〔2008〕65号)	《财政部 国家税务总局关于调整个体工商户业主个人独资企业和合伙企业自然人投资者个人所得税费用扣除标准的通知》(财税〔2011〕62号)	《财政部 税务总局关于2018年第四季度个人所得税减除费用和税率适用问题的通知》(财税〔2018〕98号)

📖 知识小练习

【例题·单选】 徐某2021年承包某加工厂,根据协议变更登记为个体工商户,当年加工厂取得收入总额70万元,准予扣除的成本、费用及相关支出合计63万元(不含生计费,含徐某每月从加工厂领取的工资2 700元)。假设徐某没有其他综合所得,则徐某2021年个人所得税应纳税所得额为( )万元。

A. 1　　　　　　　　B. 3.76　　　　　　　　C. 4.24　　　　　　　　D. 7

答案:C

解析:个体工商户业主的工资不能在计算个体工商户生产经营所得应纳税所得额时扣除。

应纳税所得额=70-63+0.27×12-(0.5×12)=4.24(万元)。

3. "五险一金"的扣除

《计税办法》第二十二条第一款规定,个体工商户按照国务院有关主管部门或者省级人民政府规定的范围和标准为其业主和从业人员缴纳的基本养老保险费、基本医疗保险费、失业保险费、生育保险费、工伤保险费和住房公积金,准予扣除。

 **知识小练习**

【例题·单选】 个体工商户的下列支出中,不可以扣除的是( )。

A. 为业主缴纳的失业保险费

B. 为从业人员缴纳的基本养老保险费

C. 为业主配偶缴纳的基本医疗保险费

D. 为业主缴纳的住房公积金

答案:C

解析:个体工商户按照国务院有关主管部门或者省级人民政府规定的范围和标准为其业主和从业人员缴纳的基本养老保险费、基本医疗保险费、失业保险费、生育保险费、工伤保险费和住房公积金,准予扣除;为业主配偶缴纳的基本医疗保险费不可以扣除。

4. 补充养老保险和补充医疗保险的扣除

《计税办法》第二十二条第二款规定,个体工商户为从业人员缴纳的补充养老保险费、补充医疗保险费,分别在不超过从业人员工资总额5%标准内的部分据实扣除;超过部分,不得扣除。

《计税办法》第二十二条第三款规定,个体工商户业主本人缴纳的补充养老保险费、补充医疗保险费,以当地(地级市)上年度社会平均工资的3倍为计算基数,分别在不超过该计算基数5%标准内的部分据实扣除;超过部分,不得扣除。

 **知识小练习**

【例题·单选】 某个体工商户2021年为其从业人员实际发放工资105万元,业主领取劳动报酬20万元,2021年该个体工商户允许税前扣除的从业人员补充养老保险限额为( )万元。

A. 3.15 B. 5.25 C. 1.05 D. 7.35

答案:B

解析:根据《计税办法》的规定,个体工商户为从业人员缴纳的补充养老保险费、补充医疗保险费,分别在不超过从业人员工资总额5%标准内的部分据实扣除;超过部分,不得扣除。该个体工商户允许税前扣除的从业人员补充养老保险限额=105×5%=5.25(万元)。

5. 商业保险(含商业健康保险)的扣除

1) 一般商业保险的扣除

《计税办法》第二十三条规定,除个体工商户依照国家有关规定为特殊工种从业人员支付的人身安全保险费和财政部、国家税务总局规定可以扣除的其他商业保险费外,个体工商户业主本人或者为从业人员支付的商业保险费,不得扣除。

2) 商业健康保险的扣除

对个体工商户业主、个人独资企业投资者、合伙企业合伙人和承包、承租经营者购买符合规定的商业健康保险产品的支出,允许在当年(月)计算应纳税所得额时予以税前扣除,扣除限额为2 400元/年(200元/月)。

注:2 400元/年(200元/月)的限额扣除为个人所得税法规定减除费用标准之外的扣除。

6. 财产保险的扣除

《计税办法》第三十三条规定，个体工商户参加财产保险，按照规定缴纳的保险费，准予扣除。

7. 工会经费、职工福利费、职工教育经费的扣除

《计税办法》第二十七条规定，个体工商户向当地工会组织拨缴的工会经费、实际发生的职工福利费支出、职工教育经费支出分别在工资、薪金总额的2％、14％、2.5％的标准内据实扣除。

工资、薪金总额是指允许在当期税前扣除的工资、薪金支出数额。

职工教育经费的实际发生数额超出规定比例当期不能扣除的数额，准予在以后纳税年度结转扣除。

个体工商户业主本人向当地工会组织缴纳的工会经费、实际发生的职工福利费支出、职工教育经费支出，以当地（地级市）上年度社会平均工资的3倍为计算基数，在上述规定比例内据实扣除。

 链接：企业所得税中职工教育经费支出扣除标准

在企业所得税处理中，根据《财政部　税务总局关于企业职工教育经费税前扣除政策的通知》（财税〔2018〕51号）的规定，自2018年1月1日起，企业发生的职工教育经费支出，不超过工资、薪金总额8％的部分，准予在计算企业所得税应纳税所得额时扣除；超过部分，准予在以后纳税年度结转扣除。

8. 借款费用的扣除

《计税办法》第二十四条规定，个体工商户在生产经营活动中发生的合理的不需要资本化的借款费用，准予扣除。

个体工商户为购置、建造固定资产、无形资产和经过12个月以上的建造才能达到预定可销售状态的存货发生借款的，在有关资产购置、建造期间发生的合理的借款费用，应当作为资本性支出计入有关资产的成本，并依照《计税办法》的规定扣除。

9. 利息的扣除

《计税办法》第二十五条规定，个体工商户在生产经营活动中发生的下列利息支出，准予扣除：

（1）向金融企业借款的利息支出。

（2）向非金融企业和个人借款的利息支出，不超过按照金融企业同期同类贷款利率计算的数额的部分。

 链接：金融企业同期同类贷款利率的明确

2011年6月9日，《国家税务总局关于企业所得税若干问题的公告》（国家税务总局公告2011年第34号）对"金融企业同期同类贷款利率"作出明确规定，非金融企业向非金融企业借款的利息支出，不超过按照金融企业同期同类贷款利率计算的数额的部分，准予税前扣除。鉴于目前我国对金融企业利率要求的具体情况，企业在按照合同要求首次支付利息并进行税前扣除时，应提供"金融企业的同期同类贷款利率情况说明"，以证明其利息支出的合理性。

"金融企业的同期同类贷款利率情况说明"中,应包括在签订该借款合同当时,本省任何一家金融企业提供同期同类贷款利率情况。该金融企业应为经政府有关部门批准成立的可以从事贷款业务的企业,包括银行、财务公司、信托公司等金融机构。"同期同类贷款利率"是指在贷款期限、贷款金额、贷款担保以及企业信誉等条件基本相同下,金融企业提供贷款的利率。既可以是金融企业公布的同期同类平均利率,也可以是金融企业对某些企业提供的实际贷款利率。

10. 汇兑损失的扣除

《计税办法》第二十六条规定,个体工商户在货币交易中,以及纳税年度终了时将人民币以外的货币性资产、负债按照期末即期人民币汇率中间价折算为人民币时产生的汇兑损失,除已经计入有关资产成本部分外,准予扣除。

 链接:企业所得税中关于汇兑损失的扣除规定

汇兑损失除已计入有关资产成本以及向所有者进行利润分配外,准予扣除。

11. 业务招待费的扣除

《计税办法》第二十八条规定,个体工商户发生的与生产经营活动有关的业务招待费,按照实际发生额的60%扣除,但最高不得超过当年销售(营业)收入的5‰。

业主自申请营业执照之日起至开始生产经营之日止所发生的业务招待费,按照实际发生额的60%计入个体工商户的开办费。

 **知识小练习**

【例题·单选】 2021年某个体工商户取得销售收入40万元,将不含税价格为5万元的商品用于家庭成员和亲友消费;当年取得银行利息收入1万元,转让股票取得转让所得10万元,取得基金分红1万元。2021年发生业务招待费0.7万元,该个体工商户允许税前扣除的业务招待费限额为(　　)万元。

A. 0.7　　　　　　B. 0.42　　　　　　C. 0.285　　　　　　D. 0.225

答案:D

解析:个体工商户年营业收入(销售收入)=40+5=45(万元)。

销售收入×5‰=45×5‰=0.225(万元)<0.7×60%=0.42(万元)。

因此,业务招待费的扣除限额为0.225万元。

12. 广告费和业务宣传费的扣除

《计税办法》第二十九条规定,个体工商户每一纳税年度发生的与其生产经营活动直接相关的广告费和业务宣传费不超过当年销售(营业)收入15%的部分,可以据实扣除;超过部分,准予在以后纳税年度结转扣除。

 链接:企业所得税中的特殊行业规定

在企业所得税处理中,根据《财政部　税务总局关于广告费和业务宣传费支出税前扣除政策的通知》(财税〔2017〕41号)的规定,自2016年1月1日起至2020年12月31日止,对化妆品制造或销售、医药制造和饮料制造(不含酒类制造)企业发生的广告费和业务宣传费支出,不超过当年销售(营业)收入30%的部分,准予扣除;超过部分,准予在以后纳税年度结转扣除。

 知识小练习

【例题·单选】 2021年某个体工商户取得销售收入40万元,将不含税价格为5万元的商品用于家庭成员和亲友消费;当年取得银行利息收入1万元,转让股票取得转让所得10万元,取得基金分红1万元。该个体工商户允许税前扣除的广告费和业务宣传费限额为( )万元。

A. 6   B. 6.75   C. 7.50   D. 8.25

答案:B

解析:个体工商户年营业收入(销售收入)=40+5=45(万元)。

广告费的扣除限额=销售收入×15%=45×15%=6.75(万元)。

13. 开办费的扣除

《计税办法》第三十五条规定,个体工商户自申请营业执照之日起至开始生产经营之日止所发生符合本办法规定的费用,除为取得固定资产、无形资产的支出,以及应计入资产价值的汇兑损益、利息支出外,作为开办费,个体工商户可以选择在开始生产经营的当年一次性扣除,也可自生产经营月份起在不短于3年期限内摊销扣除,但一经选定,不得改变。

开始生产经营之日为个体工商户取得第一笔销售(营业)收入的日期。

14. 劳动保护支出的扣除

《计税办法》第三十四条规定,个体工商户发生的合理的劳动保护支出,准予扣除。

15. 捐赠支出的扣除

《计税办法》第三十六条规定,个体工商户通过公益性社会团体或者县级以上人民政府及其部门,用于《中华人民共和国公益事业捐赠法》规定的公益事业的捐赠,捐赠额不超过其应纳税所得额30%的部分可以据实扣除。

财政部、国家税务总局规定可以全额在税前扣除的捐赠支出项目,按有关规定执行。

个体工商户直接对受益人的捐赠不得扣除。

公益性社会团体的认定,按照财政部、国家税务总局、民政部有关规定执行。

根据《财政部 税务总局关于公益慈善事业捐赠个人所得税政策的公告》(财政部 税务总局公告2019年第99号)的规定,居民个人发生的公益捐赠支出可以在分类所得、综合所得或者经营所得中扣除。在当期一个所得项目扣除不完的公益捐赠支出,可以按规定在其他所得项目中继续扣除。居民个人根据各项所得的收入、公益捐赠支出、适用税率等情况,自行决定在综合所得、分类所得、经营所得中扣除的公益捐赠支出的顺序。在经营所得中扣除的限额为当年经营所得应纳税所得额的30%。

在经营所得中扣除公益捐赠支出,应按以下规定处理:

(1)个体工商户发生的公益捐赠支出,在其经营所得中扣除。

（2）个人独资企业、合伙企业发生的公益捐赠支出，其个人投资者应当按照捐赠年度合伙企业的分配比例（个人独资企业分配比例为100%），计算归属于每一个人投资者的公益捐赠支出，个人投资者应将其归属的个人独资企业、合伙企业公益捐赠支出和本人需要在经营所得扣除的其他公益捐赠支出合并，在其经营所得中扣除。

（3）在经营所得中扣除公益捐赠支出的，可以选择在预缴税款时扣除，也可以选择在汇算清缴时扣除。

（4）经营所得采取核定征收方式的，不扣除公益捐赠支出。

 链接：企业所得税中捐赠支出的规定

根据《中华人民共和国企业所得税法实施条例》第五十三条的规定，企业发生的公益性捐赠支出，不超过年度利润总额12%的部分，准予扣除。

年度利润总额，是指企业依照国家统一会计制度的规定计算的年度会计利润。

根据《全国人民代表大会常务委员会关于修改〈中华人民共和国企业所得税法〉的决定》，2017年2月24日第十二届全国人民代表大会常务委员会第二十六次会议决定对《中华人民共和国企业所得税法》作如下修改：

将第九条修改为："企业发生的公益性捐赠支出，在年度利润总额12%以内的部分，准予在计算应纳税所得额时扣除；超过年度利润总额12%的部分，准予结转以后三年内在计算应纳税所得额时扣除。"

16. 赞助支出的扣除

《计税办法》第十五条规定，赞助支出不得扣除。

《计税办法》第三十七条规定，本办法所称赞助支出，是指个体工商户发生的与生产经营活动无关的各种非广告性质支出。

17. 研发支出的扣除

《计税办法》第三十八条规定，个体工商户研究开发新产品、新技术、新工艺所发生的开发费用，以及研究开发新产品、新技术而购置单台价值在10万元以下的测试仪器和试验性装置的购置费准予直接扣除；单台价值在10万元以上（含10万元）的测试仪器和试验性装置，按固定资产管理，不得在当期直接扣除。

 链接：企业所得税中研发费用的加计扣除

根据《企业所得税法实施条例》的规定，企业为开发新技术、新产品、新工艺发生的研究开发费用，未形成无形资产计入当期损益的，在按照规定据实扣除的基础上，按照研究开发费用的50%加计扣除；形成无形资产的，按照无形资产成本的150%摊销。

根据《财政部 税务总局 科技部关于提高研究开发费用税前加计扣除比例的通知》（财税〔2018〕99号）的规定，企业开展研发活动中实际发生的研发费用，未形成无形资产计入当期损益的，在按规定据实扣除的基础上，在2018年1月1日至2020年12月31日，再按照实际发生额的75%在税前加计扣除；形成无形资产的，在上述期间按照无形资产成本的175%在税前摊销。

 **知识小练习**

【例题·单选】 个体工商户研究开发新产品、新技术而购置一定价值的测试仪器和试验性装置的购置费准予在计算个人所得税应纳税所得额时直接扣除,该仪器、装置的单台价值是( )。

　　A. 在 10 万元以下　　　　　　　　B. 在 12 万元以下

　　C. 在 15 万元以下　　　　　　　　D. 在 500 万元以下

答案：A

解析：个体工商户研究开发新产品、新技术、新工艺所发生的开发费用,以及研究开发新产品、新技术而购置单台价值在 10 万元以下的测试仪器和试验性装置的购置费准予直接扣除;单台价值在 10 万元以上(含 10 万元)的测试仪器和试验性装置,按固定资产管理,不得在当期直接扣除。

18. 规费的扣除

《计税办法》第三十一条规定,个体工商户按照规定缴纳的摊位费、行政性收费、协会会费等,按实际发生数额扣除。

 **知识小练习**

【例题·多选】 下列费用中,在计算个体工商户个人所得税应纳税所得额时准予扣除的有( )。

　　A. 摊位费　　　　　　　　　　　　B. 工商管理费

　　C. 个体劳动者协会会费　　　　　　D. 用于家庭的费用支出

　　E. 各种赞助的费用支出

答案：ABC

解析：选项 D、E 是不准予扣除的。

19. 固定资产租赁费的扣除

《计税办法》第三十二条规定,个体工商户根据生产经营活动的需要租入固定资产支付的租赁费,按照以下方法扣除：

　　(1) 以经营租赁方式租入固定资产发生的租赁费支出,按照租赁期限均匀扣除。

　　(2) 以融资租赁方式租入固定资产发生的租赁费支出,按照规定构成融资租入固定资产价值的部分应当提取折旧费用,分期扣除。

 **知识小练习**

【例题·多选】 在计算个体工商户的应纳税所得额时,下列说法正确的有( )。

　　A. 以经营租赁方式租入固定资产发生的租赁费支出,按照租赁期限均匀扣除

　　B. 以经营租赁方式租入固定资产发生的租赁费支出,可以一次性扣除

　　C. 以融资租赁方式租入固定资产发生的租赁费支出,按照规定构成融资租入固定资产价值的部分应当提取折旧费用,分期扣除

　　D. 以融资租赁方式租入固定资产发生的租赁费支出,按照融资租入期限均匀扣除

答案：AC

解析：选项 A、C 的扣除方法正确。

20. 代其从业人员或他人负担税款的扣除

《计税办法》第三十条规定，个体工商户代其从业人员或者他人负担的税款，不得税前扣除。

21. 生产经营与个人、家庭混用费用的扣除

《计税办法》第十六条规定，个体工商户生产经营活动中，应当分别核算生产经营费用和个人、家庭费用。对于生产经营与个人、家庭生活混用难以分清的费用，其40%视为与生产经营有关费用，准予扣除。

 链接：个人独资企业和合伙企业混用费用与个体工商户混用费用扣除比对

《财政部　国家税务总局关于印发〈个人独资企业和合伙企业投资者征收个人所得税的规定〉的通知》（财税〔2000〕91号）附件1中第六条第（三）项规定，个人独资企业和合伙企业的投资者及其家庭发生的生活费用不允许在税前扣除。投资者及其家庭发生的生活费用与企业生产经营费用混合在一起，并且难以划分的，全部视为投资者个人及其家庭发生的生活费用，不允许在税前扣除。

 **知识小练习**

【例题·单选1】 江某为修理部个体户，2021年取得生产经营收入30万元，生产经营成本为28万元（含购买一辆非经营用小汽车支出10万元）；另取得个人文物拍卖收入20万元，不能提供原值凭证，该文物经文物部门认定为海外回流文物。假设江某无综合所得，下列关于江某2021年个人所得税纳税事项的表述中，正确的是（　　）。

　　A. 小汽车支出可以全部在税前扣除

　　B. 生产经营所得应纳个人所得税的计税依据为6万元

　　C. 文物拍卖所得按文物拍卖收入额的3%缴纳个人所得税

　　D. 文物拍卖所得应并入生产经营所得一并缴纳个人所得税

答案：B

解析：选项A，个体工商户生产经营活动中，应当分别核算生产经营费用和个人、家庭费用。对于生产经营与个人、家庭生活混用难以分清的费用，其40%视为与生产经营有关费用，准予扣除；选项B，个体工商户生产经营所得应纳个人所得税的计税依据＝30－28＋10－5 000×12÷10 000＝6（万元）；选项C，拍卖品为经文物部门认定是海外回流文物的，按转让收入额的2%征收率计算缴纳个人所得税；选项D，文物拍卖取得的收入应单独按照"财产转让所得"计算缴纳个人所得税，不并入个体工商户生产、经营所得计税。

【例题·单选2】 个体工商户生产经营活动中，应分别核算生产经营费用和个人、家庭费用。对于无法划分的费用，按照允许扣除的比例视为与生产经营有关的费用，准予在计算应纳税所得额中进行扣除，允许扣除的比例是（　　）。

　　A. 40%　　　　　　　B. 20%　　　　　　　C. 60%　　　　　　　D. 30%

答案： A

解析： 对于生产经营与个人、家庭生活混用难以分清的费用，其40%视为与生产经营有关费用，准予扣除。

（五）不得扣除的项目

《计税办法》第十五条规定，个体工商户下列支出不得扣除：

(1) 个人所得税税款。

(2) 税收滞纳金。

(3) 罚金、罚款和被没收财物的损失。

(4) 不符合扣除规定的捐赠支出。

(5) 赞助支出。

(6) 用于个人和家庭的支出。

(7) 与取得生产经营收入无关的其他支出。

(8) 国家税务总局规定不准扣除的支出。

 **知识小练习**

【例题·单选】 下列在计算个体工商户生产经营所得时，不允许扣除的项目是（　　　　）。

A. 以经营租赁方式租入固定资产的费用　　　B. 按规定缴纳的工商管理费

C. 毁损净损失　　　D. 非广告性赞助支出

答案： D

解析： 选项D，非广告性赞助支出，税前不得扣除。个体工商户下列支出不得扣除：(1)个人所得税税款；(2)税收滞纳金；(3)罚金、罚款和被没收财物的损失；(4)不符合扣除规定的捐赠支出；(5)赞助支出；(6)用于个人和家庭的支出；(7)与取得生产经营收入无关的其他支出；(8)国家税务总局规定不准扣除的支出。

（六）亏损及亏损的弥补

《计税办法》第十七条规定，个体工商户纳税年度发生的亏损，准予向以后年度结转，用以后年度的生产经营所得弥补，但结转年限最长不得超过5年。

《计税办法》第二十条规定，亏损是指个体工商户依照本办法规定计算的应纳税所得额小于零的数额。

（七）资产的税务处理

《计税办法》第三十九条规定，个体工商户资产的税务处理，参照企业所得税相关法律、法规和政策规定执行。

 链接：个体工商户、个人独资企业和合伙企业是否适用加速折旧政策

个体工商户、个人独资企业和合伙企业不能适用加速折旧政策。

《计税办法》第三十九条规定，个体工商户资产的税务处理，参照企业所得税相关法律、法规和政策规定执行。

《关于个人独资企业和合伙企业投资者征收个人所得税的规定》（财税〔2000〕91号）第

六条规定,凡实行查账征税办法的,生产经营所得比照《计税办法》的确定。生产经营所得包含资产的税务处理。个人独资企业和合伙企业资产的税务处理,也是参照企业所得税相关法律、法规和政策规定执行。

什么是"资产的税务处理"?

《企业所得税法实施条例》第二章第四节"资产的税务处理"第五十六条至第七十五条规定,个体工商户、个人独资企业和合伙企业均可适用,不属于资产的税务处理的条款,不得适用。

加速折旧不属于"资产的税务处理"。

《企业所得税法》第四章"税收优惠"第三十二条规定,企业的固定资产由于技术进步等原因,确需加速折旧的,可以缩短折旧年限或者采取加速折旧的方法。同时,有关加速折旧的规定,《国家税务总局关于企业固定资产加速折旧所得税处理有关问题的通知》(国税发〔2009〕81号)、《财政部　国家税务总局关于进一步鼓励软件产业和集成电路产业发展企业所得税政策的通知》(财税〔2012〕27号)、《财政部　国家税务总局关于完善固定资产加速折旧企业所得税政策的通知》(财税〔2014〕75号)、《财政部　国家税务总局关于进一步完善固定资产加速折旧企业所得税政策的通知》(财税〔2015〕106号)、《国家税务总局关于固定资产加速折旧税收政策有关问题的公告》(国家税务总局公告2014年第64号)、《国家税务总局关于进一步完善固定资产加速折旧企业所得税政策有关问题的公告》(国家税务总局公告2015年第68号)、《国家税务总局关于设备 器具扣除有关企业所得税政策执行问题的公告》(国家税务总局公告2018年第46号)、《财政部　税务总局关于扩大固定资产加速折旧优惠政策适用范围的公告》(财政部　税务总局公告2019年第66号),均出自其上位法企业所得税法及其实施条例。

因此,加速折旧属于企业所得税法规定的"税收优惠",不是"资产的税务处理"内容。因此,个体工商户、个人独资企业和合伙企业不能适用加速折旧政策。

(八) 存货的处理

《计税办法》第十八条规定,个体工商户使用或者销售存货,按照规定计算的存货成本,准予在计算应纳税所得额时扣除。

(九) 转让资产的处理

《计税办法》第十九条规定,个体工商户转让资产,该项资产的净值,准予在计算应纳税所得额时扣除。

 **知识小练习**

【例题·多选】　根据个人所得税的相关规定,在计算个体工商户生产、经营所得的应纳税所得额时,允许据实扣除的支出有(　　　)。

A. 向非金融企业的借款利息支出

B. 业务招待费支出

C. 与生产经营有关的成本费用

D. 向其从业人员实际支付的合理的工资、薪金支出

答案： CD

解析： 选项 A，个体工商户在生产、经营期间向非金融企业的借款利息支出，不超过按金融企业同类、同期贷款利率计算的数额部分准予扣除，超过规定的部分，不能扣除；选项 B，个体工商户每一纳税年度发生的与其生产经营业务直接相关的业务招待费支出，按照实际发生额的 60% 扣除，但最高不得超过当年销售（营业）收入的 5‰；选项 C 符合题意，与生产经营相关的成本费用，允许据实扣除；选项 D 符合题意，向其从业人员实际支付的合理的工资、薪金支出，允许据实扣除。

三、征收管理

（一）定期定额管理

目前大部分地区对个体工商户主要采取定期定额的征收管理方法，主要依据是《个体工商户税收定期定额征收管理办法》（国家税务总局令第 16 号）。

1. 定期定额的界定

个体工商户税收定期定额征收，是指税务机关依照法律、行政法规及《个体工商户税收定期定额征收管理办法》的规定，对个体工商户在一定经营地点、一定经营时期、一定经营范围内的应纳税经营额（包括经营数量）或所得额（以下简称定额）进行核定，并以此为计税依据，确定其应纳税额的一种征收方式。

2. 定期定额的适用范围

《个体工商户税收定期定额征收管理办法》适用于经主管税务机关认定和县以上税务机关（含县级，下同）批准的生产、经营规模小，达不到《个体工商户建账管理暂行办法》规定设置账簿标准的个体工商户（以下简称定期定额户）的税收征收管理。

3. 定额的执行期限

定额执行期的具体期限由省级税务机关确定，但最长不得超过 1 年。

定额执行期是指税务机关核定后执行的第一个纳税期至最后一个纳税期。

4. 定额核定的方法

税务机关应当根据定期定额户的经营规模、经营区域、经营内容、行业特点、管理水平等因素核定定额，可以采用下列一种或两种以上的方法核定：

（1）按照耗用的原材料、燃料、动力等推算或者测算核定。

（2）按照成本加合理的费用和利润的方法核定。

（3）按照盘点库存情况推算或者测算核定。

（4）按照发票和相关凭据核定。

（5）按照银行经营账户资金往来情况测算核定。

（6）参照同类行业或类似行业中同规模、同区域纳税人的生产、经营情况核定。

（7）按照其他合理方法核定。

税务机关应当运用现代信息技术手段核定定额，增强核定工作的规范性和合理性。

5. 典型调查

主管税务机关应当将定期定额户进行分类，在年度内按行业、区域选择一定数量并具有代表性的定期定额户,对其经营、所得情况进行典型调查,作出调查分析,填制有关表格。

典型调查户数应当占该行业、区域总户数的 5％以上。具体比例由省级税务机关确定。

6. 税务机关核定定额程序

(1)自行申报。定期定额户要按照税务机关规定的申报期限、申报内容向主管税务机关申报,填写有关申报文书。申报内容应包括经营行业、营业面积、雇佣人数和每月经营额、所得额以及税务机关需要的其他申报项目。

本项所称经营额、所得额为预估数。

(2)核定定额。主管税务机关根据定期定额户自行申报情况,参考典型调查结果,采取《个体工商户税收定期定额征收管理办法》第七条规定的核定方法核定定额,并计算应纳税额。

(3)定额公示。主管税务机关应当将核定定额的初步结果进行公示,公示期限为 5 个工作日。

公示地点、范围、形式应当按照便于定期定额户及社会各界了解、监督的原则,由主管税务机关确定。

(4)上级核准。主管税务机关根据公示意见结果修改定额,并将核定情况报经县以上税务机关审核批准后,填制《核定定额通知书》。

(5)下达定额。将《核定定额通知书》送达定期定额户执行。

(6)公布定额。主管税务机关将最终确定的定额和应纳税额情况在原公示范围内进行公布。

7. 定期定额户的义务

(1)定期定额户应当建立收支凭证粘贴簿、进销货登记簿,完整保存有关纳税资料,并接受税务机关的检查。

(2)依照法律、行政法规的规定,定期定额户负有纳税申报义务。

实行简易申报的定期定额户,应当在税务机关规定的期限内按照法律、行政法规规定缴清应纳税款,当期(指纳税期)可以不办理申报手续。

8. 申报方式

采用数据电文申报、邮寄申报、简易申报等方式的,经税务机关认可后方可执行。经确定的纳税申报方式在定额执行期内不予更改。

9. 税款划缴方式

定期定额户可以委托经税务机关认定的银行或其他金融机构办理税款划缴。

凡委托银行或其他金融机构办理税款划缴的定期定额户,应当向税务机关书面报告开户银行及账号。其账户内存款应当足以按期缴纳当期税款。其存款余额低于当期应纳税款,致使当期税款不能按期入库的,税务机关按逾期缴纳税款处理;对实行简易申报的,按逾期办理纳税申报和逾期缴纳税款处理。

10. 应当办理纳税事宜的情形

定期定额户发生下列情形,应当向税务机关办理相关纳税事宜:

(1)定额与发票开具金额或税控收款机记录数据比对后,超过定额的经营额、所得额所应缴纳的税款。

（2）在税务机关核定定额的经营地点以外从事经营活动所应缴纳的税款。

11. 简易申报

税务机关可以根据保证国家税款及时足额入库、方便纳税人、降低税收成本的原则，采用简化的税款征收方式，具体方式由省级税务机关确定。

（1）委托代征。县以上税务机关可以根据当地实际情况，依法委托有关单位代征税款。税务机关与代征单位必须签订委托代征协议，明确双方的权利、义务和应当承担的责任，并向代征单位颁发委托代征证书。

（2）简并征期。定期定额户经营地点偏远、缴纳税款数额较小，或者税务机关征收税款有困难的，税务机关可以按照法律、行政法规的规定简并征期。但简并征期最长不得超过一个定额执行期。简并征期的税款征收时间为最后一个纳税期。

（3）银行批扣。通过银行或其他金融机构划缴税款的，其完税凭证可以到税务机关领取，或到税务机关委托的银行或其他金融机构领取；税务机关也可以根据当地实际情况采取邮寄送达，或委托有关单位送达。

12. 定额执行期结束后申报

定期定额户在定额执行期结束后，应当以该期每月实际发生的经营额、所得额向税务机关申报，申报额超过定额的，按申报额缴纳税款；申报额低于定额的，按定额缴纳税款。具体申报期限由省级税务机关确定。

定期定额户当期发生的经营额、所得额超过定额一定幅度的，应当在法律、行政法规规定的申报期限内向税务机关进行申报并缴清税款。具体幅度由省级税务机关确定。

13. 重新核定定额

定期定额户的经营额、所得额连续纳税期超过或低于税务机关核定的定额，应当提请税务机关重新核定定额，税务机关应当根据《个体工商户税收定期定额征收管理办法》规定的核定方法和程序重新核定定额。具体期限由省级税务机关确定。

经税务机关检查发现定期定额户在以前定额执行期发生的经营额、所得额超过定额，或者当期发生的经营额、所得额超过定额一定幅度而未向税务机关进行纳税申报及结清应纳税款的，税务机关应当追缴税款、加收滞纳金，并按照法律、行政法规规定予以处理。其经营额、所得额连续纳税期超过定额，税务机关应当按照《个体工商户税收定期定额征收管理办法》第十九条的规定重新核定其定额。

14. 停业报告

定期定额户发生停业的，应当在停业前向税务机关书面提出停业报告；提前恢复经营的，应当在恢复经营前向税务机关书面提出复业报告；需延长停业时间的，应当在停业期满前向税务机关提出书面的延长停业报告。

税务机关停止定期定额户实行定期定额征收方式，应当书面通知定期定额户。

15. 争议处理

定期定额户对税务机关核定的定额有争议的，可以在接到《核定定额通知书》之日起30日内向主管税务机关提出重新核定定额申请，并提供足以说明其生产、经营真实情况的证据，主管税务机关应当自接到申请之日起30日内书面答复。

定期定额户也可以按照法律、行政法规的规定直接向上一级税务机关申请行政复议；对行政复议决定不服的，可以依法向人民法院提起行政诉讼。

定期定额户在未接到重新核定定额通知、行政复议决定书或人民法院判决书前，仍按原定额缴纳税款。

 链接：定期定额征收纳税人逃税案

马育斌逃税罪二审刑事裁定书

广东省韶关市中级人民法院刑事裁定书（节选）

〔2015〕韶中法刑二终字第 19 号

原公诉机关：广东省韶关市武江区人民检察院。

上诉人（原审被告人）：马育斌，原系广东省韶关市武江凤凰城西餐俱乐部、楼上楼酒楼的实际经营者。2006 年 12 月 1 日因犯非法持有枪支、弹药罪被韶关市武江区人民法院判处有期徒刑 18 个月，2007 年 2 月 18 日刑满释放。2013 年 12 月 10 日因涉嫌犯逃税罪被刑事拘留，2014 年 1 月 14 日被逮捕。

辩护人：程晖，广东金韶律师事务所律师。

广东省韶关市武江区人民法院审理广东省韶关市武江区人民检察院指控原审被告人马育斌犯逃税罪一案，于 2014 年 12 月 3 日作出（2014）韶武法刑初字第 164 号刑事判决。原审被告人马育斌不服，提出上诉。本院依法组成合议庭，于 2015 年 4 月 13 日公开开庭审理了本案。现已审理终结。

原审判决认定，被告人马育斌分别于 2006 年 9 月 4 日、2009 年 5 月 19 日以余某丙的名义注册成立"楼上楼"酒楼及"武江区凤凰城西餐俱乐部"，性质均为个体工商户，直至 2013 年 4 月 1 日、2013 年 4 月 26 日"楼上楼"酒楼与"武江区凤凰城西餐俱乐部"被核准注销。马育斌是"楼上楼"酒楼与"武江区凤凰城西餐俱乐部"的实际经营者，余某丙不持有股份。"楼上楼"酒楼与"武江区凤凰城西餐俱乐部"采取的税收征收管理方式为定期定额加发票征收，必须每个月按规定自行申报缴纳税款。

经税务机关稽查核实，自 2011 年 4 月"楼上楼"酒楼开始停止申报缴纳税款，具体情况如下：

"楼上楼"酒楼在 2011 年度应纳税额为 150 416.99 元，已缴税款为 36 750 元，不申报缴纳税款数额为 113 666.99 元，占应纳税额 75.57%；2012 年度应纳税额为 102 750 元，已缴税款为 10 275 元，不申报缴纳税款数额为 92 475 元，占应纳税额 90%；2013 年度应纳税额为 30 825 元，已缴税款为 0 元，不申报缴纳税款数额为 30 825 元，占应纳税额 100%。2011 年 4 月至 2013 年 3 月经营期间共欠缴税款 236 966.99 元。

韶关市武江区地方税务局于 2011 年至 2012 年对"楼上楼"酒楼分别发出三次责令限期改正通知书、一次催缴税费通知、二次限期缴纳税款通知书，但纳税人马育斌均未进行申报缴纳税款。

经税务机关稽查核实，自 2010 年 12 月"武江区凤凰城西餐俱乐部"开始停止申报缴纳税款，具体情况如下：

"武江区凤凰城西餐俱乐部"2010年度应纳税额为50 221.70元,已缴税款为21 646.70元,不申报缴纳税款数额为28 575元,占应纳税额57%;2011年度应纳税额为363 172.25元,已缴税款为28 575元,不申报缴纳税款数额为334 597.25元,占应纳税额92%;2012年度应纳税额为228 600元,已缴税款为19 050元,不申报缴纳税款数额为209 550元,占应纳税额92%;2013年1月至3月应缴纳税款额为38 100元(已扣除1月的应缴税款19 050元),已缴纳税款为0元,不申报缴纳税款数额为38 100元,占应纳税额100%。2010年12月至2013年3月经营期间共欠缴税款610 822.25元。

韶关市武江区地方税务局于2011年至2012年对"武江区凤凰城西餐俱乐部"分别发出三次责令限期改正通知书、二次催缴税费通知、二次限期缴纳税款通知书,但纳税人马育斌均未进行申报缴纳税款。

经过法庭调查、质证、辩论等程序,原审法院认定被告人马育斌作为"楼上楼"酒楼及"武江区凤凰西餐俱乐部"的实际经营者,在经营过程中,违反国家税收管理法律、法规,不申报缴纳税款,逃避缴纳税款847 789.24元,数额巨大并且占应纳税额30%以上,其行为已构成逃税罪。其在前罪刑罚执行完毕后,在5年以内再犯应当判处有期徒刑以上刑罚之罪,系累犯,依法应当从重处罚。其到案后如实供述自己的罪行,依法可以从轻处罚。依照《中华人民共和国刑法》第二百零一条、第五十二条、第五十三条、第六十五条、第六十七条第三款的规定,以逃税罪判处被告人马育斌有期徒刑3年6个月,并处罚金人民币10万元。

上诉人马育斌辩称,原审判决认定案件事实不清,证据不足。

经法庭程序查证、审理,最终认定,上诉人马育斌无视国家法律,在经营"楼上楼"酒楼及"武江区凤凰西餐俱乐部"过程中,违反国家税收管理法律、法规,经税务机关多次通知申报而拒不申报,逃避缴纳税款,数额巨大并且占应纳税额30%以上,其行为已构成逃税罪。其在前罪刑罚执行完毕后,在5年以内再犯应当判处有期徒刑以上刑罚之罪,系累犯,依法应当从重处罚。原审判决认定事实清楚,证据确实、充分,定罪准确,量刑适当,审判程序合法,应予支持。依照《中华人民共和国刑事诉讼法》第二百二十五条第一款第(一)项的规定,裁定如下:驳回上诉,维持原判。

(二)有两处或两处以上经营机构如何申报纳税

《计税办法》第四十条规定,个体工商户有两处或两处以上经营机构的,选择并固定向其中一处经营机构所在地主管税务机关申报缴纳个人所得税。

(三)注销前清算

《计税办法》第四十一条规定,个体工商户终止生产经营的,应当在注销工商登记或者向政府有关部门办理注销前向主管税务机关结清有关纳税事宜。

 **阶段练习**

一、单项选择题

1. 个人因从事彩票代销业务而取得的所得,应按照(   )税目缴纳个人所得税。

A. 利息、股息、红利所得

B. 劳务报酬所得

C. 经营所得

D. 工资、薪金所得

答案：C

解析： 个人因从事彩票代销业务而取得的所得,应按照"个体工商户的生产、经营所得"项目计征个人所得税。

2. 某个人独资企业的投资人,用独资企业资金购买一部汽车供其配偶(不参与企业经营管理)使用,就其行为下列说法正确的是(　　)。

A. 不征收个人所得税

B. 视为对投资者个人的利润分配,依照"经营所得"项目征收个人所得税

C. 视为对投资者个人的利润分配,依照"利息、股息、红利所得"项目征收个人所得税

D. 依照"劳务报酬所得"项目征收个人所得税

答案：B

解析： 根据《财政部　国家税务总局关于规范个人投资者个人所得税征收管理的通知》(财税〔2003〕158号)的规定,个人独资企业、合伙企业的个人投资者以企业资金为本人、家庭成员及其相关人员支付与企业生产经营无关的消费性支出及购买汽车、住房等财产性支出,视为企业对个人投资者利润分配,并入投资者个人的生产经营所得,依照"个体工商户的生产、经营所得"项目计征个人所得税。所以选项B正确。

3. 个体工商户自申请营业执照之日起至开始生产经营之日止所发生符合规定的相关费用,除为取得固定资产、无形资产的支出,以及应计入资产价值的汇兑损益、利息支出外,作为开办费,个体工商户可以选择在开始生产经营的当年一次性扣除,也可自生产经营月份起在不短于(　　)年期限内摊销扣除,但一经选定,不得改变。

A. 3　　　　　　　B. 2　　　　　　　C. 4　　　　　　　D. 5

答案：A

解析： 个体工商户自申请营业执照之日起至开始生产经营之日止所发生符合规定的相关费用,除为取得固定资产、无形资产的支出,以及应计入资产价值的汇兑损益、利息支出外,作为开办费,个体工商户可以选择在开始生产经营的当年一次性扣除,也可自生产经营月份起在不短于3年期限内摊销扣除,但一经选定,不得改变。

二、多项选择题

1. 下列各项中,应按"经营所得"项目征收个人所得税的有(　　)。

A. 个人因从事彩票代销业务而取得的所得

B. 法人企业的个人投资者以企业资金为本人购买的汽车

C. 个人独资企业的个人投资者以企业资金为本人购买的住房

D. 出租汽车经营单位对出租车驾驶员采取单车承包或承租方式运营,出租车驾驶员从事客货营运取得的所得

答案：AC

解析： 选项B,除个人独资企业、合伙企业以外的其他企业的个人投资者以企业资金为本人购买的汽车,视为企业对个人投资者的红利分配,按"利息、股息、红利所得"项目征收个人所得税;选项D,出租汽车经营单位对出租车驾驶员采取单车承包或承租方式运营,出租车驾驶员从事客货营运取得的所得,按"工资、薪金所得"项目征收个人所得税。

2. 下列有关个体工商户计算缴纳个人所得税的表述,正确的有(　　)。

A. 向其从业人员实际支付的合理的工资、薪金支出,允许税前据实扣除

B. 每一纳税年度发生的与其生产经营业务直接相关的业务招待费支出,按照发生额的50%扣除

C. 每一纳税年度发生的广告费和业务宣传费不超过当年销售(营业)收入15%的部分,可据实扣除,超过部分,准予在以后纳税年度结转扣除

D. 将其所得通过中国境内的社会团体向教育和其他社会公益事业的捐赠,捐赠额不超过其利润总额12%的部分允许税前扣除

答案: AC

解析: 选项 B,业务招待费处理同企业所得税,企业发生的与生产经营活动有关的业务招待费支出,按照发生额的60%扣除,但最高不得超过当年销售(营业)收入的5‰;选项 D,个体工商户将其所得通过中国境内的社会团体向教育和其他社会公益事业的捐赠,捐赠额不超过其应纳税所得额的30%的部分可以据实扣除。

3. 根据个人所得税的相关规定,在计算个体工商户的应纳税所得额时,允许据实扣除的支出有(　　)。

A. 向其他企业借款利息支出

B. 缴纳的个体劳动者协会会费

C. 与生产经营有关的修理费用

D. 向从业人员实际支付的合理的工资、薪金支出

答案: BCD

解析: 选项 A 不符合题意,借款利息支出,未超过中国人民银行规定的同类、同期贷款利率计算的数额部分准予扣除,超过规定的部分,不能扣除;选项 B 符合题意,按规定缴纳的会费,税法允许扣除;选项 C 符合题意,和生产经营相关的修理费,允许据实扣除;选项 D 符合题意,实际支付的合理的工资、薪金支出,允许据实扣除。

4. 下列支出,允许从个体工商户生产经营收入中扣除的有(　　)。

A. 参加财产保险支付的保险费

B. 个体工商户从业人员的实发工资

C. 代扣代缴的个人所得税税额

D. 为特殊工种从业人员支付的人身安全保险费

答案: ABD

解析: 选项 C 不得扣除。

第三节　个人独资企业和合伙企业的生产经营所得

《国务院关于个人独资企业和合伙企业征收所得税问题的通知》(国发〔2000〕16 号)规定,自 2000 年 1 月 1 日起,对个人独资企业和合伙企业停止征收企业所得税,其投资者的生产经营所得,比照个体工商户的生产、经营所得征收个人所得税。具体税收政策的征收办法

由国家财税主管部门另行制定。

此后,财政部、国家税务总局为了认真贯彻落实国发〔2000〕16 号精神,切实做好个人独资企业和合伙企业投资者的个人所得税征管工作,于 2000 年 9 月 19 日制定了《财政部 国家税务总局关于印发〈关于个人独资企业和合伙企业投资者征收个人所得税的规定〉的通知》,对个人独资企业和合伙企业的个人所得税征收进行了具体的规定。

一、个人独资企业和合伙企业的范围

《财政部 国家税务总局关于印发〈关于个人独资企业和合伙企业投资者征收个人所得税的规定〉的通知》(财税〔2000〕91 号,以下简称财税〔2000〕91 号文件)第二条规定,个人独资企业和合伙企业是指:

(1) 依照《中华人民共和国个人独资企业法》(简称《个人独资企业法》)和《中华人民共和国合伙企业法》登记成立的个人独资企业、合伙企业。

(2) 依照《中华人民共和国私营企业暂行条例》登记成立的独资、合伙性质的私营企业。

(3) 依照《中华人民共和国律师法》登记成立的合伙制律师事务所。

(4) 经政府有关部门依照法律法规批准成立的负无限责任和无限连带责任的其他个人独资、个人合伙性质的机构或组织。

 链接:个人独资企业和合伙企业的法律规定

1. 什么是个人独资企业?

个人独资企业,是指依照《个人独资企业法》在中国境内设立,由一个自然人投资,财产为投资人个人所有,投资人以其个人财产对企业债务承担无限责任的经营实体。

2. 个人独资企业与私营企业的关系?

私营企业是指由自然人投资设立或由自然人控股,以雇佣劳动力为基础的营利性经济组织。私营企业按出资方式和责任形式的不同,可以划分为公司制企业、个人独资企业和合伙企业。

个人独资企业是指依照《个人独资企业法》在中国境内设立,由一个自然人投资、财产为投资人个人所有,投资人以其个人财产对企业债务承担无限责任的经营实体。其具有如下特征:

(1) 个人独资企业由一个自然人投资设立,这里仅限于是自然人投资,不能适用于国有独资公司的一人公司,并且自然人只能是具有完全民事行为能力的中国公民。

(2) 个人独资企业在法律上被称为自然人企业,不具有法人资格,其民事或商事活动都是以独资企业投资者的个人人格或主体身份进行的。

(3) 个人独资企业的财产为投资者个人所有,即投资者对个人独资企业享有财产的全部所有权,可以直接支配。

(4) 个人独资企业投资者对企业经营的一切风险及债务以其个人所有财产承担无限责任。

3. 什么是合伙企业?

合伙企业,是指自然人、法人和其他组织依照本法在中国境内设立的普通合伙企业和有限合伙企业。普通合伙企业由普通合伙人组成,合伙人对合伙企业债务承担无限连带责任。有限合伙企业由普通合伙人和有限合伙人组成,普通合伙人对合伙企业债务承担无限连带责任,有限合伙人以其认缴的出资额为限对合伙企业债务承担责任。

二、纳税义务人

(一) 个人独资企业纳税义务人

《关于个人独资企业和合伙企业投资者征收个人所得税的规定》第三条规定,个人独资企业以投资者为纳税义务人。

(二) 合伙企业纳税义务人

合伙企业以每一个合伙人为纳税义务人。

自2008年1月1日起,根据《财政部 国家税务总局关于合伙企业合伙人所得税问题的通知》(财税〔2008〕159号)第二条规定,合伙企业以每一个合伙人为纳税义务人。合伙企业合伙人是自然人的,缴纳个人所得税;合伙人是法人和其他组织的,缴纳企业所得税。

 **知识小练习**

【例题·多选】 根据个人所得税法的规定,下列企业和个人中不属于个人所得税的纳税义务人的有( )。

A. 合伙企业的法人投资人　　　　　B. 个人独资企业

C. 在中国有所得的外籍人员　　　　D. 私营企业

答案:AD

解析:选项A、D,合伙企业的法人投资人、私营企业是企业所得税的纳税义务人。

三、应纳税所得额的计算

《关于个人独资企业和合伙企业投资者征收个人所得税的规定》第四条规定,个人独资企业和合伙企业每一纳税年度的收入总额减除成本、费用以及损失后的余额,作为投资者个人的生产经营所得,比照个人所得税法的"个体工商户的生产经营所得"应税项目,适用5%～35%的五级超额累进税率,计算征收个人所得税。

(一) 个人独资企业的应纳税所得额

个人独资企业的投资者以全部生产经营所得为应纳税所得额。

(二) 合伙企业的应纳税所得额

合伙企业的投资者按照合伙企业的全部生产经营所得和合伙协议约定的分配比例确定应纳税所得额,合伙协议没有约定分配比例的,以全部生产经营所得和合伙人数量平均计算每个投资者的应纳税所得额。

上述所称生产经营所得,包括企业分配给投资者个人的所得和企业当年留存的所得(利润)。

此后,为了方便具体操作,财政部、国家税务总局于2008年下发了《财政部 国家税务总局关于合伙企业合伙人所得税问题的通知》(财税〔2008〕159号,以下简称159号通知),对合伙企业个人所得税的问题进行了补充规定,该规定自2008年1月1日起执行。

159号通知第三条规定,合伙企业生产经营所得和其他所得采取"先分后税"的原则。

具体应纳税所得额的计算按照《关于个人独资企业和合伙企业投资者征收个人所得税的规定》及《财政部 国家税务总局关于调整个体工商户个人独资企业和合伙企业个人所得税税前扣除标准有关问题的通知》(财税〔2008〕65 号)的有关规定执行。

上述所称生产经营所得和其他所得,包括合伙企业分配给所有合伙人的所得和企业当年留存的所得(利润)。

159 号通知第四条规定,合伙企业的合伙人按照下列原则确定应纳税所得额:

(1) 合伙企业的合伙人以合伙企业的生产经营所得和其他所得,按照合伙协议约定的分配比例确定应纳税所得额。

(2) 合伙协议未约定或者约定不明确的,以全部生产经营所得和其他所得,按照合伙人协商决定的分配比例确定应纳税所得额。

(3) 协商不成的,以全部生产经营所得和其他所得,按照合伙人实缴出资比例确定应纳税所得额。

(4) 无法确定出资比例的,以全部生产经营所得和其他所得,按照合伙人数量平均计算每个合伙人的应纳税所得额。

合伙协议不得约定将全部利润分配给部分合伙人。

依据新个人所得税法及其实施条例和上述规定:

$$\begin{matrix}某一个人独资企业或\\合伙企业应纳税所得额\end{matrix} = \begin{matrix}收入\\总额\end{matrix} - \begin{matrix}成本、费用、税金、\\损失等扣除项目\end{matrix} - \begin{matrix}弥补以前\\年度亏损\end{matrix}$$

合伙企业投资者从某一合伙企业分得的应纳税所得额 = 某合伙企业应纳税所得额 × 规定比例

有综合所得的投资者应纳税所得额 = 经营所得总额 - 准予扣除的捐赠额

$$\begin{matrix}没有综合所得的\\投资者应纳税所得额\end{matrix} = \begin{matrix}经营所\\得总额\end{matrix} - \begin{matrix}允许扣除的个人减除\\费用及其他扣除\end{matrix} - \begin{matrix}准予扣除\\的捐赠额\end{matrix}$$

(三) 收入总额

收入总额,是指企业从事生产经营以及与生产经营有关的活动所取得的各项收入,包括商品(产品)销售收入、营运收入、劳务服务收入、工程价款收入、财产出租或转让收入、利息收入、其他业务收入和营业外收入。

(四) 扣除项目

财税〔2000〕91 号文件第六条规定,凡实行查账征税办法的,生产经营所得比照《个体工商户个人所得税计税办法(试行)》(国税发〔1997〕43 号)的规定确定,自 2015 年 1 月 1 日起应比照《个体工商户个人所得税计税办法》(国家税务总局令第 35 号)的规定执行。但下列项目的扣除依照本办法的规定执行。

1. 投资者减除费用

自 2018 年 10 月 1 日起,个人独资企业和合伙企业自然人投资者减除费用为 5 000 元/月。

投资者的工资不得在税前扣除。

投资者兴办两个或两个以上企业的,减除费用由投资者选择在其中一个企业的生产经营所得中扣除。

投资者费用扣除标准变化情况如表 3-6 所示。

表 3-6 投资者费用扣除标准变化情况表

时间分段	2006 年 1 月 1 日至 2008 年 2 月 29 日	2008 年 3 月 1 日至 2011 年 8 月 31 日	2011 年 9 月 1 日至 2018 年 9 月 30 日	2018 年 10 月 1 日起
扣除标准	19 200 元/年 (1 600 元/月)	24 000 元/年 (2 000 元/月)	42 000 元/年 (3 500 元/月)	60 000 元/年 (5 000 元/月)
政策依据	《财政部 国家税务总局关于调整个体工商户业主 个人独资企业和合伙企业投资者个人所得税费用扣除标准的通知》(财税〔2006〕44 号)	《财政部 国家税务总局关于调整个体工商户 个人独资企业和合伙企业个人所得税税前扣除标准有关问题的通知》(财税〔2008〕65 号)	《财政部 国家税务总局关于调整个体工商户业主个人独资企业和合伙企业自然人投资者个人所得税费用扣除标准的通知》(财税〔2011〕62 号)	《财政部 税务总局关于 2018 年第四季度个人所得税减除费用和税率适用问题的通知》(财税〔2018〕98 号)

2. 职工工资

个人独资企业和合伙企业向其从业人员实际支付的合理的工资、薪金支出,允许在税前据实扣除。

3. 投资者及其家庭发生的生活费用

投资者及其家庭发生的生活费用不允许在税前扣除。投资者及其家庭发生的生活费用与企业生产经营费用混合在一起,并且难以划分的,全部视为投资者个人及其家庭发生的生活费用,不允许在税前扣除。

 链接:个体工商户生产经营与个人、家庭生活混用的费用如何扣除

《计税办法》第十六条规定,个体工商户生产经营活动中,应当分别核算生产经营费用和个人、家庭费用。对于生产经营与个人、家庭生活混用难以分清的费用,其 40% 视为与生产经营有关费用,准予扣除。

4. 企业生产经营和投资者及其家庭生活共用的固定资产

企业生产经营和投资者及其家庭生活共用的固定资产,难以划分的,由主管税务机关根据企业的生产经营类型、规模等具体情况,核定准予在税前扣除的折旧费用的数额或比例。

5. 工会经费、发生的职工福利费、职工教育经费

个人独资企业和合伙企业拨缴的工会经费、发生的职工福利费、职工教育经费支出分别在工资、薪金总额 2%、14%、2.5% 的标准内据实扣除。

6. 广告费和业务宣传费

个人独资企业和合伙企业每一纳税年度发生的广告费和业务宣传费用不超过当年销售(营业)收入 15% 的部分,可据实扣除;超过部分,准予在以后纳税年度结转扣除。

7. 业务招待费

个体工商户、个人独资企业和合伙企业每一纳税年度发生的与其生产经营业务直接相关的业务招待费支出,按照发生额的 60% 扣除,但最高不得超过当年销售(营业)收入

的 5‰。

8. 准备金

企业计提的各种准备金不得扣除。

 **知识小练习**

【例题·多选】　下列税务处理中,符合个人独资企业和合伙企业征税规定的有(　　　)。

A. 投资者的工资不得税前扣除

B. 企业计提的各种准备金不得税前扣除

C. 分配给投资者的股息、红利,允许税前扣除

D. 企业发生的与生产经营有关的业务招待费可据实扣除

答案: AB

解析: 选项 C,分配给投资者的股息、红利,不允许税前扣除;选项 D,企业发生的与生产经营有关的业务招待费按照税法规定的限额扣除,而不是据实扣除。

(五) 特殊规定

1. 亏损的弥补

1) 弥补亏损的基本规定

财税〔2000〕91 号文件第十四条规定,企业的年度亏损,允许用本企业下一年度的生产经营所得弥补,下一年度所得不足弥补的,允许逐年延续弥补,但最长不得超过 5 年。

2) 投资者兴办多个企业,亏损是否可以跨企业弥补

投资者兴办两个或两个以上企业的,企业的年度经营亏损不能跨企业弥补。

3) 法人合伙人是否可以用合伙企业的亏损抵减盈利

《财政部　国家税务总局关于合伙企业合伙人所得税问题的通知》(财税〔2008〕159 号)第五条规定,合伙企业的合伙人是法人和其他组织的,合伙人在计算其应纳企业所得税时,不得用合伙企业的亏损抵减其盈利。

4) 个独资企业和合伙企业由实行查账征税方式改为核定征税方式后,未弥补完的年度经营亏损是否允许继续弥补

《国家税务总局关于〈关于个人独资企业和合伙企业投资者征收所得税的规定〉执行口径的通知》(国税函〔2001〕84 号)规定,实行查账征税方式的个人独资企业和合伙企业改为核定征税方式后,在查账征税方式下认定的年度经营亏损未弥补完的部分,不得再继续弥补。

2. 关联交易

财税〔2000〕91 号文件第十一条规定,企业与其关联企业之间的业务往来,应当按照独立企业之间的业务往来收取或者支付价款、费用。不按照独立企业之间的业务往来收取或者支付价款、费用,而减少其应纳税所得额的,主管税务机关有权进行合理调整。

上述所称关联企业,其认定条件及税务机关调整其价款、费用的方法,按照《税收征收管理法》及其实施细则的有关规定执行。

3. 投资者兴办两个或两个以上企业的处理

财税〔2000〕91 号文件第十二条规定,投资者兴办两个或两个以上企业的(包括参与兴

办,下同),年度终了时,应汇总从所有企业取得的应纳税所得额,据此确定适用税率并计算缴纳应纳税款。

投资者兴办两个或两个以上企业的,根据税法规定准予扣除的个人费用,由投资者选择在其中一个企业的生产经营所得中扣除。

《国家税务总局关于〈关于个人独资企业和合伙企业投资者征收个人所得税的规定〉执行口径的通知》(国税函〔2001〕84号)对投资者兴办两个或两个以上企业,并且企业全部是独资性质的,其年度终了后汇算清缴时应纳税款的计算问题进行了明确。

投资者兴办两个或两个以上的企业,并且企业性质全部是独资的,年度终了后汇算清缴时,应纳税款的计算按以下方法进行:汇总其投资兴办的所有企业的经营所得作为应纳税所得额,以此确定适用税率,计算出全年经营所得的应纳税额,再根据每个企业的经营所得占所有企业经营所得的比例,分别计算出每个企业的应纳税额和应补缴税额。计算公式如下:

$$应纳税所得额 = \sum 各个企业的经营所得$$

$$应纳税额 = 应纳税所得额 \times 税率 - 速算扣除数$$

$$本企业应纳税额 = 应纳税额 \times 本企业的经营所得 / \sum 各个企业的经营所得$$

$$本企业应补缴的税额 = 本企业应纳税额 - 本企业预缴的税额$$

4. 境外已缴税款的扣除

新个人所得税法第七条规定,居民个人从中国境外取得的所得,可以从其应纳税额中抵免已在境外缴纳的个人所得税税额,但抵免额不得超过该纳税人境外所得依照个人所得税法规定计算的应纳税额。

财税〔2000〕91号文件第十五条规定,投资者来源于中国境外的生产经营所得,已在境外缴纳所得税的,可以按照个人所得税法的有关规定计算扣除已在境外缴纳的所得税。

5. 对外投资分回利息、股息、红利的处理

《国家税务总局关于〈关于个人独资企业和合伙企业投资者征收所得税的规定〉执行口径的通知》(国税函〔2001〕84号)规定,个人独资企业和合伙企业对外投资分回的利息或者股息、红利,不并入企业的收入,而应单独作为投资者个人取得的利息、股息、红利所得,按"利息、股息、红利所得"应税项目计算缴纳个人所得税。以合伙企业名义对外投资分回利息或者股息、红利的,应按财税〔2000〕91号文件所附规定的第五条精神确定各个投资者的利息、股息、红利所得,分别按"利息、股息、红利所得"应税项目计算缴纳个人所得税。

 **知识小练习**

【例题·多选】 个人独资企业的投资者缴纳所得税时,下列各项应作为经营所得的有( )。

A. 投资者买彩票的中奖所得

B. 独资企业对外投资分回来的股息

C. 投资者个人从独资企业领取的工资

D. 独资企业分配给投资者个人的所得

答案： CD

解析： 中奖所得按照"偶然所得"应税项目计算缴纳个人所得税；个人独资企业和合伙企业对外投资分回的利息或者股息、红利，不并入企业的收入，而应单独作为投资者个人取得的利息、股息、红利所得，按"利息、股息、红利所得"应税项目计算缴纳个人所得税。

6. 视同利润分配的情形

《财政部　国家税务总局关于企业为个人购买房屋或其他财产征收个人所得税问题的批复》（财税〔2008〕83号）规定，符合以下情形的房屋或其他财产，不论所有权人是否将财产无偿或有偿交付企业使用，其实质均为企业对个人进行了实物性质的分配，应依法计征个人所得税。

（1）企业出资购买房屋及其他财产，将所有权登记为投资者个人、投资者家庭成员或企业其他人员的。

（2）企业投资者个人、投资者家庭成员或企业其他人员向企业借款用于购买房屋及其他财产，将所有权登记为投资者、投资者家庭成员或企业其他人员，且借款年度终了后未归还借款的。

对个人独资企业、合伙企业的个人投资者或其家庭成员取得的上述所得，视为企业对个人投资者的利润分配，按照"个体工商户的生产、经营所得"项目计征个人所得税；对除个人独资企业、合伙企业以外其他企业的个人投资者或其家庭成员取得的上述所得，视为企业对个人投资者的红利分配，按照"利息、股息、红利所得"项目计征个人所得税；对企业其他人员取得的上述所得，按照"工资、薪金"所得项目计征个人所得税。

《财政部　国家税务总局关于规范个人投资者个人所得税征收管理的通知》（财税〔2003〕158号）规定，个人独资企业、合伙企业的个人投资者以企业资金为本人、家庭成员及其相关人员支付与企业生产经营无关的消费性支出及购买汽车、住房等财产性支出，视为企业对个人投资者的利润分配，并入投资者个人的生产经营所得，依照"个体工商户的生产、经营所得"项目计征个人所得税。

企业的上述支出不允许在所得税前扣除。

7. 关于残疾人员兴办或参与兴办个人独资企业和合伙企业的税收优惠问题

《国家税务总局关于〈关于个人独资企业和合伙企业投资者征收个人所得税的规定〉执行口径的通知》（国税函〔2001〕84号）规定，残疾人员投资兴办或参与投资兴办个人独资企业和合伙企业的，残疾人员取得的生产经营所得，符合各省、自治区、直辖市人民政府规定的减征个人所得税条件的，经本人申请、主管税务机关审核批准，可按各省、自治区、直辖市人民政府规定减征的范围和幅度，减征个人所得税。

四、核定征收

（一）核定征收的情形

财税〔2000〕91号文件第七条规定，有下列情形之一的，主管税务机关应采取核定征收方式征收个人所得税：

（1）企业依照国家有关规定应当设置但未设置账簿的。

（2）企业虽设置账簿，但账目混乱或者成本资料、收入凭证、费用凭证残缺不全，难以查账的。

（3）纳税人发生纳税义务，未按照规定的期限办理纳税申报，经税务机关责令限期申报，逾期仍不申报的。

这里所说核定征收方式，包括定额征收、核定应税所得率征收以及其他合理的征收方式。

财税〔2000〕91号文件第十条同时规定，实行核定征税的投资者，不能享受个人所得税的优惠政策。

（二）核定征收的方法

1. 定期定额征收

个人独资企业的核定征收管理比照《个体工商户税收定期定额征收管理办法》执行。

2. 核定应税所得率征收

核定应税所得率，是税务机关按照一定的标准、程序和方法，预先核定纳税人的应税所得率，由纳税人根据纳税年度内收入总额或成本费用等实际发生额，按预先核定的应税所得率计算缴纳生产经营所得个人所得税的方法。

财税〔2000〕91号文件第九条规定，实行核定应税所得率征收方式的，应纳所得税额的计算公式如下：

$$应纳所得税额 = 应纳税所得额 \times 适用税率$$

$$应纳税所得额 = 收入总额 \times 应税所得率$$

$$〔或 = 成本费用支出额 \div（1 - 应税所得率）\times 应税所得率〕$$

应税所得率应按表3-7规定的标准执行。

表3-7　应税所得率表

行业	应税所得率	行业	应税所得率
工业、交通运输业、商业	5%～20%	娱乐业	20%～40%
建筑业、房地产业	7%～20%	其他行业	10%～30%
饮食服务业	7%～25%		

企业经营多业的，无论其经营项目是否单独核算，均应根据其主营项目确定其适用的应税所得率。

五、清算所得

财税〔2000〕91号文件第十六条规定，企业进行清算时，投资者应当在注销工商登记之前，向主管税务机关结清有关税务事宜。企业的清算所得应当视为年度生产经营所得，由投资者依法缴纳个人所得税。

清算所得，是指企业清算时的全部资产或者财产的公允价值扣除各项清算费用、损失、负债、以前年度留存的利润后，超过实缴资本的部分。

链接：本人退伙取得的所得应当如何缴纳个人所得税

问：本人在合伙企业中投资了 100 万元，经与合伙人协商，本人退出合伙企业。合伙人支付本人 200 万元，其中包括账面未分配本人的利润 50 万元。请问，本人退伙取得的所得应当如何缴纳个人所得税？

答：根据《财政部 国家税务总局关于合伙企业合伙人所得税问题的通知》（财税〔2008〕159 号）的规定，合伙企业生产经营所得和其他所得采取"先分后税"的原则，个人独资企业和合伙企业每一纳税年度的收入总额减除成本、费用以及损失后的余额，作为投资者个人的生产经营所得，按照经营所得计算缴纳个人所得税。生产经营所得和其他所得，包括合伙企业分配给所有合伙人的所得和企业当年留存的所得（利润）。也就是说，个人独资企业和合伙企业的"经营所得"已经就是投资者个人的所得，缴纳过个人所得税后再分红，不存在缴纳个人所得税问题。因此，对你取得的属于合伙企业未分配的利润 50 万元不缴纳个人所得税。

根据新个人所得税法第三条第（三）项的规定，利息、股息、红利所得，财产租赁所得，财产转让所得和偶然所得，适用比例税率，税率为 20%。新个人所得税法实施条例第六条第（八）项规定，财产转让所得是指个人转让有价证券、股权、合伙企业中的财产份额、不动产、机器设备、车船以及其他财产取得的所得。因此，你个人转让合伙企业份额取得的收入 200 万元中，其中属于转让合伙企业份额的收入为 150 万元，超过初始投资成本 100 万元的部分为 50 万元，属于财产转让所得，应按 20% 缴纳个税。

财产转让所得＝200－50－100＝50（万元）。

应缴纳个人所得税＝50×20%＝10（万元）。

六、征收管理

（一）申报期限

根据个人所得税法和财税〔2000〕91 号文件第十七条的规定，投资者应纳的个人所得税税款，按年计算，分月或者分季预缴，由投资者在每月或者每季度终了后 15 日内预缴，年度终了后 3 个月内汇算清缴，多退少补。企业在年度中间合并、分立、终止时，投资者应当在停止生产经营之日起 60 日内，向主管税务机关办理当期个人所得税汇算清缴。企业在纳税年度的中间开业，或者由于合并、关闭等原因，使该纳税年度的实际经营期不足 12 个月的，应当以其实际经营期为一个纳税年度。

根据《国家税务总局关于小型微利企业和个体工商户延缓缴纳 2020 年所得税有关事项的公告》（国家税务总局公告 2020 年第 10 号）规定，2020 年 5 月 1 日至 2020 年 12 月 31 日，个体工商户在 2020 年剩余申报期按规定办理个人所得税经营所得纳税申报后，可以暂缓缴纳当期的个人所得税，延迟至 2021 年首个申报期内一并缴纳。其中，个体工商户实行简易申报的，2020 年 5 月 1 日至 2020 年 12 月 31 日期间暂不扣划个人所得税，延迟至 2021 年首个申报期内一并划缴。5 月 1 日至该公告发布前，纳税人已经缴纳符合该规定缓缴税款的，可申请退还，一并至 2021 年首个申报期内缴纳。

（二）纳税地点

《国家税务总局关于个人所得税自行纳税申报有关问题的公告》（国家税务总局公告

2018年第62号)规定,纳税人取得经营所得,按年计算个人所得税,由纳税人在月度或季度终了后15日内,向经营管理所在地主管税务机关办理预缴纳税申报,并报送《个人所得税经营所得纳税申报表(A表)》。在取得所得的次年3月31日前,向经营管理所在地主管税务机关办理汇算清缴,并报送《个人所得税经营所得纳税申报表(B表)》;从两处以上取得经营所得的,选择向其中一处经营管理所在地主管税务机关办理年度汇总申报,并报送《个人所得税经营所得纳税申报表(C表)》。

 链接:个人独资企业投资者分回利润

问:个人独资企业申报经营所得后,将剩余的利润打到投资者的账户,还需要缴纳个人所得税吗?

答:根据《财政部 国家税务总局关于印发〈关于个人独资企业和合伙企业投资者征收个人所得税的规定〉的通知》(财税〔2000〕91号)第五条的规定,个人独资企业的投资者以全部生产经营所得为应纳税所得额;合伙企业的投资者按照合伙企业的全部生产经营所得和合伙协议约定的分配比例确定应纳税所得额,合伙协议没有约定分配比例的,以全部生产经营所得和合伙人数量平均计算每个投资者的应纳税所得额。

上述所称生产经营所得,包括企业分配给投资者个人的所得和企业当年留存的所得(利润)。个人独资企业和合伙企业按照上述政策申报缴纳经营所得个人所得税后,将利润分配给投资者不再缴纳个人所得税。

 **阶段练习**

一、单项选择题

1. 通常情况下个人独资企业的投资者向经营管理所在地主管税务机关办理汇算清缴的时间是(   )。

A. 次年3月1日至6月30日   B. 次年5月30日

C. 次年1月1日至6月30日   D. 次年3月31日

答案: D

解析: 根据个人所得税法和《关于个人独资企业和合伙企业投资者征收个人所得税的规定》(财税〔2000〕91号)第十七条的规定,投资者应纳的个人所得税税款,按年计算,分月或者分季预缴,由投资者在每月或者每季度终了后15日内预缴,年度终了后3个月内汇算清缴,多退少补。所以选项D正确。

2. 下列各项中,按照经营所得征税的是(   )。

A. 王某从非任职的单位中取得的独立董事费收入

B. 个人取得的国债转让所得

C. 股份公司的个人投资者以企业资金为本人购买的住房

D. 个人独资企业的个人投资者以企业资金为本人购买住房

答案: D

解析: 选项A,按照"劳务报酬所得"项目征税;选项B,按照"财产转让所得"项目征税;选项C,按照"利息、股息、红利所得"项目征税;选项D,按照"经营所得"项目征税。

3. 下列所得中,属于个人所得税"经营所得"应税项目的是(　　)。

A. 个人在公司任职并兼任董事取得的董事费所得

B. 合伙人从合伙企业按月取得的劳动所得

C. 退休后再任职取得的收入

D. 任职于杂志社的记者在本单位杂志上发表作品取得的所得

答案: B

解析: 选项 A、C、D,按照"工资、薪金所得"应税项目缴纳个人所得税。

4. 下列表述中,符合个人所得税规定的是(　　)。

A. 个体工商户从联营企业分回的利润应并入其经营所得一并缴纳个人所得税

B. 个人合伙企业投资者的工资支出不得在税前扣除

C. 个人合伙企业支付给投资者的分红,可以在个人所得税前据实扣除

D. 个人独资企业的投资者的生活费用允许在个人所得税前扣除

答案: B

解析: 个体工商户从联营企业分回的利润应按照"利息、股息、红利所得"项目缴纳个人所得税;个人合伙企业支付给投资者的分红、个人独资企业的投资者生活费都不能在所得税前扣除。

二、多项选择题

1. 依据个人所得税的相关规定,下列说法中正确的有(　　)。

A. 个人取得的教育储蓄存款利息免征个人所得税

B. 作者去世后,财产继承人取得的遗作稿酬免征个人所得税

C. 个人取得特许权的经济赔偿收入,应按"偶然所得"项目缴纳个人所得税

D. 个人独资企业为投资者支付的个人工资,不得在所得税前扣除

答案: AD

解析: 选项 B,作者去世后,财产继承人取得的遗作稿酬应征收个人所得税;选项 C,个人取得特许权的经济赔偿收入,应按"特许权使用费"项目缴纳个人所得税。

2. 下列选项中,属于适用或者比照五级超额累进税率的有(　　)。

A. 个体工商户的生产、经营所得　　　　B. 工资、薪金所得

C. 合伙企业的所得　　　　　　　　　　D. 劳务报酬所得

答案: AC

解析: 选项 B、D 为综合所得,适用七级超额累进税率。

3. 下列税务处理中,符合个人独资企业和合伙企业征税规定的有(　　)。

A. 投资者的工资不得税前扣除

B. 企业计提的各种准备金不得税前扣除

C. 分配给投资者的股息、红利,允许税前扣除

D. 企业发生的与生产经营有关的业务招待费可据实扣除

E. 投资者兴办两个或两个以上企业的,企业的年度经营亏损不可跨企业弥补

答案: ABE

解析: 选项 C,不允许税前扣除;选项 D,不是据实扣除,应在不超限额的情况下扣除。

第四节 特殊行业政策

一、律师行业个人所得税政策

为了规范和加强律师事务所从业人员个人所得税的征收管理,《国家税务总局关于律师事务所从业人员取得收入征收个人所得税有关业务问题的通知》(国税发〔2000〕149 号,以下简称国税发〔2000〕149 号文件)和《国家税务总局关于律师事务所从业人员有关个人所得税问题的公告》(国家税务总局公告 2012 年第 53 号,以下简称总局公告 2012 年第 53 号文件),先后分别对律师行业有关个人所得税问题作出了明确规定。

对于一个律师事务所而言,主要包括三类人员,即出资律师、雇员律师和非雇员律师。

(一) 出资律师

1. 征税项目

根据国税发〔2000〕149 号文件规定,律师个人出资兴办的独资和合伙性质的律师事务所的年度经营所得,从 2000 年 1 月 1 日起,停止征收企业所得税,作为出资律师的个人经营所得,按照有关规定,比照"个体工商户的生产、经营所得"应税项目征收个人所得税。在计算其经营所得时,出资律师本人的工资、薪金不得扣除。

合伙制律师事务所应将年度经营所得全额作为基数,按出资比例或者事先约定的比例计算各合伙人应分配的所得,据以征收个人所得税。

2. 应纳税所得额的计算

经营所得除依照新个人所得税法及其实施条例以及《财政部 国家税务总局〈关于个人独资企业和合伙企业投资者征收个人所得税的规定〉的通知》(财税〔2000〕91 号),《国家税务总局个体工商户个人所得税计税办法》(国家税务总局令第 35 号)等规定计算应纳税所得额以外,还应当注意以下问题:

(1) 实行收入分成办法的律师办案费用不得在律师事务所重复列支。

(2) 律师个人承担的按照律师协会规定参加的业务培训费用,可据实扣除。

 **知识小练习**

【例题·计算】 周某、吴某合伙成立律师事务所,合伙协议约定分配比率为各 50%,2020 年度发生如下业务:

(1) 取得营业收入 500 万元。

(2) 发生营业成本 300 万元。

(3) 发生销售费用 30 万元(其中广告、业务宣传费 15 万元),发生管理费用 40 万元(其中业务招待费 4 万元),财务费用 8 万元。

(4) 除增值税以外的相关税费 5 万元。

(5) 营业外收入 10 万元,营业外支出 12 万元(其中含税收滞纳金 2 万元)。

(6) 计入成本、费用中的实发工资总额 180 万元(其中合伙人周某、吴某工资各 50 万元),发生职工福利费 15 万元,发生职工教育经费 10 万元(其中参加行业协会举办的培训费支出 6 万元）。

周某、吴某均无综合所得和其他所得，无其他扣除项目，请计算 2020 年度周某、吴某每人应纳个人所得税金额是多少。

答案及解析：（1）合伙企业利润总额＝500－300－30－40－8－5＋10－12＝115（万元）。

（2）计算合伙企业经营所得的应纳税所得额：

① 广告费、业务宣传费支出，15 万元＜500×15％＝75（万元），限额内无调增；

② 业务招待费支出，4×60％＝2.4（万元）＜500×0.5％＝2.5（万元），应调增所得额＝4－2.4＝1.6（万元）；

③ 税收滞纳金 2 万元不得扣除，应调增所得额；

④ 合伙人周某、吴某工资不得扣除，合计应调增应纳税所得额 100 万元；

⑤ 职工福利费应调增所得额＝15－（180－100）×14％＝3.8（万元）；

参加行业协会举办的培训费支出 6 万元可据实扣除，职工教育经费应调增所得额＝10－6－（180－100）×2.5％＝2（万元）；

⑥ 应纳税所得额＝115＋1.6＋2＋100＋3.8＋2＝224.4（万元）。

（3）计算合伙人个人所得税：

周某、吴某合伙协议约定分配比率为各 50％，无综合所得，无其他扣除项目，每人均可扣除 6 万元减除费用。

周某、吴某每人应缴纳个人所得税＝（224.4×50％－6）×35％－6.55＝30.62（万元）。

（二）雇员律师

雇员律师包括专职律师和兼职律师。专职律师是指取得律师资格或法律职业资格证书者，在律师事务所实习一年后，领取专职律师执业证、必须在律师事务所执业的人员。兼职律师是指取得律师资格和律师执业证书，不脱离本职工作从事律师职业的人员。

1. 征税项目

根据国税发〔2000〕149 号文件规定，律师事务所支付给雇员（包括律师及行政辅助人员，但不包括律师事务所的投资者，下同）的所得，按"工资、薪金所得"应税项目征收个人所得税。

作为律师事务所雇员的律师与律师事务所按规定的比例对收入分成，律师事务所不负担律师办理案件支出的费用（如交通费、资料费、通讯费及聘请人员等费用），律师当月的分成收入按规定扣除办理案件支出的费用后，余额与律师事务所发给的工资合并，按"工资、薪金所得"应税项目计征个人所得税。

2. 基本费用扣除标准

律师事务所在代扣代缴工资、薪金性质的个人所得税时，专职律师可以按基本费用扣除标准扣除基本费用，兼职律师不再扣减基本费用扣除标准，以收入全额（取得分成收入的为扣除办理案件支出费用后的余额）直接确定税率，计算扣缴个人所得税。

3. 办案费用扣除标准

根据国税发〔2000〕149 号文件的规定，律师从其分成收入中扣除办理案件支出费用的标准，由各省级税务局根据当地律师办理案件费用支出的一般情况、律师与律师事务所之间的收入分成比例及其他相关参考因素,在律师当月分成收入的30%比例内确定。

根据《国家税务总局关于强化律师事务所等中介机构投资者个人所得税查账征收的通知》(国税发〔2002〕123号,以下简称国税发〔2002〕123号文件)的规定,对作为律师事务所雇员的律师,其办案费用或其他个人费用在律师事务所报销的,在计算其收入时不得再扣除国税发〔2000〕149号第五条第二款规定的其收入30%以内的办理案件支出费用。

4. 法律顾问费

对律师从接受法律事务服务的当事人处取得的法律顾问费或其他酬金的处理包括两个阶段,2013年1月1日之前,均按"劳务报酬所得"应税项目征收个人所得税,税款由支付报酬的单位或个人代扣代缴。自2013年1月1日起,律师从接受法律事务服务的当事人处取得法律顾问费或其他酬金等收入,应并入其从律师事务所取得的其他收入,按照规定计算缴纳个人所得税。

(三) 非雇员律师

律师以个人名义再聘请其他人员为其工作而支付的报酬,应由该律师按"劳务报酬所得"应税项目负责代扣代缴个人所得税。为了便于操作,税款可由其任职的律师事务所代为缴入国库。

 **知识小练习**

【例题·计算1】 徐某为某律师事务所雇员律师。2021年1月取得了工资7 000元,办案补贴1 000元,业务分成收入25 000元。在案件办理过程中,徐某以个人名义聘请了兼职律师李某协助,支付李某报酬4 000元。徐某为一家公司提供法律咨询,当月取得法律顾问费10 000元。当地分成收入的扣除比例是30%。当月徐某符合规定的专项扣除为800元,专项附加扣除为3 000元。请计算徐某2021年1月应预缴的个人所得税金额。

答案及解析: 根据国税发〔2000〕149号文件规定,作为律师事务所雇员的律师与律师事务所按规定的比例对收入分成,律师事务所不负担律师办理案件支出的费用(如交通费、资料费、通讯费及聘请人员等费用),律师当月的分成收入按规定扣除办理案件支出的费用后,余额与律师事务所发给的工资合并,按"工资、薪金所得"应税项目计征个人所得税。

根据总局公告2012年第53号文件的规定,律师从接受法律事务服务的当事人处取得法律顾问费或其他酬金等收入,应并入其从律师事务所取得的其他收入,按照规定计算缴纳个人所得税。

因此,徐某2021年1月的应纳税所得额为:

7 000＋1 000＋25 000×(1－30%)＋10 000－5 000－800－3 000＝26 700(元)。

律师事务所应预扣徐某个人所得税金额为:

26 700×3%＝801(元)。

【例题·计算2】 接上例,请计算李某应预缴的个人所得税。

答案及解析: 根据国税发〔2000〕149号文件规定,律师以个人名义再聘请其他人员为其工作而支付的报酬,应由该律师按"劳务报酬所得"应税项目负责代扣代缴个人所得税。为了便于操作,税款可由其任职的律师事务所代为缴入国库。李某取得的劳务报酬应预缴个人所得税＝(4 000－800)×20%＝640(元)。

由律师事务所预扣预缴,次年3月1日至6月30日,李某可参加汇算清缴,多退少补。

【例题·计算3】 公正律师事务所聘请了韩梅梅、李雷两名律师从业人员,其中,李雷是某高校教授,在该所做兼职律师,韩梅梅为该所专职律师。该所规定每月基本工资为6 000元,对律师办案取得收入和事务所按5∶5分成,2021年1月韩梅梅、李雷每人都取得律师办案收入5万元,按约定每名律师应分得分成收入25 000元,韩梅梅用发票在公司报销了6 000元交通费、资料费等自己的办案费用,假设该省规定律师办案费用按当月分成收入的30%,韩梅梅无其他扣除项目,请计算律师事务所应预扣韩梅梅1月个人所得税金额。

答案及解析: 根据国税发〔2000〕149号文件规定,作为律师事务所雇员的律师与律师事务所按规定的比例对收入分成,律师事务所不负担律师办理案件支出的费用(如交通费、资料费、通讯费及聘请人员等费用),律师当月的分成收入按规定扣除办理案件支出的费用后,余额与律师事务所发给的工资合并,按"工资、薪金所得"应税项目计征个人所得税。

根据国税发〔2002〕123号文件规定,对作为律师事务所雇员的律师,其办案费用或其他个人费用在律师事务所报销的,在计算其收入时不得再扣除上述规定的其收入30%以内的办理案件支出费用。

1月应预扣韩梅梅个人所得税=(6 000+25 000-6 000-5 000)×3%=600(元)。

【例题·计算4】 接上例,请计算律师事务所应预扣李雷个人所得税是多少。

答案及解析: 兼职律师从律师事务所取得工资、薪金性质的所得,律师事务所在代扣代缴其个人所得税时,不再减除税法规定的费用扣除标准,以收入全额(取得分成收入的为扣除办理案件支出费用后的余额)直接确定适用税率,计算扣缴个人所得税。

1月应预扣李雷个人所得税=[6 000+25 000×(1-30%)]×3%=705(元)。

 链接:合伙人退伙与律师事务所税款税目纠纷案1

孙常根与广东雅尔德律师事务所樊永强合同纠纷一审民事判决书

广东省深圳市福田区人民法院民事判决书

〔2016〕粤0304民初2770号

原告:孙常根,男,汉族,1967年3月3日出生,住址广东省深圳市罗湖区。

被告:广东雅尔德律师事务所,住所地广东省深圳市福田区福华一路＊＊中心商务大厦＊＊,组织机构代码G34803609。

法定代表人:樊永强。

委托代理人:邵雷,广东雅尔德律师事务所律师。

被告:樊永强,男,汉族,1973年7月1日出生,住址广东省深圳市福田区。

原告孙常根诉被告广东雅尔德律师事务所(以下简称雅尔德律所)、樊永强合同纠纷一案,本院于2016年1月20日受理后,依法组成合议庭适用普通程序,于2016年12月23日公开开庭进行了审理,原告孙常根、被告雅尔德律所及其代理人邵雷、被告樊永强均到庭参加诉讼。本案现已审理终结。

原告诉称,原告于2006年4月进入被告律师事务所,成为被告律所的执业律师。2007

年1月22日，经原告申请，其他合伙人签名同意，并经深圳市司法局和广东省司法厅核准，成为被告律所合伙人，2015年2月9日从被告律所转出，到现在的广东深信律师事务所执业。

离开被告律所时，原告有75万余元律师费提成收入尚未结算，仍停留在被告账户上。经原告多次催促，2015年5月22日，原告只收到被告支付的40 008元人民币，其余71万余元至今未支付给原告。这71万余元的具体情况是：2013年12月30日，原告有一笔392万余元的律师代理费业务收入汇入被告账户，被告在开具收费发票的同时，预先扣除了95万元作为原告的预付税款，被告开具发票的日期分别是2013年12月30日和2014年1月2日、13日。

作为该所合伙人，原告应缴纳的税款为两种，一是增值税（2014年1月1日之前称为营业税），二是个人所得税。增值税是固定的，大概是营业收入的6%，被告雅尔德律所开具的发票显示实际缴纳的增值税总额为222 060.78元，被告雅尔德律所财务凭证有发票底联，可以核对清楚；按照个人所得税法规定，律师事务所合伙人的个人所得税是以年度为时间单位核算清缴的，由律师事务所代扣代缴。原告从税务机关得到的完税证明显示，原告2013年和2014年两个纳税年度，在由被告代为扣除各项成本后，被告实际代原告缴纳的个人所得税税额分别为5 828元和2 583元，共计8 411元。也就是说，在这一笔律师代理费收入上，被告实际代原告支付的税款为增值税222 060元，个人所得税8 411元（个人所得税实际上少于这个数字，因为个人所得税是全年的，不只包含这一笔收入的应纳个人所得税，当年度还有其他代理费收入应纳个人所得税），共计不超过230 471元。这就意味着，被告预扣本人95万元税款，实际代原告缴纳的税款不到23万余元，中间的差额部分为71万余元，理应退给原告本人。本人多次向被告的负责人要求支付上述提成款，未果。

被告雅尔德律所属于普通合伙律师事务所，被告樊永强是被告雅尔德律所的合伙人之一，根据《律师事务所管理办法》第四十四条的规定，理应对本案债务承担连带责任。

另需特别提到的是，根据原告与被告雅尔德律所每年签订的《律师聘用合同》，原告向被告雅尔德律所交纳了所有应交纳的费用，原告从未拖欠被告雅尔德律所任何费用，也就是说，被告雅尔德律所无任何理由不支付原告本案争议的提成款。

在此之前，考虑到本案原告与被告雅尔德律所的特殊关系，且都是律师同行，原告先通过电话、邮件及短信与被告雅尔德律所的执行主任孙某和负责人（即被告樊永强）沟通，无果。其后于2015年12月9日将本案争议提交深圳市律师协会纪律部，希望由协会内部调解处理，将矛盾化解于行业内部。迫于律师协会的压力，被告樊永强代表被告雅尔德律所在电话中对原告口头表示愿意和解，但后来未再表现出任何诚意，甚至未再联系过原告。为了维护本人合法权益，在和解无望、多方协调无效的情况下，原告现诉诸法院，请求依法公断。据此，请求法院判令：1.被告雅尔德律所向原告支付拖欠的律师费收入提成款719 529元及利息31 989元（利息自2015年2月10日计算至2016年1月9日，按照年利率4.85%计算），共计751 518元；2.被告雅尔德律所承担本案的诉讼费；3.被告樊永强对上述债务承担连带责任。

被告雅尔德律所辩称：

一、原告孙常根虽名义上被登记为被告雅尔德律所的合伙人，但其实质上为挂名合伙人。原告 2013 年 12 月收取厦门信托案代理费计人民币 392.307 2 万元,后双方针对该笔费用应如何纳税进行过多次交流。原告提款后至转所结算之时均对上述方案没有任何争议。

二、本案案由应为合伙协议纠纷。

三、按照税法查账征收规定,原告的应纳税额为人民币 162.94 万元,因此根本不存在律师费结余,人民币 95 万元不管是包税还是预付款,都已作为税款缴纳。被告雅尔德律所没有从此项操作中获得任何利益,反而是帮助原告节省了 67.94 万元的税费。

四、律师事务所作为合伙企业,其所得采取"先分后税"的处理原则,并不以个案名义或者单纯的以个人案件统计收入纳税,而是按照全部经营所得作为纳税所得额,扣除成本、费用及损失后,按照合伙人协议约定的分配比例确定应纳税所得额,再按照国家税法规定个人所得税税率依法纳税,与个人并无直接关系,所以个人名下显示的税金并不是其全部个案收入的税金;原告作为名义合伙人,其在本所的出资比例为 2%,即其利润分配和应纳税所得额分配理应也为 2%,但由于其并不承担合伙人的实际义务,因此其他合伙人并没有参与其人民币 392.307 2 万元代理费利润的分配,同样,此 392.307 2 万元代理费所对应的应纳税所得额,其他合伙人也不应帮原告分担。

五、综上,被告雅尔德律所认为,原告在律师事务所执业期间的权利、义务理应相对等,原告以顾问律师的身份作为被告雅尔德律所的名义合伙人,没有承担合伙人应承担的成本支出,也没有按照实际登记出资比例分配利润,则其无权按照登记出资比例享受"先分后税"原则给其带来的收益,而无端增加其他合伙人的税负。因此,被告雅尔德律所特具上述意见,请求贵院在查清事实的基础上裁定驳回原告的起诉或判决驳回其诉讼请求,以维护被告雅尔德律所的合法权益。

被告樊永强辩称,同意被告雅尔德律所答辩意见,补充:

1. 原告将自己名义合伙人身份与出资合伙人混同存在错误,原告一方面主张其是被告雅尔德律所的合伙人且按照出资合伙人计税方式确认其应缴纳个人所得税,另一方面其又提供与被告雅尔德律所聘用合同,诉求主张业务提成费,而非合伙企业税后利润分配,二者存在矛盾。

2. 将合伙企业合伙人收入分配与合伙企业劳务报酬混同。原告主张个人收入所得,但未按照法律规定承担个人所得税。原告存在名义合伙人,对被告雅尔德律所不承担出资义务,不享有列入分红和承担亏损,原告的收益,被告也不承担亏损和分享分红,其他合伙人未参与原告收益,其应承担个人所得税。原告在本案收益 392.307 2 万元,应承担税费152.436 9 万元,扣除税费后原告应得不到 240 万元,但被告雅尔德律所就该笔业务依法统一缴纳税费后向原告支付近 300 万元,远超于其应得收入。

3. 原告认为被告雅尔德律所留取其业务的税金,但未向税务部门全部缴纳明显是片面和错误的,原告每笔收入与其缴纳税费并非对应,每笔收入开具了发票可以对应,但个人所得税并非对应,而是纳入全所合伙人收益,按照先分后税的原则分别承担应缴的税费,且已经实际缴纳税费 90 余万元,如果未足额缴纳税费,按照原告所称仅缴纳 8 000 余元,原告不可能取得 300 万元的收入。

4. 原告作为名义合伙人,被告雅尔德律所以其名义向税务部门缴纳合伙企业个人所得税与其无关,原告不承担合伙人相关义务,在税务登记部门显示原告作为名义合伙人相对应出资比例2‰,这是对外相应比例,并非原告与被告雅尔德律所之间的分配比例,所以按照2‰缴纳所得税与原告无关,对于本案涉及业务收入没有对应关系,即使按照原告说法,被告扣留其税款未缴纳,被告也没有义务向其返还代扣未代缴的税款,其向被告雅尔德律所主张税款没有法律依据。原告与被告雅尔德律所已经就税款达成共识并已经实际履行完毕,债权债务已经结清,未拖欠原告任何费用,请求驳回原告的诉讼请求。

经审理查明,原告于2006年4月进入被告雅尔德所,成为该所执业律师,于2007年1月22日成为该所合伙人,于2015年2月9日从被告雅尔德所转出,至广东深信律师事务所执业。

2014年1月13日,原告与被告樊永强、被告雅尔德所财务经办人签订《关于厦门公司案件税款问题的备忘录》以下简称《备忘录》一份,内容为:孙常根律师代理的厦门国际信托公司诉海口市国土海洋资源局行政侵权纠纷一案,已经结案,律师费实际到账392.3万元,本着精诚团结、友好协商的原则,本所与孙律师现就本案税款问题形成如下一致意见:

一、孙律师支付税款95万元,另在本年度内向本所提交30万元发票(主要为海口市房地产信息咨询业发票)。

二、其余297.3万元,本所在6个月内支付到孙律师本人账户上,平均每月约50万元,由于急需用款,本所在本月18号前向孙律师支付60万元。

三、本年度内孙律师如果有收入需要开票。另行按照本所规定提交相应的发票冲抵成本。

原告当庭主张之所以与被告签署《备忘录》,系因为原告所有收入所里都要预扣20%税费,原告为了把律师费提走,被迫与被告协商预扣95万元税款。原告同时确认上述《备忘录》约定的剩余297.3万元律师费在扣除相应费用后,原告实际收到260万元,并表示对该部分扣除的费用没有异议。

以上案件事实,有原、被告提交的证据及庭审笔录等予以证明。

本院认为,本案系合同纠纷。关于原告与被告樊永强签订的《关于厦门公司案件税款问题的备忘录》,原告主张其对支付95万元税款存在异议,只是迫于被告雅尔德所律师费分配制度,为了获得该笔律师费收入,才签署涉案《备忘录》。但原告作为完全民事行为能力人,且系职业律师,理应知晓签订《备忘录》所产生的法律后果,故原告为了获取律师费收入依然在涉案备忘录上签字的行为,应视为其真实意思表示。

原告同时主张涉案《备忘录》约定"孙律师支付税款95万元,另在本年度内向本所提交30万元发票"系避税条款,应为无效条款。对此本院认为,结合原告诉求的"律师费收入提成款"来看,该条款应属于律师事务所合伙人之间就涉案收入所需缴纳税款的内部成本分担而进行的约定,该95万元"税款"的性质与双方就涉案律师费收入依法所需要缴纳的税款并不一致,原告依约向被告支付95万元"税款"并不必然导致规避税费的结果,且原告亦未就此向本院提交相应证据予以证明,应承担举证不能的不利后果,故原告的该项主张亦没有事实和法律依据,本院对此不予支持。

综上,涉案《备忘录》系原、被告双方的真实意思表示,且没有违反法律、行政法规的强制性规定,应为合法有效,原、被告双方均应按照约定履行自己的义务。故在原告确认被告雅尔德所已依约向其支付涉案剩余律师费的前提下,要求被告返还 719 529 元律师费收入提成款及利息没有事实和法律依据,本院对此不予支持,依法驳回原告的诉讼请求。

依照《中华人民共和国合同法》第八条,《中华人民共和国民事诉讼法》第六十四条、第一百四十二条的规定,判决如下:

驳回原告孙常根的诉讼请求。

本案案件受理费 11 315 元(原告已预交),由原告负担。

如不服本判决,可在判决书送达之日起 15 日内向本院递交上诉状,按对方当事人的人数提出副本,上诉于广东省深圳市中级人民法院。当事人提出上诉的,应在收到上诉费缴费通知之日起 7 日内预交上诉案件受理费,逾期不预交的,按自动撤回上诉处理。

二、建筑安装业个人所得税政策

建筑业是国民经济的支柱产业之一,主要分为房屋和土木工程以及桥梁工程建筑业、建筑安装业、建筑装饰业和其他建筑业,随着经济发展,建筑安装业规模不断扩大,为了加强税收征管,国家在税收征管方面出台了一系列的文件。

(一)基本规定

1996 年国家税务总局印发了《建筑安装业个人所得税征收管理暂行办法》(国税发〔1996〕127 号,以下简称《暂行办法》),对建筑业个人所得的征税范围、纳税义务人、扣缴义务人、征税项目、税收征管等内容进行了规定,2016 年《国家税务总局关于公布全文废止和部分条款废止的税务部门规章目录的决定》(国家税务总局令第 40 号)和 2018 年《国家税务总局关于修改部分税务部门规章的决定》(国家税务总局令第 44 号)分别对《暂行办法》中个别条款进行了废止和修正。按照《暂行办法》,编者整理了建筑安装业个人所得税基本政策如下。

1. 建筑安装业的具体范围

建筑安装业包括建筑、安装、修缮、装饰及其他工程作业。

2. 纳税义务人及纳税项目

从事建筑安装业的工程承包人、个体户及其他个人为个人所得税的纳税义务人。其从事建筑安装业取得的所得,应依法缴纳个人所得税。

3. 扣缴义务人及扣缴义务

承揽建筑安装业工程作业的单位和个人是个人所得税的代扣代缴义务人,应在向个人支付收入时依法代扣代缴其应纳的个人所得税。

4. 征税项目的确定

建筑安装业的纳税人取得的收入根据不同情况,可分别按照经营所得,工资、薪金所得,劳务报酬所得三个项目进行征税。具体情况如下:

(1)经营成果归承包人个人所有的所得,或按照承包合同(协议)规定,将一部分经营成果留归承包人个人的所得,按"经营所得"项目征税。

(2)从事建筑安装业的个体工商户和未领取营业执照承揽建筑安装业工程作业的建筑安装队和个人,以及建筑安装企业实行个人承包后工商登记改变为个体经济性质的,其从事建筑安装业取得的收入应依照"经营所得"项目计征个人所得税。

（3）以其他分配方式取得的所得，按"工资、薪金所得"项目征税。

（4）从事建筑安装业工程作业的其他人员取得的所得，分别按照"工资、薪金所得"项目和"劳务报酬所得"项目计征个人所得税。

5. 征收管理

1）登记管理

从事建筑安装业的单位和个人，应依法办理税务登记。在异地从事建筑安装业的单位和个人，必须自工程开工之日前3日内，持营业执照、跨区域涉税事项报告表、城建部门批准开工的文件和工程承包合同（协议）、开户银行账号以及主管税务机关要求提供的其他资料向主管税务机关办理有关登记手续。

对未领取营业执照承揽建筑安装业工程作业的单位和个人，主管税务机关可以根据其工程规模，责令其缴纳一定数额的纳税保证金。在规定的期限内结清税款后，退还纳税保证金；逾期未结清税款的，以纳税保证金抵缴应纳税款和滞纳金。

2）申报管理

建筑安装业的个人所得税，由扣缴义务人代扣代缴和纳税人自行申报缴纳。

没有扣缴义务人的和扣缴义务人未按规定代扣代缴税款的，纳税人应自行向主管税务机关申报纳税。

纳税人和扣缴义务人应按每月工程完工量预缴、预扣个人所得税，按年结算。一项工程跨年度作业的，应按各年所得预缴、预扣和结算个人所得税。难以划分各年所得的，可以按月预缴、预扣税款，并在工程完工后按各年度工程完工量分摊所得并结算税款。

从事建筑安装业工程作业的单位和个人应按照主管税务机关的规定，购领、填开和保管建筑安装业专用发票或许可使用的其他发票。

3）核定管理

从事建筑安装业的单位和个人应设置会计账簿，健全财务制度，准确、完整地进行会计核算。对未设立会计账簿，或者不能准确、完整地进行会计核算的单位和个人，主管税务机关可根据其工程规模、工程承包合同（协议）价款和工程完工进度等情况，核定其应纳税所得额或应纳税额，据以征税。具体核定办法由县以上（含县级）税务机关制定。

（二）异地工程作业的相关规定

早在1996年的《暂行办法》中规定，建筑安装业单位所在地税务机关和工程作业所在地税务机关双方可以协商有关个人所得税代扣代缴和征收的具体操作办法，都有权对建筑安装业单位和个人依法进行税收检查，并有权依法处理其违反税收规定的行为。但一方已经处理的，另一方不得重复处理。随着经济发展，建筑安装企业规模不断扩大，跨地区作业日益频繁，这一规定在征管实践中出现了一些争议。2001年浙江省地方税务局向国家税务总局提出《关于建筑安装企业扣缴个人所得税有关问题的请示》（浙地税发〔2001〕20号），国家税务总局通过《国家税务总局关于建筑安装企业扣缴个人所得税有关问题的批复》（国税函〔2001〕505号）进行了批复，批复中明确了跨地区从事建筑业安装工程作业若在工程所在地扣缴了的，机构所在地不得再扣，对不直接在异地的管理、技术人员由机构所在地代扣，对于在本地和异地都有工程作业的企业，两地的主管税务机关可根据实际情况采取不同的征收方式，由此，各省出台的征管在对建筑业跨地区作业个人所得税征管政策执行口径存在一定差异,税源归属难以准确界定,导致部分建筑安装企业重复扣缴个人所得税。为进一步规范个人所得税征管,消除重复征税,国家税务总局发布了《国家税务总局关于建筑安装业跨省异地工程作业人员个人所得税征收管理问题的公告》(国家税务总局公告 2015 年第 52 号),再次明确了纳税地点、代扣代缴有关规定、对税务机关做出了相关要求,具体内容如下。

1. 纳税地点的规定

(1)总承包企业、分承包企业派驻跨省异地工程项目的管理人员、技术人员和其他工作人员在异地工作期间的工资、薪金所得个人所得税,由总承包企业、分承包企业依法代扣代缴并向工程作业所在地税务机关申报缴纳。

(2)总承包企业和分承包企业通过劳务派遣公司聘用劳务人员跨省异地工作期间的工资、薪金所得个人所得税,由劳务派遣公司依法代扣代缴并向工程作业所在地税务机关申报缴纳。

2. 代扣代缴的规定

(1)跨省异地施工单位应就其所支付的工程作业人员工资、薪金所得,向工程作业所在地税务机关办理全员全额扣缴明细申报。

(2)凡实行全员全额扣缴明细申报的,工程作业所在地税务机关不得核定征收个人所得税。

3. 对税务机关的要求

(1)总承包企业、分承包企业和劳务派遣公司机构所在地税务机关需要掌握异地工程作业人员工资、薪金所得个人所得税缴纳情况的,工程作业所在地税务机关应及时提供。

(2)总承包企业、分承包企业和劳务派遣公司机构所在地税务机关不得对异地工程作业人员已纳税工资、薪金所得重复征税。

(3)两地税务机关应加强沟通协调,切实维护纳税人权益。

4. 参照执行的规定

建筑安装业省内异地施工作业人员个人所得税征收管理参照上述规定执行。

 链接：重庆市建筑安装业个人所得税征管

文件名称:《重庆市地方税务局关于建筑安装业个人所得税征管有关问题的公告》

发文字号:重庆市地方税务局公告 2014 年第 2 号

成文日期:2014 年 1 月 22 日

内　　容:

一、跨地区从事建筑安装业企业(不含个人独资合伙企业)的个人所得税管理

(一)市外企业来我市从事建筑安装业工程,能同时提供符合下述条件的证明材料,经工程所在地税务机关同意,可回机构所在地扣缴个人所得税。

1. 机构所在地税务机关出具的外出经营税收管理证明(以下简称外管证)。

2. 项目从业人员在机构所在地扣缴个人所得税的相关证明资料及完整准确的会计账簿和核算凭证。

企业不能同时提供符合上述条件的证明材料,应在工程所在地扣缴项目个人所得税,由

工程所在地税务机关按其项目经营收入的1‰核定征收个人所得税。

（二）市内跨区县从事建筑安装业的企业应按规定提供外管证,项目的个人所得税向机构所在地申报缴纳,由机构所在地税务机关实施管理。

二、机构所在地税务机关对建筑安装业企业(不含个人独资合伙企业)的个人所得税管理

（一）企业工程项目所涉及的收入和成本能统一核算且企业所得税实行查账征收,扣缴义务人、纳税人据实向机构所在地税务机关扣缴申报个人所得税。

（二）企业所得税为查账征收方式,但涉及项目的收入和成本未统一核算的,按其项目经营收入的1‰核定征收个人所得税。

（三）企业所得税实行核定征收,按经营收入的1‰核定征收个人所得税。

按项目经营收入核定征收的个人所得税税目为承包承租经营所得。从事建筑安装业的企业对不直接在工程所在地从事建筑安装业务而取得收入的企业管理、工程技术等人员,应据实向机构所在地税务机关扣缴申报个人所得税。

税务机关在征管和检查中发现企业工程项目实行承包的,按承包合同、协议约定的分配方案查实征收个人所得税。

三、从事建筑安装业的个人独资合伙企业、个体工商户、个人的个人所得税管理

从事建筑安装业的个人独资合伙企业、个体工商户、个人的个人所得税核定征收率为3‰。其从事建筑安装业取得的收入,应当依照"个体工商户的生产、经营所得"项目,由工程所在地税务机关按项目经营收入的3‰核定征收个人所得税。

对查账征收的个人独资合伙企业、个体工商户,核定征收税款作为预缴税额,在进行生产经营所得投资者(业主)个人所得税年度汇算清缴申报时自行抵扣。

 链接：合肥市建筑安装业个人承包人个人所得税征管

文件名称:《国家税务总局合肥市税务局关于建筑安装业个人承包人个人所得税有关问题的公告》

发文字号:国家税务总局合肥市税务局公告2018年第13号

成文日期:2018年10月19日

内　　容:

一、自2018年10月1日至2018年12月31日,合肥市建筑安装业个人承包人个人所得税核定征收标准调整为工程项目收入的0.5‰。

二、自2019年1月1日起,合肥市建筑安装业个人承包人个人所得税的征收管理按《中华人民共和国个人所得税法》及其相关配套政策执行。

 **知识·小练习**

【例题·多选】　根据个人所得税相关规定,下列说法中正确的有(　　　)。

A. 纳税人在广告设计、制作、发布过程中提供名义、形象而取得的所得,应按"特许权使用费所得"项目缴纳个人所得税

B. 未领取营业执照承揽建筑安装业工程作业的个人,其从事建筑安装业取得的收入应依照"经营所得"项目计征个人所得税。

C. 建筑安装工程承包中,对经营成果不归承包人个人所有的所得,按"经营所得"项目缴纳个人所得税

D. 从事建筑安装业工程作业的其他人员取得的所得,分别按照"工资、薪金所得"项目和"劳务报酬所得"项目计征个人所得税

答案: BD

解析: 选项 A,应按"劳务报酬所得"项目缴纳个人所得税;选项 C,应按"工资、薪金所得"项目缴纳个人所得税。

三、影视行业个人所得税政策

根据《演出市场个人所得税征收管理暂行办法》(国税发〔1995〕171 号)的规定,凡参加演出(包括舞台演出、录音、录像、拍摄影视等)而取得报酬的演职员,是个人所得税的纳税义务人;所取得的所得,为个人所得税的应纳税项目。向演职员支付报酬的单位或个人,是个人所得税的扣缴义务人。扣缴义务人必须在支付演职员报酬的同时,按税收法律、行政法规及税务机关依照法律、行政法规作出的规定扣缴或预扣个人所得税。

(一)征税项目

(1)因任职受雇于签约公司,参加任职单位组织的演出取得的收入按"工资、薪金所得"项目征收个人所得税。

(2)在签约公司以外,单独以自己名义从事商业演出、拍摄广告等非任职单位组织的演出取得的收入按"劳务报酬所得"项目征收个人所得税。

(3)自行成立工作室,注册类型一般为个人独资企业或个体工商户,以工作室名义从事演艺活动取得的收入按"经营所得"项目征收个人所得税。

(4)对于剧本作者从电影、电视剧的制作单位取得的剧本使用费,不再区分剧本的使用方是否为其任职单位,统一按"特许权使用费所得"项目计征个人所得税。

 链接:关于影视演职人员个人所得税问题的批复

文件名称:《国税总局关于影视演职人员个人所得税问题的批复》

发文字号:国税函〔1997〕385 号

成文日期:1997 年 6 月 27 日

内　　容:

一、凡与单位存在工资、人事方面关系的人员,其为本单位工作所取得的报酬,属于"工资、薪金所得"应税项目征税范围;而其因某一特定事项临时为外单位工作所取得报酬,不属于税法中所说的"受雇",应是"劳务报酬所得"应税项目征税范围。因此,对电影制片厂导演、演职人员参加本单位的影视拍摄所取得的报酬,应按"工资、薪金所得"应税项目计征个人所得税。对电影制片厂为了拍摄影视片而临时聘请非本厂导演、演职人员,其所取得的报酬,应按"劳务报酬所得"应税项目计征个人所得税。

二、创作的影视分镜头剧本,用于拍摄影视片取得的所得,不能按"稿酬所得"应税项目计征个人所得税,应比照第一条的有关原则确定应税项目计征个人所得税;但作为文学创作而在书报杂志上出版、发表取得的所得,应按"稿酬所得"应税项目计征个人所得税。

（二）征收管理

1. 税源管理

根据《个人所得税管理办法》的规定,税务机关应将影视明星、歌星、体育明星、模特等高收入个人和临时来华演出人员纳入重点纳税人范围。按人建立专门档案,实行重点管理,随时跟踪其收入和纳税变化情况。定期对重点纳税人的收入、纳税情况进行比对、评估分析,从中发现异常问题,及时采取措施堵塞管理漏洞。对从事演出人员的劳务报酬所得的征收管理,全面推行预扣预缴办法,从源泉上加强征管。

加强对个人从事影视表演、广告拍摄及形象代言等获取所得的源泉控管,重点做好相关人员通过设立艺人工作室、劳务公司及其他形式的企业或组织取得演出收入的所得税征管工作。应加强个人独资和合伙企业投资者、个体工商户、独立劳务者等无扣缴义务人的独立纳税人的基础信息和税源管理工作。积极推行个体工商户、个人独资企业和合伙企业建账工作,规范财务管理,健全财务制度。

税务机关应重点加强与文化体育等部门协调配合,掌握各种演出、比赛获奖等信息,着重掌握纳税人的相关收入信息,落实演出承办单位和体育单位的代扣代缴义务等情况。

2. 境外团体或个人在我国(大陆)从事文艺演出和体育表演管理

外国或中国港、澳、台地区演员、运动员以团体名义在我国(大陆)从事文艺、体育演出,团体支付给演员、运动员个人的报酬,凡是演员、运动员属于临时聘请,不是该演出团体雇员的,应按"劳务报酬所得"项目征收个人所得税;凡是演员、运动员属该演出团体雇员的,应按"工资、薪金所得"项目征收个人所得税。

对外国或中国港、澳、台地区演员、运动员以个人名义在我国(大陆)从事演出、表演所取得的收入,按"劳务报酬所得"项目征收个人所得税。

演员、运动员个人应缴纳的个人所得税,应以其在一地演出所得报酬,依照个人所得税法的有关法规,在演出所在地主管税务机关申报缴纳。属于劳务报酬所得的,在一地演出多场的,以在一地多场演出取得的总收入为一次收入,计算征收个人所得税。

主管税务机关可以指定各承包外国、中国港、澳、台地区演出、表演活动的演出场、馆、院或中方接待单位,在其向演出团体、个人结算收入中代扣代缴该演出团体或个人的各项应纳税款。凡演出团体或个人未在演出所在地结清各项应纳税款的,其中方接待单位应在对外支付演出收入时代扣代缴该演出团体或个人所欠应纳税款。

3. 税收协定

为统一和规范我国政府对外签署的税收协定,根据《国家税务总局关于税收协定执行若干问题的公告》(国家税务总局公告2018年第11号)的规定,演艺人员和运动员条款按照以下原则执行:

(1) 演艺人员活动包括演艺人员从事的舞台、影视、音乐等各种艺术形式的活动;以演艺人员身份开展的其他个人活动(如演艺人员开展的电影宣传活动,演艺人员或运动员参加广告拍摄、企业年会、企业剪彩等活动);具有娱乐性质的涉及政治、社会、宗教或慈善事业的活动。

演艺人员活动不包括会议发言,以及以随行行政、后勤人员(如摄影师、制片人、导演、舞蹈设计人员、技术人员以及流动演出团组的运送人员等)身份开展的活动。

在商业活动中进行具有演出性质的演讲不属于会议发言。

（2）运动员活动包括参加赛跑、跳高、游泳等传统体育项目的活动；参加高尔夫球、赛马、足球、板球、网球、赛车等运动项目的活动；参加台球、象棋、桥牌比赛、电子竞技等具有娱乐性质的赛事的活动。

（3）以演艺人员或运动员身份开展个人活动取得的所得包括开展演出活动取得的所得（如出场费），以及与开展演出活动有直接或间接联系的所得（如广告费）。

对于从演出活动音像制品出售产生的所得中分配给演艺人员或运动员的所得，以及与演艺人员或运动员有关的涉及版权的所得，按照《中华人民共和国政府和新加坡共和国政府关于对所得避免双重征税和防止偷漏税的协定》及议定书（以下简称中新税收协定）第十二条（特许权使用费）的规定处理。

（4）在演艺人员或运动员直接或间接取得所得的情况下，依据中新税收协定第十七条第一款规定，演出活动发生的缔约国一方可以根据其国内法，对演艺人员或运动员取得的所得征税，不受到中新税收协定第十四条（独立个人劳务）和第十五条（非独立个人劳务）规定的限制。

（5）在演出活动产生的所得全部或部分由其他人（包括个人、公司和其他团体）收取的情况下，如果依据演出活动发生的缔约国一方国内法规定，由其他人收取的所得应被视为由演艺人员或运动员取得，则依据中新税收协定第十七条第一款的规定，演出活动发生的缔约国一方可以根据其国内法，向演艺人员或运动员就演出活动产生的所得征税，不受到中新税收协定第十四条（独立个人劳务）和第十五条（非独立个人劳务）规定的限制；如果演出活动发生的缔约国一方不能依据其国内法将由其他人收取的所得视为由演艺人员或运动员取得，则依据中新税收协定第十七条第二款规定，该国可以根据其国内法，向收取所得的其他人就演出活动产生的所得征税，不受到中新税收协定第七条（营业利润）、第十四条（独立个人劳务）和第十五条（非独立个人劳务）规定的限制。

根据上述规定，演艺人员在我国境内从事上述范围内活动，其直接或间接取得的所得，应依据我国的相关法律，对其取得的所得征税。

4. 申报管理

（1）代扣代缴。参加组台（团）演出的演职员取得的报酬，由主办单位或承办单位通过银行转账支付给演员所在单位或发放演职员演出许可证的文化行政部门或其授权单位的，经演出所在地主管税务机关确认后，由演职员所在单位或者发放演职员许可证的文化行政部门或其授权单位，按实际支付给演职员个人的报酬代扣个人所得税。

组台（团）演出，不按上述方式支付演职员报酬，或者虽按上述方式支付但未经演出所在地主管税务机关确认的，由向演职员支付报酬的演出经纪机构或者主办、承办单位扣缴个人所得税，税款在演出所在地缴纳。申报的演职员报酬明显偏低又无正当理由的，主管税务机关可以在查账核实的基础上，依据演出报酬总额、演职员分工、演员演出通常收费额等情况核定演职员的应纳税所得，扣缴义务人据此扣缴税款。

单独以自己名义从事商业演出、拍摄广告等非任职单位组织的演出取得劳务报酬的，由向演职员支付报酬的单位或业主扣缴个人所得税。

扣缴义务人扣缴的税款,应在次月15日内缴入国库,同时向主管税务机关报送扣缴个人所得税报告表、支付报酬明细表以及税务机关要求报送的其他资料。

(2)自行申报。演职员应在取得报酬的应在规定期限内自行到演出所在地或者单位所在地主管税务机关申报纳税:①在两处或者两处以上取得工资、薪金性质所得的,应将各处取得的工资、薪金性质的所得合并计算纳税;②分别取得属于一次报酬的;③扣缴义务人没有依法扣缴税款的;④主管税务机关要求其申报纳税的。

自行成立注册类型为个人独资企业或个体工商户工作室的,应当在月度或者季度终了后15日内,向税务机关办理预缴纳税申报。

(三)规范影视行业税收秩序

近年来,我国影视行业快速发展,整体呈现出良好态势。同时,也暴露出"阴阳合同"、偷逃税款等问题。从实践来看,大多数艺人通常采取以下方式避税:

(1)成立个人工作室。此前,各地影视工作室大部分为个体工商户或个人独资企业,按照核定征收的方式征收个人所得税。因此,一些工作室则会隐瞒自己具备建账能力的事实,要求适用核定征收办法,以此作为避税方式。

(2)约定"包税"条款。"包税"条款又称"税后收入",指在签订合同时,签约双方对收款方应负担的税费进行书面约定,由付款方承担,即收入金额为已经扣除税款后的金额。以"包税"的形式约定税后酬劳也是影视文化行业经常采用的手段之一。

(3)签订"阴阳合同"。是指合同当事人就同一事项订立两份以上的内容不相同的合同。其中一份可以向政府部门公开;而另一份只由合同签订方之间保存,不向外界提供。

(4)寻找税收洼地。我国某些特定地区有税收优惠政策,在这些区域内注册的企业可以享受如财政返还、纳税减半,甚至免税的政策。比较著名的如霍尔果斯市。

以上四种方式中,签订"阴阳合同"明显违法违规,其他方式相对合法合规。

税务机关充分考虑影视行业的特点,坚持稳妥推进、分步实施的原则,切实纠正影视行业税收方面存在的问题,进一步加强影视行业税收征管,规范税收秩序,积极营造支持影视行业健康发展的良好税收环境。

(1)强化纳税申报管理。影视企业和影视行业从业人员应当依法如实申报缴纳税款。影视行业纳税人应当按照实际业务如实开具增值税发票,不得填开或让他人为自己开具与实际交易内容不符的发票,不得将不符合规定的发票作为所得税税前扣除凭证。影视行业纳税人享受税收优惠政策不符合相关规定的,税务机关将依法追缴已享受的减免税款,并按照税收征管法等有关规定处理。

(2)加强对影视行业的税源管理。建立健全税务机关与宣传、文化、市场监督、广电等部门的协作机制,及时掌握影视企业和影视行业从业人员经营活动、收入、纳税等信息。帮助和督促影视行业纳税人健全财务制度、设置账簿,依法确定影视行业纳税人税款征收方式。加强对影视企业和影视行业从业人员的税收风险分类管理,对中低风险和高风险纳税人分别采取风险提醒、税务稽查等措施,对存在税收违法行为的依法进行处理,并按规定列入税收"黑名单",推送相关部门开展联合惩戒。

(3)严格依法落实税收优惠政策。认真落实支持影视行业健康规范发展的税收管理服务举措,对诚信经营、依法纳税的影视行业纳税人依规提供办税绿色通道等激励,有针对性地加强税法宣传和政策解读,切实保护影视行业纳税人的合法权益,提高其税收遵从度。

为了推进影视行业健康发展,国家税务总局2018年10月2日发布《国家税务总局关于进一步规范影视行业税收秩序有关工作的通知》,从2018年10月开始,按照自查自纠、督促纠正、重点检查、总结完善等步骤,逐步推进规范影视行业税收秩序工作。

 链接:影视行业纳税人自查申报税款117.47亿元

据新华社记者从国家税务总局、国家广播电视总局、国家新闻出版广电总局了解到,按照中宣部等五部通知有关要求,自2018年10月开展规范影视行业税收工作秩序以来,影视行业纳税人认真开展自查自纠。截至2018年年底,自查申报税款117.47亿元。

四、广告行业个人所得税政策

广告业是指通过广告创意、策划、设计、制作、展示、发布、检测、管理、调查、研发、技术推广、效果评估、媒体运营、品牌代理等方式获取利润的产业门类。广告业是现代服务业和文化产业的重要组成部分,在塑造品牌、展示形象、推动创新、促进发展、引导消费、拉动内需、传播先进文化、构建和谐社会等方面发挥着积极作用。为了进一步加强对广告市场个人所得税的征收管理,依据个人所得税法及其实施条例和《税收征收管理法》及其实施细则,1996年国家税务总局印发《广告市场个人所得税征收管理暂行办法》(国税发〔1996〕148号印发),该文件依据2016年5月29日《国家税务总局关于公布全文废止和部分条款废止的税务部门规章目录的决定》废止了三条关于扣缴义务人规定,2018年6月15日实行国地税征管体制改革后,依据《国家税务总局关于公布全文废止和部分条款废止的税务部门规章目录的决定》(国家税务总局令第44号)再次进行修正。

(一)广告行业的具体范围

凡在广告中提供名义、形象或在广告设计、制作、发布过程中提供劳务并取得所得的个人以及广告主、广告经营者或受托从事广告制作的单位和广告发布者,均应当依照广告行业管理的规定办理个人所得税有关事宜。

广告主是指为推销商品或者提供服务,自行或者委托他人设计、制作、发布广告的法人、其他经济组织或者个人。

广告经营者是指受委托提供广告设计、制作、代理服务的法人、其他经济组织或者个人。

受托从事广告制作的单位是指受广告主或广告经营者委托而从事广告设计、制作的法人、其他经济组织或者个人。

广告发布者是指为广告主或者广告主委托的广告经营者发布广告的法人及其他经济组织。

(二)征税项目的确定

纳税人在广告设计、制作、发布过程中提供名义、形象而取得的所得,应按"劳务报酬所得"项目计算纳税。

纳税人在广告设计、制作、发布过程中提供其他劳务取得的所得,视其情况分别按照税法规定的"劳务报酬所得""稿酬所得""特许权使用费所得"等应税项目计算纳税。

扣缴人的本单位人员在广告设计、制作、发布过程中取得的由本单位支付的所得,按"工资、薪金所得"项目计算纳税。

注册类型为个体工商户、个人独资企业或合伙企业(自然人合伙人)的纳税人,在广告设计、制作、发布过程中取得的所得,应按"经营所得"项目计算纳税。

(三) 应纳税所得额的计算

纳税人以现金、实物和有价证券以外的其他形式取得所得,税务机关可以根据其所得的形式和价值,核定其应纳税所得额,据以征税。

对于不能准确提供或划分个人在广告设计、制作、发布过程中提供名义、形象及劳务而取得的所得的纳税人,主管税务机关可以根据支付总额等实际情况,参照同类广告活动名义、形象及其他劳务提供者的所得标准,核定其应纳税所得额,据以征税。

劳务报酬所得以纳税人每参与一项广告的设计、制作、发布所取得的所得为一次;稿酬所得以在图书、报刊上发布一项广告时使用其作品而取得的所得为一次;特许权使用费所得以提供一项特许权在一项广告的设计、制作、发布过程中使用而取得的所得为一次。上述所得,采取分笔支付的,应合并为一次所得计算纳税。

纳税人取得经营所得,以每一纳税年度的收入总额减除成本、费用以及损失后的余额,为应纳税所得额。

(四) 征收管理

在广告设计、制作、发布过程中提供名义、形象及劳务并取得所得的个人为个人所得税的纳税义务人;直接向上述个人支付所得的广告主、广告经营者、受托从事广告制作的单位和广告发布者为个人所得税的扣缴义务人。

扣缴义务人应当在每项广告制作前向所在地主管税务机关报告广告中名义、形象及劳务提供者的姓名、身份证号码(护照号码及国籍)、工作单位(户籍所在地)、电话号码以及支付报酬的标准和支付形式等情况。双方订立书面合同(协议)的,应同时将合同(协议)副本报送上述税务机关。

广告发布者应当定期向所在地主管税务机关报送当期发布广告的数量及其广告主、广告经营者的名单。

分笔取得一次所得和扣缴义务人应扣未扣或少扣税款以及没有扣缴义务人的纳税人,应当于取得所得的月度终了后15日内,向扣缴义务人所在地主管税务机关自行申报纳税。

扣缴义务人和纳税人必须接受税务机关依法进行的税务检查,如实反映情况,提供有关资料,不得拒绝、隐瞒。

经营所得应当在月度或者季度终了后15日内,向税务机关办理预缴纳税申报。在取得经营所得的次年3月31日前,向税务机关办理汇算清缴。

 **知识小练习**

【例题·单选】 下列关于特殊行业的个人所得税的表述中,不正确的是(　　　)。

A. 纳税人在广告设计、制作、发布过程中提供名义、形象而取得的所得,按"劳务报酬所得"项目计征个人所得税

B. 演员参加非任职单位组织的演出取得的报酬,按"劳务报酬所得"项目计征个人所得税

C. 本单位导演创作的影视分镜头剧本,用于拍摄影视片取得的所得,按"稿酬所得"计征个人所得税

D. 电影制片厂导演、演职人员参加本单位的影视拍摄所取得的报酬,应按"工资、薪金所得"应税项目计征个人所得税

答案:C

解析:根据《国税总局关于影视演职人员个人所得税问题的批复》(国税函〔1997〕385号)的规定,凡与单位存在工资、人事方面关系的人员,其为本单位工作所取得的报酬,属于"工资、薪金所得"应税项目征税范围;创作的影视分镜头剧本,用于拍摄影视片取得的所得,不能按"稿酬所得"应税项目计征个人所得税,应比照上述有关原则确定应税项目计征个人所得税;但作为文学创作而在书报杂志上出版、发表取得的所得,应按"稿酬所得"应税项目计征个人所得税。

第五节 实 务 案 例

一、查账征收案例

(一)个体工商户案例

【案例 3-1】 某市居民张富甲,居民身份证号为 1101011969＊＊＊5011,在某市开设了一家名为裕昌隆的酒店,纳税人识别号为 91＊＊＊＊＊＊＊1234,注册类型为个体工商户。酒店财务制度健全,账簿设置齐全,能准确核算收入、成本、费用,征收方式为查账征收。2020 年自行申报情况如下:

一季度实现营业收入 200 000 元,成本费用 160 000 元(营业成本 100 000 元、营业费用 40 000 元、管理费用 15 000 元、财务费用 5 000 元)。

二季度实现营业收入 180 000 元,成本费用 130 000 元(营业成本 90 000 元、营业费用 32 000 元、管理费用 6 000 元、财务费用 2 000 元)。

三季度实现营业收入 190 000 元,成本费用 150 000 元(营业成本 95 000 元、营业费用 38 000 元、管理费用 15 000 元、财务费用 2 000 元)。

四季度实现营业收入 230 000 元,成本费用 200 000 元(营业成本 120 000 元、营业费用 50 000 元、管理费用 20 000 元、财务费用 10 000 元)。

张富甲每季度自行缴纳的符合规定的"五险一金"4 500 元,其中,基本养老保险费 2 500元、基本医疗保险费 300 元、失业保险费 200 元和住房公积金 1 500 元。

税务机关辅导张富甲进行 2020 年度汇算清缴时,发现酒店存在如下经营情况:

收到某二手车销售公司抵顶餐费的小汽车一辆,市场价格60 000元,未确认收入。

支出总额中列支当年支付的2020年度和2021年度酒店房屋租金160 000元;支出总额中列支广告费20 000元,业务宣传费10 000元;支出总额中列支了张富甲和员工的工资费用各50 000元;支出总额中列支了小汽车的加油费支出50 000元,该车同时用于酒店经营和家庭日常生活。

张富甲2020年无综合所得。为独生子,父母均75岁。酒店为增值税小规模纳税人。

请根据上述资料计算2020年该酒店按季应申报个人所得税税额和汇算清缴应补缴(退)个人所得税税额。

解析:根据新个人所得税法第六条的规定,经营所得,以每一纳税年度的收入总额减除成本、费用以及损失后的余额,为应纳税所得额。新个人所得税法实施条例第十五条规定,取得经营所得的个人,没有综合所得的,计算其每一纳税年度的应纳税所得额时,应当减除费用6万元、专项扣除、专项附加扣除以及依法确定的其他扣除。专项附加扣除在办理汇算清缴时减除。

1. 张富甲四个季度申报情况如下:

一季度应预缴个人所得税=(200 000-160 000-4 500-5 000×3)×5%=1 025(元)。

二季度应预缴个人所得税=[(200 000+180 000)-(160 000+130 000)-4 500×2-5 000×6]×10%-1 500-1 025=2 575(元)。

三季度应预缴个人所得税=[(200 000+180 000+190 000)-(160 000+130 000+150 000)-4 500×3-5 000×9]×10%-1 500-(1 025+2 575)=2 050(元)。

四季度应预缴个人所得税=[(200 000+180 000+190 000+230 000)-(160 000+130 000+150 000+200 000)-4 500×4-5 000×12]×10%-1 500-(1 025+2 575+2 050)=1 050(元)。

张富甲全年共预计个人所得税=1 025+2 575+2 050+1 050=6 700(元)。

2. 张富甲汇算清缴申报情况如下:

(1) 收到二手车销售公司抵顶餐费的小汽车一辆,市场价格60 000元,未确认收入,要调增收入60 000元。

(2) 餐馆2021年房屋租金应在2021年扣除,因此调增应纳税所得额为:160 000÷2=80 000(元)。

(3) 广告费和业务宣传费合计20 000+10 000=30 000(元),扣除限额:(800 000+60 000)×15%=129 000(元),不超限额无需调整。

(4) 张富甲本人的工资不得扣除,需调增50 000元。

(5) 生产经营与个人、家庭混用费用难以分清的,按40%视为与生产经营有关,小汽车加油费应调增应纳税所得额50 000×(1-40%)=30 000(元)。

应纳税所得额合计:800 000+60 000-640 000+80 000+50 000+30 000-18 000-60 000-24 000=278 000(元)。

应补个人所得税税额=278 000×20%-10 500-6 700=38 400(元)。

（二）合伙企业案例

【案例 3-2】　中国公民张五湖，居民身份证号为 2208001966＊＊＊＊0011，与王四海，居民身份证号为 2208001977＊＊＊＊0011，合伙成立了一家普通合伙企业福林苑加工厂，纳税人识别号为 91＊＊＊＊＊＊＊＊＊5678，合伙协议约定：分别按 60％、40％ 的比例分配合伙企业的全部生产经营所得，2020 年实现销售收入 800 000 元，成本费用 560 000 元（营业成本 350 000 元，营业费用 60 000 元，管理费用 150 000 元），利润总额 240 000 元。假设张五湖和王四海均无综合所得，未预缴税款，请计算汇算清缴时张五湖和王四海应纳税额分别是多少？

解析： 合伙企业生产经营所得和其他所得采取"先分后税"的原则。

合伙企业的合伙人按照下列原则确定应纳税所得额：

（1）合伙企业的合伙人以合伙企业的生产经营所得和其他所得，按照合伙协议约定的分配比例确定应纳税所得额。

（2）合伙协议未约定或者约定不明确的，以全部生产经营所得和其他所得，按照合伙人协商决定的分配比例确定应纳税所得额。

（3）协商不成的，以全部生产经营所得和其他所得，按照合伙人实缴出资比例确定应纳税所得额。

（4）无法确定出资比例的，以全部生产经营所得和其他所得，按照合伙人数量平均计算每个合伙人的应纳税所得额。

合伙协议不得约定将全部利润分配给部分合伙人。

张五湖应纳税额＝（240 000×60％－60 000）×10％－1 500＝6 900（元）。

王四海应纳税额＝（240 000×40％－60 000）×10％－1 500＝2 100（元）。

（三）个人独资企业案例

【案例 3-3】　中国公民李长啸，居民身份证号为 2101001966＊＊＊＊0025，注册成立个人独资企业穆棱河物资经销处，纳税人识别号为 91＊＊＊＊＊＊＊＊＊5432，查账征收，2020 年生产经营情况如下：

（1）营业收入 2 000 000 元、营业成本 780 000 元、税金及附加 260 000 元（不含增值税）。

（2）销售费用 100 000 元。

（3）管理费用 304 000 元，其中，业务招待费 40 000 元；工资总额 174 000 元（其中李长啸工资为 48 000 元，3 名员工工资 126 000 元）；全年发生职工福利费 15 000 元，职工教育经费 5 000 元；个人独资企业和家庭共同使用汽车一辆，2020 年发生折旧费用共计 20 000 元，税务机关核定的个人独资企业的分摊比例为 50％。

（4）财务费用 20 000 元，其中从某企业借款 100 000 元资金周转，偿付利息 12 000 元，银行同期贷款利率为 6％。

（5）2020 年李长啸通过市政府向公益事业捐赠 200 000 元。

其他条件：李长啸按国家规定标准为自己缴纳基本养老保险 10 000 元，2020 年无其他收入,无符合条件的专项附加扣除。

假设李长啸 2020 年无预缴税款,请计算其汇算清缴时应缴纳的个人所得税。

解析: 根据《关于个人独资企业和合伙企业投资者征收个人所得税的规定》的规定,个人独资企业每一纳税年度的收入总额减除成本、费用以及损失后的余额,作为投资者个人的生产经营所得,比照个人所得税法的"个体工商户的生产、经营所得"应税项目,适用 5‰~35‰的五级超额累进税率,计算征收个人所得税。

个人独资企业的投资者以全部生产经营所得为应纳税所得额。

2020 年利润总额＝2 000 000－780 000－260 000－100 000－304 000－20 000＝536 000(元)。

(1) 业务招待费扣除限额＝2 000 000×5‰＝10 000(元),实际发生额的 60％＝40 000×60％＝24 000(元),税前准予扣除 10 000 元,调增应纳税所得额 40 000－10 000＝30 000(元)。

(2) 李长啸的工资 48 000 元不得扣除,应调增应纳税所得额 48 000 元。

(3) 折旧费用扣除限额＝20 000×50％＝10 000(元),应调增应纳税所得额＝20 000－10 000＝10 000(元)。

(4) 职工福利费扣除标准 126 000×14％＝17 640(元),实际发生额 15 000＜17 640,据实扣除,不需调整。

(5) 职工教育经费扣除标准 126 000×2.5％＝3 150(元),实际发生额 5 000＞3 150,按标准 3 150 元扣除,调增 5 000－3 150＝1 850(元)。

(6) 利息费用扣除限额＝100 000×6％＝6 000(元),实际发生 12 000 元,税前准予除 6 000 元。应调增＝12 000－6 000＝6 000(元)。

(7) 纳税调整后所得额＝536 000＋30 000＋48 000＋10 000＋1 850＋6 000＝631 850(元)。

李长啸无其他收入可以扣除减除费用 60 000 元和专项扣除 10 000 元。

应纳税所得额＝631 850－60 000－10 000＝561 850(元)。

公益性捐赠扣除限额＝561 850×30％＝168 555(元)＜200 000 元,捐赠扣除限额 168 555 元。

李长啸 2020 年应纳税额＝(561 850－168 555)×30％－40 500＝77 488.5(元)

(四) 个人独资企业清算案例

【案例 3-4】 中国公民黎佳,居民身份证号为 4101001988＊＊＊＊0025,因出国定居,于 2020 年 10 月将 2016 年 3 月实际出资 30 万元创办的美好生活工作室(个人独资企业,纳税人识别号为 91＊＊＊＊＊＊＊＊＊＊＊＊＊543X)注销,注销时资产的公允价值为 1 000 万元,负债为 800 万元,以前年度留存的利润为 120 万元,发生清算费用 20 万元。另外,2020 年 1~10 月取得收入 200 万元,成本费用为 150 万元,其中,列支黎佳个人工资 5 万元,业务招待费纳税调整增加额 2 万元,已预缴个人所得税 8.25 万元。黎佳无综合所得,实际缴纳基本养老保险 3 万元,符合条件的赡养老人专项附加扣除为 2 万元。美好生活工作室注销清算时,黎佳应补缴多少个人所得税?

解析: 根据《关于个人独资企业和合伙企业投资者征收个人所得税的规定》(财税

〔2000〕91号）的规定,企业进行清算时,投资者应当在注销工商登记之前,向主管税务机关结清有关税务事宜。企业的清算所得应当视为年度生产经营所得,由投资者依法缴纳个人所得税。

企业在年度中间合并、分立、终止时,个人独资企业投资者、合伙企业个人合伙人、承包承租经营应当在停止生产经营之日起60日内,向主管税务机关办理当期个人所得税汇算清缴。

上述所称清算所得,是指企业清算时的全部资产或者财产的公允价值扣除各项清算费用、损失、负债、以前年度留存的利润后,超过实缴资本的部分。

根据新个人所得税法实施条例的规定,取得经营所得的个人,没有综合所得的,计算其每一纳税年度的应纳税所得额时,应当减除费用6万元、专项扣除、专项附加扣除以及依法确定的其他扣除。专项附加扣除在办理汇算清缴时减除。

（1）黎佳应当在注销工商登记前向税务机关结清有关涉税事宜。美好生活工作室的清算所得应当视为年度生产经营所得,由投资者依法缴纳个人所得税。

美好生活工作室的清算所得＝清算时的全部资产或者财产的公允价值扣除各项清算费用－损失－负债－以前年度留存的利润－实缴资本＝1 000－800－120－20－30＝30(万元)。

（2）美好生活工作室在纳税年度中间注销,以其实际经营期限为1个纳税年度。黎佳本人的费用扣除标准为一个年度6万元。

（3）黎佳没有综合所得,可以扣除专项扣除和专项附加扣除

应纳税所得额＝30＋200－150＋5＋2－6－3－2＝76(万元)。

应纳税额＝76×35％－6.55＝20.05(万元)。

应补税额＝20.05－8.25＝11.8(万元)。

（五）多处经营所得申报案例

【案例3-5】 张火火,居民身份证号为2101001977＊＊＊＊0017,于2018年在甲市设立个人独资企业大家乐超市,纳税人识别号为91＊＊＊＊＊＊＊＊＊＊＊＊＊123T,2019年又在乙市设立个体工商户万家乐购物中心,纳税识别号为91＊＊＊＊＊＊＊＊＊＊＊＊＊789T。2021年2月对2020年度经营情况分别进行了汇算申报,大家乐超市应纳税所得额为80 000元,缴纳个人所得税6 500元;万家乐购物中心应纳税所得额为90 000元,缴纳个人所得税7 500元,汇算时,在两处均扣除了60 000元减除费用。假设张火火无综合所得,无其他调整项目,请计算张火火办理个人所得税年度汇总纳税申报时应补(退)税额是多少?

解析： 根据《国家税务总局关于个人所得税自行纳税申报有关问题的公告》(国家税务总局公告2018年第62号)的规定,从两处以上取得经营所得的,选择向其中一处经营管理所在地主管税务机关办理年度汇总申报,并报送《个人所得税经营所得纳税申报表(C表)》。

张火火2020年应纳税所得额合计＝80 000＋90 000＋60 000＝230 000(元)。

应纳税额＝230 000×20％－10 500＝35 500(元)。

已经缴纳个人所得税＝6 500＋7 500＝14 000(元)。

应补缴个人所得税＝35 500－14 000＝21 500(元)。

(六)2021年新预缴申报表案例

【案例3-6】 居民个人艾莉莉,居民身份证号为2101001988＊＊＊＊0017,是个体工商户动漫空间业主,纳税人识别号为91＊＊＊＊＊＊＊＊＊＊＊＊666F,个人所得税为查账征收。2021年一季度实现收入为600 000元,成本费用为540 000元。2021年3月6日,艾莉莉通过县政府有关部门向扶贫事业捐赠现金20 000元,艾莉莉无其他所得,选择在一季度预缴时扣除捐赠支出。请计算艾莉莉2021年一季度应纳个人所得税税额。

解析:《财政部 税务总局关于公益慈善事业捐赠个人所得税政策的公告》(财政部 税务总局公告2019年第99号)规定,在经营所得中扣除公益捐赠支出的,可以选择在预缴税款时扣除,也可以选择在汇算清缴时扣除。

艾莉莉2021年一季度应纳税所得额＝600 000－540 000－5 000×3＝45 000(元)。

可以扣除的捐赠限额＝45 000×30％＝13 500(元)。

应纳税额＝(45 000－13 500)×10％－1 500＝1 650(元)。

二、核定征收案例

(一)个人所得税核定流程

(1)启动。符合《关于个人独资企业和合伙企业投资者征收个人所得税的规定》(财税〔2000〕91号)第七条规定情形之一的纳税义务人,由税务机关核定人员提出初步核定意见后,转审核人员审核。

(2)审核。县级税务机关应在收到核定资料后,完成复核工作。

(3)送达。审核通过后,税务机关制作《税务事项通知书》送达纳税人执行,纳税人按规定进行纳税申报和缴纳税款人。

本事项应在20个工作日内办结。

(二)自然人税收管理系统(ITS)个人所得税核定操作流程

以定率核定操作流程为例。

(1)发起人登录"自然人税收管理系统(ITS)",选择【个人所得税定率核定(ITS)】功能模块,纳税人类型选择"组织",输入被投资单位的纳税人识别号,按回车键;选择"核定原因",原因包括"生产经营个人所得税定率核定"和"生产经营个人所得税应纳税所得额核定"。目前普遍采用的是定率核定方式,即选择"生产经营个人所得税定率核定"。

(2)发起人录入应税所得率(或月应纳税所得额)。录入时,征收品目选择"经营所得",计税标识选择"应税所得率",选定认定有效期起止时间。认定有效期选择时如果提示"没有当前条目中征收品目所对应的税费种认定信息,请确认后重新核定",则是税种认定期限存在问题,修改纳税人个人所得税税种认定信息即可。征收子目根据纳税人国标行业选择。应税所得率根据各地实际标准录入。但是必须在系统给定的"上限与下限"区间范围内,且不能大于"1"。例如,假设纳税人从事的是娱乐业,根据《财政部 国家税务总局关于印发〈关于个人独资企业和合伙企业投资者征收个人所得税的规定〉的通知》(财税〔2000〕91号)的规定,娱乐业的应税所得率执行标准为20％～40％,假如当地确定的应税所得率为30％,

那么应税所得率就应输入"0.3"。点击【保存启动】按钮,系统提示启动成功;点击【推送】按钮,进入系统审批环节,申请流程结束。

(3)审批人点击【签收】按钮,填写审批表,点击【保存】按钮,点击【推送】按钮系统显示推送列表,根据推送列表选择推送人员或岗位,系统保存审批表,审批通过。

(4)审批通过之后,发起人在"个人待办任务"里找到该流程点击打开,勾选"待送达文书",点击【签收】按钮,系统提示"接收成功",然后点击【文书送达】按钮,显示下一环节为"结束",点击确定,个人所得税核定流程即完成。

(5)核定完成后,可通过【大厅发放(ITS)】模块,为纳税人下达定率核定《税务事项通知书》。

核定完成后,申报【经营所得个人所得税月(季)度申报】时将采用核定的征收方式。

(三)核定征收案例

【案例3-7】 中国公民艾建设,居民身份证号为2101001966＊＊＊＊0025,是个人独资企业广厦建筑队投资人,纳税人识别号为91＊＊＊＊＊＊＊＊＊＊＊＊1188,该企业财务制度不健全,账簿设置不齐全,能准确核算收入,不能准确核算成本、费用,所以被主管税务机确定征收方式为核定征收。2020年,该企业四个季度销售收入分别为600 000元、1 400 000元、1 200 000元、2 000 000元,当地建筑行业个人所得税应税所得率为15％。请计算2020年艾建设各季度应纳个人所得税税额。

解析: 根据《关于个人独资企业和合伙企业投资者征收个人所得税的规定》(财税〔2000〕91号印发),实行核定应税所得率征收方式的,应纳所得税额的计算公式如下:

应纳所得税额＝应纳税所得额×适用税率

应纳税所得额＝收入总额×应税所得率[或＝成本费用支出额÷(1-应税所得率)×应税所得率]

一季度应纳税额＝600 000×15％×10％-1 500＝7 500(元)。

二季度应纳税额＝(600 000+1 400 000)×15％×20％-10 500-7 500＝42 000(元)。

三季度应纳税额＝(600 000+1 400 000+1 200 000)×15％×30％-40 500-7 500-42 000＝54 000(元)。

四季度应纳税额＝(600 000+1 400 000+1 200 000+2 000 000)×15％×35％-65 500-7 500-42 000-54 000＝104 000(元)。

三、纳税申报案例

(一)查账征收纳税申报案例

1. 经营所得个人所得税月(季)度申报

纳税人取得经营所得,以每一纳税年度的收入总额减除成本、费用以及损失后的余额,为应纳税所得额,按年计算个人所得税,纳税人应当在月度或季度终了后15日内填报《个人所得税经营所得纳税申报表(A表)》及其他相关资料,向经营管理所在地主管税务机关办理预缴纳税申报,并预缴税款。

【案例3-8】 接[案例3-1],张富甲应当在每季度终了后15日内,到酒店所在地的税务机关办税服务厅报送《个人所得税经营所得纳税申报表(A表)》,并预缴税款。

(1)2020年一季度纳税申报。

表 3-8　个人所得税经营所得纳税申报表(A 表)

税款所属期：2020 年 1 月 1 日 至 2020 年 3 月 31 日

纳税人姓名：张富甲

纳税人识别号：1101011969＊＊＊＊5011　　　　　　　　金额单位：人民币元(列至角分)

被投资单位信息	名称	裕昌隆酒店	纳税人识别号(统一社会信用代码)	91＊＊＊＊＊＊＊＊＊＊＊＊＊1234
征收方式	☑ 查账征收(据实预缴) □ 核定应税所得率征收 □ 税务机关认可的其他方式 ＿＿＿＿		□ 查账征收(按上年应纳税所得额预缴) □ 核定应纳税所得额征收	

项　目	行次	金额/比例
一、收入总额	1	200 000
二、成本费用	2	160 000
三、利润总额(3＝1－2)	3	40 000
四、弥补以前年度亏损	4	0
五、应税所得率(％)	5	
六、合伙企业个人合伙人分配比例(％)	6	
七、允许扣除的个人费用及其他扣除(7＝8＋9＋14)	7	19 500
(一)投资者减除费用	8	15 000
(二)专项扣除(9＝10＋11＋12＋13)	9	4 500
1. 基本养老保险费	10	2 500
2. 基本医疗保险费	11	300
3. 失业保险费	12	200
4. 住房公积金	13	1 500
(三)依法确定的其他扣除(14＝15＋16＋17)	14	0
1.	15	
2.	16	
3.	17	
八、应纳税所得额	18	20 500
九、税率(％)	19	5
十、速算扣除数	20	0
十一、应纳税额(21＝18×19－20)	21	1 025
十二、减免税额(附报《个人所得税减免税事项报告表》)	22	
十三、已缴税额	23	0
十四、应补/退税额(24＝21－22－23)	24	1 025

谨声明：本表是根据国家税收法律法规及相关规定填报的,是真实的、可靠的、完整的。

纳税人签字：张富甲　　2020 年 4 月 11 日

经办人：张富甲 经办人身份证件号码：1101011969＊＊＊＊5011 代理机构签章： 代理机构统一社会信用代码：	受理人： 受理税务机关(章)： 受理日期：　　年　　月　　日

（2）2020 年二季度纳税申报。

表 3-9　个人所得税经营所得纳税申报表(A 表)

税款所属期：2020 年 1 月 1 日至 2020 年 6 月 30 日

纳税人姓名：张富甲

纳税人识别号：□1□1□0□1□0□1□1□9□6□9□＊□＊□＊□＊□5□0□1□1　　金额单位：人民币元(列至角分)

被投资单位信息	名称	裕昌隆酒店		纳税人识别号 (统一社会信用代码)	91＊＊＊＊＊＊＊＊＊＊＊＊1234	
征收方式	☑查账征收(据实预缴)　　□查账征收(按上年应纳税所得额预缴) □核定应税所得率征收　　□核定应纳税所得额征收 □税务机关认可的其他方式 _____					

项　目	行次	金额/比例
一、收入总额	1	380 000
二、成本费用	2	290 000
三、利润总额(3＝1－2)	3	90 000
四、弥补以前年度亏损	4	0
五、应税所得率(%)	5	
六、合伙企业个人合伙人分配比例(%)	6	
七、允许扣除的个人费用及其他扣除(7＝8＋9＋14)	7	39 000
(一)投资者减除费用	8	30 000
(二)专项扣除(9＝10＋11＋12＋13)	9	9 000
1.基本养老保险费	10	5 000
2.基本医疗保险费	11	600
3.失业保险费	12	400
4.住房公积金	13	3 000
(三)依法确定的其他扣除(14＝15＋16＋17)	14	0
1.	15	
2.	16	
3.	17	
八、应纳税所得额	18	51 000
九、税率(%)	19	10
十、速算扣除数	20	1 500
十一、应纳税额(21＝18×19－20)	21	3 600
十二、减免税额(附报《个人所得税减免税事项报告表》)	22	
十三、已缴税额	23	1 025
十四、应补/退税额(24＝21－22－23)	24	2 575

谨声明：本表是根据国家税收法律法规及相关规定填报的，是真实的、可靠的、完整的。

纳税人签字：张富甲　　2020 年 7 月 11 日

经办人：张富甲 经办人身份证件号码：1101011969＊＊＊＊5011 代理机构签章： 代理机构统一社会信用代码：	受理人： 受理税务机关(章)： 受理日期：　　年　　月　　日

（3）2020年三季度纳税申报。

表3-10　个人所得税经营所得纳税申报表（A表）

税款所属期：2020年1月1日至2020年9月30日

纳税人姓名：张富甲

纳税人识别号：1101011969＊＊＊＊5011　　　　　　　　　　金额单位：人民币元（列至角分）

被投资单位信息	名　称	裕昌隆酒店	纳税人识别号（统一社会信用代码）	91＊＊＊＊＊＊＊＊＊＊＊＊1234

征收方式	☑查账征收（据实预缴）　　□查账征收（按上年应纳税所得额预缴） □核定应税所得率征收　　　□核定应纳税所得额征收 □税务机关认可的其他方式　＿＿＿＿＿

项　　目	行次	金额/比例
一、收入总额	1	570 000
二、成本费用	2	440 000
三、利润总额（3＝1－2）	3	130 000
四、弥补以前年度亏损	4	0
五、应税所得率（%）	5	
六、合伙企业个人合伙人分配比例（%）	6	
七、允许扣除的个人费用及其他扣除（7＝8＋9＋14）	7	58 500
（一）投资者减除费用	8	45 000
（二）专项扣除（9＝10＋11＋12＋13）	9	13 500
1. 基本养老保险费	10	7 500
2. 基本医疗保险费	11	900
3. 失业保险费	12	600
4. 住房公积金	13	4 500
（三）依法确定的其他扣除（14＝15＋16＋17）	14	0
1.	15	
2.	16	
3.	17	
八、应纳税所得额	18	71 500
九、税率（%）	19	10
十、速算扣除数	20	1 500
十一、应纳税额（21＝18×19－20）	21	5 650
十二、减免税额（附报《个人所得税减免税事项报告表》）	22	
十三、已缴税额	23	3 600
十四、应补/退税额（24＝21－22－23）	24	2 050

谨声明：本表是根据国家税收法律法规及相关规定填报的，是真实的、可靠的、完整的。 　　　　　　　　　　　　　　纳税人签字：张富甲　　2020年10月11日

经办人：张富甲 经办人身份证件号码：1101011969＊＊＊＊5011 代理机构签章： 代理机构统一社会信用代码：	受理人： 受理税务机关（章）： 受理日期：　　　年　　月　　日

（4）2020 年四季度纳税申报。

表 3-11　个人所得税经营所得纳税申报表（A 表）

税款所属期：2020 年 1 月 1 日至 2020 年 12 月 31 日

纳税人姓名：张富甲

纳税人识别号：1101011969＊＊＊＊5011　　　　　　金额单位：人民币元（列至角分）

被投资单位信息	名称	裕昌隆酒店	纳税人识别号（统一社会信用代码）	91＊＊＊＊＊＊＊＊＊＊＊＊＊1234

征收方式	☑查账征收（据实预缴）　　□查账征收（按上年应纳税所得额预缴） □核定应税所得率征收　　□核定应纳税所得额征收 □税务机关认可的其他方式 _____

项　目	行次	金额/比例
一、收入总额	1	800 000
二、成本费用	2	640 000
三、利润总额(3＝1－2)	3	160 000
四、弥补以前年度亏损	4	0
五、应税所得率(%)	5	
六、合伙企业个人合伙人分配比例(%)	6	
七、允许扣除的个人费用及其他扣除(7＝8＋9＋14)	7	78 000
（一）投资者减除费用	8	60 000
（二）专项扣除(9＝10＋11＋12＋13)	9	18 000
1.基本养老保险费	10	10 000
2.基本医疗保险费	11	1 200
3.失业保险费	12	800
4.住房公积金	13	6 000
（三）依法确定的其他扣除(14＝15＋16＋17)	14	0
1.	15	
2.	16	
3.	17	
八、应纳税所得额	18	82 000
九、税率(%)	19	10
十、速算扣除数	20	1 500
十一、应纳税额(21＝18×19－20)	21	6 700
十二、减免税额（附报《个人所得税减免税事项报告表》）	22	
十三、已缴税额	23	5 650
十四、应补/退税额(24＝21－22－23)	24	1 050

谨声明：本表是根据国家税收法律法规及相关规定填报的，是真实的、可靠的、完整的。

　　　　　　　　　　　　　　　　　纳税人签字：张富甲　　2021 年 1 月 10 日

经办人：张富甲 经办人身份证件号码：1101011969＊＊＊＊5011 代理机构签章： 代理机构统一社会信用代码：	受理人： 受理税务机关（章）： 受理日期：　　年　月　日

除报送《个人所得税经营所得纳税申报表(A表)》外,依法享受税收减免等优惠情形的纳税人,应报送《个人所得税减免税事项报告表》;有依法确定的其他扣除的情形的,应报送《商业健康保险税前扣除情况明细表》《个人税收递延型商业养老保险税前扣除情况明细表》等相关扣除资料。

纳税人还可以通过自然人办税服务平台(ITS)Web端、自然人税收管理系统(ITS)扣缴客户端办理申报缴税。纳税人可通过访问各省门户网站首页或登录各省电子税务局后,点击自然人办税服务平台链接登录,首次访问需要先实名认证注册。自然人税收管理系统可在各地税务机关网站上获取安装包。具体软件安装包、操作说明,纳税人可通过登录各地税务机关官网,在导航栏选择"纳税服务"按钮,在跳转的页面选择"下载中心",然后选择"软件下载"。在"软件下载"页面,与申报相关的软件及操作手册均可下载。

预缴申报时,合伙企业有多个自然人合伙人的,应分别填报《个人所得税经营所得纳税申报表(A表)》。纳税人在纳税期内没有应纳税款的,也应当按照规定办理申报。

2. 经营所得个人所得税年度申报

纳税人取得经营所得,以每一纳税年度的收入总额减除成本、费用以及损失后的余额,为应纳税所得额,按年计算个人所得税。纳税人应当在取得所得的次年3月31日前填报《个人所得税经营所得纳税申报表(B表)》及其他相关资料,向经营管理所在地主管税务机关办理汇算清缴。

企业在年度中间合并、分立、终止时,个人独资企业投资者、合伙企业个人合伙人、承包承租经营应当在停止生产经营之日起60日内,向主管税务机关办理当期个人所得税汇算清缴。

【案例3-9】 接[案例3-1],张富甲应当在2021年3月31日前,到酒店所在地的税务机关办税服务厅报送《个人所得税经营所得纳税申报表(B表)》,办理汇算清缴。

表3-12 个人所得税经营所得纳税申报表(B表)

税款所属期:2020年1月1日至2020年12月31日

纳税人姓名:张富甲

纳税人识别号:1101011969＊＊＊＊5011　　　　　　　　金额单位:人民币元(列至角分)

被投资单位信息	名称	裕昌隆酒店	纳税人识别号(统一社会信用代码)	91＊＊＊＊＊＊＊＊＊＊＊＊＊1234		
项　目					行次	金额/比例
一、收入总额					1	860 000
其中:国债利息收入					2	
二、成本费用(3=4+5+6+7+8+9+10)					3	640 000
(一)营业成本					4	405 000
(二)营业费用					5	160 000
(三)管理费用					6	56 000
(四)财务费用					7	19 000
(五)税金					8	

(续表)

项　目	行次	金额/比例
（六）损失	9	
（七）其他支出	10	
三、利润总额(11＝1－2－3)	11	220 000
四、纳税调整增加额(12＝13＋27)	12	160 000
（一）超过规定标准的扣除项目金额(13＝14＋15＋16＋17＋18＋19＋20＋21＋22＋23＋24＋25＋26)	13	
1. 职工福利费	14	
2. 职工教育经费	15	
3. 工会经费	16	
4. 利息支出	17	
5. 业务招待费	18	
6. 广告费和业务宣传费	19	
7. 教育和公益事业捐赠	20	
8. 住房公积金	21	
9. 社会保险费	22	
10. 折旧费用	23	
11. 无形资产摊销	24	
12. 资产损失	25	
13. 其他	26	
（二）不允许扣除的项目金额(27＝28＋29＋30＋31＋32＋33＋34＋35＋36)	27	160 000
1. 个人所得税税款	28	
2. 税收滞纳金	29	
3. 罚金、罚款和被没收财物的损失	30	
4. 不符合扣除规定的捐赠支出	31	
5. 赞助支出	32	
6. 用于个人和家庭的支出	33	30 000
7. 与取得生产经营收入无关的其他支出	34	
8. 投资者工资薪金支出	35	50 000
9. 其他不允许扣除的支出	36	80 000
五、纳税调整减少额	37	
六、纳税调整后所得(38＝11＋12－37)	38	380 000
七、弥补以前年度亏损	39	
八、合伙企业个人合伙人分配比例(％)	40	

(续表)

项　目	行次	金额/比例
九、允许扣除的个人费用及其他扣除(41＝42＋43＋48＋55)	41	102 000
（一）投资者减除费用	42	60 000
（二）专项扣除(43＝44＋45＋46＋47)	43	18 000
1.基本养老保险费	44	10 000
2.基本医疗保险费	45	1 200
3.失业保险费	46	800
4.住房公积金	47	6 000
（三）专项附加扣除(48＝49＋50＋51＋52＋53＋54)	48	24 000
1.子女教育	49	
2.继续教育	50	
3.大病医疗	51	
4.住房贷款利息	52	
5.住房租金	53	
6.赡养老人	54	24 000
（四）依法确定的其他扣除(55＝56＋57＋58＋59)	55	
1.商业健康保险	56	
2.税延养老保险	57	
3.	58	
4.	59	
十、投资抵扣	60	
十一、准予扣除的个人捐赠支出	61	
十二、应纳税所得额(62＝38－39－41－60－61)或[62－(38－39)×40－41－60－61]	62	278 000
十三、税率(%)	63	20
十四、速算扣除数	64	10 500
十五、应纳税额(65＝62×63－64)	65	45 100
十六、减免税额(附报《个人所得税减免税事项报告表》)	66	
十七、已缴税额	67	6 700
十八、应补/退税额(68＝65－66－67)	68	38 400

谨声明：本表是根据国家税收法律法规及相关规定填报的，是真实的、可靠的、完整的。

纳税人签字：张富甲　　2021年3月11日

经办人：张富甲 经办人身份证件号码：1101011969＊＊＊＊5011 代理机构签章： 代理机构统一社会信用代码：	受理人： 受理税务机关(章)： 受理日期：　　年　　月　　日

除报送《个人所得税经营所得纳税申报表(B表)》外,依法享受税收减免等优惠情形的纳税人,应报送《个人所得税减免税事项报告表》;有依法确定的其他扣除的情形的,应报送《商业健康保险税前扣除情况明细表》《个人税收递延型商业养老保险税前扣除情况明细表》;无综合所得,且需要享受专项附加扣除的,应报送《个人所得税专项附加扣除信息表》等相关扣除资料。

纳税人在注销户籍年度取得经营所得的,应当在注销户籍前,向户籍所在地主管税务机关办理当年经营所得的汇算清缴,并报送《个人所得税经营所得纳税申报表(B表)》。从两处以上取得经营所得的,还应当一并报送《个人所得税经营所得纳税申报表(C表)》。尚未办理上一年度经营所得汇算清缴的,应当在办理注销户籍纳税申报时一并办理。

汇算清缴时,合伙企业有多个自然人合伙人的,应分别填报《个人所得税经营所得纳税申报表(B表)》。

纳税人还可以通过自然人办税服务平台(ITS)Web端办理申报。纳税人在纳税期内没有应纳税款的,也应当按照规定办理申报。

3. 自然人合伙人经营所得个人所得税年度申报

【案例 3-10】 接[案例 3-2],自然人合伙人张五湖应当在 2021 年 3 月 31 日前,就分得的所得到加工厂所在地的税务机关报送《个人所得税经营所得纳税申报表(B表)》,办理汇算清缴。

表 3-13 个人所得税经营所得纳税申报表(B表)

税款所属期:2020 年 1 月 1 日至 2020 年 12 月 31 日
纳税人姓名:张五湖
纳税人识别号:2208001966＊＊＊＊0011　　　　　　　　金额单位:人民币元(列至角分)

被投资单位信息	名称	福林苑加工厂	纳税人识别号(统一社会信用代码)	91＊＊＊＊＊＊＊＊＊＊＊＊＊5678	
项 目				行次	金额/比例
一、收入总额				1	800 000
其中:国债利息收入				2	
二、成本费用(3＝4＋5＋6＋7＋8＋9＋10)				3	560 000
(一)营业成本				4	350 000
(二)营业费用				5	60 000
(三)管理费用				6	150 000
(四)财务费用				7	
(五)税金				8	
(六)损失				9	
(七)其他支出				10	
三、利润总额(11＝1－2－3)				11	240 000
四、纳税调整增加额(12＝13＋27)				12	

(续表)

项 目	行次	金额/比例
(一)超过规定标准的扣除项目金额(13=14+15+16+17+18+19+20+21+22+23+24+25+26)	13	
1. 职工福利费	14	
2. 职工教育经费	15	
3. 工会经费	16	
4. 利息支出	17	
5. 业务招待费	18	
6. 广告费和业务宣传费	19	
7. 教育和公益事业捐赠	20	
8. 住房公积金	21	
9. 社会保险费	22	
10. 折旧费用	23	
11. 无形资产摊销	24	
12. 资产损失	25	
13. 其他	26	
(二)不允许扣除的项目金额(27=28+29+30+31+32+33+34+35+36)	27	
1. 个人所得税税款	28	
2. 税收滞纳金	29	
3. 罚金、罚款和被没收财物的损失	30	
4. 不符合扣除规定的捐赠支出	31	
5. 赞助支出	32	
6. 用于个人和家庭的支出	33	
7. 与取得生产经营收入无关的其他支出	34	
8. 投资者工资薪金支出	35	
9. 其他不允许扣除的支出	36	
五、纳税调整减少额	37	
六、纳税调整后所得(38=11+12-37)	38	240 000
七、弥补以前年度亏损	39	
八、合伙企业个人合伙人分配比例(%)	40	60
九、允许扣除的个人费用及其他扣除(41=42+43+48+55)	41	60 000
(一)投资者减除费用	42	60 000
(二)专项扣除(43=44+45+46+47)	43	
1. 基本养老保险费	44	

（续表）

项　　目	行次	金额/比例
2. 基本医疗保险费	45	
3. 失业保险费	46	
4. 住房公积金	47	
（三）专项附加扣除(48＝49＋50＋51＋52＋53＋54)	48	
1. 子女教育	49	
2. 继续教育	50	
3. 大病医疗	51	
4. 住房贷款利息	52	
5. 住房租金	53	
6. 赡养老人	54	
（四）依法确定的其他扣除(55＝56＋57＋58＋59)	55	
1. 商业健康保险	56	
2. 税延养老保险	57	
3.	58	
4.	59	
十、投资抵扣	60	
十一、准予扣除的个人捐赠支出	61	
十二、应纳税所得额(62＝38－39－41－60－61)或[62＝(38－39)×40－41－60－61]	62	84 000
十三、税率(％)	63	10
十四、速算扣除数	64	1 500
十五、应纳税额(65＝62×63－64)	65	6 900
十六、减免税额(附报《个人所得税减免税事项报告表》)	66	
十七、已缴税额	67	
十八、应补/退税额(68＝65－66－67)	68	6 900

谨声明：本表是根据国家税收法律法规及相关规定填报的,是真实的、可靠的、完整的。

纳税人签字：张五湖　　2021 年 3 月 10 日

经办人：张五湖 经办人身份证件号码：2208001966＊＊＊＊0011 代理机构签章： 代理机构统一社会信用代码：	受理人： 受理税务机关(章)： 受理日期：　　年　　月　　日

4. 个人独资企业经营所得个人所得税年度申报

【案例 3-11】　接[案例 3-3],李长啸应当在 2021 年 3 月 31 日前,就个人独资企业所得到经销处所在地的税务机关报送《个人所得税经营所得纳税申报表(B 表)》,办理汇算清缴。

表 3-14　个人所得税经营所得纳税申报表(B表)

税款所属期：2020 年 1 月 1 日至 2020 年 12 月 31 日

纳税人姓名：李长啸

纳税人识别号：2101001966＊＊＊＊0025　　　　　　　　　金额单位：人民币元(列至角分)

被投资单位信息	名称	穆棱河物资经销处	纳税人识别号(统一社会信用代码)	91＊＊＊＊＊＊＊＊＊＊＊5432	
项　　目				行次	金额/比例
一、收入总额				1	2 000 000
其中：国债利息收入				2	
二、成本费用(3＝4＋5＋6＋7＋8＋9＋10)				3	1 464 000
(一)营业成本				4	780 000
(二)营业费用				5	100 000
(三)管理费用				6	304 000
(四)财务费用				7	20 000
(五)税金				8	260 000
(六)损失				9	
(七)其他支出				10	
三、利润总额(11＝1－2－3)				11	536 000
四、纳税调整增加额(12＝13＋27)				12	95 850
(一)超过规定标准的扣除项目金额(13＝14＋15＋16＋17＋18＋19＋20＋21＋22＋23＋24＋25＋26)				13	47 850
1.职工福利费				14	
2.职工教育经费				15	1 850
3.工会经费				16	
4.利息支出				17	6 000
5.业务招待费				18	30 000
6.广告费和业务宣传费				19	
7.教育和公益事业捐赠				20	
8.住房公积金				21	
9.社会保险费				22	
10.折旧费用				23	10 000
11.无形资产摊销				24	
12.资产损失				25	
13.其他				26	

（续表）

项　目	行次	金额/比例
（二）不允许扣除的项目金额（27＝28＋29＋30＋31＋32＋33＋34＋35＋36）	27	48 000
1. 个人所得税税款	28	
2. 税收滞纳金	29	
3. 罚金、罚款和被没收财物的损失	30	
4. 不符合扣除规定的捐赠支出	31	
5. 赞助支出	32	
6. 用于个人和家庭的支出	33	
7. 与取得生产经营收入无关的其他支出	34	
8. 投资者工资薪金支出	35	48 000
9. 其他不允许扣除的支出	36	
五、纳税调整减少额	37	
六、纳税调整后所得（38＝11＋12－37）	38	631 850
七、弥补以前年度亏损	39	
八、合伙企业个人合伙人分配比例（％）	40	
九、允许扣除的个人费用及其他扣除（41＝42＋43＋48＋55）	41	70 000
（一）投资者减除费用	42	60 000
（二）专项扣除（43＝44＋45＋46＋47）	43	10 000
1. 基本养老保险费	44	10 000
2. 基本医疗保险费	45	
3. 失业保险费	46	
4. 住房公积金	47	
（三）专项附加扣除（48＝49＋50＋51＋52＋53＋54）	48	
1. 子女教育	49	
2. 继续教育	50	
3. 大病医疗	51	
4. 住房贷款利息	52	
5. 住房租金	53	
6. 赡养老人	54	
（四）依法确定的其他扣除（55＝56＋57＋58＋59）	55	
1. 商业健康保险	56	
2. 税延养老保险	57	
3.	58	
4.	59	

(续表)

项　目	行次	金额/比例
十、投资抵扣	60	
十一、准予扣除的个人捐赠支出	61	168 555
十二、应纳税所得额(62＝38－39－41－60－61)或[62＝(38－39)×40－41－60－61]	62	393 295
十三、税率(%)	63	30
十四、速算扣除数	64	40 500
十五、应纳税额(65＝62×63－64)	65	77 488.5
十六、减免税额(附报《个人所得税减免税事项报告表》)	66	
十七、已缴税额	67	
十八、应补/退税额(68＝65－66－67)	68	77 488.5

谨声明：本表是根据国家税收法律法规及相关规定填报的，是真实的、可靠的、完整的。

　　　　　　　　　　　　　　　　纳税人签字：李长啸　　　2021 年 3 月 10 日

经办人：李长啸 经办人身份证件号码：2101001966 ＊ ＊ ＊ ＊0025 代理机构签章： 代理机构统一社会信用代码：	受理人： 受理税务机关(章)： 受理日期：　　年　　月　　日

5. 个人独资企业清算申报

【案例 3-12】　接[案例 3-4]，黎佳应当在注销工商登记之前，向主管税务机关结清有关税务事宜。清算所得应当视为年度生产经营所得，依法缴纳个人所得税。

表 3-15　个人所得税经营所得纳税申报表(B 表)

税款所属期：2020 年 1 月 1 日至 2020 年 12 月 31 日
纳税人姓名：黎佳
纳税人识别号：4101001988 ＊ ＊ ＊ ＊0025　　　　　　　金额单位：人民币元(列至角分)

被投资 单位信息	名称	美好生活工作室	纳税人识别号 (统一社会信用代码)	91 ＊ ＊ ＊ ＊ ＊ ＊ ＊ ＊ ＊ ＊ ＊ ＊543X
项　目			**行次**	**金额/比例**
一、收入总额			1	2 300 000
其中：国债利息收入			2	
二、成本费用(3＝4＋5＋6＋7＋8＋9＋10)			3	1 500 000
(一)营业成本			4	1 400 000
(二)营业费用			5	
(三)管理费用			6	100 000
(四)财务费用			7	
(五)税金			8	
(六)损失			9	

(续表)

项　目	行次	金额/比例
（七）其他支出	10	
三、利润总额(11＝1－2－3)	11	800 000
四、纳税调整增加额(12＝13＋27)	12	70 000
（一）超过规定标准的扣除项目金额(13＝14＋15＋16＋17＋18＋19＋20＋21＋22＋23＋24＋25＋26)	13	20 000
1. 职工福利费	14	
2. 职工教育经费	15	
3. 工会经费	16	
4. 利息支出	17	
5. 业务招待费	18	20 000
6. 广告费和业务宣传费	19	
7. 教育和公益事业捐赠	20	
8. 住房公积金	21	
9. 社会保险费	22	
10. 折旧费用	23	
11. 无形资产摊销	24	
12. 资产损失	25	
13. 其他	26	
（二）不允许扣除的项目金额(27＝28＋29＋30＋31＋32＋33＋34＋35＋36)	27	50 000
1. 个人所得税税款	28	
2. 税收滞纳金	29	
3. 罚金、罚款和被没收财物的损失	30	
4. 不符合扣除规定的捐赠支出	31	
5. 赞助支出	32	
6. 用于个人和家庭的支出	33	
7. 与取得生产经营收入无关的其他支出	34	
8. 投资者工资薪金支出	35	50 000
9. 其他不允许扣除的支出	36	
五、纳税调整减少额	37	
六、纳税调整后所得(38＝11＋12－37)	38	870 000
七、弥补以前年度亏损	39	
八、合伙企业个人合伙人分配比例（％）	40	
九、允许扣除的个人费用及其他扣除(41＝42＋43＋48＋55)	41	110 000

(续表)

项 目	行次	金额/比例
(一) 投资者减除费用	42	60 000
(二) 专项扣除(43＝44＋45＋46＋47)	43	30 000
1. 基本养老保险费	44	30 000
2. 基本医疗保险费	45	
3. 失业保险费	46	
4. 住房公积金	47	
(三) 专项附加扣除(48＝49＋50＋51＋52＋53＋54)	48	20 000
1. 子女教育	49	
2. 继续教育	50	
3. 大病医疗	51	
4. 住房贷款利息	52	
5. 住房租金	53	
6. 赡养老人	54	20 000
(四) 依法确定的其他扣除(55＝56＋57＋58＋59)	55	
1. 商业健康保险	56	
2. 税延养老保险	57	
3.	58	
4.	59	
十、投资抵扣	60	
十一、准予扣除的个人捐赠支出	61	
十二、应纳税所得额(62＝38－39－41－60－61)或[62＝(38－39)×40－41－60－61]	62	760 000
十三、税率(%)	63	35
十四、速算扣除数	64	65 500
十五、应纳税额(65＝62×63－64)	65	200 500
十六、减免税额(附报《个人所得税减免税事项报告表》)	66	
十七、已缴税额	67	82 500
十八、应补/退税额(68＝65－66－67)	68	118 000

谨声明：本表是根据国家税收法律法规及相关规定填报的,是真实的、可靠的、完整的。

纳税人签字：黎佳　　2020 年 10 月 31 日

经办人：黎佳 经办人身份证件号码：4101001988＊＊＊＊0025 代理机构签章： 代理机构统一社会信用代码：	受理人： 受理税务机关(章)： 受理日期：　　年　　月　　日

6. 多处经营所得申报案例

【案例 3-13】 接[案例 3-5],个体工商户业主、个人独资企业投资人、合伙企业个人合伙人、承包承租经营者个人以及其他从事生产、经营活动的个人在中国境内两处以上取得经营所得的,应当在分别办理年度汇算清缴后,于取得所得的次年3月31日前填报《个人所得税经营所得纳税申报表(C表)》及其他相关资料,选择向其中一处经营管理所在地主管税务机关办理年度汇总纳税申报。假设张火火选择在甲市汇总申报。

表3-16　个人所得税经营所得纳税申报表(C表)

税款所属期:2020年1月1日至2020年12月31日
纳税人姓名:张火火
纳税人识别号:2101001977＊＊＊＊0017　　　　　　　　　金额单位:人民币元(列至角分)

			单位名称	纳税人识别号(统一社会信用代码)	投资者应纳税所得额
被投资单位信息	汇总地		大家乐超市	91＊＊＊＊＊＊＊＊＊＊＊＊＊123T	80 000
	非汇总地	1	万家乐购物中心	91＊＊＊＊＊＊＊＊＊＊＊＊＊789T	90 000
		2			
		3			
		4			
		5			

项　目	行次	金额/比例
一、投资者应纳税所得额合计	1	170 000
二、应调整的个人费用及其他扣除(2＝3＋4＋5＋6)	2	60 000
(一)投资者减除费用	3	60 000
(二)专项扣除	4	
(三)专项附加扣除	5	
(四)依法确定的其他扣除	6	
三、应调整的其他项目	7	
四、调整后应纳税所得额(8＝1＋2＋7)	8	230 000
五、税率(%)	9	20
六、速算扣除数	10	10 500
七、应纳税额(11＝8×9－10)	11	35 500
八、减免税额(附报《个人所得税减免税事项报告表》)	12	
九、已缴税额	13	14 000
十、应补/退税额(14＝11－12－13)	14	21 500

谨声明:本表是根据国家税收法律法规及相关规定填报的,是真实的、可靠的、完整的。

纳税人签字:张火火　　2021年3月30日

经办人:张火火 经办人身份证件号码:2101001977＊＊＊＊0017 代理机构签章: 代理机构统一社会信用代码:	受理人: 受理税务机关(章): 受理日期:　　年　　月　　日

纳税人可通过办税服务厅、自然人税收管理系统(Web端)办理申报。纳税人纳税申报时存在减免个人所得税情形的,应报送《个人所得税减免税事项报告表》。

7. 2021年新预缴申报表案例

【案例3-14】 接[案例3-6]艾莉莉应当在季度终了后15日内,报送从2020年1月1日起施行的《个人所得税经营所得纳税申报表(A表)》,并缴纳税款。选择在季度预缴申报时扣除捐赠支出的,还应附报《个人所得税公益慈善事业捐赠扣除明细表》。

表3-17 个人所得税经营所得纳税申报表(A表)

税款所属期:2021年1月1日至2021年3月31日
纳税人姓名:艾莉莉
纳税人识别号:2101001988＊＊＊＊0017 金额单位:人民币元(列至角分)

被投资单位信息			
名称	动漫空间		
纳税人识别号(统一社会信用代码)	91＊＊＊＊＊＊＊＊＊＊＊＊666F		
征收方式(单选)			
☑ 查账征收(据实预缴) □ 查账征收(按上年应纳税所得额预缴) □ 核定应税所得率征收			
□ 核定应纳税所得额征收 □ 税务机关认可的其他方式			
个人所得税计算			
项 目		行次	金额/比例
一、收入总额		1	600 000
二、成本费用		2	540 000
三、利润总额(第3行＝第1行－第2行)		3	60 000
四、弥补以前年度亏损		4	
五、应税所得率(%)		5	
六、合伙企业个人合伙人分配比例(%)		6	
七、允许扣除的个人费用及其他扣除(第7行＝第8行＋第9行＋第14行)		7	15 000
(一)投资者减除费用		8	15 000
(二)专项扣除(第9行＝第10行＋第11行＋第12行＋第13行)		9	
1. 基本养老保险费		10	
2. 基本医疗保险费		11	
3. 失业保险费		12	
4. 住房公积金		13	
(三)依法确定的其他扣除(第14行＝第15行＋第16行＋第17行)		14	
1.		15	
2.		16	
3.		17	
八、准予扣除的捐赠额(附报《个人所得税公益慈善事业捐赠扣除明细表》)		18	13 500
九、应纳税所得额		19	31 500
十、税率(%)		20	10
十一、速算扣除数		21	1 500
十二、应纳税额(第22行＝第19行×第20行－第21行)		22	1 650

（续表）

项 目	行次	金额/比例
十三、减免税额（附报《个人所得税减免税事项报告表》）	23	
十四、已缴税额	24	0
十五、应补/退税额（第25行＝第22行－第23行－第24行）	25	1 650
备 注		

谨声明：本表是根据国家税收法律法规及相关规定填报的，本人对填报内容（附带资料）的真实性、可靠性、完整性负责。

纳税人签字：艾莉莉　　2021年4月10日

经办人签字：艾莉莉 经办人身份证件类型：居民身份证 经办人身份证件号码：2101001988＊＊＊＊0017 代理机构签章： 代理机构统一社会信用代码：	受理人： 受理税务机关（章）： 受理日期：　　年　　月　　日

附《个人所得税公益慈善事业捐赠扣除明细表》。

表3-18　个人所得税公益慈善事业捐赠扣除明细表

捐赠年度：2021年

纳税人姓名：艾莉莉

纳税人识别号：2101001988＊＊＊＊0017

扣缴义务人名称：

扣缴义务人纳税人识别号：91＊＊＊＊＊＊＊＊＊＊＊＊666F　　　　　　　金额单位：人民币元（列至角分）

序号	捐赠信息							扣除信息				备注
	纳税人姓名	纳税人识别号	受赠单位名称	受赠单位纳税人识别号（统一社会信用代码）	捐赠凭证号	捐赠日期	捐赠金额	扣除比例	扣除所得项目	税款所属期	扣除金额	
1	2	3	4	5	6	7	8	9	10	11	12	13
1	艾莉莉	2101001988＊＊＊＊0017	××县政府×部门	123＊＊＊＊＊＊＊＊＊＊＊＊＊	2000000001	2021年3月6日	20 000	30%	经营所得	2021年1月1日至2021年3月31日	13 500	

谨承诺：此表是根据国家税收法律法规及相关规定填报的，是真实的、可靠的、完整的。

纳税人或扣缴义务人负责人签字：艾莉莉　2021年　4月10日

经办人签字：艾莉莉 经办人身份证件号码：2101001988＊＊＊＊0017 代理机构签章： 代理机构统一社会信用代码：	受理人： 受理税务机关（章）： 受理日期：年月日

艾莉莉应留存捐赠票据，留存期限为5年。

(二)核定征收纳税申报案例

【案例 3-15】 接[案例 3-7],艾建设应当在每季度终了后 15 日内,到企业所在地的税务机关办税服务厅报送《个人所得税经营所得纳税申报表(A 表)》,并缴纳税款。

(1)2020 年一季度纳税申报。

表 3-19　个人所得税经营所得纳税申报表(A 表)

税款所属期:2020 年 1 月 1 日 至 2020 年 3 月 31 日

纳税人姓名:艾建设

纳税人识别号:2101001966＊＊＊＊0025　　　　　　　　　　金额单位:人民币元(列至角分)

被投资单位信息	名称	广厦建筑队	纳税人识别号(统一社会信用代码)	91＊＊＊＊＊＊＊＊＊＊＊＊＊1188
征收方式	☐查账征收(据实预缴)　　☐查账征收(按上年应纳税所得额预缴) ☑核定应税所得率征收　　☐核定应纳税所得额征收 ☐税务机关认可的其他方式 _____			

项　目	行次	金额/比例
一、收入总额	1	600 000
二、成本费用	2	
三、利润总额(3=1-2)	3	600 000
四、弥补以前年度亏损	4	
五、应税所得率(%)	5	15
六、合伙企业个人合伙人分配比例(%)	6	
七、允许扣除的个人费用及其他扣除(7=8+9+14)	7	
(一)投资者减除费用	8	
(二)专项扣除(9=10+11+12+13)	9	
1.基本养老保险费	10	
2.基本医疗保险费	11	
3.失业保险费	12	
4.住房公积金	13	
(三)依法确定的其他扣除(14=15+16+17)	14	
1.	15	
2.	16	
3.	17	
八、应纳税所得额	18	90 000
九、税率(%)	19	10
十、速算扣除数	20	1 500
十一、应纳税额(21=18×19-20)	21	7 500
十二、减免税额(附报《个人所得税减免税事项报告表》)	22	

（续表）

项　目	行次	金额/比例
十三、已缴税额	23	
十四、应补/退税额(24＝21－22－23)	24	7 500

谨声明：本表是根据国家税收法律法规及相关规定填报的,是真实的、可靠的、完整的。

纳税人签字：艾建设　　2020 年 4 月 9 日

经办人：艾建设 经办人身份证件号码：2101001966＊＊＊＊0025 代理机构签章： 代理机构统一社会信用代码：	受理人： 受理税务机关(章)： 受理日期：　　年　　月　　日

（2）2020 年二季度纳税申报。

表 3-20　个人所得税经营所得纳税申报表(A 表)

税款所属期：2020 年 1 月 1 日至 2020 年 6 月 30 日

纳税人姓名：艾建设

纳税人识别号：2101001966＊＊＊＊0025　　　　　　　　金额单位：人民币元(列至角分)

被投资单位信息	名称	广厦建筑队		纳税人识别号 (统一社会信用代码)	91＊＊＊＊＊＊＊＊＊＊＊＊＊＊1188
征收方式	□查账征收(据实预缴)　　　□查账征收(按上年应纳税所得额预缴) ☑核定应税所得率征收　　　□核定应纳税所得额征收 □税务机关认可的其他方式 _____				

项　目	行次	金额/比例
一、收入总额	1	2 000 000
二、成本费用	2	
三、利润总额(3＝1－2)	3	2 000 000
四、弥补以前年度亏损	4	
五、应税所得率(％)	5	15
六、合伙企业个人合伙人分配比例(％)	6	
七、允许扣除的个人费用及其他扣除(7＝8＋9＋14)	7	
（一）投资者减除费用	8	
（二）专项扣除(9＝10＋11＋12＋13)	9	
1.基本养老保险费	10	
2.基本医疗保险费	11	
3.失业保险费	12	
4.住房公积金	13	
（三）依法确定的其他扣除(14＝15＋16＋17)	14	
1.	15	
2.	16	

(续表)

项　目	行次	金额/比例
3.	17	
八、应纳税所得额	18	300 000
九、税率(%)	19	20
十、速算扣除数	20	10 500
十一、应纳税额(21＝18×19－20)	21	49 500
十二、减免税额(附报《个人所得税减免税事项报告表》)	22	
十三、已缴税额	23	7 500
十四、应补/退税额(24＝21－22－23)	24	42 000

　　谨声明：本表是根据国家税收法律法规及相关规定填报的,是真实的、可靠的、完整的。

　　　　　　　　　　　　　　　纳税人签字：艾建设　　　2020 年 7 月 9 日

经办人：艾建设 经办人身份证件号码：2101001966＊＊＊＊0025 代理机构签章： 代理机构统一社会信用代码：	受理人： 受理税务机关(章)： 受理日期：　　年　　月　　日

　　(3) 2020 年三季度纳税申报。

表 3-21　个人所得税经营所得纳税申报表(A 表)

税款所属期：2020 年 1 月 1 日至 2020 年 9 月 30 日
纳税人姓名：艾建设
纳税人识别号：2101001966＊＊＊＊0025　　　　　　　　金额单位：人民币元(列至角分)

被投资单位信息	名称	广厦建筑队	纳税人识别号 (统一社会信用代码)	91＊＊＊＊＊＊＊＊＊＊＊＊1188
征收方式	☐ 查账征收(据实预缴)　　☐ 查账征收(按上年应纳税所得额预缴) ☑ 核定应税所得率征收　　☐ 核定应纳税所得额征收 ☐ 税务机关认可的其他方式 _____			

项　目	行次	金额/比例
一、收入总额	1	3 200 000
二、成本费用	2	
三、利润总额(3＝1－2)	3	3 200 000
四、弥补以前年度亏损	4	
五、应税所得率(%)	5	15
六、合伙企业个人合伙人分配比例(%)	6	
七、允许扣除的个人费用及其他扣除(7＝8＋9＋14)	7	
(一)投资者减除费用	8	
(二)专项扣除(9＝10＋11＋12＋13)	9	

（续表）

项　　目	行次	金额/比例
1.基本养老保险费	10	
2.基本医疗保险费	11	
3.失业保险费	12	
4.住房公积金	13	
（三）依法确定的其他扣除(14＝15＋16＋17)	14	
1.	15	
2.	16	
3.	17	
八、应纳税所得额	18	480 000
九、税率(%)	19	30
十、速算扣除数	20	40 500
十一、应纳税额(21＝18×19－20)	21	103 500
十二、减免税额(附报《个人所得税减免税事项报告表》)	22	
十三、已缴税额	23	49 500
十四、应补/退税额(24＝21－22－23)	24	54 000

谨声明：本表是根据国家税收法律法规及相关规定填报的,是真实的、可靠的、完整的。

纳税人签字：艾建设　　2020 年 10 月 9 日

经办人：艾建设 经办人身份证件号码：2101001966＊＊＊＊0025 代理机构签章： 代理机构统一社会信用代码：	受理人： 受理税务机关(章)： 受理日期：　　年　　月　　日

（4）2020 年四季度纳税申报。

表 3-22　个人所得税经营所得纳税申报表(A 表)

税款所属期：2020 年 1 月 1 日至 2020 年 12 月 31 日

纳税人姓名：艾建设

纳税人识别号：2101001966＊＊＊＊0025　　　　　　　　　金额单位：人民币元(列至角分)

被投资 单位信息	名称	广厦建筑队	纳税人识别号 (统一社会信用代码)	91＊＊＊＊＊＊＊＊＊＊＊＊1188
征收方式	□查账征收(据实预缴)　　　□查账征收(按上年应纳税所得额预缴) ☑核定应税所得率征收　　　□核定应纳税所得额征收 □税务机关认可的其他方式 _____			

项　　目	行次	金额/比例
一、收入总额	1	5 200 000
二、成本费用	2	
三、利润总额(3＝1－2)	3	5 200 000

（续表）

项　　目	行次	金额/比例
四、弥补以前年度亏损	4	
五、应税所得率（%）	5	15
六、合伙企业个人合伙人分配比例（%）	6	
七、允许扣除的个人费用及其他扣除（7＝8＋9＋14）	7	
（一）投资者减除费用	8	
（二）专项扣除（9＝10＋11＋12＋13）	9	
1. 基本养老保险费	10	
2. 基本医疗保险费	11	
3. 失业保险费	12	
4. 住房公积金	13	
（三）依法确定的其他扣除（14＝15＋16＋17）	14	
1.	15	
2.	16	
3.	17	
八、应纳税所得额	18	780 000
九、税率（%）	19	35
十、速算扣除数	20	65 500
十一、应纳税额（21＝18×19－20）	21	207 500
十二、减免税额（附报《个人所得税减免税事项报告表》）	22	
十三、已缴税额	23	103 500
十四、应补/退税额（24＝21－22－23）	24	104 000
谨声明：本表是根据国家税收法律法规及相关规定填报的，是真实的、可靠的、完整的。 纳税人签字：艾建设　　2021年3月　9日		
经办人：艾建设 经办人身份证件号码：2101001966＊＊＊＊0025 代理机构签章： 代理机构统一社会信用代码：	受理人： 受理税务机关（章）： 受理日期：　　年　　月　　日	

实行核定征收的纳税人，应向主管税务机关报送《商业健康保险税前扣除情况明细表》《个人税收递延型商业养老保险税前扣除情况明细表》和税延养老扣除凭证，主管税务机关按程序相应调减其应纳税所得额或应纳税额。

纳税人还可以通过自然人办税服务平台（ITS）Web端、自然人税收管理系统（ITS）扣缴客户端办理申缴缴税。

 链接：个人所得税核定征收纳税人是否需要进行汇算清缴

新个人所得税法第十二条第一款规定："纳税人取得经营所得，按年计算个人所得税，在取得所得的次年三月三十一日前办理汇算清缴。"对于核定征收是否需要汇算清缴,国家税务总局层面并无明确规定。截至目前,国家税务总局仅对定期定额户作出了明确规定,《国家税务总局关于进一步深化税务系统"放管服"改革优化税收环境的若干意见》(税总发〔2017〕101号)第十四条规定:"……定期定额个体工商户实际经营额、所得额不超过定额的,取消年度汇总申报"。除安徽省外,各省无具体规定。《安徽省地方税务局关于印发〈安徽省个人所得税核定征收暂行办法〉的通知》(皖地税〔2001〕158号)第十六条第二款规定,实行核定应税所得率征收的纳税人,应在年终进行汇算清缴,税款多退少补,或者用于抵缴下一年度应缴纳的税款。因此,理论上,核定征收纳税人仍需汇算清缴。

但是在实践中,由于核定征收纳税人无法准确核算收入或成本、费用,加之经营所得按年计算征收的征税模式,如果纳税人已经按季申报缴纳了税款,进行汇算清缴的实际意义并不大。税务机关应严格落实《个体工商户建账管理暂行办法》(国家税务总局令第17号印发),加强规模较大的个人独资企业、合伙企业和个体工商户的生产、经营所得征收管理,督促纳税人依照法律、行政法规的规定设置账簿。

第四章

利息、股息、红利所得

导读

利息、股息、红利收入是指单位和个人因进行存款、贷款、购买各种债券和投资等活动而取得的利息收入、股息收入和红利收入。利息一般是指存款利息、贷款利息、各种债券利息以及垫付款、延期付款等项利息。股息、红利是指公司、企业的分红。按照一定的比率对每股金额发给的息金称"股息";根据公司、企业应分配的利润按股份分配的称"红利"。随着社会经济的不断发展,利息、股息、红利所得不只是高收入者的特权,越来越多的普通百姓也因存款、购买债券、购买股票而获得此类收入,因此,利息、股息、红利所得越来越贴近百姓生活。个人取得的利息、股息、红利所得,要按个人所得税法及其实施条例的规定缴纳个人所得税,新个人所得税法对利息、股息、红利所得部分基本没有修改。

第一节　基本规定

一、征税对象

利息、股息、红利所得是指个人拥有债权、股权而取得的利息、股息、红利所得。其中:

(1) 利息:一般是指存款、贷款和债券的利息。

(2) 股息:是指个人拥有取得的公司、企业派息分红,按照一定的比率派发的每股息金,称为股息。

(3) 红利:根据公司、企业应分配的、超过股息部分的利润,按股派发的红利,称为红利。

个人从中国境内的公司、企业以及其他经济组织或者个人取得的利息、股息、红利所得都要按"利息、股息、红利所得"项目征收个人所得税。

 链接:个人取得的储蓄存款以外的利息收入计征个人所得税

文件名称:《国家税务总局关于储蓄存款利息所得征收个人所得税若干业务问题的通知》

发文字号:国税发〔1999〕180 号

成文日期:1999 年 10 月 08 日

内　　容:

根据《对储蓄存款利息所得征收个人所得税的实施办法》(以下简称《实施办法》)的规定,凡个人直接从各商业银行、城市信用合作社、农村信用合作社办理储蓄业务的机构以及邮政企业依法办理储蓄业务的机构取得的储蓄存款利息所得,应按照该《实施办法》的有关规定计算缴纳储蓄存款利息所得个人所得税,由国家税务局负责征收管理(注:关于储蓄存款利息自 2008 年 10 月 9 日起,暂免征收个人所得税);个人取得的其他利息所得应按"利息、股息、红利所得"应税项目计算缴纳个人所得税,由地方税务局负责征收管理。

注: 因国地税征管体制改革,现已无国税局、地税局之分。

 知识小练习

【例题·多选】 以下按照"利息、股息、红利所得"项目征收个人所得税的有(   )。

A. 个人取得的企业债券利息

B. 合伙企业的个人投资者以企业资金为本人购买住房

C. 股份有限公司的个人投资者取得的股份分红

D. 公司职工取得的用于购买企业国有股权的劳动分红

E. 个人收到被投资企业按照年终分配方案分得的现金股利

答案: ACE

解析: 个人从中国境内的公司、企业以及其他经济组织或者个人取得的利息、股息、红利所得要按照"利息、股息、红利所得"项目征收个人所得税,因此,选项 A、C、E 正确。选项 B:应按照"经营所得"项目征税;选项 D:应按照"工资、薪金所得"项目征收个人所得税。

二、应纳税所得额

新个人所得税法第六条第一款第六项规定,利息、股息、红利所得以每次收入额为应纳税所得额。

三、适用税率

新个人所得税法第三条第三项规定,利息、股息、红利所得,适用比例税率,税率为 20%。

四、税款计算

应纳税额＝应纳税所得额(每次收入额)×适用税率(20%)

第二节 具体规定

一、个体工商户与企业联营而分得的利润

根据新个人所得税法及其实施条例的有关规定精神,个体工商户与企业联营而分得的利润,按"利息、股息、红利所得"项目征收个人所得税。财政部、国家税务总局也通过文件形式对此做出了明确规定。

 链接:个体工商户与企业联营分得利润征税问题

文件名称:《财政部　国家税务总局关于个人所得税若干政策问题的通知》

发文字号：财税字〔1994〕20 号

成文日期：1994 年 5 月 13 日

内　　容：

根据《中华人民共和国个人所得税法》及其实施条例的有关规定精神，现将个人所得税的若干政策问题通知如下：

一、关于对个体工商户的征税问题

……

（三）个体工商户与企业联营而分得的利润，按利息、股息、红利所得项目征收个人所得税。

 **知识小练习**

【例题·单选】　个体工商户李某与外地 A 有限责任公司联营，2020 年 12 月分得利润 5 万元。该项业务李某应缴纳个人所得税（　　　）元。

A. 8 000　　　　　　　B. 7 500　　　　　　　C. 10 000　　　　　　　D. 0

答案：C

解析：个体工商户与企业联营而分得的利润，按"利息、股息、红利所得"项目征收个人所得税。应纳个人所得税＝50 000×20%＝10 000（元）。

二、个人从基层供销社、农村信用社取得的利息、股息、红利所得

《财政部　国家税务总局关于个人所得税若干政策问题的通知》（财税字〔1994〕20 号）第四条优惠政策：对个人从基层供销社、农村信用社取得的利息、股息、红利收入是否征收个人所得税，由各省、自治区、直辖市税务局报请政府确定，报财政部、国家税务总局备案。文件中规定对个人从基层供销社、农村信用社取得的利息、股息、红利所得是否征收个人所得税是由各省、自治区、直辖市税务局报请政府确定的，各地在执行该政策时情况有所不同，在实际操作中应根据不同省份的相关政策确定是否计征、按什么税率计征个人所得税。

 链接：安徽省关于个人从农村信用社取得的利息、股息、红利所得是否征税问题

文件名称：《安徽省地方税务局关于恢复征收对个人从基层供销社　农村信用社取得的利息　股息　红利所得个人所得税的通知》

发文字号：皖地税〔1999〕359 号

成文日期：1999 年 12 月 3 日

内　　容：

从 1999 年 11 月 1 日起全面恢复征收个人从基层供销社、农村信用社取得的利息（其中储蓄存款利息由国税系统征收）、股息、红利所得个人所得税，税率为 20%。

 链接：四川省关于个人从农村信用社取得的股息、红利所得是否征税问题

文件名称：《四川省地方税务局关于个人从农村信用社取得的股息　红利所得减征个人所得税的通知》

发文字号：川地税发〔2014〕25 号

成文日期：2014 年 4 月 28 日

内　　容：

按照《财政部　国家税务总局关于个人所得税若干政策问题的通知》（财税字〔1994〕20号）规定，经省政府同意，对个人股东从农村信用社（不含农村商业银行和农村合作银行）取得属于 2014 年及以后年度的股息、红利所得，在国家没有新的规定前，减按 50% 征收个人所得税。

 链接：辽宁省关于个人从农村信用社取得的股息、红利所得是否征税问题

文件名称：《辽宁省财政厅　辽宁省地方税务局关于对个人从农村信用社取得的股息　红利个人所得税政策的通知》

发文字号：辽财税〔2009〕896 号

成文日期：2009 年 12 月 21 日

内　　容：

自 2009 年 1 月 1 日起，对个人从省农村信用社取得股息、红利所得暂免征收个人所得税。

 链接：河北省关于个人从基层供销社和农村信用社取得的股息、红利所得是否征税问题

文件名称：《河北省地方税务局关于个人在基层供销社和农村信用社入股取得股息或红利所得免征个人所得税问题的通知》

发文字号：冀地税函〔2007〕242 号

成文日期：2007 年 10 月 22 日

内　　容：

1994 年经省政府批准，省局下发了《河北省地方税务局关于从基层供销社　农村信用社取得的股息　红利收入暂免征收个人所得税的通知》（冀地税二发〔2007〕8 号），对我省个人在基层供销社、农村信用社入股（不含集资）取得的股息、红利收入暂免征收个人所得税。同年国家税务总局在全国会议上口头明确，对 1950、1960 年代入股的个人股东取得的股息、红利收入暂免征收个人所得税，对以后新入股的股东要按照规定征收个人所得税。随后，省局将总局意见向下进行了传达并要求执行。从目前全省情况看，此项政策执行不一致，有全部暂免征收的，也有部分免征的。

为统一政策，省局将提请省政府对个人从基层供销社和农村信用社取得的股息、红利收入征免个人所得税问题进行重新明确。在省政府未作出明确规定前，为支持我省农村信用社和基层供销社体制改革，保证全省政策的执行统一，省局决定从 2007 年 10 月 1 日起，对个人从基层供销社或农村信用社取得的股息、红利收入，不分入股年代一律暂免征收个人所得税。此前已征税款不再退库。

 **知识小练习**

【例题·简答】　张某为某大学讲师，2020 年 2 月按照农村信用社对外公布的 2019 年股息红利分配方案，每 10 股分配 1.8 元，取得股息 18 000 元。该收入是否应缴纳个人所得税？

答案及解析：《财政部　国家税务总局关于个人所得税若干政策问题的通知》（财税字

〔1994〕20号）第四条规定，对个人从基层供销社、农村信用社取得的利息或股息、红利收入是否征收个人所得税，由各省、自治区、直辖市税务局报请政府确定，报财政部、国家税务总局备案。因此，张某取得的农村信用社股息是否缴纳个人所得税要根据支付该股息的农村信用社所在省份确定。

（1）若张某取得的股息支付方属于安徽省。

应按照股息红利所得20%缴纳个人所得税，应纳税额＝18 000×20%＝3 600（元）。

（2）若张某取得的股息支付方属于四川省。

应按照股息红利所得20%减按50%缴纳个人所得税，应纳税额＝18 000×20%×50%＝1 800（元）。

（3）若张某取得的股息支付方属于辽宁省或河北省。

张某取得的股息收入不需要缴纳股息个人所得税。

三、股份制企业以股票形式向股东个人支付应得的股息、红利所得

《国家税务总局关于印发〈征收个人所得税若干问题的规定〉的通知》（国税发〔1994〕89号）第十一条规定，股份制企业在分配股息、红利时，以股票形式向股东个人支付应得的股息、红利（即派发红股），应以派发红股的股票票面金额为收入额，按"利息、股息、红利所得"项目计征个人所得税。

 **知识小练习**

【例题·单选】 李某2016年投资给宏光股份有限公司，2020年12月分得红利5万元。该项业务李某应缴纳个人所得税（　　）元。

A. 8 000　　　　　　B. 7 500　　　　　　C. 10 000　　　　　　D. 0

答案： C

解析： 投资分红，按利息、股息、红利所得项目征收个人所得税。应纳个人所得税＝50 000×20%＝10 000（元）。

四、个人取得的股份制企业用资本公积金转增的股本

《国家税务总局关于股份制企业转增股本和派发红股征免个人所得税的通知》（国税发〔1997〕198号，以下简称国税发〔1997〕198号文件）规定，股份制企业用资本公积金转增股本不属于股息、红利性质的分配，对个人取得的转增股本数额，不作为个人所得，不征收个人所得税。

1998年国家税务总局在对重庆市地方税务局关于城市信用社转制过程中个人股增值所得是否征税问题请示的批复中，对国税发〔1997〕198号文件中所表述的不征个人所得税的"资本公积金"进行了明确。文件中规定，"资本公积金"是指股份制企业股票溢价发行收入所形成的资本公积金。将此转增股本由个人取得的数额，不作为应税所得征收个人所得税。而与此不相符合的其他资本公积金分配个人所得部分，应当依法征收个人所得税。

链接：资本公积转增股本不征收个人所得税的情形

文件名称：《国家税务总局关于股份制企业转增股本和派发红股征免个人所得税的通知》

成文字号：国税发〔1997〕198 号

发文日期：1997 年 12 月 25 日

内　　容：

股份制企业用资本公积金转增股本不属于股息、红利性质的分配，对个人取得的转增股本数额，不作为个人所得，不征收个人所得税。

 链接：资本公积转增资本不征收个人所得税情况下资本公积如何规定

文件名称：《国家税务总局关于原城市信用社在转制为城市合作银行过程中个人股增值所得应纳个人所得税的批复》

成文字号：国税函〔1998〕289 号

发文日期：1998 年 5 月 15 日

内　　容：

《国家税务总局关于股份制企业转增股本和派发红股征免个人所得税的通知》（国税发〔1997〕198 号）中所表述的"资本公积金"是指股份制企业股票溢价发行收入所形成的资本公积金。将此转增股本由个人取得的数额，不作为应税所得征收个人所得税。而与此不相符合的其他资本公积金分配个人所得部分，应当依法征收个人所得税。

 链接：资本公积转增股本的个人所得税问题

某税务部门 20×9 年在对某高新技术企业实施稽查时发现，该公司于 20×7 年进行股份制改造、接受上市辅导，并于 20×7 年×月×日按辅导机构要求，将其法定盈余公积、任意盈余公积、法定公益金和由财政拨款转入资本公积的货币资金按原持股比例分配给几名自然人股东增资扩股，拟在深交所创业板上市，股权登记变更完成后，在 20×8 年×月×日自查补缴了法定盈余公积、任意盈余公积、法定公益金转增个人股本所涉及的个人所得税，但财政拨款转入的资本公积转增个人股份未代扣代缴个人所得税。该企业认为，其资本公积转增个人股份符合国家税务总局《关于股份制企业转增股本和派发红股征免个人所得税的通知》（国税发〔1997〕198 号）要求。

国税发〔1997〕198 号文件规定，股份制企业用资本公积金转增股本不属于股息、红利性质的分配，对个人取得的转增股本数额，不作为个人所得，不征收个人所得税。股份制企业用盈余公积金派发红股属于股息、红利性质的分配，对个人取得的红股数额，应作为个人所得征税。因此，表面上看该企业对法定盈余公积、任意盈余公积、法定公益金转增个人股本所涉及的个人所得税是依照文件规定处理的。但是，《国家税务总局关于原城市信用社在转制为城市合作银行过程中个人股增值所得应纳个人所得税的批复》（国税函〔1998〕289 号）对国税发〔1997〕198 号文件中所表述的"资本公积金"作了解释，强调文件所说"资本公积"是专指股份制企业股票溢价发行收入所形成的资本公积金，由此转增股本由个人取得的数额，才不作为应税所得征收个人所得税。

通过调查发现，该项转增个人股份的资本公积金最初来源于财政拨款，虽然会计处理记入了"资本公积"科目,但并不属于文件所述的股份制企业股票溢价发行收入,所以不符合国税发〔1997〕198号文件要求,应按国家税务总局《关于盈余公积金转增注册资本征收个人所得税问题的批复》(国税函〔1998〕333号)的规定,按股息、红利征收个人所得税。

五、个人取得的股份制企业用盈余公积金派发的红股

《国家税务总局关于股份制企业转增股本和派发红股征免个人所得税的通知》(国税发〔1997〕198号)规定,股份制企业用盈余公积金派发红股属于股息、红利性质的分配,对个人取得的红股数额,应作为个人所得征税。派发红股的股份制企业作为支付所得的单位应按照税法规定履行扣缴义务。

 **知识小练习**

【例题·单选】 以下各项不需要按照"利息、股息、红利所得"项目征收个人所得税的有( )。

A. 个体工商户与企业联营而分得的利润

B. 个人取得的股份制企业用盈余公积金派发的红股

C. 个人取得的股份制企业用股票溢价形成的资本公积金转增的股本

D. 个人股东取得的股份制企业以股票形式支付的股息

答案: C

解析: 个体工商户与企业联营而分得的利润、个人取得的股份制企业用盈余公积金派发的红股、个人股东取得的股份制企业以股票形式支付的股息都需要按照"利息、股息、红利所得"项目征收个人所得税,因此选项A、B、D不符合题意。个人取得的股份制企业用股票溢价形成的资本公积金转增的股本不征收个人所得税。

六、城市信用社改制为城市合作银行过程中,个人取得的资产评估增值数额如何计税

城市信用社是城市集体金融组织,实行独立核算、自主经营、自负盈亏、民主管理的经营原则,盈利归集体所有,并按股分红。自1995年以来,按照国务院的精神,部分地方城市信用社在原有基础上改制为城市商业银行,在转制过程中因资产评估增值等原因将增值部分分配到原有股份中形成的个人收入应按"利息、股息、红利所得"项目计征个人所得税。2012年3月全国最后一家城市信用社宁波象山县绿叶城市信用社改制为城市商业银行,即宁波东海银行股份有限公司,城市信用社正式退出了历史舞台。

 链接:城市信用社改制为城市合作银行过程中,个人取得的资产评估增值数额如何计税

文件名称:《国家税务总局关于原城市信用社在转制为城市合作银行过程中个人股增值所得应纳个人所得税的批复》

发文字号:国税函〔1998〕289号

成文日期:1998年5月15日

内　　客:在城市信用社改制为城市合作银行过程中,个人以现金或股份及其他形式

取得的资产评估增值数额,应当按"利息、股息、红利所得"项目计征个人所得税,税款由城市合作银行负责代扣代缴。

 **知识小练习**

【**例题·单选**】 2012 年 3 月,某市城市信用社在改制过程中将资产评估增值的 40 000 万元,按照每股 20 元的价格分配到原有股份中。张某为城市信用社成员,拥有股份 40 000 股,张某应缴纳个人所得税( )元。

　　A. 120 000　　　　　B. 160 000　　　　　C. 80 000　　　　　D. 40 000

答案:B

解析:在城市信用社改制为城市合作银行过程中,个人以现金或股份及其他形式取得的资产评估增值数额,应当按"利息、股息、红利所得"项目计征个人所得税,应纳个人所得税=40 000×20×20%=160 000(元)。

 链接:安车检测改制折股涉及自然人股东个人所得税 447 万元

　　安车检测(300572.SZ)于 2018 年 4 月 11 日发布 2017 年审计报告,披露公司股改时以净资产折股,涉及个人股东"利息、股息、红利所得"项目个人所得税 447 万元,由于现金支付义务存在困难,向税务机关申请了延缓扣缴,并约定于公司上市的次月 15 日内缴纳。公司于 2016 年 12 月 6 日正式挂牌上市,按承诺于 2017 年 1 月 10 日代缴了该事项涉及的个人所得税共计 4 473 919.80 元。

　　《300572 安车检测控股股东及其他关联方资金占用情况的专项说明》披露如表 4-1 所示。

表 4-1　深圳市安车检测股份有限公司
2017 年度控股股东及其他关联人资金占用情况汇总表　　　　单位:万元

资金占用方类别	资金占用方名称	占用方与上市公司的关联关系	上市公司核算的会计科目	2017 年期初占用资金余额	2017 年度占用累计发生金额	2017 年度偿还累计发生金额	2017 年期末占用资金余额	占用形成原因	占用性质
控股股东、实际控制人及其附属企业	贺宪宁	实际控制人	其他应收款	—	314.98	314.98	—	代缴个人所得税	非经营性占用(详细备注)
				—	—	—	—		
小计	—	—	—	—	314.98	314.98	—		

备注:该公司股改时以净资产折股,应依法代扣代缴个人股东"利息、股息、红利所得"项目个人所得税共计 4 473 919.80 元,但因折股环节的个人所得税未以现金形式支付,依法履行个人所得税代扣代缴义务存在实际困难,特向税务机关申请延缓扣缴税款,约定于公司上市的次月 15 日内缴纳。(公司备案登记资料文号深地税南受执〔2014〕8351 号)该公司于 2016 年 12 月 6 日正式挂牌上市,按承诺于 2017 年 1 月 10 日代缴了该事项涉及的个人所得税共计 4 473 919.80 元。上述个人所得税税款除贺宪宁应缴纳的税款 3 149 760.00 元于 2017 年 3 月 20 日汇入公司账户外,其余自然人股东税款均于 2017 年 1 月 10 日之前汇入公司账户。

七、盈余公积转增注册资本

　　《国家税务总局关于盈余公积金转增注册资本征收个人所得税问题的批复》(国税函发

〔1998〕333号)明确规定,青岛路邦石油化工有限公司将从税后利润中提取的法定公积金和任意公积金转增注册资本,实际上是该公司将盈余公积金向股东分配了股息、红利,股东再以分得的股息、红利增加注册资本。依据《国家税务总局关于股份制企业转增股本和派发红股征免个人所得税的通知》(国税发〔1997〕198号)精神,对属于个人股东分得再投入公司(转增注册资本)的部分应按照"利息、股息、红利所得"项目征收个人所得税,税款由股份有限公司在有关部门批准增资、公司股东会决议通过后代扣代缴。

因此,盈余公积转增注册资本后,股东需要按"利息、股息、红利所得"项目征收个人所得税。

 链接：昂利康净资产折股新增注册资本5 400万元代扣代缴个人所得税467.58万元

昂利康(002940.SZ)于2018年9月26日发布IPO法律意见书,披露2014年12月整体变更为股份公司,净资产折股新增注册资本5 400万元(由1 350万元增至6 750万元),涉及自然人股东个人所得税467.578 3万元,已由发行人履行代扣代缴义务。

《昂利康：浙江天册律师事务所关于公司首次公开发行人民币普通股股票并上市的补充法律意见书(三)》【2018.9.26】详细披露如下：

一、(略)。

二、发行人股权转让和增资情况

(一)发行人股权转让情况(部分)

表4-2 股权转让和转增股本情况表

时间	转让人	受让人	股权转让原因或增资原因	价格	定价依据	支付情况
2014.9	金肖甬	楼挺华	金肖甬希望对外转让所持股权以实现投资收益;楼挺华、汪作良、赵成建因看好公司发展,欲受让金肖甬所转让股份	250万元	按持股比例计算	已支付
		汪作良		1 674万元		
		赵成建		3 267万元		
	金基医药	汪作良	金基医药希望对外转让部分股权以实现投资收益;汪作良、陈利军、王浩、杨国栋、王仁民因看好公司发展,欲受让金基医药所转让股份	226万元		已支付
		陈利军		350万元		
		王浩		400万元		
		杨国栋		700万元		
		王仁民		1 630万元		
2014.12	发行人整体变更为股份公司		发行人整体变更为股份公司,注册资本由1 350万元增至6 750万元	根据净资产1：0.361 9折股	净资产折股	已缴足
2016.8	安荣昌	张翠	张翠系安荣昌前妻,双方协商一致转让部分股权	按整体7亿元估值折算,为10.37元/股	按昂利康有限实际经营情况协商确定	已支付

（二）发行人股东增资或受让股份的资金来源的合法合规性

发行人股东增资或受让股份的资金均为合法的自有或自筹资金。

三、发行人历次股权转让和转增股本税收缴纳情况

（一）与股份公司整体变更相关的税收缴纳情况

2014 年 11 月 21 日，昂利康有限股东会通过决议，一致同意昂利康有限整体变更为股份有限公司。昂利康有限全体股东作为发起人，以经天健会计师审计的截至 2014 年 9 月 30 日账面净资产 186 495 781.85 元，按照 1：0.3619 的折股比例折合为 6 750 万股股本，净资产扣除股本后的部分计入资本公积。2014 年 12 月 9 日，天健会计师出具了"天健验〔2014〕267 号"《验资报告》，验证全体发起人股东认缴的出资已全部缴纳到位。

根据《中华人民共和国企业所得税法》第二十六条规定，企业的下列收入为免税收入：符合条件的居民企业之间的股息、红利等权益性投资收益。

根据《国家税务总局关于进一步加强高收入者个人所得税征收管理的通知》的规定，加强企业转增注册资本和股本管理，对以未分配利润、盈余公积和除股票溢价发行外的其他资本公司转增注册资本和股本的，要按照"利息、股息、红利所得"项目，依据现行政策规定计征个人所得税。

发行人已按上述法律、法规的有关要求，在股份公司整体变更过程中依法履行自然人股东个人所得税的代扣代缴义务，合计代扣代缴 467.578 3 万元个人所得税。

（二）与股权转让相关的个人所得税缴纳情况

发行人自设立之日起至本补充法律意见书出具之日，共发生 11 次股权转让（含 1 次股权继承和 1 次股权还原），其中涉及个人所得税的股权转让共计 5 次，具体情况列示如表 4-3 所示。

表 4-3 历次股权转让个人所得税缴纳情况表

序号	时间	出资方/转让方	受让方	转让出资额/股份数（万元/万股）	股权转让价格（万元）	是否缴纳个人所得税
1	2003.12	浙江医药	新昌化工	490.00	235.20	不涉及
			方南平	21.00	10.08	不涉及
			吕慧浩	14.00	6.72	不涉及
2	2004.9	浙江医药	新昌君泰	75.00	75.00	不涉及
		孙伟丰	金基医药	20.00	30.00	未缴纳
3	2005.9	天衡制药	金瓯集团	300.00	300.00	不涉及
			新昌君泰	50.00	50.00	不涉及
			郭永青	50.00	50.00	不涉及
			王晓瑛	10.00	10.00	不涉及
			潘小云	10.00	10.00	不涉及
			吕燕玲	10.00	10.00	不涉及
			徐爱放	10.00	10.00	不涉及
			严立勇	10.00	10.00	不涉及
		金基医药	新昌君泰	20.00	30.00	不涉及

序号	时间	出资方/转让方	受让方	转让出资额/股份数（万元/万股）	股权转让价格（万元）	是否缴纳个人所得税
4	2006.9	杭州爱大	吴伟华	100.00	110.00	不涉及
5	2007.4	郭永青	新昌君泰	50.00	60.00	未缴纳
6	2008.6	新昌君泰	嵊州君泰	680.00	680.00	不涉及
			方南平	5.00	5.00	不涉及

如表4-3所述，发行人历次股权转让中，涉及转让方应当缴纳个人所得税的情况如下：

2004年7月与2007年3月两次股权转让转让方未缴纳个人所得税。

2004年7月28日，孙伟丰与金基医药签订《股权转让协议书》，孙伟丰将其所持有的昂利康有限20万元出资额以30万元价格转让给金基医药。孙伟丰未就此次股权转让缴纳个人所得税。孙伟丰已承诺：如税务机关追缴上述股权转让过程所形成的个人所得税，本人将按照税务部门的要求或决定，补缴上述税款并承担可能由此产生的滞纳金、罚金或处罚等责任。

2007年3月18日，郭永青与新昌君泰签订《股权转让协议书》，郭永青将所持有的昂利康有限50万元出资额以60万元的价格转让给新昌君泰。郭永青未就此次股权转让缴纳个人所得税。郭永青已承诺：如税务机关追缴上述股权转让过程所形成的个人所得税，本人将按照税务部门的要求或决定，补缴上述税款并承担可能由此产生的滞纳金、罚金或处罚等责任。

2013年12月、2014年9月与2016年3月三次股权转让发行人已经代扣代缴转让方应缴个人所得税。

2013年12月27日，林慧与安荣昌签订《股权转让协议》，林慧将其所持有的昂利康有限36万元出资额以534万元的价格转让给安荣昌；同日，邱家军与安荣昌、杨国栋分别签订《股权转让协议》，邱家军将其所持有的昂利康有限8.50万元、25.50万元出资额以126万元、378万元的价格分别转让给安荣昌、杨国栋。发行人已经代扣代缴林慧、邱家军应缴个人所得税。

2014年9月19日，吴伟华与叶崴涛、恒晋同盛签订《股权转让协议》，吴伟华将其所持有的昂利康有限0.714 3%的股权、1.428 6%的股权以500万元、1 000万元的价格分别转让给叶崴涛、恒晋同盛；金肖甫与楼挺华、汪作良、赵成建签订《股权转让协议》，金肖甫将其所持有的昂利康有限0.357 1%的股权、2.391 5%的股权、4.658 8%的股权以250万元、1 674万元、3 261万元的价格分别转让给楼挺华、汪作良、赵成建，发行人已经代扣代缴吴伟华、金肖甫应缴个人所得税。

2016年3月29日，安荣昌与张翠签订《股权转让协议》，安荣昌将其所持有的昂利康2.142 6%股权共计144.625万股作价1 500万元转让给张翠。发行人已经代扣代缴安荣昌应缴个人所得税。

八、科研机构、高等学校转化职务科技成果取得的按股份、出资比例分红取得的所得

《财政部 国家税务总局关于促进科技成果转化有关税收政策的通知》（财税字〔1999〕45 号）规定，自 1999 年 7 月 1 日起，科研机构、高等学校转化职务科技成果以股份或出资比例等股权形式给予个人奖励，获奖人在取得股份、出资比例时，暂不缴纳个人所得税；取得按股份、出资比例分红或转让股权、出资比例所得时，应依法缴纳个人所得税。

《国家税务总局关于促进科技成果转化有关个人所得税问题的通知》（国税发〔1999〕125 号）规定，在获奖人按股份、出资比例获得分红时，对其所得按"利息、股息、红利所得"应税项目征收个人所得税。

九、个人投资者收购企业股权后将原盈余积累转增股本

《国家税务总局关于个人投资者收购企业股权后将原盈余积累转增股本个人所得税问题的公告》（国家税务总局公告 2013 年第 23 号）规定，一名或多名个人投资者以股权收购方式取得被收购企业 100% 股权，股权收购前，被收购企业原账面金额中的"资本公积、盈余公积、未分配利润"等盈余积累未转增股本，而在股权交易时将其一并计入股权转让价格并履行所得税纳税义务。股权收购后，企业将原账面金额中的盈余积累向个人投资者（新股东，下同）转增股本，有关个人所得税问题区分以下情形处理：

（1）新股东以不低于净资产价格收购股权的，企业原盈余积累已全部计入股权交易价格，新股东取得盈余积累转增股本的部分，不征收个人所得税。

（2）新股东以低于净资产价格收购股权的，企业原盈余积累中，对于股权收购价格减去原股本的差额部分已经计入股权交易价格，新股东取得盈余积累转增股本的部分，不征收个人所得税；对于股权收购价格低于原所有者权益的差额部分未计入股权交易价格，新股东取得盈余积累转增股本的部分，应按照"利息、股息、红利所得"项目征收个人所得税。

新股东以低于净资产价格收购企业股权后转增股本，应按照下列顺序进行，即先转增应税的盈余积累部分，然后再转增免税的盈余积累部分。

 **知识小练习**

【例题·单选】 甲企业原账面资产总额 8 000 万元，负债 3 000 万元，所有者权益 5 000 万元，其中，实收资本（股本）1 000 万元，资本公积、盈余公积、未分配利润等盈余积累合计 4 000 万元。假定多名自然人投资者（新股东）向甲企业原股东购买该企业 100% 股权，股权收购价 4 500 万元，新股东收购企业后，甲企业将资本公积、盈余公积、未分配利润等盈余积累 4 000 万元向新股东转增实收资本，下列说法正确的是（　　　）。

A. 新股东取得盈余积累转增股本的部分，不征收个人所得税

B. 新股东取得盈余积累转增股本的部分，应按照"利息、股息、红利所得"项目征收个人所得税

C. 新股东应按收购价格减去原股本的差额计算缴纳个人所得税

D. 新股东应按原所有者权益减去收购价格的差额计算缴纳个人所得税

E. 新股东取得盈余积累转增股本的部分,应缴纳个人所得税为 100 万元

答案:BDE

解析:新股东以不低于净资产价格收购股权的,企业原盈余积累中,对于股权收购价格减去原股本的差额部分已经计入股权交易价格,新股东取得盈余积累转增股本的部分,不征收个人所得税;对于股权收购价格低于原所有者权益的差额部分未计入股权交易价格,新股东取得盈余积累转增股本的部分,应按照"利息、股息、红利所得"项目征收个人所得税。本题中新股东以低于净资产 5 000 万元的价格收购该企业股权,因此收购价格 4 500 万元减原股本 1 000 万元的差额(3 500 万元)不征税,股权收购价格 4 500 万元低于原所有者权益 500 万元的部分按"利息、股息、红利所得"项目纳税。

【案例 4-1】 1. A 企业的所有者权益情况为:股本 1 000 万元,资本公积 300 万元(其中股本溢价 200 万元),盈余公积 300 万元,未分配利润 400 万元,总计 2 000 万元。张先生出资 2 500 万元购买 A 企业 100% 股权。(假定张先生盈余公积转增 1 000 万元)

2. B 企业的所有者权益情况为:股本 1 000 万元,资本公积 300 万元(其中股本溢价 200 万元),盈余公积 300 万元,未分配利润 400 万元,总计 2 000 万元。李先生出资 1 500 万元购买 B 企业 100% 股权。(假定李先生盈余公积转增 1 000 万元)

根据以上资料计算张先生和李先生应纳的个人所得税。

解析:(1)张先生:

张先生取得公司的股权后,转增资本,按照规定无须缴纳个人所得税。

(2)新股东李先生:

李先生取得股权后,转增资本,按规定,股权收购价格减去原股本的差额部分,即 1 500-1 000=500(万元),已经计入股权交易价格,新股东取得盈余积累转增股本的部分,不征收个人所得税;对于股权收购价格低于原所有者权益的差额部分,即 2 000-1 500=500(万元)。即盈余积累 1 000 万元中有 500 万元是不征收个税的,剩余 500 万元需要缴纳个人所得税,A 先生应缴个人所得税=500×20%=100(万元)。

据此总结个人投资者收购企业股权后,将企业原有盈余积累转增股本征免税情况如表 4-4 所示。

表 4-4　个人投资者收购企业股权后,将企业原有盈余积累转增股本征免税表

转增资本	新股东以不低于净资产价格收购股权的	新股东取得盈余积累转增股本的部分	不征收个人所得税
	新股东以低于资产价格收购股权的	股权收购价格减去原股本的差额已经计入股权交易价格	不征收个人所得税
		股权收购价格低于原所有者权益的差额部分未计入股权交易价格	按"利息、股息、红利所得"项目征收个人所得税

 链接:一笔会计分录引起的缴纳个人所得税案

某市税务局第一稽查局检查组按照工作要求对 A 公司进行日常检查,该公司的一笔会

计分录引起了检查人员的注意。该公司将上一年度形成的税后利润 5 000 万元由"未分配利润"科目转入了"资本公积"科目。

稽查人员发现上述行为后当即作出判断,根据现行的《公司法》等规定,该公司将税后利润从"未分配利润"转出到"资本公积"科目的行为应视同发生了两步操作,首先将税后利润从"未分配利润"科目转出,等同于对个人股东进行了利润分配,在此环节就应按照"利息、股息、红利所得"计算缴纳个人股东的个人所得税;其次转入"资本公积"应视为个人股东对公司的捐赠。该公司的个人股东张某在该公司占股 50%,因此视同张某分得了税后利润 2 500 万元,按照 20% 计算缴纳个人所得税 500 万元。

同时,由于 A 公司为上述个人所得税的代扣代缴义务人,在此过程中,A 公司未能尽到代扣代缴义务,按照《税收征收管理法》第六十九条:"扣缴义务人应扣未扣税款的,由税务机关向纳税人追缴税款,对扣缴义务人处应扣未扣税款 50% 以上 3 倍以下的罚款"的规定,应对该公司处以罚款。

温馨提示:企业将税后利润从"未分配利润"转出到其他科目涉及的个人所得税问题,常常会被企业财务人员和股东忽视,导致严重的涉税问题。

十、量化资产参与企业分配

根据国家的有关规定,允许集体所有制企业在改制为股份合作制企业时可以将有关资产量化给职工个人。为了支持企业改组改制的顺利进行,对于企业在这一改革过程中个人取得量化资产有关个人所得税问题,《国家税务总局关于企业改组改制过程中个人取得的量化资产征收个人所得税问题的通知》(国税发〔2000〕60 号)对个人取得量化资产、参与企业分红以及转让等问题进行了明确,其中该文件第三条规定,对职工个人以股份形式取得的企业量化资产参与企业分配而获得的股息、红利,应按"利息、股息、红利所得"项目征收个人所得税。

 链接:案例

某税务部门 2014 年在对某公司实施稽查时发现,该公司 2013 年以 2012 年净资产折股按原持股比例分配给几位自然人股东,整体变更为股份有限公司,拟在深交所上市,股权登记变更完成后,公司未代扣代缴个人所得税,所持股份经改制后,5 位自然人股东也未就增加的巨额股份自行申报缴纳个人所得税。对此,该企业的解释是,净资产量化后分配给股东的行为符合《国家税务总局关于企业改组改制过程中个人取得的量化资产征收个人所得税问题的通知》(国税发〔2000〕60 号,以下简称国税发〔2000〕60 号文件)规定,不应征收个人所得税。该企业财务人员只看到"将有关资产量化给职工个人"不征收个人所得税,而没有看到这样处理的前提是"集体所有制企业在改为股份合作制企业时",而该企业是股份制,并非集体企业,因此对文件的理解是错误的。

根据有关政策规定,集体所有制企业是指以生产资料劳动群众集体所有制为基础的、独立的商品经济组织;股份制企业是指两个或两个以上的利益主体,以集股经营的方式自愿结合的一种企业组织形式。这是两类性质不同的法人组织。只有集体所有制企业的改制才符合国税发〔2000〕60 号文件规定,不征收个人所得税。对此,国家税务总局在《关于联想集团改制员工取得的用于购买企业国有股权的劳动分红征收个人所得税问题的批复》（国税函〔2001〕832 号）中进一步明确，国税发〔2000〕60 号文件规定暂缓征税的前提是集体所有制企业改制为股份合作制企业。

十一、投资者年终未归还借款

《财政部　国家税务总局关于规范个人投资者个人所得税征收管理的通知》（财税〔2003〕158 号）规定，纳税年度内个人投资者从其投资企业（个人独资企业、合伙企业除外）借款，在该纳税年度终了后既不归还，又未用于企业生产经营的，其未归还的借款可视为企业对个人投资者的红利分配，依照"利息、股息、红利所得"项目计征个人所得税。

实务中，关于股东个人向企业借款的行为多有发生，国家税务总局也就该类问题进行过回复，以下为部分回复内容摘录（见表 4-5）。

表 4-5　国家税务总局在中国税务报上的热点答复

问　　题	答　　复
问题：某房地产企业股东于 2012 年 5 月向企业借款 100 万元，在 2013 年 6 月税务稽查时该借款还未归还企业，今年 2 月该股东对其借款已全额归还。股东归还时能否退还已缴纳的个人所得税？	答复：自然人股东向企业借款在该纳税年度终了后既不归还，又未用于企业生产经营的，按《财政部　国家税务总局关于规范个人投资者个人所得税征收管理的通知》（财税〔2003〕158 号）规定视为红利分配计缴个人所得税后，股东向企业归还借款，目前没有退还股东个人所得税的规定。
问题：纳税年度终了后是指借款的自然年而不需要考虑 12 个月？	答复：《财政部　国家税务总局关于规范个人投资者个人所得税征收管理的通知》（财税〔2003〕158 号）第二条规定，关于个人投资者从其投资的企业（个人独资企业、合伙企业除外）借款长期不还的处理问题：纳税年度内个人投资者从其投资的企业（个人独资企业、合伙企业除外）借款，在该纳税年度终了后既不归还，又未用于企业生产经营的，其未归还的借款可视为企业对个人投资者的红利分配，依照"利息、股息、红利所得"项目计征个人所得税。 上述规定中，"该纳税年度"是指"借款时的纳税年度"终了后不归还。不涉及 12 个月判定事项。

 链接：股东借款未归还、未用于生产经营所得案

根据北京地税公开的涉税处罚信息，北京智多维网络技术有限责任公司因股东借款 440 万元至年度终了未归还，且也未用于生产经营，未按规定代扣代缴个人所得税，被稽查局依照《税收征收管理法》第六十九条处以 88 万元罚款。

附：京地税一稽罚〔2018〕2 号

北京智多维网络技术有限责任公司

决定书编号：京地税一稽罚〔2018〕2 号

处罚类别：罚款

处罚事由：股东借款共计 4 400 000 元，至年度终了未归还，且也未用于生产经营，未按规定代扣代缴个人所得税。

处罚依据:《税收征收管理法》第六十九条、《国家税务总局关于贯彻〈中华人民共和国税收征收管理法〉及其实施细则若干具体问题的通知》(国税发〔2003〕47号)第二条第三款。

行政相对人名称:北京智多维网络技术有限责任公司

处罚结果:罚款880 000元

处罚生效期:2018-1-10

处罚截止期:2099-12-31

处罚机关:北京市地方税务局第一稽查局

当前状态:已缴

 链接:福建分众传媒有限公司股东借款案

福建省福州市中级人民法院行政裁定书

(2018)闽01行终107号

上诉人(原审原告):福建分众传媒有限公司,住所地福建省福州市鼓楼区。

被上诉人(原审被告):福建省福州市地方税务局,住所地福建省福州市。

被上诉人(原审被告):福建省地方税务局,住所地福建省福州市。

上诉人福建分众传媒有限公司因诉被上诉人福建省福州市地方税务局(以下简称市地税局)行政处罚、被上诉人福建省地方税务局(以下简称省地税局)行政复议一案,不服福州市鼓楼区人民法院作出的(2016)闽0102行初291号行政判决,向本院提起上诉。本院受理后,依法组成合议庭审理了本案。

上诉人福建分众传媒有限公司不服一审判决,向本院提起上诉称,一、不是上诉人自身主观计划为股东卞春兰购置房产,而是上诉人有购房意愿,但付款时上诉人营业收入累计仅300多万元,将福建纵横高速信息技术有限公司结汇所得寄放在上诉人账户上的资金用于支付;之后房款不足部分上诉人提出让卞春兰出资代垫,结果上诉人无力偿还卞春兰代垫的房款,放弃购置房产,同时上诉人与卞春兰签订相关协议,故现有房产登记在卞春兰名下,同时卞春兰已将上诉人出资部分全部归还。二、股东因生产经营需要,召开董事会议决定开展新项目,上诉人同意程征以借款形式用于新项目各种费用的开支,基于企业股东与企业之间的投资与被投资关系,部分经营活动很难划分是股东个人行为还是企业生产经营活动;且经营活动不一定能够一实施就成功。因此,《财政部 国家税务总局关于规范个人投资者个人所得税征收管理的通知》(财税〔2003〕158号,以下简称158号文)为慎重起见,在法规文件中用的"可视为"而非"应视为";为防止纳税人的合法权益受到侵害,《国家税务总局关于印发〈个人所得税管理办法〉的通知》(国税发〔2005〕120号)再次强调:只有"对期限超过一年又未用于企业生产经营的借款",才要求严格按照有关规定征税。对于实际用于生产经营活动的借款,即便是超过一年,也不应当予以征税。最后强调用款人根据《中华人民共和国合同法》规定,已按协议约定归还用款甚至提前还款。三、上诉人一直处于亏损状态,并无可供分配的利润,没有红利可分。因此上诉人没有对个人投资者进行红利分配,不需按"利息、股息、红利所得"税目向卞春兰代扣代缴个人所得税,上诉人没有应扣未扣税款。四、被上诉人根据158号文及《财政部 国家税务总局关于企业为个人购买房屋或其他财产征收个人所得税问题的批复》(财税〔2008〕83号),依照"利息、股息、红利所得"项目对上诉人计征个人所得税,两个文件一个是通知一个是批复,属于税务机关的内部文件,上诉人不知情,两份文件用到的表述是"计征个人所得税"并不是企业应代扣代缴个人所得税,因此上诉人不认为自身存在应扣未扣的税款。

综上,上诉人就请求事项已经提供了真实有效且确凿的证据,市地税局及省地税局作出对上诉人未向卞春兰及程征代扣代缴个人所得税5 319 179.4元,处以税款1.5倍的罚款7 978 769.1元的处罚决定没有事实和法律依据,侵犯了上诉人的合法权益。请求:判决撤销一审判决,撤销市地税局《税务行政处罚决定书》(榕地税稽罚〔2016〕5号)、省地税局《税务行政复议决定书》(闽地税复决字〔2016〕4号)对上诉人未向卞春兰及程征代扣代缴个人所得税5 319 179.4元,处以税款1.5倍的罚款7 978 769.1元的行政处罚。

被上诉人市地税局辩称,一、福州市地方税务局稽查局依据查明的事实,经答辩人重大税务案件审理程序作出被诉《税务行政处罚决定书》,对上诉人应扣未扣个人所得税款人民币5 319 179.4元的认定和处以税款1.5倍的罚款7 978 769.1元,事实清楚,证据充分,程序合法,适用法律依据正确,依法应予驳回上诉人请求撤销处罚决定的诉请。(一)上诉人以企业资金为股东支付购房款共20 392 897元,依法应视为企业对个人投资者的红利分配,应计征个人所得税款4 078 579.4元。(二)上诉人公司股东向上诉人借款共6 203 000元,纳税年度终了后既不归还,又未用于企业生产经营,视为企业对个人投资者的红利分配,依法应计征个人所得税款1 240 600元。(三)答辩人依法对上诉人以上应扣未扣个人所得税款的行为作出罚款决定。(四)答辩人对上诉人涉及的违法行为依法进行行政处罚,程序合法正当,且上诉人对程序合法性也无疑义。二、上诉人未在法律规定的期间提供证据,其当庭提供的证据也不能证明案件事实。三、上诉人主张答辩人适用法律依据错误不成立。四、上诉人申请复议后,答辩人在法定期限内答复并提供作出行政处罚的全部依据,答辩人的上一级机关省地税局查明事实后依法作出维持税务行政处罚的复议决定,复议程序合法,应依法驳回上诉人要求撤销被诉《税务行政复议决定书》的诉请。综上,请求法院依法驳回上诉人的全部诉请,维持原判。

被上诉人省地税局辩称,一、答辩人作为复议机关主体适格。二、复议程序合法。上诉人于2016年7月12日向答辩人提交了行政复议申请书及相关材料,经审查,答辩人于2016年7月15日作出《受理复议通知书》(闽地税复受字〔2016〕4号)并送达上诉人,决定自2016年7月12日起予以受理,并作出《行政复议答复通知书》送交市地税局。2016年7月25日答辩人收到市地税局的书面答复及有关证据、依据。2016年9月9日,答辩人作出《税务行政复议决定书》(闽地税复决字〔2016〕4号)并送达上诉人,维持了《税务行政处罚决定书》(榕地税稽罚〔2016〕5号),告知上诉人如不服复议决定,可在收到复议决定书之日起15日内向人民法院提起行政诉讼。综上,答辩人在规定时限内依法履行审查、受理、审理及作出决定等职责,复议程序合法,结合市地税局的答辩及所举证据,可认定原行政行为及复议决定证据确凿,适用法律正确、符合法定程序。请求驳回上诉。

经审理查明,本案中上诉人起诉要求撤销的《税务行政处罚决定书》(榕地税稽罚〔2016〕5号),由福州市地方税务局稽查局于2016年5月16日作出。

本院认为,《税收征收管理法》第十四条规定:"本法所称税务机关是指各级税务局、税务分局、税务所和按照国务院规定设立的并向社会公告的税务机构。"《税收征收管理法实施细则》第九条规定："税收征管法第十四条所称按照国务院规定设立的并向社会公告的税务机构,是指省以下税务局的稽查局。稽查局专司偷税、逃避追缴欠税、骗税、抗税案件的查处。国家税务总局应当明确划分税务局和稽查局的职责,避免职责交叉。"《税务稽查工作规程》(国税发〔2009〕157号印发)第二条第二款规定："税务稽查由税务局稽查局依法实施。稽查局主要职责是依法对纳税人、扣缴义务人和其他涉税当事人履行纳税义务、扣缴义务情况及涉税事项进行检查处理,以及围绕检查处理开展的其他相关工作。稽查局具体职责由国家税务总局依照《税收征收管理法》《税收征收管理法细则》有关规定确定。"第五章"审理"对稽查局作出税务处理决定和税务行政处罚决定进行了相应的规定。因此,福州市地方税务局稽查局具有独立执法主体资格,其作出被诉的《税务行政处罚决定书》(榕地税稽罚〔2016〕5号)并未超出上述法律、行政法规、规章的授权,本案应当以福州市地方税务局稽查局作为被告,福州市地方税务局与被诉行政处罚决定不具有利害关系,不是本案适格被告。一审法院遗漏必须要参加诉讼的当事人,严重违反法定程序,应予以纠正。综上,依照《中华人民共和国行政诉讼法》第八十九条第一款第(四)项之规定,裁定如下:

一、撤销福州市鼓楼区人民法院(2016)闽0102行初291号行政判决;

二、发回福州市鼓楼区人民法院重审。

预收的案件受理费50元退回上诉人福建分众传媒有限公司。

二〇一八年四月十二日

十二、个人独资和合伙企业对外投资分回利息、股息、红利

《国家税务总局关于〈关于个人独资企业和合伙企业投资者征收个人所得税的规定〉执行口径的通知》(国税函〔2001〕84号)第二条对个人独资企业和合伙企业对外投资分回利息、股息、红利的征税问题进行了明确。

个人独资企业和合伙企业对外投资分回的利息、股息、红利,不并入企业的收入,而应单独作为投资者个人取得的利息、股息、红利所得,按"利息、股息、红利所得"应税项目计算缴纳个人所得税。以合伙企业名义对外投资分回利息、股息、红利的,应按《财政部 国家税务总局关于印发〈关于个人独资企业和合伙企业投资者征收个人所得税的规定〉的通知》(财税〔2000〕91号)所附规定的第五条精神确定各个投资者的利息、股息、红利所得,分别按"利息、股息、红利所得"应税项目计算缴纳个人所得税。

十三、企业为个人购买房屋或其他财产

《财政部 国家税务总局关于规范个人投资者个人所得税征收管理的通知》(财税〔2003〕158号)规定,除个人独资企业、合伙企业以外的其他企业的个人投资者,以企业资金为本人、家庭成员及其相关人员支付与企业生产经营无关的消费性支出及购买汽车、住房等财产性支出,视为企业对个人投资者的红利分配,依照"利息、股息、红利所得"项目计征个人所得税。其他情况如何征税详见第二章、第三章内容。

十四、职工个人取得中国职工保险互助会分配的红利

1993 年,中华全国总工会创办成立中国职工保险互助会,经国家劳动部同意、民政部批准范围内开展与职工生、老、病、死、伤残及发生意外灾害、伤害等有关的互助保障业务,与社会保险、商业保险共同构成我国的社会保障体系。该组织的保险基金主要由各会员筹集,会员拥有按规定享受中国职工保险互助会分配收益的权利。为此中华全国总工会向国家税务总局发文,要求对职工个人取得的中国职工保险互助会的分红所得免征个人所得税。财政部、国家税务总局对此进行明确规定,从 2001 年 1 月 1 日起,职工个人从中国职工保险互助会取得的红利所得应依法缴纳个人所得税。

 链接:职工个人取得中国职工保险互助会分配的红利是否计税

文件名称:《财政部 国家税务总局关于职工个人取得中国职工保险互助会分配的红利所得征免个人所得税问题的通知》

发文字号:财税〔2000〕137 号

成文日期:2000 年 12 月 1 日

内　　容:

中国职工保险互助会是经劳动部批准、民政部注册,组织职工开展互助互济活动的社会团体,隶属全国总工会。它向参加互助合作保险的职工筹集资金,委托金融机构主要通过购买国债等形式进行运作,所获利润主要用于对遭遇工伤事故和意外事故的职工进行补偿,剩余部分分配给参加互助合作保险的职工。

鉴于中国职工保险互助会筹集的大部分资金来自国有企业的困难职工,其所获利润主要来自购买国债的利息收入,分配使用体现了职工互助互济,解决自身困难的原则,现决定对职工个人 2000 年及以前年度从中国职工保险互助会取得的红利所得特案免征个人所得税。从 2001 年 1 月 1 日起,职工个人从中国职工保险互助会取得的红利所得应依法缴纳个人所得税;中国职工保险互助会应严格履行扣缴会员红利所得个人所得税的义务。

十五、个人股东从被投资企业取得的、以企业资产评估增值转增个人股本

《国家税务总局关于资产评估增值计征个人所得税问题的通知》(国税发〔2008〕115 号)规定,个人(自然人)股东从被投资企业取得的、以企业资产评估增值转增个人股本的部分,属于企业对个人股东股息、红利性质的分配,按照"利息、股息、红利所得"项目计征个人所得税。税款由企业在转增个人股本时代扣代缴。

十六、个人股东取得公司债权债务形式的股份分红

《国家税务总局关于个人股东取得公司债权债务形式的股份分红计征个人所得税问题的批复》(国税函〔2008〕267 号)规定,根据个人所得税法和有关规定,个人取得的股份分红所得包括债权、债务形式的应收账款、应付账款相抵后的所得。个人股东取得公司债权、债务形式的股份分红,应以其债权形式应收账款的账面价值减去债务形式应付账款的账面价值的余额,加上实际分红所得为应纳税所得,按照规定缴纳个人所得税。

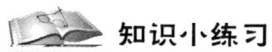

知识小练习

【例题·案例分析题】　2020年6月,红太阳公司的股东张某撤资,公司按规定分给张某股本500万元和红利200万元。由于公司现金不足,只支付给张某600万元的现金,差额部分用公司的100万元债权分配给张某,用来补偿其分红。请计算股东张某应纳的个人所得税?

答案及解析:《国家税务总局关于个人股东取得公司债权债务形式的股份分红计征个人所得税问题的批复》(国税函〔2008〕267号)规定,根据个人所得税法和有关规定,个人取得的股份分红所得包括债权、债务形式的应收账款、应付账款相抵后的所得。个人股东取得公司债权、债务形式的股份分红,应以其债权形式应收账款的账面价值减去债务形式应付账款的账面价值的余额,加上实际分红所得为应纳税所得,按照规定缴纳个人所得税。

根据上述规定,张某的应纳税所得额为其取得的股份分红200万元(现金100万元、债权100万元),应纳的个人所得税为40万元(200×20%)。企业应按照"利息、股息、红利所得"项目为其代扣代缴个人所得税。

十七、约定到期未支付的利息

扣缴义务人将属于纳税义务人应得的利息、股息、红利收入,通过扣缴义务人的往来会计科目分配到个人名下,收入所有人有权随时提取,在这种情况下,扣缴义务人将利息、股息、红利所得分配到个人名下时,即应认为所得的支付,应按税收法规规定及时代扣代缴个人应缴纳的个人所得税。

 链接:约定到期未支付的利息是否征收个人所得税

文　件:《国家税务总局关于利息、股息、红利所得征税问题的通知》

发文字号:国税函〔1997〕656号

成文日期:1997年12月10日

内　容:

扣缴义务人将属于纳税义务人应得的利息、股息、红利收入,通过扣缴义务人的往来会计科目分配到个人名下,收入所有人有权随时提取,在这种情况下,扣缴义务人将利息、股息、红利所得分配到个人名下时,即应认为所得的支付,应按税收法规规定及时代扣代缴个人应缴纳的个人所得税。

 链接:案例

某市税务稽查部门于2010年5月对一单位进行个人所得税检查时,对该单位计提的应付未付利息没有扣缴税款行为,给予了相应的处理和处罚。该单位对税务机关的处理感到不解,一时难以接受。该单位认为,按照个人所得税法的规定,扣缴个人所得税应该是在支付个人利息所得时扣缴,预提尚未支付的利息可以暂时不需扣缴。

案件经过:2009年2月,该单位由于资金紧张,决定向公司股东借款。借款协议约定:公司按照同期银行利率水平向个人借款1年,到期还本付息。2010年2月公司由于资金紧张,与股东商量延迟半年支付借款本息。公司在账务处理时,按季度将应付利息计入股东个人往来账户。

根据《国家税务总局关于利息、股息、红利所得征税问题的通知》（国税函〔1997〕656号）的规定，扣缴义务人将属于纳税义务人应得的利息、股息、红利收入，通过扣缴义务人的往来会计科目分配到个人名下，收入所有人有权随时提取，在这种情况下，扣缴义务人将利息、股息、红利所得分配到个人名下时，即应认为所得的支付，应按税收法规规定及时代扣代缴个人应缴纳的个人所得税。

据此，如果该单位约定支付利息时间已到，被借款人可以随时提取利息时，则扣缴单位应该扣缴个人所得税款；如果约定的支付利息时间尚未到达，被借款人不能提取利息，则支付单位暂时不需要扣缴税款。结合本例情况分析，该单位与股东之间的借款约定的支付利息时间是1年之后，即2009年2月发生的借款，应该在2010年2月结算并扣缴税款。公司到了2010年5月，仍然没有扣缴个人所得税，因此该企业需要按规定补扣补缴税款。

实务中涉及利息、股息、红利的所得还有很多，如个人取得的"三险一金"账户取得的利息收入、个人从证券公司股东账户取得的利息所得、地方政府债券利息、铁路债券利息所得、资本市场上取得的利息、股息、红利所得，由于涉及税收优惠，内容详见第十章。股票期权等相关内容详见第十三章。创投企业选择按单一投资基金核算的，其个人合伙人从该基金应分得的股息、红利所得的相关内容详见第三章。

第五章

财产租赁所得

导 读

　　租赁是伴随着商品经济关系而出现的一种经济现象,主要体现为资产使用权的有偿让渡。商品经济日益发展,租赁范围也变得更加广泛,并渗透到社会经济生活的许多方面。财产租赁是指在约定的期间内,出租人将财产使用权让与承租人以获取租金的行为。个人取得财产租赁所得,要按新个人所得税法及其实施条例的规定缴纳个人所得税,新个人所得税法对财产租赁所得基本没有修改,保留了原有文件的相关规定。

第一节　基本规定

一、征税范围

　　新个人所得税法实施条例第六条第七项规定,财产租赁所得是指个人出租建筑物、土地使用权、机器设备、车船以及其他财产取得的所得。

　　为规范和加强个人所得税管理,《国家税务总局关于个人转租房屋取得收入征收个人所得税问题的通知》(国税函〔2009〕639号)又将个人取得转租房屋收入列入"财产租赁所得"的征税范围。

 链接：房屋转租收入按"财产租赁所得"计征个人所得税

　　文　　　件:《国家税务总局关于个人转租房屋取得收入征收个人所得税问题的通知》

　　发文字号:国税函〔2009〕639号

　　成文日期:2009年11月18日

　　内　　　容:

　　根据《中华人民共和国个人所得税法》及其实施条例的规定,现对个人取得转租房屋收入有关个人所得税问题通知如下:

　　一、个人将承租房屋转租取得的租金收入,属于个人所得税应税所得,应按"财产租赁所得"项目计算缴纳个人所得税。

二、纳税义务人

　　新个人所得税法第九条规定,个人所得税以所得人为纳税人,以支付所得的单位或者个人为扣缴义务人。《国家税务总局关于印发〈征收个人所得税若干问题的规定〉的通知》(国税发〔1994〕89号)文件第六条第三项、第四项对财产租赁的纳税义务人进行了明确规定,确认财产租赁所得的纳税义务人,应以产权凭证为依据。无产权凭证的,由主管税务机关根据实际情况确定纳税义务人。产权所有人死亡,在未办理产权继承手续期间,该财产出租而有租金收入的,以领取租金的个人为纳税义务人。

三、应纳税所得额

新个人所得税法第六条第一款第四项规定,财产租赁所得,每次收入不超过 4 000 元的,减除费用 800 元;4 000 元以上的,减除 20%的费用,其余额为应纳税所得额。新个人所得税法实施条例第十四条第二项对"一次"进行了明确"财产租赁所得,以一个月内取得的收入为一次"。

四、各项扣除

财产出租人在财产租赁过程中,要缴纳相关的税费和为了维持出租财产的持续使用而发生修缮费用,国家为了发展公益事业鼓励单位或个人对教育、扶贫、济困等公益慈善事业进行捐赠,按照现行税法规定,财产出租人发生修缮费用,在一定额度内可以在计算应纳税所得额时予以扣除,而发生公益性捐赠则可按一定比例式全额在应税所得额中扣除。

(一)相关税费及修缮费的扣除

《国家税务总局关于印发〈征收个人所得税若干问题的规定〉的通知》(国税发〔1994〕89号)中第六条第一项、第二项对财产租赁所得的扣除问题进行了两点明确:

(1)纳税义务人在出租财产过程中缴纳的税金和国家能源交通重点建设基金、国家预算调节基金、教育费附加,可持完税(缴款)凭证,从其财产租赁收入中扣除。

(2)纳税义务人出租财产取得财产租赁收入,在计算征税时,除可依法减除规定费用和有关税、费外,还准予扣除能够提供有效、准确凭证,证明由纳税义务人负担的该出租财产实际开支的修缮费用。允许扣除的修缮费用,以每次 800 元为限,一次扣除不完的,准予在下一次继续扣除,直至扣完为止。

2002 年 2 月 9 日,国家税务总局对《北京市地方税务局关于个人所得税若干问题的请示》(京地税个〔2001〕502 号)进行批复时,明确了关于财产租赁所得计算缴纳个人所得税时税前扣除有关税、费的次序问题:个人出租财产取得的财产租赁收入,在计算缴纳个人所得税时,按照财产租赁过程中缴纳的税费、由纳税人负担的该出租财产实际开支的修缮费用、税法规定的费用扣除标准依次扣除。随着经济的不断发展,个人转租财产的业务时有发生,为了统一计算方法,2009 年,《国家税务总局关于个人转租房屋取得收入征收个人所得税问题的通知》(国税函〔2009〕639 号)对有关财产租赁所得个人所得税前扣除税费的扣除次序进行了调整。

 链接:财产租赁所得税前扣除次序

文　　　件:《国家税务总局关于个人转租房屋取得收入征收个人所得税问题的通知》

发文字号:国税函〔2009〕639 号

成文日期:2009 年 11 月 18 日

内　　　容:

《国家税务总局关于个人所得税若干业务问题的批复》（国税函〔2002〕146号）有关财产租赁所得个人所得税税前扣除税费的扣除次序调整为：

（一）财产租赁过程中缴纳的税费。

（二）向出租方支付的租金。

（三）由纳税人负担的租赁财产实际开支的修缮费用。

（四）税法规定的费用扣除标准。

特别提示：

《财政部　国家税务总局关于营改增后契税 房产税 土地增值税 个人所得税计税依据问题的通知》（财税〔2016〕43号）第四条第二款规定，个人出租房屋的个人所得税应税收入不含增值税，计算房屋出租所得可扣除的税费不包括本次出租缴纳的增值税。个人转租房屋的，其向房屋出租方支付的租金及增值税额，在计算转租所得时予以扣除。第五条规定，免征增值税的，确定计税依据时，成交价格、租金收入、转让房地产取得的收入不扣减增值税额。

（二）对公益事业捐赠的扣除

新个人所得税法第六条第三款规定，个人将其所得对教育、扶贫、济困等公益慈善事业进行捐赠，捐赠额未超过纳税人申报的应纳税所得额30%的部分，可以从其应纳税所得额中扣除；国务院规定对公益慈善事业捐赠实行全额税前扣除的，从其规定。

五、税率

新个人所得税法第三条第三项规定，财产租赁所得适用比例税率，税率为20%。《财政部　国家税务总局关于廉租住房经济适用住房和住房租赁有关税收政策的通知》（财税〔2008〕24）规定，自2008年3月1日起，个人出租住房个人所得税税率为10%。

六、计算公式

《国家税务总局关于个人转租房屋取得收入征收个人所得税问题的通知》（国税函〔2009〕639号）对有关财产租赁所得个人所得税前扣除税费的扣除次序进行了调整后，国家税务总局随后发布了《国家税务总局办公厅关于个人转租房屋取得收入征收个人所得税问题解读稿》，进一步解释了每次收入不超过4 000元或超过4 000元是在经过扣除税费、租金、修缮费后为基础的，根据这一解读，财产租赁所得的应纳税所得额计算公式如下：

每次（月）收入扣除税费后不超过4 000元：

$$\text{应纳税所得额} = \text{每次（月）收入额} - \text{税费} - \text{向出租方支付的租金} - \text{修缮费用（800元为限）} - 800\text{元} - \text{允许扣除的捐赠}$$

每次（月）收入扣除税费后超过4 000元：

$$\text{应纳税所得额} = \left[\text{每次（月）收入额} - \text{税费} - \text{向出租方支付的租金} - \text{修缮费用（800元为限）}\right] \times (1 - 20\%) - \text{允许扣除的捐赠}$$

 链接：个人转租房屋取得收入征收个人所得税问题解读

文　　件：《国家税务总局办公厅关于个人转租房屋取得收入征收个人所得税问题解读稿》

成文日期：2009年11月26日

内　　容：

最近,国家税务总局下发《关于个人转租房屋取得收入征收个人所得税问题的通知》(以下简称《通知》),明确了对个人转租房屋取得收入征收个人所得税问题,现解读如下:

当前,一些纳税人出于谋利或者其他目的,将所承租房屋转租给第三方赚取租金差价的情况时有发生,针对这类现象,国家税务总局按照现行个人所得税有关政策规定,对个人转租房屋取得的租金收入如何征收个人所得税,作了明确规定。考虑到个人转租房屋所支付的租金是财产租赁所得的成本,《通知》明确规定,转租房屋所支付的租金允许在个人所得税前扣除。同时,为便于管理和堵塞漏洞,要求纳税人必须提交房屋租赁合同和支付租金的合法凭据,否则,不允许扣除租金。

此外,为便于政策衔接,对财产租赁所得个人所得税前扣除税费的扣除次序问题也重新进行了规定,即在计算财产租赁所得个人所得税时,应首先扣除财产租赁过程中缴纳的税费;其次扣除个人向出租方支付租金;第三扣除由纳税人负担的该出租财产实际开支的修缮费用;最后减除税法规定的费用扣除标准。经上述减除后,如果余额不足 4 000 元,则减去 800 元,如果余额超过 4 000 元,则减去 20%。

国家税务总局的这项规定不仅规范了税收政策,减轻了个人承租房屋再行转租的税负,同时规范了税收管理,有利于减少税收流失。

七、应纳税额

应纳税额＝应纳税所得额×适用税率

 知识小练习

【例题·单选1】 李某将位于市中心的一处商业用房租给张某经营商店,2020 年 7 月取得不含增值税的租金收入 3 800 元,当月发生的准予扣除项目金额合计为 500 元,修缮费用 1 300 元,均取得合法票据。李某当月应缴纳个人所得税为(　　)元。

A. 290　　　　　　　B. 340　　　　　　　C. 480　　　　　　　D. 240

答案：B

解析：纳税人出租财产取得财产租赁收入,在计算征税时,除可依法减除规定费用和有关税费外,还准予扣除能够提供有效、准确凭证,证明由纳税义务人负担的该出租财产实际开支的修缮费用,但允许扣除的修缮费用,以每次 800 元为限,本月发生修缮费用 1 300 元,但当月只允许扣除 800 元,剩余的 500 元准予在下月继续扣除。李某当月应缴纳个人所得税＝(3 800−500−800−800)×20%＝340(元)。

【例题·单选2】 中国公民王某 2020 年 12 月 1 日起将其位于市区的一套公寓住房按市价出租,每月收取租金 10 000 元,按月支付,12 月 5 日王某收到租金后,通过民政部门向贫困地区捐款 3 000 元,不考虑租赁过程中的其他税费情况,王某 2020 年 12 月应缴纳个人所得税(　　)元。

A. 960　　　　　　　B. 1 008　　　　　　　C. 560　　　　　　　D. 504

答案：C

解析：新个人所得税法第六条第三款规定,个人将其所得对教育、扶贫、济困等公益慈善事业进行捐赠,捐赠额未超过纳税人申报的应纳税所得额 30% 的部分,可以从其应纳税所得额中扣除。第一步,计算扣除限额,王某 1 月应纳税所得额＝10 000×(1－20％)＝8 000(元),公益事业捐赠扣除限额＝8 000×30％＝2400(元),则王某 1 月应纳个人所得税＝[10 000×(1－20％)－2 400]×10％＝560(元)。

【例题·多选】 张某将从某企业租用的一台专用作业车转租给承包小区物业的垃圾清理的李某,2020 年 12 月取得租金收入 4 000 元,租赁过程中缴纳税费共计 240 元,张某付作业车的租金为每月 2 000 元,均有取得的合法票据,下列说法正确的有(　　)。

A. 张某转租设备以取得的租金收入为应纳税所得额计算个人所得税

B. 张某转租设备计算个人所得税时可以扣除向专用作业车的所有者支付的租金

C. 张某转租设备适用 20％税率

D. 张某转租设备取得的收入应按"财产租赁所得"项目计算个人所得税

E. 张某转租设备 2020 年 12 月应纳个人所得税为 592 元

答案:BCD

解析:在计算财产租赁所得个人所得税时,允许扣除财产租赁过程中缴纳的税费、租入财产时支付的租金,按"财产租赁所得"20％税率计算个人所得税。张某当月应缴纳个人所得税＝(4 000－240－2 000－800)×20％＝192(元)。

第二节　具体规定

一、个人出租房屋

为了配合国家住房制度改革,支持住房租赁市场的健康发展,2000 年 12 月经国务院批准,财政部、国家税务总局发文对住房租赁市场有关税收政策进行明确,对个人出租房屋取得的所得暂减按 10％的税率征收个人所得税。2008 年为了贯彻落实《国务院关于解决城市低收入家庭住房困难的若干意见》(国发〔2007〕24 号)精神,促进廉租住房、经济适用住房制度建设和住房租赁市场的健康发展,经国务院批准,又一次重申了这一政策。

 链接:个人出租房屋取得的所得适用税率

文　　件:《财政部　国家税务总局关于调整住房租赁市场税收政策的通知》

发文字号:财税〔2000〕125 号

成文日期:2000 年 12 月 7 日

内　　容:

对个人按市场价格出租的居民住房,其应缴纳的营业税暂减按 3％的税率征收,房产税暂减按 4％的税率征收。

对个人出租房屋取得的所得暂减按 10％的税率征收个人所得税。

 链接:个人出租房屋取得的所得适用税率

文　　件:《财政部　国家税务总局关于廉租住房　经济适用住房和住房租赁有关税收政策的通知》

发文字号：财税〔2008〕24 号

成文日期：2008 年 3 月 3 日

内　容：

二、支持住房租赁市场发展的税收政策

（一）对个人出租住房取得的所得减按 10% 的税率征收个人所得税。

（二）对个人出租、承租住房签订的租赁合同，免征印花税。

（三）对个人出租住房，不区分用途，在 3% 税率的基础上减半征收营业税，按 4% 的税率征收房产税，免征城镇土地使用税。

与住房租赁相关的新优惠政策自 2008 年 3 月 1 日起执行。

 知识拓展：个人出租房屋涉及的其他税收

1. 增值税

《财政部　国家税务总局关于全面推开营业税改征增值税试点的通知》（财税〔2016〕36 号）附件 2 规定，其他个人出租其取得的不动产（不含住房），应按照 5% 的征收率计算应纳税额。个人出租住房，应按照 5% 的征收率减按 1.5% 计算应纳税额。

《国家税务总局关于发布〈纳税人提供不动产经营租赁服务增值税征收管理暂行办法〉的公告》（国家税务总局公告 2016 年第 16 号）规定，个体工商户出租住房，按照 5% 的征收率减按 1.5% 计算应纳税额。

根据上述政策规定，个人出租不动产，按以下公式计算应纳增值税：

个人出租住房应纳增值税＝月租金收入÷（1＋5%）×1.5%

个人出租其他房屋应纳增值税＝月租金收入÷（1＋5%）×5%

特别提示：

《国家税务总局关于小规模纳税人免征增值税政策有关征管问题的公告》（国家税务总局公告 2019 年第 4 号）第四条规定，《中华人民共和国增值税暂行条例实施细则》第九条所称的其他个人，采取一次性收取租金形式出租不动产取得的租金收入，可在对应的租赁期内平均分摊，分摊后的月租金收入未超过 10 万元的，免征增值税。

2. 城市维护建设税

根据《中华人民共和国城市维护建设税暂行条例》的规定，纳税人以实际缴纳的增值税、消费税为计税依据，在缴纳增值税、消费税同时缴纳。纳税人所在地在市区的，税率为 7%；纳税人所在地在县城、镇的，税率为 5%；纳税人所在地不在市区、县城或镇的，税率为 1%。

3. 教育费附加、地方教育附加

根据《国务院关于修改〈征收教育费附加的暂行规定〉的决定》（国务院令第 448 号）的规定，教育费附加，以各单位和个人实际缴纳的增值税、消费税的税额为计征依据，教育费附加率为 3%，分别与增值税、消费税同时缴纳。

《财政部关于统一地方教育附加政策有关问题的通知》（财综〔2010〕98 号）规定，地方教育附加征收标准统一为单位和个人（包括外商投资企业、外国企业及外籍个人）实际缴纳的增值税、消费税税额的 2%。

特别提示：

根据《财政部　国家税务总局关于扩大有关政府性基金免征范围的通知》（财税〔2016〕12 号）的规定，将免征教育费附加、地方教育附加、水利建设基金的范围，由现行按月纳税的月销售额或营业额不超过 3 万元（按季度纳税的季度销售额或营业额不超过 9 万元）的缴纳义务人，扩大到按月纳税的月销售额或营业额不超过 10 万元（按季度纳税的季度销售额或营业额不超过 30 万元）的缴纳义务人。

4. 房产税

根据《中华人民共和国房产税暂行条例》的规定，房屋出租的房产税依照房产租金收入计算缴纳的，税率为 12%。但对个人出租住房有优惠政策，《财政部　国家税务总局关于廉租住房经济适用住房和住房租赁有关税收政策的通知》（财税〔2008〕24 号）规定，个人出租住房，不区分用途，按租金收入的 4% 税率征收房产税。

特别提示：

《财政部　国家税务总局关于营改增后契税 房产税 土地增值税 个人所得税计税依据问题的通知》（财税〔2016〕43 号）第二条规定，房产出租的，计征房产税的租金收入不含增值税。

5. 城镇土地使用税

根据《中华人民共和国城镇土地使用税暂行条例》的规定，土地使用税以纳税人实际占用的土地面积为计税依据，依照规定税额计算征收。但对个人出租住房有优惠政策，财税〔2008〕24 号文件规定，个人出租住房，不区分用途，免征城镇土地使用税。

6. 印花税

根据《中华人民共和国印花税暂行条例》的规定，出租房屋属于印花税"财产租赁"税目，应按 0.1% 的税率计算缴纳印花税。但是对个人出租住房，财税〔2008〕24 号文件规定，对个人出租、承租住房签订的租赁合同，免征印花税。

特别提示：

《财政部　税务总局关于实施小微企业普惠性税收减免政策的通知》（财税〔2019〕13 号）规定，由省、自治区、直辖市人民政府根据本地区实际情况，以及宏观调控需要确定，对增值税小规模纳税人可以在 50% 的税额幅度内减征资源税、城市维护建设税、房产税、城镇土地使用税、印花税（不含证券交易印花税）、耕地占用税和教育费附加、地方教育附加。

"营改增"后个人出租房屋各税种计算如表 5-1 所示。

表 5-1　"营改增"后个人出租房屋各税种计算

税种	计税依据	税率	普惠性减免政策	文件依据
增值税	不含税租金：月租金收入/（1+5%）	1. 非住房：5% 2. 住房：1.5%	月租金≤10 万元，免征	1. 财税〔2016〕36 号 2. 国家税务总局公告 2016 年第 16 号 3. 国家税务总局公告 2019 年第 4 号

（续表）

税种	计税依据	税率	普惠性减免政策	文件依据
城市维护建设税	实际缴纳的增值税	1. 市区：7% 2. 县城、镇：5% 3. 市区、县城或镇以外：1%	各省根据实际可在50%税额幅度内减征	1. 财税〔2008〕24号 2. 财税〔2016〕12号 3. 财税〔2016〕43号 4. 财税〔2019〕13号
教育费附加	实际缴纳的增值税	3%		
地方教育附加	实际缴纳的增值税	2%		
房产税	不含增值税的租金收入	1. 非住房：12% 2. 住房：4%		
城镇土地使用税	实际面积	1. 非住房：适用税额 2. 住房：免征		
印花税	合同所载金额	1. 非住房：0.1% 2. 住房：免征		

链接：个人出租房屋逃税被判有期徒刑并处以罚金案

河南省驻马店市中级人民法院刑事裁定书（节选）

〔2019〕豫17刑终68号

河南省遂平县人民法院审理遂平县人民检察院指控的原审被告人王巧玉犯逃税罪一案，于2018年12月13日作出(2018)豫1728刑初251号刑事判决，宣判后，王巧玉不服，提出上诉。本院依法组成合议庭，公开开庭审理了本案。驻马店市人民检察院指派检察员陈建伟出庭支持履行职务，上诉人王巧玉及其辩护人王建国到庭参加诉讼。现已审理终结。

原判认定：2010年至2015年，被告人王巧玉将其租赁的遂平县银丰棉花有限公司营业楼的第一、二层房屋，分别转租给了郭某、遂平县恒隆家具城建设路分店、遂平县恒生村镇银行股份有限公司，在此期间，除遂平县恒生村镇银行股份有限公司以王巧玉的名义缴纳各项税款共184 133元外，被告人王巧玉没有申报纳税。遂平县地方税务局于2016年4月26日向被告人王巧玉下达了《责令限期改正通知书》，责令其于2016年4月28日前办理有关纳税事宜，期限届满后，被告人王巧玉依然没有缴纳税款。被告人王巧玉2010年逃避缴纳税款37 857元，占应纳税额的100%；2011年逃避缴纳税款41 898.2元，占应纳税额的100%；2012年逃避缴纳税款84 032.2元，占应纳税额的74%；2013年逃避缴纳税款108 577元，占应纳税额的79%；2014年逃避缴纳税款108 577元，占应纳税额的79%；2015年缴纳税款95 768元，以上共计逃避缴纳税款361 843.4元，在纳税年度中逃税数额占应纳税额的最高比例为100%。遂平县公安局对本案立案侦查后，被告人王巧玉分别于2016年8月26日、2016年9月21日、2017年4月17日向遂平县地方税务局补缴税费及滞纳金共计472 584.86元。

河南省遂平县人民法院判决认为，被告人王巧玉不申报纳税，逃避纳税共计361 843.4元，数额较大，且纳税年度中逃税数额占应纳税额的最高比例为100%，其行为已构成逃税罪。王巧玉主动到公安机关说明情况,并如实供述自己的犯罪事实,且当庭表示认罪,可认定为自首,依法可从轻处罚;王巧玉在公安机关立案后提起公诉前主动缴纳全部税款及滞纳金,且系初犯,认罪态度好,认罪认罚,并主动交纳罚金,可酌情从轻处罚。据此,依照《中华人民共和国刑法》第二百零一条第一、三款、第六十七条第一款、第五十二条之规定,判决:被告人王巧玉犯逃税罪,判处有期徒刑9个月,并处罚金人民币2万元。

经二审审理查明的事实、证据与一审认定的事实、证据相一致,相关证据经一审当庭举证、质证,二审核实无误,本院予以确认,裁定如下:

驳回上诉,维持原判。

本裁定为终审裁定。

 **知识小练习**

【例题·单选】 中国公民王某2021年1月1日起将其位于市区的一套公寓住房按市价出租,每月收取租金21 000元,1月因卫生间漏水发生修缮费用2 000元,已取得合法有效的支出凭证,王某2021年1月应缴纳个人所得税( )元。

A. 2 100　　　　B. 1 472　　　　C. 1 440　　　　D. 1 480

答案:C

解析:按现行税法及优惠政策,因月租金不超过10万元,免征增值税、城建税、教育费附加、地方教附,因出租的是住房,免征土地使用税、印花税,王某因出租住房需缴纳房产税,房产税的计算依据为不含增值税的收入,因此,应纳房产税=[21 000÷(1+5%)]×4%=800(元)。个人出租住房发生的修缮费用允许扣除,以每次800元为限,因发生修缮费2 000元,可以在1月扣800元,余下1 200元在以后月份扣除,个人出租住房取得的所得减按10%的税率征收个人所得税。应纳个人所得税=[21 000÷(1+5%)−800−800]×(1−20%)×10%=1 472(元)。

二、酒店产权式经营

酒店产权式经营是指酒店房产业主在约定的时间内提供房产使用权与酒店进行合作经营,房产产权并未归属新的经济实体,业主按照约定取得的固定收入和分红收入的经营模式。一般情况下,业主拥有酒店客房的产权之后,可以委托开发商或酒店经营者进行出租、打理,自己按时收取租金或酒店的年底分红。随之而来的是税收征管问题,针对个人取得的这类收入如何计税,国家税务总局在2006年对深圳市地方税务局《关于大梅沙海景酒店产权式经营业主税收问题的请示》(深地税发〔2006〕192号)的批复中作出明确规定。

 链接:酒店产权式经营业主取得收入如何计税

文　　件:《国家税务总局关于酒店产权式经营业主税收问题的批复》

发文字号:国税函〔2006〕478号

成文日期:2006年5月22日

内　　容:

酒店产权式经营业主(以下简称业主)在约定的时间内提供房产使用权与酒店进行合作

经营,如房产产权并未归属新的经济实体,业主按照约定取得的固定收入和分红收入均应视为租金收入,根据有关税收法律、行政法规的规定,按照财产租赁所得项目征收个人所得税。

📖 知识小练习

【例题·单选】 中国公民王某 2019 年 12 月在三亚某房地产开发有限公司购买其开发的某酒店 2 套客房,拥有客房产权,但酒店整体由三亚市某酒店管理公司负责经营,王某与该酒店约定,2020 年王某在全年可选择 30 天(除春节前后一个月)入住其中一套客房,酒店负责客房的物业、水电、维修费用,并每年支付王某人民币 3 万元。王某 2020 年就此项收入应缴纳个人所得税( )元。

    A. 3 000   B. 6 000   C. 4 080   D. 4 800

答案: C

解析: 王某从房地产商手中购入酒店客房产权,但客房由酒店负责经营属于酒店产权式经营,业主按照约定取得的固定收入和分红收入均应视为租金收入,根据有关税收法律、行政法规的规定,按照财产租赁所得项目征收个人所得税。应纳个人所得税=(30 000÷12-800)×20%×12=4 080(元)。

三、个人转租房屋

一些纳税人出于谋利或者其他目的,将所承租房屋转租给第三方赚取租金差价的情况时有发生,针对这种现象,国家税务总局按照现行个人所得税有关政策规定,对个人转租房屋取得的租金收入如何征收个人所得税,作了明确规定。考虑到个人转租房屋所支付的租金是财产租赁所得的成本,所以转租房屋所支付的租金允许在个人所得税前扣除,但要求纳税人必须提交房屋租赁合同和支付租金的合法凭据,否则,不允许扣除租金。国家税务总局的这项规定不仅规范了税收政策,减轻了个人承租房屋再行转租的税负,同时规范了税收管理,有利于减少税收流失。

 链接:个人转租房屋取得收入如何计税

  文   件:《国家税务总局关于个人转租房屋取得收入征收个人所得税问题的通知》

  发文字号:国税函〔2009〕639 号

  成文日期:2009 年 11 月 18 日

  内   容:

  为规范和加强个人所得税管理,根据《中华人民共和国个人所得税法》及其实施条例的规定,现对个人取得转租房屋收入有关个人所得税问题通知如下:

  一、个人将承租房屋转租取得的租金收入,属于个人所得税应税所得,应按"财产租赁所得"项目计算缴纳个人所得税。

  二、取得转租收入的个人向房屋出租方支付的租金,凭房屋租赁合同和合法支付凭据允许在计算个人所得税时,从该项转租收入中扣除。

  三、《国家税务总局关于个人所得税若干业务问题的批复》(国税函〔2002〕146 号)有关财产租赁所得个人所得税前扣除税费的扣除次序调整为:

（一）财产租赁过程中缴纳的税费。

（二）向出租方支付的租金。

（三）由纳税人负担的租赁财产实际开支的修缮费用。

（四）税法规定的费用扣除标准。

 **知识小练习**

【例题·计算】 甲先生为北京市居民，9月将租入的一套住房转租，当月向出租方支付月租金(不含增值税)4 500元，转租收取月租金(不含增值税)6 500元，当月实际支付房屋租赁过程中的各种税费500元(不考虑增值税)，并取得有效凭证，甲先生9月转租住房取得的租金收入应缴纳的个人所得税是多少？

答案：转租住房应纳个人所得税＝(6 500－4 500－500－800)×10％＝70(元)。

解析：第一，个人将承租房屋转租取得的租金收入，属于个人所得税应税所得，应按"财产租赁所得"项目计算缴纳个人所得税，具体规定为：

（1）取得转租收入的个人向房屋出租方支付的租金，凭房屋租赁合同和合法支付凭据允许在计算个人所得税时，从该项转租收入中扣除。

（2）有关财产租赁所得个人所得税前扣除税费的扣除次序调整为：

① 财产租赁过程中缴纳的税费。

② 向出租方支付的租金。

③ 由纳税人负担的租赁财产实际开支的修缮费用。

④ 税法规定的费用扣除标准。

第二，应纳税额的计算方法：

财产租赁所得适用20％的比例税率。但对个人按市场价格出租的居民住房取得的所得，自2001年1月1日起暂减按10％的税率征收个人所得税。

四、转租浅海滩涂使用权

一些临海城市的村镇居民承包部分浅海滩涂，用于海产养殖，但由于各种原因，可能出现承包期对外转让海滩使用权的情况，对此，2002年河北省地方税务局向国家税务总局提出关于转租浅海滩涂使用权收入征税问题的请示，国家税务总局在《国家税务总局关于转租浅海滩涂使用权收入征收个人所得税问题的批复》(国税函〔2002〕1158号)中明确规定，个人转租滩涂使用权取得的收入，应按照"财产租赁所得"应税项目征收个人所得税，其每年实际上缴村委会的承包费可以在税前扣除。但对个人一并转让原海滩的设施和剩余文蛤的所得，应按照"财产转让所得"应税项目征收个人所得税。

 **知识小练习**

【例题·计算】 辽宁省葫芦岛市北港街东营村村民丁某于2015年与村委会签订了承包合同，承包部分浅海滩涂，用于海产养殖，承包期为10年，每年承包费2万元，每年年初缴纳。2020年，丁某又将其承包的海滩转租给姜某，每年收取承包费3万元，丁某转让浅海滩涂的行为应缴纳的个人所得税是多少？

答案：转租浅海滩涂应纳个人所得税＝[(30 000－20 000)÷12－800]×20％×12＝80（元）。

解析：(1)《国家税务总局关于转租浅海滩涂使用权收入征收个人所得税问题的批复》(国税函〔2002〕1158号)中明确规定,根据个人所得税实施条例第八条规定,个人转租滩涂使用权取得的收入,应按照"财产租赁所得"应税项目征收个人所得税,其每年实际上缴村委会的承包费可以在税前扣除。

(2)应纳税额的计算方法：财产租赁所得适用20％的比例税率。

五、个人投资设备取得分成收入

2000年河北省地方税务局就个人和医院签订协议,由个人出资购买医疗仪器或设备交医院使用,取得的收入扣除有关费用后,剩余部分双方按一定比例分成;医疗仪器或设备使用达到一定年限后,产权归医院所有,但收入继续分成,如何征收个人所得税问题向国家税务总局进行请示,国家税务总局在《国家税务总局关于个人投资设备取得所得征收个人所得税问题的批复》(国税函〔2000〕540号)中明确,此类行为实际上是一种具有投资特征的融资租赁行为。根据个人所得税法的有关精神,对此类个人取得的分成所得,应按照"财产租赁所得"项目征收个人所得税,具体计征办法为：自合同生效之日起至财产产权发生转移之日止,个人取得的分成所得可在上述年限内按月平均扣除设备投资后,就其余额按税法规定计征个人所得税;产权转移后,个人取得的全部分成收入应按税法规定计征个人所得税。税款由医院在向个人支付所得时代扣代缴。

六、有条件优惠价格协议购买商店

房地产开发企业开发商业圈等项目后,与购买者个人签订商店买卖协议时规定,房地产开发企业按优惠价格出售其开发的商店给购买者个人,但购买者个人在一定期限内必须将购买的商店无偿提供给房地产开发企业对外出租使用,针对这一情况,福建省地方税务局在2008年向国家税务总局进行了请示,国家税务总局在批复中明确购买者个人少支出的购房价款,应视同个人财产租赁所得,按照"财产租赁所得"项目征收个人所得税,并规定了具体的计征方法。

 链接：个人与房地产开发企业签订有条件优惠价格协议购买商店如何计税

文　　件：《国家税务总局关于个人与房地产开发企业签订有条件优惠价格协议购买商店征收个人所得税问题的批复》

发文字号：国税函〔2008〕576号

成文日期：2008年6月15日

内　　容：

房地产开发企业与商店购买者个人签订协议规定,房地产开发企业按优惠价格出售其开发的商店给购买者个人,但购买者个人在一定期限内必须将购买的商店无偿提供给房地产开发企业对外出租使用。其实质是购买者个人以所购商店交由房地产开发企业出租而取得的房屋租赁收入支付了部分购房价款。

　　根据个人所得税法的有关规定精神,对上述情形的购买者个人少支出的购房价款,应视同个人财产租赁所得,按照"财产租赁所得"项目征收个人所得税。每次财产租赁所得的收入额,按照少支出的购房价款和协议规定的租赁月份数平均计算确定。

　知识小练习

　　【例题·计算】　韩某在 2020 年购买本市新开发的一处商业圈的商铺,该商铺正常市价为每个商铺 230 万元,双方签订合同时,房地产企业按 200 万元出售给韩某,但要求韩某在 3 年内必须将购买的商店无偿提供给房地产开发企业对外出租,则韩某每年应缴纳的个人所得税是多少?（不考虑其他税费）

　　答案:韩某每年应纳个人所得税＝（2 300 000－2 000 000）÷36×（1－20％）×20％×12＝16 000（元）。

　　解析:房地产开发企业与商店购买者个人签订协议规定,房地产开发企业按优惠价格出售其开发的商店给购买者个人,但购买者个人在一定期限内必须将购买的商店无偿提供给房地产开发企业对外出租使用。其实质是购买者个人以所购商店交由房地产开发企业出租而取得的房屋租赁收入支付了部分购房价款。应视同个人财产租赁所得,按照"财产租赁所得"项目征收个人所得税。每次财产租赁所得的收入额,按照少支出的购房价款和协议规定的租赁月份数平均计算确定。

第六章
财产转让所得

导读

  随着居民财产性收入的快速增长,财产转让所得个人所得税收入比重呈快速上升趋势。财产转让所得个人所得税的重要性凸显,特别是在筹集财政收入和调节收入差距方面发挥着越来越重要的作用。财产转让所得一直是个人所得税征管中的重点和难点,实务中涉及的业务也往往较为复杂。新个人所得税法规定的财产转让所得与修订前相比,主要变化有:一是增加了"合伙企业中的财产份额";二是将财产转让所得的"建筑物"修改为"不动产"。

第一节 基本规定

一、征税范围

  新个人所得税法实施条例第六条第一款第八项规定,财产转让所得,是指个人转让有价证券、股权、合伙企业中的财产份额、不动产、机器设备、车船以及其他财产取得的所得。

  财产转让所得征税范围修改前后对比情况表如表 6-1 所示。

表 6-1 财产转让所得征税范围修改前后对比情况表

2018 年版新个人所得税法实施条例 第六条	2011 年版《个人所得税法实施条例》 第八条
（八）财产转让所得,是指个人转让有价证券、股权、合伙企业中的财产份额、不动产、机器设备、车船以及其他财产取得的所得。	（九）财产转让所得,是指个人转让有价证券、股权、建筑物、土地使用权、机器设备、车船以及其他财产取得的所得。

  2018 年新个人所得税法实施条例与修订前内容相比,主要有以下几点变化。

(一) 增加了"合伙企业中的财产份额"

  合伙人对合伙企业的出资不属于股权,也不属于有价证券,根据《中华人民共和国合伙企业法》的规定属于财产份额。

  合伙企业的合伙人由于种种原因将持有的合伙企业的财产份额转让给其他个人或法人,是经常发生的经济行为,该转让行为是否涉税? 新个人所得税法实施条例对此予以明确,转让合伙企业中的财产份额,属于财产转让所得,应缴纳个人所得税,消除了征纳双方的争议。

（二）将财产转让所得的"建筑物"修改为"不动产"

建筑物和不动产有什么区别呢？

《中华人民共和国增值税暂行条例实施细则》第二十三条规定，不动产是指不能移动或者移动后会引起性质、形状改变的财产，包括建筑物、构筑物和其他土地附着物。

《财政部　国家税务总局关于全面推开营业税改征增值税试点的通知》（财税〔2016〕36号）中的附件1《营业税改征增值税试点实施办法》后附《销售服务、无形资产、不动产注释》中规定，不动产是指不能移动或者移动后会引起性质、形状改变的财产，包括建筑物、构筑物等。

建筑物包括住宅、商业营业用房、办公楼等可供居住、工作或者进行其他活动的建造物。

构筑物包括道路、桥梁、隧道、水坝等建造物。

新个人所得税法实施条例将财产转让所得中的"建筑物"修改为"不动产"，与增值税规定保持了一致，也减少了税务机关与纳税人对于建筑物、构筑物和地上附着物难以准确划分带来的纳税争议。

二、应纳税所得额

新个人所得税法第六条第一款第五项规定，财产转让所得，以转让财产的收入额减除财产原值和合理费用后的余额，为应纳税所得额。

新个人所得税法实施条例第十七条规定，财产转让所得，按照一次转让财产的收入额减除财产原值和合理费用后的余额计算纳税。

（一）计算公式

$$应纳税所得额＝每次收入额－财产原值－合理费用$$

（二）财产转让收入额

新个人所得税法实施条例第八条规定，个人所得的形式，包括现金、实物、有价证券和其他形式的经济利益；所得为实物的，应当按照取得的凭证上所注明的价格计算应纳税所得额，无凭证的实物或者凭证上所注明的价格明显偏低的，参照市场价格核定应纳税所得额；所得为有价证券的，根据票面价格和市场价格核定应纳税所得额；所得为其他形式的经济利益的，参照市场价格核定应纳税所得额。

（三）财产原值

新个人所得税法实施条例第十六条规定，个人所得税法中规定的财产原值，按照下列方法确定：

（1）有价证券，为买入价以及买入时按照规定交纳的有关费用。

（2）建筑物，为建造费或者购进价格以及其他有关费用。

（3）土地使用权，为取得土地使用权所支付的金额、开发土地的费用以及其他有关费用。

（4）机器设备、车船，为购进价格、运输费、安装费以及其他有关费用。

其他财产，参照上述规定的方法确定财产原值。

纳税人未提供完整、准确的财产原值凭证，不能按照以上规定的方法确定财产原值的，由主管税务机关核定财产原值。

(四) 合理费用

新个人所得税法实施条例第十六条规定,合理费用,是指卖出财产时按照规定支付的有关税费。

三、税率

新个人所得税法实施条例第三条规定,财产转让所得,适用比例税率,税率为20％。

四、应纳税额

财产转让所得应纳税额＝应纳税所得额×适用税率

＝(每次收入额－财产原值－合理费用)×适用税率

五、征收管理

新个人所得税法第十二条规定,纳税人取得财产转让所得,按月或者按次计算个人所得税,有扣缴义务人的,由扣缴义务人按月或者按次代扣代缴税款。

新个人所得税法第十三条规定,纳税人取得应税所得没有扣缴义务人的,应当在取得所得的次月15日内向税务机关报送纳税申报表,并缴纳税款。

纳税人取得应税所得,扣缴义务人未扣缴税款的,纳税人应当在取得所得的次年6月30日前缴纳税款;税务机关通知限期缴纳的,纳税人应当按照期限缴纳税款。

新个人所得税法第十五条规定,个人转让不动产的,税务机关应当根据不动产登记等相关信息核验应缴的个人所得税,登记机构办理转移登记时,应当查验与该不动产转让相关的个人所得税的完税凭证。个人转让股权办理变更登记的,市场主体登记机关应当查验与该股权交易相关的个人所得税的完税凭证。

有关部门依法将纳税人、扣缴义务人遵守本法的情况纳入信用信息系统,并实施联合激励或者惩戒。

第二节　不动产转让所得

一、转让住房

《财政部　国家税务总局　建设部关于个人出售住房所得征收个人所得税有关问题的通知》(财税字〔1999〕278号)规定,个人出售自有住房取得的所得应按照"财产转让所得"项目征收个人所得税。

《国家税务总局关于个人住房转让所得征收个人所得税有关问题的通知》(国税发〔2006〕108号)规定,个人转让住房,以其转让收入额减除财产原值和合理费用后的余额为应纳税所得额,按照"财产转让所得"项目缴纳个人所得税。

(1) 个人出售自有住房如何确定应纳税所得额。

个人出售自有住房的应纳税所得额,按下列原则确定:

个人出售除已购公有住房以外的其他自有住房,其应纳税所得额按照个人所得税法的有关规定确定。即以其转让收入额减除财产原值和合理费用后的余额为应纳税所得额,按照"财产转让所得"项目缴纳个人所得税。

（2）个人出售已购公有住房如何确定应纳税所得额。

个人出售已购公有住房,其应纳税所得额为个人出售已购公有住房的销售价,减除住房面积标准的经济适用住房价款、原支付超过住房面积标准的房价款、向财政或原产权单位缴纳的所得收益以及税法规定的合理费用后的余额。

已购公有住房是指城镇职工根据国家和县级（含县级）以上人民政府有关城镇住房制度改革政策规定,按照成本价（或标准价）购买的公有住房。

经济适用住房价格按县级（含县级）以上地方人民政府规定的标准确定。

（3）职工以成本价（或标准价）出资取得的住房如何确定应纳税所得额。

职工以成本价（或标准价）出资的集资合作建房、安居工程住房、经济适用住房以及拆迁安置住房,比照已购公有住房确定应纳税所得额。

（一）转让收入

对住房转让所得征收个人所得税时,以实际成交价格为转让收入。纳税人申报的住房成交价格明显低于市场价格且无正当理由的,征收机关依法有权根据有关信息核定其转让收入,但必须保证各税种计税价格一致。

 链接：个人转让住房的应税收入中是否包含增值税？

根据《财政部　国家税务总局关于营改增后契税　房产税　土地增值税　个人所得税计税依据问题的通知》（财税〔2016〕43号）的规定,个人转让房屋的个人所得税应税收入不含增值税,其取得房屋时所支付价款中包含的增值税计入财产原值,计算转让所得时可扣除的税费不包括本次转让缴纳的增值税。

免征增值税的,确定计税依据时,成交价格、租金收入、转让房地产取得的收入不扣减增值税额。

在计征个人所得税时,税务机关核定的计税价格或收入不含增值税。

（二）房屋原值

房屋原值具体为：

（1）商品房：购置该房屋时实际支付的房价款及交纳的相关税费。

（2）自建住房：实际发生的建造费用及建造和取得产权时实际交纳的相关税费。

（3）经济适用房（含集资合作建房、安居工程住房）：原购房人实际支付的房价款及相关税费,以及按规定交纳的土地出让金。

（4）已购公有住房：原购公有住房标准面积按当地经济适用房价格计算的房价款,加上原购公有住房超标准面积实际支付的房价款以及按规定向财政部门（或原产权单位）缴纳的所得收益及相关税费。已购公有住房是指城镇职工根据国家和县级（含县级）以上人民政府有关城镇住房制度改革政策规定,按照成本价（或标准价）购买的公有住房。经济适用房价格按县级（含县级）以上地方人民政府规定的标准确定。

（5）城镇拆迁安置住房：根据《城市房屋拆迁管理条例》（国务院令第305号）和《建设部

关于印发〈城市房屋拆迁估价指导意见〉的通知》（建住房〔2003〕234 号）等有关规定，其原值分别为：

① 房屋拆迁取得货币补偿后购置房屋的，为购置该房屋实际支付的房价款及缴纳的相关税费。

② 房屋拆迁采取产权调换方式的，所调换房屋原值为《房屋拆迁补偿安置协议》注明的价款及缴纳的相关税费。

③ 房屋拆迁采取产权调换方式，被拆迁人除取得所调换房屋，又取得部分货币补偿的，所调换房屋原值为《房屋拆迁补偿安置协议》注明的价款和缴纳的相关税费，减去货币补偿后的余额。

④ 房屋拆迁采取产权调换方式，被拆迁人取得所调换房屋，又支付部分货币的，所调换房屋原值为《房屋拆迁补偿安置协议》注明的价款，加上所支付的货币及缴纳的相关税费。

（三）税金

转让住房过程中缴纳的税金是指纳税人在转让住房时实际缴纳的城市维护建设税、教育费附加、土地增值税、印花税等税金。

（四）合理费用

合理费用是指纳税人按照规定实际支付的住房装修费用、住房贷款利息、手续费、公证费等费用。

1. 装修费用

纳税人能提供实际支付装修费用的税务统一发票，并且发票上所列付款人姓名与转让房屋产权人一致的，经税务机关审核，其转让的住房在转让前实际发生的装修费用，可在以下规定比例内扣除：

（1）已购公有住房、经济适用房：最高扣除限额为房屋原值的 15%。

（2）商品房及其他住房：最高扣除限额为房屋原值的 10%。

纳税人原购房为装修房，即合同注明房价款中含有装修费（铺装了地板，装配了洁具、厨具等）的，不得再重复扣除装修费用。

凡有下列情况之一的，在计算缴纳转让住房所得个人所得税时不得扣除装修费用：

（1）纳税人提供的装修费用凭证不是有效发票的。

（2）发票上注明的付款人姓名与房屋产权人或产权共有人的姓名不一致的。

（3）发票由建材市场、批发市场管理机构开具，且未附所购商品清单的。

纳税人申报扣除装修费用，应当填写《房屋装修费用发票汇总表》，在《房屋装修费用发票汇总表》上如实、完整地填写每份发票的开具人、受领人、发票字号、建材产品或服务项目、发票金额等信息。同时将有关装修发票原件提交征收人员审核。

征收人员受理申报时，应认真审核装修费用发票真伪、《房屋装修费用发票汇总表》与有关装修发票信息是否一致，对不符合要求的发票不准扣除装修费用。审核完毕后，有关装修发票退还纳税人。

2. 住房贷款利息

纳税人出售以按揭贷款方式购置的住房，其向贷款银行实际支付的住房贷款利息，凭贷款银行出具的有效证明据实扣除。

3. 手续费、公证费

纳税人按照有关规定实际支付的手续费、公证费等，凭有关部门出具的有效证明据实扣除。

(五) 核定征收

纳税人未提供完整、准确的房屋原值凭证，不能正确计算房屋原值和应纳税额的，税务机关可根据《税收征收管理法》第三十五条的规定，对其实行核定征税，即按纳税人住房转让收入的一定比例核定应纳个人所得税额。具体比例由省级税务局或者省级税务局授权的地市级税务局根据纳税人出售住房的所处区域、地理位置、建造时间、房屋类型、住房平均价格水平等因素，在住房转让收入 1%～3% 的幅度内确定。

"未提供完整、准确的房屋原值凭证"，是指纳税人不能提供房屋购买合同、发票或建造成本、费用支出的有效凭证，或契税征管档案中没有上次交易价格或建造成本、费用支出金额等记录。凡纳税人能提供房屋购买合同、发票或建造成本、费用支出的有效凭证，或契税征管档案中有上次交易价格或建造成本、费用支出金额等记录的，均应按照查实征收方式计征个人所得税。

(六) 税收优惠政策

《财政部　国家税务总局关于个人所得税若干政策问题的通知》（财税字〔1994〕020号）第二条第(六)项规定，个人转让自用达5年以上、并且是唯一的家庭生活用房取得的所得，暂免征收个人所得税。

《财政部　国家税务总局　建设部关于个人出售住房所得征收个人所得税有关问题的通知》（财税字〔1999〕278号）规定，对个人转让自用5年以上、并且是家庭唯一生活用房取得的所得，继续免征个人所得税。

需要注意的是：

(1) "自用5年以上"，是指个人购房至转让房屋的时间达5年以上。

个人购房日期的确定。个人按照国家房改政策购买的公有住房，以其购房合同的生效时间、房款收据开具日期或房屋产权证上注明的时间，依照孰先原则确定；个人购买的其他住房，以其房屋产权证注明日期或契税完税凭证注明日期，按照孰先原则确定。

个人转让房屋的日期，以销售发票上注明的时间为准。

根据《国家税务总局关于个人转让住房享受税收优惠政策判定购房时间问题的公告》（国家税务总局公告2017年第8号）的规定，个人转让住房，因产权纠纷等原因未能及时取得房屋所有权证书（包括不动产权证书），对于人民法院、仲裁委员会出具的法律文书确认个人购买住房的，法律文书的生效日期视同房屋所有权证书的注明时间，据以确定纳税人是否享受税收优惠政策。

(2) "家庭唯一生活用房"是指在同一省、自治区、直辖市范围内纳税人（有配偶的为夫妻双方）仅拥有一套住房。

 **知识小练习**

【例题·计算】　2021年2月，张先生将其名下的一处房产卖给王先生，取得含增值税

收入 210 万元,此前张先生买入该房产的价款为 100 万元,当时缴纳税费 2 万元。此次转让房产共计缴纳相关税费 13 万元,其中增值税 10 万元。

两年后,王先生将该房产再次转让,取得收入 300 万元(不含增值税),在取得该房产时缴纳契税等税费 3 万元。

要求:

(1)计算张先生转让房产应缴纳的个人所得税。

(2)计算王先生转让房产应缴纳的个人所得税。

答案及解析:(1)张先生转让房产应缴纳个人所得税的计算:

张先生转让房产收入=210-10=200(万元);

其转让房产的财产原值=100+2=102(万元);

可以扣除的与转让房产相关的税费=13-10=3(万元);

张先生应纳财产转让所得的个人所得税=[(210-10)-(100+2)-3]×20%=19(万元)。

(2)王先生再次转让房产应纳个人所得税的计算:

王先生应纳个人所得税=[300-(200+3)]×20%=19.4(万元)。

二、转让商业用房

《国家税务总局关于个人转让房屋有关税收征管问题的通知》(国税发〔2007〕33 号)规定,个人出售商业用房取得的所得,应按规定缴纳个人所得税,不得享受 1 年内换购住房退还保证金和自用 5 年以上的家庭唯一生活用房免税的政策。

三、个人转让离婚析产房屋

《国家税务总局关于明确个人所得税若干政策执行问题的通知》(国税发〔2009〕121 号)对个人转让离婚析产房屋的征税问题进行了明确规定:

(1)通过离婚析产的方式分割房屋产权是夫妻双方对共同共有财产的处置,个人因离婚办理房屋产权过户手续,不征收个人所得税。

(2)个人转让离婚析产房屋所取得的收入,允许扣除其相应的财产原值和合理费用后,余额按照规定的税率缴纳个人所得税;其相应的财产原值,为房屋初次购置全部原值和相关税费之和乘以转让者占房屋所有权的比例。

(3)个人转让离婚析产房屋所取得的收入,符合家庭生活自用 5 年以上唯一住房的,可以申请免征个人所得税,其购置时间按照《国家税务总局关于房地产税收政策执行中几个具体问题的通知》(国税发〔2005〕172 号)执行。

 链接:个人转让房产的具体规定

1. 个人转让房产购置时间如何确定?

个人购买住房以取得的房屋产权证或契税完税证明上注明的时间作为其购买房屋的时间。"契税完税证明中注明的时间"是指契税完税证明上注明的填发日期。

2. 房屋产权证和契税完税证明时间不一致的如何处理?

纳税人申报时,同时出具房屋产权证和契税完税证明且二者所注明的时间不一致的,按照"孰先"的原则确定购买房屋的时间。即房屋产权证上注明的时间早于契税完税证明上注明时间的,以房屋产权证明的时间为购买房屋的时间;契税完税证明上注明的时间早于房屋产权证上注明时间的,以契税完税证明上注明的时间为购买房屋的时间。

3. 个人将通过受赠、继承、离婚财产分割等非购买形式取得的住房对外销售如何确定购置时间?

个人将通过受赠、继承、离婚财产分割等非购买形式取得的住房对外销售的行为,其购房时间按发生受赠、继承、离婚财产分割行为前的购房时间确定,其购房价格按发生受赠、继承、离婚财产分割行为前的购房原价确定。个人需持其通过受赠、继承、离婚财产分割等非购买形式取得住房的合法、有效法律证明文书,到税务部门办理相关手续。

4. 根据国家房改政策购买的公有住房如何确定购置时间?

根据国家房改政策购买的公有住房,以购房合同的生效时间、房款收据的开具日期或房屋产权证上注明的时间,按照"孰先"的原则确定购买房屋的时间。

四、个人转让受赠房屋

根据《财政部　国家税务总局关于个人无偿受赠房屋有关个人所得税问题的通知》(财税〔2009〕78 号)的规定,受赠人转让受赠房屋的,以其转让受赠房屋的收入减除原捐赠人取得该房屋的实际购置成本以及赠与和转让过程中受赠人支付的相关税费后的余额,为受赠人的应纳税所得额,依法计征个人所得税。受赠人转让受赠房屋价格明显偏低且无正当理由的,税务机关可以依据该房屋的市场评估价格或其他合理方式确定的价格核定其转让收入。

 **知识小练习**

【例题·单选】 2021 年 4 月,个人张某接受其父亲无偿赠送的一处房产,原房屋的取得成本为 100 万元,赠与合同中标明房屋市值 300 万元,张某办理相关过户手续,自行支付相关费用 12 万元。2021 年 8 月,张某将此处房产转让,转让价格 400 万元,转让过程中支付相关税费 50 万元(不考虑增值税)。下列关于上述业务个人所得税的表述,正确的是(　　)。

A. 张某接受无偿受赠的房产免征个人所得税

B. 张某取得受赠房产时,应按"其他所得"项目缴纳个人所得税

C. 张某受赠房产的原值为 300 万元

D. 张某将受赠房产转让时,应纳税所得额为 18 万元

答案:A

解析:根据《财政部　国家税务总局关于个人无偿受赠房屋有关个人所得税问题的通知》(财税〔2009〕78 号)的规定,房屋产权所有人将房屋产权无偿赠与其配偶、父母、子女、祖父母、外祖父母、孙子女、外孙子女、兄弟姐妹,双方均免个人所得税,所以选项 A 正确,选项 B、C 错误;选项 D,受赠人转让受赠房屋的,以其转让受赠房屋的收入减除原捐赠人取得该

房屋的实际购置成本以及赠与和转让过程中受赠人支付的相关税费后的余额,为受赠人的应纳税所得额,依法计征个人所得税,所以应纳税所得额＝400－100－12－50＝238(万元)。

五、征收管理

根据《财政部 国家税务总局 建设部关于个人出售住房所得征收个人所得税有关问题的通知》(财税字〔1999〕278号)的规定,为了确保有关住房转让的个人所得税政策得到全面、正确的实施。各级房地产交易管理部门应与税务机关加强协作、配合,主管税务机关需要有关本地区房地产交易情况的,房地产交易管理部门应及时提供。

为了更好地落实房地产税收管理一体化工作要求,加强房地产税收征管,国家税务总局于2007年下发了《国家税务总局关于个人转让房屋有关税收征管问题的通知》(国税发〔2007〕33号),对房地产税收征管问题进行了进一步的明确,要求各级税务机关建立房屋交易最低计税价格管理制度。

(1)确定合理的房屋交易最低计税价格办法。工作基础较好,具备直接制定最低计税价格条件的,可直接制定房屋交易最低计税价格,但定价时要考虑房屋的坐落地点、建筑结构、建筑年限、历史交易价格或建造价格、同类房屋先期交易价格等因素。不具备直接制定最低计税价格条件的,可参照下列中的一种方法确定最低计税价格。

① 当地政府公布的拆迁补偿标准、房屋交易指导价、基准地价。政府公布的上述信息未及时调整的,确定最低计税价格时应考虑房地产市场价格上涨因素。

② 房地产交易资金托管金额或者房地产交易网上报价。

③ 信誉良好的房地产价格评估机构的评估价格。

(2)各地区要加强与房地产管理部门的联系,及时获得有关信息,按照规定的管理制度,确定有关交易房屋的最低计税价格,避免在办税窗口纳税人申报纳税时即时确定计税价格。

(3)纳税人申报的房屋销售价格高于各地区确定的最低计税价格的,应按纳税人申报的销售价格计算征税;纳税人申报的房屋销售价格低于各地区确定的最低计税价格的,应按最低计税价格计算征税。

第三节　股权转让所得

一、基本内容

(一)关于股权转让所得的适用范围

根据《国家税务总局关于发布〈股权转让所得个人所得税管理办法(试行)〉的公告》(国家税务总局公告2014年第67号,以下简称2014年第67号公告)第二条的规定,股权是指自然人股东投资于在中国境内成立的企业或组织(以下统称被投资企业,不包括个人独资企业和合伙企业)的股权或股份。

(二)关于征税范围

2014年第67号公告第三条规定,股权转让是指个人将股权转让给其他个人或法人的行为,包括以下情形:

（1）出售股权。

（2）公司回购股权。

（3）发行人首次公开发行新股时，被投资企业股东将其持有的股份以公开发行方式一并向投资者发售。

（4）股权被司法或行政机关强制过户。

（5）以股权对外投资或进行其他非货币性交易。

（6）以股权抵偿债务。

（7）其他股权转移行为。

【案例 6-1】 北京汉邦高科：上市公司自掏腰包垫付 2 000 万元个人所得税。

2017 年 2 月 9 日，北京汉帮高科公司与金石威视的 4 名股东，签订的购买资产协议：汉邦高科以非公开发行股份及支付现金方式购买 4 个自然人股东持有北京金石威视科技发展有限公司的 100% 股权。

2018 年 1 月 10 日，北京汉邦高科发布公告称，公司以自有资金扣缴被收购方个人所得税 21 250 583.74 元。4 个自然人股东之前的股权投资成本为 3 000 万元，本次的收购价格为 59 450 万元，其中股票对价 48 867.9 万元，现金对价 10 582.1 万元。按照股权转让所得 20% 的税率计算，4 个自然人股东本次股权转让总共需要缴纳个人所得税为：（59 450－3 000）×20%＝11 290（万元），公告所称 2 000 多万元个人所得税只是其中的一部分。

【案例 6-2】 昂利康自设立以来 5 次股权转让涉及个人所得税，其中 3 次由公司为自然人股东代扣代缴，2 次未扣缴。

昂利康（002940.SZ）于 2018 年 10 月 10 日发布招股书，披露公司自设立之日起至本招股说明书签署之日，共发生十一次股权转让，涉及个人所得税的股权转让共计五次，其中三次由公司为自然人股东代扣代缴，两次未缴纳、由自然人出具兜底承诺。

（1）2004 年 7 月与 2007 年 3 月两次股权转让转让方尚未缴纳个人所得税：2004 年 7 月孙伟丰向金基医药溢价转让昂利康有限股权以及 2007 年 3 月郭永青向新昌君泰溢价转让昂利康有限股权时未缴纳个人所得税，但考虑到涉及金额较小，且孙伟丰和郭永青已就税收补缴作出承诺，保荐机构、发行人律师认为上述情形对本次发行上市不构成实质性障碍。

（2）2013 年 12 月、2014 年 9 月与 2016 年 3 月三次股权转让发行人已经代扣代缴转让方应缴个人所得税。

（3）发行人历次股权转让和转增股本税收缴纳情况与股份公司整体变更相关的税收缴纳情况。

2014 年 11 月 21 日，昂利康有限股东会通过决议，一致同意昂利康有限整体变更为股份有限公司。昂利康有限全体股东作为发起人，截至 2014 年 9 月 30 日账面净资产 186 495 781.85 元，按照 1∶0.361 9 的折股比例折合为 6 750 万股股本，净资产扣除股本后的部分计入资本公积。

《国家税务总局关于进一步加强高收入者个人所得税征收管理的通知》规定："加强企业转增注册资本和股本管理，对以未分配利润、盈余公积和除股票溢价发行外的其他资本公积转增注册资本和股本的,要按照'利息、股息、红利所得'项目,依据现行政策规定计征个人所得税。"

发行人已按上述法律、法规的有关要求,在股份公司整体变更过程中依法履行自然人股东个人所得税的代扣代缴义务,合计代扣代缴467.578 3万元个人所得税。

与股权转让相关的个人所得税缴纳情况:

发行人自设立之日起至本招股说明书签署之日,共发生十一次股权转让(含一次股权继承和一次股权还原),其中涉及个人所得税的股权转让共计五次。

A. 2004年7月与2007年3月两次股权转让转让方尚未缴纳个人所得税。

2004年7月28日,孙伟丰与金基医药签订《股权转让协议书》,孙伟丰将其所持有的昂利康有限20万元出资额以30万元价格转让给金基医药。孙伟丰未就此次股权转让缴纳个人所得税。孙伟丰已承诺:如税务机关追缴上述股权转让过程所形成的个人所得税,本人将按照税务部门的要求或决定,补缴上述税款并承担可能由此产生的滞纳金、罚金或处罚等责任。

2007年3月18日,郭永青与新昌君泰签订《股权转让协议书》,郭永青将所持有的昂利康有限50万元出资额以60万元的价格转让给新昌君泰。郭永青未就股权转让缴纳个人所得税。郭永青已承诺:如税务机关追缴上述股权转让过程所形成的个人所得税,本人将按照税务部门的要求或决定,补缴上述税款并承担可能由此产生的滞纳金、罚金或处罚等责任。

B. 2013年12月、2014年9月与2016年3月三次股权转让发行人已经代扣代缴转让方应缴个人所得税。

2013年12月27日,林慧与安荣昌签订《股权转让协议》,林慧将其所持有的昂利康有限36万元出资额以534万元的价格转让给安荣昌;同日,邱家军与安荣昌、杨国栋分别签订《股权转让协议》,邱家军将其所持有的昂利康有限8.50万元、25.50万元出资额以126万元、378万元的价格分别转让给安荣昌、杨国栋。发行人已经代扣代缴林慧、邱家军应缴个人所得税。

2014年9月19日,吴伟华与叶崴涛、恒晋同盛签订《股权转让协议》,吴伟华将其所持有的昂利康有限0.714 3%的股权、1.428 6%的股权以500万元、1 000万元的价格分别转让给叶崴涛、恒晋同盛;金肖甫与楼挺华、汪作良和赵成建签订《股权转让协议》,金肖甫将其所持有的昂利康有限0.357 1%的股权、2.391 5%的股权、4.658 8%的股权以250万元、1 674万元、3 261万元的价格分别转让给楼挺华、汪作良、赵成建;发行人已经代扣代缴吴伟华、金肖甫应缴个人所得税。

2016年3月29日,安荣昌与张翠签订《股权转让协议》,安荣昌将其所持有的昂利康2.142 6%股权共计144.625万股作价1 500万元转让给张翠。发行人已经代扣代缴安荣昌应缴个人所得税。

(三) 关于转让收入

股权转让收入是指转让方因股权转让而获得的现金、实物、有价证券和其他形式的经济利益。转让方取得与股权转让相关的各种款项,包括违约金、补偿金以及其他名目的款项、资产、权益等,均应当并入股权转让收入。纳税人按照合同约定,在满足约定条件后取得的后续收入,应当作为股权转让收入。股权转让收入应当按照公平交易原则确定。

注释

2014年第67号公告第七条、第八条将从前分散于个人所得税法及其实施条例、国家税务总局发布的规章中关于股权转让收入的规定进行了整合和细化：

首先，重申以及进一步明确违约金、补偿金及其他与股权转让相关的财产权益均被并入股权转让收入，不再单独计算。

其次，第九条明确"满足约定条件后取得的后续收入"同样也属于股权转让收入，有观点认为这是对含有对赌条款应税问题的规定。从理论上理解，如果对后续收入进行征税，则相反条件成立时，应当退回相应税款。对此，各地执行标准还未统一，相关解读多为学术上讨论和个人观点，仍需有关部门就此进行更加细致的规定。所以，提醒涉及对赌条款的股权交易的当事人，应当提前和当地税务部门进行沟通，避免少缴、漏缴税款。

链接： 原股东和新股东分别承担协议约定时间以前和以后的债权债务如何确定股权转让收入

文件名称：《国家税务总局关于股权转让收入征收个人所得税问题的批复》

发文字号：国税函〔2007〕244号

成文日期：2007年2月28日

内　　容：

······

二、应纳税所得额的计算

（一）对于原股东取得转让收入后，根据持股比例先清收债权、归还债务后，再对每个股东进行分配的，应纳税所得额的计算公式为：

应纳税所得额＝（原股东股权转让总收入－原股东承担的债务总额＋原股东所收回的债权总额－注册资本额－股权转让过程中的有关税费）×原股东持股比例。

其中，原股东承担的债务不包括应付未付股东的利润。

（二）对于原股东取得转让收入后，根据持股比例对股权转让收入、债权债务进行分配的，应纳税所得额的计算公式为：

应纳税所得额＝原股东分配取得股权转让收入＋原股东清收公司债权收入－原股东承担公司债务支出－原股东向公司投资成本。

（四）关于转让原值的确认

个人转让股权的原值依照以下方法确认：

（1）以现金出资方式取得的股权，按照实际支付的价款与取得股权直接相关的合理税费之和确认股权原值。

（2）以非货币性资产出资方式取得的股权，按照税务机关认可或核定的投资入股时非货币性资产价格与取得股权直接相关的合理税费之和确认股权原值。

（3）通过无偿让渡方式取得股权，具备2014年第67号公告第十三条第二项所列情形的，按取得股权发生的合理税费与原持有人的股权原值之和确认股权原值。

（4）被投资企业以资本公积、盈余公积、未分配利润转增股本，个人股东已依法缴纳个人所得税的，以转增额和相关税费之和确认其新转增股本的股权原值。

（5）除以上情形外,由主管税务机关按照避免重复征收个人所得税的原则合理确认股权原值。

股权转让人已被主管税务机关核定股权转让收入并依法征收个人所得税的,该股权受让人的股权原值以取得股权时发生的合理税费与股权转让人被主管税务机关核定的股权转让收入之和确认。

个人转让股权未提供完整、准确的股权原值凭证,不能正确计算股权原值的,由主管税务机关核定其股权原值。

 知识小练习

【例题·多选】 下列关于个人投资者收购企业股权后将盈余积累转增股本有关个人所得税的规定中,正确的有(　　)。

A. 新股东以不低于净资产价格收购股权的,企业原盈余积累已全部计入股权交易价格,新股东取得盈余积累转增股本的部分,按"利息、股息、红利所得"项目征收个人所得税

B. 新股东以低于净资产价格收购股权的,企业原盈余积累中,对于股权收购价格减去原股本的差额部分已经计入股权交易价格,新股东取得盈余积累转增股本的部分,不征收个人所得税

C. 股权收购价格低于原所有者权益的差额部分未计入股权交易价格,新股东取得盈余积累转增股本的部分,应按照"利息、股息、红利所得"项目征收个人所得税

D. 新股东将所持股权转让时,其财产原值为其收购企业股权实际支付的对价及相关税费

E. 企业发生股权交易及转增股本等事项后,应在次月 7 日内将相关资料报送给税务机关

答案: BCD

解析: 选项 A,新股东以不低于净资产价格收购股权的,企业原盈余积累已全部计入股权交易价格,新股东取得盈余积累转增股本的部分,不征收个人所得税;选项 E,企业发生股权交易及转增股本等事项后,应在次月 15 日内,将股东及其股权变化情况、股权交易前原账面记载的盈余积累数额、转增股本数额及扣缴税款情况报告主管税务机关。

(五)关于税款核定

1. 主管税务机关可以核定股权转让收入的情形

符合下列情形之一的,主管税务机关可以核定股权转让收入:

（1）申报的股权转让收入明显偏低且无正当理由的。

（2）未按照规定期限办理纳税申报,经税务机关责令限期申报,逾期仍不申报的。

（3）转让方无法提供或拒不提供股权转让收入的有关资料。

（4）其他应核定股权转让收入的情形。

2. 被视为股权转让收入明显偏低的情形

符合下列情形之一,视为股权转让收入明显偏低:

（1）申报的股权转让收入低于股权对应的净资产份额的。其中,被投资企业拥有土地使用权、房屋、房地产企业未销售房产、知识产权、探矿权、采矿权、股权等资产的,申报的股权转让收入低于股权对应的净资产公允价值份额的。

（2）申报的股权转让收入低于初始投资成本或低于取得该股权所支付的价款及相关税费的。

（3）申报的股权转让收入低于相同或类似条件下同一企业同一股东或其他股东股权转让收入的。

（4）申报的股权转让收入低于相同或类似条件下同类行业的企业股权转让收入的。

（5）不具合理性的无偿让渡股权或股份。

（6）主管税务机关认定的其他情形。

3. 股权转让收入明显偏低但可以视为有正当理由情形

符合下列条件之一的股权转让收入明显偏低，视为有正当理由：

（1）能出具有效文件，证明被投资企业因国家政策调整，生产经营受到重大影响，导致低价转让股权。

（2）继承或将股权转让给其能提供具有法律效力身份关系证明的配偶、父母、子女、祖父母、外祖父母、孙子女、外孙子女、兄弟姐妹以及对转让人承担直接抚养或者赡养义务的抚养人或者赡养人。

（3）相关法律、政府文件或企业章程规定，并有相关资料充分证明转让价格合理且真实的本企业员工持有的不能对外转让股权的内部转让。

（4）股权转让双方能够提供有效证据证明其合理性的其他合理情形。

实务中，经常会发生股权转让价格偏低且有正当理由的情形。

 链接：隆利科技历次低价、正当理由转股案

隆利科技（300752.SZ）于2018年11月19日发布公告，披露历次股权转让、整体变更设立股份有限公司涉及的纳税义务履行情况。其中，实际控制人吴新理2014年曾以1元受让其配偶持有的公司前身85％股份（对应注册资本850万元），"明显偏低的价格转让予其配偶，属于有正当理由的情形，鉴于股权转让并未溢价，故无须缴纳个人所得税"。

（六）缴纳税款义务确定和税款申报时间

按照规定，个人股权转让所得个人所得税以被投资企业所在地税务机关为主管税务机关。具有下列情形之一的，扣缴义务人、纳税人应当依法在次月15日内向主管税务机关申报纳税：

（1）受让方已支付或部分支付股权转让价款的。

（2）股权转让协议已签订生效的。

（3）受让方已经实际履行股东职责或者享受股东权益的。

（4）国家有关部门判决、登记或公告生效的。

（5）《股权转让所得个人所得税管理办法（试行）》第三条第四项至第七项行为已完成的。

（6）税务机关认定的其他有证据表明股权已发生转移的情形。

 注释

在股权转让咨询中，转让方依法负有的缴纳个人所得税等纳税义务，系其作为纳税义务人所负有的法定义务,不得通过约定改由他人承担。但是,税费作为一种金钱之债,却可通过约定由他人代为履行。所以,如果有明确约定的,要视不同情况而定。

1. 双方协议中有明确约定的

如果有明确约定的,法院也会认可关于代缴的合同义务。

【案例6-3】 (2015)鲁民四终字第113号

基本案情:2013年5月11日,东润公司与常德签订《退股协议书》,并有附件《退股相关数据计算明细单》。东润公司根据常德确定的成交价格及股份转让条件与广同川公司签署了股份转让合同。东润公司代常德缴纳了个人所得税款13 899 103.60元,诉请常德返还东润公司垫付的个人所得税税款。

法院观点:本案中,双方当事人在《退股协议书》中约定的税费总额为56 782 518.32元,在《退股相关数据计算清单》中又将上述税费分为企业应缴税费34 751 078.43元和常德应缴个人所得税22 031 439.89元。法院认为《退股协议书》对于税费的约定属于股权转让款专项用途的约定,税费数额由双方当事人根据国家公布的税费标准计算得出,协议条款不存在效力上的争议。也就是说,这种明确的代扣代缴的约定内容是被认可的。

2. 双方协议中约定模糊的

在设计合同条款时,大多数情况并不会详细说明股权交易涉及的缴税种类及数额,常用的条款表述包括"相关税费""所有涉及税费""必要费用"等。交易双方对此理解经常出现分歧,或是转让认为个人所得税也应由受让方缴纳,包括在双方约定由受让方承担的"相关税费"之中,或是受让方则会直接在股权款中扣除个人所得税金额。尤其是结构复杂、所涉标的多样的交易,涉及缴税种类繁多,很容易产生认识错误。法院对此的观点大多数为没有言明则视为无约定。

【案例6-4】 (2016)苏民申4017号

基本案情:杨丽与黄爱松于2011年3月18日签订的《公司转让协议》,第二条"转让价格及过户费用"约定:"公司转让价格为人民币肆佰伍拾万元整,该价款为甲方净得价款(甲乙双方以约定方式过户)"。双方于2011年6月16日又签订《股权转让协议》,约定转让价格为100万元。双方随后向工商行政部门申请办理股权变更登记时,提交的是2011年6月16日《股权转让协议》,且实际办理变更登记过程中,杨丽与黄爱松均未主动缴纳个人所得税。

法院观点:第一,上述条款从文义理解分析,该条款约定"转让价格及过户费用"由杨丽"净得价款"450万元,仅排除了"过户费用",并未明确排除个人所得税。可以认定杨丽与黄爱松签订《公司转让协议》时没有约定由谁缴纳个人所得税。第二,根据个人所得税法的相关规定,个人所得税是根据交易后,针对所得额所征收的税收,只有在交易之后才能确定转让方的交易所得,不属于交易过程中发生的费用。即个人所得税不在公司股权转让办理过户手续过程中必须缴纳的过户费范围之内。股权转让产生的个人所得税应当由所得人为纳税义务人,杨丽作为股权出让方系法定的个人所得税纳税义务人。二审判决认定杨丽承担案涉股权转让产生的个人所得税纳税义务并无不当。杨丽关于其不承担公司股权转让产生的个人所得税的再审申请理由不能成立,法院不予采信。

3. 双方对税费无约定

如果双方没有约定任何关于税费缴纳的条款,则法院并不会对义务归属作出判断。当事人在没有税务部门的交税通知单的前提下,不能任意推定谁是缴税义务人。

【案例6-5】 (2015)闽民终字第1292号

基本案情:2012年8月18日,陈伙官(持万晨公司60%股权)为股权出让方,胡升勇(持万晨公司40%股权)为股权受让方,万晨公司为目标公司,三方签订《股权协议书》,约定陈伙官将其持有万晨公司60%股权(陈伙官对目标公司的出资6 420万元及股东权益)以9 600万元价款转让给胡升勇。上诉人胡升勇认为,作为税收扣缴义务人即股权转让支付款的一方,胡升勇有义务扣缴陈伙官因股权转让而支付的税款。

法院观点:第一,双方在股权转让协议中对税款缴纳问题未进行约定,该问题不是股权转让合同的内容,与本案系属不同的法律关系,不属于本案审理范围。第二,胡升勇未实际代陈伙官缴纳税款,因此其主张从股权转让款中扣除没有依据。第三,胡升勇未提供任何税务机关出具的关于本案税款金额的证据,仅依据其自行委托的税务师事务所做出的报告认定税款金额,没有法律依据。因此,胡升勇关于应在本案中扣减个人所得税的上诉请求不能成立,法院不予支持。一审关于该项诉请的认定正确,应予维持。

综上,在股权协议设计时,当事人可以斟酌是否在协议中明确个人所得税缴纳问题。如果约定个人所得税问题,则由纳税人自行处理,还是交由扣缴义务人处理,扣缴义务人的资金来源需要明确表达,以免日后引发争议;如果不在协议中约定,纳税人可以去税务机关主动办理,如果税务机关已经下发《税务事项通知书》,则应当按照要求确定扣缴义务人并及时缴纳,因此产生的代缴之债则可以另行约定。缴纳个人所得税是纳税人的法定义务,不能因为约定而免除,所以在《税务事项通知书》已经下发的情况下,当事人不得因为双方的其他法律关系而推定纳税义务由某一方来履行,而应当严格遵守税务部门的规定,由此产生的疑问,应当及时和有关部门沟通。

(七) 关于扣缴义务人的确定

个人股权转让所得个人所得税,以股权转让方为纳税人,以受让方为扣缴义务人。

扣缴义务人应于股权转让相关协议签订后5个工作日内,将股权转让的有关情况报告主管税务机关。被投资企业应当详细记录股东持有本企业股权的相关成本,如实向税务机关提供与股权转让有关的信息,协助税务机关依法执行公务。

 注释

虽然2014年第67号公告第五条规定,转让方为纳税人,受让方为扣缴义务人。但是实践中存在税务部门的《税务事项通知书》上的扣缴义务人可能非股权受让人,对于此种情况法院的认定为,依据税务部门的《税务事项通知书》上所指确定扣缴义务人。所以,基于股权交易结构的复杂性,在此提醒个人股权转让者需注意确认所涉个人所得税的扣缴义务人,不要因此错过缴税时机。依《税收征收管理法》的规定,扣缴义务的内容主要包括扣留收取义务、申报义务、缴纳义务和填发义务。其义务为法定义务,不依税收法律关系中任何一方当事人的意志而改变,不能以合同约定免除任何人的缴税义务,以税务机关通知为准。

【案例6-6】 *标的企业为扣缴义务人——(2015)民申字第1143号*

基本案情:2012年3月9日,崔建锡(甲方)与泓源公司(乙方)签订了公司股权转让协议。双方在协议中签字盖章,同时泓源公司的股东甄建壮、甄建强也在协议上签字。2012年3月15日,双方在绥中县工商行政管理局办理了股权变更登记。本案诉讼焦点问题为:在确定泓源公司应当支付的股权转让款金额时是否应扣除代扣代缴税款。

法院观点:首先,双方在合同中并未约定泓源公司在支付股权转让价款时应扣除代扣代缴税款,扣除代扣代缴税款并非泓源公司支付股权转让价款的前提条件。其次,从代扣代缴税款的义务主体来看,《税务事项通知书》载明的代扣代缴税款义务人是绥中宏泰房地产开发有限公司而非泓源公司,泓源公司无权提出扣除代扣代缴税款的主张。最后,从本案审理范围来看,本案是因泓源公司未按约支付股权转让价款而产生的股权转让纠纷,如绥中宏泰房地产开发有限公司已代崔建锡实际支付了股权转让个人所得税款,则绥中宏泰房地产开发有限公司与崔健锡之间产生的是垫付税款纠纷,两纠纷的主体不同,案涉事实和法律关系也不同。

【案例6-7】 转让方法定代表人是扣缴义务人——(2015)民申字第2936号

基本案情:2012年9月12日,张旭、张斌与中建公司、天成公司签订合作协议书,约定张旭、张斌分别将持有的美的亚地产投资有限公司的51%、49%的股权分四期转让给中建公司,中建公司主张应从800万元股权转让款中扣除张旭、张斌的个人所得税500万元。

法院观点:缴税义务依据为山东省梁山县地方税务局税务事项通知书,该通知书载明王景和对支付给张旭、张斌的股权价款负有个人所得税扣缴义务,应在限期内扣缴申报入库。张旭、张斌对此质证认为,王景和与张旭、张斌之间并不存在股权转让关系,该通知载明王景和负有个人所得税扣缴义务,与张旭、张斌无关;通知没有明确计税依据及缴税金额,中建公司也没有实际代缴税款,与本案无关。税收征收属于行政法律关系调整的范围,张旭、张斌应缴纳的个人所得税额在本案民事诉讼中无法确定,而且税务机关通知的扣缴义务人为王景和而非中建公司,原审判决认为中建公司主张张旭、张斌个人所得税应从转让款中扣除的理由证据不足,未予支持,并无不当。

(八)报送资料

办理股权转让纳税(扣缴)申报时,还应当报送以下资料:

(1)股权转让合同(协议)。

(2)股权转让双方身份证明。

(3)按规定需要进行资产评估的,需提供具有法定资质的中介机构出具的净资产或土地房产等资产价值评估报告。

(4)计税依据明显偏低但有正当理由的证明材料。

(5)主管税务机关要求报送的其他材料。

被投资企业应当在董事会或股东会结束后5个工作日内,向主管税务机关报送与股权变动事项相关的董事会或股东会决议、会议纪要等资料。

被投资企业发生个人股东变动或者个人股东所持股权变动的,应当在次月15日内向主管税务机关报送含有股东变动信息的《个人所得税基础信息表(A表)》及股东变更情况说明。

主管税务机关应当及时向被投资企业核实其股权变动情况,并确认相关转让所得,及时督促扣缴义务人和纳税人履行法定义务。

二、具体规定

(一)违约金处理

根据《国家税务总局关于个人股权转让过程中取得违约金收入征收个人所得税问题的批复》(国税函〔2006〕866号)的规定,股权成功转让后,转让方个人因受让方个人未按规定期限支付价款而取得的违约金收入,属于因财产转让而产生的收入。转让方个人取得的该违约金应并入财产转让收入,按照"财产转让所得"项目计算缴纳个人所得税,税款由取得所得的转让方个人向主管税务机关自行申报缴纳。

(二)个人多次取得同一被投资企业股权在转让部分股权时股权原值的确定

对个人多次取得同一被投资企业股权的,转让部分股权时,采用"加权平均法"确定其股权原值。

 **知识小练习**

【例题·计算】　张先生2015年以100万元现金投资到M公司,占M公司10%的股份;2016年又以200万元现金投资到M公司,取得M公司10%的股份;2017年张先生以300万元现金继续对M公司增资,又取得了10%股份,至此张先生持有M公司共30%的股份。2018年张先生将持有的M公司10%股份进行了转让,转让价格为200万元,此时其对应的净资产为400万元。请计算张先生应缴纳的个人所得税。

答案: 股权原值=[(100+200+300)]÷30%×10%=200(万元)。

应纳税所得额=400-200=200(万元)。

个人所得税应纳税额=200×20%=40(万元)。

解析: 根据《国家税务总局关于发布〈股权转让所得个人所得税管理办法(试行)〉的公告》(国家税务总局公告2014年第67号)第十八条的规定,对个人多次取得同一被投资企业股权的,转让部分股权时,采用"加权平均法"确定其股权原值。综上所述,应按加权平均法确认张先生转让的M公司10%股权原值。

(三)纳税人收回转让的股权

根据《国家税务总局关于纳税人收回转让的股权征收个人所得税问题的批复》(国税函〔2005〕130号)的规定分两种情形:

第一种情形:股权转让合同履行完毕、股权已作变更登记,且所得已经实现的,转让人取得的股权转让收入应当依法缴纳个人所得税。转让行为结束后,当事人双方签订并执行解除原股权转让合同、退回股权的协议,是另一次股权转让行为,对前次转让行为征收的个人所得税款不予退回。(即按两次股权转让行为缴纳个人所得税)

第二种情形:股权转让合同未履行完毕,因执行仲裁委员会作出的解除股权转让合同及补充协议的裁决、停止执行原股权转让合同,并原价收回已转让股权的,由于其股权转让行为尚未完成、收入未完全实现，随着股权转让关系的解除，股权收益不复存在，根据个人所得税法和《税收征收管理法》的有关规定，以及从行政行为合理性原则出发，纳税人不应缴纳个人所得税。

注意，实务中具体情形可能很复杂，要结合实际情况进行具体判断。

 链接：王永慧股权转让税款退回案

王永慧与国家税务总局宿迁市税务局第三税务分局、

国家税务总局宿迁市税务局行政复议一审行政判决书

江苏省宿迁市宿城区人民法院行政判决书（节选）

（2018）苏 1302 行初 191 号

原告：王永慧

委托代理人：杨继泽、刘冰烨，江苏向天律师事务所律师

被告：国家税务总局宿迁市税务局第三税务分局

被告：国家税务总局宿迁市税务局

应诉负责人：李苏云，该局副局长

二被告委托代理人：姜亚春，江苏广陆律师事务所律师

基本案情：

原告王永慧诉称，原告王永慧系江苏绿港现代农业发展有限公司 31 名股东之一，2016 年 7 月 17 日湖北新洋丰肥业股份有限公司与王永慧等 31 名股东签订《股权转让协议》，根据该协议约定：王永慧等 31 名股东等比例出让 51％股权，原始总价 7 803 万元，交易总价 39 940.14 万元，其中王永慧出让 51％股权的原始价为 25.5 万元，交易价为 130.523 3 万元，股权转让款分三期付清，其中第三期 20％的股权转让款应于 51％股权过户至湖北新洋丰肥业股份有限公司名下后 10 个工作日内支付。2016 年 10 月 11 日王永慧等 31 名股东完成了 51％股权工商变更登记手续，并合计缴纳了个人所得税 6 231.72 万元，其中王永慧缴纳个人所得税 203 651.02 元、印花税 652.60 元，但湖北新洋丰肥业股份有限公司未按照约定及时支付剩余股权转让款，经多次催要，至 2017 年 2 月 24 日湖北新洋丰肥业股份有限公司仍有 12 858.20 万元股权转让款没有支付给 31 名股东，其中尚欠王永慧 42.020 2 万元。在此情况下，31 名股东要求湖北新洋丰公司按原价退回全部股权。经协商，双方在 2017 年 2 月 24 日签订《股权转让协议的补充协议》，约定湖北新洋丰公司原价退回 41％的股权给 31 名股东，剩余 10％股权的交易价格由原来的 7 831.4 万元变更为 4 000 万元，其中王永慧 10％的股权交易价格由原来的 25.592 2 万元变更为 13.07 万元。2017 年 4 月 10 日双方完成了退回 41％股权的工商变更登记手续。由于王永慧最终收益所得仅为：交易价－原始价－印花税＝130 700－50 000－652.6＝80 047.40（元），应缴纳个人所得税为：80 047.4×20％＝16 009.48（元）。根据国家税务总局国税函〔2005〕130 号文件第二条及《国税收征收管理法》第五十一条、《税收征收管理法实施细则》第七十八条的规定，原地税第一分局应当退回原告个人所得税为：203 651.02－16 009.48＝187 641.54（元），以及逾期银行存款利息，

而现仅同意退回 61 356.62 元,原告不服,向原地税局申请行政复议,该局仍维持原地税第一分局的决定,因国家税务机构改革,原江苏省宿迁市国家税务局和江苏省宿迁地方税务局于 2018 年 7 月 5 日合并成立国家税务总局宿迁市税务局,原江苏省宿迁地方税务局第一税务分局的职权也应相应变更由国家税务总局宿迁市税务局第一税务分局行使,故诉至法院,要求撤销原地税第一分局作出的退还原告税款 61 356.62 元的行政决定;撤销原地税局作出的宿地税复决字〔2018〕第 2 号行政复议决定;要求重新作出退税决定,并补充退还税款 126 284.92 元及逾期退税利息。

被告市税务第三分局辩称,第三分局承担纳税申报、税款征缴、税收退还、纳税服务等职责,在办理税收退还业务中,因为原告提出的退税申请金额较大,被告进行请示及讨论,根据个人所得税法和《税收征收管理法》有关规定对原告提出的退税申请进行核实后,作出予以退还 61 356.62 元的决定。在该业务办理过程中,税收行政行为正确,退税程序规范,不存在超越职权或者滥用职权等行为,请求驳回原告的诉讼请求。

被告市税务局辩称,2016 年 9 月 9 日湖北新洋丰肥业股份有限公司与原告就持有的江苏绿港现代农业发展有限公司股权签订转让协议,约定原告按 51% 的比例转让股权,被转让股权原始价为 25.5 万元,交易价为 130.523 3 万元。2016 年 7 月 21 日至 10 月 26 日湖北新洋丰肥业股份有限公司支付原告款项累计 88.50 万元,占原约定价款的 67%。2016 年 10 月 11 日原告与湖北新洋丰肥业股份有限公司完成了股权工商变更登记手续。2016 年 10 月 31 日原告缴纳个人所得税 203 651.02 元、印花税 652.60 元。由于湖北新洋丰肥业股份有限公司没有按约定支付剩余款项,双方又签订补充协议。原协议由湖北新洋丰肥业股份有限公司按 51% 比例购买原告持有的江苏绿港现代农业发展有限公司股权,补充协议修改为湖北新洋丰肥业股份有限公司按 10% 比例购买原告持有的江苏绿港现代农业发展有限公司股权,交易价为 13.07 万元。2017 年 4 月,原告向原地税第一分局提出了退税申请,2017 年 9 月原地税第一分局作出退税决定,退还原告个人所得税 61 356.62 元。综上,被告市税务局认为 2016 年 10 月 11 日原告与湖北新洋丰肥业股份有限公司已经完成了股权工商变更登记手续,第一次股权转让行为已经完成,且股权并非原价收回,不符合国家税务总局国税函〔2005〕130 号文件第二条规定的情形,请求驳回原告的诉讼请求。

法院观点:本案中,湖北新洋丰肥业股份有限公司与原告等 31 名股东签订《股权转让协议》,其中涉及原告 51% 股权交易价为 130.523 3 万元,在原告仅收到 88.5 万元转让款后,双方又签订补充协议,将原按 51% 比例购买的股权变更为按 10% 比例,并约定交易价为 13.07 万元。《股权转让所得个人所得税管理办法(试行)》第四条第一款规定:"个人转让股权,以股权转让收入减除股权原值和合理费用后的余额为应纳税所得额,按'财产转让所得'缴纳个人所得税。"涉案双方对退税的数额有争议,究其根本是对股权转让收入的认定存在分歧。原地税第一分局认定原告股权转让收入 88.5 万元,本院认为,该款项是在合同履行过程中原告收到的阶段性款项,且交易双方也未将该款项确定为交易价,在此情况下被告以此为依据计算个人所得税没有事实及法律依据。《税收征收管理法实施细则》第七十八条第一款规定:"税务机关发现纳税人多缴税款的,应当自发现之日起 10 日内办理退还手续;纳税人发现多缴税款,要求退还的,税务机关应当自接到纳税人退还申请之日起30日内查实并办理退还手续。"本案中,原告于2017年5月25日向原地税第一分局申请退税,原地税第一分局于2017年9月才作出退税决定,明显超过上述法定期限,其程序违法。被告市税务第三分局辩称案件复杂可以延长办理期限,但未提供证据证明,本院不予采纳。综上,原地税第一分局作出的退税决定事实不清、证据不足、程序违法,依法应予撤销。原地税局作出的行政复议决定没有事实依据,应同时予以撤销。依照《中华人民共和国行政诉讼法》第七十条第(一)、(三)项及《最高人民法院关于适用〈中华人民共和国行政诉讼法〉的解释》第一百三十六条第一、三款的规定,判决如下:

一、撤销原江苏省宿迁地方税务局第一税务分局作出的退还税款61 356.62元的决定,责令被告国家税务总局宿迁市税务局第三税务分局在本判决生效之日起30内对原告王永慧的退税申请重新作出处理。

二、撤销原江苏省宿迁地方税务局作出的《行政复议决定》(宿地税复决字〔2018〕第2号)。

(四)以转让资产方式转让股权

根据《国家税务总局关于股权转让收入征收个人所得税问题的批复》(国税函〔2007〕244号)的规定,公司原全体股东,通过签订股权转让协议,以转让公司全部资产方式将股权转让给新股东,协议约定时间以前的债权债务由原股东负责,协议约定时间以后的债权债务由新股东负责。原股东取得股权转让所得,应按"财产转让所得"项目征收个人所得税,应纳税所得额的计算方法如下。

(1)对于原股东取得转让收入后,根据持股比例先清收债权、归还债务后,再对每个股东进行分配的,应纳税所得额的计算公式为:

$$\text{应纳税所得额} = \left(\text{原股东股权转让总收入} - \text{原股东承担的债务总额} + \text{原股东所收回的债权总额} - \text{注册资本额} - \text{股权转让过程中的有关税费}\right) \times \text{原股东持股比例}$$

其中,原股东承担的债务不包括应付未付股东的利润(下同)。

(2)对于原股东取得转让收入后,根据持股比例对股权转让收入、债权债务进行分配的,应纳税所得额的计算公式为:

$$\text{应纳税所得额} = \text{原股东分配取得股权转让收入} + \text{原股东清收公司债权收入} - \text{原股东承担公司债务支出} - \text{原股东向公司投资成本}$$

(五)个人终止投资经营收回款项

《国家税务总局关于个人终止投资经营收回款项征收个人所得税问题的公告》(国家税务总局公告2011年第41号)规定,个人因各种原因终止投资、联营、经营合作等行为,从被投资企业或合作项目、被投资企业的其他投资者以及合作项目的经营合作人取得股权转让收入、违约金、补偿金、赔偿金及以其他名目收回的款项等,均属于个人所得税应税收入,应按照"财产转让所得"项目适用的规定计算缴纳个人所得税。

应纳税所得额的计算公式如下:

$$\text{应纳税所得额} = \text{个人取得的股权转让收入、违约金、补偿金、赔偿金及以其他名目收回款项合计数} - \text{原实际出资额(投入额)及相关税费}$$

第四节　转让债权所得和财产拍卖所得

一、转让债权所得

根据《国家税务总局关于个人因购买和处置债权取得所得征收个人所得税问题的批复》（国税函〔2005〕655号）的规定，个人通过招标、竞拍或其他方式购置债权以后，通过相关司法或行政程序主张债权而取得的所得，应按照"财产转让所得"项目缴纳个人所得税。

（一）应纳税所得额

个人通过上述方式取得"打包"债权，只处置部分债权的，其应纳税所得额按以下方式确定：

（1）以每次处置部分债权的所得，作为一次财产转让所得征税。

（2）其应税收入按照个人取得的货币资产和非货币资产的评估价值或市场价值的合计数确定。

（3）所处置债权成本费用（即财产原值），按下列公式计算：

$$\text{当次处置债权成本费用} = \text{个人购置"打包"债权实际支出} \times \frac{\text{当次处置债权账面价值（或拍卖机构公布价值）}}{\text{"打包"债权账面价值（或拍卖机构公布价值）}}$$

（4）个人购买和处置债权过程中发生的拍卖招标手续费、诉讼费、审计评估费以及缴纳的税金等合理税费，在计算个人所得税时允许扣除。

（二）转让债权财产原值

《国家税务总局关于印发〈征收个人所得税若干问题的规定〉的通知》（国税发〔1994〕89号）第七条，对如何确定转让债权财产原值的问题进行了明确规定，转让债权，采用"加权平均法"确定其应予减除的财产原值和合理费用。即以纳税人购进同一种类债券买入价和买进过程中缴纳的税费总和，除以纳税人购进的该种类债券数量之和，乘以纳税人卖出该种类债券数量，再加上卖出的该种类债券过程中缴纳的税费。用公式表示为：

$$\text{一次卖出某一种类债券允许扣除的买出价和费用} = \frac{\text{纳税人购进该种类债券买入价和买进过程中缴纳的税费总和}}{\text{纳税人购进的该种类债券总数量}} \times \text{一次卖出的该种类债券的数量} + \text{卖出该种类债券过程中缴纳的税费}$$

　知识小练习

【例题·单选】　某公民2020年8月买进某公司债券20 000份，每份买价8元，共支付手续费800元，11月卖出10 000份，每份卖价8.3元，共支付手续费415元，12月末债券到期，该公民取得债券利息收入2 700元。该公民应缴纳个人所得税（　　）元。

A. 977　　　　　　B. 940　　　　　　C. 697　　　　　　D. 600

答案：A

解析：（1）卖出债券应扣除的买价及费用＝（20 000×8＋800）÷20 000×10 000＋415＝80 815（元）；（2）转让债券应缴纳的个人所得税＝（10 000×8.3－80 815）×20％＝

437(元)；(3)债券利息收入应缴纳的个人所得税＝2 700×20％＝540(元)；(4)该公民应缴纳个人所得税＝437＋540＝977(元)。

二、财产拍卖所得

《国家税务总局关于加强和规范个人取得拍卖收入征收个人所得税有关问题的通知》(国税发〔2007〕38号)对个人通过拍卖市场拍卖各种财产(包括字画、瓷器、玉器、珠宝、邮品、钱币、古籍、古董等物品取得)的所得征收个人所得税作出了具体规定。

(一) 具体规定

个人通过拍卖市场拍卖个人财产，对其取得所得按以下规定征税：

个人拍卖除文字作品原稿及复印件外的其他财产，应以其转让收入额减除财产原值和合理费用后的余额为应纳税所得额，按照"财产转让所得"项目适用20％税率缴纳个人所得税。

 链接　作者拍卖手稿适用税目的规定

根据《国家税务总局关于印发〈征收个人所得税若干问题的规定〉的通知》(国税发〔1994〕89号)的规定，作者将自己的文字作品手稿原件或复印件拍卖取得的所得，应以其转让收入额减除800元(转让收入额4 000元以下)或者20％(转让收入额4 000元以上)后的余额为应纳税所得额，按照"特许权使用费所得"项目适用20％税率缴纳个人所得税。

(二) 应纳税所得额

个人财产拍卖所得适用"财产转让所得"项目计算应纳税所得额时，纳税人凭合法有效凭证(税务机关监制的正式发票、相关境外交易单据或海关报关单据、完税证明等)，从其转让收入额中减除相应的财产原值、拍卖财产过程中缴纳的税金及有关合理费用。

计算公式：

$$\text{个人财产拍卖所得应纳税所得额} = \text{转让收入额中} - \text{财产原值} - \text{拍卖财产过程中缴纳的税金} - \text{有关合理费用}$$

(三) 转让收入

对个人财产拍卖所得征收个人所得税时，以该项财产最终拍卖成交价格为其转让收入额。

(四) 财产原值

财产原值，是指售出方个人取得该拍卖品的价格(以合法有效凭证为准)。具体为：

(1) 通过商店、画廊等途径购买的，为购买该拍卖品时实际支付的价款。

(2) 通过拍卖行拍得的，为拍得该拍卖品实际支付的价款及缴纳的相关税费。

(3) 通过祖传收藏的，为其收藏该拍卖品时发生的费用。

(4) 通过赠送取得的，为其受赠该拍卖品时发生的相关税费。

(5) 通过其他形式取得的，参照以上原则确定财产原值。

 **知识小练习**

【例题·单选】　李先生通过拍卖行将一幅珍藏多年的字画拍卖，取得收入500 000元，主管税务机关核定李先生收藏该字画发生的费用为100 000元，拍卖时支付相关税费50 000元。拍卖字画所得应缴纳个人所得税(　　)元。

A. 50 000　　　　B. 70 000　　　　C. 90 000　　　　D. 100 000

答案：B

解析：拍卖字画按照财产转让所得计税,应纳个人所得税＝(500 000－100 000－50 000)×20％＝70 000(元)。

(五) 税金

拍卖财产过程中缴纳的税金,是指在拍卖财产时纳税人实际缴纳的相关税金及附加。

(六) 有关合理费用

有关合理费用,是指拍卖财产时纳税人按照规定实际支付的拍卖费(佣金)、鉴定费、评估费、图录费、证书费等费用。

(七) 核定征收

1. 不能提供合法、完整、准确的财产原值凭证如何处理

纳税人如不能提供合法、完整、准确的财产原值凭证,不能正确计算财产原值的,按转让收入额的 3％征收率计算缴纳个人所得税;拍卖品为经文物部门认定是海外回流文物的,按转让收入额的 2％征收率计算缴纳个人所得税。

 知识小练习

【例题·多选】　下列关于个人取得拍卖收入的表述,正确的有(　　　)。

A. 作者将自己的文字作品手稿原件或复印件拍卖取得的所得,按"财产转让所得"项目征税

B. 对个人财产拍卖所得征收个人所得税时,以该项财产最终拍卖成交价格为其转让收入额

C. 纳税人按照规定实际支付的拍卖费(佣金)、鉴定费、评估费、图录费、证书费可在税前扣除

D. 纳税人如不能提供合法、完整、准确的财产原值凭证,不能正确计算财产原值的,按转让收入额的 2％征收率计算缴纳个人所得税

E. 个人财产拍卖所得应纳的个人所得税税款,由拍卖单位负责代扣代缴

答案：BCE

解析：选项 A,作者将自己的文字作品手稿原件或复印件拍卖取得的所得,按照"特许权使用费所得"项目缴纳个人所得税;选项 D,纳税人如不能提供合法、完整、准确的财产原值凭证,不能正确计算财产原值的,按转让收入额的 3％征收率计算缴纳个人所得税。

2. 纳税人的财产原值凭证内容填写不规范如何处理

纳税人的财产原值凭证内容填写不规范,或者一份财产原值凭证包括多件拍卖品且无法确认每件拍卖品一一对应的原值的,不得将其作为扣除财产原值的计算依据,应视为不能提供合法、完整、准确的财产原值凭证,并按上述规定的征收率计算缴纳个人所得税。

3. 不能提供有关税费凭证的如何处理

纳税人能够提供合法、完整、准确的财产原值凭证,但不能提供有关税费凭证的,不得按征收率计算纳税,应当就财产原值凭证上注明的金额据实扣除,并按照税法规定计算缴纳个人所得税。

（八）代扣代缴

个人财产拍卖所得应纳的个人所得税税款,由拍卖单位负责代扣代缴,并按规定向拍卖单位所在地主管税务机关办理纳税申报。

拍卖单位代扣代缴个人财产拍卖所得应纳的个人所得税税款时,应给纳税人填开完税凭证,并详细标明每件拍卖品的名称、拍卖成交价格、扣缴税款额。

（九）房屋拍卖所得

根据《国家税务总局关于个人取得房屋拍卖收入征收个人所得税问题的批复》(国税函〔2007〕1145 号)的规定,个人通过拍卖市场取得的房屋拍卖收入在计征个人所得税时,其房屋原值应按照纳税人提供的合法、完整、准确的凭证予以扣除;不能提供完整、准确的房屋原值凭证,不能正确计算房屋原值和应纳税额的,统一按转让收入全额的 3% 计算缴纳个人所得税。

第五节　非货币性资产投资转让所得

随着我国社会主义市场经济体制改革的不断深入,民间投资逐步发展壮大。特别是近年来,在企业新设立、兼并重组、增资扩股、定向增发等经济活动中,个人直接以股权、科技成果、不动产等非货币性资产进行投资的行为日益增多,这些行为大都涉及个人所得税问题。

个人以非货币性资产投资,属于个人转让非货币性资产和投资同时发生。对个人转让非货币性资产的所得,应按照"财产转让所得"项目,依法计算缴纳个人所得税。

一、非货币性资产投资概述

（一）非货币性资产

《财政部　国家税务总局关于个人非货币性资产投资有关个人所得税政策的通知》(财税〔2015〕41 号)第五条规定,非货币性资产,是指现金、银行存款等货币性资产以外的资产,包括股权、不动产、技术发明成果以及其他形式的非货币性资产。

（二）非货币性资产投资

非货币性资产投资,包括以非货币性资产出资设立新的企业,以及以非货币性资产出资参与企业增资扩股、定向增发股票、股权置换、重组改制等投资行为。

 知识拓展：非货币性资产投资为什么要缴纳个人所得税？

非货币性资产投资,实质为个人"转让非货币性资产"和"对外投资"两笔经济业务同时发生。个人通过转移非货币性资产权属,投资换得被投资企业的股权(或股票,以下统称股权),实现了对非货币性资产的转让性处置。

根据《中华人民共和国公司法》规定,以非货币性资产投资应对资产评估作价,对资产评估价值高出个人初始取得该资产时实际发生的支出(即资产原值)的部分,个人虽然没有现金流入,但取得了另一家企业的股权,符合个人所得税法关于"个人所得的形式包括现金、实物、有价证券和其他形式的经济利益"的规定,应按"财产转让所得"项目缴纳个人所得税。

反之,如果评估后的公允价值没有超过原值,个人则没有所得,也就不需要缴纳个人所得税。

 链接:国家税务总局关于个人以股权参与上市公司定向增发征收个人所得税的规定

文件名称:《国家税务总局关于个人以股权参与上市公司定向增发征收个人所得税问题旳批复》

发文字号:国税函〔2011〕89 号

成文日期:2011 年 2 月 14 日

内　　容:

江苏省地方税务局:

你局关于《关于个人以股权参与上市公司定向增发有关个人所得税问题的请示》(苏地税发〔2010〕72 号)收悉。经研究,批复如下:

根据《中华人民共和国个人所得税法》及其实施条例等规定,南京浦东建设发展有限公司自然人以其所持该公司股权评估增值后,参与苏宁环球股份有限公司定向增发股票,属于股权转让行为,其取得所得,应按照"财产转让所得"项目缴纳个人所得税。

二、纳税人

《国家税务总局关于个人非货币性资产投资有关个人所得税征管问题的公告》(国家税务总局公告 2015 年第 20 号)第一条规定,非货币性资产投资个人所得税以发生非货币性资产投资行为并取得被投资企业股权的个人为纳税人。

三、应纳税所得额

《财政部　国家税务总局关于个人非货币性资产投资有关个人所得税政策的通知》(财税〔2015〕41 号)第二条规定,非货币性资产转让收入减除该资产原值及合理税费后的余额为应纳税所得额。

《国家税务总局关于个人非货币性资产投资有关个人所得税征管问题的公告》(国家税务总局公告 2015 年第 20 号)第四条规定,纳税人非货币性资产投资应纳税所得额为非货币性资产转让收入减除该资产原值及合理税费后的余额。

公式:

应纳税所得额=非货币性资产转让收入-资产原值-转让时按规定支付的合理税费

应纳税额=应纳税所得额×20%

(一) 转让收入

《财政部　国家税务总局关于个人非货币性资产投资有关个人所得税政策的通知》(财税〔2015〕41 号)第二条规定,个人以非货币性资产投资,应按评估后的公允价值确认非货币性资产转让收入。

个人以非货币性资产投资,应于非货币性资产转让、取得被投资企业股权时,确认非货币性资产转让收入的实现。

根据公司法、企业会计准则、个人所得税法的规定,以非货币性资产出资,应对非货币性资产评估作价,并据此入账,经评估后的公允价值,即为非货币性资产的转让收入。

(二) 资产原值

《国家税务总局关于个人非货币性资产投资有关个人所得税征管问题的公告》(国家税务总局公告 2015 年第 20 号)第五条规定,非货币性资产原值为纳税人取得该项资产时实际发生的支出。

纳税人无法提供完整、准确的非货币性资产原值凭证,不能正确计算非货币性资产原值的,主管税务机关可依法核定其非货币性资产原值。

纳税人以股权投资的,该股权原值确认等相关问题依照《股权转让所得个人所得税管理办法(试行)》(国家税务总局公告 2014 年第 67 号发布)有关规定执行。

(三) 合理税费

《国家税务总局关于个人非货币性资产投资有关个人所得税征管问题的公告》(国家税务总局公告 2015 年第 20 号)第六条规定,合理税费是指纳税人在非货币性资产投资过程中发生的与资产转移相关的税金及合理费用。

【案例 6-8】 2012 年赵先生以 1 000 万元购得一块土地。2020 年以此土地经评估作价 2 000 万元入股 B 公司。过户时发生评估费、中介费等相关税费 100 万元。则赵先生以土地入股 B 公司时,应缴纳个人所得税 180 万元[(2 000－1 000－100)×20％]。

【案例 6-9】 赵先生、孙先生最初各出资 300 万元成立 A 公司。为促进企业发展壮大,赵、孙两位与 B 公司达成重组协议,B 公司以发行股份并支付现金补价方式购买赵先生、孙先生持有的 A 公司股权。其中,分别向两位发行价值 3 000 万元的股份、支付 300 万元的现金,在此过程中两人各自发生评估费、中介费等相关税费 100 万元。那么,赵先生、孙先生应分别缴纳个人所得税 580 万元[(3 000＋300－300－100)×20％]。

四、纳税地点

国家税务总局公告 2015 年第 20 号文件第三条规定,纳税人以不动产投资的,以不动产所在地税务机关为主管税务机关;纳税人以其持有的企业股权对外投资的,以该企业所在地税务机关为主管税务机关;纳税人以其他非货币资产投资的,以被投资企业所在地税务机关为主管税务机关。

五、非货币性资产投资缴税的具体规定

(一) 分期缴税的规定

财税〔2015〕41 号文件第三条规定,个人应在发生非货币性资产投资应税行为的次月 15 日内向主管税务机关申报纳税。纳税人一次性缴税有困难的,可合理确定分期缴纳计划并报主管税务机关备案后,自发生上述应税行为之日起不超过 5 个公历年度内(含)分期缴纳个人所得税。

(二) 取得现金补价优先缴税

财税〔2015〕41 号文件第四条第一款规定,个人以非货币性资产投资交易过程中取得现

金补价的,现金部分应优先用于缴税;现金不足以缴纳的部分,可分期缴纳。

也就是说,个人以非货币性资产投资取得现金补价,现金部分足以缴税的,税款应一次结清;现金不足以全部缴清税款的,不足部分可以分期缴纳。上述现金补价,是指个人在以非货币性资产投资过程中,除了取得被投资企业的股权外,还可能取得一定数量的现金,对这部分现金,会计上一般称为补价。

【案例 6-10】 在[案例 6-9]中,赵先生、孙先生因非货币性资产投资,分别应缴纳个人所得税 580 万元。两人在此次交易过程中各自取得的 300 万元现金补价,应优先用于缴税。剩余的 280 万元,可分期缴纳。

(三)分期缴税期间转让股权取得现金收入优先缴税

财税〔2015〕41 号第四条第二款规定,个人在分期缴税期间转让其持有的非货币性资产投资取得的全部或部分股权,并取得现金收入的,该现金收入应优先用于缴纳尚未缴清的税款。

个人在分期缴税期间转让其以非货币资产性投资取得的全部或部分股权并取得现金收入的,该现金收入应优先用于缴纳尚未缴清的税款。对部分转让股权且取得的现金不足以一次结清税款的,剩余部分可以继续分期缴纳。

【案例 6-11】 以[案例 6-9]、[案例 6-10]中赵先生为例。赵先生在办理 280 万元分期缴税手续后的第三年,仍有 200 万元税款尚未缴纳。此时他转让了部分以非货币性资产投资换取的股权,如果取得的税后转让收入超过 200 万元,那么他应一次结清税款;如果取得的税后转让收入不超过 200 万元,假设为 160 万元,那么,剩余的 40 万元可以继续分期缴纳。

(四)备案

国家税务总局公告 2015 年第 20 号文件第八条规定,纳税人非货币性资产投资需要分期缴纳个人所得税的,应于取得被投资企业股权之日的次月 15 日内,自行制订缴税计划并向主管税务机关报送《非货币性资产投资分期缴纳个人所得税备案表》、纳税人身份证明、投资协议、非货币性资产评估价格证明材料、能够证明非货币性资产原值及合理税费的相关资料。

2015 年 4 月 1 日之前发生的非货币性资产投资,期限未超过 5 年,尚未进行税收处理且需要分期缴纳个人所得税的,纳税人应于国家税务总局公告 2015 年第 20 号文件下发之日起 30 日内向主管税务机关办理分期缴税备案手续。

纳税人分期缴税期间提出变更原分期缴税计划的,应重新制订分期缴税计划并向主管税务机关重新报送《非货币性资产投资分期缴纳个人所得税备案表》。

纳税人按分期缴税计划向主管税务机关办理纳税申报时,应提供已在主管税务机关备案的《非货币性资产投资分期缴纳个人所得税备案表》和本期之前各期已缴纳个人所得税的完税凭证。

纳税人和被投资企业未按规定备案、缴税和报送资料的,按照《税收征收管理法》及有关规定处理。

(五) 政策执行期限

财税〔2015〕41 号文件第六条规定,分期缴税政策自 2015 年 4 月 1 日起施行。

对 2015 年 4 月 1 日之前发生的个人非货币性资产投资,尚未进行税收处理且自发生上述应税行为之日起期限未超过 5 年的,可在剩余的期限内分期缴纳其应纳税款。

【案例 6-12】 假设李女士 2016 年 12 月进行了一次非货币性资产投资,那么她可以根据自身情况制订分期缴税计划,在 2016 至 2020 这 5 个公历年度内分期缴税,并于 2020 年 12 月 31 日前缴清税款。

【案例 6-13】 假设崔先生 2014 年进行了一次非货币性资产投资,因资金问题,截至 2015 年 3 月 31 日尚未缴税,那么他也可在 2015 至 2018 这 4 个公历年度内分期缴税,并于 2018 年 12 月 31 日前缴清税款。

六、纳税申报

(一) 自行申报的要求

《国家税务总局关于个人非货币性资产投资有关个人所得税征管问题的公告》(国家税务总局公告 2015 年第 20 号)第二条规定,非货币性资产投资个人所得税由纳税人向主管税务机关自行申报缴纳。

国家税务总局公告 2015 年第 20 号文件第十条规定,纳税人按分期缴税计划向主管税务机关办理纳税申报时,应提供已在主管税务机关备案的《非货币性资产投资分期缴纳个人所得税备案表》和本期之前各期已缴纳个人所得税的完税凭证。

国家税务总局公告 2015 年第 20 号文件第十一条规定,纳税人在分期缴税期间转让股权的,应于转让股权之日的次月 15 日内向主管税务机关申报纳税。

(二) 被投资企业的义务

国家税务总局公告 2015 年第 20 号文件第十二条规定,被投资企业应将纳税人以非货币性资产投入本企业取得股权和分期缴税期间纳税人股权变动情况,分别于相关事项发生后 15 日内向主管税务机关报告,并协助税务机关执行公务。

 **阶段性练习**

中国公民张某是某民营非上市公司的股东。2021 年 4 月取得的部分实物或现金收入如下:

(1) 公司为其购买了一辆轿车并将车辆所有权办到其名下,该车购买价为 35 万元。经当地主管税务机关核定,公司在代扣个人所得税税款时允许税前减除的其他税费为 7 万元。

(2) 拍卖一幅名人书法作品取得收入 35 万元。经税务机关确认,所拍卖的书法作品原值及相关费用为 20 万元。

(3) 当月转让上月购入的境内某上市公司股票,扣除印花税和交易手续费等,净盈利 3 500 元。同时因持有某上市公司的股票 6 个月取得公司分配股利 2 000 元。

要求:根据上述资料,回答下列问题。

1. 公司为张某购买轿车应代扣代缴个人所得税( )元。

A. 84 000   B. 70 000   C. 56 000   D. 50 000

答案： C

解析： 购买轿车应扣缴个人所得税＝（35－7）×20％×10 000＝56 000（万元）

2. 计算书法作品拍卖所得应预扣预缴个人所得税（   ）元。

A. 30 000   B. 8 000   C. 38 000   D. 32 000

答案： A

解析： 个人拍卖除文字作品原稿及复印件外的其他财产，应以其转让收入额减除财产原值和合理费用后的余额为应纳税所得额，按照"财产转让所得"项目适用 20％税率缴纳个人所得税。

书法作品拍卖应纳个人所得税＝（350 000－200 000）×20％＝30 000（元）。

3. 销售股票净盈利和取得的股票红利共应缴纳个人所得税（   ）元。

A. 200   B. 440   C. 550   D. 900

答案： A

解析： 对个人转让上市公司股票取得的所得继续暂免征收个人所得税。根据《财政部 国家税务总局 证监会关于上市公司股息红利差别化个人所得税政策有关问题的通知》（财税〔2015〕101 号）的规定，持股期限在 1 个月以上至 1 年（含 1 年）的，暂减按 50％计入应纳税所得额，适用 20％的税率计征个人所得税。

分配股息应缴纳个人所得税＝2 000×50％×20％＝200（元）。

第六节 转让股票所得

一、转让上市公司股票

根据新个人所得税法实施条例第七条的规定，对股票转让所得征收个人所得税的办法，由国务院另行规定，并报全国人民代表大会常务委员会备案。

（一）转让境内上市公司股票

《财政部 国家税务总局关于个人股票期权所得征收个人所得税问题的通知》（财税〔2005〕35 号）第二条第（三）项规定，员工将行权后的股票再转让时获得的高于购买日公平市场价的差额，是因个人在证券二级市场上转让股票等有价证券而获得的所得，应按照"财产转让所得"适用的征免规定计算缴纳个人所得税。

对于员工转让股票等有价证券取得的所得，应按现行税法和政策规定征免个人所得税。即个人将行权后的境内上市公司股票再行转让而取得的所得，暂不征收个人所得税；个人转让境外上市公司的股票而取得的所得，应按税法的规定计算应纳税所得额和应纳税额，依法缴纳税款。员工取得可公开交易的股票期权后，转让该股票期权所取得的所得，属于财产转让所得，也按照上述规定进行税务处理。

根据《财政部 国家税务总局 证监会关于实施上市公司股息红利差别化个人所得税政策有关问题的通知》（财税〔2012〕85 号）和《财政部 国家税务总局 中国证券监督管理委员会关于实施全国中小企业股份转让系统挂牌公司股息红利差别化个人所得税政策有关问题

的通知》(财税〔2014〕48号)的规定,个人转让股票时,按照先进先出的原则计算持股期限,即证券账户中先取得的股票视为先转让。应纳税所得额以个人投资者证券账户为单位计算,持股数量以每日日终结算后个人投资者证券账户的持有记录为准,证券账户取得或转让的股票数为每日日终结算后的净增(减)股票数。

 链接：个人取得股票期权和行权时如何处理

《国家税务总局关于个人股票期权所得缴纳个人所得税有关问题的补充通知》(国税函〔2006〕902号)第六条规定,部分股票期权在授权时即约定可以转让,且在境内或境外存在公开市场及挂牌价格(以下称可公开交易的股票期权)员工接受该可公开交易的股票期权时,按以下规定进行税务处理:

(1)员工取得可公开交易的股票期权,属于员工已实际取得有确定价值的财产,应按授权日股票期权的市场价格,作为员工授权日所在月份的工资薪金所得,并按规定计算缴纳个人所得税。如果员工以折价购入方式取得股票期权的,可以授权日股票期权的市场价格扣除折价购入股票期权时实际支付的价款后的余额,作为授权日所在月份的工资、薪金所得。

(2)员工取得上述可公开交易的股票期权后,转让该股票期权所取得的所得,属于财产转让所得,应按现行税法和政策规定征免个人所得税。即个人将行权后的境内上市公司股票再行转让而取得的所得,暂不征收个人所得税;个人转让境外上市公司的股票而取得的所得,应按税法的规定计算应纳税所得额和应纳税额,依法缴纳税款。

(3)员工取得可公开交易的股票期权后,实际行使该股票期权购买股票时,不再计算缴纳个人所得税。

 **知识小练习**

【例题·计算】 2019年11月15日张某从上交所购买境内上市公司A公司的流通股50万股,每股6.5元。2020年10月1日A公司发放现金红利,每股0.2元。张某于2020年10月3日在上交所转让所持10万股股票,转让价格为每股7元,2020年11月25日按照7.2元/股价格,在上交所转让5万股股票。2020年11月27日按照8元/股价格将持有的A公司的35万股转让给居民个人B。2020年12月A公司宣告发放现金红利,每股0.1元。

要求:根据上述资料,按下列序号计算回答问题。

(1)2020年10月3日转让股票应缴纳的个人所得税。

(2)2020年11月25日转让股票应缴纳的个人所得税。

(3)2020年10月1日张某取得A公司发放的现金红利应缴纳的个人所得税。

(4)2020年12月居民个人B取得A公司现金红利应缴纳的个人所得税。

答案及解析:(1)个人转让境内上市公司股票取得的所得暂免征收个人所得税。2020年10月3日转让股票应缴纳的个人所得税为0。

(2)个人转让境内上市公司股票取得的所得暂免征收个人所得税。2020年11月25日转让股票应缴纳的个人所得税为0。

(3)个人从公开发行和转让市场取得的上市公司股票,持股期限超过1年的,股息、红利所得暂免征收个人所得税。个人从公开发行和转让市场取得的上市公司股票,持股期限在1个月以上至1年(含1年)的,暂减按50％计入应纳税所得额,统一适用20％的税率计征个人所得税。持股期限,是指个人从公开发行和转让市场取得上市公司股票之日至转让交割该股票之日前一日的持有时间。

张某持有上市公司股票50万股,其中10万股转让时持有期限超过1个月但不足1年;40万股转让时持有期限超过1年。

所以张某取得A公司发放的现金红利应缴纳的个人所得税额=0.2×100 000×50％×20％=2 000(元)。

(4) B取得上市公司股息时持有上市公司股票不足12个月,全额征收个人所得税。B取得A公司发放股息应缴纳的个人所得税=0.1×350 000×20％=7 000(元)。

(二) 转让境外上市公司股票

个人转让境外上市公司的股票而取得的所得,应按"财产转让所得"项目,适用20％的税率征收个人所得税。

 **知识小练习**

【例题·计算】　2021年1月我国某省会城市公民王某转让境外上市公司股票取得转让净所得56 000元,在境外缴纳个人所得税10 000元。王某转让境外上市公司股票应在我国补缴的个人所得税是多少?

答案及解析:王某转让境外上市公司股票抵免限额56 000×20％=11 200(元)>在境外实际缴纳税额10 000元,应在我国补缴个人所得税=11 200-10 000=1 200(元)。

二、转让挂牌公司股票

《财政部　国家税务总局　中国证券监督管理委员会关于个人转让全国中小企业股份转让系统挂牌公司股票有关个人所得税政策的通知》(财税〔2018〕137号)对个人转让新三板挂牌公司股票有关个人所得税政策进行了明确。

(一) 个人转让原始股取得的所得按照"财产转让所得"征税

对个人转让新三板挂牌公司原始股取得的所得,按照"财产转让所得",适用20％的比例税率征收个人所得税。

原始股是指个人在新三板挂牌公司挂牌前取得的股票,以及在该公司挂牌前和挂牌后由上述股票孳生的送、转股。

(二) 征收管理

2019年9月1日之前,个人转让新三板挂牌公司原始股的个人所得税,征收管理办法按照现行股权转让所得有关规定执行,以股票受让方为扣缴义务人,由被投资企业所在地的税务机关负责征收管理。

自2019年9月1日(含)起,个人转让新三板挂牌公司原始股的个人所得税,以股票托管的证券机构为扣缴义务人,由股票托管的证券机构所在地的主管税务机关负责征收管理。具体征收管理办法参照《财政部　国家税务总局　证监会关于个人转让上市公司限售股所得征收个人所得税有关问题的通知》(财税〔2009〕167号)和《财政部　国家税务总局　证监会关于个人转让上市公司限售股所得征收个人所得税有关问题的补充通知》(财税〔2010〕70号)的有关规定执行。

中国证券登记结算公司应当在登记结算系统内明确区分新三板原始股和非原始股。

个人转让新三板股票和转让主板上市股票二者缴税比较如表6-2所示。

表6-2　个人转让新三板股票和转让主板上市股票二者缴税比较一览表

项目 税种	新三板股票转让		主板上市股票转让	
	非原始股	原始股	非原始股	原始股
增值税	不属于征收范围	—	免征	免征
个人所得税	暂免	(转让收入－原值－合理费用)×20％	暂免	［限售股转让收入－(限售股原值＋合理税费)］×20％
印花税	转让金额×税率	转让金额×0.05％	转让金额×税率	转让金额×税率

第七节　限售股转让

为进一步完善股权分置改革后的相关制度,发挥税收对高收入者的调节作用,促进资本市场长期稳定健康发展,经国务院批准,财政部、国家税务总局、证监会先后出台了《财政部 国家税务总局　证监会关于个人转让上市公司限售股所得征收个人所得税有关问题的通知》(财税〔2009〕167号)和《财政部　国家税务总局　证监会关于个人转让上市公司限售股所得征收个人所得税有关问题的补充通知》(财税〔2010〕70号)两个文件,规定自2010年10月1日起,对个人转让限售股的所得,按照"财产转让所得",适用20％的比例税率征收个人所得税。

一、限售股概述

(一)限售股的概念

目前我国A股市场的限售股,主要由两部分构成:一类是股改产生的限售股;另一类是新股首次发行上市(IPO)产生的限售股。

1. 股改限售股

股改限售股是指股权分置改革过程中,由原非流通股转变而来的有限售期的流通股,市场俗称为"大小非"。所谓"大非"指的是大规模的限售流通股,占总股本5％以上;所谓"小非"指的是小规模的限售流通股,占总股本5％以内。

股权分置是中国资本市场特有的情形,是指上市公司的一部分股份上市流通,另一部分股份暂时不上市流通。前者主要称为流通股,主要成分为社会公众股;后者为非流通股,包括国家股、国有法人股、内资及外资法人股、发起自然人股等。股权分置改革之前,非流通股虽然不能在沪深两市自由交易,但经证监会批准后,可以通过拍卖或协议转让的方式进行流通。

为贯彻落实《国务院关于推进资本市场改革开放和稳定发展的若干意见》中"积极稳妥解决股权分置问题"的要求,2005 年,证监会、国资委、财政部等部委联合下发《关于上市公司股权分置改革的指导意见》,随后,证监会又下发了《上市公司股权分置改革管理办法》(证监发〔2005〕86 号),解除了非流通股上市流通的限制,非流通股股东与流通股股东之间采取对价的方式平衡相互利益。同时,对股权分置改革后非流通股出售作出了若干限制性规定,这样,原非流通股转变为有流通期限和流通比例限售的流通股,即股改限售股。股权分置改革股票复牌后,股改限售股于解除限售前历年获得的送转股也构成了限售股。

2. 新股限售股

新股限售股是指 2006 年股权分置改革新老划断后,首次公开发行股票并上市的公司形成的限售股,以及上市首日至解禁日期间由上述股份孳生的送、转股。为保持公司控制权的稳定,《公司法》及交易所上市规则对于首次公开发行股份(IPO)并上市的公司,于公开发行前股东所持股份都有一定的限售期规定,由于股权分置改革新老划段后不再有非流通股和流通股的划分,这部分股份在限售期满后解除流通权利限制,构成了新股限售股。这类限售股目前已经占到全部限售股的大多数,将来还会有更多的新股限售股出现。新股上市后,新股限售股于解除限售前历年获得的送转股也构成了限售股。

除股改限售股和 IPO 限售股外,市场上还有一些有限售期要求的股票,主要是机构配售股和增发股。机构配售股是指 IPO 的时候,参与网下申购的机构投资人获得的股票,这部分需要锁定 3 个月到半年,然后才可以上市交易。增发股类似机构配售股,是指定向增发后的股票,需要锁定 1 年,然后才可以上市交易。

 链接：为什么要对限售股征收个人所得税

一是 1994 年出台股票转让所得免税政策时,原有的非流通股不能上市流通,实际上只有从上市公司公开发行和转让市场取得的流通股才能享受免税政策。2005 年股权分置改革后,股票市场不再有非流通股和流通股的划分,只有限售流通股与非限售流通股之别,限售流通股解除限售后都进入流通。这些限售股都不是从上市公司公开发行和转让市场上取得的,成本较低,数量较大,解禁后在二级市场转让,获益很高,却与个人投资者从上市公司公开发行和转让市场购买的上市公司股票转让所得一样享受个人所得税免税待遇,加剧了收入分配不公的矛盾,社会反应比较强烈。

二是根据现行税收政策规定,个人转让非上市公司股份所得、企业转让限售股所得都征收所得税,个人转让限售股与个人转让非上市公司股份以及企业转让限售股政策存在不平衡问题。

因此,为进一步完善股权分置改革后的相关制度,更好地发挥税收对高收入者的调节作用,促进资本市场长期健康发展,增加税收收入、堵塞税收漏洞,进一步完善现行股票转让所得个人所得税政策,平衡个人转让限售股与个人转让非上市公司股份以及企业转让限售股之间的税收政策,国务院决定,自 2010 年 1 月 1 日起,对个人转让上市公司限售股取得的所得征收个人所得税。即 2010 年 1 月 1 日(含 1 日)以后只要是个人转让上市公司限售股,都要按规定计算所得并依照 20％税率缴纳个人所得税。

（二）限售股的范围

征税的限售股，包括：

（1）上市公司股权分置改革完成后股票复牌日之前股东所持原非流通股股份，以及股票复牌日至解禁日期间由上述股份孳生的送、转股（以下统称股改限售股）。

（2）2006年股权分置改革新老划断后，首次公开发行股票并上市的公司形成的限售股，以及上市首日至解禁日期间由上述股份孳生的送、转股（以下统称新股限售股）。

（3）个人从机构或其他个人受让的未解禁限售股。

（4）个人因依法继承或家庭财产依法分割取得的限售股。

（5）个人持有的从代办股份转让系统转到主板市场（或中小板、创业板市场）的限售股。

（6）上市公司吸收合并中，个人持有的原被合并方公司限售股所转换的合并方公司股份。

（7）上市公司分立中，个人持有的被分立方公司限售股所转换的分立后公司股份。

（8）财政部、税务总局、法制办和证监会共同确定的其他限售股。

征税的限售股主要是针对股改限售股和新股限售股以及其在解禁日前所获得的送转股，不包括股改复牌后和新股上市后限售股的配股、新股发行时的配售股、上市公司为引入战略投资者而定向增发形成的限售股。关于限售股的范围，在具体实施时，由中国证券登记结算公司通过结算系统给予锁定。另外，对上市公司实施股权激励给予员工的股权激励限售股，现行个人所得税政策规定其属于工资、薪金所得，并明确规定了征税办法，转让这部分限售股暂免征税，因此，限售股也不包括股权激励的限售股。

二、征税范围

个人转让限售股或发生具有转让限售股实质的其他交易，取得现金、实物、有价证券和其他形式的经济利益均应缴纳个人所得税。限售股在解禁前被多次转让的，转让方对每一次转让所得均应按规定缴纳个人所得税。对具有下列情形的，应按规定征收个人所得税：

（1）个人通过证券交易所集中交易系统或大宗交易系统转让限售股。

（2）个人用限售股认购或申购交易型开放式指数基金（ETF）份额。

（3）个人用限售股接受要约收购。

（4）个人行使现金选择权将限售股转让给提供现金选择权的第三方。

（5）个人协议转让限售股。

（6）个人持有的限售股被司法扣划。

（7）个人因依法继承或家庭财产分割让渡限售股所有权。

（8）个人用限售股偿还上市公司股权分置改革中由大股东代其向流通股股东支付的对价。

（9）其他具有转让实质的情形。

三、应纳税额的计算

新个人所得税法实施条例第六条第（八）项规定，财产转让所得，是指个人转让有价证券、股权、合伙企业中的财产份额、不动产、机器设备、车船以及其他财产取得的所得。限售股属于有价证券，是财产转让所得的一种形式。因此，个人转让限售股取得的所得，按照"财产转让所得"项目适用20％的比例税率征收个人所得税。

(一) 应纳税所得额

个人转让限售股,以每次限售股转让收入,减除股票原值和合理税费后的余额,为应纳税所得额。即:

$$应纳税所得额＝限售股转让收入－(限售股原值＋合理税费)$$
$$应纳税额＝应纳税所得额×20\%$$

限售股转让收入,是指转让限售股股票实际取得的收入。

限售股原值,是指限售股买入时的买入价及按照规定缴纳的有关费用。

合理税费,是指转让限售股过程中发生的印花税、佣金、过户费等与交易相关的税费。

 **知识小练习**

【例题·材料分析】　资料一:甲公司于 2018 年 1 月 1 日首发上海证券交易所上市,姜先生为其原始股东,初始投资额为 1 000 万元,持有 1 000 万股限售股,限售期为 12 个月,2019 年 1 月 1 日解禁。2019 年 5 月 1 日,上市公司宣告的分配方案为每 10 股转 10 股(股票发行溢价转增股本),姜先生持有的股票数量变为 2 000 万股。2019 年 9 月,姜先生将 2 000 万股全部卖出,卖出价为 15 元/股。

资料二:乙公司为新三板挂牌公司,2019 年 1 月 1 日挂牌,林先生为乙公司原始股东,初始投资额 1 000 万元,挂牌前持有 1 000 万股限售股。2019 年 9 月,林先生将 1 000 万股全部卖出,卖出价为 30 元/股。

请根据以上资料,回答下列问题:

(1) 姜先生取得转股,是否缴纳个人所得税?

(2) 计算姜先生转让股票时应缴纳的个人所得税(不考虑其他交易税费)。

(3) 计算林先生转让股票时应缴纳的个人所得税(不考虑其他交易税费)。

答案及解析:(1) 根据国家税务总局的相关规定,上市公司用股票发行溢价转增股本,不征收个人所得税。

(2) 根据《财政部　国家税务总局　证监会关于关于个人转让上市公司限售股所得征收个人所得税有关问题的通知》(财税〔2009〕167 号)的规定,由于上市公司解禁日后孳生的送、转股属于不征收个人所得税的限售股,姜先生仅需就原来的 1 000 万股限售股缴纳个人所得税,其获得转增的 1 000 万股不属于应该征税的限售股。

限售股转让收入＝1 000×15＝15 000(万元),限售股原值为 1 000 万元,则姜先生应缴纳的个人所得税＝(15 000－1 000)×20\%＝2 800(万元)。

(3) 根据《关于个人转让全国中小企业股份转让系统挂牌公司股票有关个人所得税政策的通知》(财税〔2018〕137 号)的规定,对个人转让新三板挂牌公司原始股取得的所得,按照"财产转让所得"适用 20\% 的比例税率征收个人所得税。股票转让收入＝1 000×30＝30 000(万元),林先生应缴纳的个人所得税＝(30 000－1 000)×20\%＝5 800(万元)。

(二) 核定限售股原值及合理税费

如果纳税人未能提供完整、真实的限售股原值凭证,不能准确计算限售股原值的,主管税务机关一律按限售股转让收入的 15\% 核定限售股原值及合理税费。

（三）限售股优先原则

纳税人同时持有限售股及该股流通股的，其股票转让所得，按照限售股优先原则，即转让股票视同为先转让限售股，按规定计算缴纳个人所得税。

（四）三种征收方式结合的情形及计算原则

个人发生以下四种情形的，采取证券机构预扣预缴、纳税人自行申报清算和证券机构直接扣缴相结合的方式征收：

（1）个人通过证券交易所集中交易系统或大宗交易系统转让限售股。

（2）个人用限售股认购或申购交易型开放式指数基金（ETF）份额。

（3）个人用限售股接受要约收购。

（4）个人行使现金选择权将限售股转让给提供现金选择权的第三方。

个人发生以上四种情形的、由证券机构扣缴税款的，纳税人申报清算时，实际转让收入按照下列原则计算：

（1）个人通过证券交易所集中交易系统或大宗交易系统转让限售股的转让收入以转让当日该股份实际转让价格计算，证券公司在扣缴税款时，佣金支出统一按照证券主管部门规定的行业最高佣金费率计算。

（2）个人用限售股认购或申购交易型开放式指数基金（ETF）份额的转让收入，通过认购 ETF 份额方式转让限售股的，以股份过户日的前一交易日该股份收盘价计算，通过申购 ETF 份额方式转让限售股的，以申购日的前一交易日该股份收盘价计算。

（3）个人用限售股接受要约收购的转让收入以要约收购的价格计算。

（4）个人行使现金选择权将限售股转让给提供现金选择权的第三方的转让收入以实际行权价格计算。

（五）自行申报纳税方式的情形及计算原则

个人发生以下四种情形的，采取纳税人自行申报纳税的方式：

（1）个人协议转让限售股。

（2）个人持有的限售股被司法扣划。

（3）个人因依法继承或家庭财产分割让渡限售股所有权。

（4）个人用限售股偿还上市公司股权分置改革中由大股东代其向流通股股东支付的对价。

个人发生以上这四种情形的、需向主管税务机关申报纳税的，转让收入按照下列原则计算：

（1）个人协议转让限售股的转让收入按照实际转让收入计算，转让价格明显偏低且无正当理由的，主管税务机关可以依据协议签订日的前一交易日该股收盘价或其他合理方式核定其转让收入。

（2）个人持有的限售股被司法扣划的转让收入以司法执行日的前一交易日该股收盘价计算。

（3）个人用限售股偿还上市公司股权分置改革中由大股东代其向流通股股东支付的对价、个人用限售股偿还上市公司股权分置改革中由大股东代其向流通股股东支付的对价的转让收入以转让方取得该股时支付的成本计算。

纳税人转让限售股后,应在次月 15 日内到主管税务机关填报《限售股转让所得个人所得税清算申报表》,自行申报纳税。主管税务机关审核确认后应开具完税凭证,纳税人应持完税凭证、《限售股转让所得个人所得税清算申报表》复印件到证券登记结算公司办理限售股过户手续。纳税人未提供完税凭证和《限售股转让所得个人所得税清算申报表》复印件的,证券登记结算公司不予办理过户。

纳税人自行申报的,应一次办结相关涉税事宜,不再执行自行申报清算的规定。对个人持有的限售股被司法扣划的情形,如国家有权机关要求强制执行的,证券登记结算公司在履行告知义务后予以协助执行,并报告相关主管税务机关。

(六) 无法提供原值的确定

个人转让因协议受让、司法扣划等情形取得未解禁限售股的,成本按照主管税务机关认可的协议受让价格、司法扣划价格核定,无法提供相关资料的,按照限售股转让收入的 15％确定限售股原值和合理税费。

个人转让因依法继承或家庭财产依法分割取得的限售股的,按规定缴纳个人所得税,成本按照该限售股前一持有人取得该股时实际成本及税费计算。

(七) 限售股原值的调整

在证券机构技术和制度准备完成后形成的限售股,自股票上市首日至解禁日期间发生送、转、缩股的,证券登记结算公司应依据送、转、缩股比例对限售股成本原值进行调整;而对于其他权益分派的情形(如现金分红、配股等),不对限售股的成本原值进行调整。

(八) 部分原值不明确的情形

因个人持有限售股中存在部分限售股成本原值不明确,导致无法准确计算全部限售股成本原值的,证券登记结算公司一律以实际转让收入的 15％作为限售股成本原值和合理税费。

第八节　其　　他

一、转租浅海滩涂使用权时附带的设施及海产品

《国家税务总局关于转租浅海滩涂使用权收入征收个人所得税问题的批复》(国税函〔2002〕1158 号)规定,个人转租滩涂使用权取得的收入,应按照"财产租赁所得"应税项目征收个人所得税,其每年实际上缴村委会的承包费可以在税前扣除;同时,个人一并转让原海滩的设施和剩余文蛤的所得应按照"财产转让所得"应税项目征收个人所得税。

二、买卖虚拟货币

《国家税务总局关于个人通过网络买卖虚拟货币取得收入征收个人所得税问题的批复》(国税函〔2008〕818 号)规定:

(1) 个人通过网络收购玩家的虚拟货币,加价后向他人出售取得的收入,属于个人所得税应税所得,应按照"财产转让所得"项目计算缴纳个人所得税。

(2) 个人销售虚拟货币的财产原值为其收购网络虚拟货币所支付的价款和相关税费。

（3）对于个人不能提供有关财产原值凭证的，由主管税务机关核定其财产原值。

三、个人转让汽车

《国家税务总局关于个人转让汽车所得征收个人所得税问题的批复》（国税函发〔1997〕35号）规定，个人股集资购买车辆并将该车转让给汽车运输公司从事营运。转让期满后，该车的所有权、营运权、线路牌等均归汽车运输公司所有。上述交易属于财产转让。取得的收入应按"财产转让所得"项目计算缴纳个人所得税。

【案例6-14】 王某等3人于2018年1月合股集资100万元购买一辆大客车，并将该车转让给顺途汽车运输公司从事营运，约定3年内取得的营运收入归王某等3人。顺途汽车运输公司2018—2020年使用该车运输取得的收入为200万元。2021年1月转让期满，大客车的所有权、营运权、线路牌等均归顺途汽车运输公司所有。对王某等3人获得的收入应按"财产转让所得"项目计算缴纳个人所得税。王某等3人应纳的个人所得税＝（200－100）×20％＝20（万元）。

四、企业改组改制过程中个人取得的量化资产

《国家税务总局关于企业改组改制过程中个人取得的量化资产征收个人所得税问题的通知》（国税发〔2000〕60号）规定，集体所有制企业在改制为股份合作制企业时将有关资产量化给职工个人，个人取得量化资产的政策如下：

（1）对职工个人以股份形式取得的仅作为分红依据，不拥有所有权的企业量化资产，不征收个人所得税。

（2）对职工个人以股份形式取得的拥有所有权的企业量化资产，暂缓征收个人所得税；待个人将股份转让时，就其转让收入额，减除个人取得该股份时实际支付的费用支出和合理转让费用后的余额，按"财产转让所得"项目计征个人所得税。

 链接：取得企业量化资产参与企业分配如何缴纳个人所得税

对职工个人以股份形式取得的企业量化资产参与企业分配而获得的股息、红利，应按"利息、股息、红利所得"项目征收个人所得税。

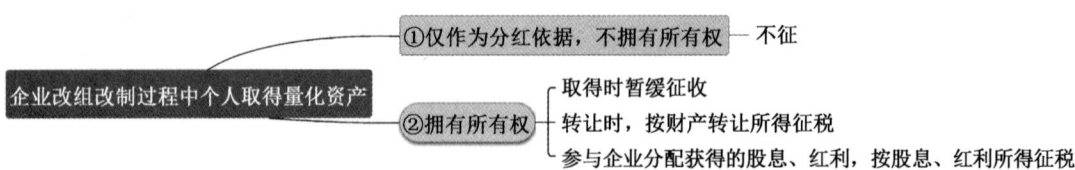

图6-1 企业改组改制过程中取得量化资产不同情形的税务处理

第七章

偶 然 所 得

导读

偶然所得是指个人得奖、中奖、中彩以及其他偶然性质的所得。新个人所得税法取消了原有的"其他所得"。2019年6月，财政部、国家税务总局联合发布的《财政部 税务总局关于个人取得有关收入适用个人所得税应税所得项目的公告》（财政部 税务总局公告2019年第74号）进一步明确将受赠人因无偿受赠房屋取得的受赠所得、个人为单位或他人提供担保获得收入、个人在企业业务宣传等活动中取得的礼品收入这三项所得归为"偶然所得"项目，并将个人领取的税收递延型商业养老保险的养老金收入，其中75%的征税部分计入"工资、薪金所得"项目。

第一节 基本规定

一、征税范围

新个人所得税法实施条例第八条第一款第十项规定，偶然所得，是指个人得奖、中奖、中彩以及其他偶然性质的所得。

税法列举的偶然性所得是个人在非正常情况下得到的不确定的收入，得奖所得是指参加各种有奖竞赛活动，取得名次获得的奖金；中奖、中彩是指参加各种有奖活动，如有奖销售、有奖储蓄或购买彩票，经过规定程序，抽中、摇中号码而取得的奖金。除列举的所得外的其他偶然性所得的征税问题，需要由税务机关依法具体认定。

二、应纳税所得额

新个人所得税法第六条第一款第六项规定，偶然所得以每次收入额为应纳税所得额。

三、税率

新个人所得税法第三条第三项规定，偶然所得适用比例税率，税率为20%。

四、应纳税额

$$应纳税额＝应纳税所得额×20\%$$

五、征收管理

新个人所得税法第十二条第二款规定，纳税人取得偶然所得，按月或者按次计算个人所得税，有扣缴义务人的，由扣缴义务人按月或者按次代扣代缴税款。

新个人所得税法第十三条规定,纳税人取得应税所得没有扣缴义务人的,应当在取得所得的次月15日内向税务机关报送纳税申报表,并缴纳税款。

《国家税务总局关于发布〈个人所得税扣缴申报管理办法(试行)〉的公告》(国家税务总局公告2018年第61号)第十条规定,扣缴义务人支付偶然所得时,应当依法按次或者按月代扣代缴税款。

《国家税务总局关于个人所得税自行纳税申报有关问题的公告》(国家税务总局公告2018年第62号)第三条第(三)项规定,纳税人取得偶然所得的,应当在取得所得的次年6月30日前,按相关规定向主管税务机关办理纳税申报,并报送《个人所得税自行纳税申报表(A表)》。

 知识小练习

【例题·单选1】 下列收入中,应按"偶然所得"项目缴纳个人所得税的是(　　)。

A. 在其他单位兼职取得的收入　　　　B. 退休后再受雇取得的收入

C. 在任职单位取得董事费收入　　　　D. 个人购买彩票取得的中奖收入

答案: D

解析: A选项,属于劳务报酬所得;B选项,属于工资、薪金所得;C选项,属于工资、薪金所得,在非任职单位取得的董事费收入,属于劳务报酬所得;D选项,属于偶然所得。

【例题·单选2】 下列个人所得,在计算个人所得税时,不得减除费用的是(　　)。

A. 稿酬所得　　　　　　　　　　　　B. 特许权使用费所得

C. 劳务报酬所得　　　　　　　　　　D. 偶然所得

答案: D

解析: 偶然所得计算个人所得税时不减除费用,直接按照收入乘以税率计算个人所得税。

第二节　具 体 规 定

一、个人因消费达到一定额度,企业给予的额外抽奖获得的奖金

一些企事业单位、社会团体、个人独资企业、合伙企业和个体工商户在营销活动中以折扣、折让、赠品、抽奖等方式,向个人赠送现金、消费券、物品、服务,《财政部 国家税务总局关于企业促销展业赠送礼品有关个人所得税问题的通知》(财税〔2011〕50号)对上述问题分情况进行了明确:其中企业对累积消费达到一定额度的顾客,给予额外抽奖机会,个人的获奖所得,按照"偶然所得"项目,全额适用20%的税率缴纳个人所得税。而在企业销售商品和提供服务过程中向个人赠送礼品存在着不征收个人所得税的情形,在同一文件中进行了规定。

链接: 企业在销售商品和提供服务过程中向个人赠送礼品不征收个人所得税的情形

文　　件:《财政部 国家税务总局关于企业促销展业赠送礼品有关个人所得税问题的通知》

发文字号：财税〔2011〕50 号

成文日期：2011 年 6 月 9 日

内　　容：

企业在销售商品(产品)和提供服务过程中向个人赠送礼品,属于下列情形之一的,不征收个人所得税：

1. 企业通过价格折扣、折让方式向个人销售商品(产品)和提供服务。

2. 企业在向个人销售商品(产品)和提供服务的同时给予赠品,如通信企业对个人购买手机赠话费、入网费,或者充话费赠手机等。

3. 企业对累积消费达到一定额度的个人按消费积分反馈礼品。

 **知识小练习**

【例题·单选】　下列各项中,应当按"偶然所得"项目征收个人所得税的是(　　)。

A. 个人取得劳动分红

B. 个人将文字作品手稿原件拍卖所得

C. 个人将珍藏的古董拍卖所得

D. 个人因参加企业累计消费达到一定额度的有奖活动而取得的赠品所得

答案：D

解析：选项 A,个人取得劳动分红应按"工资、薪金所得"项目计算缴纳个人所得税;选项 B,作者将自己的文字作品手稿原件或复印件拍卖取得的所得,按照"特许权使用费所得"项目计算缴纳个人所得税;选项 C,个人拍卖除文字作品原件及复印件外的其他财产,按照"财产转让所得"项目计算缴纳个人所得税。

二、个人取得有奖发票奖金

为了提高消费者索要发票的积极性,鼓励单位和个人依法开具发票,规范发票管理,促进有奖发票的使用和推广,2000 年以后出现了有奖发票,对个人取得有奖发票奖金是否征收个人所得税问题,财政部、国家税务总局专门发文进行了规定。

 链接：个人取得有奖发票奖金如何计税

文　　　件：《财政部　国家税务总局关于个人取得有奖发票奖金征免个人所得税问题的通知》

发文字号：财税〔2007〕34 号

成文日期：2007 年 2 月 27 日

内　　容：

为促进有奖发票的使用和推广,鼓励单位和个人依法开具发票,规范发票管理,现就征免个人所得税问题通知如下：

一、个人取得单张有奖发票奖金所得不超过 800 元(含 800 元)的,暂免征收个人所得税;个人取得单张有奖发票奖金所得超过 800 元的,应全额按照个人所得税法规定的"偶然所得"目征收个人所得税。

二、税务机关或其指定的有奖发票兑奖机构，是有奖发票奖金所得个人所得税的扣缴义务人，应依法认真做好个人所得税代扣代缴工作。

 **知识小练习**

【例题·计算】 张某为某高校法律专业副教授，2020年6月取得如下收入：年终奖收入10 000元；受当地电视台法制频道邀请做一期法律讲堂，收到报酬5 000元；用移动话费消费积分在移动官方网站换取小型家用电饭锅一台，价值800元；在某酒店就餐时发票刮奖获得一等奖2 000元；在某商场购物取得有奖发票一张，获得三等奖200元。张某在6月应按"偶然所得"项目缴纳的个人所得税是多少？

答案： 张某6月应按"偶然所得"项目缴纳的个人所得税＝2 000×20％＝400（元）。

解析： 张某取得的年终奖属于工资、薪金所得；受邀报酬属于劳务报酬所得；移动积分换礼品不征个人所得税；取得有奖发票奖金属于偶然所得，《财政部 国家税务总局关于个人取得有奖发票奖金征免个人所得税问题的通知》（财税〔2007〕34号）规定，个人取得单张有奖发票奖金所得不超过800元（含800元）的，暂免征收个人所得税；个人取得单张有奖发票奖金所得超过800元的，应全额按照个人所得税法规定的"偶然所得"项目征收个人所得税，张某取得的2 000元奖金应缴纳个人所得税，而获得200元的奖金不需要缴纳个人所得税。

三、个人收到企业支付的不竞争款项

不竞争款项是指资产购买方企业与资产出售方企业自然人股东之间在资产购买交易中，通过签订保密和不竞争协议等方式，约定资产出售方企业自然人股东在交易完成后一定期限内，承诺不从事有市场竞争的相关业务，并负有相关技术资料的保密义务，资产购买方企业则在约定期限内，按一定方式向资产出售方企业自然人股东所支付的款项。

江苏省地方税务局在2007年向国家税务总局提出《关于外商投资企业购买内资企业资产并向股东个人支付保密费用有关个人所得税问题的请示》（苏地税发〔2007〕42号），请示中要求明确对外商投资企业在购买内资企业经营资产过程中向内资企业自然人股东支付的不竞争款项，应如何征收个人所得税。经财税部门研究后，对企业向个人支付的不竞争款项有关征收个人所得税政策问题进行了批复。

 链接：个人收到企业支付的不竞争款项如何计税

文　件：《财政部 国家税务总局关于企业向个人支付不竞争款项征收个人所得税问题的批复》

发文字号：财税〔2007〕102号

成文日期：2007年9月12日

内　容：

根据《中华人民共和国个人所得税法》第二条第十一项有关规定，鉴于资产购买方企业向个人支付的不竞争款项，属于个人因偶然因素取得的一次性所得，为此，资产出售企业自然人股东取得的所得，应按照《中华人民共和国个人所得税法》第二条第十项"偶然所得"

项目计算缴纳个人所得税,税款由资产购买方企业在向资产出售方企业自然人股东支付不竞争款项时代扣代缴。

 **知识小练习**

【例题·多选】 李某为某高校食品专业毕业生,2018 年毕业后与同学王某合伙在沈阳市开办一家湘菜馆,利用所学专业,在湖南菜的基础上进行了改进,研制出一套不为人知的独特配方,2021 年 1 月又将该菜馆转让给张某,张某为了避免李某、王某与其竞争,与李某、王某签订了不竞争协议,约定李某、王某在 5 年内不在沈阳市开设与此相同的湘菜馆,并要对研制的配方保密,除转让费之外,张某付给李某、王某各 5 万元,下列说法正确的是( )。

    A. 李某、王某各取得的 5 万元属于特许权使用费所得

    B. 李某、王某各取得的 5 万元属于偶然所得

    C. 李某、王某各取得的 5 万元属于财产转让所得

    D. 李某、王某应分别按 5 万元为应纳税所得额缴纳个人所得税

    E. 李某、王某应各缴纳 1 万元个人所得税

答案: BDE

解析: 依据《财政部 国家税务总局关于企业向个人支付不竞争款项征收个人所得税问题的批复》(财税〔2007〕102 号)的规定鉴于资产购买方企业向个人支付的不竞争款项,属于个人因偶然因素取得的一次性所得,为此,资产出售方企业自然人股东取得的所得,应按照个人所得税法第二条第十项"偶然所得"项目计算缴纳个人所得税,税款由资产购买方企业在向资产出售方企业自然人股东支付不竞争款项时代扣代缴。因此,选项 A、C 错误,B、D、E 正确。

四、个人在境外取得博彩所得

1995 年广东省地方税务局就个人在境外取得博彩所得是否征收个人所得税向国家税务总局提出请示,国家税务总局批复中明确,中国居民在境外取得的博彩收入应按照"偶然所得"项目,适用 20% 的税率计算个人所得税。

 链接:个人在境外取得博彩所得如何计税

文   件:《国家税务总局关于个人在境外取得博彩所得征收个人所得税问题的批复》

发文字号:国税函发〔1995〕663 号

成文日期:1995 年 12 月 25 日

内   容:

《中华人民共和国个人所得税法》第一条规定:"在中国境内有住所,或者无住所而在境内居住满一年的个人,从中国境内和境外取得的所得,依照本法规定缴纳个人所得税。"

在中国境内有住所的个人,从境外取得的所得,应依照税法规定缴纳个人所得税。

根据《中华人民共和国个人所得税法实施条例》的规定,中彩所得属于"偶然所得"应税项目,适用比例税率 20%。

博彩所得应依照税法规定全额按 20% 比例税率计算缴纳个人所得税。

五、个人购买社会福利奖券取得中奖收入

随着社会主义市场经济的不断深化,社会福利由国家承担的传统方式逐渐难以适应社会和经济的发展,1986 年民政部提出开展社会福利有奖募捐活动,得到了国务院的批准,从 1987 年开始,社会福利有奖募捐券正式出现,到 1995 年,以"扶老、助残、救孤、济困"为宗旨的中国福利彩票替代了社会福利有奖募捐券,历经 30 多年的发展。目前,通过发行销售福利彩票所筹集的社会福利基金已成为我国社会福利事业的重要经济支柱,有效弥补了各级财政对社会福利事业投入的不足,缓解了政府的压力。在 1994 年税制改革后,民政部向国家税务总局发函,要求对社会福利有奖募捐取得收入继续给予免税照顾,国家税务总局在回复中明确对个人购买社会福利有奖募捐奖券的征免问题。

 链接:个人购买社会福利奖券中奖收入如何计税

文　　　件:《国家税务总局关于社会福利有奖募捐发行收入税收问题的通知》

发文字号:国税发〔1994〕127 号

成文日期:1994 年 5 月 23 日

内　　　容:

对个人购买社会福利有奖募捐奖券一次中奖收入不超过 10 000 元的暂免征收个人所得税,对一次中奖收入超过 10 000 元的,应按税法规定全额征税。

六、个人购买体育彩票取得中奖收入

中国体育彩票是国务院批准在全国发行的合法彩票,募集资金主要用于发展体育事业和促进全民健身运动,为我国体育事业的不断发展提供了资金保障,是一项取之于民,用之于民的社会公益事业。国家体委在 1996 年向国家税务总局发函,要求明确体育彩票发行收入的有关税收政策,财政部、国家税务总局对此做了明确规定。为了有利于动员全社会力量资助和发展我国的体育事业,1998 年又对个人取得体育彩票中奖收入个人所得税征免问题进行了调整。

 链接:个人购买体育彩票中奖收入如何计税

文　　　件:《财政部　国家税务总局关于体育彩票发行收入税收问题的通知》

发文字号:财税字〔1996〕77 号

成文日期:1996 年 11 月 7 日

内　　　容:

根据《中华人民共和国个人所得税法》及其实施条例的规定,个人购买体育彩票的中奖收入属于偶然所得,应全额依 20% 的税率征收个人所得税。

 链接:个人购买体育彩票中奖所得如何计税

文　　　件:《财政部　国家税务总局关于个人取得体育彩票中奖所得征免个人所得税问题的通知》

发文字号：财税字〔1998〕12号

成文日期：1998年4月27日

内　　容：

为了有利于动员全社会力量资助和发展我国的体育事业，经研究决定，对个人购买体育彩票中奖收入的所得税政策作如下调整：凡一次中奖收入不超过1万元的，暂免征收个人所得税；超过1万元的，应按税法规定全额征收个人所得税。

　知识小练习

【例题·多选】　张某在世界杯足球赛期间参加下列活动所获得收益中，应当缴纳个人所得税的有（　　）。

A. 参加某电商的秒杀活动，以100元购得原价2 000元的足球鞋一双

B. 为赴俄罗斯看球，开通手机全球漫游套餐，获赠价值1 500元的手机一部

C. 吃饭取得发票有奖收入500元

D. 作为某航空公司金卡会员被邀请参加世界杯抽奖活动，抽得市价2 500元球衣一套

E. 世界杯期间购买体育彩票一次中奖20 000元

答案：DE

解析：选项A，企业通过价格折扣、折让方式向个人销售商品（产品）和提供服务，不征收个人所得税；选项B，企业在向个人销售商品（产品）和提供服务的同时给予赠品，如通信企业对个人购买手机赠话费、入网费，或者充话费赠手机等，不征收个人所得税；选项C，个人取得单张有奖发票所得不超过800元（含800元）的，暂免征收个人所得税；选项D，企业对累积消费达到一定额度的顾客，给予额外抽奖机会，个人的获奖所得，按照"偶然所得"项目，全额适用20%的税率缴纳个人所得税；选项E，个人购买体育彩票中奖收入的所得税政策作如下调整：凡一次中奖收入不超过1万元的，暂免征收个人所得税；超过1万元的，应按税法规定全额征收个人所得税。

　知识小练习

【例题·多选】　张先生2021年1月取得的部分收入如下：在某商场购物取得有奖发票2张，分别中奖500元和2 000元，购买福利彩票中奖8 000元，购买体育彩票中奖12 000元，下列关于张先生中奖收入的处理，正确的有（　　）。

A. 张先生因有奖发票中奖应缴纳个人所得税400元

B. 张先生因有奖发票中奖应缴纳个人所得税500元

C. 张先生购买福利彩票中奖应缴纳个人所得税1 600元

D. 张先生购买体育彩票中奖应缴纳个人所得税2 400元

E. 张先生购买彩票中奖应缴纳个人所得税4 000元

答案：AD

解析：根据《财政部　国家税务总局关于个人取得有奖发票奖金征免个人所得税问题的通知》（财税〔2007〕34号）的规定，个人取得单张有奖发票奖金不超过800元（含800元）的，暂免征收个人所得税；个人取得单张有奖发票奖金所得超过800元的，应全额按照个人

所得税法规定的"偶然所得"项目征收个人所得税。《国家税务总局关于社会福利有奖募捐发行收入税收问题的通知》(国税发〔1994〕127号)规定,对个人购买社会福利有奖募捐奖券一次中奖收入不超过10 000元的暂免征收个人所得税,对一次中奖收入超过10 000元的,应按税法法规全额征税。《财政部 国家税务总局关于个人取得体育彩票中奖所得征免个人所得税问题的通知》(财税字〔1998〕12号)规定,对个人购买体育彩票中奖收入的所得税政策作如下调整:凡一次中奖收入不超过1万元的,暂免征收个人所得税;超过1万元的,应按税法规定全额征收个人所得税。因此,选项A、D正确,选项B、C、E错误。

七、从省以下政府或政府其他部门取得的奖金

新个人所得税法第四条第一项规定省级人民政府、国务院部委和中国人民解放军军以上单位,以及外国组织、国际组织颁发的科学、教育、技术、文化、卫生、体育、环境保护等方面的奖金免税,但广西壮族自治区地方税务局在1998年应从省以下政府或政府其他部门取得的奖金是否征收个人所得税的问题向国家税务总局进行了请示,国家税务总局做出不论其奖金来源于何处,均应按"偶然所得"项目征收个人所得税的批复。

 链接:个人从省以下政府或政府其他部门取得的奖金如何征税

文　　件:《国家税务总局关于个人取得的奖金收入征收个人所得税问题的批复》

发文字号:国税函〔1998〕293号

成文日期:1998年5月13日

内　　容:

根据《中华人民共和国个人所得税法实施条例》的规定,个人因在各行各业做出突出贡献而从省级以下人民政府及其所属部门取得的一次性奖励收入,不论其奖金来源于何处,均不属于税法所规定的免税范畴,应按"偶然所得"项目征收个人所得税。

 **知识小练习**

【例题·多选】 2021年2月,韩某因在全省范围内工会工作方面业绩突出,被省工会评为2019—2020年度优秀工会工作者,参加全省工会系统表彰大会,得到省工会奖励5 000元,下列说法正确的有(　　)。

A.韩某取得的奖金是省级部门发放的,免税

B.韩某取得的奖金应按照"偶然所得"缴纳个人所得税

C.韩某应缴纳个人所得税1 000元

D.省工会在发放该奖金时应代扣代缴个人所得税

E.韩某取得的奖金属于工资、薪金性质

答案: BCD

解析: 新个人所得税法第四条规定,省级人民政府、国务院部委和中国人民解放军军以上单位,以及外国组织、国际组织颁发的科学、教育、技术、文化、卫生、体育、环境保护等方面的资金免纳个人所得税,韩某取得的工会奖励不属于本条规定内容,要依法征收个人所得税,故选项A错误。偶然所得,是指个人得奖、中奖、中彩以及其他偶然性质的所得。偶然

所得以每次收入额为应纳税所得额,适用比例税率,税率为 20%,因此选项 B、C 正确,选项 E 错误。新个人所得税法第九条规定,个人所得税以所得人为纳税人,以支付所得的单位或个人为扣缴义务人,因此,选项 D 正确。

八、个人获得社会保障论坛获奖征文奖金

《国家税务总局关于中国社会保障论坛获奖征文奖金征收个人所得税问题的函》(国税函〔2006〕1241 号)规定,根据个人所得税法第四条第一项规定,中国社会保障论坛颁发给获奖征文的奖金不符合免税规定,因此,获奖人员的奖金应依法缴纳个人所得税。

九、个人无偿取得受赠房屋

《财政部　税务总局关于个人取得有关收入适用个人所得税应税所得项目的公告》(财政部　税务总局公告 2019 年第 74 号)第二条规定,房屋产权所有人将房屋产权无偿赠与他人的,受赠人因无偿受赠房屋取得的受赠收入,按照"偶然所得"项目计算缴纳个人所得税。按照《财政部　国家税务总局关于个人无偿受赠房屋有关个人所得税问题的通知》(财税〔2009〕78 号)第一条规定,符合以下情形的,对当事双方不征收个人所得税:

（1）房屋产权所有人将房屋产权无偿赠与配偶、父母、子女、祖父母、外祖父母、孙子女、外孙子女、兄弟姐妹。

（2）房屋产权所有人将房屋产权无偿赠与对其承担直接抚养或者赡养义务的抚养人或者赡养人。

（3）房屋产权所有人死亡,依法取得房屋产权的法定继承人、遗嘱继承人或者受遗赠人。

上述所称受赠收入的应纳税所得额按照《财政部　国家税务总局关于个人无偿受赠房屋有关个人所得税问题的通知》(财税〔2009〕78 号)第四条规定计算。

 链接：个人取得无偿受赠房屋如何确定应纳税所得额

文　　　件：《财政部　国家税务总局关于个人无偿受赠房屋有关个人所得税问题的通知》

发文字号：财税〔2009〕78 号

成文日期：2009 年 5 月 25 日

内　　　容：

四、对受赠人无偿受赠房屋计征个人所得税时,其应纳税所得额为房地产赠与合同上标明的赠与房屋价值减除赠与过程中受赠人支付的相关税费后的余额。赠与合同标明的房屋价值明显低于市场价格或房地产赠与合同未标明赠与房屋价值的,税务机关可依据受赠房屋的市场评估价格或采取其他合理方式确定受赠人的应纳税所得额。

十、个人在企业业务宣传、广告以及年会等活动中取得的礼品收入

《财政部　税务总局关于个人取得有关收入适用个人所得税应税所得项目的公告》(财政部　税务总局公告 2019 年第 74 号)第三条规定,企业在业务宣传、广告等活动中,随机向本单位以外的个人赠送礼品(包括网络红包,下同),以及企业在年会、座谈会、庆典以及其他活动中

向本单位以外的个人赠送礼品,个人取得的礼品收入,按照"偶然所得"项目计算缴纳个人所得税,但企业赠送的具有价格折扣或折让性质的消费券、代金券、抵用券、优惠券等礼品除外。

上述所称礼品收入的应纳税所得额按照《财政部 国家税务总局关于企业促销展业赠送礼品有关个人所得税问题的通知》(财税〔2011〕50号)第三条规定计算。

 链接:个人取得外单位促销展业赠送礼品如何确定应纳税所得额

文　　件:《财政部 国家税务总局关于企业促销展业赠送礼品有关个人所得税问题的通知》

发文文字号:财税〔2011〕50号

成文日期:2011年6月9日

内　　容:

三、企业赠送的礼品是自产产品(服务)的,按该产品(服务)的市场销售价格确定个人的应税所得;是外购商品(服务)的,按该商品(服务)的实际购置价格确定个人的应税所得。

 链接:对外赠送礼品增值税如何处理

根据《增值税暂行条例实施细则》第四条的规定,单位或者个体工商户的下列行为,视同销售货物:

(1)将货物交付其他单位或者个人代销。

(2)销售代销货物。

(3)设有两个以上机构并实行统一核算的纳税人,将货物从一个机构移送其他机构用于销售,但相关机构设在同一县(市)的除外。

(4)将自产或者委托加工的货物用于非增值税应税项目。

(5)将自产、委托加工的货物用于集体福利或者个人消费。

(6)将自产、委托加工或者购进的货物作为投资,提供给其他单位或者个体工商户。

(7)将自产、委托加工或者购进的货物分配给股东或者投资者。

(8)将自产、委托加工或者购进的货物无偿赠送其他单位或者个人。

 链接:对外赠送礼品消费税如何处理

根据《中华人民共和国消费税暂行条例》第四条的规定,纳税人生产的应税消费品,于纳税人销售时纳税。纳税人自产自用的应税消费品,用于连续生产应税消费品的,不纳税;用于其他方面的,于移送使用时纳税。

根据《中华人民共和国消费税暂行条例实施细则》第六条的规定,《消费税暂行条例》第四条第一款所称用于其他方面,是指纳税人将自产自用应税消费品用于生产非应税消费品、在建工程、管理部门、非生产机构、提供劳务、馈赠、赞助、集资、广告、样品、职工福利、奖励等方面。

 链接:对外赠送礼品企业所得税如何处理

根据《企业所得税法实施条例》第二十五条的规定,企业发生非货币性资产交换,以及将货物、财产、劳务用于捐赠、偿债、赞助、集资、广告、样品、职工福利或者利润分配等用途的，应当视同销售货物、转让财产或者提供劳务，但国务院财政、税务主管部门另有规定的除外。

根据《国家税务总局关于企业处置资产所得税处理问题的通知》(国税函〔2008〕828号)第二条的规定，企业将资产移送他人的下列情形，因资产所有权属已发生改变而不属于内部处置资产，应按规定视同销售确定收入。

(1) 用于市场推广或销售。

(2) 用于交际应酬。

(3) 用于职工奖励或福利。

(4) 用于股息分配。

(5) 用于对外捐赠。

(6) 其他改变资产所有权属的用途。

《国家税务总局关于企业所得税有关问题的公告》(国家税务总局公告2016年第80号)规定，企业发生《国家税务总局关于企业处置资产所得税处理问题的通知》(国税函〔2008〕828号)第二条规定情形的，除另有规定外，应按照被移送资产的公允价值确定销售收入。

　**知识小练习**

【例题·案例分析】　2021年1月，某乳业公司(一般纳税人)在春节期间，为树立品牌形象，扩大市场影响，开展了大型促销活动，活动中有免费赠送奶粉和幸运抽奖活动，活动期间共赠送奶粉600箱，每箱不含税市场价格为105元，实际成本60元，幸运抽奖活动的奖品为外购的5台单台价值5650元的电视机，另支付广告费4500元。请分析该公司应如何代扣个人所得税。

答案及解析：根据《财政部　国家税务总局关于企业促销展业赠送礼品有关个人所得税问题的通知》(财税〔2011〕50号)的规定，企业赠送的礼品是自产产品(服务)的，按该产品(服务)的市场销售价格确定个人的应税所得，企业赠送的礼品是外购商品(服务)的，按该商品(服务)的实际购置价格确定个人的应税所得。

(1) 企业赠送奶粉应代扣个人所得税＝(600×105+600×105×13%)×20%＝14238(元)。

(2) 企业抽奖的奖品应代扣个人所得税＝5650×5×20%＝5650(元)。

　链接：未按规定代扣代缴个人所得税稽查案例

福州创星互娱网络科技有限公司《税务处罚决定书》公示

发布时间：2019年12月16日

来　　　源：国家税务总局福州市税务局

国家税务总局福州市税务局稽查局税务处罚决定书

榕税稽罚〔2019〕7号

当事人：福州创星互娱网络科技有限公司(纳税人识别号：9135＊＊＊＊＊＊＊＊＊

＊3WXE)

经营范围：计算机软硬件及网络技术开发、技术服务；网站建设；计算机系统集成服务；电子产品、计算机软硬件、工艺品、玩具的批发及代购代销；承办设计、制作、代理、发布国内各类广告；动漫设计；企业形象策划；企业管理咨询；会议及展览服务；文化艺术交流活动策划；自营和代理各类商品和技术的进出口，但国家限定公司经营或禁止进出口的商品和技术除外（依法须经批准的项目，经相关部门批准后方可开展经营活动）。

我局于 2019 年 4 月 1 日起对福州创星互娱网络科技有限公司（纳税人识别号：9135＊＊＊＊＊＊＊＊＊3WXE)2017 年 1 月 1 日至 2018 年 12 月 31 日涉税情况进行检查。

一、当事人基本情况

你公司系私营有限责任公司，成立于 2016 年 6 月 3 日，注册资本为 100 万元整，你公司为一般纳税人，主管税务机关：国家税务总局福州市仓山区税务局，征收方式为查账征收。

二、违法事实及证据

（一）你公司 2017 年通过"管理费用——业务招待费"科目体现随机赠送外单位个人礼品 80 474 元，通过"销售费用——活动执行费"科目体现随机赠送外单位个人礼品 63 399.85 元，通过"管理费用——员工福利费"科目体现随机赠送外单位个人礼品 35 858 元，2017 年合计共发放给外单位个人礼品 179 731.85 元（其中，2017 年 2 月 5 900 元；4 月 20 000 元；6 月 35 858 元；7 月 12 200 元；8 月 18 410 元；11 月 87 363.85 元）。你公司 2018 年通过"管理费用——业务招待费"科目体现随机赠送外单位个人礼品 46 226 元，通过"管理费用——员工福利费"科目体现随机赠送外单位个人礼品 18 265 元，2018 年共发放给外单位个人礼品 64 491 元（其中，2018 年 1 月 18 000 元；2 月 29 372 元；3 月 12 800 元；4 月 4 319 元），你公司未代扣缴其他所得个人所得税。

（二）你公司 2018 年通过"管理费用——员工福利费"科目体现本单位员工年会抽奖随机取得奖品 55 314 元，你公司未代扣缴偶然所得个人所得税。

上述合计你公司少代扣缴 2017—2018 年个人所得税 59 907.37 元［(179 731.85＋64 491＋55 314)×20%]。

三、当事人陈述申辩听证情况

2019 年 11 月 5 日对你公司送达税务行政处罚告知书（榕税稽罚告〔2019〕90024 号），在规定期限内你公司未向我局书面提出听证申请。

四、税务处罚决定

经国家税务总局福州市税务局审委会集体审理，根据相关税收规定做如下处罚决定：

鉴于你公司已经于 2019 年 11 月 5 日主动将上述应扣未扣个人所得税 59 907.37 元解缴入库。我局对你公司做出对应扣未扣个人所得税税款金额 0.5 倍罚款的决定，罚款金额为 29 953.69 元。

如对本决定不服，可以自收到本决定书之日起 60 日内依法向国家税务总局福州市税务局申请行政复议，或者自收到本决定书之日起 6 个月内依法向人民法院起诉。

以上应缴罚款 29 953.69 元，限你公司自本决定书送达之日起 15 日内到国家税务总局福州市仓山区税务局缴纳入库。到期不缴纳罚款，我局可以依照《中华人民共和国行政处罚法》第五十一条相关规定处理。如对本决定不服,可以自收到本决定书之日起 60 日内依法向国家税务总局福州市税务局申请行政复议,或者自收到本决定书之日起 6 个月内依法向人民法院起诉。

国家税务总局福州市税务局稽查局

2019 年 11 月 18 日

十一、个人为单位或他人提供担保获得收入

《财政部　税务总局关于个人取得有关收入适用个人所得税应税所得项目的公告》(财政部　税务总局公告 2019 年第 74 号)第一条规定,个人为单位或他人提供担保获得收入,按照"偶然所得"项目计算缴纳个人所得税。

第八章

捐 赠 扣 除

导 读

　　个人通过中华人民共和国境内公益性社会组织、国家机关,向教育、扶贫、济困等公益慈善事业的捐赠,可以按照规定在计算应纳税所得额时扣除。2019 年 12 月 30 日,财政部和国家税务总局联合出台了《财政部　税务总局关于公益慈善事业捐赠个人所得税政策的公告》(财政部　税务总局公告 2019 年第 99 号),对个人发生的公益捐赠支出政策进行了明确规定,个人所得税政策体系更加完善。

第一节　基 本 规 定

　　个人捐赠在个人所得税前扣除有两种形式:一是全额扣除;二是限额内据实扣除。具体要求如下。

一、捐赠限额扣除

　　个人将其所得对教育、扶贫、济困等公益慈善事业进行捐赠,捐赠额未超过纳税人申报的应纳税所得额 30% 的部分,可以从其应纳税所得额中扣除;国务院规定对公益慈善事业捐赠实行全额税前扣除的,从其规定。

　　新个人所得税法实施条例第十九条规定,个人所得税法第六条第三款所称个人将其所得对教育、扶贫、济困等公益慈善事业进行捐赠,是指个人将其所得通过中国境内的公益性社会组织、国家机关向教育、扶贫、济困等公益慈善事业的捐赠;所称应纳税所得额,是指计算扣除捐赠额之前的应纳税所得额。

二、捐赠全额扣除

　　(1) 对企业、事业单位、社会团体和个人等社会力量,通过非营利性的社会团体和国家机关向红十字会、农村义务教育、福利性非营利性的老年服务机构,以及公益性青少年活动场所的捐赠,在缴纳个人所得税前予全额扣除。

　　(2) 灾后重建。

　　对企业、个人通过公益性社会团体、县级以上人民政府及其部门向受灾地区的捐赠,允许在当年企业所得税前和当年个人所得税前全额扣除。享受具体时间为:

　　① 汶川地震。自 2008 年 5 月 12 日起实施,至 2010 年 12 月 31 日。

　　② 玉树地震。自 2010 年 4 月 14 日起实施,至 2012 年 12 月 31 日。

　　③ 舟曲泥石流。自 2010 年 8 月 8 日起实施,至 2012 年 12 月 31 日。

④ 芦山地震。自 2013 年 4 月 20 日起实施,至 2015 年 12 月 31 日。

（3）新型冠状病毒感染的肺炎疫情防控捐赠。

《财政部　税务总局关于支持新型冠状病毒感染的肺炎疫情防控有关捐赠税收政策的公告》（财政部　税务总局公告 2020 年第 9 号）规定如下:

① 企业和个人通过公益性社会组织或者县级以上人民政府及其部门等国家机关,捐赠用于应对新型冠状病毒感染的肺炎疫情的现金和物品,允许在计算应纳税所得额时全额扣除。

② 企业和个人直接向承担疫情防治任务的医院捐赠用于应对新型冠状病毒感染的肺炎疫情的物品,允许在计算应纳税所得额时全额扣除。

捐赠人凭承担疫情防治任务的医院开具的捐赠接收函办理税前扣除事宜。

执行时间:自 2020 年 1 月 1 日至 2020 年 12 月 31 日。

值得注意的是,以前无论是个人所得税法,还是个人所得税法对企业或个人的直接捐赠是不允许全额扣除的,上述第②项是对以往政策的一个重大突破,允许企业和个人直接向承担疫情防治任务的医院捐赠用于应对新型冠状病毒感染的肺炎疫情的物品直接全额扣除。

该类捐赠文件较多,具体如表 8-1 所示。

表 8-1　个人所得税捐赠扣除标准明细表

情形	项目	具体规定
限额扣除	捐赠途径	中国境内的公益性社会组织、国家机关
	捐赠对象	教育、扶贫、济困等公益慈善事业
	计算基数	应纳税所得额
	扣除限额	应纳税所得额×30%
	税前扣除的捐赠额	限额与实际捐赠数额较小者
全额扣除	个人通过非营利性的社会团体和政府部门对以下公益性事业的捐赠,准予在个人所得税前全额扣除	
	1. 对公益性青少年活动场所的捐赠	《财政部　国家税务总局关于对青少年活动场所电子游戏厅有关所得税和营业税政策问题的通知》（财税〔2000〕21 号）
	2. 红十字事业的捐赠	《财政部　国家税务总局关于企业等社会力量向红十字事业捐赠有关所得税政策问题的通知》（财税〔2000〕30 号）
	3. 向福利性、非营利性的老年机构的捐赠	《财政部　国家税务总局关于对老年服务机构有关税收政策问题的通知》（财税〔2000〕97 号）
	4. 向慈善机构、基金会等非营利机构的公益、救济性捐赠	《财政部　国家税务总局关于完善城镇社会保障体系试点中有关所得税政策问题的通知》（财税〔2001〕9 号）
	5. 向农村义务教育的捐赠	《财政部　国家税务总局关于纳税人向农村义务教育捐赠有关所得税政策的通知》（财税〔2001〕103 号）
	6. 对中华快车基金会等 5 家单位的捐赠	《财政部　国家税务总局关于向中华健康快车基金会等 5 家单位的捐赠所得税税前扣除问题的通知》（财税〔2003〕204 号）

(续表)

情形	项目	具体规定
全额扣除	7. 向教育事业的捐赠	《财政部　国家税务总局关于教育税收政策的通知》(财税〔2004〕39号)
	8. 个人通过宋庆龄基金会等特定基金会用于公益救助性的捐赠	《财政部　国家税务总局关于向宋庆龄基金会等6家单位捐赠所得税政策问题的通知》(财税〔2004〕172号)
	9. 对中国老龄事业发展基金会等8家单位的捐赠	《财政部　国家税务总局关于中国老龄事业发展基金会等8家单位捐赠所得税政策问题的通知》(财税〔2006〕66号)
	10. 对中国医药卫生事业发展基金会的捐赠	《财政部　国家税务总局关于中国医药卫生事业发展基金会捐赠所得税政策问题的通知》(财税〔2006〕67号)
	11. 个人通过中国教育发展基金会用于公益救济性的捐赠	《财政部　国家税务总局关于中国教育发展基金会捐赠所得税政策问题的通知》(财税〔2006〕68号)
	12. 向地震灾区的捐赠	《国家税务总局关于个人向地震灾区捐赠有关个人所得税征管问题的通知》(国税发〔2008〕55号)
	13. 向2022年冬奥会、冬残奥会、测试赛的捐赠	《财政部　税务总局　海关总署关于北京2022年冬奥会和冬残奥会税收政策的通知》(财税〔2017〕60号)
	14. 支持新型冠状病毒感染的肺炎疫情防控的有关捐赠	《财政部　税务总局关于支持新型冠状病毒感染的肺炎疫情防控有关捐赠税收政策的公告》(财政部　税务总局公告2020年第9号)

 **知识小练习**

【例题·单选】　张某2020年取得工资、薪金150 000元,因科技创新获得省级政府奖励20 000元,除此之外无其他收入,按规定可扣除的专项扣除33 000元、专项附加扣除36 000元,通过民政部门向贫困地区捐款10 000元,则张某2020年综合所得的应纳税所得额是(　　)元。

A. 21 000　　　　　　B. 41 000　　　　　　C. 14 700　　　　　　D. 11 000

答案:C

解析:省级政府奖励20 000元属于免税收入,不应计入应纳税所得额。张某2020年捐赠前综合所得应纳税所得额＝150 000－60 000－33 000－36 000＝21 000(元)。根据新个人所得税法第六条第三款的规定,个人将其所得对教育、扶贫、济困等公益慈善事业进行捐赠,捐赠额未超过纳税人申报的应纳税所得额30％的部分,可以从其应纳税所得额中扣除,则张某可在应纳税所得额中扣除的公益性捐赠限额为:21 000×30％＝6 300(元)。张某扣除公益性捐赠后的应纳税所得额＝21 000－6 300＝14 700(元)。

【例题·多选】　计算个人所得税时,下列捐赠可以全额从应纳税所得额中扣除的有(　　)。

A. 通过非营利的社会团体,对青少年活动中心的捐赠

B. 通过国家机关,对农村义务教育的捐赠

C. 通过非营利的社会团体,对贫困山区的捐赠

D. 通过公益性社会团体对老年社会福利院的捐赠

E. 个人通过非营利的社会团体,对教育事业的捐赠

答案: ABDE

解析: 个人通过非营利的社会团体,对红十字事业、农村义务教育和青少年活动中心的捐赠可以全额扣除;对福利性、非营利性老年服务机构的捐赠,可以全额扣除。

第二节 征 管 规 定

为贯彻新个人所得税法及其实施条例有关规定,更好地落实综合与分类相结合的课征制度,2019 年 12 月 30 日,财政部、国家税务总局发布了《关于公益慈善事业捐赠个人所得税政策的公告》(财政部 税务总局公告 2019 年第 99 号,以下简称 2019 年第 99 号公告),对公益性捐赠个人所得税征管问题做了进一步明确,不仅为个人公益性捐赠提供了合理的扣除途径,也对新个人所得税法实施后首次综合所得汇算清缴提供了的政策支持。

一、捐赠方式

个人通过中华人民共和国境内公益性社会组织、县级以上人民政府及其部门等国家机关,向教育、扶贫、济困等公益慈善事业的捐赠,发生的公益捐赠支出,可以按照个人所得税法有关规定在计算应纳税所得额时扣除。境内公益性社会组织,包括依法设立或登记并按规定条件和程序取得公益性捐赠税前扣除资格的慈善组织、其他社会组织和群众团体。

二、捐赠金额

个人发生的公益捐赠支出金额,按照以下规定确定:捐赠货币性资产的,按照实际捐赠金额确定;捐赠股权、房产的,按照个人持有股权、房产的财产原值确定;捐赠除股权、房产以外的其他非货币性资产的,按照非货币性资产的市场价格确定。

三、捐赠扣除

(一)总体原则

(1)居民个人发生的公益捐赠支出可以在分类所得(财产租赁所得,财产转让所得,利息、股息、红利所得,偶然所得)、综合所得或者经营所得中扣除。在当期一个所得项目扣除不完的公益捐赠支出,可以按规定在其他所得项目中继续扣除。

(2)居民个人发生的公益捐赠支出,在综合所得、经营所得中扣除的,扣除限额分别为当年综合所得、当年经营所得应纳税所得额的 30%;在分类所得中扣除的,扣除限额为当月分类所得应纳税所得额的 30%。

(3)居民个人根据各项所得的收入、公益捐赠支出、适用税率等情况,自行决定在综合所得、分类所得、经营所得中扣除的公益捐赠支出的顺序。

(二)居民个人在综合所得中扣除公益捐赠支出的处理

(1)居民个人取得工资、薪金所得的,可以选择在预扣预缴时扣除,也可以选择在年度汇算清缴时扣除。

（2）居民个人选择在预扣预缴时扣除的，应按照累计预扣法计算扣除限额，其捐赠当月的扣除限额为截至当月累计应纳税所得额的30％。个人从两处以上取得工资、薪金所得，选择其中一处扣除，选择后当年不得变更。

（3）居民个人取得劳务报酬所得、稿酬所得、特许权使用费所得的，预扣预缴时不扣除公益捐赠支出，统一在汇算清缴时扣除。

（4）居民个人取得全年一次性奖金、股权激励等所得，且按规定采取不并入综合所得而单独计税方式处理的，公益捐赠支出扣除比照2019年第99号公告分类所得的扣除规定处理。

（三）居民个人发生的公益捐赠支出在捐赠当月取得的分类所得中扣除的处理

（1）扣缴义务人已经代扣但尚未解缴税款的，居民个人可以向扣缴义务人提出追补扣除申请，退还已扣税款。

（2）扣缴义务人已经代扣且解缴税款的，居民个人可以在公益捐赠之日起90日内提请扣缴义务人向征收税款的税务机关办理更正申报追补扣除，税务机关和扣缴义务人应当予以办理。

（3）居民个人自行申报纳税的，可以在公益捐赠之日起90日内向主管税务机关办理更正申报追补扣除。

居民个人捐赠当月有多项多次分类所得的，应先在其中一项一次分类所得中扣除。已经在分类所得中扣除的公益捐赠支出，不再调整到其他所得中扣除。

（四）纳税人在经营所得中扣除公益捐赠支出的处理

（1）个体工商户发生的公益捐赠支出，在其经营所得中扣除。

（2）个人独资企业、合伙企业发生的公益捐赠支出，其个人投资者应当按照捐赠年度合伙企业的分配比例（个人独资企业分配比例为100％），计算归属于每一个人投资者的公益捐赠支出，个人投资者应将其归属的个人独资企业、合伙企业公益捐赠支出和本人需要在经营所得扣除的其他公益捐赠支出合并，在其经营所得中扣除。

（3）在经营所得中扣除公益捐赠支出的，可以选择在预缴税款时扣除，也可以选择在汇算清缴时扣除。

经营所得采取核定征收方式的，不扣除公益捐赠支出。

（五）非居民个人发生的公益捐赠支出的处理

非居民个人发生的公益捐赠支出，未超过其在公益捐赠支出发生的当月应纳税所得额30％的部分，可以从其应纳税所得额中扣除。扣除不完的公益捐赠支出，可以在经营所得中继续扣除。

非居民个人按规定可以在应纳税所得额中扣除公益捐赠支出而未实际扣除的，可按照2019年第99号公告第五条的规定追补扣除。

四、其他规定

（1）国务院规定对公益捐赠全额税前扣除的，按照规定执行。个人同时发生按30％扣除和全额扣除的公益捐赠支出，自行选择扣除次序。

（2）公益性社会组织、国家机关在接受个人捐赠时，应当按照规定开具捐赠票据；个人索取捐赠票据的,应予以开具。

(3)个人发生公益捐赠时不能及时取得捐赠票据的,可以暂时凭公益捐赠银行支付凭证扣除,并向扣缴义务人提供公益捐赠银行支付凭证复印件。个人应在捐赠之日起90日内向扣缴义务人补充提供捐赠票据,如果个人未按规定提供捐赠票据的,扣缴义务人应在30日内向主管税务机关报告。

(4)机关、企事业单位统一组织员工开展公益捐赠的,纳税人可以凭汇总开具的捐赠票据和员工明细单扣除。

(5)个人通过扣缴义务人享受公益捐赠扣除政策,应当告知扣缴义务人符合条件可扣除的公益捐赠支出金额,并提供捐赠票据的复印件,其中捐赠股权、房产的还应出示财产原值证明。扣缴义务人应当按照规定在预扣预缴、代扣代缴税款时予以扣除,并将公益捐赠扣除金额告知纳税人。

(6)个人自行办理或扣缴义务人为个人办理公益捐赠扣除的,应当在申报时一并报送《个人所得税公益慈善事业捐赠扣除明细表》。个人应留存捐赠票据,留存期限为5年。

(7)新规定自2019年1月1日起施行。个人自2019年1月1日至新规定发布之日期间发生的公益捐赠支出,可以在分类所得中扣除但未扣除的,可以在2020年1月31日前通过扣缴义务人向征收税款的税务机关提出追补扣除申请,税务机关应当按规定予以办理。

 **知识小练习**

【案例8-1】 小王2020年取得综合所得应纳税所得额50万元,偶然所得100万元,符合全额扣除条件的捐赠支出20万元。

解析:方案一:若选择在偶然所得中扣除,则:

综合所得应纳税=500 000×30%−52 920=97 080(元)。

偶然所得应纳税=(1 000 000−200 000)×20%=160 000(元)。

合计应纳税257 080元。

方案二:若选择在综合所得中扣除,则:

综合所得应纳税=(500 000−200 000)×20%−16 920=43 080(元)。

偶然所得应纳税=1 000 000×20%=200 000(元)。

合计应纳税243 080元。

【结论】 若多项所得,应尽量选择将扣除捐赠额在适用税率高的所得项目中扣除,达到降低适用税率的目的。

【案例8-2】 小王取得综合所得应纳税所得额100万元,发生符合条件可全额扣除的捐赠额20万元,发生符合条件可限额扣除的捐赠额28万元。

解析:方案一:先扣全额,再扣限额。则:

1 000 000×30%=300 000(元),280 000<300 000,限额可扣除280 000元。

应纳个人所得税=(1 000 000−200 000−280 000)×30%−52 920=103 080(元)。

方案二:先扣限额,再扣全额。则:

1 000 000×30%=300 000(元),300 000>280 000,限额可扣除280 000元。

应纳个人所得税＝(1 000 000－280 000－200 000)×30％－52 920＝103 080(元)。

【结论】 根据现行税法规定,个人公益捐赠支出的扣除基数为扣除捐赠额之前的应纳税所得额,这个应纳税所得额是一个固定数,不会因为先扣了一笔捐赠额而缩小。因此,同时存在限额扣除和全额扣除的公益捐赠,两者扣除的先后顺序不会影响最终缴纳税款金额,不论是先扣限额捐赠支出还是先扣全额扣除捐赠支出,最终效果都是一样的。

第九章
无住所个人所得税

导 读

为贯彻落实新个人所得税法和新个人所得税法实施条例,财政部、国家税务总局于2019年3月14日发布了《财政部 税务总局关于在中国境内无住所的个人居住时间判定标准的公告》(财政部 税务总局公告2019年第34号,以下简称34号公告)和《财政部 税务总局关于非居民个人和无住所居民个人有关个人所得税政策的公告》(财政部 税务总局公告2019年第35号,以下简称35号公告),从所得来源地、工资薪金收入的计算、个人税款的计算、适用税收协定、相关征管等方面对非居民个人和无住所个人的所得税政策进行了规定,实现了新税法、新条例与老税法、老条例的有效衔接。

第一节 税收管辖权

一、税收管辖权的概念和分类

税收管辖权是一个主权国家在税收管理方面所行使的在一定范围内的征税权力,是国家主权的重要组成部分,是国家主权在税收领域中的体现。一个国家对税收管辖权的选择,受到国情、经济情况、政策和在国际上所处经济地位等多方面因素的影响。世界各国行使的税收管辖权大体分为三类:居民管辖权、公民管辖权和地域管辖权。国际上确定税收管辖权的原则一般遵从属人原则和属地原则。实质上,居民管辖权和公民管辖权是基于属人原则所确立的税收管辖权,地域管辖权是基于属地原则所确立的税收管辖权,又称收入来源地管辖权,故税收管辖权亦可归纳为居民(公民)管辖权和来源地管辖权。

二、居民管辖权与居民身份判定

居民管辖权是指一国政府对本国居民来自世界范围的全部所得和财产行使征税权。居民管辖权确立的前提条件是纳税人与征税国之间存在着税收居所的联系,即纳税人具有征税国的居民身份。当一个国家行使居民管辖权征税时,首先要确定纳税人是否具有该国的居民身份,不同国家对其居民身份的判定标准也是不同的,居民纳税人一般包括自然人居民纳税人和法人居民纳税人。

(一)自然人居民身份的判定标准

综观各国的税法实践,关于自然人居民身份的判定,采用的标准主要有以下几种:

(1)住所标准。自然人在一国境内拥有住所即认为是该国的居民纳税人。住所是指自然人设立的生活根据地并愿意永久地、固定地在此居住的场所,通常为配偶和家庭所在地。

我国个人所得税法采取此标准,个人所得税法实施条例第二条规定,个人所得税法所称在中国境内有住所,是指因户籍、家庭、经济利益关系而在中国境内习惯性居住。但住所作为一种法定的个人永久居住场所,并不能完全反映出某个人的真实活动场所,因此,不少国家使用时间标准作出补充性的规定。

(2)居所标准。自然人在一国境内拥有居所即认为是该国的居民纳税人。居所与住所不同,居所一般是指在某个时期内的经常性或习惯性居住场所,通常指住房,且居所强调的是具备长期居住的房产条件;住所则强调的是个人永久居住的意愿。

采用居所标准的国家主要有英国、加拿大、澳大利亚等国。

(3)国籍标准。即以自然人的国籍确定其纳税身份。国籍是一个人同某一特定国家固定的法律联系。采用这一标准,并不考虑纳税人与征税国之间是否存在着实际经济利益联系,仅以自然人与国籍国之间的法律关系作为税收管辖权的依据。国际上仅有美国、墨西哥等极少数国家采用此标准。

(4)居住时间标准。自然人在一国境内居住或停留达到一定时间即成为该国的居民纳税人。以居住时间作为划分其为居民纳税人或非居民纳税人的标准,并不考虑个人在该国境内是否拥有财产或房屋等因素。对于居住期限各国有不同的规定,但大多数国家规定为1年或6个月。我国采取居住时间标准,自2019年起新个人所得税法将居住时间标准由1年改为183天。

目前,国际上普遍将住所(居所或国籍)标准与居住时间标准结合起来使用,只要满足一个条件,就判定为居民纳税人。例如,中国就同时采用住所与居住时间相结合标准,新个人所得税法明确将纳税人分为居民个人和非居民个人,税法第一条规定,在中国境内有住所,或者无住所而一个纳税年度内在中国境内居住累计满183天的个人,为居民个人,居民个人从中国境内和境外取得的所得,依照本法规定缴纳个人所得税。在中国境内无住所又不居住,或者无住所而一个纳税年度内在中国境内居住累计不满183的个人,为非居民个人。非居民个人从中国境内取得的所得,依照本法规定缴纳个人所得税。

(二)法人居民身份的判定标准

法人居民身份的判定,一般有下列几个标准:

(1)登记注册地标准。即以法人登记注册地作为确定法人居民身份的标准。不论法人的总机构或业务活动地是否在本国,只要依据本国法律登记注册即可确认其为本国的法人居民。美国、瑞典、芬兰等国采用这一标准。

(2)实际管理和控制中心所在地标准。即以法人的实际管理和控制中心所在地作为确定法人居民身份的标准。实际管理和控制中心所在地标准在认定上通常为公司董事会的开会地点、股东大会召开地点等。

(3)总机构所在地标准。即以法人的总机构所在地为确定其居民身份的标准。总机构是负责法人的重大经营决策及全部经营活动和统一核算法人盈亏的管理机构。采取这一标准的有法国和日本等国家。

(4)控股权标准。控股权标准又称资本控股标准,即以公司拥有控制表决权股东的居民身份为依据确定法人的居民身份。如果公司中拥有控制表决权的股东是该国居民,此公司就为该国的居民法人。澳大利亚等国采取此标准。

（5）主要营业活动所在地标准。即以公司的主要营业活动或主要经济活动所在地为确定法人居民身份的标准。主要营业活动地的确定,通常以公司生产经营业务数量的大小为依据,若公司占最大比例的贸易额或利润额是在一国境内实现的,那么,此公司即为该国的居民法人。

为了扩大居民管辖范围或防止公司逃避居民税收管辖,有些国家兼采上述两种或两种以上标准。中国就是采取登记注册地标准和实际管理机构所在地标准两种相结合来确定法人居民身份。

三、来源地管辖权与所得来源地判定

来源地管辖权是指一国根据纳税人的所得和财产价值是否来源于该国境内而行使征税权,不论纳税人是否为该国公民或居民。纳税人取得的不动产所得、营业利润所得、劳务报酬所得和股息、利息、租金等所得分别与不动产所在地国、债务人或支付人所在国存在着联系,只要其所得与该国存在这种源泉性质的联系,作为来源国的政府就有权要求纳税人就这部分所得纳税。国际上一般将收入或所得分为经营所得、劳务所得、投资所得和财产所得,而对于上述各项收入或所得来源地的判定不同国家有不同标准。

（一）经营所得来源地判定标准

经营所得又称营业利润,即纳税人在某个场所从事经营活动取得的所得。经营所得来源地判断标准主要有机构场所标准和交易地点标准,目前,世界各国一般采用机构场所标准。机构场所标准是指非居民通过在一国设立的从事生产经营活动的机构场所实施经营活动取得的所得,该国有税收管辖权。例如,我国《企业所得税法》规定,依照外国（地区）法律成立且实际管理机构不在中国境内企业,在中国境内设立机构、场所的,属于中国的非居民企业。为避免双重征税,国际税收协定中,一般规定各国只能对来源于机构场所的经营所得征税。所谓机构场所一般要符合一定条件:一是有营业场所,如房屋、场地、摊位等,租赁的场所不影响机构场所的存在;二是该场所必须固定并且有一定的永久性,但是有暂时性的间断或停顿不影响永久性;三是该场所必须是纳税人用于进行全部或部分营业活动的场所,不能是仅用于非营业性质的准备活动或辅助性活动的场所。机构场所一般包括:管理场所、分支机构、办事处、工厂、车间、矿场、油井、工地等。对机构场所的判定一般具有不确定性,中国在《中华人民共和国政府和新加坡共和国政府关于对所得避免双重征税和防止偷漏税的协定》第五条中,通过概括性的定义和列举法相结合的方式对机构场所予以明确。

（二）劳务所得来源地判定标准

自然人取得的劳务所得通常分为独立个人劳务所得和非独立个人劳务所得。

独立个人劳务所得是指个人独立从事非雇佣的劳动取得的所得。非雇佣意味着具有独立性和随意性,包括独立地从事科学、文化、艺术、教育等活动。劳务所得来源地判定标准通常采用固定基地标准、停留期间标准和所得支付地标准。固定基地标准是以个人劳动者通过在一国境内设有经常使用的固定基地从事专业性劳务活动为标准,固定基地包括事务所、诊所等。停留期间标准是以个人劳动者一个会计年度内在一国连续或累计停留达到一定时间为标准,该时间一般为183天。所得支付地标准是以个人劳动者取得的所得是否由某个国家的居民或在该国境内的常设机构支付为依据。

非独立个人劳务所得是指个人受雇于他人从而取得的工资、薪金所得或其他劳务所得。国际上确定非独立个人劳务所得的标准一般分为停留时间标准和所得支付标准。按照国际惯例,非独立个人只要符合上述两个标准之一,其在另一国受雇取得的工资、薪金、奖金等劳务所得,该国即可行使收入来源地税收管辖权。

(三) 投资所得来源地判定标准

投资所得是指投资者将其资金、财产和权利提供给他人使用获得的所得,包括利息、股息、特许权使用费等。各国确认投资所得来源地一般采用两个标准:一是投资权利发生地标准,即以权利提供人居住地为投资所得的来源地;二是投资权利使用地标准,即以权利或资产的使用人或实际负担投资所得的债务人的居住地为所得来源地。如果利息、股息、特许权使用费是通过常设机构取得的,应当将上述所得并入该常设机构的营业利润进行征税;如果上述投资所得没有通过常设机构取得,那么一般由收入来源地所在国按预提所得税征收。

(四) 财产所得来源地判定标准

财产所得是指纳税人因拥有、使用、转让财产而取得的所得或收益。一般包括不动产所得和财产转让所得。

不动产所得是指出租或使用不动产取得的所得。不动产所得来源地以不动产所在地为判定标准,由不动产所在地国家行使来源地管辖权。

财产转让所得是指纳税人因转让其财产的所有权取得的所得,一般包括销售动产所得和转让不动产所得。转让财产不同,所得来源地的判定标准也不同。例如,转让不动产各国基本都是以不动产所在地为所得来源地;转让从事国际运输的船舶和飞机一般以转让方的居住地为所得来源地;转让常设机构财产或独立个人固定基地财产一般以常设机构或固定基地所在地为所得来源地,对于转让公司股权所得来源地的判定存在两种观点:一是如果公司的财产主要由不动产构成,则转让股权的所得由不动产所在国征收;二是转让上述以外的其他公司的股权取得的所得,当转让的股权达到公司股权一定比例时,则由该公司的居住国征收。

四、居住时间与工作时间

(一) 居住天数

34 号公告第一条规定,无住所个人一个纳税年度在中国境内累计居住满 183 天的,如果此前六年在中国境内每年累计居住天数都满 183 天而且没有任何一年单次离境超过 30 天,该纳税年度来源于中国境内、境外所得应当缴纳个人所得税;如果此前六年的任一年在中国境内累计居住天数不满 183 天或者单次离境超过 30 天,该纳税年度来源于中国境外且由境外单位或者个人支付的所得,免予缴纳个人所得税。

此前六年,是指该纳税年度的前一年至前六年的连续六个年度,此前六年的起始年度自 2019 年(含)以后年度开始计算。

需要说明的是,在境内居住累计满 183 天的年度连续"满六年"的起点,是自 2019 年(含)以后年度开始计算,2018 年(含)之前已经居住的年度一律"清零",不计算在内。按此规定,2024 年(含)之前,所有无住所个人在境内居住年限都不满六年,其取得境外支付的境外所得都能享受免税优惠。此外,自 2019 年起任一年度如果有单次离境超过 30 天的情形,此前连续年限"清零",重新计算。

【案例 9-1】　张先生为中国香港居民,2013 年 1 月 1 日来深圳工作,2026 年 8 月 30 日回到中国香港工作,在此期间,除 2025 年 2 月 1 日至 3 月 15 日临时回中国香港处理公务外,其余时间一直停留在深圳。

张先生在境内居住累计满 183 天的年度,如果从 2013 年开始计算,实际上已经满 6 年,但是由于 2018 年之前的年限一律"清零",自 2019 年开始计算,因此,2019 年至 2024 年,张先生在境内居住累计满 183 天的年度连续不满 6 年,其取得的境外支付的境外所得,就可免缴个人所得税。

2025 年,张先生在境内居住满 183 天,且从 2019 年开始计算,他在境内居住累计满 183 天的年度已经连续满 6 年(2019 年至 2024 年),且没有单次离境超过 30 天的情形,2025 年,张先生应就在境内和境外取得的所得缴纳个人所得税。

2026 年,由于张先生 2025 年有单次离境超过 30 天的情形(2025 年 2 月 1 日至 3 月 15 日),其在内地居住累计满 183 天的连续年限清零,重新起算,2026 年当年张先生取得的境外支付的境外所得,可以免缴个人所得税。

34 号公告第二条规定,无住所个人一个纳税年度内在中国境内累计居住天数,按照个人在中国境内累计停留的天数计算。在中国境内停留的当天满 24 小时的,计入中国境内居住天数;在中国境内停留的当天不足 24 小时的,不计入中国境内居住天数。该规定意味着无住所个人只要不是零时零分入境或者出境,则出、入境的当天都不计入境内居住天数。

(二) 工作天数

35 号公告规定,个人取得归属于中国境内工作期间的工资、薪金所得为来源于境内的工资、薪金所得。境内工作期间,按照个人在境内工作天数计算,包括其在境内的实际工作日以及境内工作期间在境内、境外享受的公休假、个人休假、接受培训的天数。在境内、境外单位同时担任职务或者仅在境外单位任职的个人,在境内停留的当天不足 24 小时的,按照半天计算境内工作天数。

无住所个人在境内、境外单位同时担任职务或者仅在境外单位任职,且当期同时在境内、境外工作的,按照工资、薪金所属境内、境外工作天数占当期公历天数的比例计算确定来源于境内、境外工资、薪金所得的收入额。境外工作天数按照当期公历天数减去当期境内工作天数计算。

综上所述,在计算无住所个人居住天数时,往返境内的当天不计入居住天数,而在计算工作天数时,若无住所个人在境内、境外单位同时担任职务或者仅在境外单位任职,则往返境内的当天均按半天计算。

【案例 9-2】　韩国人朴先生同时在中国和韩国任职,每周一早上来中国上班,周五晚上回韩国,周六、周日在韩国工作。朴先生周一和周五当天在境内停留不足 24 小时,因此不计入境内居住天数,但是按半天计入工作天数,周六、周日 2 天既不计入居住天数也不计入工作天数,这样,每周可计入的居住天数仅为 3 天,工作天数为 4 天,按全年 52 周计算,朴先生全年在境内居住天数为 156 天,未超过 183 天,不构成居民个人,但是工作天数为 208 天。因此,在计算无住所个人居住天数和工作天数时,往往会出现工作天数大于居住天数的情况。

 **知识小练习**

【例题·计算】 英国人汉克斯于 2020 年 2 月 15 日至 2020 年 8 月 6 日被英国总公司派驻到中国分公司负责某项目的技术指导,期间汉克斯于 3 月 16 日至 4 月 2 日到中国香港接受培训,5 月 5 日到 5 月 15 日回英国享受公休假,6 月 24 日至 7 月 8 日回总公司参加中层干部会议,其余时间都在境内,8 月 6 日离境后再未入境。

请分别计算汉克斯在中国境内的居住天数和工作天数。

答案及解析: 在境内工作天数包括其在境内的实际工作日以及境内工作期间在境内、境外享受的公休假、个人休假、接受培训的天数。公休假是在境内工作期间,因此,休假时间应计入工作天数但是不计入居住天数,回总公司参加会议不属于在境内工作期间的休假和培训,因此不计入居住天数和工作天数。因此,在境内的居住天数=13+15+28+20+23+23+5=127(天);工作天数=13.5+31+30+31+23.5+23.5+5.5=158(天)。

第二节 基本规定

一、收入的确定

(一) 工资、薪金所得

工资、薪金所得是指个人因任职或者受雇取得的工资、薪金、奖金、年终加薪、劳动分红、津贴、补贴以及与任职或者受雇有关的其他所得。工资薪金所得按收入全额计税。

1. 关于工资、薪金所得来源地的规定

35 号公告第一条第(一)项规定,个人取得归属于中国境内(以下称境内)工作期间的工资、薪金所得为来源于境内的工资、薪金所得。境内工作期间按照个人在境内工作天数计算,包括其在境内的实际工作日以及境内工作期间在境内、境外享受的公休假、个人休假、接受培训的天数。在境内、境外单位同时担任职务或者仅在境外单位任职的个人,在境内停留的当天不足 24 小时的,按照半天计算境内工作天数。

无住所个人在境内、境外单位同时担任职务或者仅在境外单位任职,且当期同时在境内、境外工作的,按照工资、薪金所属境内、境外工作天数占当期公历天数的比例计算确定来源于境内、境外工资、薪金所得的收入额。境外工作天数按照当期公历天数减去当期境内工作天数计算。

因此,无住所个人工资、薪金所得分为来源于中国境内的工资、薪金所得和来源于中国境外的工资、薪金所得。来源于境内的工资、薪金所得的判定标准是在境内工作期间取得的所得,而来源于境外的工资、薪金所得的判定标准是境外工作天数对应的所得。

2. 关于数月奖金以及股权激励所得来源地的规定

数月奖金和股权激励属于工资、薪金所得,无住所个人取得数月奖金、股权激励,均应按照工资、薪金所得来源地判定规则划分境内和境外所得。35 号公告第一条第(二)项对无住所个人取得数月奖金和股权激励所得来源地做出了明确规定。无住所个人取得的数月奖金或者股权激励所得按照35号公告第一条第（一）项规定确定所得来源地的，无住所个人在境内履职或者执行职务时收到的数月奖金或者股权激励所得，归属于境外工作期间的部分，为来源于境外的工资、薪金所得；无住所个人停止在境内履约或者执行职务离境后收到的数月奖金或者股权激励所得，对属于境内工作期间的部分，为来源于境内的工资、薪金所得。具体计算方法为：数月奖金或者股权激励乘以数月奖金或者股权激励所属工作期间境内工作天数与所属工作期间公历天数之比。

无住所个人一个月内取得的境内外数月奖金或者股权激励包含归属于不同期间的多笔所得的，应当先分别按照35号公告规定计算不同归属期间来源于境内的所得，然后再加总计算当月来源于境内的数月奖金或者股权激励收入额。

数月奖金是指一次取得归属于数月的奖金、年终加薪、分红等工资薪金所得，不包括每月固定发放的奖金及一次性发放的数月工资。股权激励包括股票期权、股权期权、限制性股票、股票增值权、股权奖励以及其他因认购股票等有价证券而从雇主取得的折扣或者补贴。

无住所个人取得以前年度数月奖金或者股权激励，按取得日期判定纳税人义务，按所属日期判断收入额。

【案例9-3】 无住所个人汤姆在境内公司和境外公司同时任职，2021年1月15日，同时取得2020年第四季度（公历天数92天）奖金和全年奖金。假设汤姆取得季度奖金20万元，对应境内工作天数为46天；取得全年奖金50万元，对应境内工作天数为73天。两笔奖金分别由境内公司、境外公司各支付一半，汤姆在取得奖金后次日离开境内，全年再未入境。（不考虑税收协定因素）

汤姆在2021年取得2020年数月奖金，按取得时间2021年判定其纳税义务，汤姆2021年1月16日离境，全年再未入境，因此2021年居住天数不超过90天，为非居民个人，仅就境内支付的境内所得，计算在境内应计税的收入。按所属日期2020年工作期间判定相应的收入额。因此汤姆当月取得数月奖金在境内应计税的收入额为：

$$20 \times 1 \div 2 \times 46 \div 92 + 50 \times 1 \div 2 \times 73 \div 365 = 10（万元）。$$

3. 关于董事、监事及高层管理人员取得报酬所得来源地的规定

35号公告第一条第（三）项规定，对于担任境内居民企业的董事、监事及高层管理职务的个人（以下统称高管人员），无论是否在境内履行职务，取得由境内居民企业支付或者负担的董事费、监事费、工资薪金或者其他类似报酬（以下统称高管人员报酬，包含数月奖金和股权激励），属于来源于境内的所得。

高层管理职务包括企业正、副（总）经理，各职能总师，总监及其他类似公司管理层的职务。

注意：

上述所称的高层管理职务与《公司法》规定的高级管理人员不同，《公司法》第二百一十六条第（一）项规定，高级管理人员是指公司的经理、副经理、财务负责人，上市公司董事会秘书和公司章程规定的其他人员。

（二）劳务报酬所得

劳务报酬所得是指个人从事劳务取得的所得,包括从事设计、装潢、安装、制图、化验、测试、医疗、法律、会计、咨询、讲学、翻译、审稿、书画、雕刻、影视、录音、录像、演出、表演、广告、展览、技术服务、介绍服务、经纪服务、代办服务以及其他劳务取得的所得。

劳务报酬所得以收入减除 20% 的费用后的余额为收入额。

（三）稿酬所得

稿酬所得是指个人因其作品以图书、报刊等形式出版、发表而取得的所得。关于无住所个人稿酬所得来源地的规定,由境内企业、事业单位、其他组织支付或者负担的稿酬所得,为来源于境内的所得。

稿酬所得以收入减除 20% 的费用后的余额为收入额。稿酬所得的收入额减按 70% 计算。

（四）特许权使用费所得

特许权使用费所得是指个人提供专利权、商标权、著作权、非专利技术以及其他特许权的使用权取得的所得;提供著作权的使用权取得的所得,不包括稿酬所得。

特许权使用费所得以收入减除 20% 的费用后的余额为收入额。

二、工薪所得收入额的确定

（1）非居民个人的工资、薪金所得,以每月收入额减除 5 000 元后的余额为应纳税所得额。

（2）非居民个人的劳务报酬所得、稿酬所得、特许权使用费所得,以每次收入额为应纳税所得额。减除费用,统一减除费用 20%,稿酬所得的收入额减按 70% 计算（注:与居民个人预缴税款不同,无须区分收入是否超过 4 000 元）。

需要注意的是,无住所居民个人综合所得应纳税所得额为年度工资、薪金收入额、年度劳务报酬收入额、年度稿酬收入额以及年度特许权使用费收入额之和。具体情形的工资、薪金收入额计算如下。

（一）一般性规定

根据所得来源地规则,无住所个人取得的工资、薪金所得,可分为境内和境外工资、薪金所得;在此基础上,根据支付地不同,境内工资、薪金所得可进一步分为境内雇主支付或负担（以下称境内支付）和境外雇主支付（以下称境外支付）所得;境外工资、薪金所得也可分为境内支付和境外支付的所得。综上,无住所个人工资、薪金所得可以划分为境内支付的境内所得、境外支付的境内所得、境内支付的境外所得、境外支付的境外所得等四种情况。

无住所个人根据其在境内居住时间的长短,税法对工资、薪金所得纳税义务范围有不同的具体规定。对于无住所居民个人（一个纳税年度内居住满 183 天）来说,个人所得税法实施条例第四条规定,在中国境内无住所的个人,在中国境内居住累计满 183 天的年度连续不满 6 年的,经向主管税务机关备案,其来源于中国境外且由境外单位或者个人支付的所得,免予缴纳个人所得税。对于非居民个人（一个纳税年度内居住不满 183 天）来说,个人所得税法实施条例第五条规定,在中国境内无住所的个人,在一个纳税年度内在中国境内居住累计不超过 90 天的,其来源于中国境内的所得,由境外雇主支付并且不由该雇主在中国境内的机构、场所负担的部分,免予缴纳个人所得税。

需要注意的是,上述两条免税规定在适用范围上存在不同,第四条规定适用于个人所得税全部所得,不限于工资、薪金所得,而第五条规定仅适用工资、薪金所得。

个人所得税法修改前,无住所个人取得工资、薪金所得,采取"先税后分"方法计算应纳税额,即先按纳税人从境内和境外取得的全部工资、薪金所得计算应纳税额,再根据境内外工作时间及境内外收入支付比例,对税额进行划分,计算确定应纳税额。

个人所得税法修改后,无住所居民个人的工资、薪金所得应并入综合所得,不再单独计算税额,无法采取"先税后分"的方法,35 号公告将计税方法调整为"先分后税",即先根据境内外工作时间及境内外收入支付比例,对工资、薪金收入额进行划分,计算在境内应计税的工资、薪金收入额,再据此计算应纳税额。计税方法调整后,无住所个人仅就其在境内应计税的收入额确定适用税率,降低了适用税率和税负,对纳税人更加有利。

无住所个人境内计税的工资薪金收入额的计算,具体分为以下四种情况。

1. 非居民个人境内居住时间累计不超过 90 天的情形

在一个纳税年度内,在境内累计居住不超过 90 天的非居民个人,仅就归属于境内工作期间并由境内雇主支付或者负担的工资薪金所得计算缴纳个人所得税。当月工资、薪金收入额的计算公式如下(公式一):

$$\text{当月工资、薪金收入额} = \text{当月境内外工资、薪金总额} \times \frac{\text{当月境内支付工资、薪金数额}}{\text{当月境内外工资、薪金总额}} \times \frac{\text{当月工资、薪金所属工作期间境内工作天数}}{\text{当月工资、薪金所属工作期间公历天数}} \quad \text{(公式一)}$$

境内雇主包括雇佣员工的境内单位和个人以及境外单位或者个人在境内的机构、场所。凡境内雇主采取核定征收所得税或者无营业收入未征收所得税的,无住所个人为其工作取得工资、薪金所得,不论是否在该境内雇主会计账簿中记载,均视为由该境内雇主支付或者负担。工资、薪金所属工作期间的公历天数,是指无住所个人取得工资、薪金所属工作期间按公历计算的天数。

公式一中,当月境内外工资、薪金包含归属于不同期间的多笔工资、薪金的,应当先分别按照 35 号公告规定计算不同归属期间工资、薪金收入额,然后再加总计算当月工资、薪金收入额。

2. 非居民个人境内居住时间累计超过 90 天不满 183 天的情形

在一个纳税年度内,在境内累计居住超过 90 天但不满 183 天的非居民个人,取得归属于境内工作期间的工资、薪金所得,均应当计算缴纳个人所得税;其取得归属于境外工作期间的工资、薪金所得,不征收个人所得税。当月工资、薪金收入额的计算公式如下(公式二):

$$\text{当月工资、薪金收入额} = \text{当月境内外工资、薪金总额} \times \frac{\text{当月工资、薪金所属工作期间境内工作天数}}{\text{当月工资、薪金所属工作期间公历天数}} \quad \text{(公式二)}$$

在一个纳税年度内,在境内累计居住满 183 天的无住所居民个人取得工资、薪金所得,当月工资、薪金收入额按照以下规定计算。

3. 无住所居民个人在境内居住累计满 183 天的年度连续不满 6 年的情形

在境内居住累计满 183 天的年度连续不满 6 年的无住所居民个人,符合个人所得税法实施条例第四条优惠条件的,其取得的全部工资、薪金所得,除归属于境外工作期间且由境外单位或者个人支付的工资、薪金所得部分外,均应计算缴纳个人所得税。工资、薪金所得收入额的计算公式如下(公式三):

$$当月工资、薪金收入额 = 当月境内外工资、薪金总额 \times \left[1 - \frac{当月境外支付工资、薪金数额}{当月境内外工资、薪金总额} \times \frac{当月工资、薪金所属工作期间境外工作天数}{当月工资、薪金所属工作期间公历天数} \right] \quad (公式三)$$

新个人所得税法实施条例第四条规定,在中国境内无住所的个人,在中国境内居住累计满 183 天的年度连续不满 6 年的,经向主管税务机关备案,其来源于中国境外且由境外单位或者个人支付的所得,免予缴纳个人所得税;在中国境内居住累计满 183 天的任一年度中有一次离境超过 30 天的,其在中国境内居住累计满 183 天的年度的连续年限重新起算。

新个人所得税法实施条例第五条规定,在中国境内无住所的个人,在一个纳税年度内在中国境内居住累计不超过 90 天的,其来源于中国境内的所得,由境外雇主支付并且不由该雇主在中国境内的机构、场所负担的部分,免予缴纳个人所得税。

需要注意的是,上述两条关于无住所个人的免税规定在适用上有两点区别:一是在适用范围上,新个人所得税法实施条例第四条规定适用于个人所得税全部所得,不限于工资、薪金所得,而新个人所得税法实施条例第五条规定仅适用工资、薪金所得。二是在备案管理上,居住累计满 183 天的年度连续不满 6 年的无住所个人需备案才能享受免税政策,而居住累计不超过 90 天的无住所个人无须备案就能享受免税政策。

4. 无住所居民个人在境内居住累计满 183 天的年度连续满 6 年的情形

在境内居住累计满 183 天的年度连续满 6 年后,不符合新个人所得税法实施条例第四条优惠条件的无住所居民个人,其从境内、境外取得的全部工资、薪金所得均应计算缴纳个人所得税。

(二) 公司高管人员工资、薪金所得收入额

无住所居民个人为高管人员的,工资薪金收入额按照 35 公告第二条第(二)项规定计算纳税,即按上述无住所居民个人情形计算。非居民个人为高管人员的,其计算在境内应纳税的工资、薪金收入的方法与其他非居民个人不同,具体分为两种情况。

1. 高管人员在境内居住时间累计不超过 90 天的情形

在一个纳税年度内,在境内累计居住不超过 90 天的高管人员,其取得由境内雇主支付或者负担的工资、薪金所得应当计算缴纳个人所得税;不是由境内雇主支付或者负担的工资、薪金所得,不缴纳个人所得税。当月工资、薪金收入额为当月境内支付或者负担的工资、薪金收入额。

2. 高管人员在境内居住时间累计超过 90 天不满 183 天的情形

在一个纳税年度内,在境内居住累计超过 90 天但不满 183 天的高管人员,其取得的工资、薪金所得,除归属于境外工作期间且不是由境内雇主支付或者负担的部分外,应当计算缴纳个人所得税。当月工资、薪金收入额计算适用 35 号公告公式三。

知识小练习

【例题·计算】　法国一公司在我国设立子公司,2020年发生下列涉税事项(皆不考虑税收协定):

(1)1月10日,母公司指派职员A到境内子公司工作,A于当月25日离境,当年再未入境。当月取得母公司支付工资30 000元,子公司支付工资20 000元。

(2)2月14日,母公司指派职员B到境内子公司工作4个月。2月取得母公司支付工资30 000元,子公司支付工资40 000元。

(3)3月12日,母公司指派职员C到境内子公司工作7个月。3月取得母公司支付工资60 000元,子公司支付工资50 000元。

(4)4月16日,母公司指派高管D到境内子公司担任财务总监5个月,4月取得母公司支付工资80 000元,子公司支付工资60 000元。

根据上述材料,请计算以上纳税人相应月份的收入额。

答案及解析:(1)职员A:当年居住天数不满90天,为非居民个人。

1月收入额:$(30\ 000+20\ 000)\times20\ 000\div(30\ 000+20\ 000)\times15\div31=9\ 677.42$(元)。

(2)职员B:当年居住天数满90天但不满183天,为非居民个人。

2月收入额:$(30\ 000+40\ 000)\times(14.5\div28)=36\ 250$(元)。

(3)职员C:当年居住天数满183天,为居民个人。

3月收入额:$(60\ 000+50\ 000)\times[1-60\ 000\div(60\ 000+50\ 000)\times(11.5\div31)]=87\ 741.94$(元)。

(4)高管D:当年居住天数满90天但不满183天,为非居民个人。

4月收入额:$(80\ 000+60\ 000)\times[1-80\ 000\div(80\ 000+60\ 000)\times(15.5\div30)]=98\ 666.67$(元)。

三、无住所个人税款的计算

(一)关于无住所居民个人税款计算的规定

无住所居民个人取得综合所得,年度终了后,应按年计算个人所得税;有扣缴义务人的,由扣缴义务人按月或者按次预扣预缴税款;需要办理汇算清缴的,按照规定办理汇算清缴,年度综合所得应纳税额计算公式如下(公式四):

$$\begin{aligned}\text{年度综合所}\atop\text{得应纳税额}=\Bigl(&{\text{年度工资、}\atop\text{薪金收入额}}+{\text{年度劳务}\atop\text{报酬收入额}}+{\text{年度稿}\atop\text{酬收入额}}+{\text{年度特许权}\atop\text{使用费收入额}}-{\text{减除}\atop\text{费用}}-\\&{\text{专项}\atop\text{扣除}}-{\text{专项附}\atop\text{加扣除}}-{\text{依法确定}\atop\text{的其他扣除}}\Bigr)\times{\text{适用}\atop\text{税率}}-{\text{速算}\atop\text{扣除数}}\quad\quad\text{(公式四)}\end{aligned}$$

无住所居民个人为外籍个人的,2022年1月1日前计算工资薪金收入额时,已经按规定减除住房补贴、子女教育费、语言训练费等八项津补贴的,不能同时享受专项附加扣除。

年度工资薪金、劳务报酬、稿酬、特许权使用费收入额分别按年度内每月工资薪金以及每次劳务报酬、稿酬、特许权使用费收入额合计数额计算。

（二）关于非居民个人税款计算的规定

（1）非居民个人当月取得工资、薪金所得，以按照 35 号公告第二条规定计算的当月收入额，减去税法规定的减除费用后的余额，为应纳税所得额，适用按月换算后的综合所得税率表（以下称月度税率表）计算应纳税额。

需要注意的是，非居民个人的工资、薪金所得，以每月收入额减除 5 000 元后的余额为应纳税所得额。非居民个人的劳务报酬所得、稿酬所得、特许权使用费所得，以每次收入额为应纳税所得额。减除费用，统一减除费用 20%，稿酬所得的收入额减按 70% 计算。（注：与居民个人预缴税款不同，无需区分收入是否超过 4 000 元）。

按月换算后的综合所得税率表如表 9-1 所示。

表 9-1　按月换算后的综合所得税率表

级数	全月应纳税所得额	税率	速算扣除数
1	不超过 3 000 元的	3%	0
2	超过 3 000 元至 12 000 元的部分	10%	210
3	超过 12 000 元至 25 000 元的部分	20%	1 410
4	超过 25 000 元至 35 000 元的部分	25%	2 660
5	超过 35 000 元至 55 000 元的部分	30%	4 410
6	超过 55 000 元至 80 000 元的部分	35%	7 160
7	超过 80 000 元的部分	45%	15 160

（2）非居民个人 1 个月内取得数月奖金，单独按照 35 号公告第二条规定计算当月收入额，不与当月其他工资、薪金合并，按 6 个月分摊计税，不减除费用，适用月度税率表计算应纳税额，在一个公历年度内，对每一个非居民个人，该计税办法只允许适用一次。计算公式如下（公式五）：

$$当月数月奖金应纳税额＝[（数月奖金收入额÷6）×适用税率－速算扣除数]×6 \quad （公式五）$$

（3）非居民个人一个月内取得股权激励所得，单独按照 35 号公告第二条规定计算当月收入额，不与当月其他工资、薪金合并，按 6 个月分摊计税（一个公历年度内的股权激励所得应合并计算），不减除费用，适用月度税率表计算应纳税额，计算公式如下（公式六）：

$$\begin{array}{c}当月股权激励\\所得应纳税额\end{array}＝\left[\left(\begin{array}{c}本公历年度内股权\\激励所得合计额\end{array}÷6\right)×\begin{array}{c}适用\\税率\end{array}－\begin{array}{c}速算\\扣除数\end{array}\right]×6－\begin{array}{c}本公历年度内股权\\激励所得已纳税额\end{array} \quad （公式六）$$

（4）非居民个人取得来源于境内的劳务报酬所得、稿酬所得、特许权使用费所得，以税法规定的每次收入额为应纳税所得额，适用月度税率表计算应纳税额。

 **知识小练习**

【例题·计算】　外籍个人爱德华在我国境内无住所，2020 年由英国总公司派驻到我国境内子公司工作，1 月 1 日入境，3 月 31 日离境，当年再未入境。爱德华 1～3 月取得收入如下：

（1）1 月 5 日，在我国境内某杂志上发表文章，获得稿酬 20 000 元。

（2）1月31日，取得境内子公司支付工资16 000元，以实报实销方式取得探亲费2 000元，以现金形式取得伙食补贴2 600元，总公司不再支付工资。

（3）2月8日，到境内某高校开展专题讲座，获得报酬40 000元。

（4）2月20日，将其自用轿车在境内出租10天，一次性收取收入10 000元。

（5）3月30日，取得一季度奖金100 000元。

不考虑税收协定和其他税费的情况下，请根据上述材料，分别计算爱德华各项收入应纳的个人所得税。

答案及解析： 爱德华在境内居住天数＝30＋28＋30＝88（天），为非居民个人。

（1）稿酬所得应纳个人所得税：20 000×（1－20％）×70％×10％－210＝910（元）。

（2）工资、薪金所得：外籍个人取得的实报实销的探亲费可免税，但是现金形式的伙食补贴应并入工资纳税。

爱德华1月的工资、薪金收入＝（16 000＋2 600）×30.5÷31＝18 300（元）。

爱德华1月的工资、薪金收入应纳个人所得税＝（18 300－5 000）×20％－1 410＝1 250（元）。

（3）爱德华取得的劳务报酬所得应纳个人所得税＝40 000×（1－20％）×25％－2 660＝5 340（元）。

（4）爱德华取得的财产租赁所得：10 000×（1－20％）×20％＝1 600（元）。

（5）爱德华取得一季度奖金收入额：100 000×89÷90＝98 888.89（元）。

应纳税额：（98 888.89÷6×20％－1 410）×6＝11 317.78（元）。

第三节　适用税收协定及相关征管规定

一、关于无住所个人适用税收协定

为了避免双重征税，我国政府签订与100多个国家签署了避免双重征税协定或安排（以下称税收协定），税收协定上对于缔约国政府征税范围进行了规定协调，虽然我国个人所得税法没有像企业所得税法一样规定"中华人民共和国政府同外国政府订立的有关税收的协定与本法有不同规定的，依照协定的规定办理"，但从一般税法原则来看，税收协定是优先于个人所得税法的。如果无住所个人属于对方税收居民，可以享受协定优惠待遇。

所谓对方税收居民是指根据税收协定的居民条款规定，为缔约对方税收居民的个人。税收协定的居民条款判定税收居民标准包括永久住所标准、重要经济利益中心标准、习惯性居住地标准和国籍标准，当采用上述标准仍然无法确定其身份时，可由缔约国双方主管当局按照协定规定的协商程序，通过相互协商解决。需要特别指出的是，这些规则的使用是按降序排列的。也就是说只有在使用前一标准无法解决问题时，才使用后一标准。

注： 税收协定必须依申请才可适用，不申请不可适用。

（一）关于无住所个人适用受雇所得条款的规定

1. 无住所个人享受境外受雇所得协定待遇

境外受雇所得协定待遇，是指按照税收协定受雇所得条款规定，对方税收居民个人在境外从事受雇活动取得的受雇所得,可不缴纳个人所得税。

无住所个人为对方税收居民个人,其取得的工资、薪金所得可享受境外受雇所得协定待遇的,可不缴纳个人所得税。工资、薪金收入额计算适用公式二。

无住所居民个人为对方税收居民个人的,可在预扣预缴和汇算清缴时按上述规定享受协定待遇;非居民个人为对方税收居民个人的,可在取得所得时按上述规定享受协定待遇。

2. 无住所个人享受境内受雇所得协定待遇

境内受雇所得协定待遇,是指按照税收协定受雇所得条款规定,在税收协定规定的期间内境内停留天数不超过183天的对方税收居民个人,在境内从事受雇活动取得受雇所得,不是由境内居民雇主支付或者代其支付的,也不是由雇主在境内常设机构负担的,可不缴纳个人所得税。

无住所个人为对方税收居民个人,其取得的工资、薪金所得可享受境内受雇所得协定待遇的,可不缴纳个人所得税。工资、薪金收入额计算适用公式一。

无住所居民个人为对方税收居民个人的,可在预扣预缴和汇算清缴时按上述规定享受协定待遇;非居民个人为对方税收居民个人的,可在取得所得时按上述规定享受协定待遇。

 **知识小练习**

【例题·计算】 4月14日美国母公司指派职员E(为美国税收居民)到中国境内子公司工作5个月。4月份职员E取得母公司支付工资60 000元,境内子公司支付工资80 000元,职员E申请享受税收协定待遇。请计算职员E 4月应缴纳的个人所得税。

答案及解析: 根据中美税收协定规定,美国居民在中国受雇取得境外雇主支付或负担的报酬,如果其在中国停留不累计超过183天的,应仅在美国征税。职员E在中国境内的停留天数累计不满183天,可享受税收协定优惠待遇,因此计算收入额时适用公式一。

收入额=(60 000+80 000)×80 000÷(60 000+80 000)×(16.5÷30)=44 000(元)。

应纳个人所得税=(44 000-5 000)×30%-4 410=7 290(元)。

(二)关于无住所个人适用独立个人劳务或者营业利润条款的规定

独立个人劳务或者营业利润协定待遇,是指按照税收协定独立个人劳务或者营业利润条款规定,对方税收居民个人取得的独立个人劳务所得或者营业利润符合税收协定规定条件的,可不缴纳个人所得税。

无住所居民个人为对方税收居民个人,其取得的劳务报酬所得、稿酬所得可享受独立个人劳务或者营业利润协定待遇的,在预扣预缴和汇算清缴时,可不缴纳个人所得税。

非居民个人为对方税收居民个人,其取得的劳务报酬所得、稿酬所得可享受独立个人劳务或者营业利润协定待遇的,在取得所得时可不缴纳个人所得税。

(三)关于无住所个人适用董事费条款的规定

对方税收居民个人为高管人员,该个人适用的税收协定未纳入董事费条款,或者虽然纳入董事费条款但该个人不适用董事费条款,且该个人取得的高管人员报酬可享受税收协定受雇所得、独立个人劳务或者营业利润条款规定待遇的,该个人取得的高管人员报酬可不适用35号公告第二条第(三)项规定,分别按照受雇所得条款、独立个人劳务或者营业利润条款、规定执行。

对方税收居民个人为高管人员,该个人取得的高管人员报酬按照税收协定董事费条款规定可以在境内征收个人所得税的,应按照有关工资、薪金所得或者劳务报酬所得规定缴纳个人所得税。

(四) 关于无住所个人适用特许权使用费或者技术服务费条款的规定

特许权使用费或者技术服务费协定待遇,是指按照税收协定特许权使用费或者技术服务费条款规定,对方税收居民个人取得符合规定的特许权使用费或者技术服务费,可按照税收协定规定的计税所得额和征税比例计算纳税。

无住所居民个人为对方税收居民个人,其取得的特许权使用费所得、稿酬所得或者劳务报酬所得可享受特许权使用费或者技术服务费协定待遇的,可不纳入综合所得,在取得当月按照税收协定规定的计税所得额和征税比例计算应纳税额,并预扣预缴税款。年度汇算清缴时,该个人取得的已享受特许权使用费或者技术服务费协定待遇的所得不纳入年度综合所得,单独按照税收协定规定的计税所得额和征税比例计算年度应纳税额及补退税额。

非居民个人为对方税收居民个人,其取得的特许权使用费所得、稿酬所得或者劳务报酬所得可享受特许权使用费或者技术服务费协定待遇的,可按照税收协定规定的计税所得额和征税比例计算应纳税额。

二、关于无住所个人相关征管规定

(一) 关于无住所个人预计境内居住时间的规定

无住所个人在一个纳税年度内首次申报时,应当根据合同约定等情况预计一个纳税年度内境内居住天数以及在税收协定规定的期间内境内停留天数,按照预计情况计算缴纳税款。实际情况与预计情况不符的,分别按照以下规定处理:

(1) 无住所个人预先判定为非居民个人,因延长居住天数达到居民个人条件的,一个纳税年度内税款扣缴方法保持不变,年度终了后按照居民个人有关规定办理汇算清缴,但该个人在当年离境且预计年度内不再入境的,可以选择在离境之前办理汇算清缴。

(2) 无住所个人预先判定为居民个人,因缩短居住天数不能达到居民个人条件的,在不能达到居民个人条件之日起至年度终了 15 天内,应当向主管税务机关报告,按照非居民个人重新计算应纳税额,申报补缴税款,不加收税收滞纳金。需要退税的,按照规定办理。

(3) 无住所个人预计一个纳税年度境内居住天数累计不超过 90 天,但实际累计居住天数超过 90 天的,或者对方税收居民个人预计在税收协定规定的期间内境内停留天数不超过 183 天,但实际停留天数超过 183 天的,待达到 90 天或者 183 天的月度终了后 15 天内,应当向主管税务机关报告,就以前月份工资、薪金所得重新计算应纳税款,并补缴税款,不加收税收滞纳金。

(二) 关于无住所个人境内雇主报告境外关联方支付工资、薪金所得的规定

无住所个人在境内任职、受雇取得来源于境内的工资、薪金所得,凡境内雇主与境外单位或者个人存在关联关系,将本应由境内雇主支付的工资、薪金所得,部分或者全部由境外关联方支付的,无住所个人可以自行申报缴纳税款,也可以委托境内雇主代为缴纳税款。无住所个人未委托境内雇主代为缴纳税款的,境内雇主应当在相关所得支付当月终了后 15 天

内向主管税务机关报告相关信息,包括境内雇主与境外关联方对无住所个人的工作安排、境外支付情况以及无住所个人的联系方式等信息。

自 2019 年 1 月 1 日起施行新的计算方法,非居民个人 2019 年 1 月 1 日后取得所得,按原有规定多缴纳税款的,可以依法申请办理退税。

第十章
个人所得税的减免税优惠

导 读

　　减免税优惠政策是给予某一地区、某一行业的纳税人鼓励措施,是税收的统一性和灵活性相结合的具体体现。减免税优惠政策又分为法定减免、临时减免和特定减免。

第一节　免 税 优 惠

一、奖金和中奖

(一)省部级以上专项奖金

　　新个人所得税法第四条第一款第一项规定,省级人民政府、国务院部委和中国人民解放军军以上单位,以及外国组织、国际组织颁发的科学、教育、技术、文化、卫生、体育、环境保护等方面的奖金。

　　【案例 10-1】　2012 年度诺贝尔文学奖大会隆重举行,瑞典文学院宣布中国作家莫言获得 2012 年诺贝尔文学奖,奖金高达 750 万元,莫言成为第一个获得诺贝尔文学奖的中国籍作家。这里,莫言获得的奖金属于外国组织颁发的文化方面的奖金,是可以享受免征个人所得税的。

　　解析:这里要注意把握两点:一是这类奖金"级别"比较高,要求是省级、部级和军级以上单位发放的才可以。特别是对省级政府的表述,包括副省级政府。但省以下政府颁发的奖金和政府各个部门颁发的奖金不在此类级别之内。二是"类别"有限制,要求是科学、教育、技术、文化、卫生、体育、环境保护等方面。

　知识小练习

　　【例题·单选1】　2020 年,张某取得工资、薪金 150 000 元,因科技创新获得省级政府奖励 20 000 元,除此之外无其他收入,按规定可扣除的专项扣除 33 000 元、专项附加扣除 36 000 元,张某 2020 年综合所得的应纳税所得额是(　　)。

　　A. 21 000 元　　　　B. 41 000 元　　　　C. 71 000 元　　　　D. 61 000 元

　　答案:A

　　解析:张某 2020 年综合所得应纳税所得额＝150 000－60 000－33 000－36 000＝21 000(元)。省级政府奖励 20 000 元属于免税收入,不应计入应纳税所得额。

　　【例题·单选2】　运动员张某参加世锦赛获得冠军,其户籍所在地市级政府为奖励其取得的荣誉颁发体育荣誉奖金 5 万元,下列关于张某获得奖金后个人所得税处理的表述中,正确的是(　　)。

A. 全额征收个人所得税　　　　B. 免征个人所得税

C. 减半征收个人所得税　　　　D. 不征个人所得税

答案：A

解析：依据新个人所得税法第四条的规定，省级人民政府、国务院部委和中国人民解放军军以上单位，以及外国组织、国际组织颁发的科学、教育、技术、文化、卫生、体育、环境保护等方面的奖金可免征个人所得税。题目中张某获得的是市级政府颁发的奖金，不符合免税条件，应全额征收个人所得税。

（二）曾宪梓教育基金会教师奖

《国家税务总局关于曾宪梓教育基金会教师奖免征个人所得税的函》（国税函发〔1994〕376号）规定，曾宪梓教育基金会致力于发展中国的教育事业，评选教师奖具有严格的程序，奖金由国家教委颁发，根据个人所得税法第四条的规定，对个人获得曾宪梓教育基金会教师奖的奖金，可视为国务院部委颁发的教育方面的奖金，免予征收个人所得税。

（三）国际青少年消除贫困奖

《财政部　国家税务总局关于国际青少年消除贫困奖免征个人所得税的通知》（财税字〔1997〕51号）规定，"国际青少年消除贫困奖"是由联合国开发计划署和中国青少年发展基金会共同设立，旨在表彰奖励在与贫困做斗争中取得突出成绩的青少年，根据个人所得税法第四条第一款的规定，特对个人取得的"国际青少年消除贫困奖"，视同从国际组织取得的教育、文化方面的奖金，免予征收个人所得税。

（四）长江学者成就奖

《国家税务总局关于"长江学者奖励计划"有关个人收入免征个人所得税的通知》（国税函〔1998〕632号）规定，为配合"211工程"建设，吸引和培养杰出人才，加速高校中青年学科带头人队伍建设，教育部和中国香港实业家李嘉诚先生共同筹资建立了"长江学者奖励计划"。该计划包括实行特聘教授岗位制度和设立"长江学者成就奖"两项内容。即经过一定审核程序，在全国高等学校国家重点学科中，面向国内、外公开招聘学术造诣深、发展潜力大、具有领导本学科在其前沿领域赶超或保持国际先进水平能力的中青年杰出人才，作为特聘教授，在聘期内享受每年10万元人民币的特聘教授岗位津贴，同时享受学校按照国家有关规定提供的工资、保险、福利等待遇；特聘教授任职期间取得重大成就、作出重大贡献，将获得由教育部会同李嘉诚先生审定并公布的每年一次的"长江学者成就奖"，一等奖1名，奖金为100万元人民币，二等奖30名，每人奖金为50万元人民币。教育部提出对特聘教授岗位津贴和"长江学者成就奖"的奖金给予免征个人所得税照顾。为了鼓励特聘教授积极履行岗位职责，带领本学科在其前沿领域赶超或保持国际先进水平，对特聘教授获得"长江学者成就奖"的奖金，可视为国务院部委颁发的教育方面的奖金，免予征收个人所得税。

（五）特聘教授奖

根据教育部与中国香港实业家李嘉诚先生及其领导的长江基建（集团）有限公司合作建立的"长江学者奖励计划"实施高等教育特聘教授岗位制度，教育部1999年6月10日印发的《高等学校特聘教授岗位制度实施办法》的规定，"特聘教授在聘期内享受特聘教授奖金"，标准为每人每年 10 万元人民币。《国家税务总局关于"特聘教授奖金"免征个人所得税的通知》（国税函〔1999〕525 号）规定，上述奖金，根据个人所得税法第四条第一款第一项的有关规定，对教育部颁发的"特聘教授奖金"免予征收个人所得税。

（六）长江小小科学家奖

教育部和李嘉诚基金会主办、中国科协承办"长江小小科学家"活动，奖励全国（包括中国香港、中国澳门特别行政区）初中、高中、中等师范学校、中等专业学校、职业中校、技工学校的在校学生近年来完成的，并申报参加全国评选和展示的获奖优秀科技创新和科学研究项目。每次活动评出一等奖 1 名，奖金为 25 万元人民币（其中奖励学生个人 5 万元人民币，奖励学生所在学校 20 万元人民币）；二等奖 25 名，奖励为 6 万元人民币（其中奖励学生个人 1 万元人民币，奖励学生所在学校 5 万元人民币）；三等奖 50 名，奖金为 3.5 万人民币（其中奖励学生个人 5 000 元人民币，奖励学生所在学校 3 万元人民币）；提名奖 100 名，奖金为 9 000 元人民币（其中奖励学生个人 1 500 元人民币，奖励学生所在学校 7 500 元人民币）。《国家税务总局关于"长江小小科学家"奖金免征个人所得税的通知》（国税函〔2000〕688 号）规定，上述奖金，根据个人所得税法第四条第一款关于国务院部委颁发的科学等方面的奖金免税的规定，对学生个人参与"长江小小科学家"活动并获得的奖金，免予征收个人所得税。

（七）母亲河（波司登）奖

中国青年乡镇企业家协会是共青团中央直属的社会团体，其组织评选的"母亲河（波司登）奖"是经共青团中央、全国人大环资委、国家环保总局等九部门联合批准设立的环境保护方面的奖项。《国家税务总局关于个人取得"母亲河（波司登）奖"奖金所得免征个人所得税问题的批复》（国税函〔2003〕961 号）规定，根据个人所得税法第四条第一款的规定，该奖项可以认定为国务院部委颁发的环境保护方面的奖金。个人取得的上述奖金收入，免予征收个人所得税。

（八）陈嘉庚科学奖

陈嘉庚基金会由中国科学院为业务主管部门，实行理事会负责制，由科技部、财政部、教育部、中国科学院、中国工程院、国家自然科学基金委员会、中国科学技术协会、中国银行等部门及中国科学院各学部主任和院士组成理事会，下设评选委员会。该基金会的主要职责是设立陈嘉庚科学奖，以奖励取得杰出科技成果的我国优秀科学家，促进中国科学技术事业的发展。该奖共设 6 个奖项，每个奖项奖金 30 万元人民币。目前，该奖已评选出 2006 年度陈嘉庚数理、生命、地球和信息技术科学 4 个奖项，共 4 人。《国家税务总局关于陈嘉庚科学奖获奖个人取得的奖金收入免征个人所得税的通知》（国税函〔2006〕561 号）规定，根据个人所得税法第四条第一款的规定，对陈嘉庚科学奖 2006 年度获奖者个人取得的奖金收入，免予征收个人所得税。

（九）刘东生青年科学家奖、刘东生地球科学奖学金

为推动地球科学发展，中国科学院设立了刘东生地球科学基金，用于奖励在第四纪、新生代古生物、青藏高原和环境地质研究领域做出创新性学术成果和取得优秀学术成果的国内青年科学家。2009 年组织了第一次评奖活动，评选出刘东生青年科学家奖 1 人，奖金 2 万元；评选出刘东生地球科学奖学金 3 人，每人奖学金 5 000 元。《国家税务总局关于刘东

生青年科学家奖和刘东生地球科学奖学金获奖者奖金免征个人所得税的通知》(国税函〔2010〕74号)规定,根据个人所得税法第四条第一项规定,对中国科学院首届刘东生青年科学家奖、刘东生地球科学奖学金的奖金收入免予征收个人所得税。

(十)全国职工职业技能大赛奖

为进一步激发广大职工学技术、练技能的热情,提高职工技术水平,中华全国总工会、科学技术部、人力资源和社会保障部联合举办了第三届全国职工职业技能大赛,分设钳工、焊工、维修电工、数控机床装调维修工、数控铣工、数控车工、加工中心操作工、速录师等8个工种的比赛;对第三届全国职工职业技能大赛每个工种决赛前20名选手分别给予不同数额的奖金,总计52.8万元,全部由全国总工会承担。《国家税务总局关于全国职工职业技能大赛奖金免征个人所得税的通知》(国税函〔2010〕78号)规定,根据个人所得税法第四条有关国务院部委颁发的技术方面奖金免征个人所得税的规定,对第三届全国职工职业技能大赛获奖者取得的奖金,免征个人所得税。

(十一)全国职工优秀技术创新成果奖

为激发广大职工参与建设创新型企业和创新型国家的积极性,推动经济发展方式转变,中华全国总工会、科学技术部、工业和信息化部、人力资源和社会保障部联合开展了第三届全国职工优秀技术创新成果评选表彰活动。评奖活动结束后,共评出42项科研成果获奖,其中一等奖2项,对项目完成人各奖励人民币20万元;二等奖10项,对项目完成人各奖励人民币10万元;三等奖30项,对项目完成人各奖励人民币3万元。上述获奖项目总计230万元的奖金由全国总工会支付。《国家税务总局关于全国职工优秀技术创新成果奖奖金免征个人所得税的通知》(国税函〔2011〕10号)规定,根据个人所得税法第四条第一项有关省、部级科学技术奖金免税的规定,对第三届全国职工优秀技术创新成果奖获奖项目完成人的奖金,免予征收个人所得税。

(十二)中华宝钢环境优秀奖

为表彰和奖励为我国环境保护事业做出重大贡献者,促进环境保护事业的发展,经环境保护部批准,中华环境保护基金会设立了中华环境奖(现冠名为中华宝钢环境优秀奖)。由全国人大环境与资源保护委员会、全国政协人口资源环境委员会、教育部、民政部、环境保护部、文化部、国家广播电影电视总局、中华全国总工会、共青团中央、全国妇联等13家单位组成组织委员会,对其评选工作进行指导。该奖评选办公室设在中华环境保护基金会。目前第六届中华宝钢环境优秀奖评选工作已经结束,评选出中华宝钢环境优秀奖获奖者个人7名,每人奖金5万元。《国家税务总局关于中华宝钢环境优秀奖奖金免征个人所得税问题的通知》(国税函〔2010〕130号)规定,根据个人所得税法第四条第一项的有关规定,对第六届中华宝钢环境优秀奖获奖者个人所获奖金,免予征收个人所得税。

(十三)李四光地质科学奖

为奖励长期奋战在工作环境恶劣、生活条件艰苦的地质工作第一线并做出突出贡献的地质科技工作者,国土资源部根据《李四光地质科学奖章程》,经过专家初评、评奖委员会终评和社会公示,2011年共评出15位获奖者,每人奖金10万元人民币。《国家税务总局关于2011年度李四光地质科学奖奖金免征个人所得税的公告》(国家税务总局公告2011年第68号)规定,根据个人所得税法第四条第一项关于国务院部委颁发的科学、教育、技术等方面的奖金免征个人所得税的规定,对 2011 年度李四光地质科学奖获奖者个人所获奖金,免予征收个人所得税。

(十四) 黄汲清青年地质科学技术奖

为奖励在我国地质学领域做出重要贡献的杰出青年地质工作者,由国土资源部主管的黄汲清青年地质科学技术奖基金管理委员会根据《黄汲清青年地质科学技术奖基金章程》《黄汲清青年地质科学技术奖奖励条例》规定,经过专家初评、社会公示和评奖委员会终评,第五届黄汲清青年地质科学技术奖共评出 15 位获奖者,每人奖金 1 万元人民币。《国家税务总局关于第五届黄汲清青年地质科学技术奖奖金免征个人所得税问题的公告》(国家税务总局公告 2012 年第 4 号)规定,根据个人所得税法第四条第一项关于国务院部委颁发的科学、教育、技术等方面的奖金免征个人所得税的规定,对第五届黄汲清青年地质科学技术奖获奖者所获奖金,免予征收个人所得税。

(十五) 明天小小科学家奖

为贯彻科教兴国和可持续发展战略,加强对青少年创新精神和实践能力的培养,在青少年科技爱好者中选拔和培养科技后备人才,教育部、中国科学技术协会和中国香港周凯旋基金会自 2001 年起每年开展一次"明天小小科学家"奖励活动,对内地各省、自治区、直辖市以及中国香港、中国澳门特别行政区的高中三年级学生在近年来完成的优秀科技项目和科学研究项目进行奖励,所需奖金由中国香港周凯旋基金会提供。

《国家税务总局关于明天小小科学家奖金免征个人所得税问题的公告》(国家税务总局公告 2012 年第 28 号)规定,根据个人所得税法第四条第一项关于国务院部委颁发的教育等方面的奖金免征个人所得税的规定,对学生个人参与"明天小小科学家"活动获得的奖金,免予征收个人所得税。

(十六) 见义勇为奖金

《财政部　国家税务总局关于发给见义勇为者的奖金免征个人所得税问题的通知》(财税字〔1995〕25 号)规定,对乡、镇(含乡、镇)以上人民政府或经县(含县)以上人民政府主管部门批准成立的有机构、章程的见义勇为基金会或类似组织,奖励见义勇为者的奖金或奖品,经主管税务机关核准,免征个人所得税。

(十七) 个人举报、协查各种违法、犯罪行为而获得的奖金

《财政部　国家税务总局关于个人所得税若干政策问题的通知》(财税字〔1994〕20 号)规定,个人举报、协查各种违法、犯罪行为而获得的奖金所得,暂免征收个人所得税。

(十八) 发票中奖

《财政部　国家税务总局关于个人取得有奖发票奖金征免个人所得税问题的通知》(财税〔2007〕34 号)规定,个人取得单张有奖发票奖金所得不超过 800 元(含 800 元)的,暂免征收个人所得税;个人取得单张有奖发票奖金所得超过 800 元的,应全额按照个人所得税法规定的"偶然所得"项目征收个人所得税。

(十九) 体育彩票中奖

《财政部　国家税务总局关于个人取得体育彩票中奖所得征免个人所得税问题的通知》(财税〔1998〕12 号)规定,为了有利于动员全社会力量资助和发展我国的体育事业,对个人购买体育彩票,凡一次中奖收入不超过 1 万元的,暂免征收个人所得税;超过 1 万元的,应按

税法规定全额征收个人所得税。

(二十) 福利彩票中奖

《国家税务总局关于社会福利有奖募捐发行收入税收问题的通知》(国税发〔1994〕127号)规定,对个人购买社会福利有奖募捐奖券一次中奖收入不超过 10 000 元的暂免征收个人所得税,对一次中奖收入超过 10 000 元的,应按税法规定全额征税。

 知识小练习

【例题·单选】 下列所得,按照规定可以免征个人所得税的是( )。

A. 取得单张有奖发票奖金 1 000 元

B. 个人取得的体育彩票中奖收入 5 000 元

C. 业余时间兼职取得劳务收入 10 000 元

D. 参加商场竞猜活动获得电视机一台,价值 5 000 元

答案:B

解析:《财政部 国家税务总局关于个人取得有奖发票奖金征免个人所得税问题的通知》(财税〔2007〕34 号)规定,个人取得单张有奖发票奖金所得不超过 800 元(含 800 元)的,暂免征收个人所得税。《财政部 国家税务总局关于个人取得体育彩票中奖所得征免个人所得税问题的通知》(财税字〔1998〕12 号)规定,对个人购买体育彩票凡一次中奖收入不超过 1 万元的,暂免征收个人所得税。新个人所得税法实施条例规定,选项 C 兼职取得收入应按照"劳务报酬所得"项目征收个人所得税,选项 D 参加商场竞猜活动获奖应按"偶然所得"项目征收个人所得税。

二、利息、股息、红利

(一) 国债利息

根据新个人所得税法第四条第一款第二项、新个人所得税法实施条例第九条的规定,国债是指中华人民共和国财政部发行的债券,投资人取得的债券利息收入享受免税。

 **知识小练习**

【例题·多选】 某研究所科研人员 2021 年 2 月取得的下列收入中,可以免征个人所得税的有( )。

A. 工资、薪金收入 12 000 元

B. 国家发行的国债利息收入 5 000 元

C. 提供劳务取得收入 8 000 元

D. 省政府颁发的科学技术进步奖 20 000 元

答案:BD

解析:新个人所得税法第四条第一款第二项规定,国债和国家发行的金融债券利息免征个人所得税。新个人所得税法第四条规定,省级人民政府、国务院部委和中国人民解放军军以上单位,以及外国组织、国际组织颁发的科学、教育、技术、文化、卫生、体育、环境保护等方面的奖金可免征个人所得税。

(二)金融债券利息

根据新个人所得税法第四条第一款第二项、新个人所得税法实施条例第九条的规定,金融债券是指国务院批准发行的金融债券,投资人取得的债券利息收入享受免税。

(三)地方政府债券利息

《财政部 国家税务总局关于地方政府债券利息免征所得税问题的通知》(财税〔2013〕5号)规定,地方政府债券是指经国务院批准同意,以省、自治区、直辖市和计划单列市政府为发行主体和偿还主体的债券。对企业和个人取得的 2012 年及以后年度发行的地方债券利息收入,免征企业所得税和个人所得税。

(四)铁路建设债券利息

铁路债券是指以中国铁路总公司为发行和偿还主体的债券,包括中国铁路建设债券、中期票据、短期融资券等债务融资工具。

《财政部 税务总局关于铁路债券利息收入所得税政策的公告》(财政部 税务总局公告2019 年第 57 号)规定,对个人投资者持有 2019—2023 年发行的铁路债券取得的利息收入,减按 50% 计入应纳税所得额计算征收个人所得税。税款由兑付机构在向个人投资者兑付利息时代扣代缴。

《财政部 国家税务总局关于铁路债券利息收入所得税政策问题的通知》(财税〔2016〕30 号)规定,对个人投资者持有 2016—2018 年发行的铁路债券取得的利息收入,减按 50% 计入应纳税所得额计算征收个人所得税。税款由兑付机构在向个人投资者兑付利息时代扣代缴。

 **知识小练习**

【例题·单选】 以下关于个人取得的铁路债券利息收入的税务处理中,说法正确的是( )。

A. 税款由兑付机构在向个人投资者兑付利息时代扣代缴

B. 税款由兑付机构在向个人投资者分期计息时代扣代缴

C. 税款由兑付机构在向个人投资者发行债券时预扣预缴

D. 个人投资者应当将收到的债券利息计入综合所得申报

答案:A

解析:根据《财政部 税务总局关于铁路债券利息收入所得税政策的公告》(财政部 税务总局公告 2019 年第 57 号)的规定,对个人投资者持有 2019—2023 年发行的铁路债券取得的利息收入,减按 50% 计入应纳税所得额计算征收个人所得税。税款由兑付机构在向个人投资者兑付利息时代扣代缴。铁路债券是指以中国铁路总公司为发行和偿还主体的债券,包括中国铁路建设债券、中期票据、短期融资券等债务融资工具。

(五)储蓄存款利息

《财政部 国家税务总局关于储蓄存款利息所得有关个人所得税政策的通知》(财税〔2008〕132 号)规定,为配合国家宏观调控政策需要,经国务院批准,自 2008 年 10 月 9 日起,对储蓄存款利息所得暂免征收个人所得税。即储蓄存款在 1999 年 10 月 31 日前孳生的利息所得,不征收个人所得税;储蓄存款在 1999 年 11 月 1 日至 2007 年 8 月 14 日孳生的利息所得,按照 20％的比例税率征收个人所得税;储蓄存款在 2007 年 8 月 15 日至 2008 年 10 月 8 日孳生的利息所得,按照 5％的比例税率征收个人所得税;储蓄存款在 2008 年 10 月 9 日后(含 10 月 9 日)孳生的利息所得,暂免征收个人所得税。

(六) 证券资金利息

《财政部 国家税务总局关于证券市场个人投资者证券交易结算资金利息所得有关个人所得税政策的通知》(财税〔2008〕140 号)规定,自 2008 年 10 月 9 日起,对证券市场个人投资者取得的证券交易结算资金利息所得,暂免征收个人所得税,即证券市场个人投资者的证券交易结算资金在 2008 年 10 月 9 日后(含 10 月 9 日)孳生的利息所得,暂免征收个人所得税。

(七) "三险一金"利息

《财政部 国家税务总局关于住房公积金 医疗保险金 基本养老保险金 失业保险基金个人账户存款利息所得免征个人所得税的通知》(财税字〔1999〕267 号)规定,为了保证和支持社会保障制度和住房制度改革的顺利实施,现明确按照国家或省级地方政府规定的比例缴付的下列专项基金或资金存入银行个人账户所取得的利息收入免征个人所得税,具体为:住房公积金、医疗保险金、基本养老保险金、失业保险基金。

 **知识小练习**

【例题·多选】 下列利息所得中,不需要计算缴纳个人所得税的有(　　　　)。

A. 员工对外借款取得的利息

B. 储户获得孳生的储蓄存款利息

C. 个人取得的国家发行的金融债券利息

D. 个人取得的教育储蓄存款利息

E. 个人按规定缴付住房公积金而存入银行个人账户取得的利息

答案:BCDE

解析:国债利息、教育储蓄存款利息、国家发行的金融债券利息和个人按规定缴付住房公积金而存入银行个人账户取得的利息免征个人所得税。自 2008 年 10 月 9 日起暂免征收储蓄存款利息的个人所得税。

(八) 上市公司股息红利差别化优惠

《财政部 国家税务总局 证监会关于上市公司股息红利差别化个人所得税政策有关问题的通知》(财税〔2015〕101 号)规定,对于个人从国内挂牌上市的公司取得的股息、红利,从 2015 年 9 月 8 日起,共包括三种处理情形:第一类,对于个人持股 1 年以上,股息、红利所得暂免征个人所得税,即不征收个人所得税;第二类,持股期限在 1 个月以内(含 1 个月)的,其股息、红利所得全额计入应纳税所得额,即应纳个人所得税＝应纳税所得额×适用税率＝每次收入额×20％;第三类,持股期限在 1 个月以上至 1 年(含 1 年)的,暂减按 50％计入应纳税所得额,即应纳个人所得税＝应纳税所得额×适用税率＝每次收入额×20％×50％,统一适用的税率都是 20％。

 **知识小练习**

【例题·计算】　A上市公司2021年分派股息红利时,以公司现有总股本为基数,向全体股东每10股送红股3股,同时派0.4元人民币现金(含税)。股民王先生持股10 000股9个月,如何计算个人所得税呢?

答案:(1)送股应纳税额＝10 000÷10×3×50％×20％＝300(元)。

(2)派息应纳税额＝10 000÷10×0.4×50％×20％＝40(元)。

解析:纳税人取得的股息、红利包括股票股利和现金股利,均属于股息、红利所得,应缴纳个人所得税。由于持股时间小于1年大于1个月,应按照50％计入应纳税所得额,按照20％的税率计征个人所得税,股民王先生应纳个人所得税340元。

【例题·单选】　王某2020年8月从证券交易所购买境内甲上市公司股票10 000股(购买价3元/股),12月甲上市公司进行股息分配,取得股息收入5 000元。2021年3月王某将股票全部对外转让,取得转让所得40 000元。其应缴纳个人所得税税额是(　　)。

A. 500元　　　　B. 1 000元　　　　C. 2 500元　　　　D. 3 000元

答案:A

解析:(1)个人从公开发行和转让市场取得的上市公司股票,持股期限在1个月以上至1年(含)的,其股息、红利所得暂减按50％计入应纳税所得额;(2)个人转让境内上市公司股票,暂不征收个人所得税。王某上述所得应缴纳个人所得税＝5 000×50％×20％＝500(元)。

【知识点梳理】　上市公司股息、红利差别化所得额确认表如表10-1所示。

表10-1　上市公司股息、红利差别化所得额确认表

持股期限	所得额确认
1个月以内(含1个月)	全额计入应纳税所得额
1个月以上至1年(含1年)	减按50％计入应纳税所得额
1年以上	免征

(九)全国中小企业股份转让

《财政部　税务总局　证监会关于继续实施全国中小企业股份转让系统挂牌公司股息红利差别化个人所得税政策的公告》(财政部　税务总局　证监会公告2019年第78号)规定,个人持有挂牌公司的股票,持股期限超过1年的,对股息、红利所得暂免征收个人所得税。个人持有挂牌公司的股票,持股期限在1个月以内(含1个月)的,其股息、红利所得全额计入应纳税所得额;持股期限在1个月以上至1年(含1年)的,其股息、红利所得暂减按50％计入应纳税所得额;上述所得统一适用20％的税率计征个人所得税。

挂牌公司派发股息、红利时,对截至股权登记日个人持股1年以内(含1年)且尚未转让的,挂牌公司暂不扣缴个人所得税;待个人转让股票时,证券登记结算公司根据其持股期限计算应纳税额,由证券公司等股票托管机构从个人资金账户中扣收并划付证券登记结算公司,证券登记结算公司应于次月5个工作日内划付挂牌公司,挂牌公司在收到税款当月的法定申报期内向主管税务机关申报缴纳,并应办理全员全额扣缴申报。

挂牌公司是指股票在全国中小企业股份转让系统公开转让的非上市公众公司;持股期限是指个人取得挂牌公司股票之日至转让交割该股票之日前一日的持有时间。

对个人和证券投资基金从全国中小企业股份转让系统挂牌的原 STAQ、NET 系统挂牌公司以及全国中小企业股份转让系统挂牌的退市公司取得的股息、红利所得,按照规定计征个人所得税,但退市公司的限售股按照《财政部 国家税务总局 证监会关于实施上市公司股息、红利差别化个人所得税政策有关问题的通知》(财税〔2012〕85 号)第四条规定执行。

上述所称年(月)是指自然年(月),即持股一年是指从上一年某月某日至本年同月同日的前一日连续持股,持股一个月是指从上月某日至本月同日的前一日连续持股。

《财政部 税务总局 证监会关于继续实施全国中小企业股份转让系统挂牌公司股息红利差别化个人所得税政策的公告》(财政部 税务总局 证监会公告 2019 年第 78 号)自2019 年 7 月 1 日起至 2024 年 6 月 30 日止执行。

(十) 通过"沪港通""深港通"投资上市公司股票的股息红利

根据《财政部 国家税务总局 证监会关于深港股票市场交易互联互通机制试点有关税收政策的通知》(财税〔2016〕127 号)、《财政部 国家税务总局 证监会关于沪港股票市场交易互联互通机制试点有关税收政策的通知》(财税〔2014〕81 号)的规定,内地企业投资者通过"深港通"或"沪港通"购买的 H 股取得的股息、红利,按照 20% 的税率缴纳个人所得税;对香港市场投资者(包括企业和个人)投资深交所、上交所上市 A 股取得的股息、红利所得,由上市公司按照 10% 的税率代扣所得税,并向其主管税务机关办理扣缴申报。

(十一) 基金互认取得的收益

《财政部 国家税务总局 证监会关于内地与香港基金互认有关税收政策的通知》(财税〔2015〕125 号)规定,对香港市场投资者(包括企业和个人)通过基金互认从内地基金分配取得的收益,由内地上市公司向该内地基金分配股息、红利时,对香港市场投资者按照 10% 的税率代扣所得税;或发行债券的企业向该内地基金分配利息时,对香港市场投资者按照 7% 的税率代扣所得税,并由内地上市公司或发行债券的企业向其主管税务机关办理扣缴申报。该内地基金向投资者分配收益时,不再扣缴所得税。

内地基金管理人应当向相关证券登记结算机构提供内地基金的香港市场投资者的相关信息。

(十二) 持有创新企业 CDR(境内存托凭证)取得的所得

《财政部 税务总局 证监会关于创新企业境内发行存托凭证试点阶段有关税收政策的公告》(财政部 税务总局 证监会公告 2019 年第 52 号)规定,自试点开始之日起,对个人投资者持有创新企业 CDR 取得的股息、红利所得,3 年内实施股息、红利差别化个人所得税政策,具体参照《财政部 国家税务总局 证监会关于实施上市公司股息红利差别化个人所得税政策有关问题的通知》(财税〔2012〕85 号)、《财政部 国家税务总局 证监会关于上市公司股息红利差别化个人所得税政策有关问题的通知》(财税〔2015〕101 号)的相关规定执行,由创新企业在其境内的存托机构代扣代缴税款,并向存托机构所在地税务机关办理全员全额明细申报。对于个人投资者取得的股息、红利在境外已缴纳的税款,可按照个人所得税法以及双边税收协定(安排)的相关规定予以抵免。

创新企业 CDR 是指符合《国务院办公厅转发证监会关于开展创新企业境内发行股票或

存托凭证试点若干意见的通知》(国办发〔2018〕21号)规定的试点企业,以境外股票为基础证券,由存托人签发并在中国境内发行,代表境外基础证券权益的证券。

试点开始之日是指首只创新企业CDR取得国务院证券监督管理机构的发行批文之日。

三、补贴、津贴

(一)按照国家统一规定发给的补贴、津贴

根据新个人所得税法第四条第一款第三项、新个人所得税法实施条例第十条的规定,按照国家统一规定发给的补贴、津贴,免征个人所得税。按照国家统一规定发给的补贴、津贴,是指按照国务院规定发给的政府特殊津贴、院士津贴、资深院士津贴,以及国务院规定免纳个人所得税的其他补贴、津贴。目前关于院士津贴的文件为《财政部　国家税务总局关于对中国科学院　中国工程院资深院士津贴免征个人所得税的通知》(财税字〔1998〕118号)。为尊重知识、尊重人才,体现党和政府对老年院士的关心和爱护,根据《国务院关于在中国科学院　中国工程院院士中实行资深院士制度的通知》(国发〔1998〕8号)的规定,发给中国科学院资深院士和中国工程院资深院士每人每年1万元的资深院士津贴,免予征收个人所得税。上述所列范围之外的其他各种补贴、津贴均应计入"工资、薪金所得"项目征税。

 链接:江苏省12366答复

问题:企业发给特殊工种员工的毒害伤害补贴,是否可以不缴纳个人所得税?

答复:根据新个人所得税法及其实施条例的规定,下列各项个人所得,免纳个人所得税:按照国家统一规定发给的补贴、津贴。按照国家统一规定发给的补贴、津贴,是指按照国务院规定发给的政府特殊津贴、院士津贴、资深院士津贴,以及国务院规定免纳个人所得税的其他补贴、津贴。因此,企业发放给特殊工种员工的毒害伤害补贴不属于上述免征个人所得税的补贴、津贴范围,需要合并发放当月的工资、薪金所得计算缴纳个人所得税。

 **知识小练习**

【例题·单选】　下列各项所得中,应缴纳个人所得税的是(　　　)。

A. 个人取得企业派发的现金网络红包

B. 银行以超过规定利率支付给储户的揽储奖金

C. 中国科学院院士取得的院士津贴

D. 购房个人从房地产公司取得的违约金收入

答案:A

解析:根据《财政部　税务总局关于个人取得有关收入适用个人所得税应税所得项目的公告》(财政部　税务总局公告2019年第74号)的规定,企业在业务宣传、广告等活动中,随机向本单位以外的个人赠送礼品(包括网络红包),按照"偶然所得"项目计算缴纳个人所得税。

【例题·多选】　下列各项收入中,属于免纳个人所得税的补贴有(　　　)。

A. 按照国务院规定发给的政府特殊津贴

B. 按照国务院规定发给的院士津贴

C. 按照国务院规定发给的资深院士津贴

D. 独生子女费

E. 差旅费补助

答案： ABC

解析： 新个人所得税法实施条例第十条对个人所得税法第四条第一款第三项所称的按照国家统一规定发给的补贴、津贴进行了明确,按照国家统一规定发给的补贴、津贴主要是指按照国务院规定发给的政府特殊津贴、院士津贴、资深院士津贴,以及国务院规定免纳个人所得税的其他补贴、津贴。独生子女补贴和差旅费津贴不属于工资、薪金性质的补贴、津贴,不征收个人所得税。

(二) 生育保险津贴

《财政部　国家税务总局关于生育津贴和生育医疗费有关个人所得税政策的通知》(财税〔2008〕8 号)规定,生育妇女按照县级以上人民政府根据国家有关规定制定的生育保险办法,取得的生育津贴、生育医疗费或其他属于生育保险性质的津贴、补贴,免征个人所得税。

(三) 伤残补助金、伤残津贴等

《财政部　国家税务总局关于工伤职工取得的工伤保险待遇有关个人所得税政策的通知》(财税〔2012〕40 号)规定,对工伤职工及其近亲属按照《工伤保险条例》(国务院令第 586 号)规定取得的工伤保险待遇,免征个人所得税。工伤保险待遇包括工伤职工按照《工伤保险条例》(国务院令第 586 号)规定取得的一次性伤残补助金、伤残津贴、一次性工伤医疗补助金、一次性伤残就业补助金、工伤医疗待遇、住院伙食补助费、外地就医交通食宿费用、工伤康复费用、辅助器具费用、生活护理费等,以及职工因工死亡,其近亲属按照《工伤保险条例》(国务院令第 586 号)规定取得的丧葬补助金、供养亲属抚恤金和一次性工亡补助金等。

(四) 独生子女补贴、托儿补助费

《国家税务总局关于印发〈征收个人所得税若干问题的规定〉的通知》(国税发〔1994〕89 号)规定,个人按规定标准取得独生子女补贴和托儿补助费,不征收个人所得税。但超过规定标准发放的部分应当并入工资、薪金所得。独生子女补贴、托儿补助费具体标准根据当地规定。

 **知识小练习**

【例题·多选】 下列各项中,属于个人所得税"工资、薪金所得"应税项目的有(　　　)。

A. 劳动分红　　B. 托儿补助费　　C. 独生子女补贴

D. 差旅费津贴　　E. 季度奖

答案： AE

解析： 工资、薪金所得是指个人因任职或者受雇而取得的工资、薪金、奖金、年终加薪、劳动分红、津贴、补贴以及与任职或者受雇有关的其他所得。托儿补助费、独生子女补贴、差旅费津贴不属于工资、薪金性质的补贴、津贴,不征收个人所得税。

(五) 差旅费津贴

《国家税务总局关于印发〈征收个人所得税若干问题的规定〉的通知》(国税发〔1994〕89 号)规定,差旅费津贴不属于工资、薪金性质的补贴、津贴,也不属于纳税人本人"工资、薪金

所得"项目的收入,不征个人所得税。

(六) 财政部规定的误餐费

根据《国家税务总局关于印发〈征收个人所得税若干问题的规定〉的通知》(国税发〔1994〕89 号)、《财政部　国家税务总局关于误餐补助范围确定问题的通知》(财税字〔1995〕82 号)的规定,个人因公在城区、郊区工作,不能在工作单位或返回就餐,确实需要在外就餐的,根据实际误餐顿数,按规定的标准领取的误餐费,不征个人所得税。而一些单位以误餐补助名义发给职工人人有份的补贴、津贴,应当并入当月工资、薪金所得计征个人所得税。

(七) 公务用车、通讯补贴收入

《国家税务总局关于个人所得税有关政策问题的通知》(国税发〔1999〕58 号)规定,个人因公务用车和通讯制度改革而取得的公务用车、通讯补贴收入,扣除一定标准的公务费用后,按照"工资、薪金所得"项目计征个人所得税。按月发放的,并入当月工资、薪金所得计征个人所得税;不按月发放的,分解到所属月份并与该月份工资、薪金所得合并后计征个人所得税。

公务费用的扣除标准,由省级税务机关根据纳税人公务交通、通讯费用的实际发生情况调查测算,报经省级人民政府批准后确定,并报国家税务总局备案。

(八) 军粮差价补贴、军人职业津贴、专业性补助等

《财政部　国家税务总局关于军队干部工资薪金收入征收个人所得税的通知》(财税字〔1996〕14 号)规定如下:

(1) 免税 8 项:政府特殊津贴;福利补助;夫妻分居补助;随军家属无工作生活困难补助;独生子女保健费;子女保教补助费;机关在职军以上干部公勤费(保姆用费);军粮差价补贴,属于军队干部的免税项目或者不属于本人所得的补贴、津贴,不计入"工资、薪金所得"项目征税。

(2) 暂不征税 5 项:军人职业津贴;军队设立的艰苦地区补助;专业性补助;基层军官岗位津贴(营连排长岗位津);伙食补贴。

(九) 西藏各族职工的西藏特殊津贴收入

为了逐步提高西藏干部职工待遇,进一步稳定和促进西藏发展,经国务院同意,1995 年,中组部、人事部、财政部联合发文的《中共中央组织部　人事部　财政部关于建立西藏特殊津贴问题的通知》(人薪发〔1995〕123 号)规定,从 1994 年 1 月 1 日起,凡在西藏自治区区域内工作的机关、事业单位在职职工,可享受西藏特殊津贴。随着西藏特殊津贴的发放,西藏自治区国家税务局在税收征管时考虑到西藏特殊津贴是国务院对西藏的鼓励政策应该免征个人所得税,但在个人所得税法及实施条例并无明确规定,于是在 1996 年向国家税务总局提出《关于西藏特殊津贴免征个人所得税的请示》(藏国税发〔96〕第 116 号),国家税务总局在批复明确规定,西藏自治区区域内工作的机关、事业单位在职职工取得的西藏特殊津贴免征个人所得税。

 链接:西藏特殊津贴免征个人所得税

文件名称:《财政部　国家税务总局关于西藏特殊津贴免征个人所得税旳批复》

发文字号:财税字〔1996〕91 号

成文日期：1996年10月30日

内　　容：

经国务院批准，自1994年1月1日起发放的西藏特殊津贴，体现了党中央、国务院对西藏各族职工的关怀，对进一步促进西藏的改革、发展和稳定具有重要意义，因此，根据《中华人民共和国个人所得税法》和《中华人民共和国个人所得税法实施条例》的规定，对在你区区域内工作的机关、事业单位职工，按照国家统一规定取得的西藏特殊津贴，免征个人所得税。

四、福利费、抚恤金、救济金

根据新个人所得税法第四条第一款第四项、新个人所得税法实施条例第十一条的规定，福利费、抚恤金、救济金免征个人所得税。福利费是指根据国家有关规定，从企业、事业单位、国家机关、社会组织提留的福利费或者工会经费中支付给个人的生活补助费；救济金是指各级人民政府民政部门支付给个人的生活困难补助费。

《国家税务总局关于生活补助费范围确定问题的通知》（国税发〔1998〕155号）规定，生活补助费是指由于某些特定事件或原因而给纳税人本人或其家庭的正常生活造成一定困难，其任职单位按国家规定从提留的福利费或者工会经费中向其支付的临时性生活困难补助。下列收入不属于免税的福利费范围，应当并入纳税人的工资、薪金收入计征个人所得税：

（1）从超出国家规定的比例或基数计提的福利费、工会经费中支付给个人的各种补贴、补助。

（2）从福利费和工会经费中支付给本单位职工的人人有份的补贴、补助。

（3）单位为个人购买汽车、住房、电子计算机等不属于临时性生活困难补助性质的支出。

救济金是指各级人民政府民政部门支付给个人的生活困难补助费。抚恤金是个人因公伤亡，或因意外事故造成生活困难而取得的一部分经济补偿。

五、保险赔款

根据新个人所得税法第四条第一款第五项的规定，保险赔款免征个人所得税。保险赔款是指投保人按照规定向保险公司支付保险费，但因各种灾害、事故而给自己造成的损失，保险公司给予的相应数额的赔偿。

 **知识小练习**

【例题·单选】　下列所得中，免征个人所得税的是（　　　）。

A. 年终加薪　　　　　　　　B. 残疾人员取得的收入

C. 个人保险所获赔款　　　　D. 退休后返聘取得的工资

答案：C

解析：新个人所得税法第四条第一款第五项规定，保险赔款免征个人所得税。

六、军人的转业费、复员费、退役金

根据新个人所得税法第四条第一款第六项的规定，现役军人转业或复员时，按照中国人民解放军有关部门规定的标准取得的转业费或复员费或退役金,享受免税待遇。

 **知识小练习**

【例题·单选】 根据新个人所得税法规定,下列各项可免征个人所得税的是(　　)。

A. 王某取得持有 1 个月的上市公司股息所得 10 000 元

B. 退役兵小张取得复员费收入 8 000 元

C. 残疾人员赵某取得所得收入 800 元

D. 孤寡老人蒋某取得所得收入 10 000 元

答案:B

解析:根据新个人所得税法第四条第一款第六项的规定,军人按标准取得的复员费免征个人所得税,选项 A 征税,选项 C、D 属于减征情形,故选项 B 符合题意。

七、安家费、退职费、基本养老金或者退休费、离休费、离休生活补助费

(一) 安家费

根据新个人所得税法第四条第一款第七项的规定,按照国家统一规定发给干部、职工的安家费免征个人所得税。但部分省、市为引进异地人才,给予员工的"安家费",不属于"按照国家统一规定",需要缴纳个人所得税。

(二) 退职费

(1) 一次性安置收入。企业依照国家有关法律规定宣告破产,职工从该破产企业取得的一次性安置收入免征个人所得税。

(2) 一次性补偿收入。《财政部 税务总局关于个人所得税法修改后有关优惠政策衔接问题的通知》(财税〔2018〕164 号,以下简称财税〔2018〕164 号文件)规定,个人与用人单位解除劳动关系取得一次性补偿收入(包括用人单位发放的经济补偿金、生活补助费和其他补助费),在当地上年职工平均工资 3 倍数额以内的部分,免征个人所得税;超过 3 倍数额的部分,不并入当年综合所得,单独适用综合所得税率表,计算纳税。另外,《财政部 国家税务总局关于个人与用人单位解除劳动关系取得的一次性补偿收入征免个人所得税问题的通知》(财税〔2001〕157 号)第二条规定,个人领取一次性补偿收入时按照国家和地方政府规定的比例实际缴纳的住房公积金、医疗保险费、基本养老保险费、失业保险费,可以在计征其一次性补偿收入的个人所得税时予以扣除。

 **知识小练习**

【例题·单选】 2021 年 5 月,老赵与原单位解除劳动关系,取得单位发放的经济补偿金 200 000 元,生活补助费 100 000 元,其他补助费 30 000 元。当地上年职工年平均工资为 50 000 元。老赵取得的这部分收入应纳个人所得税为(　　)元。

A. 13 080　　　　B. 19 080　　　　C. 65 840　　　　D. 34 590

答案:B

解析:根据财税〔2018〕164 号文件的规定,个人解除劳动关系取得的一次性补偿收入(包括用人单位发放的经济补偿金、生活补助费和其他补助费),在当地上年职工平均工资 3

倍数额以内的部分,免征个人所得税;超过3倍数额的部分,不并入当年综合所得,单独适用综合所得税率表,计算纳税。

老张取得收入:200 000+100 000+30 000=330 000(元)。

免征部分:50 000×3=150 000(元)。

超过3倍数额部分:330 000-150 000=180 000(元)。

应纳个人所得税税额:180 000×20%-16 920=19 080(元)。

(三)基本养老金

新个人所得税法第四条第一款第七项规定,按照国家统一规定发给干部、职工的基本养老金免征个人所得税。

《财政部 国家税务总局关于基本养老保险费 基本医疗保险费 失业保险费 住房公积金有关个人所得税政策的通知》(财税〔2006〕10号)规定,个人实际领(支)取原提存的基本养老保险金、基本医疗保险金、失业保险金和住房公积金时,免征个人所得税。

 **知识小练习**

【例题·单选】 个人取得的下列所得中免予征收个人所得税的是( )。

A. 企业职工李某领取原提存的住房公积金

B. 退休教授张某受聘任另一高校兼职教授每月取得4 000元工资

C. 王某在单位任职表现突出获得5万元总裁特别奖金

D. 徐某持有境外上市公司股票取得该上市公司年度分红

答案:A

解析:个人实际领(支)取原提存的基本养老保险金、基本医疗保险金、失业保险金和住房公积金时,免征个人所得税。

(四)离休费、离休生活补助费

根据新个人所得税法第四条第一款第七项的规定,按照国家统一规定发给干部、职工的退休费、离休费、离休生活补助费免征个人所得税。

《财政部 国家税务总局关于个人所得税若干政策问题的通知》(财税字〔1994〕20号)规定,达到离休、退休年龄,但确因工作需要,适当延长离休退休年龄的高级专家(指享受国家发放的政府特殊津贴的专家、学者),其在延长离休退休期间的工资、薪金所得,视同退休工资、离休工资免征个人所得税。

但是,根据《国家税务总局关于离退休人员取得单位发放离退休工资以外奖金补贴征收个人所得税的批复》(国税函〔2008〕723号)的规定,对于单位给予离退休人员发放离退休工资以外的奖金补贴不免税,从原任职单位取得的各类补贴、奖金、实物,在减除费用扣除标准后,按"工资、薪金所得"项目缴纳个人所得税。

 **知识小练习**

【例题·判断】 某公司在春节给离退休人员发放了2 000元过节费,公司认为,凡是发放给离退休人员的各种款项,按税法规定都应该免征个人所得税。 ( )

答案：×

解析： 离退休人员除按规定领取离退休工资或养老金外，另从原任职单位取得的各类补贴、奖金、实物，不属于个人所得税法第四条规定可以免税的退休工资、离休工资、离休生活补助费。因此上述过节费应该按工资、薪金所得征税。

（五）高级专家延长离休退休期间

《国务院关于高级专家离休退休若干问题的暂行规定》规定，高级专家是指正副教授、正副研究员、高级工程师、高级农艺师、正副主任医师、正副编审、正副译审、正副研究馆员、高级经济师、高级统计师、高级会计师、特级记者、高级记者、高级工艺美术师，以及文艺六级以上的专家。高级专家离休退休年龄一般应按国家统一规定执行，对其中少数高级专家，确因工作需要，身体能够坚持正常工作，征得本人同意，经相关部门批准，可以适当延长离休退休年龄，但最长不超过65岁。

在达到离退休年龄而未办理离退休手续期间，取得的工资收入如何征税？对此，《财政部　国家税务总局关于个人所得税若干政策问题的通知》（财税字〔1994〕20号）中第二条第七项进行了规定，按《国务院关于高级专家离休退休若干问题的暂行规定》（国发〔1983〕141号）和《国务院办公厅关于杰出高级专家暂缓离退休审批问题的通知》（国办发〔1991〕40号）等文件精神，达到离休、退休年龄，但确因工作需要，适当延长离休退休年龄的高级专家（指享受国家发放的政府特殊津贴的专家、学者），其在延长离休退休期间的工资、薪金所得，视同退休工资、离休工资免征个人所得税。

财政部、国家税务总局在2008年通过的《财政部　国家税务总局关于高级专家延长离休退休期间取得工资薪金所得有关个人所得税问题的通知》（财税〔2008〕7号）又一次对高级专家延长离休退休期间取得的工资、薪金所得，有关征免个人所得税政策口径问题进一步规定。具体内容如下。

1. 明确规定免征个人所得税的高级专家的范围

《财政部　国家税务总局关于个人所得税若干政策问题的通知》（财税字〔1994〕20号）第二条第七项中所称延长离休退休年龄的高级专家是指：①享受国家发放的政府特殊津贴的专家、学者；②中国科学院、中国工程院院士。

2. 延长离休退休年龄的高级专家取得的哪些收入免征个人所得税

对高级专家从其劳动人事关系所在单位取得的，单位按国家有关规定向职工统一发放的工资、薪金、奖金、津贴、补贴等收入，视同离休、退休工资，免征个人所得税。

3. 延长离休退休年龄的高级专家取得的哪些收入要依法计征个人所得税

除上述免征个人所得税的收入以外各种名目的津补贴收入等，以及高级专家从其劳动人事关系所在单位之外的其他地方取得的培训费、讲课费、顾问费、稿酬等各种收入，依法计征个人所得税。

4. 延长离休退休年龄的高级专家取得两处以上应税工资、薪金所得应如何申报

高级专家从两处以上取得应税工资、薪金所得以及具有税法规定应当自行纳税申报的其他情形的，应在税法规定的期限内自行向主管税务机关办理纳税申报。

 **知识小练习**

【例题·单选】 对达到离休、退休年龄,但因工作需要,适当延长离休、退休年龄的高级专家,其在延长离休、退休年龄期间的工资、薪金所得,按新个人所得税法规定,下列选项中说法正确的是(   )。

A. 视同离休、退休工资免征个人所得税

B. 就其全部工资、薪金所得减除费用后按工资、薪金所得征税

C. 只就其超过离休、退休工资的部分征税

D. 按劳务报酬所得征税

答案: A

解析: 对达到离休、退休年龄,但确因工作需要,适当延长离休退休年龄的高级专家,其在延长期间的工资、薪金所得,视同退休工资、离休工资免征个人所得税。

八、驻华使馆、领事馆的外交代表、领事官员和其他人员的所得

新个人所得税法第四条第一款第八项规定,依照有关法律规定应予免税的各国驻华使馆、领事馆的外交代表、领事官员和其他人员的所得,免征个人所得税。上述所称人员包括《中华人民共和国外交特权与豁免条例》和《中华人民共和国领事特权与豁免条例》范围涉及的各国驻华使馆、领事馆的外交代表、领事官员和其他人员。

九、中国政府参加的国际公约、签订的协议中规定免税的所得

中国政府参加的国际公约、签订的协议中规定免税的所得是指我国政府参加的国际公约、签订的国际税收协定中明确规定免征个人所得税的所得。

(1)亚行付给董事、副董事、官员和雇员(包括为亚行执行任务的专家)的薪金和津贴不得征税。政策规定,除非成员在递交批准书或接受书时,声明对亚行向其本国公民或国民支付的薪金和津贴该成员及其行政部门保留征税的权力。鉴于我国在加入亚洲开发银行时,未作相关声明,因此,对由亚洲开发银行支付给我国公民或国民(包括为亚行执行任务的专家)的薪金和津贴,凡经亚洲开发银行确认这些人员为亚洲开发银行雇员或执行项目专家的,其取得的符合我国税法规定的有关薪金和津贴等报酬,应依《建立亚洲开发银行协定》的约定,免征个人所得税。

(2)世界银行直接派往我国工作的外国专家优惠。根据世界银行专项贷款协议由世界银行直接派往我国工作的外国专家取得的工资、薪金所得可免征个人所得税。

(3)为联合国援助项目来华工作的专家取得优惠。为联合国援助项目来华工作的专家取得的工资、薪金所得可免征个人所得税。

(4)援助国派往我国专为该国无偿援助项目工作的专家优惠。援助国派往我国专为该国无偿援助我国的建设项目服务的工作人员,取得的工资、生活津贴,不论是我方支付或外国支付,均可免征个人所得税。

(5)外国来华文教专家优惠。外国来华文教专家,在我国服务期间,由我方发工资、薪

金,并对其住房、使用汽车、医疗实行免费"三包",可只就工资、薪金所得按照税法规定征收个人所得税;对我方免费提供的住房、使用汽车、医疗,可免予计算纳税。

(6)国际交流项目来华工作两年以内的文教专家优惠。根据我国大专院校国际交流项目来华工作两年以内的专家,其工资、薪金所得由该国负担的免征个人所得税。

(7)通过民间科研协定来华工作的专家优惠。通过民间科研协定来华工作的专家,其工资、薪金所得由该国政府机构负担的免征个人所得税。

(8)外国来华工作人员,在我国服务而取得的工资、薪金,不论是我方支付、外国支付、我方和外国共同支付,均属于来源于中国的所得,除上述第(4)项规定给予免税优惠外,其他均应按规定征收个人所得税。但对在中国境内连续居住不超过90天的,可只就我方支付的工资、薪金部分计算纳税,对外国支付的工资、薪金部分免予征税。

十、国务院规定的其他免税所得

(一)在中国境内无住所,在一个纳税年度内在中国境内居住累计不超过90天

新个人所得税法实施条例第五条规定,在中国境内无住所的个人,在一个纳税年度内在中国境内居住累计不超过90天的,其来源于中国境内的所得,由境外雇主支付并且不由该雇主在中国境内的机构、场所负担的部分,免予缴纳个人所得税。

(二)在中国境内无住所,在中国境内居住累计满183天的年度连续不满六年

新个人所得税法实施条例第四条规定,在中国境内无住所的个人,在中国境内居住累计满183天的年度连续不满六年的,经向主管税务机关备案,其来源于中国境外且由境外单位或者个人支付的所得,免予缴纳个人所得税。

 **知识小练习**

【例题·多选】　约翰先生为美国居民,2015年1月1日来上海工作,计划2026年10月1日回纽约工作。假设在此期间,除2020年5月1日至7月10日临时离境旅游,其余时间都在上海。下列关于约翰先生的个人所得税纳税义务,说法正确的有(　　)。

A. 2019年约翰先生取得的境外支付的境外所得,免缴个人所得税

B. 2020年约翰先生取得的境内支付的境外所得免缴个人所得税

C. 2024年约翰先生取得的境外支付的境外所得要缴纳个人所得税

D. 2026年约翰先生取得的境内所得要缴纳个人所得税,境外支付的境外所得免缴个人所得税

答案:AD

解析:无住所个人一个纳税年度在中国境内累计居住满183天的,如果此前六年在中国境内每年累计居住天数都满183天而且没有任何一年单次离境超过30天,该纳税年度来源于中国境内、境外所得应当缴纳个人所得税;如果此前六年的任一年在中国境内累计居住天数不满183天或者单次离境超过30天,该纳税年度来源于中国境外且由境外单位或者个人支付的所得,免予缴纳个人所得税。上述所称此前六年,是指该纳税年度的前一年至前六年的连续6个年度,此前六年的起始年度自2019年

（含）以后年度开始计算。

第二节　减　税　优　惠

根据新个人所得税法规定,有下列情形之一的,可以减征个人所得税,具体幅度和期限,由省、自治区、直辖市人民政府规定,并报同级人民代表大会常务委员会备案。

一、残疾、孤老人员和烈属的所得

《国家税务总局关于明确残疾人所得征免个人所得税范围的批复》(国税函〔1999〕329号)规定,经省级人民政府批准可减征个人所得税的残疾、孤老人员和烈属的所得仅限于劳动所得,具体所得项目为:工资、薪金所得;个体工商户的生产、经营所得;对企事业单位的承包经营、承租经营所得;劳务报酬所得;稿酬所得;特许权使用费所得。

目前,对残疾、孤老人员和烈属的所得和因自然灾害遭受重大损失的,各省均制定了自己的减征幅度和标准,具体操作时要参考当地相关文件。部分省份减免政策如表 10-2 所示。

表 10-2　部分省份减征个人所得税优惠政策明细表

省份	具 体 政 策
广东	（1）个人取得的工资、薪金所得,劳务报酬所得,稿酬所得,特许权使用费所得,按应纳税额减征 80% 的个人所得税。税收法律法规对上述所得另有减征规定的,按减征规定计算应纳税额后,再按本规定计算减征个人所得税。 （2）个人取得的个体工商户生产、经营所得,对企事业单位的承包经营、承租经营所得,个人独资企业投资者、合伙企业合伙人取得的生产、经营所得,区别以下情况分别予以减征:年应纳税所得额 10 万元(含 10 万元)以下的,按应纳税额减征 100% 的个人所得税;年应纳税所得额超过 10 万元的部分,按应纳税额减征 60% 的个人所得税。 实行核定征收个人所得税的个体工商户、个人独资企业投资者、合伙企业合伙人以及企事业单位的承包经营、承租经营者可享受个人所得税减征优惠。个人减免税额在一个纳税年度内不超过 9 万元。对残疾人、孤老、烈属个人所得税的减征,由纳税人报主管税务机关备案,因严重自然灾害造成重大损失的个人办理减征报主管税务机关核准。其中工资、薪金所得属于减征个人所得税范围的个人,可由其所在单位统一办理。
北京	持有区县以上民政部门、残联有效证件或证明的烈属、孤老人员和残疾人取得的下列所得,分别享受减征个人所得税优惠政策: （1）个人取得的工资、薪金所得,劳务报酬所得,稿酬所得,特许权使用费所得,按应纳税额减征 50% 的个人所得税。 （2）个人独立从事生产经营取得的个体工商户生产经营所得,按应纳税额减征 100% 的个人所得税。 （3）个人从事生产经营取得的个体工商户生产、经营所得,在生产经营中需雇请雇员的,雇员中残疾人员比例为 30% 以上的,按应纳税额减征 100% 的个人所得税。
内蒙古	对残疾、孤老人员和烈属的所得按应纳税额减征 50% 的个人所得税。 残疾人、孤老人员和烈属的所得,每年均可减征个人所得税。

（续表）

省份	具 体 政 策
陕西	（1）个人取得的工资、薪金所得，月应纳税所得额 2 500 元以下的部分，免征个人所得税；月应纳税所得额超过 2 500 元不足 4 500 元的部分，减半征收个人所得税；月应纳税所得额超过 4 500 元的部分，不再给予减征照顾。 （2）个人取得的劳务报酬所得、稿酬所得、特许权使用费所得，年应纳税所得额在 3 万元以下的，全额免征个人所得税；年应纳税所得额超过 3 万元不足 6 万元的，减按全年应纳税所得额的 50% 征收个人所得税；年应纳税所得额超过 6 万元的，不再给予减征照顾。 （3）个人取得的个体工商户生产、经营所得、对企事业单位的承包承租经营所得，由主管税务机关按年依照下列标准审批：年应纳税所得额在 3 万元以下的，全额免征个人所得税；年应纳税所得额超过 3 万元不足 6 万元的，减按全年应纳税所得额 50%。 征收个人所得税；年应纳税所得额超过 6 万元的，不再给予减征照顾。
天津	残疾、孤老人员和烈属取得的工资、薪金所得，劳务报酬所得，稿酬所得，特许权使用费所得，按应纳税额减征 50% 的个人所得税。 残疾、孤老人员和烈属取得个体工商户生产、经营所得，对企事业单位的承包经营、承租经营所得，按应纳税额减征 30% 的个人所得税。
浙江	根据减征标准，残疾、孤老人员和烈属工资、薪金所得，月应纳个人所得税税额在 500 元（含）以下的，减征 100%；500 元以上的，定额减征 500 元。 劳务报酬所得、稿酬所得和特许权使用费所得，应纳个人所得税税额在 500 元（含）以下的，减征 100%；500 元以上的，定额减征 500 元。 个体工商户生产、经营所得和对企事业单位的承包经营、承租经营所得以及特定行业工资、薪金所得，全年应纳个人所得税税额在 6 000 元（含）以下的，减征 100%；6 000 元以上的，定额减征 6 000 元。
河北	对残疾人、孤老人员、烈属本人独立从事个体生产经营取得的所得，工资、薪金所得，对企事业单位的承包经营所得，劳务报酬所得，稿酬所得，特许权使用费所得，减征 80% 的个人所得税。
山西	残疾、孤老人员和烈属取得的个人所得，可分项、分行业在应纳税款不低于 50% 的幅度内减征；残疾、孤老人员的个人所得减征期限为 5 年以上 10 年以下，烈属个人所得减征期限为 3 年以下。具体减征幅度和期限，由各县（市）地方税务机关根据当地实际情况确定。
上海	本市残疾、孤老人员和烈属劳动所得个人所得税减征幅度自 2017 年 1 月 1 日起提高至每年减征 5 640 元。对同一个纳税人，在一个纳税年度内，取得上述劳动所得，其全年减征个人所得税的税款总额不超过 5 640 元。
山东	残疾、孤老人员和烈属取得的劳动所得，实行按比例减征个人所得税的办法。个人取得的工资、薪金所得，劳务报酬所得，稿酬所得，特许权使用费所得，按每月（次）应纳税款减征 90%；个体工商户的生产、经营所得，对企事业单位的承包经营、承租经营所得，按全年应纳税额减征 90%。对同一纳税人每月减征税额最高不超过 500 元，或者全年减征税额不超过 6 000 元。

(续表)

省份	具 体 政 策
安徽	关于残疾、孤老人员和烈属人员个人所得税减免问题。对残疾、孤老人员和烈属本人取得的工资、薪金所得;个体工商户生产、经营所得;对企事业单位的承包经营、承租经营所得;劳务报酬所得;稿酬所得和特许权使用费所得,其应减免的个人所得税,实行限额减免方式。即对残疾、孤老人员和烈属本人应减免的个人所得税,在每人每年8 000元税额的限额范围内,由各市、县(市、区)地方税务局根据纳税人的残疾等级确定具体减征标准。纳税人取得不同应税项目的所得,应合并计算其减免税额。
江西	经江西省政府批准,江西省残疾人个人取得的工资、薪金所得,劳务报酬所得,稿酬所得,特许权使用费所得,按应纳个人所得税额减征50%。个体工商户生产、经营所得,对企事业单位的承包经营、承租经营所得,个人独资企业和合伙企业生产经营所得应纳个人所得税按以下规定予以减免:年应纳个人所得税额在2万元(含)以下的免征个人所得税;年应纳个人所得税额2万~5万元之间的部分减征50%;年应纳个人所得税额超过5万元的部分,不再给予减征。个人所得税纳税人因严重自然灾害造成重大损失的,经主管地方税务机关批准,可在1年内减征个人所得税,减征幅度为80%。
辽宁	残疾人年应纳税所得额在3万元以下的免征个人所得税;年应纳税所得额超过3万元、不足5万元的减征个人所得税50%,年应纳税所得额超过5万元的,不再给予减征。工资、薪金所得,劳务报酬所得,稿酬所得,特许权使用费所得为一次性审批,减征幅度50%。纳税人变更主管税务机关需重新审批。
吉林	残疾、孤老人员和烈属取得的工资、薪金所得,个体工商生产、经营所得,对企事业单位承包经营、承租经营所得,劳务报酬所得,稿酬所得,特许权使用费所得,均享受减征个人所得税照顾,减征幅度暂确定为40%。
黑龙江	自2019年1月1日起,对残疾、孤老人员和烈属取得的综合所得和经营所得,一个纳税年度内减征个人所得税的幅度以6 000元为限;不足6 000元的,据实减征。
宁夏	对残疾、孤老人员和烈属从事个体经营的所得,从经营之日起3年免征个人所得税,对取得的其他应缴纳个人所得税的所得(工资、薪金所得,对企事业单位的承包经营、承租经营所得,劳务报酬所得,稿酬所得,特许权使用费所得),减征应纳个人所得税额80%。残疾、孤老人员和烈属投资兴办个人独资企业和参与兴办的合伙企业,免征3年个人所得税。
湖南	对残疾、孤老人员和烈属的劳动所得暂减征80%的个人所得税。
广西	对我区残疾、孤老人员和烈属的工资、薪金所得,个体工商户的生产、经营所得,对企事业单位的承包经营、承租经营所得,劳务报酬所得,稿酬所得,以及特许权使用费所得,经市、县地方税务局审核批准,给予减半征收个人所得税。
四川	残疾、孤老人员和烈属的劳动所得可减征个人所得税,具体所得项目为:工资、薪金所得;个体工商户的生产、经营所得;对企事业单位的承包经营、承租经营所得;劳务报酬所得;稿酬所得;特许权使用费所得。对符合条件的残疾人员给予个人所得税应纳税额减征六成至九成的照顾。具体减征幅度由主管税务机关根据民政部门、残疾人联合会认定的残疾人伤残等级证书具体确定。对符合条件的孤老人员和烈属给予个人所得税应纳税额减征九成照顾。

(续表)

省份	具 体 政 策
重庆	残疾、孤老人员的个人年所得(与《个人所得税自行纳税申报办法》中年所得计算口径相同)12万元以下的(含12万元),减征80%的个人所得税,年所得超过12万元以上的部分不予减征个人所得税。
贵州	残疾、孤老人员和烈属凭有关证件、证明,经县(市,区)地方税务局核实批准,可减半征收个人所得税。
西藏	(1) 个人取得的工资、薪金所得,劳务报酬所得,稿酬所得,特许权使用费所得,可按应纳税额减征50%的个人所得税。稿酬所得可先按个人所得税法规定计算应纳税额,再按本条规定计算减征的数额。 (2) 个人独立经营取得的个体工商户生产、经营所得,对企事业单位的承包经营、承租经营所得,个人创办独资企业、合伙企业取得的所得,区别情况分别予以减征:年应纳税所得额在3万元(含3万元)以下的,按应纳税额减征100%的个人所得税;年应纳税所得额在3万~5万元(含5万元)的,按应纳税额减征50%的个人所得税;年应纳税所得额超过5万元的,不再给予减征照顾。
青海	残疾、孤老人员和烈属取得的劳动所得,实行按比例减征个人所得税的办法。 (1) 个人取得的工资、薪金所得,月所得在1万元(含1万元)以下的,按应纳税额减征90%的个人所得税;月所得在1万元以上2万元(含2万元)以下的,按应纳税额减征50%的个人所得税;月所得超过2万元的,全额计征个人所得税。 个人取得的劳务报酬所得、稿酬所得、特许权使用费所得,每次所得在1万元(含1万元)以下的,按应纳税额减征90%的个人所得税;每次所得在1万元以上的,按应纳税额减征50%的个人所得税。以上所得,指不减除任何费用的收入额。 (2) 个体工商户生产、经营所得,对企事业单位的承包经营、承租经营所得,区别情况分别予以减征: ① 实行核定征收的,月应纳税额300元(含300元)以下的减征90%的个人所得税;月应纳税额300元以上的,可从应纳税额中减除300元。 ② 实行查账征收的,年应纳税额8 000元(含8 000元)以下的,按应纳税额减征90%的个人所得税;年应纳税额8 000元以上的,可从应纳税额中减除8 000元。
新疆	残疾、孤老人员和烈属本人从事生产、经营取得的个人所得给予减半征收个人所得税的照顾。残疾、孤老人和烈属本人因受雇取得的所得,减除800元费用后给予减半征收个人所得税的照顾。

 **知识小练习**

【例题·单选】 残疾人个人取得的下列所得,可减征个人所得税的是(   )。

A. 偶然所得   B. 财产转让所得

C. 股息所得   D. 特许权使用费所得

答案：D

解析：依据国税函〔1999〕329号文件规定,经省级人民政府批准可减征个人所得税的残疾、孤老人员和烈属的所得仅限于劳动所得。

二、因自然灾害遭受重大损失的

新个人所得税法第五条第一款第二项规定,因自然灾害遭受重大损失的,可以减征个人所得税,具体幅度和期限,由省、自治区、直辖市人民政府规定,并报同级人民代表大会常务委员会备案。

实务中,具体操作时要参考当地相关文件。

三、国务院规定的其他减税情形

新个人所得税法第五条第二款规定,国务院可以规定其他减税情形,报全国人民代表大会常务委员会备案。

 **知识小练习**

【例题·单选】 根据新个人所得税法的规定,下列选项中可享受减征个人所得税的是( )。

A. 张某取得国债利息收入 1 000 元

B. 孙某取得保险赔款 500 元

C. 赵某取得省级人民政府颁发的环境保护奖金 5 000 元

D. 烈士家属李某取得所得收入 2 000 元

答案:D

解析:新个人所得税法第五条规定,有下列情形之一的,可以减征个人所得税,具体幅度和期限,由省、自治区、直辖市人民政府规定,并报同级人民代表大会常务委员会备案:(1)残疾、孤老人员和烈属的所得;(2)因自然灾害遭受重大损失的。

第三节　财政部规定的其他减免税优惠

一、民生就业类优惠

(一)再就业优惠

《财政部　税务总局关于进一步支持和促进重点群体创业就业有关税收政策的通知》(财税〔2019〕22 号,以下简称财税〔2019〕22 号文件)规定,自 2019 年 1 月 1 日至 2021 年 12 月 31 日,对建档立卡贫困人口、持《就业创业证》(注明"自主创业税收政策"或"毕业年度内自主创业税收政策")或《就业失业登记证》(注明"自主创业税收政策")的人员,从事个体经营的,自办理个体工商户登记当月起,在 3 年(36 个月)内按每户每年 12 000 元为限额依次扣减其当年实际应缴纳的增值税、城市维护建设税、教育费附加、地方教育附加和个人所得税。限额标准最高可上浮 20%,各省、自治区、直辖市人民政府可根据本地区实际情况在此幅度内确定具体限额标准。

纳税人年度应缴纳税款小于上述扣减限额的,减免税额以其实际缴纳的税款为限;大于上述扣减限额的,以上述扣减限额为限。

上述人员具体包括：(1)纳入全国扶贫开发信息系统的建档立卡贫困人口；(2)在人力资源社会保障部门公共就业服务机构登记失业半年以上的人员；(3)零就业家庭、享受城市居民最低生活保障家庭劳动年龄内的登记失业人员；(4)毕业年度内高校毕业生。高校毕业生是指实施高等学历教育的普通高等学校、成人高等学校应届毕业的学生；毕业年度是指毕业所在自然年，即 1 月 1 日至 12 月 31 日。

注：该税收政策执行期限为 2019 年 1 月 1 日至 2021 年 12 月 31 日。纳税人在 2021 年 12 月 31 日享受财税〔2019〕22 号文件规定税收优惠政策未满 3 年的，可继续享受至 3 年期满为止。以前年度已享受重点群体创业就业税收优惠政策满 3 年的，不得再享受财税〔2019〕22 号文件规定的税收优惠政策；以前年度享受重点群体创业就业税收优惠政策未满 3 年且符合财税〔2019〕22 号文件规定条件的，可按财税〔2019〕22 号文件规定享受优惠至 3 年期满。

(二)军转择业类优惠

1. 自主就业退役士兵从事个体经营优惠

《财政部　税务总局　退役军人部关于进一步扶持自主就业退役士兵创业就业有关税收政策的通知》(财税〔2019〕21 号，以下简称财税〔2019〕21 号文件)规定，自 2019 年 1 月 1 日至 2021 年 12 月 31 日，自主就业退役士兵从事个体经营的，自办理个体工商户登记当月起，在 3 年(36 个月)内按每户每年 12 000 元为限额依次扣减其当年实际应缴纳的增值税、城市维护建设税、教育费附加、地方教育附加和个人所得税。限额标准最高可上浮 20%，各省、自治区、直辖市人民政府可根据本地区实际情况在此幅度内确定具体限额标准。

纳税人年度应缴纳税款小于上述扣减限额的，减免税额以其实际缴纳的税款为限；大于上述扣减限额的，以上述扣减限额为限。纳税人的实际经营期不足 1 年的，应当按月换算其减免税限额。换算公式为：减免税限额＝年度减免税限额÷12×实际经营月数。城市维护建设税、教育费附加、地方教育附加的计税依据是享受本项税收优惠政策前的增值税应纳税额。

注：该税收政策执行期限为 2019 年 1 月 1 日至 2021 年 12 月 31 日。纳税人在 2021 年 12 月 31 日享受财税〔2019〕21 号文件规定税收优惠政策未满 3 年的，可继续享受至 3 年期满为止；退役士兵以前年度已享受退役士兵创业就业税收优惠政策满 3 年的，不得再享受财税〔2019〕21 号文件规定的税收优惠政策；以前年度享受退役士兵创业就业税收优惠政策未满 3 年且符合财税〔2019〕21 号文件规定条件的，可按财税〔2019〕21 号文件规定享受优惠至 3 年期满。

 **知识小练习**

【例题·多选】　王某是一名自主就业退役士兵，2020 年从事个体经营一家超市，5 月办理了个体工商户登记，按照规定王某 5 月起在 3 年内依法可以享受税收优惠，可以扣减的税(费)种有(　　　)。

A. 地方教育费附加　　　　　　　B. 水利建设基金

C. 教育费附加　　　　　　　　　D. 个人所得税

答案：ACD

解析：根据《关于进一步扶持自主就业退役士兵创业就业有关税收政策的通知》(财税〔2019〕21 号)的规定，自主就业退役士兵从事个体经营的，自办理个体工商户登记当月起，在 3 年(36 个月)内按每户每年 12 000 元为限额依次扣减其当年实际应缴纳的增值税、城市维护建设税、教育费附加、地方教育附加和个人所得税。

2. 军转干部从事个体经营优惠

《财政部 国家税务总局关于自主择业的军队转业干部有关税收政策问题的通知》(财税〔2003〕26号)规定,为促进军队转业干部自主择业,自2003年5月1日起,从事个体经营的军队转业干部,经主管税务机关批准,自领取税务登记证之日起,3年内免征个人所得税。自主择业的军队转业干部必须持有师以上部队颁发的转业证件。

3. 随军家属从事个体经营优惠

《财政部 国家税务总局关于随军家属就业有关税收政策的通知》(财税〔2000〕84号)规定,自2000年1月1日起,对从事个体经营的随军家属,自领取税务登记证之日起,3年内免征个人所得税。随军家属必须有师以上政府机关出具的可以表明其身份的证明,但税务部门应进行相应的审查认定。

注: 每一名随军家属只能按照上述规定享受一次免税政策。

★ 随军家属、军转干部(税务登记3年、免税不限额),退役士兵(工商登记3年,免税限额12 000元/年、户)

(三) 远洋船员工资薪金收入优惠

《财政部 国家税务总局关于远洋船员个人所得税政策的公告》(财政部 国家税务总局公告2019年第97号)规定,一个纳税年度内在船航行时间累计满183天的远洋船员,其取得的工资、薪金收入减按50%计入应纳税所得额,依法缴纳个人所得税。

远洋船员是指在海事管理部门依法登记注册的国际航行船舶船员和在渔业管理部门依法登记注册的远洋渔业船员。

二、房屋类优惠

(一) 住房租赁优惠

《财政部 国家税务总局关于廉租住房、经济适用住房和住房租赁有关税收政策的通知》(财税〔2008〕24号)规定,对个人出租住房取得的所得减按10%的税率征收个人所得税。

(二) 城市房屋拆迁税收优惠

《财政部 国家税务总局关于城镇房屋拆迁有关税收政策的通知》(财税〔2005〕45号)规定,对被拆迁人按照国家有关城镇房屋拆迁管理办法规定的标准取得的拆迁补偿款,免征个人所得税。

(三) 低价向职工售房优惠

《财政部 国家税务总局关于单位低价向职工售房有关个人所得税问题的通知》(财税〔2007〕13号)规定,根据住房制度改革政策的有关规定,国家机关、企事业单位及其他组织在住房制度改革期间,按照所在地县级以上人民政府规定的房改成本价格向职工出售公有住房,职工因支付的房改成本价格低于房屋建造成本价格或市场价格而取得的差价收益,免征个人所得税。

(四) 个人转让自用5年以上唯一住房优惠

根据《财政部 国家税务总局关于个人所得税若干政策问题的通知》(财税字〔1994〕20号)、《国家税务总局关于个人转让房屋有关税收征管问题的通知》(国税发〔2007〕33号)、《国家税务总局 财政部 建设部关于加强房地产税收管理的通知》(国税发〔2005〕89号)、

《国家税务总局关于房地产税收政策执行中几个具体问题的通知》（国税发〔2005〕172 号）的规定，个人转让自用达 5 年以上、并且是唯一的家庭生活用房取得的所得免征个人所得税。个人购买住房以取得的房屋产权证或契税完税证明上注明的时间作为其购买房屋的时间，契税完税证明上注明的时间是指契税完税证明上注明的填发日期。

【政策解析】

1. 自用 5 年以上的规定。

"自用 5 年以上"，是指个人购房至转让房屋的时间达 5 年以上。个人按照国家房改政策购买的公有住房，以其购房合同的生效时间、房款收据开具日期或房屋产权证上注明的时间，依照孰先原则确定；个人购买的其他住房，以其房屋产权证注明日期或契税完税凭证注明日期，按照孰先原则确定。个人转让房屋的日期，以销售发票上注明的时间为准。

2. 家庭唯一生活用房的规定。

"家庭唯一生活用房"是指在同一省、自治区、直辖市范围内纳税人（有配偶的为夫妻双方）仅拥有一套住房。

《国家税务总局关于个人转让房屋有关税收征管问题的通知》（国税发〔2007〕33 号）进一步明确规定，个人出售商业用房取得的所得，应按规定缴纳个人所得税，不得享受自用 5 年以上的家庭唯一生活用房免税的政策。

3. 离婚析产方式分割唯一住房的规定。

根据《国家税务总局关于明确个人所得税若干政策执行问题的通知》（国税发〔2009〕121 号）的规定，通过离婚析产的方式分割房屋产权是夫妻双方对共同共有财产的处置，个人因离婚办理房屋产权过户手续，不征收个人所得税。个人转让离婚析产房屋所取得的收入，符合家庭生活自用 5 年以上唯一住房的，可以申请免征个人所得税，其购置时间按照《国家税务总局关于房地产税收政策执行中几个具体问题的通知》（国税发〔2005〕172 号）执行。

4. 购房时间的规定。

《国家税务总局　财政部　建设部关于加强房地产税收管理的通知》（国税发〔2005〕89 号）规定，个人购买住房以取得的房屋产权证或契税完税证明上注明的时间作为其购买房屋的时间。《国家税务总局关于房地产税收政策执行中几个具体问题的通知》（国税发〔2005〕172 号）进一步明确规定，"契税完税证明上注明的时间"是指契税完税证明上注明的填发日期。纳税人申报时，同时出具房屋产权证和契税完税证明且两者所注明的时间不一致的，按照"孰先"的原则确定购买房屋的时间。即房屋产权证上注明的时间早于契税完税证明上注明的时间的，以房屋产权证注明的时间为购买房屋的时间；契税完税证明上注明的时间早于房屋产权证上注明的时间的，以契税完税证明上注明的时间为购买房屋的时间。个人将通过受赠、继承、离婚财产分割等购买形式取得的住房对外销售的行为，也适用《国家税务总局　财政部　建设部关于加强房地产税收管理的通知》（国税发〔2005〕89 号）的有关规定。其购房时间按发生受赠、继承、离婚财产分割行为前的购房时间确定，其购房价格按发生受赠、继承、离婚财产分割行为前的购房原价确定。个人需持其通过受赠、继承、离婚财产分割等非购买形式取得住房的合法、有效法律证明文书，到税务部门办理相关手续。

(五)房屋赠与优惠

根据《财政部 国家税务总局关于个人无偿受赠房屋有关个人所得税问题的通知》(财税〔2009〕78号)、《财政部 税务总局关于个人取得有关收入适用个人所得税应税所得项目的公告》(财政部 税务总局公告2019年第74号)的规定,房屋产权所有人将房屋产权无偿赠与配偶、父母、子女、祖父母、外祖父母、孙子女、外孙子女、兄弟姐妹;对其承担直接抚养或者赡养义务的抚养人或者赡养人的;房屋产权所有人死亡,依法取得房屋产权的法定继承人、遗嘱继承人或者受遗赠人的受赠所得免征个人所得税。

 **知识小练习**

【例题·单选】 下列行为应计算缴纳个人所得税的是( )。

A. 房屋产权所有人将房屋产权无偿赠与兄弟

B. 房屋产权所有人将房屋产权无偿赠与赡养人

C. 房屋产权所有人死亡,依法取得房屋产权的受遗赠人

D. 房屋产权所有人将房屋产权无偿赠与侄女

答案:D

解析:根据《财政部 国家税务总局关于个人无偿受赠房屋有关个人所得税问题的通知》(财税〔2009〕78号)的规定,房屋产权所有人将房屋产权无偿赠与兄弟、赡养人以及房屋产权所有人死亡,依法取得房屋产权的受遗赠人免征个人所得税。选项D未说明侄女是否属于赡养人,因此,选项D应缴纳个人所得税。

【例题·多选】 下列各项中,符合个人所得税相关规定的有( )。

A. 个人出售自有住房取得的所得可按照"财产租赁所得"项目征收个人所得税

B. 对个人转让已自用2年并且是家庭唯一居住用房取得的所得免征个人所得税

C. 个人转租房产而取得的转租收入,属于"财产租赁所得"的征税范围,由房产转租人缴纳个人所得税

D. 房屋产权所有人将房屋产权无偿赠与配偶、父母、子女、祖父母、外祖父母、孙子女、外孙子女、兄弟姐妹,对当事双方不征收个人所得税

E. 房屋产权所有人死亡,依法取得房屋产权的法定继承人、遗嘱继承人或者受遗赠人不缴纳个人所得税

答案:CDE

解析:选项A,个人出售自有住房取得的所得按照"财产转让所得"项目征收个人所得税;选项B,对个人转让自用5年以上并且是唯一的家庭居住用房取得的所得,免征个人所得税。选项C,《国家税务总局关于个人转租房屋取得收入征收个人所得税问题的通知》(国税函〔2009〕639号)规定,个人将承租房屋转租取得的租金收入,属于个人所得税应税所得,应按"财产租赁所得"项目计算缴纳个人所得税。选项D、E,根据《财政部 税务总局关于个人取得有关收入适用个人所得税应税所得项目的公告》(财政部 税务总局公告2019年第74号)的规定,符合以下情形的,对当事双方不征收个人所得税:(1)房屋产权所有人将房屋产权无偿赠与配偶、父母、子女、祖父母、外祖父母、孙子女、外孙子女、兄弟姐妹;(2)房屋产权所有人将房屋产权无偿赠与对其承担直接抚养或者赡养义务的抚养人或者赡养人;(3)房屋产权所有人死亡,依法取得房屋产

权的法定继承人、遗嘱继承人或者受遗赠人。

(六) 棚户区改造优惠

《财政部　国家税务总局关于棚户区改造有关税收政策的通知》(财税〔2013〕101 号)规定,个人因房屋被征收而取得货币补偿并用于购买改造安置住房,或因房屋被征收而进行房屋产权调换并取得改造安置住房,按有关规定减免契税。个人取得的拆迁补偿款按有关规定免征个人所得税。

(七) 易地扶贫搬迁优惠

《财政部　国家税务总局关于易地扶贫搬迁税收优惠政策的通知》(财税〔2018〕135 号)规定,自 2018 年 1 月 1 日至 2020 年 12 月 31 日,对易地扶贫搬迁贫困人口按规定取得的住房建设补助资金、拆旧复垦奖励资金等与易地扶贫搬迁相关的货币化补偿和易地扶贫搬迁安置住房,免征个人所得税。

三、农业类优惠

(一) 青苗补偿款优惠

《国家税务总局关于个人取得青苗补偿费收入征免个人所得税的批复》(国税函发〔1995〕79 号)规定,乡镇企业的职工和农民取得的青苗补偿费,属种植业的收益范围,同时,也属经济损失的补偿性收入,因此,对他们取得的青苗补偿费收入暂不征收个人所得税。

(二) 农村税费改革优惠

《财政部　国家税务总局关于农村税费改革试点地区有关个人所得税问题的通知》(财税〔2004〕30 号)规定,农村税费改革试点期间,取消农业特产税、减征或免征农业税后,对个人或个体户从事种植业、养殖业、饲养业、捕捞业,且经营项目属于农业税(包括农业特产税)、牧业税征税范围的,其取得的"四业"所得暂不征收个人所得税。

(三) "四业" 经营所得优惠

根据《财政部　国家税务总局关于个人独资企业和合伙企业投资者取得种植业、养殖业、饲养业、捕捞业所得有关个人所得税问题的批复》(财税〔2010〕96 号)、《国务院关于个人独资企业和合伙企业征收所得税问题的通知》(国发〔2000〕16 号)、《财政部　国家税务总局关于个人所得税若干政策问题的通知》(财税字〔1994〕20 号)的规定,个体工商户或个人专营种植业、养殖业、饲养业、捕捞业,其经营项目属于农业税(包括农业特产税,下同)、牧业税征税范围并已征收了农业税、牧业税的,不再征收个人所得税;不属于农业税、牧业税征税范围的,应对其所得征收个人所得税。兼营上述"四业"并"四业"的所得单独核算的,比照上述原则办理,对于属于征收个人所得税的,应与其他行业的生产、经营所得合并计征个人所得税;对于"四业"的所得不能单独核算的,应就其全部所得计征个人所得税。

对个人独资企业和合伙企业从事种植业、养殖业、饲养业和捕捞业,其投资者取得的"四业"所得暂不征收个人所得税。

四、科技、教育类优惠

(一) 促进科技成果转化优惠

《财政部　国家税务总局关于促进科技成果转化有关税收政策的通知》(财税字〔1999〕

45号)、《财政部 国家税务总局关于教育税收政策的通知》(财税〔2004〕39号)规定,自1999年7月1日起,科研机构、高等学校转化职务科技成果以股份或出资比例等股权形式给予个人奖励,获奖人在取得股份、出资比例时,暂不缴纳个人所得税;取得按股份、出资比例分红或转让股权、出资比例所得时,应依法缴纳个人所得税。有关此项的具体操作规定,由国家税务总局另行制定。

科研机构是指按中央机构编制委员会和国家科学技术委员会《关于科研事业单位机构设置审批事项的通知》(中编办发〔1997〕14号)的规定设置审批的自然科学研究事业单位机构。高等学校是指全日制普通高等学校(包括大学、学院和高等专科学校)。

享受上述优惠政策的科技人员必须是科研机构和高等学校的在编正式职工。

(二)职务科技成果转化现金奖励优惠

《财政部 税务总局 科技部关于科技人员取得职务科技成果转化现金奖励有关个人所得税政策的通知》(财税〔2018〕58号)规定,依法批准设立的非营利性研究开发机构和高等学校根据《中华人民共和国促进科技成果转化法》的规定,从职务科技成果转化收入中给予科技人员的现金奖励,可减按50%计入科技人员当月工资、薪金所得,依法缴纳个人所得税。

非营利性科研机构和高校包括国家设立的科研机构和高校、民办非营利性科研机构和高校。

国家设立的科研机构和高校是指利用财政性资金设立的、取得《事业单位法人证书》的科研机构和公办高校,包括中央和地方所属科研机构和高校。

民办非营利性科研机构和高校,是指同时满足以下条件的科研机构和高校:

(1)根据《民办非企业单位登记管理暂行条例》在民政部门登记,并取得《民办非企业单位登记证书》。

(2)对于民办非营利性科研机构,其《民办非企业单位登记证书》记载的业务范围应属于"科学研究与技术开发、成果转让、科技咨询与服务、科技成果评估"范围。对业务范围存在争议的,由税务机关转请县级(含)以上科技行政主管部门确认。

对于民办非营利性高校,应取得教育主管部门颁发的《民办学校办学许可证》,《民办学校办学许可证》记载学校类型为"高等学校"。

(3)经认定取得企业所得税非营利组织免税资格。

科技人员享受本通知规定税收优惠政策,须同时符合以下条件:

(1)科技人员是指非营利性科研机构和高校中对完成或转化职务科技成果作出重要贡献的人员。非营利性科研机构和高校应按规定公示有关科技人员名单及相关信息(国防专利转化除外),具体公示办法由科技部会同财政部、税务总局制定。

(2)科技成果是指专利技术(含国防专利)、计算机软件著作权、集成电路布图设计专有权、植物新品种权、生物医药新品种,以及科技部、财政部、税务总局确定的其他技术成果。

(3)科技成果转化是指非营利性科研机构和高校向他人转让科技成果或者许可他人使用科技成果。现金奖励是指非营利性科研机构和高校在取得科技成果转化收入3年(36个月)内奖励给科技人员的现金。

(4)非营利性科研机构和高校转化科技成果,应当签订技术合同,并根据《技术合同认定登记管理办法》,在技术合同登记机构进行审核登记,并取得技术合同认定登记证明。

 **知识小练习**

【**例题·多选**】　某科研事业单位科技人员小张在 2020 年 10 月获得本单位发放的现金奖励,可享受职务科技成果转化现金奖励的个人所得税优惠政策。下列说法中正确的有(　　)。

　　A. 该现金奖励属于特许权使用费所得

　　B. 该现金奖励属于工资、薪金所得

　　C. 该现金奖励享受免税优惠

　　D. 该现金奖励享受低税率优惠

　　E. 该现金奖励享受收入减半计入工资、薪金所得优惠

　　答案: BE

　　解析: 依法批准设立的非营利性研究开发机构和高等学校根据《中华人民共和国促进科技成果转化法》的规定,从职务科技成果转化收入中给予科技人员的现金奖励,可减按 50% 计入科技人员当月工资、薪金所得,依法缴纳个人所得税。

(三)股权激励和技术入股优惠

《财政部　国家税务总局关于完善股权激励和技术入股有关所得税政策的通知》(财税〔2016〕101 号)规定,非上市公司授予本公司员工的股票期权、股权期权、限制性股票和股权奖励,符合规定条件的,经向主管税务机关备案,可实行递延纳税政策,即员工在取得股权激励时可暂不纳税,递延至转让该股权时纳税;股权转让时,按照股权转让收入减除股权取得成本以及合理税费后的差额,适用"财产转让所得"项目,按照 20% 的税率计算缴纳个人所得税。

上市公司授予个人的股票期权、限制性股票和股权奖励,经向主管税务机关备案,个人可自股票期权行权、限制性股票解禁或取得股权奖励之日起,在不超过 12 个月的期限内缴纳个人所得税。

企业或个人以技术成果投资入股到境内居民企业,被投资企业支付的对价全部为股票(权)的,企业或个人可选择继续按现行有关税收政策执行,也可选择适用递延纳税优惠政策。

选择技术成果投资入股递延纳税政策的,经向主管税务机关备案,投资入股当期可暂不纳税,允许递延至转让股权时,按股权转让收入减去技术成果原值和合理税费后的差额计算缴纳所得税如表 10-3 所示。

表 10-3　完善股权激励和技术入股有关所得税优惠政策

相关优惠	具体规定
对符合条件的非上市公司股票期权、股权期权、限制性股票和股权奖励实行递延纳税政策。	非上市公司授予本公司员工的股票期权,股权期权、限制性股票和股权奖励,符合规定条件的,经向主管税务机关备案。可实行递延纳税政策,即员工在取得股权激励时可暂不纳税,递延至转让该股权时纳税,股权转让时,按照股权转让收入减除股权取得成本以及合理税费后的差额,适用"财产转让所得"项目,按照 20% 的税率计算缴纳个人所得税。 ★ 股权转让时,股票(权)期权取得成本按行权价确定,限制性股票取得成本按实际出资额确定,股权奖励取得成本为零。 ★ 全国中小企业股份转让系统挂牌公司按照上述规定执行。

（续表）

相关优惠	具体规定
对上市公司股票期权、限制性股票和股权奖励适当延长纳税期限	上市公司授予个人的股票期权、限制性股票和股权奖励，经向主管税务机关备案，个人可自股票期权行权、限制性股票解禁或取得股权奖励之日起，不超过12个月的期限内缴纳个人所得税。
对技术成果投资入股实施选择性税收优惠政策	个人以技术成果投资入股到境内居民企业，被投资企业支付的对价全部为股票（权）的，个人可选择继续按现行有关税收政策执行，也可选择适用递延纳税优惠政策。

（四）高端紧缺人才优惠

海南自由贸易港高端紧缺人才优惠如下：

为支持海南自由贸易港建设，《财政部　税务总局关于海南自由贸易港高端紧缺人才个人所得税政策的通知》（财税〔2020〕32号）规定了专门的个人所得税政策，该政策自2020年1月1日起执行至2024年12月31日。

（1）对在海南自由贸易港工作的高端人才和紧缺人才，其个人所得税实际税负超过15％的部分，予以免征。

（2）享受上述优惠政策的所得包括来源于海南自由贸易港的综合所得（包括工资薪金、劳务报酬、稿酬、特许权使用费四项所得）、经营所得以及经海南省认定的人才补贴性所得。

（3）纳税人在海南省办理个人所得税年度汇算清缴时享受上述优惠政策。

（4）对享受上述优惠政策的高端人才和紧缺人才实行清单管理，由海南省商财政部、税务总局制定具体管理办法。

五、外籍个人的优惠

（一）外籍个人取得的津贴补贴

2019年1月1日至2021年12月31日，外籍个人符合居民个人条件的，可以选择享受个人所得税专项附加扣除，也可以选择按照《财政部　国家税务总局关于个人所得税若干政策问题的通知》（财税字〔1994〕20号）、《国家税务总局关于外籍个人取得有关补贴征免个人所得税执行问题的通知》（国税发〔1997〕54号）和《财政部　国家税务总局关于外籍个人取得港澳地区住房等补贴征免个人所得税的通知》（财税〔2004〕29号）的规定，享受住房补贴、语言训练费、子女教育费等津补贴免税优惠政策，但不得同时享受。外籍个人一经选择，在一个纳税年度内不得变更。

自2022年1月1日起，外籍个人不再享受住房补贴、语言训练费、子女教育费津补贴免税优惠政策，应按规定享受专项附加扣除。

除上述衔接事项外，其他个人所得税优惠政策继续按照原文件规定执行。

1. 住房补贴、伙食补贴、搬迁费、洗衣费优惠

外籍个人以非现金形式或实报实销形式取得的住房补贴、伙食补贴、搬迁费、洗衣费，暂免征收个人所得税。

实务中要注意把握"非现金"和"实报实销"的形式。非现金和实报实销可以理解成为除为个人实际发放现金补助形式以外的其他形式，如外籍个人在企业凭发票报销上述各种费用，或者由企业为其提供上述情况的服务等。

对外籍个人以非现金形式或实报实销形式取得的合理的住房补贴、伙食补贴和洗衣费免征个人所得税，应由纳税人在初次取得上述补贴或上述补贴数额、支付方式发生变化的月份的次月进行工资、薪金所得纳税申报时，向主管税务机关提供上述补贴的有效凭证，由主管税务机关核准确认免税。

对外籍个人因到中国任职或离职，以实报实销形式取得的搬迁收入免征个人所得税，应由纳税人提供有效凭证，由主管税务机关审核认定，就其合理的部分免税。外商投资企业和外国企业在中国境内的机构、场所，以搬迁费名义每月或定期向其外籍雇员支付的费用，应计入工资、薪金所得征收个人所得税。

《国家税务总局关于取消及下放外商投资企业和外国企业以及外籍个人若干税务行政审批项目的后续管理问题的通知》（国税发〔2004〕80号，以下简称国税发〔2004〕80号文件）第十四条取消外籍个人住房、伙食等补贴免征个人所得税审批的后续管理规定，根据《财政部　国家税务总局关于个人所得税若干政策问题的通知》（财税字〔1994〕20号）第二条、《国家税务总局关于外籍个人取得有关补贴征免个人所得税执行问题的通知》（国税发〔1997〕54号，以下简称国税发〔1997〕54号文件）的规定，外籍个人以非现金或实报实销形式取得的住房补贴、伙食补贴、洗衣费、搬迁费、出差补贴、探亲费、语言训练费、子女教育费等补贴，由纳税人提供有关凭证，主管税务机关核准后给予免征个人所得税。取消上述核准后，外籍个人取得上述补贴收入，在申报缴纳或代扣代缴个人所得税时，应按国税发〔1997〕54号文件的规定提供有关有效凭证及证明资料。主管税务机关应按照国税发〔1997〕54号文件的要求，就纳税人或代扣代缴义务人申报的有关补贴收入逐项审核。对其中有关凭证及证明资料，不能证明其上述免税补贴的合理性的，主管税务机关应要求纳税人或代扣代缴义务人在限定的时间内，重新提供证明材料。凡未能提供有效凭证及证明资料的补贴收入，主管税务机关有权给予纳税调整。需要注意的是，如果不是凭相应发票进行报销的形式而采取了直接发放现金补助的形式，则不属于减免项目，应并入当月工资、薪金所得缴纳个人所得税，对于这些报销项目应符合实际发生原则，费用额度要合理，否则按照国税发〔2004〕80号文件相关规定，税务机关有权给予纳税调整，对其进行征税。

2. 外籍个人按合理标准取得的境内、外出差补贴

外籍个人按合理标准取得的符合条件的境内、外出差补贴，暂免征收个人所得税。

受雇于我国境内企业的外籍个人（不包括中国香港、中国澳门居民个人），因家庭等原因居住在中国香港、中国澳门，每个工作日往返于内地与中国香港、中国澳门等地区，由此境内企业（包括其关联企业）给予在中国香港或中国澳门住房、伙食、洗衣、搬迁等非现金形式或实报实销形式的补贴，凡能提供有效凭证的，可以依照《财政部　国家税务总局关于个人所得税若干政策问题的通知》（财税字〔1994〕20号）第二条以及《国家税务总局关于外籍个人取得有关补贴征免个人所得税执行问题的通知》（国税发〔1997〕54号）第一条、第二条的规定，免予征收个人所得税。

对外籍个人按合理标准取得的境内、外出差补贴免征个人所得税，应由纳税人提供出差的交通费、住宿费凭证（复印件）或企业安排出差的有关计划，由主管税务机关确认免税。

在实践中,目前按照最新政策《国家税务总局关于取消 20 项税务证明事项的公告》(国家税务总局公告 2018 年第 65 号)的规定,纳税人办理外籍个人按合理标准取得的境内、外出差补贴免征个人所得税优惠事项时,不再需要提交居民身份证或其他证明身份的合法证明,直接在申报表中填报纳税人的基本信息和税收减免信息即可。

3. 外籍个人取得的探亲费、语言训练费、子女教育费

外籍个人取得的探亲费、语言训练费、子女教育费等,经当地税务机关审核批准为合理的部分,免征个人所得税。

外籍个人就其在中国香港或中国澳门进行语言培训、子女教育而取得的费用补贴,凡能提供有效支出凭证等材料的,经主管税务机关审核确认为合理的部分,可以依照《财政部国家税务总局关于个人所得税若干政策问题的通知》(财税字〔1994〕20 号)第二条以及国税发〔1997〕54 号文件第五条的规定,免予征收个人所得税。

对外籍个人取得的探亲费免征个人所得税,应由纳税人提供探亲的交通支出凭证(复印件),由主管税务机关审核,对其实际用于本人探亲,且每年探亲的次数和支付的标准合理的部分给予免税。

对外籍个人取得的语言培训费和子女教育费补贴免征个人所得税,应由纳税人提供在中国境内接受上述教育的支出凭证和期限证明材料,由主管税务机关审核,对其在中国境内接受语言培训以及子女在中国境内接受教育取得的语言培训费和子女教育费补贴,且在合理数额内的部分免予纳税。

4. 外国来华留学生领取的生活津贴费、奖学金

外国来华留学生,领取的生活津贴费、奖学金,不属于工资、薪金范畴,不征个人所得税。

5. 外国派出单位发给包干款项中的非工资优惠

外国来华工作人员,由外国派出单位发给包干款项,其中包括个人工资、公用经费(邮电费、办公费、广告费、业务上往来必要的交际费)、生活津贴费(住房费、差旅费),凡对上述所得能够划分清楚的,可只就工资、薪金所得部分按照规定征收个人所得税。

6. 粤港澳大湾区个人所得税优惠

《财政部 税务总局关于粤港澳大湾区个人所得税优惠政策的通知》(财税〔2019〕31 号)规定,广东省、深圳市按内地与中国香港个人所得税税负差额,对在大湾区工作的境外(含中国港澳台)高端人才和紧缺人才给予补贴免征个人所得税。在大湾区工作的境外高端人才和紧缺人才的认定和补贴办法,按照广东省、深圳市的有关规定执行。适用范围包括广东省广州市、深圳市、珠海市、佛山市、惠州市、东莞市、中山市、江门市和肇庆市等大湾区珠三角九市。减免时间自 2019 年 1 月 1 日起至 2023 年 12 月 31 日止。

📖 **知识小练习**

【例题·单选】 2019 年 2 月 18 日,随着《粤港澳大湾区发展规划纲要》的公布,一个国际一流的大湾区和世界级城市群正在逐渐显现。2021 年 2 月,注册地和实际经营地都位于深圳市的 A 公司为了提高公司管理水平,专门聘请来自中国香港的高端人才张某来公司任职(合同签订 5 年,仅在深圳任职),下列关于张某 2021 年 3 月个人所得税说法中正确的是( )。

    A. 深圳市可以按照内地与中国香港个人所得税税负差额对张某给予补贴,该补贴免征个人所得税

    B. 根据《内地和香港特别行政区关于对所得避免双重征税和防止偷漏税的安排》,张某仅需在中国香港缴纳个人所得税

    C. 深圳市可以按照内地与中国香港个人所得税税负差额,对张某给予补贴,该补贴可以减按10％个人所得税

    D. 深圳市可以按照内地与中国香港个人所得税税负差额,对张某给予补贴,该补贴需要缴纳20％的个人所得税

答案: A

解析: 根据《关于粤港澳大湾区个人所得税优惠政策的通知》(财税〔2019〕31号)的规定,广东省、深圳市按内地与中国香港个人所得税税负差额,对在大湾区工作的境外(含中国港澳台)高端人才和紧缺人才给予补贴免征个人所得税。

7. 平潭工作的中国台湾居民税负差额补贴优惠

《财政部　国家税务总局关于福建平潭综合实验区个人所得税优惠政策的通知》(财税〔2014〕24号)规定,在平潭综合实验区工作的中国台湾居民,应按照个人所得税法的有关规定,缴纳个人所得税。中国台湾居民,是指持有《台湾居民来往大陆通行证》的个人。

福建省人民政府根据《国务院关于平潭综合实验区总体发展规划的批复》(国函〔2011〕142号)以及《平潭综合实验区总体发展规划》的有关规定,按不超过内地与中国台湾地区个人所得税负差额,给予在平潭综合实验区工作的中国台湾居民的补贴,免征个人所得税。平潭综合实验区是指国务院2011年11月批复的《平潭综合实验区总体发展规划》规划的平潭综合实验区范围。减免时间自2013年1月1日起至2020年12月31日止。

8. 前海港澳台高端人才和紧缺人才税负差额补贴优惠

《国务院关于支持深圳前海深港现代服务业合作区开发开放有关政策的批复》(国函〔2012〕58号)规定,对在前海工作、符合前海规划产业发展需要的境外高端人才和紧缺人才,取得的暂由深圳市人民政府按内地与境外个人所得税负差额给予的补贴,免征个人所得税。

(二)外籍个人从外商投资企业取得的股息、红利所得

外籍个人从外商投资企业取得的股息、红利所得可暂免征收个人所得税。

值得注意的是,一是适用对象仅限于外籍个人;二是适用范围仅限于外籍个人从投资企业取得的股息、红利所得,如果是利息所得则不适用,如果是从内资企业取得的股息、红利也不适用。

在实践中,纳税人办理外籍个人取得外商投资企业股息、红利免征个人所得税优惠事项时,只需提供居民身份证或其他证明身份的合法证明即可,不再要求其他资料。

　**知识小练习**

【例题·多选】　根据新个人所得税法的规定,外籍个人取得的下列所得中,免征个人所得税的有(　　　)。

    A. 以现金形式取得的住房补贴

    B. 以实报实销形式取得的搬迁费

    C. 取得的经批准合理的语言训练费

D. 按合理标准取得的境内、外出差补贴

答案：BCD

解析：选项 A，外籍个人以非现金形式或实报实销形式取得的住房补贴、伙食补贴、搬迁费、洗衣费，免征个人所得税。

（三）国际驻华机构和外国政府驻华使领馆外籍雇员优惠

根据国际惯例，在国际组织驻华机构、外国政府驻华使领馆中工作的非外交官身份的外籍雇员，如是"永久居留"者，亦应在驻在国缴纳个人所得税，但由于我国税法对"永久居留"者尚未作出明确的法律定义和解释，因此，对于仅在国际组织驻华机构和外国政府驻华使领馆中工作的外籍雇员，暂不征收个人所得税。

在中国境内，若国际驻华机构和外国政府驻华使领馆中工作的外交人员、外籍雇员在该机构或使领馆之外，从事非公务活动所取得的收入，应缴纳个人所得税。

（四）驻华使馆、领事馆的外交代表、领事官员和其他人员的所得

新个人所得税法第四条第一款第八项规定，依照有关法律规定应予免税的各国驻华使馆、领事馆的外交代表、领事官员和其他人员的所得，免征个人所得税。上述所称人员包括《中华人民共和国外交特权与豁免条例》和《中华人民共和国领事特权与豁免条例》范围涉及的各国驻华使馆、领事馆的外交代表、领事官员和其他人员。

（五）中国政府参加的国际公约、签订的协议中规定免税的所得

详见第十章第一节"九、中国政府参加的国际公约、签订的协议中规定免税的所得"。

（六）对从事 2022 年冬奥会、冬残奥会相关工作的外籍个人优惠

《财政部 税务总局 海关总署关于北京 2022 年冬奥会和冬残奥会税收政策的通知》（财税〔2017〕60 号）规定，对受北京冬奥组委邀请的，在北京 2022 年冬奥会、冬残奥、测试赛期间临时来华，从事奥运相关工作的外籍顾问以及裁判员等外籍技术官员取得的由北京冬奥组委、测试赛赛事组委会支付的劳务报酬免征增值税和个人所得税。

六、资本类优惠

（一）股份制企业转增股本和派发红股

股份制企业用资本公积金转增股本不属于股息、红利性质的分配，对个人取得的转增股本数额，不作为个人所得，不征收个人所得税。

上述的"资本公积金"是指股份制企业股票溢价发行收入所形成的资本公积金。将此转增股本由个人取得的数额，不作为应税所得征收个人所得税。而与此不相符合的其他资本公积金分配个人所得部分，应当依法征收个人所得税。

（二）证券投资基金

《财政部 国家税务总局关于证券投资基金税收问题的通知》（财税字〔1998〕55 号）规定，对个人投资者买卖基金单位获得的差价收入，在对个人买卖股票的差价收入未恢复征收个人所得税以前，暂不征收个人所得税。

（三）转让上市公司股票所得

根据《财政部 国家税务总局关于个人转让股票所得继续暂免征收个人所得税的通知》

（财税字〔1998〕61号）、《财政部 国家税务总局 证监会关于个人转让上市公司限售股所得征收个人所得税有关问题的通知》（财税〔2009〕167号）的规定，为了配合企业改制，促进股票市场的稳健发展，对个人在上海证券交易所、深圳证券交易所转让从上市公司公开发行和转让市场取得的上市公司股票所得，免征个人所得税。

（四）企业改组改制过程中个人取得的量化资产

《关于企业改组改制过程中个人取得的量化资产征收个人所得税问题的通知》（国税发〔2000〕60号）规定，根据国家有关规定，允许集体所有制企业在改制为股份合作制企业时可以将有关资产量化给职工个人。为了支持企业改组改制的顺利进行，对于企业在这一改革过程中个人取得量化资产的有关个人所得税问题，国家税务总局进行了明确，对职工个人以股份形式取得的仅作为分红依据，不拥有所有权的企业量化资产，不征收个人所得税。对职工个人以股份形式取得的拥有所有权的企业量化资产，暂缓征收个人所得税。

 **知识小练习**

【例题·多选】 李某在任职企业股份制改制中，以2.3万元取得了价值3万元拥有所有权的量化股份，3个月后获得股息0.3万元，随后以4万元的价格将该股份转让。不考虑转让税费，下列税务处理正确的有（　　）。

A. 取得量化股份时按"利息、股息、红利所得"项目计征个人所得税

B. 取得股息应按"利息、股息、红利所得"项目计征个人所得税

C. 股份转让所得1.7万元，按"工资、薪金所得"项目计征个人所得税

D. 取得的量化股份价值与支付成本的差额0.7万元，应在取得当月与当月工资、薪金合并计征个人所得税

E. 取得量化股份时暂缓计征个人所得税

答案： BE

解析： 根据《国家税务总局关于企业改组改制过程中个人取得的量化资产征收个人所得税问题的通知》第二条的规定，对职工个人以股份形式取得的拥有所有权的企业量化资产，暂缓征收个人所得税；待个人将股份转让时，就其转让收入额，减除个人取得该股份时实际支付的费用支出和合理转让费用后的余额，按"财产转让所得"项目计征个人所得税。

【知识点梳理】 企业改组改制过程中个人取得的量化资产税务处理如表10-4所示。

表10-4 企业改组改制过程中个人取得的量化资产税务处理

具体情形		税务处理
取得量化资产	仅作为分红依据，不拥有所有权的企业量化资产	不征收个人所得
	对职工个人以股份形式取得的拥有所有权的企业量化资产	暂缓征收个人所得税
量化资产的权益性投资收益		按"利息、股息、红利所得"征税
量化资产的转让		按"财产转让所得"征税

(五) 股权分置改革

《财政部 国家税务总局关于股权分置试点改革有关税收政策问题的通知》(财税〔2005〕103 号)规定,股权分置改革中非流通股股东通过对价方式向流通股股东支付的股份、现金等收入,暂免征收流通股股东应缴纳的企业所得税和个人所得税。

(六) 个人非货币性资产投资

《财政部 国家税务总局关于个人非货币性资产投资有关个人所得税政策的通知》(财税〔2015〕41 号)规定,个人应在非货币性资产投资发生的次月 15 日内向主管税务机关申报纳税。纳税人一次性缴税有困难的,可合理确定分期缴纳计划并报主管税务机关备案后,自发生上述应税行为之日起不超过 5 个公历年度内(含)分期缴纳个人所得税。

注:分期缴纳办法从 2015 年 4 月 1 日起开始实施。同时,本着有利于纳税人的原则,财税〔2015〕41 号文件明确规定,对 2015 年 4 月 1 日之前发生该应税行为未进行税收处理且自发生上述应税行为之日起期限未超过 5 年的,可在剩余期限内分期缴纳应纳税款。

例如,假设张先生 2015 年 12 月进行了一次非货币性资产投资,那么他可以根据自身情况制定分期缴税计划,在 2015 至 2019 这 5 个公历年度内分期缴税,并于 2019 年 12 月 31 日前缴清税款。假设李某 2014 年进行了一次非货币性资产投资,因资金问题,截至 2015 年 3 月 31 日尚未缴税,那么他也可在 2015 至 2018 这 4 个公历年度内分期缴税,并于 2018 年 12 月 31 日前缴清税款。

另外,财税〔2015〕41 号文件中对于分期缴纳并未规定税款要平均分期缴纳,因此实务中要注意与企业所得税相关规定的区分。

(七) 企业转增股本

《财政部 国家税务总局关于将国家自主创新示范区有关税收试点号政策推广到全国范围实施的通知》(财税〔2015〕116 号,以下简称财税〔2015〕116 号文件)规定,自 2016 年 1 月 1 日起,全国范围内的中小高新技术企业以未分配利润、盈余公积、资本公积向个人股东转增股本时,个人股东一次缴纳个人所得税确有困难的,可根据实际情况自行制定分期缴税计划,在不超过 5 个公历年度内(含)分期缴纳,并将有关资料报主管税务机关备案。

自 2016 年 1 月 1 日起,全国范围内的高新技术企业转化科技成果,给予本企业相关技术人员的股权奖励,个人一次缴纳税款有困难的,可根据实际情况自行制定分期缴税计划,在不超过 5 个公历年度内(含)分期缴纳,并将有关资料报主管税务机关备案。

【政策解析】

(1) 未上市或挂牌的股份有限公司中,符合财税〔2015〕116 号文件中"中小高新技术企业"规定的企业,在转增股本时,因股票溢价发行收入所形成的资本公积金转增时同样不缴纳个人所得税。

因其他原因形成的资本公积和盈余公积、未分配利润等在向个人股东转增时必须计算个人所得,缴纳个人所得税。一次缴纳个人所得税确有困难的,可以在不超过 5 个公历年度内(含)分期缴纳。

(2) 未上市或挂牌的股份有限公司中,不符合"中小高新技术企业"规定的,在转增股本时,因股票溢价发行收入所形成的资本公积金转增时也同样不缴纳个人所得税。

但因其他原因形成的资本公积和盈余公积、未分配利润等向个人股东转增时则必须计算个人所得,缴纳个人所得税。且不得分期缴纳。

【案例 10-2】 A 股份有限公司符合"中小高新技术企业"规定,现有股本 1 800 万元。其中自然人甲、乙持有股份各 900 万元,2021 年 8 月 1 日,A 公司以每股 3 元的价格向自然人丙增发 200 万股。公司因股本溢价形成的资本公积为 400 万元,A 公司其他资本公积为 100 万元(假设可转增),假设 A 公司在 2021 年 10 月 10 日将 500 万元资本公积全部转增股本。计算转增股本时甲、乙、丙分别应纳个人所得税多少元?

解析:根据文件规定,A 公司以资本溢价形成的资本公积向个人股东转增股本部分,不缴纳个人股东的个人所得税。而以其他资本公积转增股本需要缴纳个人所得税,甲、乙目前各占 A 公司 45%(900÷2 000)的股权,甲、乙分别应纳个人所得税＝(100×45%)×20%＝9(万元)。

丙占 A 公司 10%的股权,应纳个人所得税＝(100×10%)×20%＝2(万元)。

上述税款根据财税〔2015〕116 号文件的规定,可在不超过 5 个公历年度内(含)分期缴纳,由于文件对分期缴纳并未规定必须平均计算缴纳,所以制定分期缴税备案方案时,如将应缴税款的多数分配在最后一年,既不违背税收文件的规定,又能达到效益最大化。

★如 A 股份有限公司不符合"中小高新技术企业"规定,则上述税款必须在当期全额缴纳。

(3)在股东转让该部分股权之前,企业依法宣告破产,股东进行相关权益处置后没有取得收益或收益小于初始投资额的,主管税务机关对其尚未缴纳的个人所得税可不予追征。

(4)享受税收优惠政策的中小高新技术企业,是指注册在中国境内实行查账征收的、经认定取得高新技术企业资格,且年销售额和资产总额均不超过 2 亿元、从业人数不超过 500 人的企业。

(八)行政和解金

《财政部 国家税务总局关于行政和解金有关税收政策问题的通知》(财税〔2016〕100 号)规定,自 2016 年 1 月 1 日起,对个人投资者从投保基金公司取得的行政和解金,暂免征收个人所得税。

(九)对内地个人投资者通过沪港通、深港通取得的股票转让差价所得

《财政部 税务总局 证监会关于继续执行沪港、深港股票市场交易互联互通机制和内地与香港基金互认有关个人所得税政策的公告》(财政部 税务总局 证监会公告 2019 年第 93 号)规定,对内地个人投资者通过沪港通、深港通投资香港联交所上市股票取得的转让差价所得和通过基金互认买卖香港基金份额取得的转让差价所得,自 2019 年 12 月 5 日起至 2022 年 12 月 31 日止,继续暂免征收个人所得税。

 **知识小练习**

【例题·多选】 下列关于沪港股票市场交易互联互通机制试点有关税收政策的理解,正确的有( )。

A. 对内地个人投资者通过沪港通投资香港联交所上市股票取得的转让差价所得,暂免征收个人所得税

B. 对内地个人投资者通过沪港通投资香港联交所上市 H 股取得的股息、红利,H 股公

司按照 20% 的税率代扣个人所得税

C. 内地个人投资者通过沪港通投资香港联交所上市的非 H 股取得的股息、红利,由中国结算按 10% 的税率代扣个人所得税

D. 对香港市场投资者个人投资上交所上市 A 股取得的转让差价所得,应按规定征收个人所得税

答案:AB

解析:选项 C,根据《关于深港股票市场交易互联互通机制试点有关税收政策的通知》(财税〔2016〕127 号)的规定,内地个人投资者通过沪港通投资香港联交所上市的非 H 股取得的股息、红利,由中国结算按 20% 的税率代扣个人所得税。选项 D,对香港市场投资者个人投资上交所上市 A 股取得的转让差价所得,暂免征收个人所得税。

【知识点梳理】 沪港股票市场交易互联互通机制试点个人所得税的处理如表 10-5 所示。

表 10-5 沪港股票市场交易互联互通机制试点个人所得税的处理

所得项目	具体情形	具体处理
股票转让所得	内地个人投资者通过沪港通投资香港联交所上市股票	2019 年 12 月 5 日起至 2022 年 12 月 31 日止暂免征收个人所得税
	香港市场个人投资者投资上交所上市 A 股	暂免征收个人所得税
股息、红利所得	内地个人投资者通过沪港通投资香港联交所上市 H 股	H 股公司按照 20% 的税率代扣个人所得税
	内地个人投资者通过沪港通投资香港联交所上市的非 H 股	由中国结算按照 20% 的税率代扣个人所得税
	香港市场个人投资者投资上交所上市 A 股	在香港中央结算有限公司不具备向中国结算提供投资者的身份及持股时间等明细数据的条件之前,暂不执行按持股时间实行差别化征税政策,由上市公司按照 10% 的税率代扣所得税,并向其主管税务机关办理扣缴申报

(十)货物期货市场对外开放

《财政部 税务总局 证监会关于支持原油等货物期货市场对外开放税收政策的通知》(财税〔2018〕21 号)规定,自原油期货对外开放之日起,对境外个人投资者投资中国境内原油期货取得的所得,3 年内暂免征收个人所得税。

(十一)创业投资企业和天使投资个人优惠

根据《财政部 税务总局关于创业投资企业和天使投资个人有关税收政策的通知》(财税〔2018〕55 号)、《国家税务总局关于创业投资企业和天使投资个人税收政策有关问题的公告》(国家税务总局公告 2018 年第 43 号)的规定,合伙创投企业采取股权投资方式直接投资于初创科技型企业满 2 年(24 个月)的,个人合伙人可以按照对初创科技型企业投资额的 70% 抵扣个人合伙人从合伙创投企业分得的经营所得;当年不足抵扣的,可以在以后纳税年度结转抵扣。

天使投资个人采取股权投资方式直接投资于初创科技型企业满2年的,可以按照投资额的70%抵扣转让该初创科技型企业股权取得的应纳税所得额;当期不足抵扣的,可以在以后取得转让该初创科技型企业股权的应纳税所得额时结转抵扣。

天使投资个人投资多个初创科技型企业的,对其中办理注销清算的初创科技型企业,天使投资个人对其投资额的70%尚未抵扣完的,可自注销清算之日起36个月内抵扣天使投资个人转让其他初创科技型企业股权取得的应纳税所得额。

【政策解析】

(1)《财政部　税务总局关于创业投资企业和天使投资个人有关税收政策的通知》(财税〔2018〕55号)第一条所称"满2年"是公司制创投企业、合伙创投企业、天使投资个人投资于初创科技型企业的实缴投资满2年,投资时间从初创科技型企业接受投资并完成工商变更登记的日期算起。需要注意的是,对于合伙创投企业投资初创科技型企业的,仅强调合伙创投企业投资于初创科技型企业的实缴投资满2年,取消了对合伙人对该合伙创投企业的实缴出资须满2年的要求,简化了政策条件,有利于企业准确执行政策。比如,某合伙创投企业于2018年12月投资初创科技型企业,假设其他条件均符合文件规定,合伙创投企业的某个法人合伙人于2019年1月对该合伙创投企业出资,2020年12月,合伙创投企业投资初创科技型企业满2年时,该法人合伙人同样可享受税收优惠政策。

(2)研发费用总额占成本费用支出的比例,指企业接受投资当年及下一个纳税年度的研发费用总额合计占同期成本费用总额合计的比例。此规定参考了高新技术企业研发费用占比的计算方法,一定程度上降低了享受优惠的门槛,使更多的企业可以享受到政策红利。比如,某公司制创投企业于2018年5月投资初创科技型企业,假设其他条件均符合文件规定,初创科技型企业2018年发生研发费用110万元,成本费用1 100万元,2018年研发费用占比10%,低于20%;2019年发生研发费用550万元,成本费用1 100万元,2019年研发费用占比50%,高于20%。如要求投资当年及下一年分别满足研发费用占比高于20%的条件,则该公司制创投企业不能享受税收优惠政策。但按照《国家税务总局关于创业投资企业和天使投资个人税收政策有关问题的公告》(国家税务总局公告2018年第43号)的规定,投资当年及下一年初创科技型企业研发费用平均占比为30%[(110+550)÷(1 100+1 100)],该公司制创投企业可以享受税收优惠政策。

(3)由于合伙创投企业投资初创型科技企业的,在投资满2年的当年就可享受税收优惠政策,文件规定计算出资比例的时点为投资满2年当年年末,对同一年满2年的投资统一计算,简化了计算方法,减轻了企业办税负担。

(十二)转让新三板挂牌公司非原始股优惠

《财政部　国家税务总局　中国证券监督管理委员会关于个人转让全国中小企业股份转让系统挂牌公司股票有关个人所得税政策的通知》(财税〔2018〕137号)规定,自2018年11月1日(含)起,对个人转让新三板挂牌公司非原始股取得的所得,暂免征收个人所得税。

非原始股是指个人在新三板挂牌公司挂牌后取得的股票,以及由上述股票孳生的送、转股。

 **知识小练习**

【**例题·多选**】 关于居民个人2019年取得新三板挂牌公司转让所得的税务处理,以下表述正确的有( )。

A. 李某2月转让原始股,按照"财产转让所得"计算个人所得税

B. 吴某4月转让非原始股,暂免征收个人所得税

C. 胡某6月转让原始股,以股票托管的证券机构为扣缴义务人

D. 杨某7月转让原始股,以股票受让方为扣缴义务人

E. 孙某11月转让原始股,以股票托管的证券机构为扣缴义务人

答案:ABDE

解析:根据《关于个人转让全国中小企业股份转让系统挂牌公司股票有关个人所得税政策的通知》的规定,自2018年11月1日(含)起,对个人转让新三板挂牌公司非原始股取得的所得,暂免征收个人所得税。对个人转让新三板挂牌公司原始股取得的所得,按照"财产转让所得",适用20%的比例税率征收个人所得税。2019年9月1日之前,以股票受让方为扣缴义务人,2019年9月1日以后,以股票托管的证券机构为扣缴义务人。

七、其他综合类优惠

(一)离婚析产

《国家税务总局关于明确个人所得税若干政策执行问题的通知》(国税发〔2009〕121号)规定,通过离婚析产的方式分割房屋产权是夫妻双方对共同共有财产的处置,个人因离婚办理房屋产权过户手续,不征收个人所得税。

个人转让离婚析产房屋所取得的收入,符合家庭生活自用5年以上唯一住房的,可以申请免征个人所得税,其购置时间按照《国家税务总局关于房地产税收政策执行中几个具体问题的通知》(国税发〔2005〕172号)执行。

 **知识小练习**

【**例题·单选**】 下列关于个人转让离婚析产房屋的税务处理,说法正确的是( )。

A. 个人因离婚办理房屋产权过户手续征收个人所得税

B. 个人转让离婚析产房屋所取得的收入以扣除其相应的财产原值和合理费用后的余额缴纳个人所得税

C. 个人转让离婚析产房屋的财产原值为房屋初次购置全部原值和相关税费之和

D. 个人转让离婚析产房屋所取得的收入,符合家庭生活自用3年以上唯一住房的,免征个人所得税

答案:B

解析:选项A,个人因离婚办理房屋产权过户手续,不征收个人所得税;选项C,个人转让离婚析产房屋的财产原值,为房屋初次购置全部原值和相关税费之和乘以转让者占房屋所有权的比例;选项D,个人转让离婚析产房屋所取得的收入,符合家庭生活自用5年以上唯一住房的,可以申请免征个人所得税。

(二)企业促销展业赠送礼品

《财政部 国家税务总局关于企业促销展业赠送礼品有关个人所得税问题的通知》(财税〔2011〕50号)规定,企业在销售商品(产品)和提供服务过程中向个人赠送礼品,属于下列情形之一的,不征收个人所得税:

(1)企业通过价格折扣、折让方式向个人销售商品(产品)和提供服务。

(2)企业在向个人销售商品(产品)和提供服务的同时给予赠品,如通信企业对个人购买手机赠话费、入网费,或者购话费赠手机等。

(3)企业对累积消费达到一定额度的个人按消费积分反馈礼品。

(三)代扣代缴手续费

《财政部 国家税务总局关于个人所得税若干政策问题的通知》(财税字〔1994〕20号)规定,个人办理代扣代缴税款手续,按规定取得的扣缴手续费,免征个人所得税。

(四)支持疫情防控和经济社会发展

1. 新型冠状病毒感染的肺炎疫情防控期间补助和奖金

《财政部 税务总局关于支持新型冠状病毒感染的肺炎疫情防控有关个人所得税政策的公告》(财政部 税务总局公告2020年第10号)规定如下:

(1)对参加疫情防治工作的医务人员和防疫工作者按照政府规定标准取得的临时性工作补助和奖金,免征个人所得税。政府规定标准包括各级政府规定的补助和奖金标准。

对省级及省级以上人民政府规定的对参与疫情防控人员的临时性工作补助和奖金,比照执行。

(2)单位发给个人用于预防新型冠状病毒感染的肺炎的药品、医疗用品和防护用品等实物(不包括现金),不计入工资、薪金收入,免征个人所得税。

执行时间:自2020年1月1日起施行,截止日期视疫情情况另行公告。

2. 支持新型冠状病毒感染的肺炎疫情防控捐赠

《财政部 税务总局关于支持新型冠状病毒感染的肺炎疫情防控有关捐赠税收政策的公告》(财政部 税务总局公告2020年第9号)

企业和个人通过公益性社会组织或者县级以上人民政府及其部门等国家机关,捐赠用于应对新型冠状病毒感染的肺炎疫情的现金和物品,允许在计算应纳税所得额时全额扣除。

企业和个人直接向承担疫情防治任务的医院捐赠用于应对新型冠状病毒感染的肺炎疫情的物品,允许在计算应纳税所得额时全额扣除。

(3)国家机关、公益性社会组织和承担疫情防治任务的医院接受的捐赠,应专项用于应对新型冠状病毒感染的肺炎疫情工作,不得挪作他用。

执行时间:本公告自2020年1月1日起施行,截止日期视疫情情况另行公告。

3. 支持个体工商户复工复业

《国家税务总局关于支持个体工商户复工复业等税收征收管理事项的公告》(国家税务总局公告2020年第5号)第五条规定,自2020年3月1日至5月31日,对湖北省境内的个体工商户、个人独资企业和合伙企业,代开货物运输服务增值税发票时,暂不预征个人所得税;对其他地区的上述纳税人统一按代开发票金额的0.5%预征个人所得税。

4. 政策施行期限

《财政部　税务总局关于支持疫情防控保供等税费政策实施期限的公告》（财政部　税务总局公告 2020 年第 28 号）将有关税费政策实施期限公告如下：

《财政部　税务总局关于支持新型冠状病毒感染的肺炎疫情防控有关捐赠税收政策的公告》（财政部　税务总局公告 2020 年第 9 号）、《财政部　税务总局关于支持新型冠状病毒感染的肺炎疫情防控有关个人所得税政策的公告》（财政部　税务总局公告 2020 年第 10 号）规定的税费优惠政策，执行至 2020 年 12 月 31 日。

第十一章

境外所得抵免

导 读

新个人所得税法实施条例对境外所得计征方式进行了修改,由境内外所得分别计征个人所得税修改为境内外所得合并计征个人所得税,为落实修改后的个人所得税法实施条例,财政部和税务总局于 2020 年 1 月 22 日发布了《财政部 税务总局关于境外所得有关个人所得税政策的公告》(财政部 税务总局公告 2020 年第 3 号,以下简称 2020 年第 3 号公告),进一步明确了境外所得有关个人所得税政策的具体规定,个人所得税汇算清缴相关配套文件也趋于完整。本章内容以新个人所得税法及其实施条例为基础,以 2020 年第 3 号公告为主线,对个人境外所得抵免进行阐述,辅之以案例分析和申报表填写,使之更通俗易懂,易于理解。

第一节　所得来源地划分规则

所得来源地划分规则明确了境内外所得具体范围,境外所得来源地的判定是境外所得抵免的前提条件,只有先确定该笔所得是否属于境外所得,才能进一步进行境外所得抵免的计算。

2020 年第 3 号公告第一条规定,下列所得,为来源于中国境外的所得:

(1)因任职、受雇、履约等在中国境外提供劳务取得的所得。

(2)中国境外企业以及其他组织支付且负担的稿酬所得。

(3)许可各种特许权在中国境外使用而取得的所得。

(4)在中国境外从事生产、经营活动而取得的与生产、经营活动相关的所得。

(5)从中国境外企业、其他组织以及非居民个人取得的利息、股息、红利所得。

(6)将财产出租给承租人在中国境外使用而取得的所得。

(7)转让中国境外的不动产、转让对中国境外企业以及其他组织投资形成的股票、股权以及其他权益性资产(以下称权益性资产)或者在中国境外转让其他财产取得的所得。但转让对中国境外企业以及其他组织投资形成的权益性资产,该权益性资产被转让前 3 年(连续 36 个公历月份)内的任一时间,被投资企业或其他组织的资产公允价值 50% 以上直接或间接来自位于中国境内的不动产的,取得的所得为来源于中国境内的所得。

(8)中国境外企业、其他组织以及非居民个人支付且负担的偶然所得。

(9)财政部、税务总局另有规定的,按照相关规定执行。

个人所得税对来源地划分采取了不同的原则,对于因任职受雇履约取得的所得和经营所得按劳务发生地或经营发生地进行划分;对稿酬所得,偶然所得,利息、股息、红利所得按照支付地进行划分;对财产租赁所得和特许权使用费所得按照使用地进行划分,不动产转让所得则按照不动产所在地进行划分;权益性资产按照被投资企业所在地进行划分。我国和大部分国家(地区)签订的税收协定,明确被转让企业的股权价值主要由不动产构成的,不动产所在国有征税权。按照协定规定,非居民个人转让境外企业股权,如果该被转让企业的股权价值主要由位于我国境内的不动产构成,我国对此拥有征税权。但基于国际税收协定不能创设征税权的基本原则,只能对缔约一方是否拥有征税权进行划分,各国是否可以实际征税,还需要按照各国的国内法规定执行,而我国个人所得税法规定,非居民个人只就其境内所得履行纳税义务,为执行税收协定赋予我国的征税权,2020年第3号公告将此类所得明确为境内所得,以便于我国可以征税。

有关工资、薪金所得来源地划分规则的具体规定,此前章节进行详细说明,此处不再赘述。

【案例 11-1】 我国居民个人刘某 2020 年取得下列所得,请分析下列各项收入的所得来源地。

(1) 1 月 8 日,在英国旅游期间接受英国 A 公司的邀请举办一场讲座,获得报酬 5 000 美元。

(2) 3 月 15 日,在伦敦游玩时,其境内公司向其支付股息 50 000 元,并打入刘某的英国账户。

(3) 5 月,回到中国后,将自己的一部小说许可 A 公司进行电影拍摄使用,获得报酬 100 000 美元,并为英国 B 公司提供设计服务,获得报酬 10 000 美元。

(4) 7 月,其写的一篇短篇小说由美国 C 公司在美国发表,C 公司的境内母公司向刘某支付稿酬 50 000 元。

(5) 9 月,将位于伦敦的一处住房出租给中国留学生使用,每月租金 1 000 美元。

(6) 11 月,转让其持有的美国甲公司的股票,取得转让收益 50 万美元。但甲公司在刘某转让前 36 个月内,某个月资产公允价值的 50%以上是直接或间接来源于甲公司持有的中国境内的不动产。

解析: 第(1)项所得属于劳务报酬所得,以劳务发生地为判断标准,该项劳务发生在境外,因此该笔所得属于境外所得。

第(2)项所得属于利息、股息、红利所得,以支付机构所在地为判断标准,该项所得由境内公司支付,因此属于境内所得。

第(3)项所得属于特许权使用费,以使用地为判断标准,特许权在英国使用,因此属于境外所得。另一项属于劳务报酬所得,该项所得在中国境内完成,劳务发生在中国境内,因此属于境内所得。

第(4)项所得属于稿酬所得,以支付机构所在地为判断标准,该项所得由境内母公司支付,因此属于境内所得。

第(5)项所得属于财产租赁所得,以使用地为判断标准,房屋在英国使用,因此属于境外所得。

第(6)项所得属于财产转让所得,满足转让前 36 个月内,某个月资产公允价值的 50%以上是直接或间接来源于甲公司持有的中国境内的不动产条件,因此刘某取得的该笔股票转让所得属于境内所得。

第二节　境外所得抵免基本政策

境外所得抵免是指本国的企业、公民或居民，在其他国家缴纳了所得税后回到本国缴纳所得税时，为避免双重征税将其在其他国家缴纳的所得税予以扣除。税收抵免是现代税收制度中避免国家间双重征税的一种主要方式，在扫除国际投资和经济贸易障碍、解除投资者承担双重纳税顾虑、促进各国对外经济关系的发展、维护各国的税收管辖权和财政经济利益等方面有着重要作用。

一、适用境外所得税收抵免政策的主体

新个人所得税法第一条规定，在中国境内有住所，或者无住所而一个纳税年度内在中国境内居住累计满 183 天的个人，为居民个人。居民个人从中国境内和境外取得的所得，依照本法规定缴纳个人所得税。

在中国境内无住所又不居住，或者无住所而一个纳税年度内在中国境内居住累计不满 183 天的个人，为非居民个人。非居民个人从中国境内取得的所得，依照个人所得税法规定缴纳个人所得税。

从上述规定看，仅居民个人取得境外所得应按规定缴纳个人所得税，而非居民个人取得境外所得无需缴纳个人所得税，也就不涉及个人境外所得税收抵免政策。因此，适用境外所得税收抵免政策的纳税人仅为居民个人。需要说明的是，按照我国个人所得税的相关规定，根据是否有住所标准，我国的居民个人又可分为有住所的居民个人和无住所的居民个人。对于无住所居民个人，个人所得税法实施条例对其取得满足一定条件境外所得给予了免税优惠。

二、境外所得税收抵免方法

抵免法是避免国际双重征税的基本方法之一，居住国或国籍国政府准许本国居民（公民）以向非居住国或非国籍国政府已纳的所得税或一般财产税，抵冲其应向本国政府汇总缴纳的税额的一种方法。根据抵免金额的不同，抵免法可分为全额抵免与限额抵免两种。

全额抵免是指居住国允许纳税人已经在来源国缴纳的税额，可以全部用来冲抵其居住国的纳税额，没有限额的限制。限额抵免是指纳税人可以从居住国应纳税额中冲抵的在来源国已缴的税额，不得超过纳税人的境外来源所得按照居住国税法规定计算出的应纳税额。抵免法的指导原则是承认收入来源地税收管辖权的优先地位，但并不放弃行使居民税收管辖权。

新个人所得税法第七条规定，居民个人从中国境外取得的所得，可以从其应纳税额中抵免已在境外缴纳的个人所得税税额，但抵免额不得超过该纳税人境外所得依照个人所得税法规定计算的应纳税额。2020 年 3 号公告也规定，居民个人一个纳税年度内来源于中国境外一国（地区）的所得实际已经缴纳的所得税税额、低于依照规定计算出的来源于该国（地区）该纳税年度所得的抵免限额的，应以实际缴纳税额作为抵免额进行抵免。由此可见，新个人所得税法主要采用限额抵免法，这也是世界上大多数国家为了避免双重征税而选用的方法。

相较于其他消除国际间重复征税的方法来说,抵免法的优势在于:

(1)能较为彻底地消除国际间重复征税,使投资者向境外投资与境内投资的税负大体相当,有利于促进国际投资和对外经济发展。

(2)避免了对同一笔所得的双重征税,又在一定程度上防止了国际逃税和避税。

(3)体现了公平税负原则,有利于维护各国税收管辖权和税收利益。

三、境外所得税收抵免的条件

新个人所得税法实施条例第二十一条规定,个人所得税法第七条所称已在境外缴纳的个人所得税税额,是指居民个人来源于中国境外的所得,依照该所得来源国家(地区)的法律应当缴纳并且实际已经缴纳的所得税税额。

新个人所得税法实施条例第二十二条规定,居民个人申请抵免已在境外缴纳的个人所得税税额,应当提供境外税务机关出具的税款所属年度的有关纳税凭证。因此,享受境外所得税收抵免应同时符合以下几个条件:

(1)享受境外所得抵免的主体为居民个人,非居民个人取得境外所得无需缴纳个人所得税,因此无需进行境外所得抵免。

(2)所抵免的税额必须是在境外实际缴纳的税额。

(3)享受境外所得抵免的居民个人应主动申请并提供相关的纳税凭证,无法提供纳税凭证的不能抵免。

四、境外所得不予抵免的情形

2020年第3号公告第四条规定,可抵免的境外所得税税额,是指居民个人取得境外所得,依照该所得来源国(地区)税收法律以及相关规定应当缴纳且实际已经缴纳的所得税性质的税额。可抵免的境外所得税额不包括以下情形:

(1)按照境外所得税法律属于错缴或错征的境外所得税税额。

(2)按照我国政府签订的避免双重征税协定以及内地与中国香港、中国澳门签订的避免双重征税安排(以下统称税收协定)规定不应征收的境外所得税税额。

(3)因少缴或迟缴境外所得税而追加的利息、滞纳金或罚款。

(4)境外所得税纳税人或者其利害关系人从境外征税主体得到实际返还或补偿的境外所得税税款。

(5)按照我国个人所得税法及其实施条例规定,已经免税的境外所得负担的境外所得税税款。

第三节 境外所得抵免计算

一、境外所得应纳税额的计算

新个人所得税法实施条件规定,居民个人从中国境内和境外取得的综合所得、经营所得,应当分别合并计算应纳税额;从中国境内和境外取得的其他所得,应当分别单独计算应纳税额。居民个人应当按照以下方法计算当期境内和境外所得应纳税额如表 11-1 所示。

表 11-1　居民个人计算当期境内外所得的原则及要求

所得类别	处理原则	具体要求
综合所得	境内外所得合并计算	居民个人来源于中国境外的综合所得,应当与境内综合所得合并计算应纳税额。
经营所得	境内外所得合并计算	居民个人来源于境外的经营所得,按照个人所得税法及其实施条例的有关规定计算的亏损,不得抵减其境内或他国(地区)的应纳税所得额,但可以用来源于同一国家(地区)以后年度的经营所得按中国税法规定弥补。
其他分类所得	境内外所得单独计算	居民个人来源于中国境外的利息、股息、红利所得,财产租赁所得,财产转让所得和偶然所得,不与境内所得合并,应当分别单独计算应纳税额。

二、来源于一国(地区)所得抵免限额的计算

根据规定,抵免限额应按不同国家(地区)分别进行计算,在计算来源于一国(地区)抵免限额时,应将其各项所得抵免限额加总合并计算。因此我国个人所得税抵免方法采取的是"分国不分项"的抵免方法,即来源于一国(地区)的抵免限额可以合并使用,但是不同国家(地区)抵免限额之间不能合并使用。需要说明的是,这里"不分项"指的是抵免限额使用时没有按照不同所得项目分别抵免,但是在计算抵免限额时,应该根据个人所得税法规定分不同所得项目计算。

新个人所得税法实施条例将境内和境外所得计算方式从"分别计算应纳税额"修改为"合并计算应纳税额",由于计算应纳税额时,无法单独计算来源于一国(地区)的应纳税额,由于计算应纳税额时,无法单独计算来源于一国(地区)的应纳税额(抵免限额),因此 2020 年 3 号公告规定,按照来源于一国的收入额划分不同所得项目应纳税额,计算来源于一国的抵免限额,具体计算公式如表 11-2 所示。

表 11-2　境外所得抵免限额和抵免额的计算

所得类别		计算公式
计算限额时	综合所得	来源于一国(地区)综合所得的抵免限额=中国境内和境外综合所得依照规定计算的综合所得应纳税额×来源于该国(地区)的综合所得收入额÷中国境内和境外综合所得收入额合计。
	经营所得	来源于一国(地区)经营所得的抵免限额=中国境内和境外经营所得依照规定计算的经营所得应纳税额×来源于该国(地区)的经营所得应纳税所得额÷中国境内和境外经营所得应纳税所得额合计。
	其他分类所得	来源于一国(地区)其他分类所得的抵免限额=该国(地区)的其他分类所得依照我国税法规定计算的应纳税额。
抵免限额时	全部所得	来源于一国(地区)所得的抵免限额=来源于该国(地区)综合所得抵免限额+来源于该国(地区)经营所得抵免限额+来源于该国(地区)其他分类所得项目抵免限额。

【案例 11-2】　我国居民个人张某,在中国境内有住所,2020 年取得如下收入:

(1) 从境内某公司取得全年工资收入 120 000 元。

(2) 在 A 国承揽了一项建筑设计业务,一次性取得报酬折合人民币 200 000 元,并在 A 国缴纳个人所得税折合人民币 10 000 元,其他税费 15 000 元。

(3) 在 B 国某出版社发表一篇文章,取得 B 国支付的稿酬折合人民币 20 000 元,并缴纳个人所得税折合人民币 1 000 元,其他税费 3 000 元。

张某每月缴纳符合规定的"三险一金"1 500 元,现有一女儿正在上小学,每月支付住房贷款利息 3 000 元,专项附加扣除皆由张某扣除。假设上述各项境外所得已取得完税凭证原件,境内所得已按规定进行预扣预缴,在不考虑境外所得饶让抵免的情况下,请计算张某在汇算清缴时,应补(退)的个人所得税。

解析:张某在 2020 年仅取得综合所得,应当将境外与境内综合所得合并计算应纳税额。张某从两个国家取得境外所得,在计算抵免额时应注意分国计算抵免,并且在抵免时仅能抵免实际缴纳的个人所得税,其他税费不属于个人所得税抵免范围。

第一步,先计算境内、外综合所得应纳税额:

来源于境内的工资收入额=120 000(元)。

来源于 A 国的劳务报酬所得收入额=200 000×(1-20%)=160 000(元)。

来源于 B 国的稿酬所得收入额=20 000×(1-20%)×70%=11 200(元),综合所得收入额=120 000+160 000+11 200=291 200(元),综合所得应纳税所得额=291 200-60 000-1 500×12-1 000×12-1 000×12=189 200(元)。综合所得应纳税额=189 200×20%-16 920=20 920(元)。

第二步,计算抵免限额:

A 国综合所得抵免限额=20 920×160 000÷291 200=11 494.51(元),张某在 A 国实际缴纳的个人所得税额为 10 000 元,不超过抵免限额,可以按照 10 000 元据实抵免。

B 国综合所得抵免限额=20 920×11 200÷291 200=804.62(元),在 B 国实际缴纳的个人所得税额为 1 000 元,超过 B 国的抵免限额,因此,张某当年只能抵免 804.62 元。1 000-804.62=195.38(元)。超过部分不得在本年度应纳税额中抵免,但是可以在以后纳税年度张某来源于 B 国所得的抵免限额的余额中进行补扣,补扣期不得超过 5 个纳税年度。

合计可抵免额=10 000+804.62=10 804.62(元)。

第三步,计算境内预扣预缴的税额:

工资、薪金所得累计预扣预缴税额=(120 000-60 000-1 500×12-1 000×12-1 000×12)×3%=540(元)。

第四步,计算应补(退)税额:

应补(退)额=20 920-540-10 804.62=9 575.38(元)。

因此,张某在汇算清缴时应补缴税款 9 575.38 元。

三、境外所得饶让抵免

在国际上,为使减免税优惠能发挥作用,资本输入国往往在与资本输出国的双边税收协定中要求对方实行税收饶让抵免,即居住国对其居民因来源地实行减免税优惠而未实际缴纳的那部分税额,应视同已经缴纳给予抵免。

居民个人从与我国政府签订税收协定的国家(地区)取得的所得,按照该国(地区)税收法律享受免税或减税待遇,且该免税或减税的数额按照税收协定饶让条款规定应视同已缴税额在中国的应纳税额中抵免的,该免税或减税数额可作为居民个人实际缴纳的境外所得税税额按规定申报税收抵免。

【案例11-3】 我国居民个人甲在 A 国投资,取得股息所得200万元美元,A 国个人所得税法规定税率是20%,并有鼓励境外投资的优惠政策,甲享受了减免10%的税收优惠,并按10%的税率缴纳了个人所得税。则甲取得的境外股息所得可抵免的限额为多少?

解析: 如果我国与 A 国税收协定中含有上述饶让抵免条款,甲上述股息在 A 国负担并得以免征的税额,可视同已在境外缴纳计算抵免税额,甲的可抵免限额为40万元(200×20%)。

四、境外所得纳税年度的确定

我国个人所得税的纳税年度为公历年度,而一些国家或地区的纳税年度与公历年度不一致,由于境外所得应与境内所得合并计算纳税,需要先将这些国家或地区纳税年度与我国纳税年度建立对应关系,才能计算境外所得应纳税额与抵免限额。2020年3号公告规定居民个人取得境外所得的境外纳税年度与公历年度不一致的,取得境外所得的境外纳税年度最后一日所在的公历年度,为境外所得对应的我国纳税年度。这一规定与《财政部　国家税务总局关于企业境外所得税收抵免有关问题的通知》(财税〔2009〕125 号)的规定也是一致的。

【案例11-4】 内地居民张先生被内地母公司外派到中国香港子公司兼任职务,2020年在内地工作期间取得工资、薪金收入30万元,任职单位预扣预缴个人所得税17万元;2019—2020香港财政年度(2019年4月1日至2020年3月31日)在中国香港工作期间取得香港子公司支付的工资、薪金收入折合成人民币20万元,张先生就其来源于中国香港的工资、薪金所得在中国香港缴纳的税款折合成人民币3万元。假定不考虑内地和中国香港税收安排因素,张先生2020年度内无其他应税所得,则张先生在中国香港取得的所得应属于什么时间的所得进行境外所得抵免。

解析: 张先生从中国香港取得工资、薪金收入的最后一日为2020年3月31日,所在的公历年度为2020年,其对应的我国纳税年度为2020年度,故应与2020年度(2020年1月1日至2020年12月31日)取得的境内综合所得合并,按境内税法计算个人所得税,按规定抵免中国香港(2019—2020)财政年度的税款后,办理2020年度汇算清缴申报和境外所得抵免。

第四节　征收管理

一、境外所得的纳税申报的时间

居民个人从中国境外取得的所得,应当在取得所得的次年3月1日至6月30日内申报纳税。

【案例11-5】 我国居民个人吴某,2019年因转让在甲国的一处房产取得财产转让所得

100万元美元,并已在甲国缴纳税款。假设甲国的纳税年度是公历2月1日至次年的1月31日,则吴某该笔境外所得应于何时在我国办理纳税申报?

解析: 居民个人取得境外所得的境外纳税年度与公历年度不一致的,取得境外所得的境外纳税年度最后一日所在的公历年度,为境外所得对应的我国纳税年度。该笔收入对应甲国纳税年度的最后一日是2020年1月31日,对应我国的纳税年度就是2020年。因此,吴某的该笔境外所得应在2021年的3月1日至6月30日内办理纳税申报。

二、境外所得的纳税申报地点

居民个人取得境外所得,应当向中国境内任职、受雇单位所在地主管税务机关办理纳税申报;在中国境内没有任职、受雇单位的,向户籍所在地或中国境内经常居住地主管税务机关办理纳税申报;户籍所在地与中国境内经常居住地不一致的,选择其中一地主管税务机关办理纳税申报;在中国境内没有户籍的,向中国境内经常居住地主管税务机关办理纳税申报。这与《国家税务总局关于个人所得税自行纳税申报有关问题的公告》(国家税务总局公告2018年第62号)的规定一致。简单来说,就是有任职单位的纳税人,向单位所在地主管税务机关申报;没有任职单位的纳税人,向户籍地或经常居住地主管税务机关申报;没有户籍的纳税人,向境内经常居住地主管税务机关申报。

需要注意的是,2020年第3号公告对于境外所得申报纳税时间的规定,与综合所得汇算清缴申报时间一致,没有区分所得类型分别规定申报时间。如果纳税人同时取得了经营所得,由于经营所得汇算清缴的截止期为3月30日,大幅早于境外所得申报纳税期限,这种情况下如何处理,还有待于财政部、税务总局进一步明确。在实际操作中,如果纳税人涉及境外所得抵免,为降低税收风险,保护自己的税收利益,纳税人应该在3月30日前在办理经营所得汇算清缴的同时,办理境外所得申报。

三、境外所得应纳税额的补缴及抵免限额结转

居民个人一个纳税年度内来源于中国境外一国(地区)的所得实际已经缴纳的所得税税额,低于依照规定计算出的来源于该国(地区)该纳税年度所得的抵免限额的,应以实际缴纳税额作为抵免额进行抵免;超过来源于该国(地区)该纳税年度所得的抵免限额的,应在限额内进行抵免,超过部分可以在以后5个纳税年度内结转抵免。

四、境外所得税收抵免凭证及时间

居民个人申报境外所得税收抵免时,除另有规定外,应当提供境外征税主体出具的税款所属年度的完税凭证、税收缴款书或者纳税记录等纳税凭证,未提供符合要求的纳税凭证,不予抵免。

居民个人已申报境外所得、未进行税收抵免,在以后纳税年度取得纳税凭证并申报境外所得税收抵免的,可以追溯至该境外所得所属纳税年度进行抵免,但追溯年度不得超过5年。自取得该项境外所得的5个年度内,境外征税主体出具的税款所属纳税年度纳税凭证载明的实际缴纳税额发生变化的,按实际缴纳税额重新计算并办理补退税,不加收滞纳金,不退还利息。

纳税人确实无法提供上述凭证的,可同时凭境外所得纳税申报表(或者境外征税主体确认的缴税通知书)以及对应的银行缴款凭证办理境外所得抵免事宜。

五、"走出去"个人境外所得纳税申报要求

(一)境外工资薪金、劳务报酬所得预扣预缴申报要求

居民个人被境内企业、单位、其他组织(以下称派出单位)派往境外工作,取得的工资、薪金所得或者劳务报酬所得,由派出单位或者其他境内单位支付或负担的,派出单位或者其他境内单位应按照个人所得税法及其实施条例规定预扣预缴税款。

(二)派出单位资料报送义务及其所适用的情形

居民个人被派出单位派往境外工作,取得的工资、薪金所得或者劳务报酬所得,由境外单位支付或负担的,如果境外单位为境外任职、受雇的中方机构(以下称中方机构)的,可以由境外任职、受雇的中方机构预扣税款,并委托派出单位向主管税务机关申报纳税。中方机构未预扣税款的或者境外单位不是中方机构的,派出单位应当于次年2月28日前向其主管税务机关报送外派人员情况,包括外派人员的姓名、身份证件类型及身份证件号码、职务、派往国家和地区、境外工作单位名称和地址、派遣期限、境内外收入及缴税情况等。

中方机构包括中国境内企业、事业单位、其他经济组织以及国家机关所属的境外分支机构、子公司、使(领)馆、代表处等。

六、境外所得的汇率折算

居民个人取得来源于境外的所得或实际已经在境外缴纳的所得税税额为人民币以外货币,应当按照新个人所得税法实施条例第三十二条的规定进行折合计算。

根据新个人所得税法实施条例第三十二条的规定,所得为人民币以外货币的,按照办理纳税申报或者扣缴申报的上一月最后一日人民币汇率中间价,折合成人民币计算应纳税所得额。年度终了后办理汇算清缴的,对已经按月、按季或者按次预缴税款的人民币以外货币所得,不再重新折算;对应当补缴税款的所得部分,按照上一纳税年度最后一日人民币汇率中间价,折合成人民币计算应纳税所得额。

七、居民个人境外所得税收抵免政策与居民企业境外所得税收抵免政策的异同

(一)居民个人与居民企业境外所得抵免的相同之处

(1)抵免方法相同:《企业所得税法》第二十三条规定,企业取得的下列所得已在境外缴纳的所得税税额,可以从其当期应纳税额中抵免,抵免限额为该项所得依照本法规定计算的应纳税额。因此,在抵免方法上居民个人与居民企业境外所得抵免皆采取限额抵免法。

(2)抵免限额结转时间相同:《企业所得税法》第二十三条规定,超过抵免限额的部分,可以在以后5个年度内,用每年度抵免限额抵免当年应抵税额后的余额进行抵补。《企业所得税法实施条例》第七十九条规定,企业所得税法第二十三条所称5个年度,是指从企业取得的来源于中国境外的所得,已经在中国境外缴纳的企业所得税性质的税额超过抵免限额的当年的次年起连续5个纳税年度。因此,居民个人与居民企业境外所得抵免限额结转时间皆是5个纳税年度。

（二）居民个人与居民企业境外所得抵免的不同之处

（1）抵免限额的计算方式不同：《财政部　税务总局关于完善企业境外所得税收抵免政策问题的通知》（财税〔2017〕84号）第一条规定，企业可以选择按国（地区）别分别计算〔即"分国（地区）不分项"〕，或者不按国（地区）别汇总计算〔即"不分国（地区）不分项"〕其来源于境外的应纳税所得额。因此，境外所得税收抵免可由居民企业自行选择"分国不分项"或者"不分国不分项"，而居民个人在境外所得抵免只有"分国不分项"一种选择。

（2）在股息、红利等权益性投资收益的抵免方法不同：《企业所得税法》第二十四条规定，居民企业从其直接或者间接控制的外国企业分得的来源于中国境外的股息、红利等权益性投资收益，外国企业在境外实际缴纳的所得税税额中属于该项所得负担的部分，可以作为该居民企业的可抵免境外所得税税额，在本法第二十三条规定的抵免限额内抵免。因此，居民企业股息、红利等权益性投资收益境外所得抵免采取直接抵免兼有间接抵免方法，而居民个人股息、红利等权益性投资收益境外所得抵免只能直接抵免，没有间接抵免的概念。

【案例11-6】　我国居民个人李某，在中国境内有住所，2020年取得如下收入：

（1）每月从中国境内甲公司取得工资收入10 000元。

（2）在A国某杂志社出版一部长篇小说取得稿酬所得折合人民币100 000元，并在A国缴纳个人所得税折合人民币10 000元。

（3）取得A国某公司的分红收入折合人民币20 000元，并在A国缴纳个人所得税折合人民币2 000元。

（4）从B国某公司取得特许权使用费折合人民币150 000元，并在B国缴纳个人所得税折合人民币8 000元。

（5）李某2015年以人民币840 000元的价格在B国购入一套房产，2020年将其转让，取得收入折合人民币1 000 000元，在B国缴纳个人所得税折合人民币12 000元。

假设上述各项境外所得已取得完税凭证原件，境内所得已按规定进行预扣预缴，在不考虑其他税费、境外所得饶让抵免、其他各项扣除的情况下，请计算李某在汇算清缴时，应补（退）的个人所得税并说明李某应如何进行申报。

解析：李某的各项境外所得中，既有综合所得，又有利息、股息、红利和财产转让等其他分类所得，因此在计算抵免限额时需要分国分项来计算。其中，境内、外综合所得要合并在一起计算，分类所得要分别单独计算。

第一步，计算综合所得应纳税额：

来源于境内的工资收入额＝10 000×12＝120 000（元）。

来源于A国的稿酬所得收入额＝100 000×（1－20%）×70%＝56 000（元）。

来源于B国的特许权使用费收入额＝150 000×（1－20%）＝120 000（元）。

综合所得收入额＝120 000＋56 000＋120 000＝296 000（元）。

综合所得应纳税额＝（296 000－60 000）×20%－16 920＝30 280（元）。

第二步，计算抵免限额：

1.综合所得抵免限额。

A国综合所得抵免限额＝30 280×56 000÷296 000＝5 728.65（元）。

B国综合所得抵免限额＝30 280×120 000÷296 000＝12 275.68(元)。

2. 分类所得抵免限额。

A国分类所得抵免限额＝应纳税额＝20 000×20％＝4 000(元)。

B国分类所得抵免限额＝应纳税额＝(1 000 000－840 000)×20％＝32 000(元)。

3. 抵免限额合计。

A国的抵免限额＝综合所得抵免限额＋分类所得抵免限额＝5 728.65＋4 000＝9 728.65(元)。李某在A国实际缴纳的税额＝10 000＋2 000＝12 000(元),超过A国的抵免限额,因此,李某当年只能抵免9 728.65元。12 000－9 728.65＝2 271.35(元),超过部分不得在本年度应纳税额中抵免,但是可以在以后纳税年度李某来源于A国所得的抵免限额的余额中进行补扣,补扣期不得超过5个纳税年度。

B国的抵免限额＝综合所得抵免限额＋分类所得抵免限额＝12 275.68＋32 000＝44 275.68(元)。李某在B国实际缴纳的税额＝8 000＋12 000＝20 000(元),不超过抵免限额,可以按照20 000元据实抵免。

第三步,计算境内预扣预缴的税额:

工资、薪金所得累计扣预缴税额＝(120 000－60 000)×10％－2 520＝3 480(元)

第四步,计算应补(退)税额:

合计应纳税额＝30 280＋4 000＋32 000＝66 280(元)

合计抵免额＝9 728.65＋20 000＝29 728.65(元)

应补(退)额＝66 280－3 480－29 728.65＝33 071.35(元)

因此,王某于2021年3月1日至6月30日之内,在甲公司所在地主管税务机关办理境外所得抵免并补缴税款33 071.35元。

第十二章

反避税和纳税调整

导读

　　随着经济全球化深入发展,纳税人利用国家间税收政策差异和信息不对称进行避税安排的情况越来越多,造成国家税收的流失。2018年8月31日,第十三届全国人民代表大会常务委员会第五次会议通过了《关于修改〈中华人民共和国个人所得税法〉的决定》,增加反避税条款,这是自然人税收管理中的一项重大变革。本次修订充分借鉴企业所得税反避税立法经验,对个人不按独立交易原则转让财产、通过境外避税地避税、实施不合理商业安排获取不当税收利益等避税行为,赋予税务机关按照合理方法进行纳税调整的权力,为有力打击自然人通过税收筹划逃避纳税义务、维护国家税收权益提供了法律依据。本章除基本规定外,其他内容均是借鉴企业所得税法及其实施条例和有关规定。

第一节　基　本　规　定

一、反避税条款的规定

　　新个人所得税法第八条规定,有下列情形之一的,税务机关有权按照合理方法进行纳税调整:

　　(1) 个人与其关联方之间的业务往来不符合独立交易原则而减少本人或者其关联方应纳税额,且无正当理由。

　　(2) 居民个人控制的,或者居民个人和居民企业共同控制的设立在实际税负明显偏低的国家(地区)的企业,无合理经营需要,对应当归属于居民个人的利润不作分配或者减少分配。

　　(3) 个人实施其他不具有合理商业目的的安排而获取不当税收利益。

　　税务机关依照上述规定作出纳税调整,需要补征税款的,应当补征税款,并依法加收利息。

 链接:《税收征收管理法》对企业纳税调整的规定

　　第三十六条　企业或者外国企业在中国境内设立的从事生产、经营的机构、场所与其关联企业之间的业务往来,应当按照独立企业之间的业务往来收取或者支付价款、费用;不按照独立企业之间的业务往来收取或者支付价款、费用,而减少其应纳税的收入或者所得额的,税务机关有权进行合理调整。

知识小练习

【例题·单选】 以下情形中,税务机关不需要进行纳税调整的是( )。

A. 个人与其关联方之间的业务往来不符合独立交易原则而减少本人或者其关联方应纳税额,且有正当理由

B. 居民个人控制的,设立在实际税负明显偏低的国家(地区)的企业,无合理经营需要,对应当归属于居民个人的利润不作分配或者减少分配

C. 个人实施其他不具有合理商业目的的安排而获取不当税收利益

D. 居民个人和居民企业共同控制的设立在实际税负明显偏低的国家(地区)的企业,无合理经营需要,对应当归属于居民个人的利润不作分配或者减少分配

答案: A

解析: 根据新个人所得税法第八条第一款第(一)项规定,个人与其关联方之间的业务往来不符合独立交易原则而减少本人或者其关联方应纳税额,且无正当理由的才予以调整。

【例题·多选】 下列关于纳税调整的表述正确的有( )。

A. 个人与其关联方之间的业务往来符合独立交易原则,减少关联方但未减少本人应纳税额的,税务机关不进行调整

B. 税务机关对纳税调整需要征收的税款,可以按照规定加收利息,不加收滞纳金

C. 个人实施不具有合理商业目的的税收安排,但未获取不当税收利益的,税务机关也要进行纳税调整

D. 居民个人控制的,或者居民个人和居民企业共同控制的设立在实际税负明显偏低的国家(地区)的企业,无合理经营需要,对应当归属于居民个人的利润不作分配或者减少分配,税务机关有权进行纳税调整

答案: ABD

解析: 根据新个人所得税法第八条规定,有下列情形之一的,税务机关有权按照合理方法进行纳税调整:(1)个人与其关联方之间的业务往来不符合独立交易原则而减少本人或者其关联方应纳税额,且无正当理由;(2)居民个人控制的,或者居民个人和居民企业共同控制的设立在实际税负明显偏低的国家(地区)的企业,无合理经营需要,对应当归属于居民个人的利润不作分配或者减少分配;(3)个人实施其他不具有合理商业目的的安排而获取不当税收利益。选项C未获取不当税收利益,所以无需进行纳税调整。

二、关联交易纳税调整

个人与其关联方之间的业务往来不符合独立交易原则而减少本人或者其关联方应纳税额,且无正当理由,税务机关有权按照合理方法进行纳税调整。

(一)关联方和关联关系

1. 关联方

《中华人民共和国税收征收管理法》第三十六条规定,企业或者外国企业在中国境内设立的从事生产、经营的机构、场所与其关联企业之间的业务往来,应当按照独立企业之间的业务往来收取或者支付价款、费用;不按照独立企业之间的业务往来收取或者支付价款、费

用,而减少其应纳税的收入或者所得额的,税务机关有权进行合理调整。

2. 关联方关系

《中华人民共和国税收征收管理法实施细则》第五十一条规定,《税收征管法》第三十六条所称关联企业,是指有下列关系之一的公司、企业和其他经济组织:

(1) 在资金、经营、购销等方面,存在直接或者间接的拥有或者控制关系。

(2) 直接或者间接地同为第三者所拥有或者控制。

(3) 在利益上具有相关联的其他关系。

纳税人有义务就其与关联企业之间的业务往来,向当地税务机关提供有关的价格、费用标准等资料。具体办法由国家税务总局制定。

(二) 独立交易原则

独立交易原则是指没有关联关系的交易各方,按照公平成交价格和营业常规进行业务往来遵循的原则。

独立交易原则是纳税调整的核心原则。目前被世界大多数国家所接受并广泛应用。根据这一原则,将关联交易取得的收入或利润水平与可比情形下没有关联关系的企业交易结果进行比较,如果存在差异,则说明由于关联关系的存在,导致企业无法取得按照正常市场交易和营业常规应取得的收入或者利润,造成企业或关联方的应税收入或所得的减少,税务机关应当按照独立交易原则进行纳税调整。

三、受控外国企业纳税调整

新个人所得税法规定,居民个人控制的,或者居民个人和居民企业共同控制的设立在实际税负明显偏低的国家(地区)的企业,无合理经营需要,对应当归属于居民个人的利润不作分配或者减少分配,税务机关有权按照合理的方法进行纳税调整。

"受控外国企业"的避税方法,是指居民个人单独或与居民企业共同在境外低税率国家(地区)设立不具有实际经营业务的特殊目的公司,在没有正常经营业务的情况下,将高税率国家(地区)的所得转移到该公司,且该公司并非出于合理经营需要对利润不作分配或减少分配,从而实现在境内不缴或者少缴所得税。

在个人所得税法修订之前,由于反避税规则的缺失,使得税务机关对自然人利用跨境交易进行避税的安排鞭长莫及。不少中国富人通过各种避税安排将资产或所得转移到避税地,规避我国税收。2017年中国税务年鉴数据显示,我国高收入人群的税收贡献仅为20%,而在美国,高收入人群所得税收贡献率为68.3%。个人所得税不仅是财政收入的重要来源,也是调节收入分配、实现社会公平的有效手段。因此,为了促进社会公平,有效打击避税行为,新个人所得税法增加了受控外国企业纳税调整规则。

虽然在新个人所得税法修订之前囿于自然人反避税规则的缺失,使得税务机关对自然人利用避税地进行避税的安排处理无法律依据。尽管如此,税务机关仍进行了有益的探索和努力。

2015年12月,国家税务总局签署了《金融账户涉税信息自动交换主管当局间协议》。2018年9月,中国与57个国家和地区的CRS涉税信息自动交换关系已被激活。CRS标准规定了金融机构收集和报送外国税收居民个人和企业账户信息的相关要求和程序,包括对于账户持有人和实际控制人的识别。例如,在常见的避税手段——信托业务中,信托的实际受益人将会被穿透识别,CRS将识别出信托的委托人、受托人、受益人以及其他对信托实施最终实际控制的个人。如果发现账户持有人不是个人,而是公司,那么金融机构通常需要判断公司是消极还是积极的。如果是消极的,则需要穿透该公司找出背后的实际控制人是谁,确保信托下的资金情况为税务机关获取。这将使得离岸信托的透明性大大提升,富人阶层的财富保护纱也将一一揭开。

根据CRS规则,金融机构在识别账户持有人的基础上,对中国税收居民境外持有的存款账户、期货账户、证券账户、托管账户、现金价值保单、年金合同等信息进行交换,尤其是富人阶层境外持有的外汇金融资产的信息,包括账户持有人名称、纳税人识别号、地址、账号、账户余额,以及利息、股息和金融资产交易信息将为税务监管部门所掌握。对于这些富人阶层来说,CRS规则将其海外资产透明化,此前利用海外账户保密性进行的一系列避税手段将不复存在。

四、一般纳税调整

个人实施其他不具有合理商业目的的安排而获取不当税收利益,税务机关有权按照合理的方法调整。这一规则,被称为"一般反避税条款"。

"一般反避税条款"作为打击避税行为的重要手段,是除关联交易、受控外国企业等反避税规则以外,对于其他避税行为设立的通用规则,是一项反避税的兜底条款,既考虑到纳税人的权利保护,又对侵蚀我国税基和向境外转移利润的行为绝不姑息纵容。

 链接：深圳追缴非居民个人间接转让中国境内公司股权案

中国某香港商人在港注册一家典型"壳公司",注册资本仅1万港币。2000年该公司作为投资方在深圳注册一家法人企业,专门从事物流运输,同时置办大量仓储设施。经过近10年的经营,子公司已经形成品牌企业,经营前景看好,而且由于房地产市场一直处于上升趋势,公司存量物业市场溢价很大。2010年,该港商在境外将中国香港公司转让给新加坡某公司,深圳公司作为子公司一并转让,转让价格2亿多元。

对于港商个人取得的转让收益是否征税,税企之间存在很大分歧。经过反复调查和多次取证,深圳市地税局认为本案转让标的为中国香港公司和深圳公司,标的物业为深圳公司的资产,转让价格基础是深圳公司资产市场估价。鉴于中国香港公司在港无实质性经营业务,其转让溢价应大部分归属深圳公司资产增值。这种形式上直接转让中国香港公司股权,实质上是间接转让深圳公司股权,存在重大避税嫌疑。

对于这种直接转让在港公司股权而间接转让境内公司股权行为,如果在港公司股东是法人企业,税务机关可以依据税务总局相关文件,认定其滥用组织形式,不具有合理商业目的,穿透其中间公司直接界定为转让境内公司股权进行征税。而如果是非法人企业,属于自然人股权转让,对其转让所得进行征税目前存在法律适用问题。

经请示税务总局,决定对其追征税款。全国首例对非居民个人间接转让中国境内企业股权追征个人所得税1 368万元,在深圳市地税局入库,从而结束了长达半年跨境税款追踪,实现了非居民个人在境外直接转让母公司股权,间接转让境内子公司股权征税个案突破。本案在实践上的率先突破,有利于推动国家税收立法,完善相关法律法规,打通反避税理念和手段在相关税种之间的瓶颈,对公平税负和捍卫国家税收主权具有重要意义。

附:

国家税务总局关于非居民个人股权转让相关政策的批复

国税函〔2011〕14 号

深圳市地方税务局:

C公司控股方为中国香港居民个人,其股权转让行为不适用《中华人民共和国企业所得税法》一般反避税的规定。

根据《中华人民共和国个人所得税法实施条例》的规定,该案件股权转让协议中的转让标的包括C公司和A公司的资产,该股权转让所得中涉及转让A公司部分的所得为来源于中国境内的所得,应对其进行征税。

五、加收利息与调整期限

(一)加收利息

根据新个人所得税法的规定,税务机关有权按照合理的方法,对纳税人的避税行为依法作出纳税调整,需要补征税款的,应当补征税款,并依法加收利息。

上述所规定的利息,应当按照税款所属纳税申报期最后一日中国人民银行公布的与补税期间同期的人民币贷款基准利率计算,自税款纳税申报期满次日起至补缴税款期限届满之日止按日加收。纳税人在补缴税款期限届满前补缴税款的,利息加收至补缴税款之日。

对于需要进行纳税调整的,税务机关应当制发《调整补税通知书》,明确补税金额与限缴期限。纳税人在税务机关依法确定的补缴税款期限内纳税的,只需依法加收利息。

 链接:企业所得税中纳税调整加收利息的规定

税务机关根据税收法律、行政法规的规定,对企业作出特别纳税调整的,应当对补征的税款,自税款所属纳税年度的次年6月1日起至补缴税款之日止的期间,按日加收利息。

按照上述规定加收的利息,不得在计算应纳税所得额时扣除。

上述所称利息,应当按照税款所属纳税年度中国人民银行公布的与补税期间同期的人民币贷款基准利率加5个百分点计算。

企业依照规定提供有关资料的,可以只按规定的人民币贷款基准利率计算利息。

 知识小练习

【例题·多选】 下列关于税务机关依法作出纳税调整补税并加收利息的说法中,正确的有( )。

A. 加收的利息,应当按照税款所属纳税申报期最后一日中国人民银行公布的与补税期间同期的人民币贷款基准利率计算

B. 加收的利息,应当按照税款所属纳税申报期结束次日中国人民银行公布的与补税期间同期的人民币贷款基准利率计算

C. 自税款纳税申报期满次日起至补缴税款期限届满之日止按日加收

D. 纳税人在补缴税款期限届满前补缴税款的,利息加收至补缴税款之日

答案: ACD

解析: 根据新个人所得税法实施条例第二十三条的规定,个人所得税法第八条第二款规定的利息,应当按照税款所属纳税申报期最后一日中国人民银行公布的与补税期间同期的人民币贷款基准利率计算,自税款纳税申报期满次日起至补缴税款期限届满之日止按日加收。纳税人在补缴税款期限届满前补缴税款的,利息加收至补缴税款之日。

(二) 纳税调整期限

根据《税收征收管理法实施细则》第五十六条的规定,纳税人与其关联企业未按照独立企业之间的业务往来支付价款、费用的,税务机关自该业务往来发生的纳税年度起 3 年内进行调整;有特殊情况的,可以自该业务往来发生的纳税年度起 10 年内进行调整。

链接:企业所得税中纳税调整期限的规定

第一百二十三条　企业与其关联方之间的业务往来,不符合独立交易原则,或者企业实施其他不具有合理商业目的的安排的,税务机关有权在该业务发生的纳税年度起 10 年内,进行纳税调整。

第二节　反避税和纳税调整实务案例

一、我国自然人的主要避税模式

(一) 改变纳税人身份

新个人所得税法实施前,我国对外籍个人在费用扣除、税收减免等方面给予较多的税收优惠政策。新税法实施后,为吸引国外先进人才,对非居民个人仍给予了许多优惠政策。因此,一些居民纳税人利用这些政策,通过放弃现行国籍,加入无税或者低税的避税地国籍,成为避税地的居民,只负担有限纳税义务,能够极大地规避较高的纳税额度,这也是我国富人阶层(如演员、艺人等)最常用的避税模式。

(二) 在避税地设立离岸公司

通过在所谓的"避税天堂"等避税地设立离岸公司,将资产和所得转移到避税地,或者通过离岸公司与关联公司的交易,将利润转移到避税地,从而逃避在中国应缴纳的所得税。常见的"避税天堂"有英属维尔京群岛、开曼群岛等,这些地方降低对企业的注册要求,允许经营地不在本国的企业在此建立公司,并为投资者进行金融保密。重要的是,这些"避税天堂"的税负极低,有着便捷的金融服务设施。据统计,截至 2018 年 10 月,在 1 230 家中国海外上市公司中,有近 380 家公司在开曼群岛注册,其他在"避税天堂"注册的公司有 300 多家,例如,爱奇艺、蒙牛乳业等。知名的互联网企业阿里巴巴和京东注册地都为开曼群岛,经营地都位于中国大陆。

(三) 通过信托、保险等方式

离岸信托是很多富人选择的避税方式,通过把资产转移到境外避税地设立的离岸信托,

能很好地帮助富人们规避中国税务机关的监管，从而实现避税的目的。另外，一些国家对自然人购买的保险有一定的税收优惠，不少中国居民通过购买境外保险公司的保单进行避税。

很多外籍高管将本该由境内公司支付的工资、薪金，转化为境外支付的股息，或通过在避税地设立的咨询公司获得咨询费。由于其非居民身份，境外所得不需要缴纳个人所得税，从而规避我国的个人所得税。

二、各国个人所得税反避税借鉴

针对自然人的反避税规则，主要涉及转让定价规则、受控外国公司（以下简称 CFC）规则和一般反避税规则。一些国家转让定价规则既适用于企业法人，也适用于自然人，如奥地利、以色列等。而不少国家转让定价规则不涉及自然人，或者对自然人只有原则性的规定。有不少国家的一般反避税规则适用于所有领域、所有税种，既适用于企业，也适用于自然人。少数国家一般反避税规则虽然没有适用于自然人的成文规定，但有案例法，如丹麦、挪威。很多国家的 CFC 规则既适用于企业也适用于自然人，如美国、南非等。

美国的转让定价规则适用于组织、团体之间的交易，不涉及自然人以及自然人与组织、团体之间的交易。美国的 CFC 规则既适用于企业也适用于自然人，美国 CFC 规则中的"美国股东"，是指拥有或者被视为拥有外国公司 10% 以上有表决权股份的美国人。此处所指的"美国人"，包括美国的公民或者居民、国内合伙企业、国内公司以及直接、间接或者被推定为拥有 10% 及以上的 CFC 表决权的国内信托和遗产。此外，美国纳税义务人有严格的境外所得申报制度，只要其全部境外金融账户的总值曾超过 1 万美元，就需要申报 FBAR 表格（Report of Foreign Bank or Financial Accounts），披露其名下所有境外金融账户。需申报 FBAR 表格的美国纳税义务人，既包括美国公民、美国税收居民，也包括美国合伙企业和信托。

日本转让定价规则不适用于自然人，其税务当局认为利用跨境交易避税的大部分都是在企业法人间进行的。日本的 CFC 规则既适用于企业也适用于自然人。如果个人将资产转移到低税率国家或地区的法人，并以此进行避税安排，税务机关将对该法人的收入征收个人所得税。

韩国个人所得税法没有明确的转让定价的规定。但对个人转让资产不符合独立交易原则，而获得的不当税收利益，税务机关有权进行纳税调整。韩国上市公司的最大股东居民向境外关联方转让其持有的股份，以账外交易等方式进行出资或转让时，应当符合独立交易原则。对于个人所得的申报，居民纳税人有义务就其全球范围的所得进行申报并纳税。

由于税务机关很难及时掌握潜在恶意或具有滥用性质的税收筹划信息，美国、英国、加拿大等国出台了强制披露规则，要求纳税人和筹划方及时向税务机关披露避税方案。英国的强制披露规则包含个人所得税避税方案的披露要求。新西兰针对个人海外投资基金、信托和融资安排有专门的反避税规则。

三、BEPS 行动计划与 CRS 涉税信息搜集机制

（一）BEPS 行动计划

税基侵蚀和利润转移（BEPS）是指利用不同税收管辖区的税制差异和规则错配进行税

收筹划的策略,其目的是人为造成应税利润"消失"或将利润转移到没有或几乎没有实质经营活动的低税负国家(地区),从而达到不交或少交企业所得税的目的。

在经济全球化的背景下,BEPS 使生产要素配置严重扭曲,税收公平面临严重挑战,国际税收秩序受到严重威胁,引起了全球政治领袖、媒体和社会公众的高度关注。为此,2012年 6 月,G20 财长和央行行长会议同意通过国际合作应对 BEPS 问题,并委托经济合作与发展组织(OECD)开展研究。2013 年 6 月,OECD 发布《BEPS 行动计划》,并于当年 9 月在G20 圣彼得堡峰会上得到各国领导人背书,国际社会携手改革现有国际税收规则体系。

BEPS 行动计划自 2013 年启动开始,中国就以合作伙伴的身份参与其中,在积极推动BEPS 行动计划进程的基础上,高度重视 BEPS 成果在国内层面的转化。先后建立和完善了一系列反避税规则机制,在充分考虑中国国情的同时,在很多方面体现了 BEPS 行动计划的建议。BEPS 中国落地计划主要包括改革中国的国际税收管理格局、统一全国风险应对机制、进行 BEPS 成果国内法的转化以及进一步全面推进信息化管理。

(二)CRS 涉税信息搜集机制

2017 年 7 月 1 日我国开始实施《非居民金融账户涉税信息尽职调查管理办法》,标志着中国将遵循 OECD 的金融账户涉税信息自动交换标准,对中国境内金融机构如何对在本机构开立的非居民个人和企业账户进行识别,以及收集、报送账户信息制定了相关原则和程序。那么,不同国家的税务机关之间如何相互交换信息? 即通过实施以统一报告标准(CRS)为内容的自动情报交换行动计划。

CRS(Common Reporting Standard)中文翻译为"共同申报准则",又称"统一报告标准"。规定金融机构收集和报送外国税收居民个人和企业账户信息的相关要求和程序,用于指导参与司法管辖区定期对税收居民金融账户信息进行交换的准则,旨在通过加强全球税收合作提高税收透明度,打击利用跨境金融账户逃避税行为。CRS 由 OECD 提出,而概念是来自美国的美国海外账户税收遵从法(FATCA)。CRS 旨在推动国与国之间税务信息自动交换。虽然不是具有法律效力的范本,但发起 CRS 的组织 OECD 提倡各成员国应按照要求,签署公民信息交换的协议。

目前有 100 多个国家及地区承诺参与 CRS,其中第一批以英国、德国、法国、意大利等欧盟国家为代表,承诺于 2017 年 9 月开展第一次账户信息交换;第二批包括中国、加拿大、日本等国家及地区,承诺于 2018 年 9 月开展第一次账户信息交换。

配合这一行动,新个人所得税法引入反避税条款。

举例来说,我国居民个人吴某在海外通过开曼群岛空壳公司进行投资,开曼群岛公司的利润只要不分配到股东个人,个人所得税法修订前,吴某无需缴税。而新个人所得税法实施后,我国税务部门可以以受控关联公司的名义将没有商业实质的开曼群岛公司取得的利润视同个人直接取得而课税。反避税条款的确立,将给予我国税务部门有力的法律依据,结合CRS 下收到的海外金融资产信息,我国个人所得税征管将迎来一个全新的局面。

四、反避税和纳税调整实务案例

新个人所得税法施行之前,我国个人所得税制度中并无"反避税条款"。但在实践中,各地税务机关基于"实质课税"原则,参照企业所得税法中的相关反避税规则,对自然人避税行为实施反避税调整展开了积极的探索,积累了宝贵的经验。

 链接:海淀地税追征非居民个人和非居民企业间接转让境内公司股权案

2014年10月,两名中国居民到北京市海淀区地税局第五税务所,办理境外企业股权转让个人所得税缴纳业务。按照相关规程,该业务需要办理待解缴入库手续。为确保税款计算准确,谨慎起见,海淀区地税局国际税务管理科要求纳税人提供股权转让合同。但两名纳税人以各种理由推诿,仅提供了两页合同摘要。这份摘要中的"土地出让金"一词引起了税务人员注意,转让的是境外企业股权,但从合同内容看,交易定价约定的事项为何却属于境内事项?

税务人员马上要求两名纳税人提供全套交易合同。合同显示:2014年8月,加拿大籍华人L与H公司(注册于英属维尔京群岛)以及中国居民李某、王某等四方共同签署《Z公司整体股权转让协议》,将共同持有的Z公司(注册于开曼群岛)100%股权转让给注册于开曼群岛的M公司。加籍华人L、H公司、李某和王某在Z公司中所占股权分别为58%、30%、10%、2%,该项交易最终转让价格为4.1亿元人民币。交易中被转让的Z公司唯一的子公司是其100%控股的境内企业F公司,而F公司拥有的位于北京市海淀区的一座写字楼A大厦,是此次交易的核心资产,合同中将近90%的篇幅都是关于F公司和A大厦相关事项的约定。

如果认定Z公司是空壳公司,境外注册H公司的股权转让实质即为转让中国居民企业股权,同样应负有在我国纳税的义务。在对已掌握信息进行综合分析的基础上,海淀区地税局人员针对不同的交易方分别确定了工作方案。其一,确保两个中国籍居民应缴纳的个人所得税全额入库。其二,交易方之一的境外H公司存在明显避税问题,根据管辖权将其相关信息移交海淀区国税局。其三,加拿大籍华人L持有Z公司58%股权,是该项交易最大获益方,并且具有重大避税嫌疑,对其实施调查。

做足准备工作后,在获知加拿大籍人员L入境后,海淀区地税局向L送达了《税务事项告知书》。法律依据方面,税务机关引用了《关于非居民个人股权转让相关政策的批复》(国税函〔2011〕14号)的规定。随后,税务人员与L委托的某著名执业机构人员进行了多轮约谈。经过近9个月的交涉,加拿大籍人员L最终同意就其来源于我国境内的所得补缴税款4 651万元。北京市海淀区国税局接到地税机关传送的注册于英属维尔京群岛的H公司信息,以及此次股权交易的相关资料后,迅速与该企业取得联系,调查核实相关情况。H公司表示积极配合税务机关,并提供了相关资料。依据国税函〔2009〕698号文件的规定,海淀区国税局确定境外注册的H公司需补缴税款1 215万元,经过约谈,该公司也补缴了税款。至此,该项股权交易应纳税款6 853万元全部缴纳入库。

 链接:江苏追征全国首例居民个人境外间接股权转让案

2009—2010年,南京市某境外上市公司14名大股东通过其注册在英属维尔京群岛(BVI)的离岸公司——FA公司,两次减持其境外上市主体Y公司6 500万股和5 700万股股份,累计实现转让收入逾18亿港元。Y公司是采用红筹模式上市的境外注册公司。

"FA公司是否向管理层股东进行分配?如果分配,分配了多少?"经过查找,税务机关在证券公司公布 Y 公司境内子公司两期短期融资券募集说明书中发现重要信息：2010 年末 FA 公司资产已不足 2 000 万元，公告还披露"FA 公司为投资公司，收益主要来源于投资收益，因此营业收入为零。"如该公告披露，该公司为特殊目的公司，除持股外一般不进行其他经营，故可以推理得出：净资产的减少是基于对股东的分配。调查组同时调取了近几年这 14 个股东个人所得税申报和纳税情况，没有包括这部分收入的个人所得税，于是锁定了涉税风险点。

税务机关围绕"FA 公司减持的钱去哪里了"这一关键疑点信息，同企业相关人员进行约谈。企业相关人员承认有通过境外 FA 公司减持的事实，但解释称：FA 公司为管理层私人公司，不在上市公司信息披露范围之列，上述披露是财务人员误填所致。税务机关认为企业陈述可能并不真实，上市公司信息披露需经企业内部层层审核，以上市公司严格的内控体系发生错误概率不高。另一名企业主管人员约谈时称：这两次减持所得款项皆留存在 FA 公司账上，未对股东做分配。并且在 2012 年，已用留存在公司账上的这笔减持所得资金直接增持。对此，调查组提出能否提供 FA 公司资金流以证明其说法，企业表示无法提供，案情一度陷入困境。

为了厘清事实真相，围绕境外上市公司的股权结构与变化，税务机关对企业相关财务资料进行实地核查，从中发现了 2009 年、2010 年 FA 公司减持收益分回的内部报表，表中显示：2009 年有 7 人、2010 年有 10 人的减持收益部分已汇回国内。并且当时根据外管局的要求，只有提供完税凭证，方能取得这部分境外汇入款项。因此，已汇回的这部分收益已经按规定缴纳了个人所得税。这证明 FA 公司已经对股东做了分配，但有部分减持收益没有汇回国内而是留在了股东境外账户上——调查有了突破性进展。

经过多轮的交涉，在证据与事实面前，纳税人承认了 FA 公司减持收益分配的事实，愿意依法就境外减持收益申报纳税。经计算，应纳税额为 32 110 万元，扣除汇回境内部分已缴税 7 350 万元，应补缴税款为 24 760 万元。

 链接：境外上市公司派发股息征收个人所得税案

H 家电公司（以下简称 H 公司）为中国港、澳、台商独资经营企业，H 公司前身为一家批发站，后随着改革开放的不断发展，该批发站规模逐渐扩大。

H 公司在上市前，通过一系列的股权重组，达到了中国香港联交所上市的要求，最终于 2010 年 3 月在中国香港联交所正式挂牌，当前该企业的股权结构为：董事主席甲为境内居民纳税人，在 BVI 注册成立了全资控股公司：英属维尔京 D 投资发展公司，D 公司持有开曼 C 投资控股公司 24.59% 的股权，C 公司其余股东均为境外投资人。C 公司在中国香港联交所上市，持有中国香港 B 投资控股公司 100% 股权，B 公司持有 H 公司 100% 的股权，C 公司公告中明确，上市公司所有的经营活动由 H 公司来执行。H 公司 2010 年业绩为盈利，为保证投资者的信心，于 2011 年决定每股分红人民币 1.7 分或 2 港仙。2011 年，H 公司对外支付分红 2 200 万元人民币。

根据企业提供的证明材料与税务机关掌握的企业外围信息核对，消除了大部分风险点，唯有对 2 200 万元人民币的分红情况，甲始终坚持分红资金已由 H 公司汇往上市 C 公司，C 公司按股权比例将款项分给了甲在 BVI 的 D 公司，一直放在 D 公司账户上，D 公司未再次分红给其个人。当税务机关要求甲提供 BVI 地 D 公司的资金往来账等相关账簿时,其表示在 BVI 的 D 公司没有任何账册,也没有银行账户,只有一个中国香港股票账户,D 公司的分红放在该账户上。税务机关进一步要求其提供该账户的交易记录,甲明确表示无法提供。而如果甲不提供,现行税收政策又没有个人所得税方面的反避税条款,税务机关无法比照《特别纳税调整办法》通过经济实质来否定避税企业的存在,或者比照《企业所得税法》受控外国企业利润不作分配的处理来要求甲就该部分分红缴纳个人所得税。税务机关只能通过确认该笔分红是否已分配,才能判断是否要征个人所得税。而判断这些最快的方法是甲能提供 D 公司账户的交易记录,否则税务机关只能通过国际情报交换的方式了解这方面信息,这无疑会影响税务机关的调查进度,至此调查再次陷入僵局。

调查小组专门开会讨论下一步工作如何开展。经讨论决定,还是从甲政协委员的身份入手,其在本地有较大的知名度,比较注重个人信誉,以攻心为主,动之以情,晓之以理。这次,调查组选择与其法律顾问进行了沟通:坦承当前确没有足够证据就该部分分红对甲征税,但会对此进行跟踪管理,比如申请总局反避税立案调查,开展国际情报交换等,到时会将董事主席甲推上风口浪尖,对于境外上市的大型企业,社会信誉,特别是董事主席的声誉会对企业产生较大影响。当前情况下,税务机关还有为企业和甲个人提供服务的机会,一旦反避税立案或启动了情报交换,税务机关就无能为力了,故请甲三思而后行。

经过多次协调,甲最终主动与税务机关沟通,通过自主申报,就 2 200 万元人民币分红按股权比例分配给他的 486.88 万元人民币 [2 200×(1−10%)×24.59%] 缴纳了 97.38 万元人民币个人所得税。

 链接:徐州地税揭穿外籍"身份伪装",查补股息红利个税案

江苏 HC 铝厂有限公司成立于 2007 年 4 月 6 日,原注册资金 500 万美元,登记类型为中外合资企业。股权结构为广东 HC 铝厂有限公司 200 万美元,澳大利亚 HC 铝厂 300 万美元,无港籍投资个人信息。2014 年底,澳大利亚 HC 铝厂将持有股份转到潘某名下,同时增资 200 万美元。这样,江苏 HC 铝厂有限公司的股东就变为潘某和广东 HC 铝厂有限公司(私营有限责任公司)。其中,广东 HC 铝厂有限公司占有股份 28.57%,潘某占有股份 71.43%。该公司在工商部门作了股权变更登记,因故未在税务机关办理变更登记。

2016 年 3 月 10 日,江苏 HC 铝厂有限公司财务经理李某来到徐州地税局,咨询拟向港籍投资人分配红利时对外支付开具证明及所得免征个人所得税问题。李某称,2015 年公司未分配利润 3 172.65 万元,目前有分配意向,拟分配 3 000 万元,港籍个人股东潘某依持股比例应分得 2 142.9 万元。根据《财政部 国家税务总局关于个人所得税若干政策问题的通知》(财税字〔1994〕20 号)的规定,外籍个人从外商投资企业取得红利所得应暂免征收个人所得税,企业提出应给潘某开具免税证明。

徐州地税局仔细审阅该公司业务案卷,将关注点锁定到潘某身上。公司另一大股东是广东 HC 铝厂,其董事长也是潘某。中国香港距离广东这么近,潘某真的是中国香港人吗?税务机关转变思路,开始查证潘某的身份信息。通过"互联网+大数据",终于否定了其中国香港身份。税务人员通过互联网查询发现:潘某,男,广东人,出生于南海大沥,广东 HC 铝

厂有限公司董事长。与此同时,徐州地税局委托公安部门查询潘某户籍信息。公安部门"常住人口基本信息"查询显示:潘某,身份证号码为440621×××××4335,性别男,户籍地广东省佛山市南海区。

通过上述工作,基本确定了潘某为大陆居民的身份。那么其中国香港身份又是从何而来? 原来潘某取得的是"中国香港居民身份证",而非"中国香港永久性居民身份证"。而中国香港居民身份证是入境处签发给没有中国香港居留权人士的身份证,仅有在港的居住权。如果内地人有这个身份证,说明其户口还是在原籍,拿通行证过关,护照也是中国的护照。最终,企业认可了税务机关的调查结果,潘某428.58万元个人所得税顺利缴纳入库。

 链接:四川省首例税银协作个人所得税反逃税案

按照上级部门工作部署,2017年5月,眉山市人民银行、公安局、国税局和地税局四个部门召开联席会议,商议税、警、银三方四部门协作开展"三反"工作等相关事宜。

2017年6月,也就是税银金融情报交换平台建立后不久,眉山市某商业银行依照《金融机构大额交易和可疑交易报告管理办法》向眉山市人民银行反洗钱中心提交了一份有关自然人黄庆(化名)的重点可疑交易报告。眉山市人民银行立即通过情报交换平台向眉山市地税局传递了这份报告。

可疑交易报告显示,眉山市人黄庆在眉山市某商业银行开设的个人结算账户,在2015年5月1日至2017年5月1日共发生交易1 904笔,累计金额高达12.28亿元。这些交易主要通过网银渠道完成,具有明显的异常特征。比如,其账户大额资金交易频繁,大大超出了个人结算账户的正常使用范畴。其账户不设置资金限额,不控制资金风险,不合常规。还有,黄庆本人身份复杂,是多家公司的法定代表人,其个人账户与其控制的公司账户间频繁交易,且资金通常是快进快出,过渡性特征明显。

接到这份可疑交易报告后,眉山市地税局立即组织人员对报告全面分析,同时指派市地税局稽查局对黄庆展开摸底调查。经过调查,稽查人员确定,黄庆的个人结算账户在两年间共与45家公司发生了资金往来,这些公司位于安徽、四川、北京、上海和重庆等5省市,其中多家公司由黄庆控股或者担任法定代表人。由黄庆控股或者担任法定代表人的公司中有7家位于眉山市,黄庆个人账户与这7家眉山公司之间的资金往来共489笔,占其与公司账户间资金往来总笔数的26%,交易金额达50 653.21万元。

分析调查所获信息,稽查人员认为,黄庆与其控股或参股公司之间资金往来频繁,资金交易规模与其控股或参股公司的注册资本、生产和经营规模不匹配,很可能存在取得工资、薪金,股息、红利和股权转让所得等未缴纳个人所得税的问题。眉山市地税局在掌握了上述信息后,采取了"自查＋约谈"的方式,最终纳税人先后于2017年7月和9月两次补缴股息、红利所得个人所得税2 200万元,并制定了剩余1 800万元应补税款在2018年2月底前分期补缴入库的缴纳计划。

 链接:跨国情报交换引发高收入移民调查案

2012年末,C国税务局通过我国驻国际联合反避税中心(JITSIC)代表处向国家税务总局提出协助请求,希望我方提供中国移民X某和L某夫妇在华的收入和纳税情况。

X某和L某夫妇原籍中山,于2006年12月移民C国,并在C国一直按低收入申报纳税。但C国税务局掌握的资料显示,X某和L某两人在C国期间共购置了5处豪华房产、6辆名贵汽车,并在中山市内购置了3处房产、2块土地。X某银行账户同期有大量来自中国亲属的资金汇入记录,且汇入频率高、金额巨大。C国税务局怀疑两人没有如实申报在华财产和收入,存在避税嫌疑,因此通过国际联合反避税中心向我国发出税收专项情报,请求协助核查该夫妇在华收入和纳税情况。

根据C国的情报线索,本次调查涉及当事人曾直接或间接持股的13家企业,这些企业分布在中国境内三个省份,其中8家企业在广东省,并全部在中山市辖区内。接到情报调查任务后,中山市地税局迅速成立专项工作组,制定工作方案,铺开调查之网。

中山市地税局税务人员通过征管信息系统迅速掌握情报所涉企业的税务登记信息、生产经营状况及当事人申报纳税情况等基础数据,并向本市公安、国土、工商、银行等相关单位发出协查文书,全面了解X某和L某夫妇两人的出入境情况、资产购置存量、股权拥有情况和资金流水信息等。通过对大量信息数据的梳理排查和归集统计,该局税务人员就C国提出的核查要求逐一研究,按时完成了情报核查及层报回复工作。

在此基础上,中山市地税局专项工作组延伸运用情报,进一步排查涉案人员在我国境内是否存在涉税违规的行为。专项工作组展开案头分析,对X某夫妇国内亲属2009—2011年的纳税申报情况、双方借款合同等资料进行分析,对其借款能力及借款行为的真实性进行评估。另一方面,工作组溯查资金源头,重点对X某母亲银行账户的大额资金收支记录进行分析,筛选并锁定疑点企业。同时,对情报信息涉及的企业以及通过核查发现的其他关联企业的生产经营及申报纳税情况进行逐一排查。

最终,工作组获得了关键信息,即X某母亲为企业的实际投资者,企业向X某母亲大额转账的款项是向其借款。为此,工作组下户核查并调阅相关企业2005—2013年度财务报表、账册及凭证资料,核实X某母亲与企业间的资金往来情况。通过反复调查取证,确认了X某母亲以借款为由,长期套取其隐性持股企业的生产经营所得,再通过多名家族成员的中国香港银行账户逐步将国内投资所得向C国转移的基本事实。

依照有关规定,中山市某企业实际投资者X某母亲从投资企业处取得的借款,在纳税年度终了后尚未归还、又未用于企业生产经营的部分,应视同企业对其的红利分配。中山市地税局专项工作组依法要求企业按照"利息、股息、红利所得"项目代扣代缴X某母亲个人所得税共计3 474.37万元。

第十三章

股 权 激 励

导读

　　股权激励,也称为期权激励,是企业为了激励和留住核心人才而推行的一种长期激励机制,是目前最常用的激励员工的方法之一。股权激励主要是通过附条件给予员工部分股东权益,使其具有主人翁意识,从而与企业形成利益共同体,促进企业与员工共同成长,从而帮助企业实现稳定发展的长期目标。

第一节　上市公司股权激励

　　现行股权激励包含两种,一种是专门针对上市公司及其控股企业的股权激励,另一种是针对非上市公司的。全国中小企业股份转让系统挂牌公司按非上市公司执行。

　　我国最早对股权激励所得做出规定的文件是《国家税务总局关于个人认购股票等有价证券而从雇主取得折扣或补贴收入有关征收个人所得税问题的通知》(国税发〔1998〕9号),它对股权激励所得的性质判定是:无论其形式如何,均属于该个人因受雇而取得的工资、薪金所得。这一判定为以后所发的相关文件所继承,基本没有变化。

　　工资、薪金所得股权激励形式主要有三种,即股票期权、股票增值权和限制性股票。

　　① 股票期权所得的个人所得税处理主要是依据《财政部　国家税务总局关于个人股票期权所得征收个人所得税问题的通知》(财税〔2005〕35号)和《国家税务总局关于股权激励有关个人所得税问题的通知》(国税函〔2006〕902号)两个文件。

　　② 股票增值权所得和限制性股票所得的个人所得税处理依据《财政部　国家税务总局关于股票增值权所得和限制性股票所得征收个人所得税有关问题的通知》(财税〔2009〕5号)的规定,比照股票期权所得处理。

　　根据《国家税务总局关于股权激励有关个人所得税问题的通知》(国税函〔2009〕461号)的规定,上述几个文件仅适用于上市公司(含所属分支机构)和上市公司控股企业的员工。具体计算方法是,上市公司应将一个纳税年度内各次股权激励所得或者同时兼得的不同股权激励形式的所得合并计算应纳税额。

　　政策衔接:

　　根据《财政部　税务总局关于个人所得税法修改后有关优惠政策衔接问题的通知》(财税〔2018〕164号)的规定,居民个人取得股票期权、股票增值权、限制性股票、股权奖励等股权激励,符合财税〔2005〕35号文件、财税〔2009〕5号文件、财税〔2015〕116号文件、财税〔2016〕101号文件规定的相关条件的,在2021年12月31日前,不并入当年综合所得,全额单独适用综合所得税率表,计算纳税。2022年1月1日之后的股权激励政策另行明确。

表 13-1　上市公司股权激励形式

形式	界　　定
股票期权	指上市公司授予激励对象在未来一定期限内以预先确定的价格和条件购买本公司一定数量股份的权利。激励对象可以其获授的股票期权在规定的期间内以预先确定的价格和条件购买上市公司一定数量的股份,也可以放弃该种权利。
股票增值权	指上市公司授予公司员工在未来一定时期和约定条件下,获得规定数量的股票价格上升所带来收益的权利。被授权人在约定条件下行权,上市公司按照行权日与授权日二级市场股票差价乘以授权股票数量,发放给被授权人现金。
限制性股票	指激励对象按照股权激励计划规定的条件,从上市公司获得的一定数量的本公司股票。
股权奖励	指公司直接以公司股票无偿对员工实施奖励。

一、股票期权

根据《财政部　国家税务总局关于个人股票期权所得征收个人所得税问题的通知》(财税〔2005〕35 号)第一条的规定,企业员工股票期权是指上市公司按照规定的程序授予本公司及其控股企业员工的一项权利,该权利允许被授权员工在未来时间内以某一特定价格购买本公司一定数量的股票。

"某一特定价格"即根据股票期权计划可以购买股票的价格,一般为股票期权授予日的市场价格或该价格的折扣价格,也可以是按照事先设定的计算方法约定的价格。

"授予日"也称"授权日",是指公司授予员工上述权利的日期;"行权"也称"执行",是指员工根据股票期权计划选择购买股票的过程;员工行使上述权利的当日为"行权日"也称"购买日"。

实施股票期权计划企业,授予该企业员工的股票期权所得,应按新个人所得税法及其实施条例有关规定征收个人所得税。对企业员工(包括在中国境内有住所和无住所的个人)参与企业股票期权计划,员工接受雇主(含上市公司和非上市公司)授予的股票期权,凡该股票期权指定的股票为上市公司(含境内、外上市公司)股票的,其有关税务处理如下。

(一) 不可公开交易的股票期权

1. 授权时不征税

员工接受实施股票期权计划企业授予的股票期权(仅指不可公开交易的股票期权)时,除另有规定外(指可公开交易的股票期权),一般不作为应税所得征税。

2. 行权前转让"按工资、薪金所得"项目征税

对因特殊情况,员工在行权日之前将不可公开交易的股票期权转让的,以股票期权的转让净收入,作为工资、薪金所得征收个人所得税。根据《国家税务总局关于个人股票期权所得缴纳个人所得税有关问题的补充通知》(国税函〔2006〕902 号)第二条的规定,这里的"股票期权的转让净收入",一般是指股票期权转让收入。如果员工以折价购入方式取得股票期权的,可以股票期权转让收入扣除折价购入股票期权时实际支付的价款后的余额,作为股票期权的转让净收入。此种情况下,不可公开交易的股票期权的购入方在行权购入股票时,不用缴纳个人所得税。

3. 行权时按"工资、薪金所得"项目征税

员工行权(指不可公开交易的股票期权)时,其从企业取得股票的实际购买价(施权价)低于购买日公平市场价(指该股票当日的收盘价)的差额,是因员工在企业的表现和业绩情况而取得的与任职、受雇有关的所得,应按"工资、薪金所得"项目适用的规定计算缴纳个人所得税。

 知识小练习

【例题·单选】　根据个人股票期权所得的征税规定,员工行权时,从企业取得股票的实际购买价(施权价)低于购买日公平市场价的差额,应计算缴纳个人所得税,其适用的应税所得项目是(　　)。

A. 工资、薪金所得　　　　　　　　　B. 劳务报酬所得

C. 财产转让所得　　　　　　　　　　D. 偶然所得

答案：A

解析：根据财税〔2005〕35号文件的规定,员工行权时,其从企业取得股票的实际购买价(施权价)低于购买日公平市场价的差额,是因员工在企业的表现和业绩情况而取得的与任职、受雇有关的所得,应按"工资、薪金所得"项目适用的规定计算缴纳个人所得税。

4. 行权后转让按"财产转让所得"项目处理

员工将行权后的股票再转让时获得的高于购买日公平市场价的差额,是因个人在证券二级市场上转让股票等有价证券而获得的所得,应按照"财产转让所得"项目适用的征免税规定计算缴纳个人所得税。即个人将行权后的境内上市公司股票再行转让而取得的所得,暂不征收个人所得税。个人转让境外上市公司的股票而取得的所得,应按税法的征免税的规定计算应纳税所得额和应纳税额,依法缴纳税款。

5. 持有期间参与分配收益按"利息、股息、红利所得"项目处理

员工因拥有股权而参与企业税后利润分配取得的所得,应按照"利息、股息、红利所得"项目适用的征、免税规定计算缴纳个人所得税。

 **知识小练习**

【例题·多选】　下列关于股票期权所得个人所得税的表述中,错误的有(　　)。

A. 员工接受实施股票期权计划企业授予的股票期权时,除另有规定外,一般不征收个人所得税

B. 员工在行权日前将不可公开交易的股票期权转让的,以股票期权的转让净收入按"财产转让所得"项目缴纳个人所得税

C. 普通员工行权时,从企业取得股票的实际购买价低于购买日公平市场价的差额,与当月工资、薪金所得合并,缴纳个人所得税

D. 员工将行权后的无论是境内上市还是境外上市公司的股票转让,均免征个人所得税

答案：BCD

解析：根据《财政部　国家税务总局关于个人股票期权所得征收个人所得税问题的通知》(财税〔2005〕35号)的规定,对因特殊情况,员工在行权日之前将股票期权转让的,以股

票期权的转让净收入作为工资、薪金所得征收个人所得税,选项 B 错误。员工行权时,从企业取得的股票的实际购买价低于购买日公平市场价的差额,单独计算个人所得税,选项 C 错误。员工将行权后的境内上市公司的股票转让,暂免征收个人所得税,选项 D 错误。

【知识点梳理】 上市公司股票期权税务处理(不可公开交易)如表 13-2 所示。

表 13-2 上市公司股票期权税务处理(不可公开交易)

具体操作行为	税务处理		
授权时	一般不征个人所得税(除另有规定外)		
行权前转让	以股票期权的转让净收入,作为工资、薪金所得征收个人所得税		
行权时	按"工资、薪金所得"计税	应纳税所得额	(行权日市场价－施权价)×股票数量
		费用扣除	不可扣除费用
		应纳税额	应纳税所得额×适用税率(综合税率表)－速算扣除数
持有收益	按"利息、股息、红利所得"计税	按规定确定是否征免个人所得税 ★适用股息、红利差别化政策	
行权后转让	按"财产转让所得"计税	★个人将行权后的境内上市公司股票再行转让而取得的所得,暂不征收个人所得税 ★个人转让境外上市公司股票而取得的所得,应按税法规定计算征收个人所得税	

(二) 可公开交易的股票期权

部分股票期权在授权时即约定可以转让,且在境内或境外存在公开市场及挂牌价格,即可公开交易,按以下规定进行税务处理。

1. 取得时按工资、薪金所得征税

员工取得可公开交易的股票期权,属于员工已实际取得有确定价值的财产,应按授权日股票期权的市场价格,作为员工授权日所在月份的工资、薪金所得,并按规定计算缴纳个人所得税。如果员工以折价购入方式取得股票期权,则可以授权日股票期权的市场价格扣除折价购入股票期权时实际支付的价款后的余额,作为授权日所在月份的工资、薪金所得。

2. 转让时按财产转让所得征税

员工取得可公开交易的股票期权后,转让该股票期权所取得的所得,属于财产转让所得,依法缴纳个人所得税。即个人将行权后的境内上市公司股票再行转让而取得的所得,暂不征收个人所得税;个人转让境外上市公司的股票而取得的所得,应按税法的征免税规定计算应纳税所得额和应纳税额,依法缴纳税款。

3. 行权时不征税

员工取得可公开交易的股票期权后,实际行使该股票期权购买股票时,不再计算缴纳个人所得税。

4. 持有收益

员工因拥有股权而参与企业税后利润分配取得的所得,应按照"利息、股息、红利所得"适用的规定计算缴纳个人所得税。

 知识小练习

【例题·多选】 下列关于股票期权(可公开交易)个人所得税征收管理的说法,正确的有( )。

A. 个人转让境外上市公司股票而取得的所得,应缴纳个人所得税

B. 员工因股票期权行权后而参与企业税后利润分配取得的所得,应按照"利息、股息、红利所得"项目缴纳个人所得税

C. 员工接受实施股票期权计划企业授予股票期权时,按"工资、薪金所得"项目缴纳个人所得税

D. 对因特殊情况员工在行权日之前将股票期权转让的不计算缴纳个人所得税

答案: ABC

解析: 根据《财政部 国家税务总局关于个人股票期权所得征收个人所得税问题的通知》(财税〔2005〕35 号)第四条第二项的规定,个人转让境外上市公司的股票而取得的所得,应按税法的规定计算应纳税所得额和应纳税额,依法缴纳税款,选项 A 正确;员工因股票期权行权后而参与企业税后利润分配取得的所得,应按照"利息、股息、红利所得"项目缴纳个人所得税,选项 B 正确;根据《国家税务总局关于个人股票期权所得缴纳个人所得税有关问题的补充通知》(国税函〔2006〕902 号)第六条第一项的规定,员工取得可公开交易的股票期权,属于员工已实际取得有确定价值的财产,应按授权日股票期权的市场价格,作为员工授权日所在月份的工资、薪金所得,计算缴纳个人所得税。选项 C 正确;根据《国家税务总局关于个人股票期权所得缴纳个人所得税有关问题的补充通知》(国税函〔2006〕902 号)第六条第二项的规定,对因特殊情况员工在行权日之前将股票期权转让的,转让该股票期权所取得的所得,属于财产转让所得,选项 D 错误。

【知识点梳理】 上市公司股票期权税务处理(可公开交易)如表 13-3 所示。

表 13-3　上市公司股票期权税务处理(可公开交易)

具体操作行为	税务处理		
授权时	按"工资、薪金所得"征收个人所得税	应纳税所得额	(行权日市场价－施权价)×股票数量
		费用扣除	不可扣除费用
		应纳税额	应纳税所得额×适用税率－速算扣除数
行权前、行权后转让	按"财产转让所得"征收个人所得税 ★个人将行权后的境内上市公司股票再行转让而取得的所得,暂不征收个人所得税 ★个人转让境外上市公司股票而取得的所得,应按税法规定计算征收个人所得税		
行权时	不征税		
持有收益	按"利息、股息、红利所得"计税	按规定确定是否征免个人所得税 ★适用股息、红利差别化政策	

（三）应纳税额的计算

根据《财政部 税务总局关于个人所得税法修改后有关优惠政策衔接问题的通知》（财税〔2018〕164号）的规定，居民个人取得股票期权、股票增值权、限制性股票、股权奖励等股权激励，符合《财政部 国家税务总局关于个人股票期权所得征收个人所得税问题的通知》（财税〔2005〕35号）、《财政部 国家税务总局关于股票增值权所得和限制性股票所得征收个人所得税有关问题的通知》（财税〔2009〕5号）、《财政部 国家税务总局关于将国家自主创新示范区有关税收试点政策推广到全国范围实施的通知》（财税〔2015〕116号）第四条、《财政部 国家税务总局关于完善股权激励和技术入股有关所得税政策的通知》（财税〔2016〕101号）第四条第（一）项规定的相关条件的（即按工资、薪金所得纳税时），在2021年12月31日前，不并入当年综合所得，全额单独适用综合所得税率表，计算纳税。2022年1月1日之后的股权激励政策另行明确。

计算公式：

$$应纳税额 = 股票期权形式的工资薪金应纳税所得额 \times 适用税率 - 速算扣除数$$

需要注意的是，居民个人一个纳税年度内取得两次以上（含两次）股权激励的，应合并按上述规定计算纳税。

 **知识小练习**

【例题·计算】 王先生2019年取得的收入如下：

（1）2018年1月取得某上市公司授予的股票期权（不可公开交易）20 000股，授予日股票价格为10元，授予期权价格为8元，规定可在2019年2月行权。假定王先生2019年2月28日行权10 000股，行权当日公司股票收盘价为16元。

（2）王先生2019年10月31日再次行使股票期权，又取得该公司股票5 000股，每股施权价8元，当日公司股票收盘价23元。

（3）王先生2020年1月1日第三次行使股票期权，再次购买该公司股票5 000股，每股施权价8元，当日公司股票收盘价21元。

请根据以上材料，计算王先生第一次、第二次、第三次行权时应缴纳的个人所得税？

答案及解析：（1）企业实施股票期权计划，授予该企业员工股票期权。员工因此在行使期权购买股票时，以低于市场价格（购买股票当日收盘价）的某一特定价格（施权价）购买本公司一定数量的股票，从而获得的施权价与收盘价的差额，是因员工在企业的表现和业绩情况而取得的与任职、受雇有关的所得，应按"工资、薪金所得"适用的规定计算缴纳个人所得税。根据《财政部 国家税务总局关于个人股票期权所得征收个人所得税问题的通知》（财税〔2005〕35号）的规定，按下列公式计算：

股票期权形式的工资、薪金应纳税所得额＝（行权股票的每股市场价－员工取得该股票期权支付的每股施权价）×股票数量。则王先生在2019年2月28日行权时取得工资、薪金应纳税所得额＝（16－8）×10 000＝80 000（元）。王先生取得的股票期权激励，应全额单独计税，应纳个人所得税额＝80 000×10%－2 520＝5 480（元）。

（2）王先生的第二次行使股票期权是2019年10月31日，与2月28日第一次行权在同一个纳税年度内,因此根据财税〔2018〕164号文件的规定,王先生的第二次股权激励所得,应当与第一次合并计税。具体如下:第二次股权激励工资、薪金应纳税所得额＝(23－8)×5 000＝75 000(元),合并二次股权激励应纳税所得80 000＋75 000＝155 000(元),第二次股权激励应申报纳税＝155 000×20％－16 920－5 480＝8 600(元)。

(3)王先生第三次行使股票期权是2020年1月1日,与前两次行权不在同一纳税年度,不需要与前两次行权所得合并计税,全额单独适用综合所得税率表计税。2020年1月1日行权时取得工资、薪金应纳税所得额＝(21－8)×5 000＝65 000(元),应纳税额＝65 000×10％－2 520＝3 980(元)。

(四)适用范围

根据《国家税务总局关于股权激励有关个人所得税问题的通知》(国税函〔2009〕461号)第七条、《国家税务总局关于个人所得税有关问题的公告》(国家税务总局公告2011年第27号)第一条的规定,适用于上市公司(含所属分支机构)和上市公司控股企业的员工,其中上市公司占控股企业股份比例最低为30％。间接持股比例按各层持股比例相乘计算,上市公司对一级子公司持股比例超过50％的,按100％计算。

员工接受雇主(含上市公司和非上市公司)授予的股票期权,凡该股票期权指定的股票为上市公司(含境内、外上市公司)股票均适用上述规定。

 **知识小练习**

【例题·计算】　A股份公司是一家在上海证交所上市的企业,持有B企业51％的股份,B企业持有C公司30％的股份;甲股份有限公司是一家在深交所上市的境内上市公司,持有乙企业40％的股份,乙企业持有C公司50％的股份。C公司总经理李某于2017年1月1日取得被授予的A公司股票期权10 000股,2019年11月1日李总经理按照约定行使股票期权;于2017年9月1日被授予甲公司股票期权10 000股,2019年9月1日李总经理按照约定行使股票期权。问总经理李某从A公司和甲公司取得的股票期权是否可以适用股权激励的个人所得税优惠政策?

答案及解析:根据《国家税务总局关于股权激励有关个人所得税问题的通知》(国税函〔2009〕461号)第七条的规定,间接持股比例,按各层持股比例相乘计算,上市公司对一级子公司持股比例超过50％的,按100％计算。由于A司持有一级子公司B企业的股份超过50％,根据规定应按100％计算,则A公司间接控制C公司的持股比例为:100％×30％＝30％,符合上市公司占控股企业的股份不低于30％的规定条件,所以2019年11月1日李总经理获得的A公司的股票期权,可以适用股权激励的个人所得税优惠政策单独计税。

甲公司间接控制C公司的持股比例为:40％×50％＝20％,不符合上市公司占控股企业的股份不低于30％的条件,李总经理在2019年9月1日取得的股票期权所得要并入当期工资、薪金所得,一并缴纳个人所得税。

(五)征收管理

(1)扣缴义务人。实施股票期权计划的境内企业为个人所得税的扣缴义务人,应按税法规定履行代扣代缴个人所得税的义务。

（2）报送有关资料。实施股票期权计划的境内企业，应在股票期权计划实施之前，将企业的股票期权计划或实施方案、股票期权协议书、授权通知书等资料报送主管税务机关；应在员工行权之前，将股票期权行权通知书和行权调整通知书等资料报送主管税务机关。

扣缴义务人和自行申报纳税的个人在申报纳税或代扣代缴税款时，应在税法规定的纳税申报期限内，将个人接受或转让的股票期权以及认购的股票情况（包括种类、数量、施权价格、行权价格、市场价格、转让价格等）报送主管税务机关。

（3）处罚。实施股票期权计划的企业和因股票期权计划而取得应税所得的自行申报员工，未按规定报送上述有关报表和资料，未履行申报纳税义务或者扣缴税款义务的，按《税收征收管理法》及其实施细则的有关规定进行处理。

二、股票增值权

股票增值权是指上市公司授予公司员工在未来一定时期和约定条件下，获得规定数量的股票价格上升所带来收益的权利。被授权人在约定条件下行权，上市公司按照行权日与授权日二级市场股票差价乘以授权股票数量，发放给被授权人现金。（★非上市公司没有股票增值权股权激励）

（一）征税项目

个人因任职、受雇从上市公司取得的股票增值权所得，由上市公司或其境内机构按照"工资、薪金所得"项目，依法扣缴其个人所得税。

（二）应纳税所得额

股票增值权被授权人获取的收益，是由上市公司根据授权日与行权日股票差价乘以被授权股数，直接向被授权人支付的现金。上市公司应于向股票增值权被授权人兑现时依法扣缴其个人所得税。被授权人股票增值权应纳税所得额计算公式为：

股票增值权某次行权应纳税所得额＝（行权日股票价格－授权日股票价格）×行权股票份数

（三）应纳税额的计算

股票增值权个人所得税纳税义务发生时间为上市公司向被授权人兑现股票增值权所得的日期。

股权激励收入在2021年12月31日前，不并入当年综合所得，全额单独适用综合所得税率表，计算纳税，2022年1月1日之后的股权激励政策另行明确。计算公式为：

应纳税额＝股权激励收入×适用税率－速算扣除数

值得注意的是，居民个人一个纳税年度内取得两次以上（含两次）股权激励的，应合并按上述规定计算纳税。

（四）征收管理

（1）实施股票增值权计划的境内上市公司，应在股票增值权计划实施之前将企业的股票增值权计划或实施方案、股票增值权协议书、授权通知书等资料报送主管税务机关；应在员工行权之前，将股票增值权行权通知书和行权调整通知书等资料报送主管税务机关。

（2）扣缴义务人和自行申报纳税的个人在代扣代缴税款或申报纳税时，应在税法规定的纳税申报期限内，将个人接受或转让的股权以及认购的股票情况（包括种类、数量、施权价格、行权价格、市场价格、转让价格等)、股权激励人员名单、应纳税所得额、应纳税额等资料报送主管税务机关。

(3) 适用范围。根据《国家税务总局关于股权激励有关个人所得税问题的通知》(国税函〔2009〕461号)第七条、《国家税务总局关于个人所得税有关问题的公告》(国家税务总局公告2011年第27号)第一条的规定,适用于上市公司(含所属分支机构)和上市公司控股企业的员工,其中上市公司占控股企业股份比例最低为30%。间接持股比例,按各层持股比例相乘计算,上市公司对一级子公司持股比例超过50%的,按100%计算。

【案例13-1】 B上市公司2020年股权激励计划规定,以该上市公司为虚拟标的股票,在满足业绩考核标准的前提下,由公司以现金方式支付行权价格与兑付价格之间的差额;本期计划授予的股票增值权的行权等待期为两年,自股票增值权授予日起至该日的第二个周年日止,等待期满后的3年为行权期。其中,第一批计划可行权的股票增值权占该期所授予股票增值权总量的40%,第二批计划可行权的股票增值权占该期所授予股票增值权总量的30%,第三批计划可行权的股票增值权占该期所授予股票增值权总量的30%。

2020年2月1日,激励对象王某获得10万份股票增值权,授予价格为15元/股。假定2021年2月5日业绩考核符合标准,并按计划兑现股票增值权总量40%的增值额,当日该公司股票的收盘价格为24元/股。

解析: 该次行权应纳税所得额=(行权日股票价格-授权日股票价格)×行权股票份数=(24-15)×100 000×40%=360 000(元)。

应纳税额=360 000×25%-31 920=58 080(元)。

【知识点梳理】 上市公司股票增值权税务处理如表13-4所示。

表13-4 上市公司股票增值权税务处理

种类	特点	环节	所得确定	税款计算
股票增值权	上市公司授予公司员工在未来一定时期和约定条件下,获得规定数量的股票价格上升所带来利益的权利	(1) 获得授权。员工接受实施股票期权计划,企业授予股票增值权	(1) 授予时:无所得	(1) 授予时:不征税
		(2) 员工行权。上市公司按照行权日与授权日二级市场股票差价乘以授权股票数量,发放给被授权人现金	(2) 行权时:按照低于购买日公平市场价的差额,作为"工资、薪金"所得	(2) 行权时:全额单独适用综合所得税率
			纳税时间:上市公司向被授权人兑现股票增值权所得的日期	应纳税所得额=(行权日股票价格-授权日股票价格)×行权股票份数 应纳税额=应纳税所得额×适用税率-速算扣除数

三、限制性股票

限制性股票是指上市公司按照股权激励计划约定的条件,授予公司员工一定数量本公司的股票,被激励对象只有在工作年限或绩效考核指标等符合规定条件时,才可出售限制性股票并从中获益。

(一)征税项目

个人因任职、受雇从上市公司取得的限制性股票所得,上市公司或其境内机构按照"工资、薪金所得"项目,依法扣缴其个人所得税。

(二)应纳税所得额

按照新个人所得税法及其实施条例等有关规定,原则上应在限制性股票所有权归属于被激励对象时确认其限制性股票所得的应纳税所得额。

上市公司实施限制性股票计划时,应以被激励对象限制性股票在中国证券登记结算公司(境外为证券登记托管机构)进行股票登记日期的股票市价(指当日收盘价)和本批次解禁股票当日市价(指当日收盘价)的平均价格乘以本批次解禁股票份数,减去被激励对象本批次解禁股份数所对应的为获取限制性股票实际支付资金数额,其差额为应纳税所得额。被激励对象限制性股票应纳税所得额计算公式为:

$$\text{应纳税所得额} = \left(\begin{array}{c}\text{股票登记}\\\text{日股票市价}\end{array} + \begin{array}{c}\text{本批次解禁}\\\text{股票当日市价}\end{array}\right) \div 2 \times \begin{array}{c}\text{本批次解禁}\\\text{股票份数}\end{array} - \begin{array}{c}\text{被激励对象实际}\\\text{支付的资金总额}\end{array}$$

$$\times \left(\begin{array}{c}\text{本批次解禁}\\\text{股票份数}\end{array} \div \begin{array}{c}\text{被激励对象获取的}\\\text{限制性股票总份数}\end{array}\right)$$

被激励对象为缴纳个人所得税款而出售股票,其出售价格与原计税价格不一致的,按原计税价格计算其应纳税所得额和税额。

表 13-5 限制性股票几个日期的具体规定

日期种类	具 体 规 定
股票授予日	指公司根据股东大会通过的《限制性股票股权激励计划》,在达到计划要求的授予条件时,实际授予公司员工限制性股票的日期。
股票登记日	指上市公司实施限制性股票计划时,在中国证券登记结算公司(境外为证券登记托管机构)将限制性股票登记在员工名下的日期,股票登记日一般是在股票的授予日之后。
股票锁定期	指公司员工取得限制性股票后不得通过二级市场或其他方式进行转让的期限。根据《上市公司股权激励管理办法》第二十四条的规定,限制性股票自授予日起,锁定期不得少于 1 年。
股票解禁日	在锁定期结束后,进入解禁期。在解禁日后,如果绩效考核指标满足计划规定的条件,员工取得的限制性股票可以按计划分期解禁。解禁后,员工的股票可以在二级市场自由出售。

(三)应纳税额的计算

限制性股票个人所得税纳税义务发生时间为每一批限制性股票解禁的日期。

股权激励收入在 2021 年 12 月 31 日前,不并入当年综合所得,全额单独适用综合所得税率表,计算纳税,2022 年 1 月 1 日之后的股权激励政策另行明确。计算公式为:

$$\text{应纳税额} = \text{股权激励收入} \times \text{适用税率} - \text{速算扣除数}$$

值得注意的是,居民个人一个纳税年度内取得两次以上(含两次)股权激励的,应合并按上述规定计算纳税。

（四）适用范围

根据《国家税务总局关于股权激励有关个人所得税问题的通知》（国税函〔2009〕461号）第七条、《国家税务总局关于个人所得税有关问题的公告》（国家税务总局公告2011年第27号）第一条的规定，适用于上市公司（含所属分支机构）和上市公司控股企业的员工，其中上市公司占控股企业股份比例最低为30％。间接持股比例，按各层持股比例相乘计算，上市公司对一级子公司持股比例超过50％的，按100％计算。（具体计算方法参见股票期权例题）

（五）征收管理

（1）实施限制性股票计划的境内上市公司，应在中国证券登记结算公司（境外为证券登记托管机构）进行股票登记并经上市公司公示后15日内，将本公司限制性股票计划或实施方案、协议书、授权通知书、股票登记日期及当日收盘价、禁售期限和股权激励人员名单等资料报送主管税务机关备案。

境外上市公司的境内机构，应向其主管税务机关报送境外上市公司实施股权激励计划的中（外）文资料备案。

（2）扣缴义务人和自行申报纳税的个人在代扣代缴税款或申报纳税时，应在税法规定的纳税申报期限内，将个人接受或转让的股权以及认购的股票情况（包括种类、数量、施权价格、行权价格、市场价格、转让价格等）、股权激励人员名单、应纳税所得额、应纳税额等资料报送主管税务机关。

 **知识小练习**

【例题·计算】　李某是甲上市公司的骨干人员，2017年8月1日获甲上市公司授予限制性股票10万股，授予价格3元，股票登记日是2017年9月1日，当日股票收盘价10元。2019年1月1日，该限制性股票解禁50％，解禁日股票收盘价14元；2019年7月1日，该限制性股票解禁50％，解禁日股票收盘价44元。李某如何计算取得限制性股票应缴纳的个人所得税？

答案及解析：1. 第一批限制性股票于2019年1月1日解禁时：

应纳税所得额＝（10＋14）÷2×100 000×50％－3×100 000×（100 000×50％÷100 000）＝450 000（元）。

李某应纳个人所得税＝450 000×30％－52 920＝82 080（元）。

2. 第二批限制性股票于2019年7月1日解禁时：

应纳税所得额＝（10＋44）÷2×100 000×50％－3×100 000×（100 000×50％÷100 000）＝1 200 000（元）。

由于李某在一个年度内取得两批限制性股票所得，应合并计算纳税。

李某应纳个人所得税＝（450 000＋1 200 000）×45％－181 920＝560 580（元）。

第二批限制性股票解禁时李某应缴纳个人所得税＝560 580－82 080＝478 500（元）。

财税〔2018〕164号文件规定，居民个人一个纳税年度内取得两次以上（含两次）股权激励的，应合并按本通知第二条第（一）项规定计算纳税。需要注意的是，股权激励包括股票期权、股票增值权、限制性股票、股权奖励等形式，不限于同一种形式的股权激励，如员工一年内取得了一次股票期权所得及一次限制性股票所得，也要合并计算纳税。

【知识点梳理】 上市公司限制性股票税务处理。

表 13-6 上市公司限制性股票税务处理

种类	特点	环节	所得确定	税款计算
限制性股票	上市公司按照股权激励计划约定的条件，授予公司员工一定数量本公司的股票	（1）获得授权。员工接受实施限制性股票计划，企业授予限制性股票	（1）授予时：无所得	（1）授予时：不征税
		（2）实际归属（解禁时）	（2）解禁时：推算所得。以被激励对象限制性股票的股票登记日期股票市价和本批次解禁股票当日市价的平均价格乘以本批次解禁的股票份数，减去被激励对象实际支付的资金数额，其差额为所得额。纳税时间：每一批次限售票解禁的日期	（2）行权时：全额单独适用综合所得税率
				应纳税所得额＝（股票登记日股票市价＋本批次解禁股票当日市价）÷2×本批次解禁股票份数－被激励对象实际支付的资金总额×（本批次解禁股票份数÷被激励对象获取的限制性股票总份数）
				应纳税额＝应纳税所得额×适用税率－速算扣除数

四、股权奖励

股权奖励是指企业无偿授予激励对象一定份额的股权或一定数量的股份，可以把它理解为员工没有实际支付成本获得公司将来的股份或股权，则员工取得股权奖励所支付的价格或金额为零。那么如果没有禁售期的，获得股份的当时就应该缴纳个人所得税，并且按照当时奖励的股份的市场价格计算。根据《财政部　国家税务总局关于完善股权激励和技术入股有关所得税政策的通知》（财税〔2016〕101 号）的规定，股权奖励应纳税款的计算比照上述限制性股票和股票期权的规定执行。同时，相比于限制性股票和股票期权，股权奖励在纳税期限以及转让所得方面也可以享受同等的纳税优惠。

五、延期纳税

上市公司授予个人的股票期权、限制性股票和股权奖励，经向主管税务机关备案，个人可自股票期权行权、限制性股票解禁或取得股权奖励之日起，在不超过 12 个月的期限内缴纳个人所得税。

上市公司实施股权激励，个人选择在不超过 12 个月期限内缴税的，上市公司应自股票期权行权、限制性股票解禁、股权奖励获得之次月 15 日内，向主管税务机关报送《上市公司股权激励个人所得税延期纳税备案表》（见表 13-7）。上市公司初次办理股权激励备案时，还应一并向主管税务机关报送股权激励计划、董事会或股东大会决议。

【政策解析】

延期纳税政策是考虑到上市公司高管人员在转让本公司股票方面有一定的期限约束，为解决上市公司股权激励对象缴税现金流的困难，个人选择在不超过12个月期限内缴税。按照现行税收政策规定，对个人从二级市场取得的上市公司股票，其股票转让所得以及持股时间1年以上取得的股息、红利所得均实行免征个人所得税优惠政策，优惠力度是非常大的。同时，考虑到上市公司股票流动性强，变现快，因此对上市公司股权激励不再递延至转让股票时缴税，仍按现行政策执行，即对其股票期权行权、限制性股票解禁以及获得股权奖励时确认的所得，按"工资、薪金所得"项目计算应纳税款。

表 13-7 上市公司股权激励个人所得税延期纳税备案表

备案编号（主管税务机关填写）： 单位：股，人民币元（列至角分）

公司基本情况								
公司名称		纳税人识别号		股票代码		联系人		联系电话

股权激励基本情况
股权激励形式　□股票期权　□限制性股票　□股权奖励

股权激励明细情况

序号	姓名	身份证照类型	身份证照号码	任职受雇月数	股票期权				限制性股票							股权奖励		
					行权日	行权日市价	行权价	行权股数	股票登记日	股票登记日市价	解禁日	解禁日市价	实际出资总额	本批次解禁数	总股票数	授予日	授予日市价	奖励股票数

谨声明：此表是根据《中华人民共和国个人所得税法》及有关法律法规定填写的，是真实的、完整的、可靠的。 法定代表人签章：　　年　月　日

公司签章： 经办人： 填报日期：年　月　日	代理申报机构（人）签章： 经办人： 经办人执业证件号码： 代理申报日期：年　月　日	主管税务机关印章： 受理人： 受理日期：　　年　月　日

国家税务总局监制

填 报 说 明

一、适用范围

本表适用于实施股权激励的上市公司向主管税务机关办理个人所得税延期缴纳备案事宜时填报。

二、报送期限

企业应于股票期权行权、限制性股票解禁、股权奖励获得之次月 15 日内报送本表。

三、表内各栏

(一)公司基本情况

1. 公司名称：填写实施股权激励的上市公司法定名称全称。

2. 纳税人识别号：填写纳税人识别号或统一社会信用代码。

3. 联系人、联系电话：填写上市公司负责办理股权激励及相关涉税事项人员的相关情况。

(二)股权激励基本情况

股权激励形式：根据实施股权激励的形式勾选。

(三)股权激励明细情况

1. 姓名：填写纳税人姓名。中国境内无住所个人,其姓名应当用中、外文同时填写。

2. 身份证照类型：填写能识别纳税人唯一身份的身份证、军官证、士兵证、护照、中国港澳居民来往内地通行证、中国台湾居民来往大陆通行证等有效证照名称。

3. 身份证照号码：填写能识别纳税人唯一身份的号码。

4. 任职受雇月数：填写被激励对象在本公司实际任职受雇月份数。

5. 股票期权栏：以股票期权形式实施激励的企业填写本栏。没有则不填。

① 行权日：填写根据股票期权计划,行权购买股票的实际日期。

② 行权日市价：填写被激励对象所持股票行权购买日的收盘价。

③ 行权价：填写被激励对象股票期权行权时,实际出资的每股金额。

④ 行权股数：填写被激励对象本次行权取得的股票数量。

6. 限制性股票栏：以限制性股票形式实施激励的企业填写本栏。没有则不填。

① 股票登记日：填写被激励对象取得的限制性股票在中国登记结算公司进行股票登记的日期。

② 股票登记日市价：填写股票登记日的收盘价。

③ 解禁日：填写根据限制性股票计划,被激励对象取得限制性股票达到规定条件而解除出售限制的具体日期。

④ 解禁日市价：填写股票解禁日的收盘价。

⑤ 实际出资总额：填写被激励对象为获取限制性股票实际支付资金数额。

⑥ 本批次解禁数：填写本次股票解禁的股数。

⑦ 总股票数：填写被激励对象获取的限制性股票总数。

7. 股权奖励栏：以股权奖励形式实施激励的企业填写本栏。没有则不填。

① 授予日：填写授予被激励对象获得股票的实际日期。

② 授予日市价：填写股票授予日的收盘价。

③ 奖励股票数：填写被激励对象获取的股票总数。

四、本表一式二份。主管税务机关受理后,由上市公司和主管税务机关分别留存。

第二节　非上市公司股权激励

为支持国家大众创业、万众创新战略的实施,促进我国经济结构转型升级,完善股权激励和技术入股有关所得税政策,国家出台了《财政部　国家税务总局关于完善股权激励和技术入股有关所得税政策的通知》(财税〔2016〕101 号,以下简称财税〔2016〕101 号文件),为确保此项新政落地生根,国家税务总局发布了《国家税务总局关于股权激励和技术入股所得税征管问题的公告》(国家税务总局公告 2016 年 62 号),对相关政策及征管问题进行了明确和细化。

一、政策规定

根据财税〔2016〕101 号文件的规定,非上市公司授予本公司员工的股票期权、股权期权、限制性股票和股权奖励,符合规定条件的,经向主管税务机关备案,可实行递延纳税政策,即员工在取得股权激励时可暂不纳税,递延至转让该股权时纳税;股权转让时,按照股权转让收入减除股权取得成本以及合理税费后的差额,适用"财产转让所得"项目,按照 20% 的税率计算缴纳个人所得税。

股权转让时,股票(权)期权取得成本按行权价确定,限制性股票取得成本按实际出资额确定,股权奖励取得成本为零。

股票(权)期权是指公司给予激励对象在一定期限内以事先约定的价格购买本公司股票(权)的权利。

限制性股票是指公司按照预先确定的条件授予激励对象一定数量的本公司股权,激励对象只有工作年限或业绩目标符合股权激励计划规定条件的才可以处置该股权。

股权奖励是指企业无偿授予激励对象一定份额的股权或一定数量的股份。

【政策解析】

该优惠政策主要体现在以下几个方面:

1. 递延纳税时间。对于符合条件的非上市公司,激励对象在被授予股权或股票的阶段不用承担个人所得税的纳税义务。由于激励对象在取得股票或股权时,并没有获得实际的收益和资金流入,这时候就要求激励对象纳税会严重打击公司实施股权激励的积极性,所以财税〔2016〕101 号文件规定员工在取得股权激励时可暂不纳税,递延至转让该股权时纳税。

2. 降低税率。股权转让时,适用"财产转让所得"项目,按照 20% 的税率计算缴纳个人所得税,激励对象不用按照 3%~45% 的超额累进税率缴纳个人所得税,大幅度降低了税率。

目前,我国符合递延纳税政策条件的非上市公司股权激励方式主要有股票期权、股权期权、限制性股票、股权奖励等。

3. 限制性股票有两个特点:

(1) 激励对象获授的不是某种权利,而是公司可流通的股票。

(2) 激励对象获授股票是有条件的,比如业绩条件和非业绩条件。

【案例 13-2】 某非上市公司董事会决定对公司技术骨干人员方某进行股权奖励,在 2019 年 6 月 1 日奖励其公司股票 10 万股。假设公平市场价格为每股 4 元。如果方某符合递延纳税优惠条件,则方某取得 40 万元股权奖励所得时暂不纳税。假设方某在 2022 年 8 月 31 日,以每股 6 元的价格全部转让。则方某应纳个人所得税税额为 $(6-0) \times 10 \times 20\% = 12$(万元)。股权转让时,股权奖励取得成本为零。

二、享受递延纳税政策的条件

享受递延纳税政策的非上市公司股权激励(包括股票期权、股权期权、限制性股票和股权奖励)须同时满足以下条件,具体条件如表 13-8、表 13-9 所示。

表 13-8 股权激励递延纳税应符合的条件

序号	条件	具体要求	备注
1	适用范围	属于境内居民企业的股票(权)期权激励计划。	本公司最近 6 个月在职职工平均人数,按照股票(权)期权行权之上月起前 6 个月"工资、薪金所得"项目全员全额扣缴明细申报的平均人数确定。
2	激励计划	须经公司董事会、股东(大)会审议通过。 未设股东(大)会的国有单位,经上级主管部门审核批准。 计划中应列明激励目的、对象、标的、有效期、各类价格的确定方法、激励对象获取权益的条件、程序等。	
3	激励标的	必须是境内居民企业的本公司股权。 授予关联公司股权的不纳入优惠范围,也就是说只能以股权激励的实施主体自己的股票作为标的,才能够满足政策要求,这主要是为了体现利益的相关性。 来源:增发、大股东直接让渡、法律法规允许的其他合理方式授予激励对象的股票(权)。	
4	激励对象	须经公司董事会或股东(大)会决定的技术骨干和高级管理人员。激励对象人数累计不得超过本公司最近 6 个月在职职工平均人数的 30%。	
5	持有期限	股票(权)期权:自授予日起应持有满 3 年,自行权日起持有满 1 年;上述时间条件须在股权激励计划中列明。	
6	行权期限	自授予日至行权日的时间不得超过 10 年。	
7	所属行业	实施股权奖励的公司及其奖励股权标的公司所属行业均不属于《股权奖励税收优惠政策限制性行业目录》范围。公司所属行业按公司上一纳税年度主营业务收入占比最高的行业确定。	

　　股权激励计划所列内容不同时满足以上规定的全部条件,或递延纳税期间公司情况发生变化,不再符合以上第 4 至 6 项条件的,不得享受递延纳税优惠,应按规定计算缴纳个人所得税。

　　递延纳税期间,非上市公司情况发生变化,不再同时符合以上第 4 至 6 项条件的,应于情况发生变化之次月 15 日内,按规定计算缴纳个人所得税。

表 13-9 股权奖励税收优惠政策限制性行业目录

门类代码	类别名称
A(农、林、牧、渔业)	(1) 03 畜牧业(科学研究、籽种繁育性质项目除外) (2) 04 渔业(科学研究、籽种繁育性质项目除外)
B(采矿业)	(3) 采矿业(除第 11 类开采辅助活动)
C(制造业)	(4) 16 烟草制品业 (5) 17 纺织业(除第 178 类非家用纺织制成品制造) (6) 19 皮革、毛皮、羽毛及其制品和制鞋业 (7) 20 木材加工和木、竹、藤、棕、草制品业 (8) 22 造纸和纸制品业(除第 223 类纸制品制造) (9) 31 黑色金属冶炼和压延加工业(除第 314 类钢压延加工)
F(批发和零售业)	(10) 批发和零售业
G(交通运输、仓储和邮政业)	(11) 交通运输、仓储和邮政业

（续表）

门类代码	类别名称
H（住宿和餐饮业）	（12）住宿和餐饮业
J（金融业）	（13）66 货币金融服务 （14）68 保险业
K（房地产业）	（15）房地产业
L（租赁和商务服务业）	（16）租赁和商务服务业
O（居民服务、修理和其他服务业）	（17）80 居民服务业
Q（卫生和社会工作）	（18）85 社会工作
R（文化、体育和娱乐业）	（19）89 体育 （20）90 娱乐业
S（公共管理、社会保障和社会组织）	（21）公共管理、社会保障和社会组织（除第 9421 类专业性团体和第 9422 类行业性团体）
T（国际组织）	（22）国际组织

说明：以上目录按照《国民经济行业分类》（GB/T 4754—2011）编制，并按照《国民经济行业分类》（GB/T 4754—2017）进行修改。

 **知识小练习**

【例题·问答题】　2020 年 9 月，甲企业实施的一项针对核心技术人员的股票（权）期权激励计划符合行权条件，共有 20 位激励对象行权。该企业 2020 年 3 月至 8 月工资、薪金所得个人所得税全员全额扣缴明细申报的人数分别为 92 人、95 人、93 人、102 人、105 人、103人。在其他条件符合规定的情况下，该企业的股权激励计划能否递延缴纳个人所得税？

答案及解析：根据国家税务总局公告 2016 年 62 号第一条的规定，在职职工人数，要根据股票（权）期权行权之上月起前 6 个月"工资、薪金所得"项目的明细申报人数确定。

该企业激励对象占最近 6 个月在职职工平均人数比＝20÷[（92＋95＋93＋102＋105＋103）÷6]≈20.34%＜30%。

因此，该股权激励计划符合"激励对象人数累计不得超过本公司最近 6 个月在职职工平均人数的 30%"递延纳税人数比例限制的条件。

三、符合递延纳税条件股权激励的税务处理

（一）授予时的处理

员工接受实施股权激励计划的非上市公司授予的股票（权）期权、限制性股票时，由于没有取得实际所得，不作为应税所得征税。

（二）行权时的处理

非上市公司授予本公司员工的股权激励，同时符合实施主体、计划审批、激励标的、激励对象、持有期限、行权期限等 6 个条件的，经向主管税务机关备案，可实行递延纳税政策，即员工在取得期权行权所得时可暂不纳税，递延至转让该股权时纳税。

(三) 转增股本时的处理

根据财税〔2016〕101 号文件第四条第(四)项的规定,持有递延纳税的股权期间,因该股权产生的转增股本收入,以及以该递延纳税的股权再进行非货币性资产投资的,应在当期缴纳税款。

根据《财政部 国家税务总局关于将国家自主创新示范区有关税收试点政策推广到全国范围实施的通知》(财税〔2015〕116 号)第三条的规定,自 2016 年 1 月 1 日起,全国范围内的中小高新技术企业以未分配利润、盈余公积、资本公积向个人股东转增股本时,个人股东一次缴纳个人所得税确有困难的,可根据实际情况自行制定分期缴税计划,在不超过 5 个公历年度内(含)分期缴纳,并将有关资料报主管税务机关备案。

但是,个人持有递延纳税股权期间,发生上述情形的,根据财税〔2016〕101 号文件第四条第(四)项的规定,因递延纳税的股权产生的转增股本收入,应在当期缴纳税款。

(四) 以股权对外投资的处理

《财政部 国家税务总局关于个人非货币性资产投资有关个人所得税政策的通知》(财税〔2015〕41 号)规定,个人应在发生非货币性资产投资,纳税人一次性缴税有困难的,可合理确定分期缴纳计划并报主管税务机关备案后,自发生上述应税行为之日起不超过 5 个公历年度内(含)分期缴纳个人所得税。但个人取得股权激励所得选择递延纳税的,根据财税〔2016〕101 号文件第四条第(四)项的规定,个人以递延纳税的股权进行非货币性资产投资,须在非货币性资产投资当期缴纳税款,而不适用非货币资产对外投资分期纳税政策。

(五) 在境内上市后处置股权的处理

根据财税〔2016〕101 号文件第四条第(二)项的规定,个人因股权激励取得股权后,非上市公司在境内上市的,处置递延纳税的股权时,按照现行限售股有关征税规定执行。

(六) 转让股权的处理

员工将行权后的股票(权)再转让时获得的高于购买日公平市场价的差额,是因个人转让股票(权)等有价证券而获得的所得,应按照"财产转让所得"适用的征免规定计算缴纳个人所得税。

根据财税〔2016〕101 号文件第四条第(三)项的规定,个人转让股权时,视同享受递延纳税优惠政策的股权优先转让。递延纳税的股权成本按照加权平均法计算,不与其他方式取得的股权成本合并计算。

(七) 上市后处置股票的处理

根据财税〔2016〕101 号文件第四条第(二)项的规定,个人因股权激励、技术成果投资入股取得股权后,非上市公司在境内上市的,处置递延纳税的限制性股票时,按照现行限售股有关征税规定执行。

个人因获得非上市公司实施符合条件的限制性股票激励而选择递延纳税的,自限制性股票解禁取得股权至实际转让期间,如果公司在境内上市了,员工持有的递延纳税股票,自然转为限售股。根据财税〔2016〕101 号文件第四条第(二)项的规定,相关税收处理应按照限售股相关规定执行。主要涉及如下三方面内容:

(1) 股票转让价格,按照限售股有关规定确定。

(2) 扣缴义务人转为限售股转让所得的扣缴义务人(即证券机构),实施股权激励的公司只需及时将相关信息告知税务机关,无须继续扣缴递延纳税股票个人所得税。

（3）个人股票原值仍按财税〔2016〕101 号文件规定确定，也就是说，转让的股票来源于股权激励的，原值为其实际取得成本，限制性股票的取得成本按实际出资额确定。若个人按照限售股实际转让收入与实际成本计算出的应纳税额，与证券机构预扣预缴税额有差异的，个人需按照《财政部 国家税务总局 证监会关于个人转让上市公司限售股所得征收个人所得税有关问题的通知》（财税〔2009〕167 号）的规定，向证券机构所在地主管税务机关申请办理税收清算，应自证券机构代扣并解缴税款的次月 1 日起 3 个月内，持加盖证券机构印章的交易记录和相关完整、真实凭证，向主管税务机关提出清算申报并办理退（补）税。个人在规定期限内未到主管税务机关办理清算事宜的，税务机关不再办理清算事宜。已预扣预缴的税款从纳税保证金账户全额缴入国库。

个人办理清算时，按照当月取得的全部转让所得，填报《限售股转让所得个人所得税清算申报表》，并出示个人有效身份证照原件，附送加盖开户证券机构印章的限售股交易明细记录、相关完整真实的财产原值凭证、缴纳税款凭证（《税务代保管资金专用收据》或《税收转账专用完税证》），以及税务机关要求报送的其他资料。

（八）扣缴义务人的确定

根据财税〔2016〕101 号文件第五条第（二）项的规定，企业实施股权激励或个人以技术成果投资入股，以实施股权激励或取得技术成果的企业为个人所得税扣缴义务人。递延纳税期间，扣缴义务人应在每个纳税年度终了后向主管税务机关报告递延纳税有关情况。针对股票期权、股权期权激励而言，以实施股票（权）期权激励的企业为个人所得税扣缴义务人。递延纳税期间，扣缴义务人应在每个纳税年度终了后向主管税务机关报告递延纳税有关情况。

【案例 13-3】 某非上市公司 A 公司董事会决定对公司高级管理人员王某进行股票期权激励，在 2019 年 6 月 1 日授予王某股票期权 5 万股，约定王某可以在 2021 年 6 月 1 日以每股 4 元的价格购买公司的股票。假设行权日公平市场价格为每股 6 元，则王某事实上已经取得所得（6－4）×50 000÷10 000＝10（万元）。但如果王某符合递延纳税优惠条件，则王某取得 10 万元股票期权所得时暂不纳税。

假设王某在 2022 年 9 月 1 日将上述股票转让，转让价格每股 8 元。则转让股票时王某应纳个人所得税税额为（8－4）×50 000×20%÷10 000＝4（万元）。

综上，非上市公司的股权激励的递延纳税政策核心在于，取得激励所得时的工资、薪金所得暂不纳税，递延到股票转让时，按"财产转让所得"项目纳税。

四、不符合递延纳税条件股权激励的税务处理

根据财税〔2016〕101 号文件第一条第（四）项的规定，股权激励计划所列内容不同时满足第一条第（二）项规定的全部条件，不得享受递延纳税优惠，应按规定计算缴纳个人所得税。

《国家税务总局关于股权激励和技术入股所得税征管问题的公告》（国家税务总局公告 2016 年第 62 号）第一条第（二）项进一步规定，递延纳税期间，非上市公司情况发生变化，不再同时符合财税〔2016〕101 号文件第一条第（二）项条件的，应于情况发生变化之次月 15 日内，按财税〔2016〕101 号文件第四条第（一）项规定计算缴纳个人所得税。

由此可见,企业实施的股权激励计划享受递延纳税期间,企业有关情况发生变化,不再符合政策文件中所列的可享受递延纳税优惠政策的条件,该股权激励计划不能继续享受递延纳税政策,税款应于情况发生变化之次月15日内及时缴清。

财税〔2016〕101号文件第四条第(一)项规定,个人从任职受雇企业以低于公平市场价格取得股票(权)的,凡不符合递延纳税条件,应在获得股票(权)时,对实际出资额低于公平市场价格的差额,按照"工资、薪金所得"项目,参照财税〔2005〕35号文件和财税〔2018〕164号文件有关规定计算缴纳个人所得税。

(一)授予时的处理

根据财税〔2016〕101号文件第四条第(一)项、财税〔2005〕35号文件第二条第(一)项的规定,员工接受实施股权激励计划企业授予的股票(权)期权、限制性股票时,除另有规定外,一般不作为应税所得征税。

(二)行权时的处理

1. 股票(权)期权形式工资、薪金应纳税所得额的确定

根据财税〔2016〕101号文件第四条第(一)项、财税〔2005〕35号文件第二条第(二)项的规定,员工行权时,其从企业取得股票(权)的实际购买价(施权价)低于购买日公平市场价的差额,是因员工在企业的表现和业绩情况而取得的与任职、受雇有关的所得,应按"工资、薪金所得"适用的规定计算缴纳个人所得税。

员工以在一个公历月份中取得的股票(权)形式工资、薪金所得为一次。员工行权日所在期间的股票(权)形式的工资、薪金所得,应按下列公式计算工资、薪金应纳税所得额:

$$\begin{array}{l}\text{股票(权)期权形式的}\\\text{工资、薪金应纳税所得额}\end{array} = \left[\begin{array}{l}\text{行权股票(权)}\\\text{的每股市场价}\end{array} - \begin{array}{l}\text{员工取得该股票(权)}\\\text{期权支付的每股施权价}\end{array}\right] \times \begin{array}{l}\text{股票}\\\text{数量}\end{array}$$

2. 认购股票(权)所得(行权所得)的税款计算

员工因参加股票(权)期权计划而从中国境内取得的所得,按规定应按工资、薪金所得计算纳税的,对该股票(权)期权形式的工资、薪金所得可区别于所在月份的其他工资、薪金所得,在2021年12月31日前,不并入当年综合所得,全额单独适用综合所得税率表,计算纳税,2022年1月1日之后的股权激励政策另行明确。

计算公式为:

$$\text{应纳税额} = \text{股权激励收入} \times \text{适用税率} - \text{速算扣除数}$$

(三)员工在行权日之前将股票(权)期权转让的处理

根据财税〔2016〕101号文件第四条第(一)项和财税〔2005〕35号文件第二条第(二)项的规定,对因特殊情况,员工在行权日之前将股票(权)期权转让的,以股票期权的转让净收入,作为工资、薪金所得征收个人所得税。

(四)符合条件实行递延纳税与不符合条件股权激励分别计税

根据《国家税务总局关于股权激励和技术入股所得税征管问题的公告》(国家税务总局公告2016年第62号)第一条第(三)项的规定,员工以在一个公历月份中取得的股票(权)形式工资、薪金所得为一次。员工取得符合条件、实行递延纳税政策的股权激励,与不符合递延纳税条件的股权激励分别计算。

（五）多次取得不符合条件的股票（权）形式所得的处理

根据《国家税务总局关于股权激励和技术入股所得税征管问题的公告》（国家税务总局公告 2016 年第 62 号）第一条第（三）项的规定，员工在一个纳税年度中多次取得不符合递延纳税条件的股票（权）形式工资、薪金所得的，应按财税〔2018〕164 号文件第二条第（一）项、第（二）项的规定，即在 2021 年 12 月 31 日前，不并入当年综合所得，全额单独适用综合所得税率表，计算纳税。如果居民个人一个纳税年度内取得两次以上（含两次）股权激励的，应合并计算纳税。计算方法如下：

$$应纳税额 = 本年度内累计股权激励收入 \times 适用税率 - 速算扣除数 - 本年度内股权激励收入累计已纳税款$$

（六）公平市场价格的确定

根据《国家税务总局关于股权激励和技术入股所得税征管问题的公告》（国家税务总局公告 2016 年第 62 号）第一条第（四）项的规定，财税〔2016〕101 号文件所称公平市场价格按以下方法确定：

（1）上市公司股票的公平市场价格，按照取得股票当日的收盘价确定，取得股票当日为非交易日的，按照上一个交易日收盘价确定。

（2）非上市公司股票（权）的公平市场价格，依次按照净资产法、类比法和其他合理方法确定。净资产法按照取得股票（权）的上年末净资产确定。

（七）员工将行权后的股票（权）再转让的处理

员工将行权后的股票（权）再转让时获得的高于购买日公平市场价的差额，是因个人转让股票（权）等有价证券而获得的所得，应按照"财产转让所得"适用的征免规定计算缴纳个人所得税。

即个人将行权后的非上市公司（包括全国中小企业股权转让系统挂牌公司）股票（权）转让而取得的所得，按"财产转让所得"适用 20% 的税率计算缴纳个人所得税。

个人股票（权）期权行权后，公司股票公开上市，再转让股票的，按限售股相关规定征收个人所得税。

（八）因拥有股权而参与税后利润分配的处理

员工因拥有股权而参与企业税后利润分配取得的所得，应按照"利息、股息、红利所得"适用的规定计算。

 知识小练习

【例题·计算】 魏某为境内某非上市公司甲公司的核心技术骨干人员。

2017 年 7 月，魏某以个人发明的专利技术作价 100 万元入股甲公司，取得甲公司股票 20 万股，该技术成果原值 40 万元，依法备案后选择了递延纳税。

2018 年 6 月，魏某以其他非货币资产作价 60 万元投入甲公司，取得甲公司股票 5 万股。2018 年 10 月，魏某出资 70 万元从股东吴某手中购买甲公司股票 5 万股。

2018 年 1 月，甲公司实施了符合条件的股票期权激励，魏某于 2020 年 5 月以 8 元/股的价格行权获得了 5 万股，魏某经向税务机关备案后选择了递延纳税。

不考虑其他税费，请根据上述材料，回答以下问题：

（1）截至 2020 年 6 月，计算魏某持有的全部股票原值。

（2）魏某 2021 年 8 月以 100 万元的价格转让 5 万股给乙公司，计算魏某应缴纳的个人所得税。

（3）假定魏某 2021 年 8 月以 600 万元的价格转让 30 万股给乙公司，计算魏某应缴纳的个人所得税。魏某转让股权时，应由谁履行个人所得税扣缴义务。

答案及解析：（1）根据政策规定，魏某递延纳税部分的股票和非递延纳税部分的股票应分别计税，原值也分开计算。

递延纳税股票部分：魏某递延纳税的股票由以技术成果投资入股和股票期权两部分构成。

递延纳税的股票原值＝技术成果的原值＋股票期权的行权总价＝40＋8×5＝80（万元）；递延纳税的股票每股原值＝80÷（20＋5）＝3.2（元/股）。

非递延纳税股票部分：魏某非递延纳税的股票由非货币资产投资入股和直接购买两部分构成，根据政策规定，这两部分的股票原值也需要进行加权平均。在不考虑其他因素情况下，魏某非递延纳税的股票原值＝60＋70＝130（万元）；非递延纳税的股票每股原值＝130÷（5＋5）＝13（元/股）。

（2）根据政策规定，实际转让股权时，视同递延纳税优惠政策的股权优先转让。因此，魏某应纳的个人所得税计算如下：

应纳税所得额＝100－3.2×5＝84（万元）。

应纳税额＝84×20％＝16.8（万元）。

（3）魏某递延纳税的股票共 25 万股，非递延纳税的股票共 10 万股。若魏某转让了 30 万股，则视同递延纳税的部分全部转让，非递延纳税的部分转让了 5 万股。具体计算如下：

递延纳税部分股票转让收入＝600÷30×25＝500（万元）。

递延纳税部分应纳税额＝（500－25×3.2）×20％＝84（万元）。

非递延纳税部分股票转让收入＝600÷30×5＝100（万元）。

非递延纳税部分应纳税额＝（100－13×5）×20％＝7（万元）。

魏某需要缴纳的个人所得税＝84＋7＝91（万元）。

根据政策规定，企业实施股权激励或个人以技术成果投资入股，以实施股权激励或取得技术成果的企业为个人所得税扣缴义务人；个人转让非上市公司股权，以受让方为扣缴义务人。因此，魏某转让股权需要缴纳个人所得税 91 万元，其中，84 万元由甲公司进行代扣代缴，7 万元由乙公司代扣代缴。

五、备案管理

根据财税〔2016〕101 文件第五条第（一）项的规定，对股权激励或技术成果投资入股选择适用递延纳税政策的，企业应在规定期限内到主管税务机关办理备案手续。未办理备案手续的，不得享受财税〔2016〕101 文件规定的递延纳税优惠政策。

根据《国家税务总局关于股权激励和技术入股所得税征管问题的公告》（国家税务总局公告 2016 年第 62 号）第一条第（五）项的规定，非上市公司实施符合条件的股权激励，个人选择递延纳税的，非上市公司应于股票（权）期权行权、限制性股票解禁、股权奖励获得之次月 15 日内，向主管税务机关报送《非上市公司股权激励个人所得税递延纳税备案表》（见表

13-10)、股权激励计划、董事会或股东大会决议、激励对象任职或从事技术工作情况说明等。实施股权奖励的企业同时报送本企业及其奖励股权标的企业上一纳税年度主营业务收入构成情况说明。

表 13-10 非上市公司股权激励个人所得税递延纳税备案表

备案编号（主管税务机关填写）：　　　　　　　　　　　单位：股，%，人民币元（列至角分）

公司基本情况															
公司名称			纳税人识别号				联系人				联系电话				

股权激励基本情况															
股权激励形式	□股票（权）期权 □限制性股票 □股权奖励			股权激励人数					近6个月平均人数						
该栏仅由实施股权奖励的公司填写	本公司是否为限制性行业		□是 □否		标的公司名称										
	标的公司是否为限制性行业		□是 □否		标的公司纳税人识别号										

股权激励明细情况																			
序号	姓名	身份证照类型	身份证照号码	股票（权）期权						限制性股票						股权奖励			
				授予日	行权日	可出售日	取得成本	股数	持股比例	授予日	解禁日	可出售日	取得成本	股数	持股比例	授予日	可出售日	股数	持股比例

谨声明：此表是根据《中华人民共和国个人所得税法》及有关法律法规定填写的，是真实的、完整的、可靠的。

实施股权激励公司法定代表人签章：　　　　　　　　　　　　　　　年　　月　　日

公司签章： 经办人： 填报日期：　年　月　日	代理申报机构（人）签章： 经办人： 经办人执业证件号码： 代理申报日期：　年　月　日	主管税务机关印章： 受理人： 受理日期：　年　月　日

国家税务总局监制

填 表 说 明

一、适用范围

本表适用于实施符合条件股权激励的非上市公司向主管税务机关办理个人所得税递延缴纳备案事宜时填报。

二、报送期限

企业应于符合条件的股票(权)期权行权、限制性股票解禁、股权奖励获得之次月15日内报送。

三、表内各栏

(一)公司基本情况

1. 公司名称:填写实施股权激励的非上市公司法定名称全称。

2. 纳税人识别号:填写纳税人识别号或统一社会信用代码。

3. 联系人、联系电话:填写非上市公司负责办理股权激励及相关涉税事项人员的相关情况。

(二)股权激励基本情况

1. 股权激励形式:根据实施股权激励的形式勾选。

2. 股权激励人数:填写股权激励计划中被激励对象的总人数。

3. 近6个月平均人数:填写股票(权)期权行权、限制性股票解禁、股权奖励获得之上月起向前6个月"工资、薪金所得"项目全员全额扣缴明细申报的平均人数。如,某公司实施一批股票期权并于2017年1月行权,则按照该公司2016年7月、8月、9月、10月、11月、12月"工资、薪金所得"项目全员全额扣缴明细申报的平均人数计算。计算结果按四舍五入取整。

4. 实施股权奖励公司填写栏:填写实施股权奖励企业的有关情况。

(1) 本公司是否为限制性行业:实施股权奖励公司根据本公司上一纳税年度主营业务收入占比最高的行业,确定是否属于《财政部 国家税务总局关于完善股权激励和技术入股有关所得税政策的通知》(财税〔2016〕101号)附件《股权奖励税收优惠政策限制性行业目录》所列行业。属于所列行业选"是",不属于所列行业选"否"。

(2) 标的公司名称、标的公司是否为限制性行业、标的公司纳税人识别号:以技术成果投资入股到其他境内居民企业所取得的股权实施股权奖励的,填写本栏。以本公司股权为股权奖励标的,无须填报本栏。

① 标的公司名称:以其他境内居民企业股权实施股权奖励的,填写用以实施股权奖励的股权标的公司法定名称全称。

② 标的公司纳税人识别号:以其他境内居民企业股权实施股权奖励的,填写用以实施股权奖励的股权标的公司的纳税人识别号或统一社会信用代码。

③ 标的公司是否限制性行业:以其他境内居民企业股权实施股权奖励的,根据标的公司上一纳税年度主营业务收入占比最高的行业,确定是否属于《财政部 国家税务总局关于完善股权激励和技术入股有关所得税政策的通知》(财税〔2016〕101号)附件《股权奖励税收优惠政策限制性行业目录》所列行业。属于所列行业选"是",不属于所列行业选"否"。

(三)股权激励明细情况

1. 姓名:填写纳税人姓名。中国境内无住所个人,其姓名应当用中、外文同时填写。

2. 身份证照类型:填写能识别纳税人唯一身份的身份证、军官证、士兵证、护照、中国港港澳居民来往内地通行证、中国台湾居民来往大陆通行证等有效证照名称。

3. 身份证照号码:填写能识别纳税人唯一身份的号码。

4. 股票(权)期权栏:以股票(权)期权形式实施激励的企业填写本栏。没有则不填。

① 授予日:填写股票(权)期权计划中,授予被激励对象股票(权)期权的实际日期。

② 行权日:填写根据股票(权)期权计划,行权购买股票(权)的实际日期。

③ 可出售日:填写根据股票(权)期权计划,股票(权)期权同时满足自授予日起持有满3年、且自行权日起持有满1年条件后,实际可以对外出售的日期。

④ 取得成本:填写被激励对象股票(权)期权行权时,按行权价实际出资的金额。

⑤ 股数、持股比例：填写被激励对象实际取得的股数以及对应的持股比例。若非上市公司因公司注册类型限制，难以用股数体现被激励对象股权激励权益的，可只填写持股比例，持股比例按照保留小数点后两位填写。

5.限制性股票栏：以限制性股票形式实施激励的企业填写本栏。没有则不填。

① 授予日：填写限制性股票计划中，授予被激励对象限制性股票的实际日期。

② 解禁日：填写根据限制性股票计划，被激励对象取得限制性股票达到规定条件而解除出售限制的具体日期。

③ 可出售日：填写根据限制性股票计划，限制性股票同时满足自授予日起持有满 3 年、且解禁后持有满 1 年条件后，实际可以对外出售的日期。

④ 取得成本：填写被激励对象取得限制性股票时的实际出资金额。

⑤ 股数、持股比例：填写被激励对象实际取得的股数以及对应的持股比例。若非上市公司因公司注册类型限制，难以用股数体现被激励对象股权激励权益的，可只填写持股比例，持股比例按照保留小数点后两位填写。

6.股权奖励栏：以股权奖励形式实施激励的企业填写本栏。没有则不填。

① 授予日：填写授予被激励对象股权奖励的实际日期。

② 可出售日：填写根据股权奖励计划，自获得奖励之日起持有满 3 年后，实际可以对外出售的日期。

③ 股数、持股比例：填写被激励对象实际取得的股数以及对应的持股比例。若非上市公司因公司注册类型限制，难以用股数体现被激励对象股权激励权益的，可只填写持股比例，持股比例按照保留小数点后两位填写。

四、本表一式二份。主管税务机关受理后，由非上市公司和主管税务机关分别留存。

根据《国家税务总局关于股权激励和技术入股所得税征管问题的公告》（国家税务总局公告 2016 年第 62 号）第一条第（六）项的规定，个人因非上市公司实施股权激励或以技术成果投资入股取得的股票（权），实行递延纳税期间，扣缴义务人应于每个纳税年度终了后 30 日内，向主管税务机关报送《个人所得税递延纳税情况年度报告表》（见表 13-11）。

表 13-11 个人所得税递延纳税情况年度报告表

报告所属期：　年　　　　　　　　　　　　　　　　　　　单位：股，%，人民币元（列至角分）

公司基本情况																			
公司名称			纳税人识别号				联系人					联系电话								
递延纳税有关情况																			
递延纳税股票（权）形式			□股票（权）期权　　□限制性股票　　□股权奖励　　□技术成果投资入股																	
递延纳税明细情况																			
序号	姓名	身份证照类型	身份证照号码	总体情况					股票（权）期权				限制性股票				股权奖励				技术成果投资入股			
				转让情况		剩余情况		扣缴个人所得税	转让情况		剩余情况		转让情况		剩余情况		转让情况		剩余情况		转让情况		剩余情况	
				股数	持股比例	股数	持股比例		股数	持股比例	股数	持股比例	股数	持股比例	股数	持股比例	股数	持股比例	股数	持股比例	股数	持股比例	股数	持股比例

（续表）

序号	姓名	身份证照类型	身份证照号码	总体情况					股票（权）期权				限制性股票				股权奖励				技术成果投资入股			
				转让情况		剩余情况		扣缴个人所得税	转让情况		剩余情况		转让情况		剩余情况		转让情况		剩余情况		转让情况		剩余情况	
				股数	持股比例	股数	持股比例		股数	持股比例	股数	持股比例	股数	持股比例	股数	持股比例	股数	持股比例	股数	持股比例	股数	持股比例	股数	持股比例

谨声明：此表是根据《中华人民共和国个人所得税法》及有关法律法规规定填写的，是真实的、完整的、可靠的。

公司法定代表人签章：　　　　　　　　　　　　　　　　　　　　　　年　月　日

公司签章： 经办人： 填报日期：　年　月　日	代理申报机构（人）签章： 经办人执业证件号码： 代理申报日期：　年　月　日	主管税务机关印章： 受理人： 受理日期：　年　月　日

国家税务总局监制

填 报 说 明

一、适用范围

本表适用于实施符合条件股权激励的非上市公司和取得个人技术成果的境内公司，在递延纳税期间向主管税务机关报告个人相关股权持有和转让情况。

二、报送期限

实施股权激励的非上市公司和取得个人技术成果的境内公司，应于每个纳税年度终了30日内报送本表。

三、表内各栏

（一）公司基本情况

1. 公司名称：填写实施股权激励的非上市公司，或者取得个人技术成果的境内公司的法定名称全称。

2. 纳税人识别号：填写纳税人识别号或统一社会信用代码。

3. 联系人、联系电话：填写负责办理股权激励或技术成果投资入股相关涉税事项人员的相关情况。

（二）递延纳税有关情况

递延纳税股票（权）形式：根据递延纳税的股票（权）形式勾选。

（三）递延纳税明细情况

1. 姓名：填写纳税人姓名。中国境内无住所个人，其姓名应当用中、外文同时填写。

2. 身份证照类型：填写能识别纳税人唯一身份的身份证、军官证、士兵证、护照、中国港澳居民来往内地通行证、中国台湾居民来往大陆通行证等有效证照名称。

3. 身份证照号码：填写能识别纳税人唯一身份的号码。

4. 总体情况、股票（权）期权、限制性股票、股权奖励、技术成果投资入股栏：填写个人转让和剩余享受递延纳税优惠的股票（权）相关情况。

① 股数、持股比例：填写个人实际转让或剩余的享受递延纳税优惠的股票（权）数以及对应的持股比例。若非上市公司因公司注册类型限制，难以用股票（权）数体现个人相关权益的，可只填列持股比例，持

股比例按照保留小数点后两位填写。

② 扣缴个人所得税：填写个人转让递延纳税的股权，扣缴义务人实际扣缴的个人所得税。

四、本表一式二份。主管税务机关受理后，由扣缴义务人和主管税务机关分别留存。

第三节　科技成果转化

一、科技成果转化股权奖励

(一)促进科技成果转化相关政策规定

根据《财政部　国家税务总局关于促进科技成果转化有关税收政策的通知》(财税字〔1999〕45号)第三条的规定，自1999年7月1日起，科研机构、高等学校转化职务科技成果以股份或出资比例等股权形式给予个人奖励，获奖人在取得股份、出资比例时，暂不缴纳个人所得税；取得按股份、出资比例分红或转让股权、出资比例所得时，应依法的个人所得税。有关此项的具体操作规定，由国家税务总局另行制定。

根据《国家税务总局关于促进科技成果转化有关个人所得税问题的通知》(国税发〔1999〕125号，以下简称国税发〔1999〕125号文件)第一条、《国家税务总局关于取消促进科技成果转化暂不征收个人所得税审核权有关问题的通知》(国税函〔2007〕833号，以下简称国税函〔2007〕833号文件)第一条的规定，科研机构、高等学校转化职务科技成果以股份或出资比例等股权形式给予科技人员个人奖励，暂不征收个人所得税。

1. 科研机构和高等学校的界定

科研机构是指按《中央机构编制委员会　国家科学技术委员会关于科研事业单位机构设置审批事项的通知》(中编办发〔1997〕14号)的规定设置审批的自然科学研究事业单位机构。

高等学校是指全日制普通高等学校(包括大学、专门学院和高等专科学校)。

享受上述优惠政策的科技人员必须是科研机构和高等学校的在编正式职工。

2. 取消审核的后续管理

《国家税务总局关于3项个人所得税事项取消审批实施后续管理的公告》(国家税务总局公告2016年第5号)第一条对"取消促进科技成果转化暂不征收个人所得税审核"的后续管理进行了明确规定，即按照国税发〔1999〕125号文件和国税函〔2007〕833号文件的规定，将职务科技成果化为股份、投资比例的科研机构、高等学校或者获奖人员，应在授(获)奖的次月15日内向主管税务机关备案，报送《科技成果转化暂不征收个人所得税备案表》(见表13-12)。技术成果价值评估报告、股权奖励文件及其他证明材料由奖励单位留存备查。

3. 获得分红和转让股权、出资比例的处理

根据国税发〔1999〕125号文件第二条、第三条的规定，在获奖人按股份、出资比例获得分红时，对其所得按"利息、股息、红利所得"应税项目征收个人所得税。获奖人转让股权、出资比例，对其所得按"财产转让所得"应税项目征收个人所得税，财产原值为零。

(二)备案管理

将职务科技成果转化为股份、投资比例的科研机构、高等学校或者获奖人员，应在授(获)奖的次月15日内向主管税务机关备案如表13-12所示。

表 13-12　科技成果转化暂不征收个人所得税备案表

备案编号(主管税务机关填写)：　　　　　　　　　　　　　　　金额单位：人民币元(列至角分)

奖励单位基本情况								
奖励单位名称		纳税人识别号		地址		联系人		电话	

获奖人员基本情况										
序号	姓名	身份证照类型	身份证照号码	职务	获奖时间	获得股权奖励形式及数量		涉及单位名称	获奖金额	签名
						股份数量(股)	出资比例(%)			

科技成果基本情况	
科技成果名称	基本情况说明

谨声明：此表是根据《中华人民共和国个人所得税法》及有关法律法规规定填写的,是真实的、完整的、可靠的。

科研机构或高等学校签章： 经办人(获奖人)： 办理日期：　　年　月　日	主管税务机关受理章： 受理人： 受理日期：　　年　月　日

国家税务总局监制

填 报 说 明

本表适用于将职务科技成果转化为股份、投资比例的科研机构、高等学校或者获奖人员向主管税务机关办理暂不征收个人所得税备案事宜。本表一式二份,主管税务机关受理后,由科研机构、高等学校或者获奖人员和主管税务机关分别留存。

一、备案编号：由主管税务机关自行编制。

二、纳税人识别号：填写税务机关赋予的纳税人识别号。

三、职务：填写获得奖励的纳税人在科研机构或高等学校中担任的职务。

四、获奖时间：填写纳税人实际获得奖励的具体日期。纳税人在备案时限内多次取得奖励的,需分别填写。

五、获得股权奖励形式及数量：在对应奖励形式下填写纳税人实际取得的股份数量或出资比例。

六、涉及单位名称：填写股份或出资比例等被用作奖励的单位名称。纳税人奖励涉及多家单位的,可一并填写。

七、获奖金额：填写纳税人获得奖励的股份、出资比例等股权的价值。

八、科技成果名称：填写科技成果的标准名称。

九、基本情况说明：对科技成果的基本情况进行简要说明。

十、若获奖人员和科技成果基本情况填写不下,可另附纸填写。

十一、获奖人员办理时,所有项目均需填写,并在经办人(获奖人)处签字,同时加盖科研机构或高等学校签章。

二、示范地区股权奖励

根据国务院决定,自 2015 年 1 月 1 日起,中关村国家自主创新示范区有关税收试点政策推广至国家自主创新示范区、合芜蚌自主创新综合试验区和绵阳科技城(以下统示范区,见表 13-13)实施。

表 13-13　国家自主创新示范区统计表

批复时间	国家自主创新示范区	所在省、市
2009 年 3 月	中关村国家自主创新示范区	北京市
2009 年 12 月	武汉东湖国家自主创新示范区	湖北省武汉市
2011 年 3 月	上海张江国家自主创新示范区	上海市
2014 年 6 月	深圳国家自主创新示范区	广东省深圳市
2014 年 11 月	苏南国家自主创新示范区	江苏省南京市、苏州市、无锡市、常州市、镇江市
2015 年 1 月	长株潭国家自主创新示范区	湖南省长沙市、株洲市、湘潭市
2015 年 2 月	天津国家自主创新示范区	天津市
2015 年 6 月	成都国家自主创新示范区	四川省成都市
2015 年 9 月	西安国家自主创新示范区	陕西省西安市
2015 年 9 月	杭州国家自主创新示范区	浙江省杭州市
2015 年 9 月	珠三角国家自主创新示范区	广东省广州市、深圳市、珠海市、佛山市、惠州市、东莞市、中山市、江门市、肇庆市
2016 年 4 月	郑洛新国家自主创新示范区	河南省郑州市、洛阳市、新乡市
2016 年 4 月	山东半岛国家自主创新示范区	山东省济南市、青岛市、淄博市、潍坊市、烟台市、威海市
2016 年 4 月	沈大国家自主创新示范区	辽宁省沈阳市、大连市
2016 年 6 月	福厦泉国家自主创新示范区	福建省福州市、厦门市、泉州市
2016 年 6 月	合芜蚌国家自主创新示范区	安徽省合肥市、芜湖市、蚌埠市
2016 年 7 月	重庆国家自主创新示范区	重庆市
2018 年 2 月	宁波、温州国家自主创新示范区	浙江省宁波市、温州市
2018 年 2 月	兰白国家自主创新示范区	甘肃省兰州市、白银市
2018 年 11 月	乌昌石国家自主创新示范区	新疆维吾尔自治区乌鲁木齐市、昌吉市、石河子市
2019 年 8 月 29 日	南昌国家自主创新示范区	江西省

批复时间	国家自主创新示范区	所在省、市
2019 年 8 月 29 日	新余国家自主创新示范区	江西省
2019 年 8 月 29 日	景德镇国家自主创新示范区	江西省
2019 年 8 月 28 日	鹰潭国家自主创新示范区	江西省
2019 年 8 月 29 日	抚州国家自主创新示范区	江西省
2019 年 8 月 29 日	吉安国家自主创新示范区	江西省
2019 年 8 月 29 日	赣州国家自主创新示范区	江西省

（一）示范地区股权奖励分期纳税政策

根据《财政部　国家税务总局关于推广中关村国家自主创新示范区税收试点政策有关问题的通知》（财税〔2015〕62 号，以下简称财税〔2015〕62 号文件）第一条"关于股权奖励个人所得税政策"的规定，自 2015 年 1 月 1 日起，对示范地区内的高新技术企业转化科技成果，给予本企业相关技术人员的股权奖励，技术人员一次缴纳税款有困难的，经主管税务机关审核，可分期缴纳个人所得税，但最长不得超过 5 年。

（二）股权奖励的界定

示范地区高新技术企业转化科技成果给予技术人员的股权奖励分期纳税政策所称股权奖励，是指企业无偿授予相关技术人员一定份额的股权或一定数量的股份。股权奖励的计税价格参照获得股权时的公平市场价格确定。

（三）相关技术人员的界定

财税〔2015〕62 号文件所称相关技术人员。具体范围依照《财政部　国家税务总局　科技部关于中关村国家自主创新示范区有关股权奖励个人所得税试点政策的通知》（财税〔2014〕63 号）的相关规定执行。即为经公司董事会和股东大会决议批准获得股权奖励的以下两类人员：

（1）对企业科技成果研发和产业化作出突出贡献的技术人员，包括企业内关键职务科技成果的主要完成人、重大开发项目的负责人、对主导产品或者核心技术、工艺流程作出重大创新或者改进的主要技术人员。

（2）对企业发展作出突出贡献的经营管理人员，包括主持企业全面生产经营工作的高级管理人员，负责企业主要产品（服务）生产经营合计占主管业务收入（或者主营业务利润）50％以上的中高级经营管理人员。

（四）转让奖励股权的现金收入优先缴税

技术人员转让奖励的股权（含奖励股权孳生的送、转股）并取得现金收入的，该现金收入应优先用于缴纳尚未缴清的税款。

（五）企业破产尚未缴纳税款的不予追征

技术人员在转让奖励的股权之前企业依法宣告破产，技术人员进行相关权益处置后没有取得收益或资产，或取得的收益和资产不足以缴纳其取得股权尚未缴纳的应纳税款的，经主管税务机关审核,尚未缴纳的个人所得税可不予追征。

三、高新技术企业转化科技成果股权奖励

(一)转化科技成果股权奖励分期缴税政策

根据《财政部 国家税务总局关于将国家自主创新示范区有关税收试点政策推广到全国范围实施的通知》(财税〔2015〕116号)第四条"关于股权奖励个人所得税政策"的规定,自2016年1月1日起,全国范围内的高新技术企业转化科技成果,给予本企业相关技术人员的股权奖励,个人一次缴纳税款有困难的,可根据实际情况自行制定分期缴税计划,在不超过5个公历年度内(含)分期缴纳,并将有关资料报主管税务机关备案。

实行查账征收、经省级高新技术企业认定管理机构认定的高新技术企业转化科技成果,无偿授予本企业相关技术人员一定份额的股权或一定数量的股份作为奖励(股权奖励),获得奖励的技术人员应按"工资、薪金所得"项目缴纳个人所得税,个人一次缴纳税款有困难的,可根据实际情况自行制定分期缴税计划,在不超过5个公历年度内(含)分期缴纳,并将有关资料报主管税务机关备案。

相关技术人员是指经公司董事会和股东大会决议批准获得股权奖励的以下两类人员:

(1)对企业科技成果研发和产业化作出突出贡献的技术人员,包括企业内关键职务科技成果的主要完成人、重大开发项目的负责人、对主导产品或者核心技术、工艺流程作出重大创新或者改进的主要技术人员。

(2)对企业发展作出突出贡献的经营管理人员,包括主持企业全面生产经营工作的高级管理人员,负责企业主要产品(服务)生产经营合计占主营业务收入(或者主营业务利润)50%以上的中、高级经营管理人员。

企业面向全体员工实施的股权奖励,不得享受分期纳税政策。

股权奖励是指企业无偿授予相关技术人员一定份额的股权或一定数量的股份。

高新技术企业是指实行查账征收、经省级高新技术企业认定管理机构认定的高新技术企业。

(二)转让奖励的股权税务处理

(1)技术人员转让奖励的股权(含奖励股权孳生的送、转股)并取得现金收入的,该现金收入应优先用于缴纳尚未缴清的税款。

(2)技术人员在转让奖励的股权之前企业依法宣告破产,技术人员进行相关权益处置后没有取得收益或资产,或取得的收益和资产不足以缴纳其取得股权尚未缴纳的应纳税款的部分,税务机关可不予追征。

注:分期缴税政策主要是为了解决纳税人没有足够现金缴税的困难。若纳税人因分红或转让股权等行为取得现金,应该积极履行纳税义务。因此,文件规定,纳税人在分期缴税期间取得分红或转让股权的,企业应及时代扣股权奖励或转增股本尚未缴清的个人所得税,并于次月15日内向主管税务机关申报纳税。企业在填写《扣缴个人所得税报告表》时,应将纳税人取得股权奖励或转增股本情况单独列,并在"备注"栏中注明"股权奖励"或"转增股本"字样。

（三）所得项目与应纳税额的确定

个人获得股权奖励时，按照"工资、薪金所得"项目，参照《财政部　国家税务总局关于个人股票期权所得征收个人所得税问题的通知》（财税〔2005〕35号）和财税〔2018〕164号文件有关规定计算确定应纳税额。在2021年12月31日前，不并入当年综合所得，全额单独适用综合所得税率表，计算纳税。2022年1月1日之后的股权激励政策另行明确。计算公式为：

$$应纳税额 = 股权激励收入 × 适用税率 - 速算扣除数$$

★居民个人一个纳税年度内取得两次以上（含两次）股权激励的，应合并按上述规定计算纳税。

股权奖励的计税价格参照获得股权时的公平市场价格确定。

注：对于上市公司股票，因其流动性较强，其在公开市场的交易价格可以作为其公平市场价格。因此，《国家税务总局关于股权奖励和转增股本个人所得税征管问题的公告》（国家税务总局公告2015年第80号）规定，对于上市公司股票的价格，按照取得股票当日的收盘价确定，当日为非交易时间的，按照上一个交易日的收盘价确定。但对于非上市公司股权的价格，由于其流动性较差，通常难以找到较为合理的参照价格。因此，《国家税务总局关于股权奖励和转增股本个人所得税征管问题的公告》（国家税务总局公告2015年第80号）规定，对非上市公司，一般情况下根据个人取得的股权份额所对应的企业净资产确定其公平市场价格。对于企业净资产无法确定的，可以通过最近一段时期企业股东转让股权时的合理转让价格类比确定。若净资产法和类比法都无法确定股权价格的，企业经与主管税务机关沟通，可通过其他合理方法确定股权价格。

（四）备案管理

1. 初始备案

根据《国家税务总局关于股权奖励和转增股本个人所得税征管问题的公告》（国家税务总局公告2015年第80号）第三条第（一）项的规定，获得股权奖励的企业技术人员需要分期缴纳个人所得税的，应自行制定分期缴税计划，由企业于发生股权奖励的次月15日内，向主管税务机关办理分期缴税备案手续。

办理股权奖励分期缴税，企业应向主管税务机关报送高新技术企业认定证书、股东大会或董事会决议、《个人所得税分期缴纳备案表（股权奖励）》（见表13-14）、相关技术人员参与技术活动的说明材料、企业股权奖励计划、能够证明股权或股票价格的有关材料、企业转化科技成果的说明、最近一期企业财务报表等。

高新技术企业认定证书、股东大会或董事会决议的原件，主管税务机关进行审核后退还企业，复印件及其他有关资料税务机关留存。

2. 变更备案

根据《国家税务总局关于股权奖励和转增股本个人所得税征管问题的公告》（国家税务总局公告2015年第80号）第三条第（二）项的规定，纳税人分期缴税期间需要变更原分期缴税计划的，应重新制定分期缴税计划，由企业向主管税务机关重新报送《个人所得税分期缴纳备案表（股权奖励）》（表13-14）。

备案编号（主管税务机关填写）：　　　　　　　　　　　　　　　　　　　　金额单位：人民币元（列至角分）

表13-14　个人所得税分期缴纳备案表（股权奖励）

扣缴单位基本情况

扣缴单位名称			纳税人识别号		高新技术企业证书编号	
地　址			联系人	电　话	总股本（实收资本）	

分期缴税情况

| 股权价格确定方法 | □上市公司股票　□净资产法　□类比法　□其他合理方法 | | | | | 每股价格 | | |

序号	姓名	身份证件类型	身份证件号码	股权奖励时间	获得股份数	持股比例	计税价格	应缴个人所得税	分期缴税计划										签名
									第一年		第二年		第三年		第四年		第五年		
									缴税时间	缴税金额	缴税时间	缴税金额	缴税时间	缴税金额	缴税时间	缴税金额	缴税时间	缴税金额	

谨声明：此表是根据《中华人民共和国个人所得税法》及有关法律法规规定填写的，是真实的、完整的、可靠的。

扣缴单位负责人签字： 年　月　日	扣缴单位盖章： 年　月　日	主管税务机关受理： 受理人： 受理日期：　　年　月　日
代理申报机构（人）签章： 经办人： 经办人执业证件号码： 代理申报日期：　　年　月　日		

填 报 说 明

本表适用于个人取得股权奖励,其扣缴义务人向主管税务机关办理分期缴纳个人所得税备案事宜。本表一式二份,主管税务机关受理后,由扣缴义务人和主管税务机关分别留存。

一、备案编号:由主管税务机关自行编制。

二、纳税人识别号:填写税务机关赋予的18位纳税人识别号。

三、高新技术企业证书编号:填写高新技术企业认定部门核发的有效期内的高新技术企业证书编号。

四、股权价格确定方法:根据适用的公平市场价格确定方法勾选。选择其他合理方法的,应在横线中写明具体方法名称。

五、每股价格:填写按照股权价格确定方法计算的每股价格。

六、股权奖励时间:填写纳税人实际获得股权奖励的具体日期。纳税人在一个月份中多次取得股权奖励的,可一并填写。

七、获得股份数、持股比例:填写纳税人实际取得的股权份额及持股比例。纳税人在一个月份中多次取得股权奖励的,可合并填写。

八、计税价格:计税价格=每股价格×获得股份数,或根据持股比例换算。

九、应缴个人所得税:应缴个人所得税=股权激励收入×适用税率-速算扣除数

十、计划缴税时间:按年度填写每一年度计划缴税的截止月份。

十一、计划缴税金额:填写每一年度计划分期缴纳的个人所得税金额。

【案例13-4】 2020年1月,盛达公司(非上市高新技术企业)董事会和股东大会决议批准,奖励为公司某项主导产品做出突出贡献的技术总监王某(已在单位服务2年),无偿授予本公司5%的股份(不符合递延纳税条件)。该公司经资质齐全的评估公司评估后净资产公允价值为5 000万元,2020年11月20日,王某向盛达公司另一个股东转让其中1%的股份,取得现金收入120万元。假定此时尚有70万元个人所得税未缴纳。应如何计缴个人所得税?

解析:1. 2020年1月获得奖励时:

王某应按照"工资、薪金所得"项目,适用财税〔2018〕164号文件第二条关于股权激励收入的规定,不并入当年综合所得,全额单独适用综合所得税率表,单独计算纳税。

股权激励收入=公司净资产公允价值×股权份额=5 000×5%=250(万元)。

适用税率45%,速算扣除数181 920。

应交个人所得税=2 500 000×45%-181 920=943 080(元)。

王某一次性缴纳税款有困难,可根据实际情况自行制订分期缴税计划,在不超过5个公历年度内(含)分期缴纳,由盛达公司于2月15日内,向主管税务机关办理分期缴税备案手续。

盛达公司应向主管税务机关报送高新技术企业认定证书、股东大会或董事会决议、《个人所得税分期缴纳备案表(股权奖励)》、相关技术人员参与技术活动的说明材料、企业股权奖励计划、能够证明股权或股票价格的有关材料、企业转化科技成果的说明、最近一期企业财务报表等。

2. 2020年11月20日王某转让其中1%的股份时:

根据财税〔2015〕116号文件第四条第三项的规定,技术人员转让奖励的股权(含奖励股权孳生的送、转股)并取得现金收入的,该现金收入应优先用于缴纳尚未缴清的税款。

因此,王某转让 1%股权取得现金收入 1 200 000 元应优先用于缴纳未缴清的税款 700 000元。股权转让所得应纳税所得额＝1 200 000－2 500 000÷5＝700 000(元),应交个人所得税＝700 000×20%＝140 000(元)。

当月王某共计应交个人所得税＝700 000＋140 000＝840 000(元)。

根据《国家税务总局关于股权奖励和转增股本个人所得税征管问题的公告》(国家税务总局公告 2015 年第 80 号)第四条第(二)项的规定,纳税人在分期缴税期间取得分红或转让股权的,企业应及时代扣股权奖励或转增股本尚未缴清的个人所得税,并于次月 15 日内向主管税务机关申报纳税。盛达公司应代扣王某个人所得税 84 万元,并于 12 月 15 日内向主管税务机关申报纳税。

四、职务科技成果转化现金奖励

根据《财政部 税务总局 科技部关于科技人员取得职务科技成果转化现金奖励有关个人所得税政策的通知》(财税〔2018〕58 号,以下简称财税〔2018〕58 号文件)的规定,自 2018 年 7 月 1 日起,依法批准设立的非营利性研究开发机构和高等学校(以下简称非营利性科研机构和高校)根据《中华人民共和国促进科技成果转化法》的规定,从职务科技成果转化收入中给予科技人员的现金奖励,可减按 50%计入科技人员当月工资、薪金所得,依法缴纳个人所得税。

财税〔2018〕58 号文件施行前非营利性科研机构和高校取得的科技成果转化收入,自施行后 36 个月内给科技人员发放现金奖励,符合规定的其他条件的,适用该通知。

(一)非营利性科研机构和高校的界定

非营利性科研机构和高校包括国家设立的科研机构和高校、民办非营利性科研机构和高校。

国家设立的科研机构和高校是指利用财政性资金设立的、取得《事业单位法人证书》的科研机构和公办高校,包括中央和地方所属科研机构和高校。

民办非营利性科研机构和高校,是指同时满足以下条件的科研机构和高校:

(1)根据《民办非企业单位登记管理暂行条例》在民政部门登记,并取得《民办非企业单位登记证书》。

(2)对于民办非营利性科研机构,其《民办非企业单位登记证书》记载的业务范围应属于"科学研究与技术开发、成果转让、科技咨询与服务、科技成果评估"范围。对业务范围存在争议的,由税务机关转请县级(含)以上科技行政主管部门确认。

对于民办非营利性高校,应取得教育主管部门颁发的《民办学校办学许可证》。《民办学校办学许可证》记载学校类型为"高等学校"。

(3)经认定取得企业所得税非营利组织免税资格。

(二)享受优惠科技人员的条件

根据财税〔2018〕58 号文件第五条的规定,科技人员享受该税收优惠政策,须同时符合以下条件:

（1）科技人员是指非营利性科研机构和高校中对完成或转化职务科技成果作出重要贡献的人员。非营利性科研机构和高校应按规定公示有关科技人员名单及相关信息（国防专利转化除外），具体公示办法由科技部会同财政部、税务总局制定。

注：这里的公示应是为了监督，以避免将正常工资类、奖金类等收入列入科技人员职务科技成果转化现金奖励享受税收优惠。从便于监督的角度，应将"科技人员职务科技成果转化现金奖励"的来龙去脉交代清楚，即公示信息一般应包括科技成果、科技成果转化及科技人员的相关信息。也就是说，"有关信息"应主要包括科技成果名称及其构成与类型，科技成果转化方式、转化时间、转化收益总额及其到账时间，科技人员取得现金奖励的金额及时间等。既然公示是一项必须履行的程序要求，且是为了接受监督，则在公示期内无异议的，视为合规。如果单位职工对公示信息有异议的，应该允许其提出异议。在异议得到妥善处理后，才能按《国家税务总局关于科技人员取得职务科技成果转化现金奖励有关个人所得税征管问题的公告》（国家税务总局公告2018年第30号）第二条的规定向主管税务机关报送《科技人员取得职务科技成果转化现金奖励个人所得税备案表》（见表13-15）。

（2）科技成果是指专利技术（含国防专利）、计算机软件著作权、集成电路布图设计专有权、植物新品种权、生物医药新品种，以及科技部、财政部、税务总局确定的其他技术成果。

（3）科技成果转化是指非营利性科研机构和高校向他人转让科技成果或者许可他人使用科技成果。现金奖励是指非营利性科研机构和高校在取得科技成果转化收入3年（36个月）内奖励给科技人员的现金。

（4）非营利性科研机构和高校转化科技成果，应当签订技术合同，并根据《技术合同认定登记管理办法》，在技术合同登记机构进行审核登记，并取得技术合同认定登记证明。

非营利性科研机构和高校应健全科技成果转化的资金核算，不得将正常工资类、奖金类等收入列入科技人员职务科技成果转化现金奖励享受税收优惠。

（三）备案管理

根据财税〔2018〕58号文件第六条的规定，非营利性科研机构和高校向科技人员发放现金奖励时，应按个人所得税法规定代扣代缴个人所得税，并按规定向税务机关履行备案手续。

根据《国家税务总局关于科技人员取得职务科技成果转化现金奖励有关个人所得税征管问题的公告》（国家税务总局公告2018年第30号）第二条的规定，非营利性科研机构和高校向科技人员发放职务科技成果转化现金奖励，应于发放之日的次月15日内，向主管税务机关报送《科技人员取得职务科技成果转化现金奖励个人所得税备案表》。单位资质材料（《事业单位法人证书》《民办学校办学许可证》《民办非企业单位登记证书》等）、科技成果转化技术合同、科技人员现金奖励公示材料、现金奖励公示结果文件等相关资料自行留存备查。

《科技人员取得职务科技成果转化现金奖励个人所得税备案表》适用于科技人员取得职务科技成果转化现金奖励，扣缴义务人向主管税务机关办理相关个人所得税备案时填报。扣缴义务人应于向科技人员实际发放现金奖励之日的次月15日内报送。

表 13-15 科技人员取得职务科技成果转化现金奖励个人所得税备案表

备案编号(主管税务机关填写)： 单位：人民币元(列至角分)

扣缴义务人基本情况				
扣缴义务人名称		扣缴义务人纳税人识别号		扣缴义务人类型	□国家设立的科研机构　□国家设立的高校 □民办非营利性科研机构　□民办非营利性高校 □其他

科技成果基本情况						
科技成果名称		科技成果类型		发证部门		科技成果证书编号	

科技成果转化及现金奖励公示情况				
转化方式	□转让 □许可使用	技术合同登记机构		技术合同编号		技术合同项目名称	
取得转化收入金额		取得转化收入时间		公示结果文件文号		公示结果文件名称	

科技人员取得现金奖励基本情况

序号	姓名	身份证照类型	身份证照号码	现金奖励金额	现金奖励取得时间

谨声明：此表是根据《中华人民共和国个人所得税法》及相关法律法规规定填写的，是真实的、完整的、可靠的。

单位签章： 经办人： 填报日期：　　年　月　日	主管税务机关印章： 受理人： 受理日期：　　年　月　日

国家税务总局监制

填 报 说 明

一、适用范围

本表适用于科技人员取得职务科技成果转化现金奖励(以下简称现金奖励)，扣缴义务人向主管税务机关办理相关个人所得税备案时填报。

二、报送期限

扣缴义务人应于向科技人员实际发放现金奖励之日的次月 15 日内报送。

三、表内各栏

(一)扣缴义务人基本情况

1. 扣缴义务人名称：填写发放现金奖励的单位名称全称。

2. 扣缴义务人纳税人识别号：填写扣缴义务人的纳税人识别号或统一社会信用代码。

3. 扣缴义务人类型：根据实际登记类型进行勾选，选择其他类型的，应在横线中写明符合规定的具体类型。

（二）科技成果基本情况

1. 科技成果名称：填写科技成果的标准名称。

2. 科技成果类型：填写专利技术（含国防专利）、计算机软件著作权、集成电路布图设计专有权、植物新品种权、生物医药新品种或科技部、财政部、国家税务总局确定的其他科技成果。

3. 发证部门：填写颁发科技成果证书的部门全称。

4. 科技成果证书编号：填写科技成果证书上的编号。

（三）科技成果转化及现金奖励公示情况

1. 转化方式：根据实际转化方式进行勾选。

2. 技术合同登记机构：填写技术合同登记机构全称。

3. 技术合同编号：填写技术合同编号。

4. 技术合同项目名称：填写技术合同项目名称。

5. 取得转化收入金额：填写扣缴义务人本次发放现金奖励对应的职务科技成果转化收入金额。

6. 取得转化收入时间：填写扣缴义务人发放现金奖励所对应的职务科技成果转化收入的实际取得时间。

7. 公示结果文件文号：填写列明科技人员取得现金奖励公示结果的文件文号。

8. 公示结果文件名称：填写列明科技人员取得现金奖励公示结果的文件名称。

（四）科技人员取得现金奖励基本情况

1. 姓名：填写取得现金奖励科技人员的姓名。中国境内无住所个人，其姓名应当用中、外文同时填写。

2. 身份证照类型：填写能识别取得现金奖励科技人员的唯一身份的身份证、军官证、士兵证、护照、中国港澳居民来往内地通行证、中国台湾居民来往大陆通行证等有效证照名称。

3. 身份证照号码：填写能识别取得现金奖励科技人员的唯一身份的号码。

4. 现金奖励金额：填写科技人员实际取得的现金奖励金额。

5. 现金奖励取得时间：填写科技人员实际取得的现金奖励的时间。

四、本表一式二份。主管税务机关受理后，由扣缴义务人和主管税务机关分别留存。

（四）扣缴申报

根据《国家税务总局关于科技人员取得职务科技成果转化现金奖励有关个人所得税征管问题的公告》（国家税务总局公告 2018 年第 30 号）第三条的规定，非营利性科研机构和高校向科技人员发放现金奖励，在填报《扣缴个人所得税报告表》时，应将当期现金奖励收入金额与当月工资、薪金合并，全额计入"收入额"列，同时将现金奖励的 50％填至《扣缴个人所得税报告表》"免税所得"列，并在备注栏注明"科技人员现金奖励免税部分"字样，据此以"收入额"减除"免税所得"以及相关扣除后的余额计算缴纳个人所得税。

第十四章
个人所得税的征收管理

导读

  2019年1月1日起,新个人所得税法正式实施。此次个税改革是党中央、国务院着眼于优化税收制度、推动经济发展、惠及百姓民生作出的一项重大决策,修改内容包括"起征点"上调、调整税率结构、引入六项专项附加扣除等内容,空前力度的改革给千家万户送来更大力度减税,也带来个税征管的巨变,征收内容的调整,也同时影响征收管理方式的调整变化。

  在综合所得的管理上,将工资、薪金,劳务报酬,稿酬和特许权使用费四项劳动性所得纳入综合征税范围,对其实行"按年计税、代扣代缴,汇算清缴、自行申报,优化服务、事后抽查"的征管制度。在其他所得的管理上,仍然保持原来的分类征收的征管制度。但无论什么样的管理方式,都离不开预扣预缴(或代扣代缴)、自行申报和汇算清缴。

第一节　自然人纳税人识别号

  自然人纳税人识别号是自然人办理各类涉税业务的唯一代码标识,是税务机关实施自然人税收管理的基础。自然人纳税人办理纳税申报、税款缴纳、申请退税、开具完税凭证、纳税查询等涉税事项时应当向税务机关或扣缴义务人提供纳税人识别号。根据新个人所得税法第九条第二款的规定,纳税人有中国公民身份号码的,以中国公民身份号码为纳税人识别号;纳税人没有中国公民身份号码的,由税务机关赋予其纳税人识别号。

一、有效身份证件

  根据《国家税务总局关于自然人纳税人识别号有关事项的公告》(国家税务总局公告2018年第59号)的规定,纳税人首次办理涉税事项时,应当向税务机关或者扣缴义务人出示有效身份证件,并报送相关基础信息。

  "有效身份证件"是指:

  (1)纳税人为中国公民且持有有效《中华人民共和国居民身份证》(以下简称居民身份证)的,为居民身份证。《国家税务总局关于修订自然人纳税人识别号赋码规则的通知》(税总发〔2018〕172号)规定,没有取得中国居民身份证的军人,应提供由中国人民解放军和中国人民武警部队发放的一种有效证件,具体包括中国人民解放军军(警)官证、军队文职干部证、士官证、义务兵证、军校学员证、军队离休干部荣誉证、军(警)官退休证、士官退休证、军队文职干部退休证。

  (2)纳税人为华侨且没有居民身份证的,为有效的《中华人民共和国护照》和华侨身份证明。

（3）纳税人为中国港澳居民的，为有效的《港澳居民来往内地通行证》或《中华人民共和国港澳居民居住证》。

（4）纳税人为中国台湾居民的，为有效的《台湾居民来往大陆通行证》或《中华人民共和国台湾居民居住证》。

（5）纳税人为持有有效《中华人民共和国外国人永久居留身份证》（简称永久居留证）的外籍个人的，为永久居留证和外国护照；未持有永久居留证但持有有效《中华人民共和国外国人工作许可证》（简称工作许可证）的，为工作许可证和外国护照；其他外籍个人，为有效的外国护照。

二、赋码规则

（1）以中国居民身份证为有效身份证明的自然人，其纳税人识别号为其"公民身份号码"。

（2）以中国护照为有效身份证明的自然人，其纳税人识别号由"C"+"4位年份码"+"156"+"9位顺序号"+"1位校验码"组成。

（3）以中国港澳居民通行证、中国港澳居民居住证为有效身份证明的中国香港地区自然人，其纳税人识别号由"H"+"4位年份码"+"344"+"9位顺序号"+"1位校验码"组成。

（4）以中国港澳居民通行证、中国港澳居民居住证为有效身份证明的中国澳门地区自然人，其纳税人识别号由"M"+"4位年份码"+"446"+"9位顺序号"+"1位校验码"组成。

（5）以中国台湾居民通行证、中国台湾居民居住证为有效身份证明的中国台湾地区自然人，其纳税人识别号由"T"+"4位年份码"+"158"+"9位顺序号"+"1位校验码"组成。

（6）以外国护照、外国人永久居留证、外国人工作许可证为有效身份证明的外籍自然人，其纳税人识别号由"W"+"4位年份码"+"3位国家或地区数字码"+"9位顺序号"+"1位校验码"组成。

（7）其他特定情形下发生纳税义务的自然人，其纳税人识别号由"Q"+"4位年份码"+"13位顺序号"组成。

"其他特定情形"是指：①纳税人在未入境但在中国境内取得应税收入，无法提供有效身份证件的情况；②持有中国人民解放军军（警）官证、军队文职干部证、士官证、义务兵证、军校学员证、军队离休干部荣誉证、军（警）官退休证、士官退休证、军队文职干部退休证的中国军人，但没有取得中国居民身份证的情况；③国家税务总局规定的其他情形。

税务机关按照规则赋予自然人纳税人识别号，严格执行"一人一码"原则，自然人纳税人识别号原则上一经确定，不再改变。自然人纳税人涉税数据实行"一人式"归集，在全国范围内实现一人一码、一人一档。纳税人持有多种有效证件时，应按照赋码规则确定其唯一的纳税人识别号，保证自然人纳税人识别号的固定性和唯一性，避免出现"一人多码""一码多人"等情况。

三、自然人纳税人识别号告知与查询

税务机关应当在赋予自然人纳税人识别号后告知或者通过扣缴义务人告知纳税人其纳税人识别号,并为自然人纳税人查询本人纳税人识别号提供便利。

自然人首次通过办税服务厅或远程办税端(电子税务局、手机 APP、客户端软件等)自行办理涉税事项时,税务机关应赋予纳税人识别号,并告知纳税人。

自然人通过代收代缴、代扣代缴、委托代征单位首次办理涉税事项时,税务机关应赋予纳税人识别号,并提供纳税人识别号的查询服务。

对于新规则实施前已办理涉税事项的自然人,待其再次办理涉税事项时,税务机关应告知其纳税人识别号和查询途径。

自然人纳税人可凭已向税务机关提供过的有效身份证件,通过办税服务厅或远程办税端查询其纳税人识别号。

 链接:热点问题

1. 如何使用自然人办税服务平台(简称个人所得税 APP)或 WEB 端查询自然人纳税人识别号?

答:自然人办税服务平台分为 WEB 端和 APP 端,两端数据实时同步、信息共享,查询操作步骤相同。纳税人完成实名注册或办理过信息采集后自动生成《纳税人识别号卡》,可通过纳税人识别号查询功能查询。

操作步骤如下:点击登录页面【公众查询】选择【纳税人识别号查询】或登录后可以点击【查询】选择【纳税人识别号查询】;选择证件类型并填写对应信息;形成自然人纳税人识别号卡。

2. 外籍个人未入境但在中国境内取得应税收入,怎样赋予其纳税人识别号?

答:对于外籍个人未入境但在中国境内取得应税收入,属于其他特定情形下发生纳税义务的自然人,其纳税人识别号由"Q"+"4 位年份码"+"13 位顺序号"组成。可通过税务端自然人税收管理系统(ITS)中的【自然人信息临时采集(ITS)】模块直接录入。

3. 外籍人员之前有一个护照信息,后来因为护照五年一换导致新护照上的护照号码发生了变动,为了保持纳税记录的连贯性,如何将两个护照进行关联?

答:如果对新的外国护照重新登记并生成新的纳税人识别号,需在税务大厅使用"自然人多证同用并档管理"功能进行并档。如果未对新的外国护照进行自然人基础信息采集,需在税务大厅使用"自然人信息变更"功能新增该外籍人员的新护照信息。

第二节 预扣预缴(或代扣代缴)

一、扣缴义务人

根据新个人所得税法的规定,个人所得税以所得人为纳税人,以支付所得的单位或者个人为扣缴义务人。扣缴义务人应当按照国家规定办理全员全额扣缴申报,并向纳税人提供

其个人所得和已扣缴税款等信息。根据新个人所得税实施条例,扣缴义务人向个人支付应税款项时,应当依照个人所得税法规定预扣或者代扣税款,按时缴库,并专项记载备查。

所以,个人所得税的扣缴义务人是法定的扣缴义务人,必须履行扣缴义务。如若未履行扣缴义务,将承担相应的法律责任。

另外,按照新个人所得税法的规定,向个人支付所得的单位和个人为扣缴义务人。但由于支付所得的单位和个人与取得所得的人之间有多重支付的现象,有时难以确定扣缴义务人。为保证全国执行的统一,凡税务机关认定对所得的支付对象和支付数额有决定权的单位和个人,即为扣缴义务人。

居民个人取得综合所得,按年计算个人所得税;有扣缴义务人的,由扣缴义务人按月或者按次预扣预缴税款;需要办理汇算清缴的,应当在取得所得的次年3月1日至6月30日内办理汇算清缴。

非居民个人取得工资、薪金所得,劳务报酬所得,稿酬所得和特许权使用费所得,有扣缴义务人的,由扣缴义务人按月或者按次代扣代缴税款,不办理汇算清缴。

纳税人取得利息、股息、红利所得,财产租赁所得,财产转让所得和偶然所得,按月或者按次计算个人所得税,有扣缴义务人的,由扣缴义务人按月或者按次代扣代缴税款。

纳税人取得应税所得,扣缴义务人未扣缴税款的,纳税人应当在取得所得的次年6月30日前,缴纳税款;税务机关通知限期缴纳的,纳税人应当按照期限缴纳税款。

二、扣缴范围

扣缴义务人履行扣缴义务,要依法办理全员全额申报,实行个人所得税全员全额扣缴申报的应税所得包括:

（1）工资、薪金所得。

（2）劳务报酬所得。

（3）稿酬所得。

（4）特许权使用费所得。

（5）利息、股息、红利所得。

（6）财产租赁所得。

（7）财产转让所得。

（8）偶然所得。

注意：

目前个人所得税除经营所得外,其他8个税目均列为法定的代扣代缴范围,支付所得的单位和个人均有扣缴义务。

三、扣缴流程

（一）综合所得的预扣预缴（或代扣代缴）

1. 居民个人的工资、薪金所得预扣预缴

扣缴义务人向居民个人支付工资、薪金所得时,应当按照累计预扣法计算预扣税款,并按月办理扣缴申报。

累计预扣法,是指扣缴义务人在一个纳税年度内预扣预缴税款时,以纳税人在本单位截至当前月份工资、薪金所得累计收入减除累计免税收入、累计减除费用、累计专项扣除、累计专项附加扣除和累计依法确定的其他扣除后的余额为累计预扣预缴应纳税所得额,适用个人所得税预扣率表一,计算累计应预扣预缴税额,再减除累计减免税额和累计已预扣预缴税额,其余额为本期应预扣预缴税额。余额为负值时,暂不退税。纳税年度终了后余额仍为负值时,由纳税人通过办理综合所得年度汇算清缴,税款多退少补。

具体计算公式如下:

$$\frac{本期应预扣}{预缴税额}=\left(\frac{累计预扣预缴}{应纳税所得额}\times\frac{预扣}{率}-\frac{速算}{扣除数}\right)-\frac{累计减}{免税额}-\frac{累计已预}{扣预缴税额}$$

$$\frac{累计预扣预缴}{应纳税所得额}=\frac{累计}{收入}-\frac{累计免}{税收入}-\frac{累计减}{除费用}-\frac{累计专}{项扣除}-\frac{累计专项}{附加扣除}-\frac{累计依法确}{定的其他扣除}$$

其中,累计减除费用,按照 5 000 元/月乘以纳税人当年截至本月在本单位的任职受雇月份数计算。

根据《国家税务总局关于完善调整部分纳税人个人所得税预扣预缴方法的公告》(国家税务总局公告 2020 年第 13 号)规定,对一个纳税年度内首次取得工资、薪金所得的居民个人,扣缴义务人在预扣预缴个人所得税时,可按照 5 000 元/月乘以纳税人当年截至本月月份数计算累计减除费用。

根据《国家税务总局关于进一步简便优化部分纳税人个人所得税预扣预缴方法的公告》(国家税务总局公告 2020 年第 19 号)规定,对上一完整纳税年度内每月均在同一单位预扣预缴工资、薪金所得个人所得税且全年工资、薪金收入不超过 6 万元的居民个人,扣缴义务人在预扣预缴本年度工资、薪金所得个人所得税时,累计减除费用自 1 月份起直接按照全年6 万元计算扣除。即在纳税人累计收入不超过 6 万元的月份,暂不预扣预缴个人所得税;在其累计收入超过 6 万元的当月及年内后续月份,再预扣预缴个人所得税。扣缴义务人应当按规定办理全员全额扣缴申报,并在《个人所得税扣缴申报表》相应纳税人的备注栏注明"上年各月均有申报且全年收入不超过 6 万元"字样。对按照累计预扣法预扣预缴劳务报酬所得个人所得税的居民个人,扣缴义务人比照执行。

工资、薪金所得个人所得税预扣率表如表 14-1 所示。

表 14-1 个人所得税预扣率表一

(居民个人工资、薪金所得预扣预缴适用)

级数	累计预扣预缴应纳税所得额	预扣率	速算扣除数
1	不超过 36 000 元	3%	0
2	超过 36 000 元至 144 000 元的部分	10%	2 520
3	超过 144 000 元至 30 0000 元的部分	20%	16 920
4	超过 30 0000 元至 420 000 元的部分	25%	31 920

（续表）

级数	累计预扣预缴应纳税所得额	预扣率	速算扣除数
5	超过 420 000 元至 660 000 元的部分	30%	52 920
6	超过 660 000 元至 960 000 元的部分	35%	85 920
7	超过 960 000 元的部分	45%	181 920

【案例 14-1】 某职员 2020 年入职，2021 年每月应发工资均为 10 000 元，每月减除费用 5 000 元，"三险一金"等专项扣除为 1 500 元，从 1 月起享受子女教育专项附加扣除 1 000 元，没有减免收入及减免税额等情况，全年应纳税额应当按照以下方法计算预扣预缴税额：

1 月：$(10\,000-5\,000-1\,500-1\,000)\times3\%=75$（元）。

2 月：$(10\,000\times2-5\,000\times2-1\,500\times2-1\,000\times2)\times3\%-75=75$（元）。

3 月：$(10\,000\times3-5\,000\times3-1\,500\times3-1\,000\times3)\times3\%-75\times2=75$（元）。

4 月：$(10\,000\times4-5\,000\times4-1\,500\times4-1\,000\times4)\times3\%-75\times3=75$（元）。

5 月：$(10\,000\times5-5\,000\times5-1\,500\times5-1\,000\times5)\times3\%-75\times4=75$（元）。

6 月：$(10\,000\times6-5\,000\times6-1\,500\times6-1\,000\times6)\times3\%-75\times5=75$（元）。

7 月：$(10\,000\times7-5\,000\times7-1\,500\times7-1\,000\times7)\times3\%-75\times6=75$（元）。

8 月：$(10\,000\times8-5\,000\times8-1\,500\times8-1\,000\times8)\times3\%-75\times7=75$（元）。

9 月：$(10\,000\times9-5\,000\times9-1\,500\times9-1\,000\times9)\times3\%-75\times8=75$（元）。

10 月：$(10\,000\times10-5\,000\times10-1\,500\times10-1\,000\times10)\times3\%-75\times9=75$（元）。

11 月：$(10\,000\times11-5\,000\times11-1\,500\times11-1\,000\times11)\times3\%-75\times10=75$（元）。

12 月：$(10\,000\times12-5\,000\times12-1\,500\times12-1\,000\times12)\times3\%-75\times11=75$（元）。

该纳税人全年累计预扣预缴应纳税所得额为 30 000 元，一直适用 3% 的税率，因此各月应预扣预缴的税款相同。

【案例 14-2】 某职员 2020 年入职，2021 年每月应发工资均为 30 000 元，每月减除费用 5 000 元，"三险一金"等专项扣除为 4 500 元，享受子女教育、赡养老人两项专项附加扣除共计 2 000 元，没有减免收入及减免税额等情况，以前三个月为例，应当按照以下方法计算各月应预扣预缴税额：

1 月：$(30\,000-5\,000-4\,500-2\,000)\times3\%=555$（元）。

2 月：$(30\,000\times2-5\,000\times2-4\,500\times2-2\,000\times2)\times10\%-2\,520-555=625$（元）。

3 月：$(30\,000\times3-5\,000\times3-4\,500\times3-2\,000\times3)\times10\%-2\,520-555-625=1\,850$（元）。

上述计算结果表明，由于 2 月累计预扣预缴应纳税所得额为 37 000 元，已适用 10% 的税率，因此 2 月和 3 月应预扣预缴有所增高。

进一步计算，该纳税人全年累计预扣预缴应纳税所得额为 222 000 元，适用 20% 的税率，所以全年累计缴纳税额为：$(30\,000\times12-5\,000\times12-4\,500\times12-2\,000\times12)\times20\%-16\,920=27\,480$（元）。

扣缴义务人向居民个人支付工资、薪金所得时,应按照累计预扣法计算预扣税款,并按月办理扣缴申报。居民个人向扣缴义务人提供有关信息并依法要求办理专项附加扣除的,扣缴义务人应当按照规定在工资、薪金所得按月预扣预缴税款时予以扣除,不得拒绝。

【案例14-3】 宋某系中国籍刚毕业的大学生,2020年6月1日入职甲公司。2020年7月15日取得6月份工资6 000元。计算其可以享受的费用扣除金额。

解析: 若宋某在入职甲公司未在其他单位取得过工资薪金所得,则其在甲公司首次领取工资时,可以扣除30 000元(5 000元/月×6),当然也可以选择只扣除5 000元。

2. 居民个人的劳务报酬所得、稿酬所得和特许权使用费所得的预扣预缴

劳务报酬所得、稿酬所得、特许权使用费所得,属于一次性收入的,以取得该项收入为一次;属于同一项目连续性收入的,以一个月内取得的收入为一次。

扣缴义务人向居民个人支付劳务报酬所得、稿酬所得、特许权使用费所得时,应当按照以下方法按次或者按月预扣预缴税款:

劳务报酬所得、稿酬所得、特许权使用费所得以收入减除费用后的余额为收入额;其中,稿酬所得的收入额减按70%计算。

减除费用:预扣预缴税款时,劳务报酬所得、稿酬所得、特许权使用费所得每次收入不超过4 000元的,减除费用按800元计算;每次收入4 000元以上的,减除费用按收入的20%计算。

应纳税所得额:劳务报酬所得、稿酬所得、特许权使用费所得,以每次收入额为预扣预缴应纳税所得额,计算应预扣预缴税额。劳务报酬所得适用个人所得税预扣率表二(见表14-2),稿酬所得、特许权使用费所得适用20%的比例预扣率。

居民个人办理年度综合所得汇算清缴时,应当依法计算劳务报酬所得、稿酬所得、特许权使用费所得的收入额,并入年度综合所得计算应纳税款,税款多退少补。

根据《国家税务总局关于完善调整部分纳税人个人所得税预扣预缴方法的公告》(国家税务总局公告2020年第13号)规定,正在接受全日制学历教育的学生因实习取得劳务报酬所得的,扣缴义务人预扣预缴个人所得税时,可按照《国家税务总局关于发布〈个人所得税扣缴申报管理办法(试行)〉的公告》(2018年第61号)规定的累计预扣法计算并预扣预缴税款。

表14-2　个人所得税预扣率表二

(居民个人劳务报酬所得预扣预缴适用)

级数	预扣预缴应纳税所得额	预扣率	速算扣除数
1	不超过20 000元	20%	0
2	超过20 000元至50 000元的部分	30%	2 000
3	超过50 000元的部分	40%	7 000

【案例14-4】 假如某居民个人取得劳务报酬所得2 000元,请计算其应预扣预缴税额。

解析: 收入额:2 000-800=1 200(元)。

应预扣预缴税额：1 200×20%＝240(元)。

【案例 14-5】 中国籍某某大学学生宋某毕业后,2020 年 6 月在乙公司取得劳务报酬 4 000 元,则应如何扣缴个人所得税。

解析：应预扣预缴税额：(4 000－800)×20%＝640(元)。

【延伸思考】 接上例,中国籍某某大学在校全日制大学生宋某,2020 年 6 月在乙公司实习取得劳务报酬 4 000 元,则应如何扣缴个人所得税。

解析：宋某可在税前扣除 5 000 元,其在领取报酬时就无需缴纳个人所得税。

【案例 14-6】 假如某居民个人取得稿酬所得 40 000 元,请计算其应预扣预缴税额。

解析：收入额：40 000×(1－20%)×70%＝22 400(元)。

应预扣预缴税额：22 400×20%＝4 480(元)。

3. 非居民个人的工资、薪金所得、劳务报酬所得、稿酬所得、特许权使用费所得的代扣代缴

非居民个人取得的劳务报酬所得、稿酬所得、特许权使用费所得,属于一次性收入的,以取得该项收入为一次;属于同一项目连续性收入的,以一个月内取得的收入为一次。

非居民个人的工资、薪金所得,以每月收入额减除费用 5 000 元后的余额为应纳税所得额;劳务报酬所得、稿酬所得、特许权使用费所得,以每次收入额为应纳税所得额,适用个人所得税税率表三(见表 14-3)计算应纳税额。其中,劳务报酬所得、稿酬所得、特许权使用费所得以收入减除 20% 的费用后的余额为收入额。稿酬所得的收入额减按 70% 计算。

工资、薪金所得＝(每月收入额－5 000)×税率－速算扣除数
劳务报酬所得、稿酬所得、特许权使用费所得＝[每次收入额×(1－20%)]×20%

注意：

① 不汇算清缴。

② 费用减除都是 20%。

③ 适用税率表不同。

表 14-3 个人所得税税率表三

(非居民个人工资、薪金所得,劳务报酬所得,稿酬所得,特许权使用费所得适用)

级数	应纳税所得额	税率	速算扣除数
1	不超过 3 000 元	3%	0
2	超过 3 000 元至 12 000 元的部分	10%	210
3	超过 12 000 元至 25 000 元的部分	20%	1 410
4	超过 25 000 元至 35 000 元的部分	25%	2 660
5	超过 35 000 元至 55 000 元的部分	30%	4 410
6	超过 55 000 元至 80 000 元的部分	35%	7 160
7	超过 80 000 元的部分	45%	15 160

【案例 14-7】　2021 年 5 月,新加坡人李彬菜(非居民纳税人)在我国境内在 C 公司任职,取得工资、薪金所得 10 000 元,请计算 C 公司作为扣缴义务人应代扣代缴的个人所得税。(假设上述收入均符合在我国征税的条件)

解析:应纳税所得额＝(10 000－5 000)＝5 000(元)。

应预扣预缴个税＝5 000×10％－210＝290(元)。

注:该月收入情形下适用税率为第二档,即税率 10％,速算扣除数为 210 元。

【案例 14-8】　美国人汤姆(非居民纳税人),2018 年 7 月,在中国出版一本专著,取得中国经济出版社支付的稿酬 80 000 元,2019 年 9 月又在中国出版一本专著,取得中国财政经济出版社支付的稿酬 80 000 元。请计算两笔稿酬所得个人所得税。(假设上述两笔收入均符合在我国征税的条件)

解析:2018 年(旧政策)应纳个人所得税＝80 000×(1－20％)×70％×20％＝8 960(元)。

2019 年(新政策)应纳个人所得税＝80 000×(1－20％)×70％×30％－4 410＝9 030(元)。

(二)分类所得的代扣代缴

扣缴义务人支付利息、股息、红利所得,财产租赁所得,财产转让所得或者偶然所得时,应当依法按次或者按月代扣代缴税款。

1. 利息、股息、红利所得和偶然所得

利息、股息、红利所得和偶然所得,以每次收入额为应纳税所得额。

$$应纳税款＝每次(每月)收入×税率$$

利息、股息、红利所得和偶然所得适用 20％的比例税率。

【案例 14-9】　中国公民王先生(居民纳税人),2020 年 6 月从居民企业(非上市公司)分得股息 200 万元,请计算应缴纳的个人所得税。

解析:应纳税款＝每次(每月)收入×税率＝200×20％＝40(万元)。

注:该笔所得涉及的税款由分配股息的企业代扣代缴。

2. 财产租赁所得

财产租赁所得,每次收入不超过 4 000 元的,减除费用 800 元;4 000 元以上的,减除 20％的费用,其余额为应纳税所得额。

(1)每次收入不超过 4 000 元的:

应纳税所得额＝收入额－准予扣除项目－修缮费用(800 元/月为限)－准予扣除的捐赠额－800

(2)每次收入超过 4 000 元的:

应纳税所得额＝[收入额－准予扣除项目－修缮费用(800 元/月为限)－准予扣除的捐赠额]×(1－20％)

财产租赁所得适用 20％的比例税率,其中个人出租住房适用 10％的比例税率。

【案例 14-10】　×省×市的中国公民李女士(居民纳税人),2021 年 1 月将自有商铺出租给中国工商银行某支行,租期1年,年租金315万元,已知分摊至每月应缴纳的城镇土地使用税和印花税为0.35万元,计算2021年李女士应缴纳的个人所得税。

解析:月收入＝315÷(1＋5％)÷12＝25(万元)。

应纳的增值税＝315÷(1＋5％)×5％＝15(万元)。

分摊至月应纳城维税及附加＝15×(7％＋3％＋2％)÷12＝1.8÷12＝0.15(万元)。

分摊至月应纳房产税＝315÷(1＋5％)×12％÷12＝36÷12＝3(万元)。

分摊至月应纳的城镇土地使用税和印花税为0.35万元。

分摊至月可扣除的税费＝0.15＋3＋0.35＝3.5(万元)。

分摊至月应纳税所得额＝(25－3.5)×(1－20％)×20％＝3.44(万元)。

该笔年租金应纳个人所得税＝3.44×12＝41.28(万元)。

注:该笔所得涉及的税款由支付所得的工商银行某支行代扣代缴。

【案例14-11】 ×省×市的中国公民杨女士,2021年1月将自有住房出租,年租金5万元,到税务机关代开增值税专用发票,应如何计算缴纳个人所得税?

解析:应纳的增值税＝50 000÷(1＋5％)×1.5％＝714.29(元)(个人出租房屋,增值税按1.5％计算缴纳)。

分摊至月应纳的城维税及附加＝714.29×(7％＋3％＋2％)÷12＝7.14(元)。

分摊至月应纳房产税＝(50 000－714.29)×4％÷12＝164.29(元)(个人出租房屋,房产税按4％计算缴纳)。

分摊至月应纳的城镇土地使用税为0(个人出租房屋,免征城镇土地使用税)。

分摊至月应纳的印花税为0(个人出租房屋,免征印花税)。

分摊至月可扣除的税费＝7.14＋164.29＝171.43(元)。

分摊至月应纳税所得额＝[50 000÷(1＋5％)÷12－171.43－800]×10％＝299.68(元)。

该笔年租金应纳个人所得税＝299.68×12＝3 596.16(元)。

注:该笔所得涉及的税款由支付所得的工商银行某支行代扣代缴。

3. 财产转让所得

财产转让所得,以转让财产的收入额减除财产原值和合理费用后的余额,为应纳税所得额。

$$应纳税款＝(每次收入额－财产原值－合理税费－允许扣除的捐赠支出)×税率$$

财产转让所得适用20％的比例税率。

【案例14-12】 ×省×市的中国公民赵先生,2021年1月将一辆已使用2年的自有小汽车转让给王先生,转让价格20万元,财产原值为15万元。对该笔业务应如何计算缴纳个人所得税?

解析:应缴纳增值税＝0(个人销售自己使用过的物品免征增值税)。

应纳印花税＝20×10 000×0.5‰＝100(元)。

应纳个人所得税＝(200 000－150 000－100)×20％＝9 980(元)。

注： 一般情况下其他个人销售二手车，凭相关资料直接到二手车交易市场开具《二手车销售统一发票》，税款在开具发票时缴纳。

4. 偶然所得

个人得奖、中奖、中彩以及其他偶然性质的所得，适用比例税率，税率为20％，由支付所得的单位或个人代扣代缴。

【案例 14-13】 ××在 2020 年"双 12"促销活动中，开展了"购物砸金蛋"活动，对当日购物满 199 元的顾客，可凭购物小票参与活动。程先生当日购物后参与了该活动，中得了一等奖，获得价值 6 000 元的液晶电视一台。对该笔业务应如何计算缴纳个人所得税？

解析： 应纳个人所得税＝6 000×20％＝1 200(元)。

注： 税款由商场在支付奖品时代扣代缴。

四、扣缴流程及申报表填报

扣缴义务人首次向纳税人支付所得时，应当按照纳税人提供的纳税人识别号等基础信息，填写《个人所得税基础信息表(A 表)》，并于次月扣缴申报时向税务机关报送。

对居民个人，有六项专项附加扣除的，可选择向扣缴义务人提供信息，办理专项附加扣除的，应在首次扣除时填写《个人所得税专项附加扣除信息表》，扣缴义务人对纳税人提供的《个人所得税专项附加扣除信息表》，应当按照规定妥善保存备查。

扣缴义务人每月或者每次预扣、代扣的税款，应当在次月 15 日内缴入国库，并向税务机关报送《个人所得税扣缴申报表》。具体填写表单梳理如表 14-4 所示。

表 14-4　预扣预缴申报需要填写表单统计表

序号	类别	适用范围
1	个人所得税基础信息表(A 表)	对扣缴义务人办理全员全额扣缴申报时，填报其支付所得的纳税人的基础信息。
2	个人所得税专项附加扣除信息表	本表由享受专项附加扣除的纳税人填写，纳税人填写后报送至扣缴义务人；选择在年度汇算清缴申报时享受专项附加扣除的，纳税人填写后报送至税务机关。
3	个人所得税扣缴申报表	本表适用于扣缴义务人向居民个人支付工资、薪金所得，劳务报酬所得，稿酬所得和特许权使用费所得的个人所得税全员全额预扣预缴申报；向非居民个人支付工资、薪金所得，劳务报酬所得，稿酬所得和特许权使用费所得的个人所得税全员全额扣缴申报；以及向纳税人(居民个人和非居民个人)支付利息、股息、红利所得，财产租赁所得，财产转让所得和偶然所得的个人所得税全员全额扣缴申报。

以上申报表的填报表格样式如表 14-5 至表 14-7 所示。

表 14-5　个人所得税基础信息表（A 表）

（适用于扣缴义务人填报）

扣缴义务人名称：

扣缴义务人纳税人识别号（统一社会信用代码）：□□□□□□□□□□□□□□□□□□

序号	纳税人基本信息（带＊必填）						任职受雇从业信息					联系方式					银行账户		投资信息		其他信息		华侨、中国港澳台、外籍个人信息（带＊必填）					备注
	纳税人识别号	＊纳税人姓名	＊身份证件类型	＊身份证件号码	＊出生日期	＊国籍/地区	类型	职务	学历	任职受雇从业日期	离职日期	手机号码	户籍所在地	经常居住地	联系地址	电子邮箱	开户银行	银行账号	投资额（元）	投资比例	是否残疾/孤老/烈属	残疾/烈属证号	＊出生地	＊性别	＊首次入境时间	＊预计离境时间	＊涉税事由	
1	2	3	4	5	6	7	8	9	10	11	12	13	14	15	16	17	18	19	20	21	22	23	24	25	26	27	28	29

谨声明：本表是根据国家税收法律法规及相关规定填报的，是真实的、可靠的、完整的。

扣缴义务人（签章）：　　　　　年　月　日

经办人签字： 经办人身份证件号码： 代理机构签章： 代理机构统一社会信用代码：	受理人： 受理税务机关（章）： 受理日期：　　年　月　日

《个人所得税基础信息表（A 表）》填表说明

一、适用范围

本表由扣缴义务人填报。适用于扣缴义务人办理全员全额扣缴申报时，填报其支付所得的纳税人的基础信息。

二、报送期限

扣缴义务人首次向纳税人支付所得，或者纳税人相关基础信息发生变化的，应当填写本表，并于次月扣缴申报时向税务机关报送。

三、本表各栏填写

本表带"＊"项目分为必填和条件必填，其余项目为选填。

（一）表头项目

1.扣缴义务人名称：填写扣缴义务人的法定名称全称。

2.扣缴义务人纳税人识别号（统一社会信用代码）：填写扣缴义务人的纳税人识别号或者统一社会信用代码。

（二）表内各栏

1. 第2～8列"纳税人基本信息"：填写纳税人姓名、证件等基本信息。

（1）第2列"纳税人识别号"：有中国公民身份号码的，填写中华人民共和国居民身份证上载明的"公民身份号码"；没有中国公民身份号码的，填写税务机关赋予的纳税人识别号。

（2）第3列"纳税人姓名"：填写纳税人姓名。外籍个人英文姓名按照"先姓（surname）后名（given name）"的顺序填写，确实无法区分姓和名的，按照证件上的姓名顺序填写。

（3）第4列"身份证件类型"：根据纳税人实际情况填写。

① 有中国公民身份号码的，应当填写《中华人民共和国居民身份证》（简称"居民身份证"）。

② 华侨应当填写《中华人民共和国护照》（简称"中国护照"）。

③ 中国港澳居民可选择填写《港澳居民来往内地通行证》（简称"港澳居民通行证"）或者《中华人民共和国港澳居民居住证》（简称"港澳居民居住证"）；中国台湾居民可选择填写《台湾居民来往大陆通行证》（简称"台湾居民通行证"）或者《中华人民共和国台湾居民居住证》（简称"台湾居民居住证"）。

④ 外籍人员可选择填写《中华人民共和国外国人永久居留身份证》（简称"外国人永久居留证"）、《中华人民共和国外国人工作许可证》（简称"外国人工作许可证"或者"外国护照"）。

⑤ 其他符合规定的情形填写"其他证件"。

身份证件类型选择"港澳居民居住证"的，应当同时填写"港澳居民通行证"；身份证件类型选择"台湾居民居住证"的，应当同时填写"台湾居民通行证"；身份证件类型选择"外国人永久居留证"或者"外国人工作许可证"的，应当同时填写"外国护照"。

（4）第5～6列"身份证件号码""出生日期"：根据纳税人身份证件上的信息填写。

（5）第7列"国籍/地区"：填写纳税人所属的国籍或者地区。

2. 第8～12列"任职受雇从业信息"：填写纳税人与扣缴义务人之间的任职受雇从业信息。

（1）第8列"类型"：根据实际情况填写"雇员""保险营销员""证券经纪人"或者"其他"。

（2）第9～12列"职务""学历""任职受雇从业日期""离职日期"：其中，当第9列"类型"选择"雇员""保险营销员"或者"证券经纪人"时，填写纳税人与扣缴义务人建立或者解除相应劳动或者劳务关系的日期。

3. 第13～17列"联系方式"：

（1）第13列"手机号码"：填写纳税人境内有效手机号码。

（2）第14～16列"户籍所在地""经常居住地""联系地址"：填写纳税人境内有效户籍所在地、经常居住地或者联系地址，按以下格式填写（具体到门牌号）：___省（区、市）___市___区（县）___街道（乡、镇）___。

（3）第17列"电子邮箱"：填写有效的电子邮箱。

4. 第18～19列"银行账户"：填写个人境内有效银行账户信息，开户银行填写到银行总行。

5. 第20～21列"投资信息"：纳税人为扣缴单位的股东、投资者的，填写本栏。

6. 第22～23列"其他信息"：如纳税人有"残疾、孤老、烈属"情况的，填写本栏。

7. 第24～28列"华侨、中国港澳台、外籍个人信息"：纳税人为华侨、中国港澳台居民、外籍个人的填写本栏。

（1）第24列"出生地"：填写华侨、中国港澳台居民、外籍个人的出生地，具体到国家或者地区。

（2）第26～27列"首次入境时间""预计离境时间"：填写华侨、中国港澳台居民、外籍个人首次入境和预计离境的时间，具体到年月日。预计离境时间发生变化的，应及时进行变更。

（3）第28列"涉税事由"：填写华侨、中国港澳台居民、外籍个人在境内涉税的具体事由，包括"任职受雇""提供临时劳务""转让财产""从事投资和经营活动""其他"。如有多项事由的，应同时填写。

四、其他事项说明

以纸质方式报送本表的，应当一式两份，扣缴义务人、税务机关各留存一份。

表 14-6　个人所得税专项附加扣除信息表

填报日期：　　年　月　日　　　　　　扣除年度：

纳税人姓名：　　　　　　　　　　纳税人识别号：□□□□□□□□□□□□□□□□□□

纳税人信息	手机号码			电子邮箱	
	联系地址			配偶情况	□有配偶　□无配偶
纳税人配偶信息	姓名		身份证件类型	身份证件号码	□□□□□□□□□□□□□□□□□□

一、子女教育

较上次报送信息是否发生变化：□首次报送(请填写全部信息)　□无变化(不需重新填写)
　　　　　　　　　　　　　　　□有变化(请填写变化项目的信息)

子女一	姓名		身份证件类型		身份证件号码	□□□□□□□□□□□□□□□□□□
	出生日期		当前受教育阶段		□学前教育阶段　□义务教育 □高中阶段教育　□高等教育	
	当前受教育阶段起始时间	年　月	当前受教育阶段结束时间	年　月	子女教育终止时间 *不再受教育时填写	年　月
	就读国家(或地区)		就读学校		本人扣除比例	□100%(全额扣除) □50%(平均扣除)
子女二	姓名		身份证件类型		身份证件号码	□□□□□□□□□□□□□□□□□□
	出生日期		当前受教育阶段		□学前教育阶段　□义务教育 □高中阶段教育　□高等教育	
	当前受教育阶段起始时间	年　月	当前受教育阶段结束时间	年　月	子女教育终止时间 *不再受教育时填写	年　月
	就读国家(或地区)		就读学校		本人扣除比例	□100%(全额扣除) □50%(平均扣除)

二、继续教育

较上次报送信息是否发生变化：□首次报送(请填写全部信息)　□无变化(不需重新填写)
　　　　　　　　　　　　　　　□有变化(请填写变化项目的信息)

学历(学位)继续教育	当前继续教育起始时间	年　月	当前继续教育结束时间	年　月	学历(学位)继续教育阶段	□专科　□本科 □硕士研究生 □博士研究生　□其他
职业资格继续教育	职业资格继续教育类型	□技能人员　□专业技术人员			证书名称	
	证书编号		发证机关		发证(批准)日期	

三、住房贷款利息

较上次报送信息是否发生变化：□首次报送(请填写全部信息)　□无变化(不需重新填写)
　　　　　　　　　　　　　　　□有变化(请填写发生变化项目的信息)

房屋信息	住房坐落地址	省(区、市)　　市　　县(区)　　街道(乡、镇)	
	产权证号/不动产登记号/ 商品房买卖合同号/预售合同号		

（续表）

房贷信息	本人是否借款人	□是　□否	是否婚前各自首套贷款，且婚后分别扣除50%	□是　□否
	公积金贷款|贷款合同编号			
	贷款期限（月）		首次还款日期	
	商业贷款|贷款合同编号		贷款银行	
	贷款期限（月）		首次还款日期	

<table>
<tr><td colspan="5" align="center">四、住房租金</td></tr>
<tr><td colspan="5">较上次报送信息是否发生变化：□首次报送（请填写全部信息）　□无变化（不需重新填写）
□有变化（请填写发生变化项目的信息）</td></tr>
<tr><td>房屋信息</td><td>住房坐落地址</td><td colspan="3">省（区、市）　　市　　县（区）　　街道（乡、镇）</td></tr>
<tr><td rowspan="4">租贷情况</td><td>出租方（个人）姓名</td><td>身份证件类型</td><td>身份证件号码</td><td>□□□□□□□□□□□□□□□□□□</td></tr>
<tr><td>出租方（单位）名称</td><td></td><td>纳税人识别号（统一社会信用代码）</td><td></td></tr>
<tr><td>主要工作城市（*填写市一级）</td><td></td><td>住房租赁合同编号（非必填）</td><td></td></tr>
<tr><td>租赁期起</td><td></td><td>租赁期止</td><td></td></tr>
</table>

<table>
<tr><td colspan="5" align="center">五、赡养老人</td></tr>
<tr><td colspan="5">较上次报送信息是否发生变化：□首次报送（请填写全部信息）　□无变化（不需重新填写）
□有变化（请填写发生变化项目的信息）</td></tr>
<tr><td colspan="2" align="center">纳税人身份</td><td colspan="3" align="center">□独生子女　□非独生子女</td></tr>
<tr><td rowspan="2">被赡养人一</td><td>姓名</td><td>身份证件类型</td><td>身份证件号码</td><td>□□□□□□□□□□□□□□□□□□</td></tr>
<tr><td>出生日期</td><td>与纳税人关系</td><td colspan="2">□父亲　□母亲　□其他</td></tr>
<tr><td rowspan="2">被赡养人二</td><td>姓名</td><td>身份证件类型</td><td>身份证件号码</td><td>□□□□□□□□□□□□□□□□□□</td></tr>
<tr><td>出生日期</td><td>与纳税人关系</td><td colspan="2">□父亲　□母亲　□其他</td></tr>
<tr><td rowspan="4">共同赡养人信息</td><td>姓名</td><td>身份证件类型</td><td>身份证件号码</td><td>□□□□□□□□□□□□□□□□□□</td></tr>
<tr><td>姓名</td><td>身份证件类型</td><td>身份证件号码</td><td>□□□□□□□□□□□□□□□□□□</td></tr>
<tr><td>姓名</td><td>身份证件类型</td><td>身份证件号码</td><td>□□□□□□□□□□□□□□□□□□</td></tr>
<tr><td>姓名</td><td>身份证件类型</td><td>身份证件号码</td><td>□□□□□□□□□□□□□□□□□□</td></tr>
<tr><td colspan="2" align="center">分摊方式
*独生子女不需填写</td><td colspan="2">□平均分摊　□赡养人约定分摊
□被赡养人指定分摊</td><td>本年度月
扣除金额</td></tr>
</table>

<table>
<tr><td colspan="5" align="center">六、大病医疗（仅限综合所得年度汇算清缴申报时填写）</td></tr>
<tr><td colspan="5">较上次报送信息是否发生变化：□首次报送（请填写全部信息）　□无变化（不需重新填写）
□有变化（请填写发生变化项目的信息）</td></tr>
<tr><td rowspan="2">患者一</td><td>姓名</td><td>身份证件类型</td><td>身份证件号码</td><td>□□□□□□□□□□□□□□□□□□</td></tr>
<tr><td>医药费用总金额</td><td>个人负担金额</td><td>与纳税人关系</td><td>□本人　□配偶
□未成年子女</td></tr>
<tr><td rowspan="2">患者二</td><td>姓名</td><td>身份证件类型</td><td>身份证件号码</td><td>□□□□□□□□□□□□□□□□□□</td></tr>
<tr><td>医药费用总金额</td><td>个人负担金额</td><td>与纳税人关系</td><td>□本人　□配偶
□未成年子女</td></tr>
</table>

（续表）

需要在任职受雇单位预扣预缴工资、薪金所得个人所得税时享受专项附加扣除的,填写本栏			
重要提示:当您填写本栏,表示您已同意该任职受雇单位使用本表信息为您办理专项附加扣除。			
扣缴义务人名称		扣除义务人纳税人识别号(统一社会信用代码)	□□□□□□□□□□□□□□□□□□
本人承诺:我已仔细阅读了填表说明,并根据《中华人民共和国个人所得税法》及其实施条例、《个人所得税专项附加扣除暂行办法》《个人所得税专项附加扣除操作办法(试行)》等相关法律法规规定填写本表。本人已就所填的扣除信息进行了核对,并对所填内容的真实性、准确性、完整性负责。 纳税人签字: 年 月 日			
扣缴义务人签章: 经办人签字: 接收日期: 年 月 日	代理机构签章: 代理机构统一社会信用代码: 经办人签字: 经办人身份证件号码:	受理人: 受理税务机关(章): 受理日期: 年 月 日	

国家税务总局监制

《个人所得税专项附加扣除信息表》填表说明

一、填表须知

本表根据《中华人民共和国个人所得税法》及其实施条例、《个人所得税专项附加扣除暂行办法》《个人所得税专项附加扣除操作办法(试行)》等法律法规有关规定制定。

(一)纳税人按享受的专项附加扣除情况填报对应栏次;纳税人不享受的项目,无须填报。纳税人未填报的项目,默认为不享受。

(二)较上次报送信息是否发生变化:纳税人填报本表时,对各专项附加扣除,首次报送的,在"首次报送"前的框内划"√"。继续报送本表且无变化的,在"无变化"前的框内划"√";发生变化的,在"有变化"前的框内划"√",并填写发生变化的扣除项目信息。

(三)身份证件号码应从左向右顶格填写,位数不满 18 位的,需在空白格处划"/"。

(四)如各类扣除项目的表格篇幅不够,可另附多张《个人所得税专项附加扣除信息表》。

二、适用范围

(一)本表适用于享受子女教育、继续教育、大病医疗、住房贷款利息或住房租金、赡养老人 6 项专项附加扣除的自然人纳税人填写。选择在工资、薪金所得预扣预缴个人所得税时享受的,纳税人填写后报送至扣缴义务人;选择在年度汇算清缴申报时享受专项附加扣除的,纳税人填写后报送至税务机关。

(二)纳税人首次填报专项附加扣除信息时,应将本人所涉及的专项附加扣除信息表内各信息项填写完整。纳税人相关信息发生变化的,应及时更新此表相关信息项,并报送至扣缴义务人或税务机关。

纳税人在以后纳税年度继续申报扣除的,应对扣除事项有无变化进行确认。

三、各栏填写说明

(一)表头项目。

填报日期:纳税人填写本表时的日期。

扣除年度:填写纳税人享受专项附加扣除的所属年度。

纳税人姓名:填写自然人纳税人姓名。

纳税人识别号:纳税人有中国居民身份证的,填写公民身份号码;没有公民身份号码的,填写税务机关赋予的纳税人识别号。

（二）表内基础信息栏。

纳税人信息：填写纳税人有效的手机号码、电子邮箱、联系地址。其中，手机号码为必填项。

纳税人配偶信息：纳税人有配偶的填写本栏，没有配偶的则不填。具体填写纳税人配偶的姓名、有效身份证件名称及号码。

（三）表内各栏。

1. 子女教育

子女姓名、身份证件类型及号码：填写纳税人子女的姓名、有效身份证件名称及号码。

出生日期：填写纳税人子女的出生日期，具体到年月日。

当前受教育阶段：选择纳税人子女当前的受教育阶段。区分"学前教育阶段、义务教育、高中阶段教育、高等教育"四种情形，在对应框内打"√"。

当前受教育阶段起始时间：填写纳税人子女处于当前受教育阶段的起始时间，具体到年月。

当前受教育阶段结束时间：纳税人子女当前受教育阶段的结束时间或预计结束的时间，具体到年月。

子女教育终止时间：填写纳税人子女不再接受符合子女教育扣除条件的学历教育的时间，具体到年月。

就读国家（或地区）、就读学校：填写纳税人子女就读的国家或地区名称、学校名称。

本人扣除比例：选择可扣除额度的分摊比例，由本人全额扣除的，选择"100％"，分摊扣除的，选"50％"，在对应框内打"√"。

2. 继续教育

当前继续教育起始时间：填写接受当前学历（学位）继续教育的起始时间，具体到年月。

当前继续教育结束时间：填写接受当前学历（学位）继续教育的结束时间，或预计结束的时间，具体到年月。

学历（学位）继续教育阶段：区分"专科、本科、硕士研究生、博士研究生、其他"四种情形，在对应框内打"√"。

职业资格继续教育类型：区分"技能人员、专业技术人员"两种类型，在对应框内打"√"。证书名称、证书编号、发证机关、发证（批准）日期：填写纳税人取得的继续教育职业资格证书上注明的证书名称、证书编号、发证机关及发证（批准）日期。

3. 住房贷款利息

住房坐落地址：填写首套贷款房屋的详细地址，具体到楼门号。

产权证号/不动产登记号/商品房买卖合同号/预售合同号：填写首套贷款房屋的产权证、不动产登记证、商品房买卖合同或预售合同中的相应号码。如所购买住房已取得房屋产权证的，填写产权证号或不动产登记号；所购住房尚未取得房屋产权证的，填写商品房买卖合同号或预售合同号。

本人是否借款人：按实际情况选择"是"或"否"，并在对应框内打"√"。本人是借款人的情形，包括本人独立贷款、与配偶共同贷款的情形。如果选择"否"，则表头位置须填写配偶信息。

是否婚前各自首套贷款，且婚后分别扣除50％：按实际情况选择"是"或"否"，并在对应框内打"√"。该情形是指夫妻双方在婚前各有一套首套贷款住房，婚后选择按夫妻双方各50％份额扣除的情况。不填默认为"否"。

公积金贷款|贷款合同编号：填写公积金贷款的贷款合同编号。

商业贷款|贷款合同编号：填写与金融机构签订的住房商业贷款合同编号。

贷款期限（月）：填写住房贷款合同上注明的贷款期限，按月填写。

首次还款日期：填写住房贷款合同上注明的首次还款日期。

贷款银行：填写商业贷款的银行总行名称。

4. 住房租金

住房坐落地址：填写纳税人租赁房屋的详细地址，具体到楼门号。

出租方（个人）姓名、身份证件类型及号码：租赁房屋为个人的，填写本栏。具体填写住房租赁合同中的出租方姓名、有效身份证件名称及号码。

出租方（单位）名称、纳税人识别号（统一社会信用代码）：租赁房屋为单位所有的，填写单位法定名称全称及纳税人识别号（统一社会信用代码）。

主要工作城市：填写纳税人任职受雇的直辖市、计划单列市、副省级城市、地级市（地区、州、盟）。无任职受雇单位的，填写其办理汇算清缴地所在城市。

住房租赁合同编号（非必填）：填写签订的住房租赁合同编号。

租赁期起、租赁期止：填写纳税人住房租赁合同上注明的租赁起止日期，具体到年月。提前终止合同（协议）的，以实际租赁期限为准。

5. 赡养老人

纳税人身份：区分"独生子女、非独生子女"两种情形，并在对应框内打"√"。

被赡养人姓名、身份证件类型及号码：填写被赡养人的姓名、有效证件名称及号码。

被赡养人出生日期：填写被赡养人的出生日期，具体到年月。

与纳税人关系：按被赡养人与纳税人的关系填报，区分"父亲、母亲、其他"三种情形，在对应框内打"√"。

共同赡养人：纳税人为非独生子女时填写本栏，独生子女无须填写。填写与纳税人实际承担共同赡养义务的人员信息，包括姓名、身份证件类型及号码。

分摊方式：纳税人为非独生子女时填写本栏，独生子女无须填写。区分"平均分摊、赡养人约定分摊、被赡养人指定分摊"三种情形，并在对应框内打"√"。

本年度月扣除金额：填写扣除年度内，按政策规定计算的纳税人每月可以享受的赡养老人专项附加扣除的金额。

6. 大病医疗

患者姓名、身份证件类型及号码：填写享受大病医疗专项附加扣除的患者姓名、有效证件名称及号码。

医药费用总金额：填写社会医疗保险管理信息系统记录的与基本医保相关的医药费用总金额。

个人负担金额：填写社会医疗保险管理信息系统记录的基本医保目录范围内扣除医保报销后的个人自付部分。

与纳税人关系：按患者与纳税人的关系填报，区分"本人、配偶或未成年子女"三种情形，在对应框内打"√"。

7. 扣缴义务人信息

纳税人选择由任职受雇单位办理专项附加扣除的填写本栏。

扣缴义务人名称、纳税人识别号（统一社会信用代码）：纳税人由扣缴义务人在工资、薪金所得预扣预缴个人所得税时办理专项附加扣除的，填写扣缴义务人名称全称及纳税人识别号或统一社会信用代码。

（四）签字（章）栏次

"声明"栏：须由纳税人签字。

"扣缴义务人签章"栏：扣缴单位向税务机关申报的，应由扣缴单位签章，办理申报的经办人签字，并填写接收专项附加扣除信息的日期。

"代理机构签章"栏：代理机构代为办理纳税申报的，应填写代理机构统一社会信用代码，加盖代理机构印章，代理申报的经办人签字，并填写经办人身份证件号码。

纳税人或扣缴义务人委托专业机构代为办理专项附加扣除的，须代理机构签章。

"受理机关"栏：由受理机关填写。

表14-7 个人所得税扣缴申报表

税款所属期：年 月 日至 年 月 日

扣缴义务人名称：

扣缴义务人纳税人识别号（统一社会信用代码）：□□□□□□□□□□□□□□□□□□

金额单位：人民币元（列至角分）

序号	姓名	身份证件类型	身份证件号码	纳税人识别号	是否为非居民个人	所得项目	收入额计算				本月（次）情况 专项扣除				其他扣除						累计情况			累计专项附加扣除								税款计算							备注
							收入	费用	免税收入	减除费用	基本养老保险费	基本医疗保险费	失业保险费	住房公积金	年金	商业健康保险	税延养老保险	财产原值	允许扣除的税费	其他	累计收入额	累计减除费用	累计专项扣除	子女教育	赡养老人	住房贷款利息	住房租金	继续教育	累计其他扣除	减按计税比例	准予扣除的捐赠额	应纳税所得额	税率／预扣率	速算扣除数	应纳税额	减免税额	已缴税额	应补／退税额	
1	2	3	4	5	6	7	8	9	10	11	12	13	14	15	16	17	18	19	20	21	22	23	24	25	26	27	28	29	30	31	32	33	34	35	36	37	38	39	40
合计																																							

谨声明：本表是根据国家税收法律法规及相关规定填报的，是真实的、可靠的、完整的。

扣缴义务人（签章）：

年 月 日

经办人签字：

经办人身份证件号码：

代理机构签章：

代理机构统一社会信用代码：

受理人：

受理税务机关（章）：

受理日期： 年 月 日

《个人所得税扣缴申报表》填表说明

一、适用范围

本表适用于扣缴义务人向居民个人支付工资、薪金所得，劳务报酬所得，稿酬所得和特许权使用费所得的个人所得税全员全额预扣预缴申报；向非居民个人支付工资、薪金所得，劳务报酬所得，稿酬所得和特许权使用费所得的个人所得税全员全额扣缴申报；以及向纳税人（居民个人和非居民个人）支付利息、股息、红利所得，财产租赁所得，财产转让所得和偶然所得的个人所得税全员全额扣缴申报。

二、报送期限

扣缴义务人应当在每月或者每次预扣、代扣税款的次月15日内，将已扣税款缴入国库，并向税务机关报送本表。

三、本表各栏填写

（一）表头项目

1. 税款所属期：填写扣缴义务人预扣、代扣税款当月的第1日至最后1日。如，2019年3月20日发放工资时代扣的税款，税款所属期填写"2019年3月1日至2019年3月31日"。

2. 扣缴义务人名称：填写扣缴义务人的法定名称全称。

3. 扣缴义务人纳税人识别号（统一社会信用代码）：填写扣缴义务人的纳税人识别号或者统一社会信用代码。

（二）表内各栏

1. 第2列"姓名"：填写纳税人姓名。

2. 第3列"身份证件类型"：填写纳税人有效的身份证件名称。中国公民有中华人民共和国居民身份证的，填写居民身份证；没有居民身份证的，填写中华人民共和国护照、中国港澳居民来往内地通行证或者中国港澳居民居住证、中国台湾居民通行证或者中国台湾居民居住证、外国人永久居留身份证、外国人工作许可证或者护照等。

3. 第4列"身份证件号码"：填写纳税人有效身份证件上载明的证件号码。

4. 第5列"纳税人识别号"：有中国公民身份号码的，填写中华人民共和国居民身份证上载明的"公民身份号码"；没有中国公民身份号码的，填写税务机关赋予的纳税人识别号。

5. 第6列"是否为非居民个人"：纳税人为居民个人的填"否"。为非居民个人的，根据合同、任职期限、预期工作时间等不同情况，填写"是，且不超过90天"或者"是，且超过90天不超过183天"。不填默认为"否"。

其中，纳税人为非居民个人的，填写"是，且不超过90天"的，当年在境内实际居住超过90天的次月15日内，填写"是，且超过90天不超过183天"。

6. 第7列"所得项目"：填写纳税人取得的《个人所得税法》第二条规定的应税所得项目名称。同一纳税人取得多项或者多次所得的，应分行填写。

7. 第8～21列"本月（次）情况"：填写扣缴义务人当月（次）支付给纳税人的所得，以及按规定各所得项目当月（次）可扣除的减除费用、专项扣除、其他扣除等。其中，工资、薪金所得预扣预缴个人所得税时扣除的专项附加扣除，按照纳税年度内纳税人在该任职受雇单位截至当月可享受的各专项附加扣除项目的扣除总额，填写至"累计情况"中第25～29列相应栏，本月情况中则无须填写。

（1）"收入额计算"：包含"收入""费用""免税收入"。收入额=第8列－第9列－第10列。

① 第8列"收入"：填写当月（次）扣缴义务人支付给纳税人所得的总额。

② 第9列"费用"：取得劳务报酬所得、稿酬所得、特许权使用费所得时填写，取得其他各项所得时无须填写本列。居民个人取得上述所得，每次收入不超过4 000元的，费用填写"800"元；每次收入4 000元以上的，费用按收入的20%填写。非居民个人取得劳务报酬所得、稿酬所得、特许权使用费所得，费用按收入的20%填写。

③ 第10列"免税收入"：填写纳税人各所得项目收入总额中，包含的税法规定的免税收入金额。其中，税法规定"稿酬所得的收入额减按70%计算"，对稿酬所得的收入额减计的30%部分，填入本列。

（2）第11列"减除费用"：按税法规定的减除费用标准填写。如，2019年纳税人取得工资、薪金所得按月申报时，填写5 000元。纳税人取得财产租赁所得，每次收入不超过4 000元的，填写800元；每次收入

4 000元以上的,按收入的20%填写。

(3) 第12～15列"专项扣除":分别填写按规定允许扣除的基本养老保险费、基本医疗保险费、失业保险费、住房公积金(以下简称"三险一金")的金额。

(4) 第16～21列"其他扣除":分别填写按规定允许扣除的项目金额。

8. 第22～30列"累计情况":本栏适用于居民个人取得工资、薪金所得,保险营销员、证券经纪人取得佣金收入等按规定采取累计预扣法预扣预缴税款时填报。

(1) 第22列"累计收入额":填写本纳税年度截至当前月份,扣缴义务人支付给纳税人的工资、薪金所得,或者支付给保险营销员、证券经纪人的劳务报酬所得的累计收入额。

(2) 第23列"累计减除费用":按照5 000元/月乘纳税人当年在本单位的任职受雇或者从业的月份数计算。

(3) 第24列"累计专项扣除":填写本年度截至当前月份,按规定允许扣除的"三险一金"的累计金额。

(4) 第25～29列"累计专项附加扣除":分别填写截至当前月份,纳税人按规定可享受的子女教育、赡养老人、住房贷款利息或者住房租金、继续教育扣除的累计金额。大病医疗扣除由纳税人在年度汇算清缴时办理,此处无须填报。

(5) 第30列"累计其他扣除":填写本年度截至当前月份,按规定允许扣除的年金(包括企业年金、职业年金)、商业健康保险、税延养老保险及其他扣除项目的累计金额。

9. 第31列"减计计税比例":填写按规定实行应纳税所得额减计税收优惠的减计比例。无减计规定的,可不填,系统默认为100%。如,某项税收政策实行减按60%计入应纳税所得额,则本列填60%。

10. 第32列"准予扣除的捐赠额":是指按照税法及相关法规、政策规定,可以在税前扣除的捐赠额。

11. 第33～39列"税款计算":填写扣缴义务人当月扣缴个人所得税款的计算情况。

(1) 第33列"应纳税所得额":根据相关列次计算填报。

① 居民个人取得工资、薪金所得,填写累计收入额减除累计减除费用、累计专项扣除、累计专项附加扣除、累计其他扣除后的余额。

② 非居民个人取得工资、薪金所得,填写收入额减去减除费用后的余额。

③ 居民个人或者非居民个人取得劳务报酬所得、稿酬所得、特许权使用费所得,填写本月(次)收入额减除其他扣除后的余额。

保险营销员、证券经纪人取得的佣金收入,填写累计收入额减除累计减除费用、累计其他扣除后的余额。

④ 居民个人或者非居民个人取得利息、股息、红利所得和偶然所得,填写本月(次)收入额。

⑤ 居民个人或者非居民个人取得财产租赁所得,填写本月(次)收入额减去减除费用、其他扣除后的余额。

⑥ 居民个人或者非居民个人取得财产转让所得,填写本月(次)收入额减除财产原值、允许扣除的税费后的余额。

其中,适用"减按计税比例"的所得项目,其应纳税所得额按上述方法计算后乘减按计税比例的金额填报。

按照税法及相关法规、政策规定,可以在税前扣除的捐赠额,可以按上述方法计算后从应纳税所得额中扣除。

(2) 第34～35列"税率/预扣率""速算扣除数":填写各所得项目按规定适用的税率(或预扣率)和速算扣除数。没有速算扣除数的,则不填。

(3) 第36列"应纳税额":根据相关列次计算填报。第36列＝第33列×第34列－第35列。

(4) 第37列"减免税额":填写符合税法规定可减免的税额,并附报《个人所得税减免税事项报告表》。居民个人工资、薪金所得,以及保险营销员、证券经纪人取得佣金收入,填写本年度累计减免税额;居民个人取得工资、薪金以外的所得或非居民个人取得各项所得,填写本月(次)减免税额。

(5) 第38列"已缴税额":填写本年或本月(次)纳税人同一所得项目,已由扣缴义务人实际扣缴的税款金额。

(6) 第39列"应补/退税额":根据相关列次计算填报。第39列＝第36列－第37列－第38列。

四、其他事项说明

以纸质方式报送本表的,应当一式两份,扣缴义务人、税务机关各留存一份。

五、扣缴期限

（1）劳务报酬所得、稿酬所得、特许权使用费所得,属于一次性收入的,以取得该项收入为一次;属于同一项目连续性收入的,以一个月内取得的收入为一次。

（2）财产租赁所得,以一个月内取得的收入为一次。

（3）利息、股息、红利所得,以支付利息、股息、红利时取得的收入为一次。

（4）偶然所得,以每次取得该项收入为一次。

六、权利和义务

对扣缴义务人按照所扣缴的税款,付给2%的手续费。不包括税务机关、司法机关等查补或者责令补扣的税款。

扣缴义务人应当按照纳税人提供的信息计算税款、办理扣缴申报,不得擅自更改纳税人提供的信息。

扣缴义务人发现纳税人提供的信息与实际情况不符的,可以要求纳税人修改。纳税人拒绝修改的,扣缴义务人应当报告税务机关,税务机关应当及时处理。

纳税人发现扣缴义务人提供或者扣缴申报的个人信息、支付所得、扣缴税款等信息与实际情况不符的,有权要求扣缴义务人修改。扣缴义务人拒绝修改的,纳税人应当报告税务机关,税务机关应当及时处理。

扣缴义务人对纳税人提供的《个人所得税专项附加扣除信息表》,应当按照规定妥善保存备查。

扣缴义务人应当依法对纳税人报送的专项附加扣除等相关涉税信息和资料保密。

扣缴义务人领取的扣缴手续费可用于提升办税能力、奖励办税人员。

扣缴义务人依法履行代扣代缴义务,纳税人不得拒绝。纳税人拒绝的,扣缴义务人应当及时报告税务机关。

扣缴义务人有未按照规定向税务机关报送资料和信息、未按照纳税人提供信息虚报虚扣专项附加扣除、应扣未扣税款、不缴或少缴已扣税款、借用或冒用他人身份等行为的,依照《税收征收管理法》等相关法律、行政法规处理。

 **知识小练习**

【例题·判断】 对个人所得税扣缴义务人按照所扣缴的税款,付给2%的手续费,最高支付金额不超过70万元。 （ ）

答案：×

解析：根据《财政部 税务总局 人民银行关于进一步加强代扣代收代征税款手续费管理的通知》（财行〔2019〕11号）的规定,法律、行政法规规定的代扣代缴税款,税务机关按不超过代扣税款的2%支付手续费,且支付给单个扣缴义务人年度最高限额70万元,超过限额部分不予支付。对于法律、行政法规明确规定手续费比例的,按规定比例执行。

"对扣缴义务人按照所扣缴的税款,付给2‰的手续费",是个人所得税法中规定的比例,故手续费不受70万元限额的限制。

 案例导入

中冠智能冒用他人身份处罚案

中冠智能(871986.OC)于2018年12月18日发布公告,披露公司因个别人员冒用他人身份证进厂务工、申报个人所得税时,被认定为编造虚假计税依据。2018年5月2日被主管税务机关依据《中华人民共和国税收征收管理法》第六十四条第一款,处以2 000元罚款。

1. 基本情况

相关文书的全称:广州市白云区地方税务局石井税务所税务行政处罚决定书(云罚〔2018〕142号)

收到日期:2018年5月2日

生效日期:2018年5月2日

涉嫌违规主体及任职情况:广州市中冠智能科技股份有限公司

涉嫌违规的事项类别:涉嫌违反《中华人民共和国税收征收管理法》第六十四条第一款的规定。

2. 主要内容

(1)涉嫌违规事实:

公司属于劳动密集型企业,季节性用工变化较大,由于经营性质所限,在实际经营中会根据订单情况聘用工人。在招聘过程中,因公司负责招聘的职员审查不严格,导致个别人员冒用他人身份证进厂务工,公司申报个人所得税时,被认定为编造虚假计税依据。经核实:吴某,女,身份证号码44011119850914＊＊＊＊,2017年6～12月身份证信息被他人冒用,进入公司工作。

(2)处罚/处理依据及结果:

根据《中华人民共和国税收征收管理法》第六十四条第一款的规定,广州市白云区地方税务局石井税务所于2018年5月2日决定对公司处以2 000元罚款。

七、法律责任

扣缴义务人应扣未扣、应收而不收税款的,由税务机关向纳税人追缴税款,对扣缴义务人处应扣未扣、应收未收税款50%以上3倍以下的罚款。

 链接:扣缴义务人处罚案例——未按规定代扣代缴个人所得税

国家税务总局福州市税务局第一稽查局税务处罚决定书

榕税一稽罚〔2019〕8号

一、当事人基本情况

你公司营业执照统一社会信用代码:9135＊＊＊＊＊＊＊＊9411XH。开业(设立)日期：2007年9月5日。主管税务机关：国家税务总局闽侯县税务局。2009年1月1日被认定为一般纳税人，自产混凝土适用简易征收方式，税率3％。当前纳税状态正常。

二、违法事实和主要证据

检查人员抽查了你公司2015年2月、2016年5月及2017年1月的个人所得税申报情况，发现你公司在计算个人所得税时，未将当月发放的奖金及津贴合并计入应税所得计算个人所得税，少扣缴个人所得税31 667.22元。

上述少代扣代缴个人所得税款31 667.22元，你公司于2019年11月22日已主动补缴入库。

三、税务处罚决定

经国家税务总局福州市税务局第一稽查局审理委员会集体审理作出如下决定：

根据《中华人民共和国税收征收管理法》第六十九条规定对你公司处以应扣未扣税款0.5倍罚款15 833.61元。

第三节　自行申报和汇算清缴

2019年1月1日，新个人所得税法全面实施。我国历史上首次建立了综合与分类相结合的个人所得税制。这样有利于平衡不同所得税负，更好发挥个人所得税收入分配调节作用。

综合税制，通俗讲就是"合并全年收入，按年计算税款"，即将纳税人取得的工资、薪金所得，劳务报酬所得，稿酬所得，特许权使用费所得四项所得合并为综合所得，以"年"为一个周期计算应该缴纳的个人所得税。纳税人取得这四项收入时，先由支付方（即扣缴义务人）依税法规定按月或者按次预扣预缴税款，纳税人在年度终了后，将上述四项所得的全年收入和可以扣除的费用进行汇总，用收入额减去费用、各项扣除后，适用3％～45％的综合所得年度税率表，计算全年应纳个人所得税，再减去年度内已经预缴的税款，向税务机关办理年度纳税申报并结清应退或应补税款，这个过程就是汇算清缴。简言之，就是在平时已预缴税款的基础上"查遗补漏，汇总收支，按年算账，多退少补"，这也是国际通行做法。

实务中，由于纳税人取得的所得包括多种类别，所以根据纳税人取得收入的情况，实际征管中又包括自行申报和汇算清缴两种情形。

一、自行申报

（一）需要自行申报的情形

新个人所得税法第十条规定，有下列情形之一的，纳税人应当依法办理纳税申报：

（1）取得综合所得需要办理汇算清缴。

（2）取得应税所得没有扣缴义务人。

（3）取得应税所得，扣缴义务人未扣缴税款。

（4）取得境外所得。

（5）因移居境外注销中国户籍。

（6）非居民个人在中国境内从两处以上取得工资、薪金所得。

（7）国务院规定的其他情形。

（二）具体要求

1. 取得应税所得，扣缴义务人未扣缴税款的纳税申报

纳税人取得应税所得，扣缴义务人未扣缴税款的，应当区别以下情形办理纳税申报：

（1）居民个人取得综合所得的，需要办理汇算清缴。（详见本节关于汇算清缴的内容）

（2）非居民个人取得工资、薪金所得，劳务报酬所得，稿酬所得，特许权使用费所得的，应当在取得所得的次年 6 月 30 前，向扣缴义务人所在地主管税务机关办理纳税申报，并报送《个人所得税自行纳税申报表（A 表）》。有两个以上扣缴义务人均未扣缴税款的，选择向其中一处扣缴义务人所在地主管税务机关办理纳税申报。

非居民个人在次年 6 月 30 日前离境（临时离境除外）的，应当在离境前办理纳税申报。

（3）纳税人取得利息、股息、红利所得，财产租赁所得，财产转让所得和偶然所得的，应当在取得所得的次年 6 月 30 日前，按相关规定向主管税务机关办理纳税申报，并报送《个人所得税自行纳税申报表（A 表）》。

税务机关通知限期缴纳的，纳税人应当按照期限缴纳税款。

实务中，扣缴义务人未扣缴税款和没有扣缴义务人的处理不同，具体差异如表 14-8 所示。

表 14-8　扣缴义务人未扣缴税款和没有扣缴义务人的处理比较

文件依据	适用范围	申报时间
《国家税务总局关于个人所得税自行纳税申报有关问题的公告》（国家税务总局公告 2018 年第 62 号）	纳税人取得利息、股息、红利所得，财产租赁所得，财产转让所得和偶然所得的，扣缴义务人未扣缴税款的	次年 6 月 30 日前
《全国人民代表大会常务委员会关于修改〈中华人民共和国个人所得税法〉的决定》（主席令第九号）	纳税人取得应税所得没有扣缴义务人的	次月 15 日内

值得注意的是，分类所得纳税地点有时与扣缴义务人、纳税人所在地无关，如以下情形：

（1）股权转让一般以股权受让方为扣缴义务人，向被投资企业所在地主管税务机关办理纳税申报。

（2）新三板挂牌公司原始股转让，2019 年 9 月 1 日后，以股票托管的证券机构为扣缴义务人，向股票托管的证券机构所在地主管税务机关办理纳税申报。

2. 取得境外所得的纳税申报

居民个人从中国境外取得所得的，应当在取得所得的次年 3 月 1 日至 6 月 30 日内，向中国境内任职、受雇单位所在地主管税务机关办理纳税申报；在中国境内没有任职、受雇单位的，向户籍所在地或中国境内经常居住地主管税务机关办理纳税申报；户籍所在地与中国境内经常居住地不一致的，选择其中一地主管税务机关办理纳税申报；在中国境内没有户籍的，向中国境内经常居住地主管税务机关办理纳税申报。

3. 因移居境外注销中国户籍的纳税申报

纳税人因移居境外注销中国户籍的,应当在申请注销中国户籍前,向户籍所在地主管税务机关办理纳税申报,进行税款清算。

(1)纳税人在注销户籍年度取得综合所得的,应当在注销户籍前,办理当年综合所得的汇算清缴,并报送《个人所得税年度自行纳税申报表》。尚未办理上一年度综合所得汇算清缴的,应当在办理注销户籍纳税申报时一并办理。

(2)纳税人在注销户籍年度取得经营所得的,应当在注销户籍前,办理当年经营所得的汇算清缴,并报送《个人所得税经营所得纳税申报表(B表)》。从两处以上取得经营所得的,还应当一并报送《个人所得税经营所得纳税申报表(C表)》。尚未办理上一年度经营所得汇算清缴的,应当在办理注销户籍纳税申报时一并办理。

(3)纳税人在注销户籍当年取得利息、股息、红利所得,财产租赁所得,财产转让所得和偶然所得的,应当在注销户籍前,申报当年上述所得的完税情况,并报送《个人所得税自行纳税申报表(A表)》。

(4)纳税人有未缴或者少缴税款的,应当在注销户籍前,结清欠缴或未缴的税款。纳税人存在分期缴税且未缴纳完毕的,应当在注销户籍前,结清尚未缴纳的税款。

(5)纳税人办理注销户籍纳税申报时,需要办理专项附加扣除、依法确定的其他扣除的,应当向税务机关报送《个人所得税专项附加扣除信息表》《商业健康保险税前扣除情况明细表》《个人税收递延型商业养老保险税前扣除情况明细表》等。

4. 非居民个人在中国境内从两处以上取得工资、薪金所得的纳税申报

非居民个人在中国境内从两处以上取得工资、薪金所得的,应当在取得所得的次月15日内,向其中一处任职、受雇单位所在地主管税务机关办理纳税申报,并报送《个人所得税自行纳税申报表(A表)》。

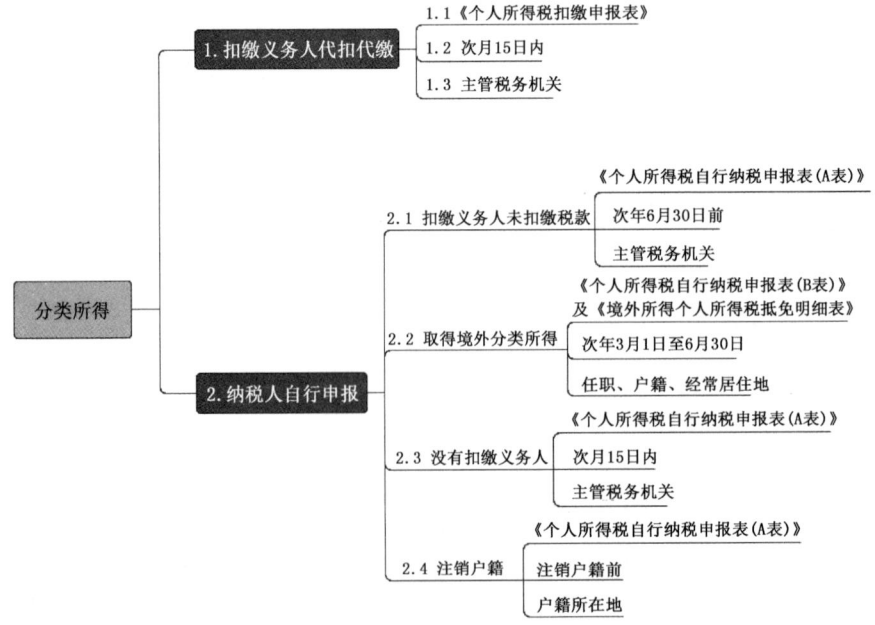

图 14-1 扣缴申报与自行申报适用申报表思维导图

（三）申报流程及申报表的填报

相关申报表如表 14-9、表 14-10 所示。

表 14-9　个人所得税基础信息表（B 表）

（适用于自然人填报）

纳税人识别号：□□□□□□□□□□□□□□□□□□□□

基本信息（带＊必填）						
基本信息	＊纳税人姓名	中文名			英文名	
	＊身份证件	证件类型一			证件号码	
		证件类型二			证件号码	
	＊国籍/地区				＊出生日期	年　月　日
联系方式	户籍所在地	省（区、市）　　市　　区（县）　　街道（乡、镇）＿＿＿＿				
	经常居住地	省（区、市）　　市　　区（县）　　街道（乡、镇）＿＿＿＿				
	联系地址	省（区、市）　　市　　区（县）　　街道（乡、镇）＿＿＿＿				
	＊手机号码			电子邮箱		
其他信息	开户银行			银行账号		
	学历	□研究生　　□大学本科　　□大学本科以下				
	特殊情形	□残疾　残疾证号＿＿＿＿　　□烈属　烈属证号＿＿＿＿				
任职、受雇、从业信息						
任职受雇从业单位一	名称		国家/地区			
	纳税人识别号（统一社会信用代码）		任职受雇从业日期	年　月	离职日期	年　月
	类型	□雇员　　　　□保险营销员 □证券经纪人　□其他	职务	□高层　□其他		
任职受雇从业单位二	名称		国家/地区			
	纳税人识别号（统一社会信用代码）		任职受雇从业日期	年　月	离职日期	年　月
	类型	□雇员　　　　□保险营销员 □证券经纪人　□其他	职务	□高层　□其他		
该栏仅由投资者纳税人填写						
被投资单位一	名称		国家/地区			
	纳税人识别号（统一社会信用代码）		投资额（元）		投资比例	

（续表）

被投资单位二	名称		国家/地区		
	纳税人识别号(统一社会信用代码)		投资额（元）		投资比例
	该栏仅由华侨、中国港澳台、外籍个人填写（带＊必填）				
	＊出生地		＊首次入境时间		年
	＊性别		＊预计离境时间		年
	＊涉税事由	□任职受雇　□提供临时劳务　□转让财产　□从事投资和经营活动　□其他				
谨声明：本表是根据国家税收法律法规及相关规定填报的，是真实的、可靠的、完整的。 纳税人（签字）：　　　年　　月　　日					
经办人签字： 经办人身份证件号码： 代理机构签章： 代理机构统一社会信用代码：			受理人： 受理税务机关（章）： 受理日期：　　年　　月　　日		

《个人所得税基础信息表(B 表)》填表说明

一、适用范围

本表适用于自然人纳税人基础信息的填报。

二、报送期限

自然人纳税人初次向税务机关办理相关涉税事宜时填报本表；初次申报后，以后仅需在信息发生变化时填报。

三、本表各栏填写

本表带“＊”的项目为必填或者条件必填，其余项目为选填。

（一）表头项目

纳税人识别号：有中国公民身份号码的，填写中华人民共和国居民身份证上载明的“公民身份号码”；没有中国公民身份号码的，填写税务机关赋予的纳税人识别号。

（二）表内各栏

1. 基本信息：

（1）纳税人姓名：填写纳税人姓名。外籍个人英文姓名按照“先姓(surname)后名(given name)”的顺序填写，确实无法区分姓和名的，按照证件上的姓名顺序填写。

（2）身份证件：填写纳税人有效的身份证件类型及号码。

“证件类型一”按以下原则填写：

① 有中国公民身份号码的，应当填写《中华人民共和国居民身份证》(简称“居民身份证”)。

② 华侨应当填写《中华人民共和国护照》(简称"中国护照")。

③ 中国港澳居民可选择填写《港澳居民来往内地通行证》(简称"港澳居民通行证")或者《中华人民共和国港澳居民居住证》(简称"港澳居民居住证");中国台湾居民可选择填写《台湾居民来往大陆通行证》(简称"台湾居民通行证")或者《中华人民共和国台湾居民居住证》(简称"台湾居民居住证")。

④ 外籍个人可选择填写《中华人民共和国外国人永久居留身份证》(简称"外国人永久居留证")、《中华人民共和国外国人工作许可证》(简称"外国人工作许可证")或者"外国护照"。

⑤ 其他符合规定的情形填写"其他证件"。

"证件类型二"按以下原则填写:证件类型一选择"港澳居民居住证"的,证件类型二应当填写"港澳居民通行证";证件类型一选择"台湾居民居住证"的,证件类型二应当填写"台湾居民通行证";证件类型一选择"外国人永久居留证"或者"外国人工作许可证"的,证件类型二应当填写"外国护照"。证件类型一已选择"居民身份证""中国护照""港澳居民通行证""台湾居民通行证"或"外国护照",证件类型二可不填。

(3) 国籍/地区:填写纳税人所属的国籍或地区。

(4) 出生日期:根据纳税人身份证件上的信息填写。

(5) 户籍所在地、经常居住地、联系地址:填写境内地址信息,至少填写一项。有居民身份证的,"户籍所在地""经常居住地"必须填写其中之一。

(6) 手机号码、电子邮箱:填写境内有效手机号码,中国港澳台、外籍个人可以选择境内有效手机号码或电子邮箱中的一项填写。

(7) 开户银行、银行账号:填写有效的个人银行账户信息,开户银行填写到银行总行。

(8) 特殊情形:纳税人为残疾、烈属、孤老的,填写本栏。残疾、烈属人员还需填写残疾/烈属证件号码。

2. 任职、受雇、从业信息:填写纳税人任职受雇从业的有关信息。其中,中国境内无住所个人有境外派遣单位的,应在本栏除填写境内任职受雇从业单位、境内受聘签约单位情况外,还应一并填写境外派遣单位相关信息。填写境外派遣单位时,其纳税人识别号(社会统一信用代码)可不填。

3. 投资者纳税人填写栏:由自然人股东、投资者填写。没有,则不填。

(1) 名称:填写被投资单位名称全称。

(2) 纳税人识别号(统一社会信用代码):填写被投资单位纳税人识别号或者统一社会信用代码。

(3) 投资额:填写自然人股东、投资者在被投资单位投资的投资额(股本)。

(4) 投资比例:填写自然人股东、投资者的投资额占被投资单位投资(股本)的比例。

4. 华侨、中国港澳台、外籍个人信息:华侨、中国港澳台居民、外籍个人填写本栏。

(1) 出生地:填写华侨、中国港澳台居民、外籍个人的出生地,具体到国家或者地区。

(2) 首次入境时间、预计离境时间:填写华侨、中国港澳台居民、外籍个人首次入境和预计离境的时间,具体到年月日。预计离境时间发生变化的,应及时进行变更。

(3) 涉税事由:填写华侨、中国港澳台居民、外籍个人在境内涉税的具体事由,在相应事由处划"√"。如有多项事由的,同时勾选。

四、其他事项说明

以纸质方式报送本表的,应当一式两份,纳税人、税务机关各留存一份。

表14-10　个人所得税自行纳税申报表（A表）

税款所属期：　　年　月　日至　　年　月　日

纳税人姓名：

纳税人识别号：□□□□□□□□□□□□□□□□□□

金额单位：人民币元（列至角分）

自行申报情形：
□居民个人取得应税所得，扣缴义务人未扣缴税款
□非居民个人取得应税所得，扣缴义务人未扣缴税款
□非居民个人在中国境内从两处以上取得工资、薪金所得　□其他　　

是否为非居民个人　□是　□否

非居民个人本年度境内居住天数　□不超过90天　□超过90天不超过183天

序号	所得项目	收入额计算				专项扣除				其他扣除			减按计税比例	准予扣除的捐赠额	税款计算							备注
		收入	费用	免税收入	减除费用	基本养老保险费	基本医疗保险费	失业保险费	住房公积金	财产原值	允许扣除的税费	其他			应纳税所得额	税率	速算扣除数	应纳税额	减免税额	已缴税额	应补/退税额	
1	2	3	4	5	6	7	8	9	10	11	12	13	14	15	16	17	18	19	20	21	22	23

谨声明：本表是根据国家税收法律法规及相关规定填报的，是真实的、可靠的、完整的。

纳税人签字：

经办人签字：
经办人身份证件号码：
代理机构签章：
代理机构统一社会信用代码：

受理人：

受理税务机关（章）：

受理日期：　年　月　日

《个人所得税自行纳税申报表(A 表)》填表说明

一、适用范围

本表适用于居民个人取得应税所得,扣缴义务人未扣缴税款,非居民个人取得应税所得扣缴义务人未扣缴税款,非居民个人在中国境内从两处以上取得工资、薪金所得等情形在办理自行纳税申报时,向税务机关报送。

二、报送期限

(一)居民个人取得应税所得扣缴义务人未扣缴税款,应当在取得所得的次年 6 月 30 日前办理纳税申报。税务机关通知限期缴纳的,纳税人应当按照限期缴纳税款。

(二)非居民个人取得应税所得,扣缴义务人未扣缴税款的,应当在取得所得的次年 6 月 30 日前办理纳税申报。非居民个人在次年 6 月 30 日前离境(临时离境除外)的,应当在离境前办理纳税申报。

(三)非居民个人在中国境内从两处以上取得工资、薪金所得的,应当在取得所得的次月 15 日内办理纳税申报。

(四)其他需要纳税人办理自行申报的情形,按规定的申报期限办理。

三、本表各栏填写

(一)表头项目

1. 税款所属期:填写纳税人取得所得应纳个人所得税款的所属期间,填写具体的起止年月日。

2. 纳税人姓名:填写自然人纳税人姓名。

3. 纳税人识别号:有中国公民身份号码的,填写中华人民共和国居民身份证上载明的"公民身份号码";没有中国公民身份号码的,填写税务机关赋予的纳税人识别号。

(二)表内各栏

1. "自行申报情形":纳税人根据自身情况在对应框内打"√"。选择"其他"的,应当填写具体自行申报情形。

2. "是否为非居民个人":非居民个人选"是",居民个人选"否"。不填默认为"否"。

3. "非居民个人本年度境内居住天数":非居民个人根据合同、任职期限、预期工作时间等不同情况,填写"不超过 90 天"或者"超过 90 天不超过 183 天"。

4. 第 2 列"所得项目":按照个人所得税法第二条规定的项目填写。纳税人取得多项所得或者多次取得所得的,分行填写。

5. 第 3~5 列"收入额计算":包含"收入""费用""免税收入"。收入额＝第 3 列－第 4 列－第 5 列。

(1)第 3 列"收入":填写纳税人实际取得所得的收入总额。

(2)第 4 列"费用":取得劳务报酬所得、稿酬所得、特许权使用费所得时填写,取得其他各项所得时无须填写本列。非居民个人取得劳务报酬所得、稿酬所得、特许权使用费所得,费用按收入的 20％填写。

(3)第 5 列"免税收入":填写符合税法规定的免税收入金额。其中,税法规定"稿酬所得的收入额减按 70％计算",对减计的 30％部分,填入本列。

6. 第 6 列"减除费用":按税法规定的减除费用标准填写。

7. 第 7~10 列"专项扣除":分别填写按规定允许扣除的基本养老保险费、基本医疗保险费、失业保险费、住房公积金的金额。

8. 第 11~13 列"其他扣除":包含"财产原值""允许扣除的税费""其他",分别填写按照税法规定当月(次)允许扣除的金额。

(1)第 11 列"财产原值":纳税人取得财产转让所得时填写本栏。

(2)第 12 列"允许扣除的税费":填写按规定可以在税前扣除的税费。

① 纳税人取得劳务报酬所得时,填写劳务发生过程中实际缴纳的可依法扣除的税费。

② 纳税人取得特许权使用费所得时,填写提供特许权过程中发生的中介费和实际缴纳的可依法扣除的税费。

③ 纳税人取得财产租赁所得时,填写修缮费和出租财产过程中实际缴纳的可依法扣除的税费。

④ 纳税人取得财产转让所得时,填写转让财产过程中实际缴纳的可依法扣除的税费。

(3)第 13 列"其他":填写按规定其他可以在税前扣除的项目。

9. 第 14 列"减按计税比例":填写按规定实行应纳税所得额减计征收优惠的减计比例。无减计规定的,则不填,系统默认为 100％。如,某项税收政策实行减按 60％计入应纳税所得额,则本列填 60％。

10. 第 15 列"准予扣除的捐赠额":是指按照税法及相关法规、政策规定,可以在税前扣除的捐赠额。

11. 第 16 列"应纳税所得额":根据相关列次计算填报。

12. 第 17～18 列"税率""速算扣除数"：填写所得项目按规定适用的税率和速算扣除数。所得项目没有速算扣除数的，则不填。

13. 第 19 列"应纳税额"：根据相关列次计算填报。第 19 列＝第 16 列×第 17 列－第 18 列。

14. 第 20 列"减免税额"：填写符合税法规定的可以减免的税额，并附报《个人所得税减免税事项报告表》。

15. 第 21 列"已缴税额"：填写纳税人当期已实际缴纳或者被扣缴的个人所得税税款。

16. 第 22 列"应补/退税额"：根据相关列次计算填报。第 22 列＝第 19 列－第 20 列－第 21 列。

四、其他事项说明

以纸质方式报送本表的，应当一式两份，纳税人、税务机关各留存一份。

二、综合所得的汇算清缴

（一）需要汇算清缴的情形

汇算清缴是指居民个人自行汇总一个纳税年度内取得的综合所得，依法计算本年度应纳税额，减除已预缴税额，确定该纳税年度应补税额或者应退税额，在法定期限内向税务机关办理纳税申报并结清税款的行为。

1. 法定情形

取得综合所得需要办理汇算清缴的情形包括：

（1）从两处以上取得综合所得，且综合所得年收入额减除专项扣除的余额超过 6 万元。

（2）取得劳务报酬所得、稿酬所得、特许权使用费所得中一项或者多项所得，且综合所得年收入额减除专项扣除的余额超过 6 万元。

（3）纳税年度内预缴税额低于应纳税额。

（4）纳税人申请退税。

2. 具体情形

根据《国家税务总局关于办理 2019 年度个人所得税综合所得汇算清缴事项的公告》（国家税务总局公告 2019 年第 44 号）的规定，需要办理 2019 年度汇算的情形分为退税、补税两类。

（1）预缴税额高于应纳税额，需要申请退税的纳税人。依法申请退税是纳税人的权利，从充分保障纳税人权益的角度出发，只要纳税人因为平时扣除不足或未申报扣除等原因导致多预缴了税款，无论收入高低，无论退税额多少，纳税人都可以申请退税。实践中有一些比较典型的情形，将产生或者可能产生退税，主要情形梳理如下：

情形一：综合所得年收入额不足 6 万元，但平时预缴过个人所得税的。

【案例 14-14】 纳税人"前高后低"领取综合所得，由于各项扣除是按工作月份数累计扣除，导致前面缴税而全年需退税。如某纳税人 1 月领取工资 1 万元、个人缴付"三险一金"2 000 元，假设没有专项附加扣除，预缴个人所得税 90 元；其他月份每月工资 4 000 元，无须预缴个人所得税。从全年看，因纳税人年收入额不足 6 万元无须缴税，因此预缴的 90 元税款可申请退还。

同时，根据《国家税务总局关于进一步简便优化部分纳税人个人所得税预扣预缴方法的公告》（国家税务总局公告 2020 年第 19 号）规定，对上一完整纳税年度内每月均在同一单位预扣预缴工资、薪金所得个人所得税且全年工资、薪金收入不超过 6 万元的居民个人，扣缴义务人在预扣预缴本年度工资、薪金所得个人所得税时，累计减除费用自 1 月份起直接按照全年 6 万元计算扣除。即在纳税人累计收入不超过 6 万元的月份，暂不预扣预缴个人所得税；在其累计收入超过 6 万元的当月及年内后续月份，再预扣预缴个人所得税。

情形二：有符合享受条件的专项附加扣除，但预缴税款时没有申报扣除的。

【案例 14-15】　某纳税人每月工资 1 万元、个人缴付"三险一金"2 000 元，有两个上小学的孩子，按规定可以每月享受 2 000 元（全年 24 000 元）的子女教育专项附加扣除。但因其在预缴环节未填报，预缴个人所得税时未减除子女教育专项附加扣除，全年预缴个人所得税 1 080 元。纳税人在年度汇算时填报了相关信息后可补充扣除 24 000 元，扣除后全年应纳个人所得税 360 元，按规定其可申请退税 720 元。

情形三：因年中就业、退职或者部分月份没有收入等原因，减除费用 6 万元、"三险一金"等专项扣除、子女教育等专项附加扣除、企业（职业）年金以及商业健康保险、税收递延型养老保险等扣除不充分的。

【案例 14-16】　某纳税人于 2020 年 8 月底退休，退休前每月工资 1 万元、个人缴付"三险一金"2 000 元，退休后领取基本养老金。假设没有专项附加扣除，1～8 月预缴个人所得税 720 元；后 4 个月基本养老金按规定免征个人所得税。全年看，该纳税人仅扣除了 4 万元（8×5 000）减除费用，未充分扣除 6 万元减除费用。年度汇算足额扣除后，该纳税人可申请退税 600 元。

情形四：没有任职受雇单位，仅取得劳务报酬所得、稿酬所得、特许权使用费所得，需通过年度汇算清缴办理各项税前扣除的。

情形五：纳税人取得劳务报酬所得、稿酬所得、特许权使用费所得，年度中间适用的预扣率高于全年综合所得年适用税率的。

【案例 14-17】　某纳税人每月固定一处取得劳务报酬 1 万元，适用 20% 预扣率后预缴个人所得税 1 600 元（10 000×80%×20%），全年 19 200 元。综合全年情况，全年劳务报酬 12 万元，减除 6 万元费用（不考虑其他扣除）后所得额为 36 000 元（120 000×80%－60 000），适用 3% 的综合所得税率，全年应纳税款 1 080 元。故可申请退税 18 120 元。

情形六：预缴税款时，未申报享受或者未足额享受综合所得税收优惠的，如残疾人减征个人所得税优惠等。

注：残疾、孤老人员和烈属取得综合所得办理汇算清缴时，汇算清缴地与预扣预缴地规定不一致的，用预扣预缴地规定计算的减免税额与用汇算清缴地规定计算的减免税额相比较，按照孰高值确定减免税额。

情形七：有符合条件的公益慈善事业捐赠支出，但预缴税款时未办理扣除的等。

（2）预缴税额小于应纳税额，应当补税的纳税人。依法补税是纳税人的义务，从有利于纳税人的角度出发，国务院对 2019 年度汇算补税作出了例外性规定，即只有综合所得年收入超过 12 万元且年度汇算补税金额在 400 元以上的纳税人，才需要办理年度汇算并补税。有一些常见情形，将导致年度汇算时需要或可能需要补税，主要如下：

情形一：在两个以上单位任职受雇并领取工资、薪金，预缴税款时重复扣除了基本减除费用(5 000元/月)。

情形二:除工资、薪金所得外,纳税人还有劳务报酬所得、稿酬所得、特许权使用费所得,各项综合所得的收入加总后,导致适用综合所得年税率高于预扣率等。

(二)无需办理年度汇算的情形

根据《财政部 税务总局关于个人所得税综合所得汇算清缴涉及有关政策问题的公告》(财政部 税务总局公告2019年第94号)的有关规定,符合下列情形之一的,纳税人不需要办理年度汇算,具体情形如表14-11所示。

表14-11 不需要办理汇算清缴的情形统计表

类别	具 体 内 容
情形一	纳税人年度汇算需补税但年度综合所得收入不超过12万元的
情形二	纳税人年度汇算需补税金额不超过400元的
情形三	纳税人已预缴税额与年度应纳税额一致或者不申请年度汇算退税的

注意:

(1)居民个人取得综合所得时存在扣缴义务人未依法预扣预缴税款的情形除外。

(2)情形一、二的执行期限是2019年度和2020年度的综合所得年度汇算清缴期。

(三)纳税人如何确认是否需要汇算清缴

(1)扣缴单位:纳税人可以向扣缴单位提出要求,按照税法规定,单位有责任将已发放的收入和已预缴税款等情况于年度终了两个月内提供给纳税人。

(2)纳税人:纳税人可以通过手机个人所得税APP、电脑登录电子税务局网站,查询本人2019年度的收入和纳税申报记录。

(3)通过预填服务:根据《国家税务总局关于办理2020年度个人所得税综合所得汇算清缴事项的公告》(国家税务总局公告2021年第2号)规定,符合下列情形之一的,纳税人需要办理年度汇算:

① 已预缴税额大于年度应纳税额且申请退税的。

② 综合所得收入全年超过12万元且需要补税金额超过400元的。

税务机关将通过网上税务局(手机APP、网页端),根据一定规则提供申报表预填服务,如果纳税人对预填的结果没有异议,系统就会自动计算出应补或应退税款。

(四)汇算清缴流程

1. 一般流程

表14-12 不同方式下的汇算清缴办理流程统计表

类别	自己办	委托办	单位办
时间	(1)居民个人应当在取得综合所得的次年3月1日至6月30日内办理汇算清缴。 (2)如果是无住所的居民个人在法定的汇算清缴期限前离境的,可以在离境前办理汇算清缴。 (3)纳税人因移居境外注销中国户籍的,应当在注销户籍前办理税款清算,这里包含综合所得的汇算清缴。		

（续表）

类别	自己办	委托办	单位办
办理地点	（1）居民个人有任职受雇单位的，向其任职受雇单位所在地主管税务机关申报；有两处及以上任职受雇单位的，选择向其中一处单位所在地主管税务机关申报。 （2）居民个人没有任职受雇单位的，向其户籍所在地或者经常居住地主管税务机关申报。居民个人已在中国境内申领居住证的，以居住证登载的居住地地址为经常居住地；没有申领居住证的，以当前实际居住地址为经常居住地。		向扣缴义务人的主管税务机关申报。
办理渠道	WEB端、个人所得税APP、办税服务厅（局端）、邮寄。	WEB端、办税服务厅（局端）。	
资料留存	为减轻纳税人负担，明确了纳税人办理年度汇算，一般只需报送《个人所得税年度自行纳税申报表》。如果修改本人相关基础信息、新增享受扣除或者税收优惠，才需一并报送修改或新增的相关信息。纳税人需仔细核对填报的信息，确保真实、准确、完整。为便于后续服务和管理，纳税人及代办的扣缴义务人需将办理2019年度汇算的相关资料，自年度汇算期结束之日起留存5年（即2020年7月1日至2025年6月30日）。		
注意事项	居民个人不得同时选择多个扣缴义务人为其集中办理汇算清缴。	（1）受托人需与纳税人签订授权书。 （2）纳税人提供其2019年度取得的综合所得收入、相关扣除、享受税收优惠等信息资料，并对所提交信息的真实性、准确性、完整性负责。	（1）由扣缴义务人代为办理的，纳税人应在2020年4月30日前与扣缴义务人进行书面确认。 （2）补充提供其2019年度在本单位以外取得的综合所得收入、相关扣除、享受税收优惠等信息资料，并对所提交信息的真实性、准确性、完整性负责。
		扣缴义务人或者受托人为纳税人办理年度汇算后，应当及时将办理情况告知纳税人。纳税人如果发现申报信息存在错误，可以要求其办理更正申报，也可以自行办理更正申报。	

2. 简易申报与标准申报

表14-13 简易申报和标准申报比对表

类别	简易申报	标准申报
适用情形	综合所得收入额低于6万元，已预缴税款，需要申请退税	所有汇算清缴情形
时间	3月1日至5月31日	3月1日至6月30日
是否预填报	预填；确认已缴税额	纳税人自行选择是否预填
预填报口径	正常工资、薪金；劳务报酬；稿酬；特许权使用费	正常工资、薪金；连续性劳务报酬（保险营销员、证券经纪人）；特许权使用费

（五）汇算清缴税款计算

1. 收入与收入额

工资、薪金所得，是全部收入作为收入额，不做任何的扣减。劳务报酬所得、稿酬所得、特许权使用费所得是以收入减除20％的费用后的余额为收入额，其中，稿酬所得的收入额按70％计算。

2. 计算公式

依据税法规定，年度终了后，居民个人需要汇总上一年（1月1日至12月31日）取得的工资、薪金所得，劳务报酬所得，稿酬所得，特许权使用费所得等四项所得（即综合所得）的收入额，减除费用6万元以及专项扣除、专项附加扣除、依法确定的其他扣除和符合条件的公益慈善事业捐赠（即"捐赠"）后，适用综合所得个人所得税税率并减去速算扣除数，计算本年度最终应纳税额，再减去本年度属期已预缴税额，得出本年度应退或应补税额，向税务机关申报并办理退税或补税。

具体计算公式如下：

$$
\begin{aligned}
\text{年度汇算应退} \atop \text{或应补税额} = & \left[\left({\text{综合所得} \atop \text{收入额}} - 60\,000\text{元} - {\text{"三险一金"} \atop \text{等专项扣除}} - {\text{子女教育等} \atop \text{专项附加扣除}} - {\text{依法确定的} \atop \text{其他扣除}} - \text{捐赠} \right) \right. \\
& \left. \times {\text{适用} \atop \text{税率}} - {\text{速算} \atop \text{扣除数}} \right] - {\text{年度已预} \atop \text{缴税额}}
\end{aligned}
$$

年度汇算的范围和内容，仅指此次个人所得税改革纳入综合所得范围的工资、薪金所得，劳务报酬所得，稿酬所得，特许权使用费所得等四项所得；经营所得，利息、股息、红利所得，财产租赁所得，财产转让所得和偶然所得，依法均不纳入综合所得计税。

根据《财政部　税务总局关于个人所得税法修改后有关优惠政策衔接问题的通知》（财税〔2018〕164号）的规定，纳税人取得的可以不并入综合所得计算纳税的收入，也不在年度汇算范围内，如选择单独计税的全年一次性奖金，解除劳动关系、提前退休、内部退养取得的一次性补偿收入，等等。需要补充说明的是，纳税人若在2020年取得全年一次性奖金时已选择单独计算纳税的，年度汇算时也可选择并入综合所得计算纳税。

（六）年度汇算的退税（补）税

纳税人申请年度汇算退税，应当提供其在中国境内开设的符合条件的银行账户。税务机关按规定审核后，按照国库管理有关规定，确定的接受年度汇算申报的税务机关所在地（即汇算清缴地）就地办理税款退库。纳税人未提供本人有效银行账户，或者提供的信息资料有误的，税务机关将通知纳税人更正，纳税人按要求更正后依法办理退税。

为方便纳税人获取退税，纳税人2020年度综合所得收入额不超过6万元且已预缴个人所得税的，税务机关在网上税务局（包括手机个人所得税APP）提前推送服务提示、预填简易申报表，纳税人可以在2021年3月1日至5月31日确认已预缴税额、填写本人银行账户信息，即可通过网络实现快捷退税。

纳税人办理年度汇算补税的，可以通过网上银行、办税服务厅POS机刷卡、银行柜台、非银行支付机构等方式缴纳。

注意：

建议填报银行柜面开立的银行卡，以及Ⅰ类卡为优。

(七) 捐赠在汇算清缴时的扣除

居民个人发生的公益捐赠支出,可以选择在分类所得(财产租赁所得,财产转让所得,利息、股息、红利所得,偶然所得)、综合所得或经营所得中扣除。当期在一个项目所得中扣除不完的公益捐赠支出,可以在其他项目所得中继续扣除。已经扣除的公益捐赠支出,不得再调整到其他所得中扣除。

居民个人发生的公益捐赠支出,未超过其申报的综合所得应纳税所得额30%的部分,可以从其应纳税所得额中扣除,具体规定如下:

(1) 在工资、薪金所得中扣除公益捐赠支出的,可以在预缴税款时扣除,也可以在办理年度综合所得汇算清缴申报时扣除;在劳务报酬所得、稿酬所得、特许权使用费所得中扣除公益捐赠的,应在办理年度综合所得汇算清缴申报时扣除。

(2) 在工资、薪金所得预缴税款时扣除公益捐赠支出的,应当根据居民个人在本单位截至当前月份工资、薪金所得累计应纳税所得额计算公益捐赠的扣除限额。居民个人从多处取得工资、薪金所得的,应当选择一处在预缴税款时扣除公益捐赠支出,选择后当年度不能变更。

(3) 居民个人取得全年一次性奖金、股权激励等所得,如果按规定采取不并入综合所得单独计税方式的,应按照在分类所得扣除公益捐赠支出的规定处理。

(八) 不进行汇算清缴的责任

如果有应该缴纳的税款,但又没有进行汇算清缴的,按如下情形分别处理:

(1) 属于"补税金额较低"的,免除汇算清缴义务,没有责任。根据《财政部 税务总局关于个人所得税综合所得汇算清缴涉及有关政策问题的公告》(财政部 税务总局公告2019年第94号)的规定,已依法预缴个人所得税的居民个人取得的综合所得,年度综合所得收入不超过12万元且需要汇算清缴补税的,或者年度汇算清缴补税金额不超过400元的,居民个人可免于办理个人所得税综合所得汇算清缴。居民个人取得综合所得时存在扣缴义务人未依法预扣预缴税款的情形除外。

(2) 属于未按照规定的期限办理纳税申报,按征管法规定,税务机关责令限期改正,可以处2 000元以下的罚款;情节严重的,可以处2 000元以上10 000元以下的罚款。

(3) 存在故意偷逃税的,应按规定补缴税款、滞纳金,并按规定处以相应的罚款。对于个人来说,还会影响个人征信。

对于存在偷税、骗税、冒用他人身份信息等失信行为的当事人,税务部门会将其列入重点关注对象,采取约束和惩戒措施;情节严重的,税务部门会将其列为严重失信当事人,实施联合惩戒。具体内容见《国家发展改革委办公厅 国家税务总局办公厅关于加强个人所得税纳税信用建设的通知》(发改办财金规〔2019〕860号)。

(九) 纳税人及扣缴义务人的责任

新个人所得税法第十九条规定,纳税人、扣缴义务人和税务机关及其工作人员违反本法规定的,依照《税收征收管理法》和有关法律法规的规定追究法律责任。

新个人所得税法实施条例第三十条第三款规定,纳税人、扣缴义务人应当按照规定保存与专项附加扣除相关的资料。税务机关可以对纳税人提供的专项附加扣除信息进行抽查,具体办法由国务院税务主管部门另行规定。税务机关发现纳税人提供虚假信息的,应当责令改正并通知扣缴义务人;情节严重的,有关部门应当依法予以处理,纳入信用信息系统并实施联合惩戒。

《国家税务总局关于发布〈个人所得税专项附加扣除操作办法(试行)〉的公告》(国家税务总局公告 2018 年第 60 号)第二十九条规定,纳税人有下列情形之一的,主管税务机关应当责令其改正;情形严重的,应当纳入有关信用信息系统,并按照国家有关规定实施联合惩戒;涉及违反税收征管法等法律法规的,税务机关依法进行处理:

(1) 报送虚假专项附加扣除信息。

(2) 重复享受专项附加扣除。

(3) 超范围或标准享受专项附加扣除。

(4) 拒不提供留存备查资料。

(5) 税务总局规定的其他情形。

纳税人在任职、受雇单位报送虚假扣除信息的,税务机关责令改正的同时,通知扣缴义务人。

【案例 14-18】 居民个人王先生在 A 市某公司任职,2020 年取得工资、薪金扣除专项扣除后为 9 万元,另取得 B 市某公司劳务报酬 2 万元(已预扣预缴个人所得税)。请问王先生 2021 年应如何进行个人所得税的汇算清缴?

解析:(1)自行汇算清缴:

时间:2021 年 3 月 1 日至 2021 年 6 月 30 日。

地点:任职受雇单位所在地主管税务机关 A 市税务局。

方式:网络申报、邮寄申报、办税服务厅申报。

(2)委托汇算清缴:

时间:2021 年 4 月 30 日前与单位财务确认委托汇算清缴事宜,扣缴义务人应在 2021 年 3 月 1 日至 2021 年 6 月 30 日办理。

地点:任职受雇单位所在地主管税务机关 A 市税务局。

【案例 14-19】 接[案例 14-17],假设王先生是非中国籍华人,2020 年中国大陆居住 200 天,2021 年 2 月打算离开大陆,2021 年不再入境。应如何进行汇算清缴?

解析:(1)王先生 2020 年的综合所得应在离境前进行汇算清缴,汇算地点为任职单位所在地税务机关。可自行办理或委托扣缴义务人办理。

(2)2021 年 1~2 月所得,由于 2021 年王先生居住时长不满 183 天,为非居民,无需进行汇算清缴,但应该结清税款。

【案例 14-20】 某公司职员李某,2019 年 12 月入职某公司,2020 年 1 月,李某儿子满 4 周岁但未上幼儿园(夫妻决定由李某全额扣除),李某由于家庭原因在 9 月离职,李某的单位从 1 月起统一帮员工办理专项附加扣除。2020 年李某收入、支出情况如下:

(1)2020 年每月实际取得工资 15 000 元。其中,个人缴纳"三险一金"1 500 元每月(未超标准),10 月起公司停发工资;2 月领取 2019 年年终奖 36 000 元,年度计税时选择单独计税。

(2)从某出版社取得稿酬收入 100 000 元。

要求:请根据以上资料,回答下列问题:

（1）计算李某1～3月工资所得应预扣预缴的个人所得税，一次性奖金应扣缴的个人所得税。

（2）稿酬收入出版社应代扣代缴个人所得税。

（3）计算李某2021年汇算清缴补退税情况。

解析：（1）工资、薪金所得。

1月需要预扣预缴的税款＝（15 000－5 000－1 500－1 000）×3％＝225（元）；

2月需要预扣预缴的税款＝（15 000×2－5 000×2－1 500×2－1 000×2）×3％－225＝225（元）；

3月需要预扣预缴的税款＝（15 000×3－5 000×3－1 500×3－1 000×3）×3％－225－225＝225（元）。

一次性奖金应纳个人所得税＝36 000×3％＝1 080元（36 000元除以12得3 000元，对应税率3％，速算扣除数0元）

全年应纳税所得额＝100 000×（1－20％）×70％＝56 000（元），适用20％税率。

（2）稿酬所得。

100 000×（1－20％）×70％×20％＝11 200（元）。

（3）汇算清缴：

李某全年综合所得收入额：15 000×9＋100 000×（1－20％）×70％＝191 000（元）；

全年综合所得应纳税所得额＝191 000－60 000－1 500×9－1 000×12＝105 500（元）；

年应纳税额：105 500×10％－2 520＝8 030（元）；

年工资已预缴税款：（15 000×9－5 000×9－1 500×9－1 000×9）×10％－2 520＝4 230（元）；

年综合所得已预缴税款：11 200＋4 230＝15 430（元）；

全年应退税款＝15 430－8 030＝7 400（元）。

（十）申报流程及申报表的填报

相关申报表如表14-14至表14-19所示。

表14-14 综合所得及分类所得（不含经营所得）自行申报需要填写表单统计表

序号	类　别	适用范围
1	个人所得税基础信息表（B表）	适用于自然人（居民个人和非民个人）。纳税人初次向税务机关办理相关涉税事宜，及以后信息发生变化时，及时报送或随纳税申报时填报本表。
2	个人所得税自行纳税申报表（A表）	除境外所得、经营所得、综合所得汇算清缴外，其他需要自行申报的情形填报本表。具体包括：没有扣缴义务人、扣缴义务人没有扣缴税款、"离境清税"、非居民个人两处以上取得工资、薪金的。
3	个人所得税年度自行纳税申报表（A表）（简易版）（问答版）	居民个人取得境内综合所得需要汇算清缴的，需要填报本表。
4	个人所得税年度自行纳税申报表（B表）	居民个人取得境外所得，按照税法规定办理取得境外所得个人所得税自行申报。申报本表时应当一并附报《境外所得个人所得税抵免明细表》。

自行申报与汇算清缴的相关内容梳理如图 14-2 所示。

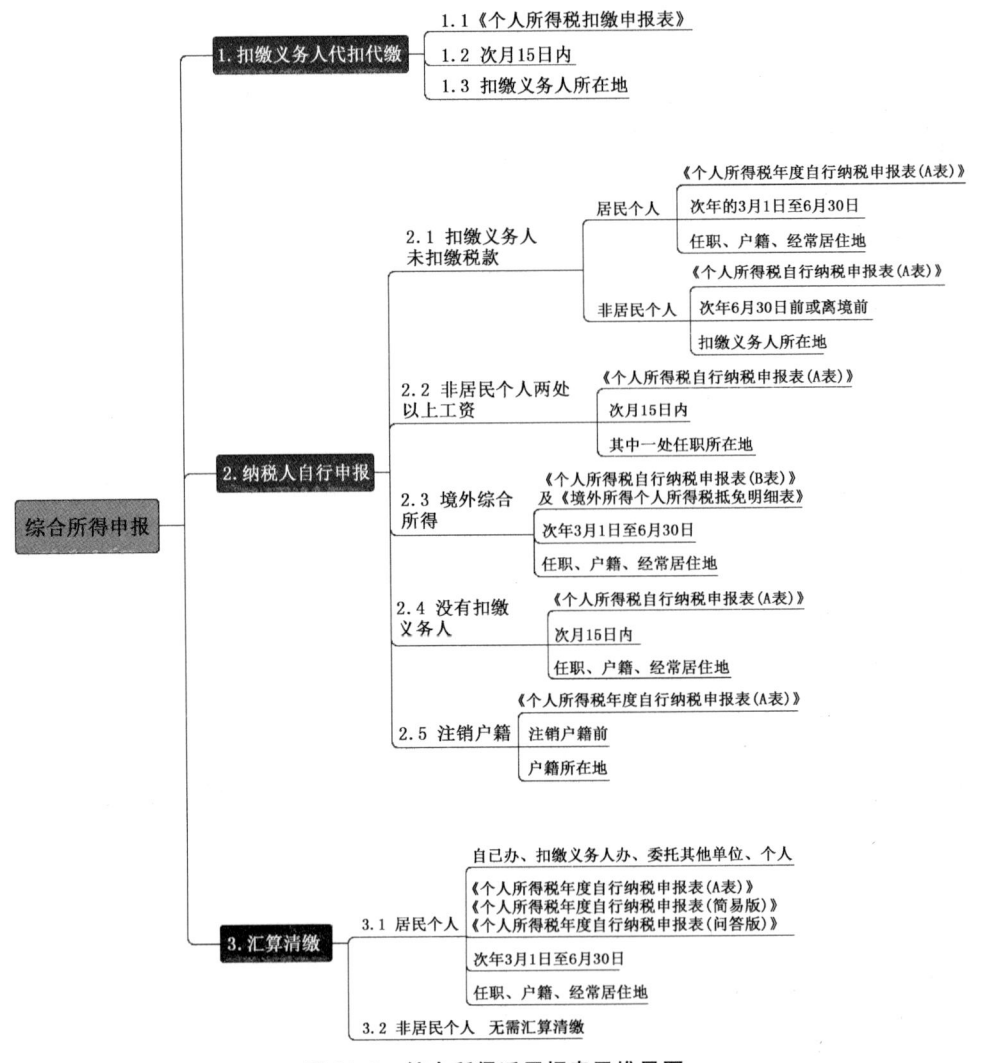

图 14-2　综合所得适用报表思维导图

表 14-15　个人所得税年度自行纳税申报表(A 表)

(仅取得境内综合所得年度汇算适用)

税款所属期：　　　年　　月　　日至　　　年　　月　　日

纳税人姓名：

纳税人识别号：□□□□□□□□□□□□□□□□□-□□　　金额单位：人民币元(列至角分)

基 本 情 况					
手机号码		电子邮箱		邮政编码	□□□□□□
联系地址	____省(区、市)____市____区(县)____街道(乡、镇)____				
纳税地点(单选)					
1. 有任职受雇单位的,需选本项并填写"任职受雇单位信息"：			□任职受雇单位所在地		

（续表）

	名称			
任职受雇单位信息	纳税人识别号	□□□□□□□□□□□□□□□□□□		

2. 没有任职受雇单位的,可以从本栏次选择一地: □户籍所在地 □经常居住地

户籍所在地/经常居住地 _____省(区、市)_____市_____区(县)_____街道(乡、镇)_____

申报类型(单选)		
□首次申报		□更正申报

综合所得个人所得税计算

项目	行次	金额
一、收入合计(第1行＝第2行＋第3行＋第4行＋第5行)	1	
（一）工资、薪金	2	
（二）劳务报酬	3	
（三）稿酬	4	
（四）特许权使用费	5	
二、费用合计〔第6行＝(第3行＋第4行＋第5行)×20％〕	6	
三、免税收入合计(第7行＝第8行＋第9行)	7	
（一）稿酬所得免税部分〔第8行＝第4行×(1－20％)×30％〕	8	
（二）其他免税收入(附报《个人所得税减免税事项报告表》)	9	
四、减除费用	10	
五、专项扣除合计(第11行＝第12行＋第13行＋第14行＋第15行)	11	
（一）基本养老保险费	12	
（二）基本医疗保险费	13	
（三）失业保险费	14	
（四）住房公积金	15	
六、专项附加扣除合计(附报《个人所得税专项附加扣除信息表》) (第16行＝第17行＋第18行＋第19行＋第20行＋第21行＋第22行)	16	
（一）子女教育	17	
（二）继续教育	18	
（三）大病医疗	19	
（四）住房贷款利息	20	
（五）住房租金	21	
（六）赡养老人	22	
七、其他扣除合计(第23行＝第24行＋第25行＋第26行＋第27行＋第28行)	23	
（一）年金	24	

（续表）

项目	行次	金额
（二）商业健康保险（附报《商业健康保险税前扣除情况明细表》）	25	
（三）税延养老保险（附报《个人税收递延型商业养老保险税前扣除情况明细表》）	26	
（四）允许扣除的税费	27	
（五）其他	28	
八、准予扣除的捐赠额（附报《个人所得税公益慈善事业捐赠扣除明细表》）	29	
九、应纳税所得额 （第30行＝第1行－第6行－第7行－第10行－第11行－第16行－第23行－第29行）	30	
十、税率（%）	31	
十一、速算扣除数	32	
十二、应纳税额（第33行＝第30行×第31行－第32行）	33	
全年一次性奖金个人所得税计算 （无住所居民个人预判为非居民个人取得的数月奖金，选择按全年一次性奖金计税的填写本部分）		
一、全年一次性奖金收入	34	
二、准予扣除的捐赠额（附报《个人所得税公益慈善事业捐赠扣除明细表》）	35	
三、税率（%）	36	
四、速算扣除数	37	
五、应纳税额［第38行＝（第34行－第35行）×第36行－第37行］	38	
税额调整		
一、综合所得收入调整额（需在"备注"栏说明调整具体原因、计算方式等）	39	
二、应纳税额调整额	40	
应补/退个人所得税计算		
一、应纳税额合计（第41行＝第33行＋第38行＋第40行）	41	
二、减免税额（附报《个人所得税减免税事项报告表》）	42	
三、已缴税额	43	
四、应补/退税额（第44行＝第41行－第42行－第43行）	44	

无住所个人附报信息			
纳税年度内在中国境内居住天数		已在中国境内居住年数	

退税申请
（应补/退税额小于0的填写本部分）

□申请退税（需填写"开户银行名称""开户银行省份""银行账号"）		□放弃退税	
开户银行名称		开户银行省份	

（续表）

银行账号	
备　注	

　　谨声明：本表是根据国家税收法律法规及相关规定填报的，本人对填报内容（附带资料）的真实性、可靠性、完整性负责。

纳税人签字：　　年　月　日

经办人签字： 经办人身份证件类型： 经办人身份证件号码： 代理机构签章： 代理机构统一社会信用代码：	受理人： 受理税务机关（章）： 受理日期：　　年　月　日

《个人所得税年度自行纳税申报表》（A表）填表说明

（仅取得境内综合所得年度汇算适用）

一、适用范围

本表适用于居民个人纳税年度内仅从中国境内取得工资、薪金所得，劳务报酬所得，稿酬所得，特许权使用费所得（以下称"综合所得"），按照税法规定进行个人所得税综合所得汇算清缴。居民个人纳税年度内取得境外所得的，不适用本表。

二、报送期限

居民个人取得综合所得需要办理汇算清缴的，应当在取得所得的次年3月1日至6月30日内，向主管税务机关办理个人所得税综合所得汇算清缴申报，并报送本表。

三、本表各栏填写

（一）表头项目

1.税款所属期：填写居民个人取得综合所得当年的第1日至最后1日。如：2019年1月1日至2019年12月31日。

2.纳税人姓名：填写居民个人姓名。

3.纳税人识别号：有中国公民身份号码的，填写中华人民共和国居民身份证上载明的"公民身份号码"；没有中国公民身份号码的，填写税务机关赋予的纳税人识别号。

（二）基本情况

1.手机号码：填写居民个人中国境内的有效手机号码。

2.电子邮箱：填写居民个人有效电子邮箱地址。

3. 联系地址：填写居民个人能够接收信件的有效地址。

4. 邮政编码：填写居民个人"联系地址"对应的邮政编码。

（三）纳税地点

居民个人根据任职受雇情况，在选项 1 和选项 2 之间选择其一，并填写相应信息。若居民个人逾期办理汇算清缴申报被指定主管税务机关的，无需填写本部分。

1. 任职受雇单位信息：勾选"任职受雇单位所在地"并填写相关信息。

（1）名称：填写任职受雇单位的法定名称全称。

（2）纳税人识别号：填写任职受雇单位的纳税人识别号或者统一社会信用代码。

2. 户籍所在地/经常居住地：勾选"户籍所在地"的，填写居民户口簿中登记的住址。勾选"经常居住地"的，填写居民个人申领居住证上登载的居住地址；没有申领居住证的，填写居民个人实际居住地；实际居住地不在中国境内的，填写支付或者实际负担综合所得的境内单位或个人所在地。

（四）申报类型

未曾办理过年度汇算申报，勾选"首次申报"；已办理过年度汇算申报，但有误需要更正的，勾选"更正申报"。

（五）综合所得个人所得税计算

1. 第 1 行"收入合计"：填写居民个人取得的综合所得收入合计金额。

第 1 行＝第 2 行＋第 3 行＋第 4 行＋第 5 行。

2. 第 2～5 行"工资、薪金""劳务报酬""稿酬""特许权使用费"：填写居民个人取得的需要并入综合所得计税的"工资、薪金""劳务报酬""稿酬""特许权使用费"所得收入金额。

3. 第 6 行"费用合计"：根据相关行次计算填报。

第 6 行＝（第 3 行＋第 4 行＋第 5 行）×20%。

4. 第 7 行"免税收入合计"：填写居民个人取得的符合税法规定的免税收入合计金额。

第 7 行＝第 8 行＋第 9 行。

5. 第 8 行"稿酬所得免税部分"：根据相关行次计算填报。

第 8 行＝第 4 行×（1－20%）×30%。

6. 第 9 行"其他免税收入"：填写居民个人取得的除第 8 行以外的符合税法规定的免税收入合计，并按规定附报《个人所得税减免税事项报告表》。

7. 第 10 行"减除费用"：填写税法规定的减除费用。

8. 第 11 行"专项扣除合计"：根据相关行次计算填报。

第 11 行＝第 12 行＋第 13 行＋第 14 行＋第 15 行。

9. 第 12～15 行"基本养老保险费""基本医疗保险费""失业保险费""住房公积金"：填写居民个人按规定可以在税前扣除的基本养老保险费、基本医疗保险费、失业保险费、住房公积金金额。

10. 第 16 行"专项附加扣除合计"：根据相关行次计算填报，并按规定附报《个人所得税专项附加扣除信息表》。

第 16 行＝第 17 行＋第 18 行＋第 19 行＋第 20 行＋第 21 行＋第 22 行。

11. 第 17～22 行"子女教育""继续教育""大病医疗""住房贷款利息""住房租金""赡养老人"：填写居民个人按规定可以在税前扣除的子女教育、继续教育、大病医疗、住房贷款利息、住房租金、赡养老人等专项附加扣除的金额。

12. 第 23 行"其他扣除合计"：根据相关行次计算填报。

第 23 行＝第 24 行＋第 25 行＋第 26 行＋第 27 行＋第 28 行。

13. 第 24～28 行"年金""商业健康保险""税延养老保险""允许扣除的税费""其他"：填写居民个人按规定可在税前扣除的年金、商业健康保险、税延养老保险、允许扣除的税费和其他扣除项目的金额。其中，填写商业健康保险的，应当按规定附报《商业健康保险税前扣除情况明细表》；填写税延养老保险的，应当按规定附报《个人税收递延型商业养老保险税前扣除情况明细表》。

14. 第29行"准予扣除的捐赠额"：填写居民个人按规定准予在税前扣除的公益慈善事业捐赠金额，并按规定附报《个人所得税公益慈善事业捐赠扣除明细表》。

15. 第30行"应纳税所得额"：根据相关行次计算填报。

第30行＝第1行－第6行－第7行－第10行－第11行－第16行－第23行－第29行。

16. 第31、32行"税率""速算扣除数"：填写按规定适用的税率和速算扣除数。

17. 第33行"应纳税额"：按照相关行次计算填报。

第33行＝第30行×第31行－第32行。

（六）全年一次性奖金个人所得税计算

无住所居民个人预缴时因预判为非居民个人而按取得数月奖金计算缴税的，汇缴时可以根据自身情况，将一笔数月奖金按照全年一次性奖金单独计算。

1. 第34行"全年一次性奖金收入"：填写无住所的居民个人纳税年度内预判为非居民个人时取得的一笔数月奖金收入金额。

2. 第35行"准予扣除的捐赠额"：填写无住所的居民个人按规定准予在税前扣除的公益慈善事业捐赠金额，并按规定附报《个人所得税公益慈善事业捐赠扣除明细表》。

3. 第36、37行"税率""速算扣除数"：填写按照全年一次性奖金政策规定适用的税率和速算扣除数。

4. 第38行"应纳税额"：按照相关行次计算填报。

第38行＝（第34行－第35行）×第36行－第37行。

（七）税额调整

1. 第39行"综合所得收入调整额"：填写居民个人按照税法规定可以办理的除第39行之前所填报内容之外的其他可以进行调整的综合所得收入的调整金额，并在"备注"栏说明调整的具体原因、计算方式等信息。

2. 第40行"应纳税额调整额"：填写居民个人按照税法规定调整综合所得收入后所应调整的应纳税额。

（八）应补/退个人所得税计算

1. 第41行"应纳税额合计"：根据相关行次计算填报。

第41行＝第33行＋第38行＋第40行。

2. 第42行"减免税额"：填写符合税法规定的可以减免的税额，并按规定附报《个人所得税减免税事项报告表》。

3. 第43行"已缴税额"：填写居民个人取得在本表中已填报的收入对应的已经缴纳或者被扣缴的个人所得税。

4. 第44行"应补/退税额"：根据相关行次计算填报。

第44行＝第41行－第42行－第43行。

（九）无住所个人附报信息

本部分由无住所居民个人填写。不是，则不填。

1. 纳税年度内在中国境内居住天数：填写纳税年度内，无住所居民个人在中国境内居住的天数。

2. 已在中国境内居住年数：填写无住所居民个人已在中国境内连续居住的年份数。其中，年份数自2019年（含）开始计算且不包含本纳税年度。

（十）退税申请

本部分由应补/退税额小于0且勾选"申请退税"的居民个人填写。

1."开户银行名称"：填写居民个人在中国境内开立银行账户的银行名称。

2."开户银行省份"：填写居民个人在中国境内开立的银行账户的开户银行所在省、自治区、直辖市或者计划单列市。

    3."银行账号"：填写居民个人在中国境内开立的银行账户的银行账号。

（十一）备注

填写居民个人认为需要特别说明的或者按照有关规定需要说明的事项。

四、其他事项说明

以纸质方式报送本表的，建议通过计算机填写打印，一式两份，纳税人、税务机关各留存一份。

表 14-16　个人所得税年度自行纳税申报表(简易版)

（纳税年度：20＿＿＿）

    一、填表须知

填写本表前，请仔细阅读以下内容：   1. 如果您年综合所得收入额不超过 6 万元且在纳税年度内未取得境外所得的，可以填写本表。   2. 您可以在纳税年度的次年 3 月 1 日至 5 月 31 日使用本表办理汇算清缴申报，并在该期限内申请退税。   3. 建议您下载并登录个人所得税 APP，或者直接登录税务机关官方网站在线办理汇算清缴申报，体验更加便捷的申报方式。   4. 如果您对于申报填写的内容有疑问，您可以参考相关办税指引，咨询您的扣缴单位、专业人士，或者拨打 12366 纳税服务热线。   5. 以纸质方式报送本表的，建议通过计算机填写打印，一式两份，纳税人、税务机关各留存一份。

    二、个人基本情况

1. 姓名	
2. 公民身份号码/纳税人识别号	□□□□□□□□□□□□□□□□□-□□（无校验码不填后两位）
说明：有中国公民身份号码的，填写中华人民共和国居民身份证上载明的"公民身份号码"；没有中国公民身份号码的，填写税务机关赋予的纳税人识别号。	
3. 手机号码	□□□□□□□□□□□
提示：中国境内有效手机号码，请准确填写，以方便与您联系。	
4. 电子邮箱	
5. 联系地址	＿＿＿＿省（区、市）＿＿＿＿市＿＿＿＿区（县）＿＿＿＿街道（乡、镇）＿＿＿＿
提示：能够接收信件的有效通讯地址。	
6. 邮政编码	□□□□□□

    三、纳税地点（单选）

1. 有任职受雇单位的，需选本项并填写"任职受雇单位信息"：		□ 任职受雇单位所在地
任职受雇单位信息	名称	
	纳税人识别号	□□□□□□□□□□□□□□□□□□

(续表)

2.没有任职受雇单位的,可以从本栏次选择一地:	□户籍所在地 □经常居住地
户籍所在地/经常居住地	_____省(区、市)_____市_____区(县)_____街道(乡、镇)_____

四、申报类型

请您选择本次申报类型,未曾办理过年度汇算申报,勾选"首次申报";已办理过年度汇算申报,但有误需要更正的,勾选"更正申报":

□首次申报　　　　　□更正申报

五、纳税情况

已缴税额	□□,□□□.□□(元)
纳税年度内取得综合所得时,扣缴义务人预扣预缴以及个人自行申报缴纳的个人所得税。	

六、退税申请

1.是否申请退税?	□申请退税【选择此项的,填写个人账户信息】 □放弃退税
2.个人账户信息	开户银行名称:_____开户银行省份:_____ 银行账号:_____
说明:开户银行名称填写居民个人在中国境内开立银行账户的银行名称。	

七、备注

如果您有需要特别说明或者税务机关要求说明的事项,请在本栏填写:

八、承诺及申报受理

谨声明:
1. 本人纳税年度内取得的综合所得收入额合计不超过6万元。
2. 本表是根据国家税收法律法规及相关规定填报的,本人对填报内容(附带资料)的真实性、可靠性、完整性负责。

纳税人签名:　　　年　月　日

经办人签字: 经办人身份证件类型: 经办人身份证件号码: 代理机构签章: 代理机构统一社会信用代码:	受理人: 受理税务机关(章): 受理日期:　　年　　月　　日

表 14-17 个人所得税年度自行纳税申报表（问答版）

（纳税年度：20＿＿＿）

一、填表须知

填写本表前，请仔细阅读以下内容：

1. 如果您需要办理个人所得税综合所得汇算清缴，并且未在纳税年度内取得境外所得的，可以填写本表；
2. 您需要在纳税年度的次年 3 月 1 日至 6 月 30 日办理汇算清缴申报，并在该期限内补缴税款或者申请退税；
3. 建议您下载并登录个人所得税 APP，或者直接登录税务机关官方网站在线办理汇算清缴申报，体验更加便捷的申报方式；
4. 如果您对于申报填写的内容有疑问，您可以参考相关办税指引，咨询您的扣缴单位、专业人士，或者拨打 12366 纳税服务热线。
5. 以纸质方式报送本表的，建议通过计算机填写打印，一式两份，纳税人、税务机关各留存一份。

二、基本情况

1. 姓　　名	
2. 公民身份号码/纳税人识别号	□□□□□□□□□□□□□□□□□-□□（无校验码不填后两位）
说明：有中国公民身份号码的，填写中华人民共和国居民身份证上载明的"公民身份号码"；没有中国公民身份号码的，填写税务机关赋予的纳税人识别号。	
3. 手机号码	□□□□□□□□□□□
提示：中国境内有效手机号码，请准确填写，以方便与您联系。	
4. 电子邮箱	
5. 联系地址	＿＿＿＿＿省（区、市）＿＿＿＿市＿＿＿＿区（县）＿＿＿＿街道（乡、镇）
提示：能够接收信件的有效通讯地址。	
6. 邮政编码	□□□□□□

三、纳税地点

7. 您是否有任职受雇单位，并取得工资薪金？（单选）
□有任职受雇单位（需要回答问题 8）　　　　□没有任职受雇单位（需要回答问题 9）

8. 如果您有任职受雇单位，您可以选择一处任职受雇单位所在地办理汇算清缴，请提供该任职受雇单位的具体情况：
任职受雇单位名称（全称）：＿＿＿＿＿＿＿＿＿＿＿＿＿＿＿＿＿＿＿＿＿＿＿＿＿＿＿
任职受雇单位纳税人识别号：□□□□□□□□□□□□□□□□□□□

9. 如果您没有任职受雇单位，您可以选择在以下地点办理汇算清缴：（单选）
□户籍所在地　　　　　　　　　　□经常居住地
具体地址：＿＿＿＿省（区、市）＿＿＿＿市＿＿＿＿区（县）＿＿＿＿街道（乡、镇）＿＿＿＿
说明：1. 户籍所在地是指居民户口簿中登记的地址。
　　　2. 经常居住地是指居民个人申领居住证上登载的居住地址，若没有申领居住证，指居民个人当前实际居住的地址；若居民个人不在中国境内的，指支付或者实际负担综合所得的境内单位或个人所在地。

四、申报类型

10. 未曾办理过年度汇算申报,勾选"首次申报";已办理过年度汇算申报,但有误需要更正的,勾选"更正申报":

□首次申报　　　　　　　　　　□更正申报

五、收入-A(工资薪金)

11. 您在纳税年度内取得的工资薪金收入有多少?

(A1) 工资薪金收入(包括并入综合所得计算的全年一次性奖金):□□,□□□,□□□,□□□.□□(元)

□无此类收入

说明:

(1) 工资薪金是指,个人因任职或者受雇,取得的工资薪金收入。包括工资、薪金、奖金、年终加薪、劳动分红、津贴、补贴以及与任职或者受雇有关的其他收入。全年一次性奖金是指,行政机关、企事业单位等扣缴义务人根据其全年经济效益和对雇员全年工作业绩的综合考核情况,向雇员发放的一次性奖金。包括年终加薪、实行年薪制和绩效工资办法的单位根据考核情况兑现的年薪和绩效工资。

(2) 全年一次性奖金可以单独计税,也可以并入综合所得计算。具体方法请查阅财税〔2018〕164号文件规定。选择何种方式计税对您更为有利,可以咨询专业人士。

(3) 工资薪金收入不包括单独计税的全年一次性奖金。

六、收入-A(劳务报酬)

12. 您在纳税年度内取得的劳务报酬收入有多少?

(A2) 劳务报酬收入:□□,□□□,□□□,□□□.□□(元)　　　　　□无此类收入

说明:劳务报酬收入是指,个人从事设计、装潢、安装、制图、化验、测试、医疗、法律、会计、咨询、讲学、翻译、审稿、书画、雕刻、影视、录音、录像、演出、表演、广告、展览、技术服务、介绍服务、经纪服务、代办服务以及其他劳务取得的收入。

七、收入-A(稿酬)

13. 您在纳税年度内取得的稿酬收入有多少?

(A3) 稿酬收入:□□,□□□,□□□,□□□.□□(元)　　　　　　□无此类收入

说明:稿酬收入是指,个人作品以图书、报刊等形式出版、发表而取得的收入。

八、收入-A(特许权使用费)

14. 您在纳税年度内取得的特许权使用费收入有多少?

(A4) 特许权使用费收入:□□,□□□,□□□,□□□.□□(元)　　　　　□无此类收入

说明:特许权使用费收入是指,个人提供专利权、商标权、著作权、非专利技术以及其他特许权的使用权取得的收入。

九、免税收入-B

15. 您在纳税年度内取得的综合所得收入中,免税收入有多少?(需附报《个人所得税减免税事项报告表》)

(B1) 免税收入:□□,□□□,□□□,□□□.□□(元)　　　　　　□无此类收入

提示:免税收入是指按照税法规定免征个人所得税的收入。其中,税法规定"稿酬所得的收入额减按70%计算",对稿酬所得的收入额减计30%的部分无需填入本项,将在后续计算中扣减该部分。

十、专项扣除－C

16. 您在纳税年度内个人负担的,按规定可以在税前扣除的基本养老保险费、基本医疗保险费、失业保险费、住房公积金是多少?

(C1) 基本养老保险费:□□□,□□□.□□(元)   □无此类扣除

(C2) 基本医疗保险费:□□□,□□□.□□(元)   □无此类扣除

(C3) 失业保险费:□□□,□□□.□□(元)   □无此类扣除

(C4) 住房公积金:□□□,□□□.□□(元)   □无此类扣除

说明:个人实际负担的三险一金可以扣除。

十一、专项附加扣除－D

17. 您在纳税年度内可以扣除的子女教育支出是多少?(需附报《个人所得税专项附加扣除信息表》)

(D1) 子女教育:□□□,□□□.□□(元)   □无此类扣除

说明:

子女教育支出可扣除金额(D1)=每一子女可扣除金额合计;

每一子女可扣除金额=纳税年度内符合条件的扣除月份数×1 000 元×扣除比例。

纳税年度内符合条件的扣除月份数包括子女年满 3 周岁当月起至受教育前一月、实际受教育月份以及寒暑假休假月份等。

扣除比例:由夫妻双方协商确定,每一子女可以在本人或配偶处按照 100%扣除,也可由双方分别按照 50%扣除。

18. 您在纳税年度内可以扣除的继续教育支出是多少?(需附报《个人所得税专项附加扣除信息表》)

(D2) 继续教育:□□□,□□□.□□(元)   □无此类扣除

说明:

继续教育支出可扣除金额(D2)=学历(学位)继续教育可扣除金额+职业资格继续教育可扣除金额;

学历(学位)继续教育可扣除金额=纳税年度内符合条件的扣除月份数×400 元;

纳税年度内符合条件的扣除月份数包括受教育月份、寒暑假休假月份等,但同一学历(学位)教育扣除期限不能超过 48 个月。

纳税年度内,个人取得符合条件的技能人员、专业技术人员相关职业资格证书的,职业资格继续教育可扣除金额=3 600 元。

19. 您在纳税年度内可以扣除的大病医疗支出是多少?(需附报《个人所得税专项附加扣除信息表》)

(D3) 大病医疗:□,□□□,□□□.□□(元)   □无此类扣除

说明:

大病医疗支出可扣除金额(D3)=选择由您扣除的每一家庭成员的大病医疗可扣除金额合计;

某一家庭成员的大病医疗可扣除金额(不超过 80 000 元)=纳税年度内医保目录范围内的自付部分-15 000 元;

家庭成员包括个人本人、配偶、未成年子女。

20. 您在纳税年度内可以扣除的住房贷款利息支出是多少?(需附报《个人所得税专项附加扣除信息表》)

(D4) 住房贷款利息:□□,□□□.□□(元)   □无此类扣除

说明:

住房贷款利息支出可扣除金额(D4)=符合条件的扣除月份数×扣除定额。

符合条件的扣除月份数为纳税年度内实际贷款月份数。

扣除定额:正常情况下,由夫妻双方协商确定,由其中 1 人扣除 1 000 元/月;婚前各自购房,均符合扣除条件的,婚后可选择由其中 1 人扣除 1 000 元/月,也可以选择各自扣除 500 元/月。

21. 您在纳税年度内可以扣除的住房租金支出是多少?(需附报《个人所得税专项附加扣除信息表》)

(D5) 住房租金:□□,□□□.□□(元) □无此类扣除

说明:

住房租金支出可扣除金额(D5)=纳税年度内租房月份的月扣除定额之和

月扣除定额:直辖市、省会(首府)城市、计划单列市以及国务院确定的其他城市,扣除标准为1 500元/月;市辖区户籍人口超过100万的城市,扣除标准为1 100元/月;市辖区户籍人口不超过100万的城市,扣除标准为800元/月。

22. 您在纳税年度内可以扣除的赡养老人支出是多少?(需附报《个人所得税专项附加扣除信息表》)

(D6) 赡养老人:□□,□□□.□□(元) □无此类扣除

说明:

赡养老人支出可扣除金额(D6)=纳税年度内符合条件的月份数×月扣除定额

符合条件的月份数:纳税年度内满60岁的老人,自满60岁当月起至12月份计算;纳税年度前满60岁的老人,按照12个月计算。

月扣除定额:独生子女,月扣除定额2 000元/月;非独生子女,月扣除定额由被赡养人指定分摊,也可由赡养人均摊或约定分摊,但每月不超过1 000元/月。

十二、其他扣除- E

23. 您在纳税年度内可以扣除的企业年金、职业年金是多少?

(E1) 年金:□□□,□□□.□□(元) □无此类扣除

24. 您在纳税年度内可以扣除的商业健康保险是多少?(需附报《商业健康保险税前扣除情况明细表》)

(E2) 商业健康保险:□,□□□.□□(元) □无此类扣除

25. 您在纳税年度内可以扣除的税收递延型商业养老保险是多少?(需附报《个人税收递延型商业养老保险税前扣除情况明细表》)

(E3) 税延养老保险:□□,□□□.□□(元) □无此类扣除

26. 您在纳税年度内可以扣除的税费是多少?

(E4) 允许扣除的税费:□□,□□□,□□□,□□□.□□(元) □无此类扣除

说明:允许扣除的税费是指,个人取得劳务报酬、稿酬、特许权使用费收入时,发生的合理税费支出。

27. 您在纳税年度内发生的除上述扣除以外的其他扣除是多少?

(E5) 其他扣除:□□,□□□,□□□,□□□.□□(元) □无此类扣除

提示:其他扣除(其他)包括保险营销员、证券经纪人佣金收入的展业成本。

十三、捐赠- F

28. 您在纳税年度内可以扣除的捐赠支出是多少?(需附报《个人所得税公益慈善事业捐赠扣除明细表》)

(F1) 准予扣除的捐赠额:□□,□□□,□□□,□□□.□□(元) □无此类扣除

十四、全年一次性奖金- G

29. 您在纳税年度内取得的一笔要转换为全年一次性奖金的数月奖金是多少?

(G1) 全年一次性奖金:□□,□□□,□□□,□□□.□□(元) □无此类情况

(G2) 全年一次性奖金应纳个人所得税=G1×适用税率-速算扣除数

=□□,□□□,□□□,□□□.□□(元)

说明:仅适用于无住所居民个人预缴时因预判为非居民个人而按取得数月奖金计算缴税,汇缴时可以根据自身情况,将一笔数月奖金按照全年一次性奖金单独计算。

十五、税额计算-H(使用纸质申报的居民个人需要自行计算填写本项)

30.综合所得应纳个人所得税计算

(H1)综合所得应纳个人所得税＝[(A1＋A2×80％＋A3×80％×70％＋A4×80％)－B1－(C1＋C2＋C3＋C4)－(D1＋D2＋D3＋D4＋D5＋D6)－(E1＋E2＋E3＋E4＋E5)－F1]×适用税率－速算扣除数＝□□,□□□,□□□,□□□.□□(元)

说明:适用税率和速算扣除数如下

级数	全年应纳税所得额	税率(％)	速算扣除数
1	不超过 36 000 元的	3	0
2	超过 36 000 元至 144 000 元的	10	2 520
3	超过 144 000 元至 300 000 元的	20	16 920
4	超过 300 000 元至 420 000 元的	25	31 920
5	超过 420 000 元至 660 000 元的	30	52 920
6	超过 660 000 元至 960 000 元的	35	85 920
7	超过 960 000 元的	45	181 920

十六、减免税额-J

31.您可以享受的减免税类型有哪些?
□残疾 □孤老 □烈属 □其他(需附报《个人所得税减免税事项报告表》) □无此类情况

32.您可以享受的减免税金额是多少?
(J1)减免税额:□□,□□□,□□□,□□□.□□(元) □无此类情况

十七、已缴税额-K

33.您在纳税年度内取得本表填报的各项收入时,已经缴纳的个人所得税是多少?
(K1)已纳税额:□□,□□□,□□□,□□□.□□(元) □无此类情况

十八、应补/退税额-L(使用纸质申报的居民个人需要自行计算填写本项)

34.您本次汇算清缴应补/退的个人所得税税额是:
(L1)应补/退税额＝G2＋H1－J1－K1＝□□,□□□,□□□,□□□.□□(元)

十九、无住所个人附报信息(有住所个人无需填写本项)

35.您在纳税年度内,在中国境内的居住天数是多少?
纳税年度内在中国境内居住天数:_____天。

36.您在中国境内的居住年数是多少?
中国境内居住年数:_____年。
说明:境内居住年数自 2019 年(含)以后年度开始计算。境内居住天数和年数的具体计算方法参见财政部、税务总局公告 2019 年第 34 号。

二十、退税申请(应补/退税额小于 0 的填写本项)

37.您是否申请退税?
□申请退税 □放弃退税

38.如果您申请退税,请提供您的有效银行账户。
开户银行名称:_____ 开户银行省份:_____
银行账号:_____
说明:开户银行名称填写居民个人在中国境内开立银行账户的银行名称。

二十一、备注

如果您有需要特别说明或者税务机关要求说明的事项,请在本栏填写:

二十二、申报受理

　　谨声明:本表是根据国家税收法律法规及相关规定填报的,本人对填报内容(附带资料)的真实性、可靠性、完整性负责。

个人签名:＿＿＿＿＿＿＿＿＿＿＿＿＿＿＿＿＿　　　　　　　年　　月　　日

经办人签字: 经办人身份证件类型: 经办人身份证件号码: 代理机构签章: 代理机构统一社会信用代码:	受理人: 受理税务机关(章): 受理日期:　　　年　　月　　日

国家税务总局监制

表 14-18　个人所得税年度自行纳税申报表(B 表)

(居民个人取得境外所得适用)

税款所属期:　　　年　　月　　日至　　　年　　月　　日

纳税人姓名:

纳税人识别号:□□□□□□□□□□□□□□□□□-□□　　　金额单位:人民币元(列至角分)

基 本 情 况					
手机号码		电子邮箱		邮政编码	□□□□□□
联系地址	＿＿＿＿省(区、市)＿＿＿＿市＿＿＿区(县)＿＿＿街道(乡、镇)＿＿＿				
纳税地点(单选)					
1. 有任职受雇单位的,需选本项并填写"任职受雇单位信息":			□任职受雇单位所在地		
任职受雇 单位信息	名称				
	纳税人识别号	□□□□□□□□□□□□□□□□□			
2. 没有任职受雇单位的,可以从本栏次选择一地:			□户籍所在地　　□经常居住地		
户籍所在地/经常居住地	＿＿＿＿省(区、市)＿＿＿市＿＿＿区(县)＿＿＿街道(乡、镇)＿＿＿				
申报类型(单选)					
□首次申报　　　□更正申报					
综合所得个人所得税计算					

项目	行次	金额
一、境内收入合计(第1行＝第2行＋第3行＋第4行＋第5行)	1	
（一）工资、薪金	2	
（二）劳务报酬	3	
（三）稿酬	4	
（四）特许权使用费	5	
二、境外收入合计(附报《境外所得个人所得税抵免明细表》) (第6行＝第7行＋第8行＋第9行＋第10行)	6	
（一）工资、薪金	7	
（二）劳务报酬	8	
（三）稿酬	9	
（四）特许权使用费	10	
三、费用合计[第11行＝(第3行＋第4行＋第5行＋第8行＋第9行＋第10行)×20％]	11	
四、免税收入合计(第12行＝第13行＋第14行)	12	
（一）稿酬所得免税部分[第13行＝(第4行＋第9行)×(1－20％)×30％]	13	
（二）其他免税收入(附报《个人所得税减免税事项报告表》)	14	
五、减除费用	15	
六、专项扣除合计(第16行＝第17行＋第18行＋第19行＋第20行)	16	
（一）基本养老保险费	17	
（二）基本医疗保险费	18	
（三）失业保险费	19	
（四）住房公积金	20	
七、专项附加扣除合计(附报《个人所得税专项附加扣除信息表》) (第21行＝第22行＋第23行＋第24行＋第25行＋第26行＋第27行)	21	
（一）子女教育	22	
（二）继续教育	23	
（三）大病医疗	24	
（四）住房贷款利息	25	
（五）住房租金	26	
（六）赡养老人	27	
八、其他扣除合计(第28行＝第29行＋第30行＋第31行＋第32行＋第33行)	28	
（一）年金	29	

（续表）

项目	行次	金额
（二）商业健康保险（附报《商业健康保险税前扣除情况明细表》）	30	
（三）税延养老保险（附报《个人税收递延型商业养老保险税前扣除情况明细表》）	31	
（四）允许扣除的税费	32	
（五）其他	33	
九、准予扣除的捐赠额（附报《个人所得税公益慈善事业捐赠扣除明细表》）	34	
十、应纳税所得额 （第35行＝第1行＋第6行－第11行－第12行－第15行－第16行－第21行－第28行－第34行）	35	
十一、税率（%）	36	
十二、速算扣除数	37	
十三、应纳税额（第38行＝第35行×第36行－第37行）	38	

除综合所得外其他境外所得个人所得税计算
（无相应所得不填本部分，有相应所得另需附报《境外所得个人所得税抵免明细表》）

	项目	行次	金额
一、经营所得	（一）经营所得应纳税所得额（第39行＝第40行＋第41行）	39	
	其中：境内经营所得应纳税所得额	40	
	境外经营所得应纳税所得额	41	
	（二）税率（%）	42	
	（三）速算扣除数	43	
	（四）应纳税额（第44行＝第39行×第42行－第43行）	44	
二、利息、股息、红利所得	（一）境外利息、股息、红利所得应纳税所得额	45	
	（二）税率（%）	46	
	（三）应纳税额（第47行＝第45行×第46行）	47	
三、财产租赁所得	（一）境外财产租赁所得应纳税所得额	48	
	（二）税率（%）	49	
	（三）应纳税额（第50行＝第48行×第49行）	50	
四、财产转让所得	（一）境外财产转让所得应纳税所得额	51	
	（二）税率（%）	52	
	（三）应纳税额（第53行＝第51行×第52行）	53	
五、偶然所得	（一）境外偶然所得应纳税所得额	54	
	（二）税率（%）	55	
	（三）应纳税额（第56行＝第54行×第55行）	56	
六、其他所得	（一）其他境内、境外所得应纳税所得额合计（需在"备注"栏说明具体项目）	57	
	（二）应纳税额	58	

(续表)

项目	行次	金额
股权激励个人所得税计算 （无境外股权激励所得不填本部分,有相应所得另需附报《境外所得个人所得税抵免明细表》）		
一、境内、境外单独计税的股权激励收入合计	59	
二、税率（%）	60	
三、速算扣除数	61	
四、应纳税额（第62行＝第59行×第60行－第61行）	62	
全年一次性奖金个人所得税计算 （无住所个人预判为非居民个人取得的数月奖金,选择按全年一次性奖金计税的填写本部分）		
一、全年一次性奖金收入	63	
二、准予扣除的捐赠额（附报《个人所得税公益慈善事业捐赠扣除明细表》）	64	
三、税率（%）	65	
四、速算扣除数	66	
五、应纳税额［第67行＝（第63行－第64行）×第65行－第66行］	67	
税额调整		
一、综合所得收入调整额（需在"备注"栏说明调整具体原因、计算方法等）	68	
二、应纳税额调整额	69	
应补/退个人所得税计算		
一、应纳税额合计 （第70行＝第38行＋第44行＋第47行＋第50行＋第53行＋第56行 ＋第58行＋第62行＋第67行＋第69行）	70	
二、减免税额（附报《个人所得税减免税事项报告表》）	71	
三、已缴税额（境内）	72	
其中：境外所得境内支付部分已缴税额	73	
境外所得境外支付部分预缴税额	74	
四、境外所得已纳所得税抵免额（附报《境外所得个人所得税抵免明细表》）	75	
五、应补/退税额（第76行＝第70行－第71行－第72行－第75行）	76	

无住所个人附报信息			
纳税年度内在中国 境内居住天数		已在中国境内 居住年数	

退税申请
（应补/退税额小于0的填写本部分）

□申请退税（需填写"开户银行名称""开户银行省份""银行账号"）　　　□放弃退税

开户银行名称		开户银行省份	
银行账号			

（续表）

备　　注

　　谨声明：本表是根据国家税收法律法规及相关规定填报的,本人对填报内容(附带资料)的真实性、可靠性、完整性负责。

纳税人签字：　　　年　月　日

经办人签字： 经办人身份证件类型： 经办人身份证件号码： 代理机构签章： 代理机构统一社会信用代码：	受理人： 受理税务机关(章)： 受理日期：　　年　月　日

《个人所得税年度自行纳税申报表》(B表)填表说明

(居民个人取得境外所得适用)

一、适用范围

本表适用于居民个人纳税年度内取得境外所得,按照税法规定办理取得境外所得个人所得税自行申报。申报本表时应当一并附报《境外所得个人所得税抵免明细表》。

二、报送期限

居民个人取得境外所得需要办理自行申报的,应当在取得所得的次年3月1日至6月30日内,向主管税务机关办理纳税申报,并报送本表。

三、本表各栏填写

(一)表头项目

1.税款所属期:填写居民个人取得所得当年的第1日至最后1日。如2019年1月1日至2019年12月31日。

2.纳税人姓名:填写居民个人姓名。

3.纳税人识别号:有中国公民身份号码的,填写中华人民共和国居民身份证上载明的"公民身份号码";没有中国公民身份号码的,填写税务机关赋予的纳税人识别号。

(二)基本情况

1.手机号码:填写居民个人中国境内的有效手机号码。

2.电子邮箱:填写居民个人有效电子邮箱地址。

3.联系地址:填写居民个人能够接收信件的有效地址。

4.邮政编码:填写居民个人"联系地址"所对应的邮政编码。

(三)纳税地点

居民个人根据任职受雇情况,在选项1和选项2之间选择其一,并填写相应信息。若居民个人逾期办理汇算清缴申报被指定主管税务机关的,无需填写本部分。

1.任职受雇单位信息:勾选"任职受雇单位所在地"并填写相关信息。

(1)名称:填写任职受雇单位的法定名称全称。

◆　485　◆

（2）纳税人识别号：填写任职受雇单位的纳税人识别号或者统一社会信用代码。

2. 户籍所在地/经常居住地：勾选"户籍所在地"的，填写居民户口簿中登记的住址。勾选"经常居住地"的，填写居民个人申领居住证上登载的居住地址；没有申领居住证的，填写居民个人实际居住地；实际居住地不在中国境内的，填写支付或者实际负担综合所得的境内单位或个人所在地。

（四）申报类型

未曾办理过年度汇算申报，勾选"首次申报"；已办理过年度汇算申报，但有误需要更正的，勾选"更正申报"。

（五）综合所得个人所得税计算

1. 第 1 行"境内收入合计"：填写居民个人取得的境内综合所得收入合计金额。

第 1 行＝第 2 行＋第 3 行＋第 4 行＋第 5 行。

2. 第 2～5 行"工资、薪金""劳务报酬""稿酬""特许权使用费"：填写居民个人取得的需要并入境内综合所得计税的"工资、薪金""劳务报酬""稿酬""特许权使用费"所得收入金额。

3. 第 6 行"境外收入合计"：填写居民个人取得的境外综合所得收入合计金额，并按规定附报《境外所得个人所得税抵免明细表》。

第 6 行＝第 7 行＋第 8 行＋第 9 行＋第 10 行。

4. 第 7～10 行"工资、薪金""劳务报酬""稿酬""特许权使用费"：填写居民个人取得的需要并入境外综合所得计税的"工资、薪金""劳务报酬""稿酬""特许权使用费"所得收入金额。

5. 第 11 行"费用合计"：根据相关行次计算填报。

第 11 行＝（第 3 行＋第 4 行＋第 5 行＋第 8 行＋第 9 行＋第 10 行）×20％。

6. 第 12 行"免税收入合计"：填写居民个人取得的符合税法规定的免税收入合计金额。

第 12 行＝第 13 行＋第 14 行。

7. 第 13 行"稿酬所得免税部分"：根据相关行次计算填报。

第 13 行＝（第 4 行＋第 9 行）×（1－20％）×30％。

8. 第 14 行"其他免税收入"：填写居民个人取得的除第 13 行以外的符合税法规定的免税收入合计，并按规定附报《个人所得税减免税事项报告表》。

9. 第 15 行"减除费用"：填写税法规定的减除费用。

10. 第 16 行"专项扣除合计"：根据相关行次计算填报。

第 16 行＝第 17 行＋第 18 行＋第 19 行＋第 20 行。

11. 第 17～20 行"基本养老保险费""基本医疗保险费""失业保险费""住房公积金"：填写居民个人按规定可以在税前扣除的基本养老保险费、基本医疗保险费、失业保险费、住房公积金金额。

12. 第 21 行"专项附加扣除合计"：根据相关行次计算填报，并按规定附报《个人所得税专项附加扣除信息表》。

第 21 行＝第 22 行＋第 23 行＋第 24 行＋第 25 行＋第 26 行＋第 27 行。

13. 第 22～27 行"子女教育""继续教育""大病医疗""住房贷款利息""住房租金""赡养老人"：填写居民个人按规定可以在税前扣除的子女教育、继续教育、大病医疗、住房贷款利息、住房租金、赡养老人等专项附加扣除的金额。

14. 第 28 行"其他扣除合计"：根据相关行次计算填报。

第 28 行＝第 29 行＋第 30 行＋第 31 行＋第 32 行＋第 33 行。

15. 第 29～33 行"年金""商业健康保险""税延养老保险""允许扣除的税费""其他"：填写居民个人按规定可在税前扣除的年金、商业健康保险、税延养老保险、允许扣除的税费和其他扣除项目的金额。其中，填写商业健康保险的，应当按规定附报《商业健康保险税前扣除情况明细表》；填写税延养老保险的，应当按规定附报《个人税收递延型商业养老保险税前扣除情况明细表》。

16. 第 34 行"准予扣除的捐赠额"：填写居民个人按规定准予在税前扣除的公益慈善事业捐赠金额，并按规定附报《个人所得税公益慈善事业捐赠扣除明细表》。

17. 第 35 行"应纳税所得额"：根据相应行次计算填报。

第 35 行＝第 1 行＋第 6 行－第 11 行－第 12 行－第 15 行－第 16 行－第 21 行－第 28 行－第 34 行。

18. 第 36、37 行"税率""速算扣除数"：填写按规定适用的税率和速算扣除数。

19. 第 38 行"应纳税额"：按照相关行次计算填报。

第 38 行＝第 35 行×第 36 行－第 37 行。

（六）除综合所得外其他境外所得个人所得税计算

居民个人取得除综合所得外其他境外所得的,填写本部分,并按规定附报《境外所得个人所得税抵免明细表》。

1. 第 39 行"经营所得应纳税所得额"：根据相应行次计算填报。

第 39 行＝第 40 行＋第 41 行。

2. 第 40 行"境内经营所得应纳税所得额"：填写居民个人取得的境内经营所得应纳税所得额合计金额。

3. 第 41 行"境外经营所得应纳税所得额"：填写居民个人取得的境外经营所得应纳税所得额合计金额。

4. 第 42、43 行"税率""速算扣除数"：填写按规定适用的税率和速算扣除数。

5. 第 44 行"应纳税额"：按照相关行次计算填报。

第 44 行＝第 39 行×第 42 行－第 43 行。

6. 第 45 行"境外利息、股息、红利所得应纳税所得额"：填写居民个人取得的境外利息、股息、红利所得应纳税所得额合计金额。

7. 第 46 行"税率"：填写按规定适用的税率。

8. 第 47 行"应纳税额"：按照相关行次计算填报。

第 47 行＝第 45 行×第 46 行。

9. 第 48 行"境外财产租赁所得应纳税所得额"：填写居民个人取得的境外财产租赁所得应纳税所得额合计金额。

10. 第 49 行"税率"：填写按规定适用的税率。

11. 第 50 行"应纳税额"：按照相关行次计算填报。

第 50 行＝第 48 行×第 49 行。

12. 第 51 行"境外财产转让所得应纳税所得额"：填写居民个人取得的境外财产转让所得应纳税所得额合计金额。

13. 第 52 行"税率"：填写按规定适用的税率。

14. 第 53 行"应纳税额"：按照相关行次计算填报。

第 53 行＝第 51 行×第 52 行。

15. 第 54 行"境外偶然所得应纳税所得额"：填写居民个人取得的境外偶然所得应纳税所得额合计金额。

16. 第 55 行"税率"：填写按规定适用的税率。

17. 第 56 行"应纳税额"：按照相关行次计算填报。

第 56 行＝第 54 行×第 55 行。

18. 第 57 行"其他境内、境外所得应纳税所得额"：填写居民个人取得的其他境内、境外所得应纳税所得额合计金额,并在"备注"栏说明具体项目、计算方法等信息。

19. 第 58 行"应纳税额"：根据适用的税率计算填报。

（七）境外股权激励个人所得税计算

居民个人取得境外股权激励,填写本部分,并按规定附报《境外所得个人所得税抵免明细表》。

1. 第 59 行"境内、境外单独计税的股权激励收入合计"：填写居民个人取得的境内、境外单独计税的股权激励收入合计金额。

2. 第 60、61 行"税率""速算扣除数"：根据单独计税的股权激励政策规定适用的税率和速算扣除数。

3. 第 62 行"应纳税额"：按照相关行次计算填报。

第 62 行＝第 59 行×第 60 行－第 61 行。

（八）全年一次性奖金个人所得税计算

无住所居民个人预缴时因预判为非居民个人而按取得数月奖金计算缴税的，汇缴时可以根据自身情况，将一笔数月奖金按照全年一次性奖金单独计算。

1. 第 63 行"全年一次性奖金收入"：填写无住所的居民个人纳税年度内预判为非居民个人时取得的一笔数月奖金收入金额。

2. 第 64 行"准予扣除的捐赠额"：填写无住所的居民个人按规定准予在税前扣除的公益慈善事业捐赠金额，并按规定附报《个人所得税公益慈善事业捐赠扣除明细表》。

3. 第 65、66 行"税率""速算扣除数"：填写按照全年一次性奖金政策规定适用的税率和速算扣除数。

4. 第 67 行"应纳税额"：按照相关行次计算填报。

第 67 行＝（第 63 行－第 64 行）×第 65 行－第 66 行。

（九）税额调整

1. 第 68 行"综合所得收入调整额"：填写居民个人按照税法规定可以办理的除第 68 行之前所填报内容之外的其他可以进行调整的综合所得收入的调整金额，并在"备注"栏说明调整的具体原因、计算方式等信息。

2. 第 69 行"应纳税额调整额"：填写居民个人按照税法规定调整综合所得收入后所应调整的应纳税额。

（十）应补/退个人所得税计算

1. 第 70 行"应纳税额合计"：根据相关行次计算填报。

第 70 行＝第 38 行＋第 44 行＋第 47 行＋第 50 行＋第 53 行＋第 56 行＋第 58 行＋第 62 行＋第 67 行＋第 69 行。

2. 第 71 行"减免税额"：填写符合税法规定的可以减免的税额，并按规定附报《个人所得税减免税事项报告表》。

3. 第 72 行"已缴税额（境内）"：填写居民个人取得在本表中已填报的收入对应的在境内已经缴纳或者被扣缴的个人所得税。

4. 第 75 行"境外所得已纳所得税抵免额"：根据《境外所得个人所得税抵免明细表》计算填写居民个人符合税法规定的个人所得税本年抵免额。

5. 第 76 行"应补/退税额"：根据相关行次计算填报。

第 76 行＝第 70 行－第 71 行－第 72 行－第 75 行。

（十一）无住所个人附报信息

本部分由无住所个人填写。不是，则不填。

1. 纳税年度内在中国境内居住天数：填写本纳税年度内，无住所居民个人在中国境内居住的天数。

2. 已在中国境内居住年数：填写无住所个人已在中国境内连续居住的年份数。其中，年份数自 2019 年（含）开始计算且不包含本纳税年度。

（十二）退税申请

本部分由应补/退税额小于 0 且勾选"申请退税"的居民个人填写。

1. "开户银行名称"：填写居民个人在中国境内开立银行账户的银行名称。

2. "开户银行省份"：填写居民个人在中国境内开立的银行账户的开户银行所在省、自治区、直辖市或者计划单列市。

3. "银行账号"：填写居民个人在中国境内开立的银行账户的银行账号。

（十三）备注

填写居民个人认为需要特别说明的或者按照有关规定需要说明的事项。

四、其他事项说明

以纸质方式报送本表的,建议通过计算机填写打印,一式两份,纳税人、税务机关各留存一份。

表 14-19　境外所得个人所得税抵免明细表

税款所属期：　　年　　月　　日至　　年　　月　　日

纳税人姓名：

纳税人识别号：□□□□□□□□□□□□□□□□□□-□□　　　金额单位：人民币元(列至角分)

本期境外所得抵免限额计算							
列次			A	B	C	D	E
项目		行次	金额				
国家(地区)		1	境内	境外			合计
一、综合所得	(一) 收入	2					
	其中：工资、薪金	3					
	劳务报酬	4					
	稿酬	5					
	特许权使用费	6					
	(二) 费用	7					
	(三) 收入额	8					
	(四) 应纳税额	9	—	—	—	—	
	(五) 减免税额	10	—	—	—	—	
	(六) 抵免限额	11	—				
二、经营所得	(一) 收入总额	12					
	(二) 成本费用	13	—				
	(三) 应纳税所得额	14					
	(四) 应纳税额	15	—	—	—	—	
	(五) 减免税额	16	—	—	—	—	
	(六) 抵免限额	17	—				
三、利息、股息、红利所得	(一) 应纳税所得额	18					
	(二) 应纳税额	19	—				
	(三) 减免税额	20	—				
	(四) 抵免限额	21	—				
四、财产租赁所得	(一) 应纳税所得额	22					
	(二) 应纳税额	23	—				
	(三) 减免税额	24	—				
	(四) 抵免限额	25	—				

列次			A	B	C	D	E
项目		行次	金额				
国家（地区）		1	境内	境外			合计
五、财产转让所得	（一）收入	26	—				
	（二）财产原值	27	—				
	（三）合理税费	28	—				
	（四）应纳税所得额	29	—				
	（五）应纳税额	30	—				
	（六）减免税额	31	—				
	（七）抵免限额	32	—				
六、偶然所得	（一）应纳税所得额	33	—				
	（二）应纳税额	34	—				
	（三）减免税额	35	—				
	（四）抵免限额	36	—				
七、股权激励	（一）应纳税所得额	37					
	（二）应纳税额	38	—	—	—	—	
	（三）减免税额	39					
	（四）抵免限额	40					
八、其他境内、境外所得	（一）应纳税所得额	41					
	（二）应纳税额	42					
	（三）减免税额	43					
	（四）抵免限额	44	—				
九、本年可抵免限额合计 （第 45 行＝第 11 行＋第 17 行＋第 21 行＋第 25 行＋第 32 行＋第 36 行＋第 40 行＋第 44 行）		45	—				
本期实际可抵免额计算							
一、以前年度结转抵免额 （第 46 行＝第 47 行＋第 48 行＋第 49 行＋第 50 行＋第 51 行）		46	—				
其中：前 5 年		47	—				
前 4 年		48	—				
前 3 年		49	—				

（续表）

列次		A	B	C	D	E
项　　目	行次	金　　额				
国家（地区）	1	境内	境外			合计
			境外			
前2年	50	—				
前1年	51					
二、本年境外已纳税额	52	—				
其中：享受税收饶让抵免税额（视同境外已纳）	53	—				
三、本年抵免额（境外所得已纳所得税抵免额）	54					
四、可结转以后年度抵免额 （第55行＝第56行＋第57行＋第58行＋第59行＋第60行）	55	—				—
其中：前4年	56	—				—
前3年	57	—				—
前2年	58	—				—
前1年	59	—				—
本年	60	—				—
备注						

谨声明：本表是根据国家税收法律法规及相关规定填报的，本人对填报内容（附带资料）的真实性、可靠性、完整性负责。

纳税人签字：　　　年　　月　　日

经办人签字：　　　　　　　　　　受理人：

经办人身份证件类型：

经办人身份证件号码：　　　　　　受理税务机关（章）：

代理机构签章：

代理机构统一社会信用代码：　　　受理日期：　　年　　月　　日

国家税务总局监制

《境外所得个人所得税抵免明细表》填表说明

一、适用范围

本表适用于居民个人纳税年度内取得境外所得，并按税法规定进行年度自行纳税申报时，应填报本表，计算其本年抵免额。

二、报送期限

本表随《个人所得税年度自行纳税申报表（B表）》一并报送。

三、本表各栏填写

（一）表头项目

1. 税款所属期：填写居民个人取得境外所得当年的第1日至最后1日。如2019年1月1日至2019年12月31日。

2. 纳税人姓名：填写居民个人姓名。

3. 纳税人识别号：有中国公民身份号码的，填写中华人民共和国居民身份证上载明的"公民身份号码"；没有中国公民身份号码的，填写税务机关赋予的纳税人识别号。

（二）第A、B、C、D、E列次

1. 第A列"境内"：填写个人取得境内所得相关内容。

2. 第B～D列"境外"：填写个人取得境外所得相关内容。

3. 第E列"合计"：按照相关列次计算填报。

第E列＝第A列＋第B列＋第C列＋第D列

（三）本期境外所得抵免限额计算

1. 第1行"国家（地区）"：按"境外"列分别填写居民个人取得的境外收入来源国家（地区）名称。

2. 第2行"收入"：按列分别填写居民个人取得的综合所得收入合计金额。

3. 第3～6行"工资、薪金""劳务报酬""稿酬""特许权使用费"：按列分别填写居民个人取得的需要并入综合所得计税的"工资、薪金""劳务报酬""稿酬""特许权使用费"所得收入金额。

4. 第7行"费用"：根据相关行次计算填报。

第7行＝（第4行＋第5行＋第6行）×20%。

5. 第8行"收入额"：根据相关行次计算填报。

第8行＝第2行－第7行－第5行×80%×30%。

6. 第9行"应纳税额"：按我国法律法规计算应纳税额，并填报本行"合计"列。

7. 第10行"减免税额"：填写符合税法规定的可以减免的税额，并按规定附报《个人所得税减免税事项报告表》。

8. 第11行"抵免限额"：根据相应行次按列分别计算填报。

第11行"境外"列＝（第9行"合计"列－第10行"合计"列）×第8行"境外"列÷第8行"合计"列。

第11行"合计列"＝∑第11行"境外"列。

9. 第12、13、14行"收入总额""成本费用""应纳税所得额"：按列分别填写居民个人取得的经营所得收入、成本费用及应纳税所得额合计金额。

10. 第15行"应纳税额"：根据相关行次计算填报"合计"列。

第15行＝第14行×适用税率－速算扣除数。

11. 第16行"减免税额"：填写符合税法规定的可以减免的税额，并按规定附报《个人所得税减免税事项报告表》。

12. 第17行"抵免限额"：根据相应行次按列分别计算填报。

第17行"境外"列＝（第15行"合计"列－第16行"合计"列）×第14行"境外"列÷第14行"合计"列。

第17行"合计列"＝∑第17行"境外"列。

13. 第18、22、33、41行"应纳税所得额"：按列分别填写居民个人取得的利息、股息、红利所得，财产租赁所得，偶然所得，其他境内、境外所得应纳税所得额合计金额。

14. 第19、23、34、42行"应纳税额"：按列分别计算填报。

第19行＝第18行×适用税率；

第23行＝第22行×适用税率；

第34行＝第33行×适用税率；

第42行＝第41行×适用税率。

15. 第20、24、35、43行"减免税额"：填写符合税法规定的可以减免的税额，并附报《个人所得税减免税事项报告表》。

16. 第 21、25、36、44 行"抵免限额"：根据相应行次按列分别计算填报。

第 21 行＝第 19 行－第 20 行；

第 25 行＝第 23 行－第 24 行；

第 36 行＝第 34 行－第 35 行；

第 44 行＝第 42 行－第 43 行。

17. 第 26 行"收入"：按列分别填写居民个人取得的财产转让所得收入合计金额。

18. 第 27 行"财产原值"：按列分别填写居民个人取得的财产转让所得对应的财产原值合计金额。

19. 第 28 行"合理税费"：按列分别填写居民个人取得财产转让所得对应的合理税费合计金额。

20. 第 29 行"应纳税所得额"：按列分别填写居民个人取得的财产转让所得应纳税所得额合计金额。

第 29 行＝第 26 行－第 27 行－第 28 行。

21. 第 30 行"应纳税额"：根据相应行按列分别计算填报。

第 30 行＝第 29 行×适用税率。

22. 第 31 行"减免税额"：填写符合税法规定的可以减免的税额，并按规定附报《个人所得税减免税事项报告表》。

23. 第 32 行"抵免限额"：根据相应行次按列分别计算填报。

第 32 行＝第 30 行－第 31 行。

24. 第 37 行"应纳税所得额"：按列分别填写居民个人取得的股权激励应纳税所得额合计金额。

25. 第 38 行"应纳税额"：按我国法律法规计算应纳税额填报本行"合计"列。

第 38 行＝第 37 行×适用税率－速算扣除数。

26. 第 39 行"减免税额"：填写符合税法规定的可以减免的税额，并附报《个人所得税减免税事项报告表》。

27. 第 40 行"抵免限额"：根据相应行次按列分别计算填报。

第 40 行"境外"列＝（第 38 行"合计"列－第 39 行"合计"列）×第 37 行"境外"列÷第 37 行"合计"列。

28. 第 45 行"本年可抵免限额合计"：根据相应行次按列分别计算填报。

第 45 行＝第 11 行＋第 17 行＋第 21 行＋第 25 行＋第 32 行＋第 36 行＋第 40 行＋第 44 行。

（四）本期实际可抵免额计算

1. 第 46 行"以前年度结转抵免额"：根据相应行次按列分别计算填报。

第 46 行＝第 47 列＋第 48 列＋第 49 列＋第 50 列＋第 51 列。

2. 第 52 行"本年境外已纳税额"：按列分别填写居民个人在境外已经缴纳或者被扣缴的税款合计金额，包括第 53 行"享受税收饶让抵免税额"。

3. 第 53 行"享受税收饶让抵免税额"：按列分别填写居民个人享受税收饶让政策而视同境外已缴纳而实际未缴纳的税款合计金额。

4. 第 54 行"本年抵免额"：按"境外"列分别计算填写可抵免税额。

第 54 行"合计"列 ＝ $\sum$ 第 54 行"境外"列。

5. 第 55 行"可结转以后年度抵免额"：根据相应行次按列分别计算填报。

第 55 行＝第 56 列＋第 57 列＋第 58 列＋第 59 列＋第 60 列。

（五）备注

填写居民个人认为需要特别说明的或者税务机关要求说明的事项。

四、其他事项说明

以纸质方式报送本表的，建议通过计算机填写打印，一式两份，纳税人、税务机关各留存一份。

三、经营所得的汇算清缴

个体工商户业主、个人独资企业投资者、合伙企业个人合伙人、承包承租经营者个人以及其他从事生产、经营活动的个人取得经营所得。

（一）申报情形

（1）个体工商户从事生产、经营活动取得的所得，个人独资企业投资人、合伙企业的个人合伙人来源于境内注册的个人独资企业、合伙企业生产、经营的所得。

（2）个人依法从事办学、医疗、咨询以及其他有偿服务活动取得的所得。

（3）个人对企业、事业单位承包经营、承租经营以及转包、转租取得的所得。

（4）个人从事其他生产、经营活动取得的所得。

（二）申报时间

个体工商户、个人独资企业投资者、合伙企业合伙人应在年度终了后3个月内办理个人所得税年度纳税申报。

企事业单位承包承租经营者应在年度终了后30日内办理个人所得税年度纳税申报；纳税人1年内分次取得承包、承租经营所得的，应在年度终了后3个月内办理汇算清缴。

（三）申报地点

纳税人取得经营所得，按年计算个人所得税，由纳税人在月度或季度终了后15日内，向经营管理所在地主管税务机关办理预缴纳税申报，并报送《个人所得税经营所得纳税申报表（A表）》。在取得所得的次年3月31日前，向经营管理所在地主管税务机关办理汇算清缴，并报送《个人所得税经营所得纳税申报表（B表）》；从两处以上取得经营所得的，选择向其中一处经营管理所在地主管税务机关办理年度汇总申报，并报送《个人所得税经营所得纳税申报表（C表）》。

（四）申报方式

纳税人可以采用远程办税端、邮寄等方式申报，也可以直接向税务机关申报。纳税人办理自行申报时，应当一并报送税务机关要求报送的其他有关资料。目前税务机关的电子申报方式也多种多样，包括WEB端申报、客户端申报等，纳税人可足不出户办理各项纳税申报。

【案例14-21】 李某在某市投资兴办了A、B两家企业，均为增值税小规模纳税人。A合伙企业由李某和王某2018年共同投资成立，双方协议约定李某和王某的分配比例分别为60％和40％。B企业是个人独资企业。2020年A、B两家企业经营情况如下：

（1）A合伙企业年终决算前账面销售收入3 500 000元，利润150 000元。在其利润计算过程中的成本费用包括：①年终发现漏记一笔含税收入206 000元，成本已扣除（不考虑印花税）。②广告宣传费135 000元；③发生业务招待费35 080元；④计提的存货跌价准备金50 000元；⑤工商局罚款5 000元。

（2）B个人独资全年核算的应纳税所得额为50 000元，已累计预缴个人所得税2 500元。

（3）假定李某2020年无综合所得，专项附加扣除24 000元，李某选择在A企业分回所得中扣除。

要求：请根据上述资料，回答下列问题：

1. 计算李某来源于A合伙企业全年应缴纳的个人所得税。

2. 计算李某来源于B企业全年应缴纳的个人所得税。

3. A合伙企业合伙人李某应于何时办理预缴申报及年度汇算清缴，并填写《个人所得税经营所得纳税申报表（B表）》。

4. 计算李某年度汇总申报时应补（退）的经营所得个人所得税税额。说明在何时向何地税务机关办理汇总申报,并填写《个人所得税经营所得纳税申报表(C表)》。

解析: 1. 来源于 A 企业所得的纳税调整:

(1) 漏记收入 206 000 元应缴纳增值税=[206 000÷(1+3%)]×3%=6 000(元);

应缴纳城建税及附加=6 000×(7%+3%+2%)×50%=360(元);

应调增应纳税所得=206 000-6 000=200 000(元),调减 360 元。

(2) 广告宣传费扣除限额=(3 500 000+200 000)×15%=555 000(元),实际发生 135 000元,可全额扣除。

(3) 业务招待费扣除限额=(3 500 000+200 000)×0.5%=18 500(元);35 080×60%=21 048(元);按 18 500 元扣除,调增应纳税所得:35 080-18 500=16 580(元)。

(4) 存货跌价准备金 50 000 元,不允许扣除,调增应纳税所得 50 000 元。

(5) 工商局罚款不允许税前扣除:调增 5 000 元。

A 合伙企业年度应纳税所得额=150 000+200 000-360+16 580+50 000+5 000=421 220(元)。

(6) 李某来源于 A 合伙企业的所得=421 220×60%=252 732(元)。

(7) 李某年度无综合所得,专项附加扣除 24 000 元可以选择在 A 合伙企业扣除。

来源于 A 合伙企业全年应纳税所得额=252 732-60 000-24 000=168 732(元)。

来源于 A 企业全年应预缴的个人所得税额=168 732×20%-10 500=23 246.4(元)。

2. 来源于 B 企业全年应纳税所得=50 000(元);

来源于 B 企业所得全年应预缴的个人所得税=50 000×5%=2 500(元);

3. 李某应在 2020 年每个季度终了 15 日(申报期)内向 A 企业主管税务机关办理个人所得税预缴申报,报送《个人所得税经营所得纳税申报表(A表)》;并在 2021 年 3 月 31 日前向 A 合伙企业主管税务机关办理汇算清缴,报送《个人所得税经营所得纳税申报表(B表)》如表 14-20 所示。

表 14-20　个人所得税经营所得纳税申报表(B表)

税款所属期:2020 年 1 月 1 日至 2020 年 12 月 31 日

纳税人姓名:李某

纳税人识别号:××××××××××××××　　　　　　　　金额单位:人民币元(列至角分)

被投资单位信息	名称	A 合伙企业	纳税人识别号(统一社会信用代码)	××××××××××××××		
项　目					行次	金额/比例
一、收入总额					1	3 500 000
其中:国债利息收入					2	0
二、成本费用(3=4+5+6+7+8+9+10)					3	3 350 000
三、利润总额(11=1-2-3)					11	150 000
四、纳税调整增加额(12=13+27)					12	271 580
(一)超过规定标准的扣除项目金额(13=14+15+16+17+18+19+20+21+22+23+24+25+26)					13	216 580
5.业务招待费					18	16 580

（续表）

项　　目	行次	金额/比例
13. 其他	26	200 000
（二）不允许扣除的项目金额(27＝28＋29＋30＋31＋32＋33＋34＋35＋36)	27	55 000
3. 罚金、罚款和被没收财物的损失	30	5 000
9. 其他不允许扣除的支出	36	50 000
五、纳税调整减少额	37	360
六、纳税调整后所得(38＝11＋12－37)	38	421 220
七、弥补以前年度亏损	39	0
八、合伙企业个人合伙人分配比例（%）	40	60
（一）投资者减除费用	42	60 000
（二）专项扣除(43＝44＋45＋46＋47)	43	
（三）专项附加扣除(48＝49＋50＋51＋52＋53＋54)	48	24 000
十二、应纳税所得额(62＝38－39－41－60－61)或[62＝(38－39)×40 －41－60－61]	62	168 732
十三、税率（%）	63	20
十四、速算扣除数	64	10 500
十五、应纳税额(65＝62×63－64)	65	23 246.4
十七、已缴税额	67	23 246.4
十八、应补/退税额(68＝65－66－67)	68	0

4. 李某全年取得两处以上经营所得,应在 2021 年 3 月 31 日前,选择向 A 合伙企业或者 B 企业（其中一处）主管税务机关办理汇总申报,报送《个人所得税经营所得纳税申报表（C 表）》（见表 14-21）。汇总申报应补缴个人所得税＝(168 732＋50 000＋60 000)×20%－10 500－23 246.4－2 500＝19 500（元）。

表 14-21　个人所得税经营所得纳税申报表（C 表）

税款所属期：2020 年 1 月 1 日至 2020 年 12 月 31 日
纳税人姓名：李某
纳税人识别号：×××××××××××××　　　　　　　　金额单位：人民币元（列至角分）

被投资单位信息			单位名称		纳税人识别号（统一社会信用代码）	投资者应纳税所得额
	汇总地		A 企业		×××……×××	168 732
	非汇总地	1	B 企业		YYY……YYY	50 000
		2				
		3				
		4				
		5				

（续表）

项　　目	行次	金额/比例
一、投资者应纳税所得额合计	1	218 732
二、应调整的个人费用及其他扣除(2＝3＋4＋5＋6)	2	60 000
（一）投资者减除费用	3	60 000
（二）专项扣除	4	
（三）专项附加扣除	5	
（四）依法确定的其他扣除	6	
三、应调整的其他项目	7	0
四、调整后应纳税所得额(8＝1＋2＋7)	8	278 732
五、税率(%)	9	20
六、速算扣除数	10	10 500
七、应纳税额(11＝8×9－10)	11	45 246.4
八、减免税额(附报《个人所得税减免税事项报告表》)	12	0
九、已缴税额	13	25 746.4
十、应补/退税额(14＝11－12－13)	14	19 500
谨声明：本表是根据国家税收法律法规及相关规定填报的，是真实的、可靠的、完整的。 　　　　　　　　　　　　　　　　　　纳税人签字：李某　　　年　　月　　日		

经办人： 经办人身份证件号码： 代理机构签章： 代理机构统一社会信用代码：	受理人： 受理税务机关(章)： 受理日期：　　年　　月　　日

（五）申报流程及申报表的填报

相关申报表如表 14-22 至表 14-25 所示。

表 14-22　经营所得自行申报需要填写表单统计表

序号	类别	适用范围
1	个人所得税经营所得纳税申报表（A 表）	个体工商户、独资企业和合伙企业预扣预缴使用。
2	个人所得税经营所得纳税申报表（B 表）	个体工商户、独资企业和合伙企业汇算清缴使用。
3	个人所得税经营所得纳税申报表（C 表）	两处以上取得经营所得的个体工商户、独资企业和合伙企业使用。

表 14-23 个人所得税经营所得纳税申报表（A 表）

税款所属期： 年 月 日至 年 月 日

纳税人姓名：

纳税人识别号：□□□□□□□□□□□□□□□□□□ 金额单位：人民币元（列至角分）

被投资单位信息		
名称		
纳税人识别号（统一社会信用代码）□□□□□□□□□□□□□□□□□□		

征收方式（单选）

□查账征收（据实预缴） □查账征收（按上年应纳税所得额预缴） □核定应税所得率征收
□核定应纳税所得额征收 □税务机关认可的其他方式_____

个人所得税计算

项目	行次	金额/比例
一、收入总额	1	
二、成本费用	2	
三、利润总额（第 3 行＝第 1 行－第 2 行）	3	
四、弥补以前年度亏损	4	
五、应税所得率（％）	5	
六、合伙企业个人合伙人分配比例（％）	6	
七、允许扣除的个人费用及其他扣除（第 7 行＝第 8 行＋第 9 行＋第 14 行）	7	
（一）投资者减除费用	8	
（二）专项扣除（第 9 行＝第 10 行＋第 11 行＋第 12 行＋第 13 行）	9	
1. 基本养老保险费	10	
2. 基本医疗保险费	11	
3. 失业保险费	12	
4. 住房公积金	13	
（三）依法确定的其他扣除（第 14 行＝第 15 行＋第 16 行＋第 17 行）	14	
1.	15	
2.	16	
3.	17	
八、准予扣除的捐赠额（附报《个人所得税公益慈善事业捐赠扣除明细表》）	18	
九、应纳税所得额	19	
十、税率（％）	20	
十一、速算扣除数	21	
十二、应纳税额（第 22 行＝第 19 行×第 20 行－第 21 行）	22	

（续表）

项目	行次	金额/比例
十三、减免税额（附报《个人所得税减免税事项报告表》）	23	
十四、已缴税额	24	
十五、应补/退税额（第25行＝第22行－第23行－第24行）	25	
备　　注		

谨声明：本表是根据国家税收法律法规及相关规定填报的，本人对填报内容（附带资料）的真实性、可靠性、完整性负责。

纳税人签字：　　　年　　月　　日

经办人签字： 经办人身份证件类型： 经办人身份证件号码： 代理机构签章： 代理机构统一社会信用代码：	受理人： 受理税务机关（章）： 受理日期：　　年　　月　　日

《个人所得税经营所得纳税申报表（A表）》填表说明

一、适用范围

本表适用于查账征收和核定征收的个体工商户业主、个人独资企业投资人、合伙企业个人合伙人、承包承租经营者个人以及其他从事生产、经营活动的个人在中国境内取得经营所得，办理个人所得税预缴纳税申报时，向税务机关报送。

合伙企业有两个或者两个以上个人合伙人的，应分别填报本表。

二、报送期限

纳税人取得经营所得，应当在月度或者季度终了后15日内，向税务机关办理预缴纳税申报。

三、本表各栏填写

（一）表头项目

1. 税款所属期：填写纳税人取得经营所得应纳个人所得税款的所属期间，应填写具体的起止年月日。

2. 纳税人姓名：填写自然人纳税人姓名。

3. 纳税人识别号：有中国公民身份号码的，填写中华人民共和国居民身份证上载明的"公民身份号码"；没有中国公民身份号码的，填写税务机关赋予的纳税人识别号。

（二）被投资单位信息

1. 名称：填写被投资单位法定名称的全称。

2. 纳税人识别号（统一社会信用代码）：填写被投资单位的纳税人识别号或者统一社会信用代码。

（三）征收方式

根据税务机关核定的征收方式，在对应框内打"√"。采用税务机关认可的其他方式的，应在下划线填写具体征收方式。

（四）个人所得税计算

1. 第1行"收入总额"：填写本年度开始经营月份起截至本期从事经营以及与经营有关的活动取得的货币形式和非货币形式的各项收入总额。包括：销售货物收入、提供劳务收入、转让财产收入、利息收入、租金收入、接受捐赠收入、其他收入。

2. 第2行"成本费用"：填写本年度开始经营月份起截至本期实际发生的成本、费用、税金、损失及其他支出的总额。

3. 第3行"利润总额"：填写本年度开始经营月份起截至本期的利润总额。

4. 第4行"弥补以前年度亏损"：填写可在税前弥补的以前年度尚未弥补的亏损额。

5. 第5行"应税所得率"：按核定应税所得率方式纳税的纳税人，填写税务机关确定的核定征收应税所得率。按其他方式纳税的纳税人不填本行。

6. 第6行"合伙企业个人合伙人分配比例"：纳税人为合伙企业个人合伙人的，填写本行；其他则不填。分配比例按照合伙协议约定的比例填写；合伙协议未约定或不明确的，按合伙人协商决定的比例填写；协商不成的，按合伙人实缴出资比例填写；无法确定出资比例的，按合伙人平均分配。

7. 第7～17行"允许扣除的个人费用及其他扣除"：

（1）第8行"投资者减除费用"：填写根据本年实际经营月份数计算的可在税前扣除的投资者本人每月5 000元减除费用的合计金额。

（2）第9～13行"专项扣除"：填写按规定允许扣除的基本养老保险费、基本医疗保险费、失业保险费、住房公积金的金额。

（3）第14～17行"依法确定的其他扣除"：填写商业健康保险、税延养老保险以及其他按规定允许扣除项目的金额。

8. 第18行"准予扣除的捐赠额"：填写按照税法及相关法规、政策规定，可以在税前扣除的捐赠，并按规定附报《个人所得税公益慈善事业捐赠扣除明细表》。

9. 第19行"应纳税所得额"：根据相关行次计算填报。

（1）查账征收（据实预缴）：第19行＝（第3行－第4行）×第6行－第7行－第18行。

（2）查账征收（按上年应纳税所得额预缴）：第19行＝上年度的应纳税所得额÷12×月份数。

（3）核定应税所得率征收（能准确核算收入总额的）：第19行＝第1行×第5行×第6行。

（4）核定应税所得率征收（能准确核算成本费用的）：第19行＝第2行÷（1－第5行）×第5行×第6行。

（5）核定应纳税所得额征收：直接填写应纳税所得额。

（6）税务机关认可的其他方式：直接填写应纳税所得额。

10. 第20～21行"税率"和"速算扣除数"：填写按规定适用的税率和速算扣除数。

11. 第22行"应纳税额"：根据相关行次计算填报。第22行＝第19行×第20行－第21行。

12. 第23行"减免税额"：填写符合税法规定可以减免的税额，并附报《个人所得税减免税事项报告表》。

13. 第24行"已缴税额"：填写本年度在月（季）度申报中累计已预缴的经营所得个人所得税的金额。

14. 第25行"应补/退税额"：根据相关行次计算填报。第25行＝第22行－第23行－第24行。

（五）备注

填写个人认为需要特别说明的或者税务机关要求说明的事项。

四、其他事项说明

以纸质方式报送本表的，建议通过计算机填写打印，一式两份，纳税人、税务机关各留存一份。

表 14-24 个人所得税经营所得纳税申报表(B表)

税款所属期: 年 月 日至 年 月 日
纳税人姓名:
纳税人识别号:□□□□□□□□□□□□□□□□□□ 金额单位:人民币元(列至角分)

被投资单位信息	名称		纳税人识别号(统一社会信用代码)		

项目	行次	金额/比例
一、收入总额	1	
其中:国债利息收入	2	
二、成本费用(3＝4＋5＋6＋7＋8＋9＋10)	3	
(一)营业成本	4	
(二)营业费用	5	
(三)管理费用	6	
(四)财务费用	7	
(五)税金	8	
(六)损失	9	
(七)其他支出	10	
三、利润总额(11＝1－2－3)	11	
四、纳税调整增加额(12＝13＋27)	12	
(一)超过规定标准的扣除项目金额(13＝14＋15＋16＋17＋18＋19＋20＋21＋22＋23＋24＋25＋26)	13	
1.职工福利费	14	
2.职工教育经费	15	
3.工会经费	16	
4.利息支出	17	
5.业务招待费	18	
6.广告费和业务宣传费	19	
7.教育和公益事业捐赠	20	
8.住房公积金	21	
9.社会保险费	22	
10.折旧费用	23	
11.无形资产摊销	24	
12.资产损失	25	
13.其他	26	
(二)不允许扣除的项目金额(27＝28＋29＋30＋31＋32＋33＋34＋35＋36)	27	

(续表)

项目	行次	金额/比例
1. 个人所得税税款	28	
2. 税收滞纳金	29	
3. 罚金、罚款和被没收财物的损失	30	
4. 不符合扣除规定的捐赠支出	31	
5. 赞助支出	32	
6. 用于个人和家庭的支出	33	
7. 与取得生产经营收入无关的其他支出	34	
8. 投资者工资薪金支出	35	
9. 其他不允许扣除的支出	36	
五、纳税调整减少额	37	
六、纳税调整后所得(38＝11＋12－37)	38	
七、弥补以前年度亏损	39	
八、合伙企业个人合伙人分配比例(%)	40	
九、允许扣除的个人费用及其他扣除(41＝42＋43＋48＋55)	41	
(一)投资者减除费用	42	
(二)专项扣除(43＝44＋45＋46＋47)	43	
1. 基本养老保险费	44	
2. 基本医疗保险费	45	
3. 失业保险费	46	
4. 住房公积金	47	
(三)专项附加扣除(48＝49＋50＋51＋52＋53＋54)	48	
1. 子女教育	49	
2. 继续教育	50	
3. 大病医疗	51	
4. 住房贷款利息	52	
5. 住房租金	53	
6. 赡养老人	54	
(四)依法确定的其他扣除(55＝56＋57＋58＋59)	55	
1. 商业健康保险	56	
2. 税延养老保险	57	
3.	58	
4.	59	

（续表）

项目	行次	金额/比例
十、投资抵扣	60	
十一、准予扣除的个人捐赠支出	61	
十二、应纳税所得额(62＝38－39－41－60－61)或[62＝(38－39)×40－41－60－61]	62	
十三、税率(%)	63	
十四、速算扣除数	64	
十五、应纳税额(65＝62×63－64)	65	
十六、减免税额(附报《个人所得税减免税事项报告表》)	66	
十七、已缴税额	67	
十八、应补/退税额(68＝65－66－67)	68	

谨声明：本表是根据国家税收法律法规及相关规定填报的,是真实的、可靠的、完整的。

纳税人签字：　　　年　　月　　日

经办人： 经办人身份证件号码： 代理机构签章： 代理机构统一社会信用代码：	受理人： 受理税务机关(章)： 受理日期：　　年　　月　　日

国家税务总局监制

《个人所得税经营所得纳税申报表(B表)》填表说明

一、适用范围

本表适用于个体工商户业主、个人独资企业投资人、合伙企业个人合伙人、承包承租经营者个人以及其他从事生产、经营活动的个人在中国境内取得经营所得,且实行查账征收的,在办理个人所得税汇算清缴纳税申报时,向税务机关报送。

合伙企业有两个或者两个以上个人合伙人的,应分别填报本表。

二、报送期限

纳税人在取得经营所得的次年3月31日前,向税务机关办理汇算清缴。

三、本表各栏填写

（一）表头项目

1. 税款所属期：填写纳税人取得经营所得应纳个人所得税款的所属期间,应填写具体的起止年月日。

2. 纳税人姓名：填写自然人纳税人姓名。

3. 纳税人识别号：有中国公民身份号码的,填写中华人民共和国居民身份证上载明的"公民身份号码"；没有中国公民身份号码的,填写税务机关赋予的纳税人识别号。

（二）被投资单位信息

1. 名称：填写被投资单位法定名称的全称。

2. 纳税人识别号（统一社会信用代码）：填写被投资单位的纳税人识别号或统一社会信用代码。

（三）表内各行填写

1. 第1行"收入总额"：填写本年度从事生产经营以及与生产经营有关的活动取得的货币形式和非货币形式的各项收入总金额。包括：销售货物收入、提供劳务收入、转让财产收入、利息收入、租金收入、接受捐赠收入、其他收入。

2. 第 2 行"国债利息收入"：填写本年度已计入收入的因购买国债而取得的应予免税的利息金额。

3. 第 3～10 行"成本费用"：填写本年度实际发生的成本、费用、税金、损失及其他支出的总额。

(1) 第 4 行"营业成本"：填写在生产经营活动中发生的销售成本、销货成本、业务支出以及其他耗费的金额。

(2) 第 5 行"营业费用"：填写在销售商品和材料、提供劳务的过程中发生的各种费用。

(3) 第 6 行"管理费用"：填写为组织和管理企业生产经营发生的管理费用。

(4) 第 7 行"财务费用"：填写为筹集生产经营所需资金等发生的筹资费用。

(5) 第 8 行"税金"：填写在生产经营活动中发生的除个人所得税和允许抵扣的增值税以外的各项税金及其附加。

(6) 第 9 行"损失"：填写生产经营活动中发生的固定资产和存货的盘亏、毁损、报废损失，转让财产损失，坏账损失，自然灾害等不可抗力因素造成的损失以及其他损失。

(7) 第 10 行"其他支出"：填写除成本、费用、税金、损失外，生产经营活动中发生的与之有关的、合理的支出。

4. 第 11 行"利润总额"：根据相关行次计算填报。第 11 行＝第 1 行－第 2 行－第 3 行。

5. 第 12 行"纳税调整增加额"：根据相关行次计算填报。第 12 行＝第 13 行＋第 27 行。

6. 第 13 行"超过规定标准的扣除项目金额"：填写扣除的成本、费用和损失中，超过税法规定的扣除标准应予调增的应纳税所得额。

7. 第 27 行"不允许扣除的项目金额"：填写按规定不允许扣除但被投资单位已将其扣除的各项成本、费用和损失，应予调增应纳税所得额的部分。

8. 第 37 行"纳税调整减少额"：填写在计算利润总额时已计入收入或未列入成本费用，但在计算应纳税所得额时应予扣除的项目金额。

9. 第 38 行"纳税调整后所得"：根据相关行次计算填报。第 38 行＝第 11 行＋第 12 行－第 37 行。

10. 第 39 行"弥补以前年度亏损"：填写本年度可在税前弥补的以前年度亏损额。

11. 第 40 行"合伙企业个人合伙人分配比例"：纳税人为合伙企业个人合伙人的，填写本栏；其他则不填。分配比例按照合伙协议约定的比例填写；合伙协议未约定或不明确的，按合伙人协商决定的比例填写；协商不成的，按合伙人实缴出资比例填写；无法确定出资比例的，按合伙人平均分配。

12. 第 41 行"允许扣除的个人费用及其他扣除"：填写按税法规定可以税前扣除的各项费用、支出，包括：

(1) 第 42 行"投资者减除费用"：填写按税法规定的减除费用金额。

(2) 第 43～47 行"专项扣除"：分别填写本年度按规定允许扣除的基本养老保险费、基本医疗保险费、失业保险费、住房公积金的合计金额。

(3) 第 48～54 行"专项附加扣除"：分别填写本年度纳税人按规定可享受的子女教育、继续教育、大病医疗、住房贷款利息、住房租金、赡养老人等专项附加扣除的合计金额。

(4) 第 55～59 行"依法确定的其他扣除"：分别填写按规定允许扣除的商业健康保险、税延养老保险，以及国务院规定其他可以扣除项目的合计金额。

13. 第 60 行"投资抵扣"：填写按照税法规定可以税前抵扣的投资金额。

14. 第 61 行"准予扣除的个人捐赠支出"：填写本年度按照税法及相关法规、政策规定，可以在税前扣除的个人捐赠合计额。

15. 第 62 行"应纳税所得额"：根据相关行次计算填报。

(1) 纳税人为非合伙企业个人合伙人的：第 62 行＝第 38 行－第 39 行－第 41 行－第 60 行－第 61 行。

(2) 纳税人为合伙企业个人合伙人的：第 62 行＝（第 38 行－第 39 行）×第 40 行－第 41 行－第 60 行－第 61 行。

16. 第 63～64 行"税率""速算扣除数"：填写按规定适用的税率和速算扣除数。

17. 第 65 行"应纳税额"：根据相关行次计算填报。第 65 行＝第 62 行×第 63 行－第 64 行。

18. 第 66 行"减免税额"：填写符合税法规定可以减免的税额，并附报《个人所得税减免税事项报告表》。

19. 第67行"已缴税额"：填写本年度累计已预缴的经营所得个人所得税金额。

20. 第68行"应补/退税额"：根据相关行次计算填报。第68行＝第65行－第66行－第67行。

四、其他事项说明

以纸质方式报送本表的，应当一式两份，纳税人、税务机关各留存一份。

表 14-25　个人所得税经营所得纳税申报表(C 表)

税款所属期：　　年　月　日至　　年　月　日

纳税人姓名：

纳税人识别号：□□□□□□□□□□□□□□□□□□□□　　　　金额单位：人民币元(列至角分)

被投资单位信息			单位名称	纳税人识别号(统一社会信用代码)	投资者应纳税所得额
	汇总地				
	非汇总地	1			
		2			
		3			
		4			
		5			

项目	行次	金额/比例
一、投资者应纳税所得额合计	1	
二、应调整的个人费用及其他扣除(2＝3＋4＋5＋6)	2	
(一)投资者减除费用	3	
(二)专项扣除	4	
(三)专项附加扣除	5	
(四)依法确定的其他扣除	6	
三、应调整的其他项目	7	
四、调整后应纳税所得额(8＝1＋2＋7)	8	
五、税率(%)	9	
六、速算扣除数	10	
七、应纳税额(11＝8×9－10)	11	
八、减免税额(附报《个人所得税减免税事项报告表》)	12	
九、已缴税额	13	
十、应补/退税额(14＝11－12－13)	14	

谨声明：本表是根据国家税收法律法规及相关规定填报的，是真实的、可靠的、完整的。

纳税人签字：　　　年　月　日

经办人： 经办人身份证件号码： 代理机构签章： 代理机构统一社会信用代码：	受理人： 受理税务机关(章)： 受理日期：　　年　月　日

《个人所得税经营所得纳税申报表(C表)》填表说明

一、适用范围

本表适用于个体工商户业主、个人独资企业投资人、合伙企业个人合伙人、承包承租经营者个人以及其他从事生产、经营活动的个人在中国境内两处以上取得经营所得,办理合并计算个人所得税的年度汇总纳税申报时,向税务机关报送。

二、报送期限

纳税人从两处以上取得经营所得,应当于取得所得的次年3月31日前办理年度汇总纳税申报。

三、本表各栏填写

(一)表头项目

1. 税款所属期:填写纳税人取得经营所得应纳个人所得税款的所属期间,应填写具体的起止年月日。

2. 纳税人姓名:填写自然人纳税人姓名。

3. 纳税人识别号:有中国公民身份号码的,填写中华人民共和国居民身份证上载明的"公民身份号码";没有中国公民身份号码的,填写税务机关赋予的纳税人识别号。

(二)被投资单位信息

1. 名称:填写被投资单位法定名称的全称。

2. 纳税人识别号(统一社会信用代码):填写被投资单位的纳税人识别号或者统一社会信用代码。

3. 投资者应纳税所得额:填写投资者从其各投资单位取得的年度应纳税所得额。

(三)表内各行填写

1. 第1行"投资者应纳税所得额合计":填写投资者从其各投资单位取得的年度应纳税所得额的合计金额。

2. 第2~6行"应调整的个人费用及其他扣除":填写按规定需调整增加或者减少应纳税所得额的项目金额。调整减少应纳税所得额的,用负数表示。

(1) 第3行"投资者减除费用":填写需调整增加或者减少应纳税所得额的投资者减除费用的金额。

(2) 第4行"专项扣除":填写需调整增加或者减少应纳税所得额的"三险一金"(基本养老保险费、基本医疗保险费、失业保险费、住房公积金)的合计金额。

(3) 第5行"专项附加扣除":填写需调整增加或者减少应纳税所得额的专项附加扣除(子女教育、继续教育、大病医疗、住房贷款利息、住房租金、赡养老人)的合计金额。

(4) 第6行"依法确定的其他扣除":填写需调整增加或者减少应纳税所得额的商业健康保险、税延养老保险以及国务院规定其他可以扣除项目的合计金额。

3. 第7行"应调整的其他项目":填写按规定应予调整的其他项目的合计金额。调整减少应纳税所得额的,用负数表示。

4. 第8行"调整后应纳税所得额":根据相关行次计算填报。第8行=第1行+第2行+第7行。

5. 第9~10行"税率""速算扣除数":填写按规定适用的税率和速算扣除数。

6. 第11行"应纳税额":根据相关行次计算填报。第11行=第8行×第9行-第10行。

7. 第12行"减免税额":填写符合税法规定可以减免的税额,并附报《个人所得税减免税事项报告表》。

8. 第13行"已缴税额":填写纳税人本年度累计已缴纳的经营所得个人所得税的金额。

9. 第14行"应补/退税额":按相关行次计算填报。第14行=第11行-第12行-第13行。

四、其他事项说明

以纸质方式报送本表的,应当一式两份,纳税人、税务机关各留存一份。

(六)其他情形的申报

个人所得税的减免事项较多,纳税需要享受优惠时还需要填写相关表单,具体适用表单情况如表14-26所示。

表 14-26　其他情形需要填写表单统计表

序号	类别	适用范围
1	个人所得税减免税事项报告表	符合减免税条件的自然人、个体工商户、独资企业、合伙企业,有减免税情形的,填报本表
2	合伙制创业投资企业单一投资基金核算方式备案表	于合伙制创业投资企业(含创投基金)选择按单一投资基金核算,按规定向主管税务机关进行核算类型备案
3	单一投资基金核算的合伙制创业投资企业个人所得税扣缴申报表	对于选择按单一投资基金核算的合伙制创业投资企业(含创投基金)按规定办理年度股权转让所得扣缴申报时,向主管税务机关报送
4	个人税收递延型商业养老保险税前扣除情况明细表	对试点地区(上海市、福建省厦门市和苏州工业园区)通过个人商业养老资金账户购买符合规定的商业养老保险的个人
5	非货币性资产投资分期缴纳个人所得税备案表	对于非货币性资产新设和增资情形,符合条件的,填报本表
6	非货币性资产投资分期缴纳个人所得税备案表(股权奖励)	对于享受股权奖励的个人,符合条件的,填报本表
7	非货币性资产投资分期缴纳个人所得税备案表(转增股本)	对个人因转增股本取得所得,其扣缴义务人向主管税务机关办理分期缴纳个人所得税备案事宜情形,填报本表
8	代扣代缴手续费申请表	适用于申请个人所得税扣缴手续费的办理

第四节　综合治税

一、协税护税

公安、人民银行、金融监督管理等相关部门应当协助税务机关确认纳税人的身份、金融账户信息。教育、卫生、医疗保障、民政、人力资源社会保障、住房城乡建设、公安、人民银行、金融监督管理等相关部门应当向税务机关提供纳税人子女教育、继续教育、大病医疗、住房贷款利息、住房租金、赡养老人等专项附加扣除信息。

有关部门和单位有责任和义务向税务部门提供或者协助核实以下与专项附加扣除有关的信息:

(1)公安部门有关户籍人口基本信息、户成员关系信息、出入境证件信息、相关出国人员信息、户籍人口死亡标识等信息。

(2)卫生健康部门有关出生医学证明信息、独生子女信息。

(3)民政部门、外交部门、法院有关婚姻状况信息。

(4)教育部门有关学生学籍信息(包括学历继续教育学生学籍、考籍信息)、在相关部门备案的境外教育机构资质信息。

(5)人力资源社会保障等部门有关技工院校学生学籍信息、技能人员职业资格继续教育信息、专业技术人员职业资格继续教育信息。

（6）住房城乡建设部门有关房屋（含公租房）租赁信息、住房公积金管理机构有关住房公积金贷款还款支出信息。

（7）自然资源部门有关不动产登记信息。

（8）人民银行、金融监督管理部门有关住房商业贷款还款支出信息。

（9）医疗保障部门有关在医疗保障信息系统记录的个人负担的医药费用信息。

（10）国务院税务主管部门确定需要提供的其他涉税信息。

有关部门和单位拥有专项附加扣除涉税信息，但未按规定要求向税务部门提供的，拥有涉税信息的部门或者单位的主要负责人及相关人员承担相应责任。

税务机关核查专项附加扣除情况时，纳税人任职受雇单位所在地、经常居住地、户籍所在地的公安派出所、居民委员会或者村民委员会等有关单位和个人应当协助核查。

 链接：天津市关于做好《个人所得税专项附加扣除暂行办法》施行工作的通知

文件名称：《天津市人民政府办公厅关于做好〈个人所得税专项附加扣除暂行办法〉施行工作的通知》

发文字号：津政办发〔2019〕4号

成文日期：2019年1月29日

内　　容：

为认真贯彻落实《国务院关于印发个人所得税专项附加扣除暂行办法的通知》（国发〔2018〕41号，以下简称《专项扣除办法》），确保个人所得税专项附加扣除政策顺利实施，结合本市实际，经市人民政府同意，现就有关要求通知如下：

……

三、健全协同保障，构建信息共享共治管理格局

各区人民政府及有关部门要共同推进政府主导、部门合作、内部联动、社会协同的税收共治格局。市网信部门要充分发挥大数据引领作用，建立跨部门信息共享、管理互助、信用互认的工作机制。公安、卫生健康、民政、外事、教育、人社、医保、住房城乡建设、规划和自然资源、金融监督管理等相关部门和人民银行天津分行、人民法院与税务部门加强协作，及时向税务部门提供或协助核实与专项附加扣除有关的信息，形成大数据与专项附加扣除数据及时比对，强化个人所得税管理。工商联、行业协会、居民委员会或街道、社区便民中心等单位要配合税务部门建立协税护税组织体系。涉税中介机构要发挥行业专业作用，为自然人办理涉税服务事项提供便利。

四、搭建信用平台，推动自然人社会信用体系建设

个人所得税专项附加扣除涉及100多万自然人纳税人，管理要求高。要积极推进自然人纳税信用与其他社会信用联动管理，强化纳税信用评价结果应用，完善纳税信用跨部门联合激励和惩戒机制。税务部门应加强对自然人的纳税信用管理，对有严重失信行为的自然人，主动向市发展改革委、人民银行天津分行、市商务局等有关单位推送失信信息，视违法情节实施联合惩戒，充分发挥纳税信用在社会信用体系中的基础性作用。

……

二、纳税前置

个人转让不动产的,税务机关应当根据不动产登记等相关信息核验应缴的个人所得税,登记机构办理转移登记时,应当查验与该不动产转让相关的个人所得税的完税凭证。个人转让股权办理变更登记的,市场主体登记机关应当查验与该股权交易相关的个人所得税的完税凭证。

 链接：东莞市关于个人股权变更登记需查验完税凭证的通告

《东莞市市场监督管理局　国家税务总局东莞市税务局关于个人股权变更登记需查验完税凭证的通告》

根据个人所得税法的规定,个人出让股权应到主管税务机关完成个人所得税申报,自2019年12月1日起,市场监督管理部门将通过网络查验个人转让股权完税凭证,未进行个人所得税申报的不予受理股权变更登记。

三、联合激励或者惩戒

有关部门依法将纳税人、扣缴义务人遵守本法的情况纳入信用信息系统,并实施联合激励或者惩戒。

为强化个人所得税纳税信用协同共治,促进纳税人依法诚信纳税,根据《国家发展改革委办公厅　国家税务总局办公厅关于加强个人所得税纳税信用建设的通知》(发改办财金规〔2019〕860号)的规定,将采取以下措施。

(一)建立个人所得税纳税信用管理机制

1. 全面实施个人所得税申报信用承诺制

税务部门在个人所得税自行纳税申报表、个人所得税专项附加扣除信息表等表单中设立格式规范、标准统一的信用承诺书,纳税人需对填报信息的真实性、准确性、完整性作出守信承诺。信用承诺的履行情况纳入个人信用记录,提醒和引导纳税人重视自身纳税信用,并视情况予以失信惩戒。

2. 建立健全个人所得税纳税信用记录

税务总局以自然人纳税人识别号为唯一标识,以个人所得税纳税申报记录、专项附加扣除信息报送记录、违反信用承诺和违法违规行为记录为重点,研究制定自然人纳税信用管理的制度办法,全面建立自然人纳税信用信息采集、记录、查询、应用、修复、安全管理和权益维护机制,依法依规采集和评价自然人纳税信用信息,形成全国自然人纳税信用信息库,并与全国信用信息共享平台建立数据共享机制。

3. 建立自然人失信行为认定机制

对于违反《税收征收管理法》、新个人所得税法以及其他法律法规和规范性文件,违背诚实信用原则,存在偷税、骗税、骗抵、冒用他人身份信息、恶意举报、虚假申诉等失信行为的当事人,税务部门将其列入重点关注对象,依法依规采取行政性约束和惩戒措施;对于情节严重、达到重大税收违法失信案件标准的,税务部门将其列为严重失信当事人,依法对外公示,并与全国信用信息共享平台共享。

（二）完善守信联合激励和失信联合惩戒机制

1. 对个人所得税守信纳税人提供更多便利和机会

探索将个人所得税守信情况纳入自然人诚信积分体系管理机制。对个人所得税纳税信用记录持续优良的纳税人，相关部门应提供更多服务便利，依法实施绿色通道、容缺受理等激励措施；鼓励行政管理部门在颁发荣誉证书、嘉奖和表彰时将其作为参考因素予以考虑。

2. 对个人所得税严重失信当事人实施联合惩戒

税务部门与有关部门合作，建立个人所得税严重失信当事人联合惩戒机制，对经税务部门依法认定，在个人所得税自行申报、专项附加扣除和享受优惠等过程中存在严重违法失信行为的纳税人和扣缴义务人，向全国信用信息共享平台推送相关信息并建立信用信息数据动态更新机制，依法依规实施联合惩戒。

（三）加强信息安全和权益维护

1. 强化信息安全和隐私保护

税务部门依法保护自然人纳税信用信息，积极引导社会各方依法依规使用自然人纳税信用信息。各地区、各部门要按最小授权原则设定自然人纳税信用信息管理人员权限。加大对信用信息系统、信用服务机构数据库的监管力度，保护纳税人合法权益和个人隐私，确保国家信息安全。

2. 建立异议解决和失信修复机制

对个人所得税纳税信用记录存在异议的，纳税人可向税务机关提出异议申请，税务机关应及时回复并反馈结果。自然人在规定期限内纠正失信行为、消除不良影响的，可以通过主动做出信用承诺、参与信用知识学习、税收公益活动或信用体系建设公益活动等方式开展信用修复，对完成信用修复的自然人，税务部门按照规定修复其纳税信用。对因政策理解偏差或办税系统操作失误导致轻微失信，且能够按照规定履行涉税义务的自然人，税务部门将简化修复程序，及时对其纳税信用进行修复。

第五节　纳税记录与中国税收居民身份证明

一、纳税记录

为配合个人所得税制度改革，进一步落实国务院减证便民要求，优化纳税服务，根据《国家税务总局关于将个人所得税〈税收完税证明〉（文书式）调整为〈纳税记录〉有关事项的公告》（国家税务总局公告 2018 年第 55 号）的规定，个人所得税《税收完税证明》（文书式）调整为《纳税记录》。

（一）政策内容

从 2019 年 1 月 1 日起，纳税人申请开具税款所属期为 2019 年 1 月 1 日（含）以后的个人所得税缴（退）税情况证明的，税务机关不再开具《税收完税证明》（文书式），调整为开具《纳税记录》（见图 14-3）；纳税人申请开具税款所属期为 2018 年 12 月 31 日（含）以前个人所得税缴（退）税情况证明的，税务机关继续开具《税收完税证明》（文书式）。

纳税人 2019 年 1 月 1 日以后取得应税所得并由扣缴义务人向税务机关办理了全员全

额扣缴申报,或根据税法规定自行向税务机关办理纳税申报的,不论是否实际缴纳税款,均可以申请开具《纳税记录》。

(二) 办理方式和资料

纳税人可以通过电子税务局、手机 APP 申请开具本人的个人所得税《纳税记录》,也可到办税服务厅申请开具。

纳税人可以委托他人持下列证件和资料到办税服务厅代为开具个人所得税《纳税记录》:

(1) 委托人及受托人有效身份证件原件。

(2) 委托人书面授权资料。

纳税人对个人所得税《纳税记录》存在异议的,可以向该项记录中列明的税务机关申请核实。

税务机关提供个人所得税《纳税记录》的验证服务,支持通过电子税务局、手机 APP 等方式进行验证。具体验证方法见个人所得税《纳税记录》中的相关说明如图 14-3 所示。

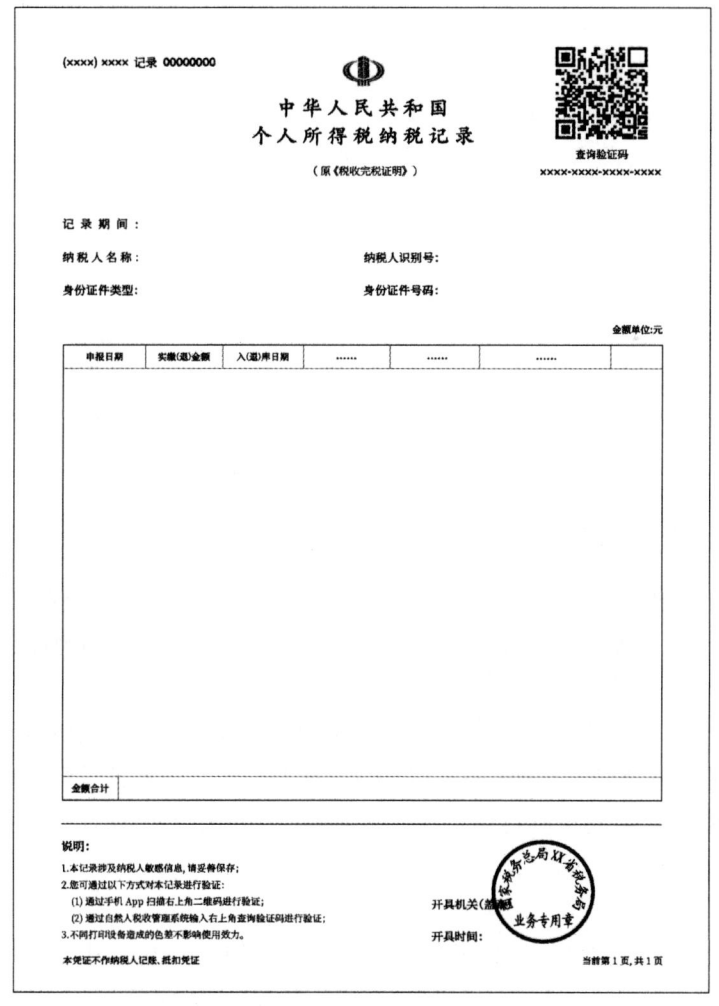

图 14-3　个人所得税纳税记录

知识小练习

【例题·单选】 关于个人所得税纳税记录下面表述不正确的是(   )。

A. 从 2019 年 1 月 1 日起,税务机关不再开具《税收完税证明》(文书式),调整为开具《纳税记录》

B. 纳税人 2019 年 1 月 1 日以后取得应税所得并由扣缴义务人向税务机关办理了全员全额扣缴申报,或根据税法规定自行向税务机关办理纳税申报的,不论是否实际缴纳税款,均可以申请开具《纳税记录》

C. 纳税人可以通过电子税务局、手机 APP 申请开具本人的个人所得税《纳税记录》,也可到办税服务厅申请开具

D. 纳税人可以委托他人持规定证件和资料到办税服务厅代为开具个人所得税《纳税记录》

答案：A

解析：从 2019 年 1 月 1 日起,纳税人申请开具税款所属期为 2019 年 1 月 1 日(含)以后的个人所得税缴(退)税情况证明的,税务机关不再开具《税收完税证明》(文书式),调整为开具《纳税记录》；纳税人申请开具税款所属期为 2018 年 12 月 31 日(含)以前个人所得税缴(退)税情况证明的,税务机关继续开具《税收完税证明》(文书式)。

【例题·判断】 自然人在完成 2019 年属期个人所得税申报缴纳后,税务人员可以通过【个人所得税纳税记录开具(ITS)】模块,开具自然人税收管理系统的个人所得税完税数据和个人代开发票、二手房交易等个人所得税纳税记录。   (   )

答案：√

解析：根据《自然人税收管理系统(ITS)—税务端用户操作手册》(7.1),自然人在完成个人所得税申报缴纳后,可以通过【个人所得税纳税记录开具(ITS)】开具全国范围内的个人所得税纳税记录,不仅包括自然人税收管理系统的个人所得税完税数据,还包括金三核心征管系统个人代开发票、二手房交易等个人所得税入库数据。

二、中国税收居民身份证明

为方便我国税收居民企业和居民个人拓展其海外市场,降低其境外发展的税收风险,国家税务总局就《中国税收居民身份证明》(见表 14-27)的开具作出了明确规定。

(一)申请人

企业或者个人(以下统称申请人)为享受中国政府对外签署的税收协定(含与中国香港、中国澳门和中国台湾签署的税收安排或者协议)、航空协定税收条款、海运协定税收条款、汽车运输协定税收条款、互免国际运输收入税收协议或者换函(以下统称税收协定)待遇,可以向税务机关申请开具《税收居民证明》。

(二)主管税务机关

申请人应向主管其所得税的县税务局(以下称主管税务机关)申请开具《税收居民证明》。中国居民企业的境内、境外分支机构应由其中国总机构向总机构主管税务机关申请。合伙企业应当以其中国居民合伙人作为申请人,向中国居民合伙人主管税务机关申请。

表 14-27　中国税收居民身份证明
(Certificate of Chinese Fiscal Resident)

日期(Date)：

编号(Catalogue Number)：

纳税人名称(Taxpayer's Name)：

纳税年度(Tax Year)：

缔约国(地区)Contracting state (jurisdiction)：

　　为享受税收协定待遇的目的,经中国税务主管当局国家税务总局授权,兹证明上述纳税人是中国税收居民。[For the purpose of enjoying Double Taxation Agreement benefits, and authorized by the State Taxation Administration (STA), the Competent Authority of the People's Republic of China, this is to certify that the above-named taxpayer is a Chinese fiscal resident.]

签字(signature)：

国家税务总局＿＿＿＿＿＿税务局
Director of ＿＿＿＿＿＿, State Taxation Administration

(三) 所需资料

　　申请人申请开具《中国税收居民身份证明》(以下简称《税收居民证明》)应向主管税务机关提交以下资料：

　　(1)《中国税收居民身份证明》申请表(见表 14-28)。

　　(2)与拟享受税收协定待遇收入有关的合同、协议、董事会或者股东会决议、相关支付凭证等证明资料。

　　(3)申请人为个人且在中国境内有住所的,提供因户籍、家庭、经济利益关系而在中国境内习惯性居住的证明材料,包括申请人身份信息、住所情况说明等资料。

　　(4)申请人为个人且在中国境内无住所,而一个纳税年度内在中国境内居住累计满183天的,提供在中国境内实际居住时间的证明材料,包括出入境信息等资料。

　　(5)境内、境外分支机构通过其总机构提出申请时,还需提供总分机构的登记注册情况。

　　(6)合伙企业的中国居民合伙人作为申请人提出申请时,还需提供合伙企业登记注册情况。

　　上述填报或提供的资料应提交中文文本,相关资料原件为外文文本的,应当同时提供中文译本。申请人向主管税务机关提交上述资料的复印件时,应在复印件上加盖申请人印章或签字,主管税务机关核验原件后留存复印件。

表 14-28　《中国税收居民身份证明》申请表

申请人信息：	个人：□		企业：□		对《税收居民证明》样式有特殊要求：□
基本信息	申请人名称(姓名)： 纳税人识别号： 联系地址： 联系电话： 主管税务机关名称：			英文名称(姓名)：	

（续表）

申请开具《税收居民证明》有关信息	申请年度： 缔约对方国家（地区）： 对方纳税人名称：英文： 　　　　　　　　中文： 对方纳税人识别号： 拟享受协定名称一： 拟享受协定收入金额一： 拟享受协定名称二： 拟享受协定收入金额二：	拟享受协定条款一： 预计减免税金额一： 拟享受协定条款二： 预计减免税金额二：
申请人为个人时填报	国家（地区）： 身份证件： 在中国境内是否有住所： 如无住所，申请年度在中国境内是否居住累计满 183 天：是：□　否：□ 现居住住址： 在中国境内居住满 183 天的年度是否连续满 6 年（含 6 年）：是：□　否：□ 合伙企业名称： 合伙企业所在国家（地区）：	职业： 证件号码： 是：□　否：□ 合伙企业纳税人识别号： 合伙企业所在地：
申请人为企业时填报	注册登记地： 依据实际管理机构认定的居民企业，认定文号： 境内分支机构名称： 境外分支机构名称： 合伙企业名称： 合伙企业所在国家（地区）：	 实际管理机构所在地： 所在地： 所在国家（地区）： 合伙企业纳税人识别号： 合伙企业所在地：

声明：
　　此表是根据国家税收法律法规及相关规定填写，对填报内容（及附带资料）的真实性、可靠性、完整性负责。

　　　　　　　　　　　　　　　申请人或者代理人（签名或者盖章）：_____
　　　　　　　　　　　　　　　日期：_____年___月___日

《中国税收居民身份证明》申请表填表说明

一、适用范围

申请人（企业或个人）为享受中国政府签署的税收协定，内地与中国香港、中国澳门签署的税收安排以及大陆与中国台湾签署的税收协议，航空协定税收条款，海运协定税收条款，汽车运输协定税收条款，互免国际运输收入税收协议或者换函的协定待遇，就其构成中国税收居民身份的任一公历年度向主管税务机关申请开具《中国税收居民身份证明》（以下简称《税收居民证明》）时填报。

二、本条表头项目

（一）申请人为个人的，根据《中华人民共和国个人所得税法》及其实施条例等有关规定，在中国境内有住所或者无住所而一个纳税年度内在中国境内居住累计满 183 天的个人。其中，在中国境内有住所的居民个人是指因户籍、家庭、经济利益关系而在中国境内习惯性居住的个人；在中国境内无住所居民个人是指一个纳税年度内在中国境内居住累计满 183 天的无住所个人。

（二）申请人为企业的，根据《中华人民共和国企业所得税法》及其实施条例等有关规定，依法在中国境内成立，或者依照外国（地区）法律成立但实际管理机构在中国境内的企业。

三、本表各栏填写

1. 申请人名称(姓名)：申请人为个人时，填写个人姓名；申请人为企业时，填写企业名称。

2. 纳税人识别号：申请人为个人的，如有中国公民身份号码的，填写中华人民共和国居民身份证上载明的"公民身份号码"，没有中国公民身份号码的，则填写税务机关赋予的纳税人识别号；申请人为企业的，填写企业的纳税人识别号或者统一社会信用代码。

3. 主管税务机关名称：申请人的主管税务机关名称。

4. 申请年度：申请人申请开具《税收居民证明》的任一公历年度。

5. 缔约对方国家(地区)：申请开具《税收居民证明》拟适用的对方国家(地区)。

6. 对方纳税人名称：与该《税收居民证明》有关且与申请人发生业务往来的缔约对方纳税人(企业或个人)名称。

7. 对方纳税人识别号：对方纳税人在缔约对方国家(地区)的纳税人(企业或个人)识别号。

8. 拟享受协定名称：申请人向缔约对方申请享受的中国政府签署的税收协定，内地与中国香港、中国澳门签署的税收安排以及大陆与中国台湾签署的税收协议，航空协定税收条款，海运协定税收条款，汽车运输协定税收条款，互免国际运输收入税收协议或者换函名称。

9. 拟享受协定条款：申请人向缔约对方申请享受协定的条款，包括：股息、利息、特许权使用费、常设机构和营业利润、财产收益、国际运输、独立个人劳务、非独立个人劳务(受雇所得)、演艺人员和运动员、退休金、政府服务、教师和研究人员、学生、其他所得等。每行填报一个条款，如涉及两个以上条款的，请另行附报说明。

10. 拟享受协定收入金额：填报与该《税收居民证明》有关、申请人取得的拟享受税收协定的收入金额。每行填报对应协定条款的拟享受税收协定的收入金额，合伙企业的合伙人填写按照合伙协议或分配协议计算的合伙人应取得的收入金额。收入金额为外币的应按照填报申请表当日汇率中间价换算为人民币金额。每行填报一个条款，如涉及两个以上条款的，请另行附报说明。

11. 预计减免税金额：填报与该《税收居民证明》有关、申请人拟享受税收协定待遇在缔约对方减免税收金额。即：按照缔约对方法律规定计算的应缴纳税款金额与按照税收协定计算的应缴纳税款金额之差。每行填报对应协定条款预计减免税金额。减免税金额为外币的应按照填报申请表当日汇率中间价换算为人民币金额。每行填报一个条款，如涉及两个以上条款的，请另行附报说明。

12. 身份证件、证件号码：填写申请人为个人时有效的身份证件类型及证件号码。

13. 在中国境内是否有住所：申请人根据《中华人民共和国个人所得税法》第一条第一款、《中华人民共和国个人所得税法实施条例》第二条等规定判定情况。选"是"时应附送相关资料。

14. 如无住所，申请年度在中国境内是否居住累计满183天：填报申请人根据《中华人民共和国个人所得税法》第一条第二款等规定判定情况。选"是"时应附送相关资料。

15. 在中国境内居住满183天的年度是否连续满6年(含6年)：申请人根据《中华人民共和国个人所得税法》第一条第一款、《中华人民共和国个人所得税法实施条例》第四条等规定判定是否连续满6年情况。

16. 现居住地址：申请人为个人时其本人在中国境内的习惯性住所或者无住所的现居住地址。

17. 境内分支机构名称、境外分支机构名称：中国居民企业的境内、境外分支机构通过其总机构向总机构主管税务机关提出申请时填报。

18. 合伙企业名称、合伙企业纳税人识别号、所在国家(地区)、所在地：中国境内注册的合伙企业以其中国居民合伙人作为申请人，向中国居民合伙人主管税务机关申请时填报。

19. 申请人或者代理人签名：由企业法定代表人或者其授权代表负责人、个人本人或者其授权人签名并/或者盖章，并填写声明日期。

四、其他事项说明

以纸质方式报送本表的，申请人提交的申请表原件和相关资料、《税收居民证明》复印件由主管税务机关保存备查。如缔约对方税务主管当局对《税收居民证明》样式有特殊要求的,申请人的书面说明及缔约对方《税收居民证明》样式由主管税务机关保存备查。

(四) 办理时限

主管税务机关在受理申请之日起 10 个工作日内,由负责人签发《税收居民证明》并加盖公章或者将不予开具的理由书面告知申请人。

主管税务机关无法准确判断居民身份的,应当及时报告上级税务机关。需要报告上级税务机关的,主管税务机关应当在受理申请之日起 20 个工作日内办结。

主管税务机关或者上级税务机关根据申请人提交资料无法作出判断的,可以要求申请人补充提供相关资料,需要补充的内容应当一次性书面告知。申请人补充资料的时间不计入上述工作时限。

 **知识小练习**

【例题·单选】 关于申请开具《税收居民证明》,以下说法符合规定的是( )。

A. 申请人应向主管其所得税的市税务局申请开具《税收居民证明》

B. 中国居民企业的境内、境外分支机构可直接向其主管税务机关申请开具《税收居民证明》

C. 合伙企业应当以其中国居民合伙人作为申请人,向中国居民合伙人主管税务机关申请

D. 若主管税务机关无法判断,需要报告上级税务机关的,应当在受理申请之日起 20 日内办结

答案: C

解析: 选项 A,申请人应向主管其所得税的县税务局(以下称主管税务机关)申请开具《税收居民证明》。选项 B,中国居民企业的境内、境外分支机构应由其中国总机构向总机构主管税务机关申请。选项 D,为 20 个工作日。